부상하는 중국 금융시장

CHINA'S EMERGING FINANCIAL MARKETS

Challenges and Global Impact

부상하는 중국 금융시장

도전과 글로벌 영향

지은이 Zhu Min, Cai Jinqing, Martha Avery

옮긴이 **전용복**

서울경제경영

차례

저자소개 ix

감사의 말 xxiii

추천사 xxv

서문 xxix

개요: 중국의 부상하는 금융산업과 그 시사점 xxxix

PART 1 거시경제 1

1 | 중국경제가 당면한 근본문제와 도전 3

2 | 중국이 직면한 글로벌 도전 19

3 | 중국의 고저축, 고투자, 고성장, 그리고 금융시장의 조속한 발전 주장 35

4 | 중국의 은행과 금융의 발전: 국내 및 국제부문 53

PART 2 은행부문 73

5 | 중국의 은행산업: 개혁 · 개방과 조화를 이루며 전진하기 75

6 | 중국 금융의 전환과 새로운 도전들 93

7 | 상업은행 개혁 111

8 | 구조조정 후 중국의 상업은행: 노멘클라투라의 책임이 기업의 지배구조 개혁에 도움이 되는가? 127

9 | 중국 은행의 전망: 글로벌 은행들은 왜 중국에 투자하는가? 171

10 | 중국의 농업금융: 계획경제에서 시장경제로의 힘겨운 전환 187

11 | 소매금융: 성장기회를 잡기 위한 부 관리법 통달하기 209

12 | 성장하는 중국의 소매금융 225

PART 3 자본시장 243

13 | 상하이 증권거래소: 역사와 전망 245

14 | 중국의 증권사들: 성장과 전망 257

15 | 부상하는 중국 금융시장: 도전과 글로벌 영향 269

16 | 중국의 자본시장 291

17 | 중국의 채권시장: 개혁, 개방 그리고 성장 315

18 | 중국의 자산관리산업 337

19 | 중국의 벤쳐캐피탈/프라이빗이퀴티 351

PART 4 보험 371

20 | 중국의 보험시장: 개혁, 성장, 그리고 전망 373

21 | 중국 최대 생명보험사의 전략: 중국생명 383

22 | 중국 보험산업의 부상 393

23 | 중국의 보험시장 407

24 | 중국의 사회보장제도: 문제와 전망 429

PART 5 통화정책 443

25 | 중국의 통화정책: 금융 세계화의 도전 445

26 | 위안화 표시 자본계정의 태환: 과정과 경험 461

27 | 중국의 단기자금시장, 채권시장, 그리고 외환시장 471
28 | 중국의 금융선물시장 493
29 | 중국의 신(新)통화체제와 역내 외환시장 501

PART 6 서비스 부문 525

30 | 중국의 법률제도와 금융산업: 과거 30년간의 경험 527
31 | 은행 및 금융 부문의 법률 서비스 539
32 | 중국의 회계업무: 검토와 전망 553
33 | 중국의 조세와 금융산업 577

찾아보기 589

저자소개

❖ 편집

주 민(Zhu Min)

중국은행 그룹 부행장으로 그룹의 재무, 내부통제, 법률 및 준수, 전략과 연구 등을 담당하고 있다. 1996년 중국은행에 합류했으며, 2006년 그룹 구조조정과 150억 달러 규모의 기업공개, 그리고 2002년에는 중국은행 홍콩의 구조조정과 기업공개를 주도했다. 중국은행에 합류 전에는, 존스홉킨스 대학(Johns Hopkins University)과 푸단대학(Fudan University)에서 경제학을 강의한 후, 6년간 워싱턴DC 소재의 세계은행(World Bank)에서 이코노미스트로 일했다. 또한 존스 홉킨스 대학에서 Ph.D와 MA를 취득했으며, 프린스턴 대학, 우드로우 윌슨 공공 및 국제문제 스쿨에서 MPA와 푸단대학 경제학과에서 BA를 취득한 바 있다.

카이 진핑(Cai Jinping)

국제금융 통신사인 브룬스위크 그룹(Brunswick Group)의 파트너이다. 그녀는 다국적기업과 중국 기업들에게 국제적 M&A 거래와 전략적 의사소통에 대한 문제에 대해 자문하고 있다. 1993년에서 2002년까지 중국 투자를 중심으로 뉴욕과 홍콩에서 경영 컨설팅과 벤처 캐피탈 분야를 조사한 바 있다. 카이는 1991년 웨슬리 대학에서 BA를, 1993년에는 프린스턴 대학, 우드로우 윌슨 공공 및 국제문제 스쿨에서 석사학위를 취득했다.

마싸 애버리(Martha Avery)

애버리 출판사 사장으로 중국의 출판사 및 사업가들과 함께 중국의 지적 재산권을 서구 시장에 소개하는 일을 하고 있다. 1982년에서 1990년까지의 시기에는 중국 존 와일리(John Wiley) 총 지배인으로 일했으며, 1970년대에는 중국 무역을 관리하던 상무부에서 4년간 일했다. 와튼스쿨에서 MBA를 마쳤고, 월스트리트에 있는 워버그 파리바스 베커(Warburg Paribas Backer)에서도 한때 일한 바 있다. 또한 몽골에서 소로스 재단을 위한 출판 프로그램을 설립했고, OSI의 부다페스트 사무소에서 일했다. 그녀는 지속적으로 중국의 소설과 비소설 작품을 번역하기도 했고, 여러 권의 책을 저술했다. 1970년대 초 주로 대만, 홍콩, 도쿄 소재의 기관들에서 대학강의를 수강했으며 중국 · 일본문학으로 BA를 취득했다.

❖ 저자

추천사, 서문, 개요
폴 볼커(Paul Volcker)

미국 연방준비이사회 의장, 프린스턴 대학 국제경제 정책 명예교수, 울펜손 앤 컴퍼니 회장을 역임했다. 프린스턴, 하바드, 런던경제대학에서 수학했다. 볼커는 경력 초기 뉴욕 연방준비은행, 체이스 맨하탄은행, 미국 재무성에서 근무했다. 최근에는 국제회계기준위원회 이사회와 유엔의 오일 포 후드 프로그램의 독립 조사 위원회 이사회 의장을 지냈다. 그리고 3자 위원회 북미 의장을 지녔고, 지금은 워싱턴DC 30 그룹(Group of 30) 회장이다.

저우 샤오촨(Zhou Xiaochuan)

저우 샤오촨은 중국 인민은행 총재이다. 2000년 2월부터 2002년 12월까지 중국 증권감독관리위원회 주석을 역임했으며, 재직 당시 초기 중국의 주식시장에 대해 엄격한 감독 요건의 제도화를 추진하면서 명성을 얻었다. 2000년 3월부터 저우 박사는 인민은행 통화정책 위원회 위원이었으며, 2002년 12월 인민은행 총재에 임명되었다. 1999년 중국건설은행 행장에 임명되었고, 1998년까지는 국가외환관리국 국장이었다. 그는 1975년 베이징 화학공학대학을 졸업했으며, 1985년 칭화대학에서 시스템 공학 박사학위를 취득했다. 저우 박사는 10여권의 책과 100여 편의 학술논문을 발표했다.

주 민(Zhu Min)

편집책임의 소개 참조

❖ 제1부: 거시부문

구오 쉬칭(Guo Shuqing)

2005년 3월부터 중국건설은행 이사회 의장이었다. 현직에 오르기 전 중국국가계획위원회 부이사, 국가 경제제도 구조조정 위원회 의장 겸 사무총장, 귀주성 부성장. 중국인민은행 부총재, 국가외환관리국 국장, 중앙후이진 이사회 의장을 지냈다. 난카이대학 철학 학사학위를 받았고, 중국 사회과학원 법학 석사 및 박사를 취득했다. 아울러 1986년부터 1987년까지는 옥스포드대학에서 객원 연구위원을 지냈다. 1980년부터 많은 학술연구 논문을 발표했고, 여러 경제문제에 대한 16권의 책을 출판한 바 있다.

스테픈 S. 로치(Stepen S. Roach)

모건스탠리 아시아 회장이다. 그는 아시아 회장으로 임명되기 전, 모건스탠리 수석 이코노미스트였다. 25년간 모건스탠리 이코노미스트로서의 경력 중 월스트리트의 가장 영향력 있는 지식인 리더 중 한 사람으로 널리 인정받았다. 1982년 모건스탠리에 합류하기 전, 모건스탠리 트러스트 컴퍼니의 경제분석 부사장이었다. 1972~79년 기간 중에는 워싱턴DC의 연방준비 이사회 선임 연구직에서 일했다. 그 전에는 워싱턴DC의 브루킹스 연구소 연구위원이었다. 뉴욕대학에서 경제학 PhD와 위스콘신대학 경제학 학사학위를 취득했다.

리 양(Li Yang)

중국 사회과학원 금융·은행연구소의 연구원 겸 소장이다. 그는 인민은행의 통화정책위원회 위원을 역임했다. 1984년 푸단대학을 졸업하고 1989년 인민대학에서 박사학위를 취득했다. 그의 연구분야는 통화정책, 은행, 금융·재정정책 등이다. 리 박사는 12권의 책과 약 100편의 학술논문을 발표했는데, 그 중 몇 편은 중국 최고의 학술상을 수상했다.

피에터 보텔리어(Pieter Bottelier)

피에터 보텔리어는 이코노미스트이자 중국학 학자이다. 그는 비상근 선임교수로 세계은행(1999년)을 퇴직 후 존스홉킨스 고급 국제연구 스쿨(SAIS)에서 중국경제에 대해 강의했다. 그리고 하바드대학(2001~04년)과 조지타운대학(2004년)에서 강의했고, 컨퍼런스 보드(Conference Board) 중국관계 선임 자문역이었다. 중국경제에 관한 다수의 논문를 썼고 여러 책의 장들을 쓰기도 하다. 세계은행 재직 당시 동아시아 관계 부총재 선임 자문역(1997~98), 베이징 소재 은행 레지던트 미션 책임자(1993~97)와 남미와 북아프리카 담당 이사직을 비롯한 수개의 요직을 거쳤다. 1970년 세계은행에 합류하기 전에는 암스테르담 대학에서 가르쳤고, 비철금속시장 관련 UNCTAD(제네바) 자문으로도 일했다. 암스테르담 대학과 매사추세츠 공과대학에서 경제학을 공부했다.

❖ 제2부: 은행부문

왕 쟈오싱(Wang Zhaoxing)

왕 쟈오싱은 중국은행감독관리위원회(이하 은감위) 부주석이다. 현재 중국 금융·은행협회 상무이사, 재정부 기업 내부관리 실천 위원회 위원으로 재직 중이다. 1990년 이후 효과적인 은행감독의 핵심 원칙인 신바젤 자본협약을 시행하는 등 주요 선도사업을 비롯한 인민은행과 은감위에서 정책연구와 은행규제에 대한 많은 경험을 가지고 있다. 그리고 금융관련 주제의 수많은 책과 논문의 저자이다. 샨시대학교에서 재무학 박사학위를 취득했다.

스테픈 K. 그린(Stephen K. Green)

홍콩상하이은행(HSBC) 홀딩스 plc 그룹 회장이다. 영국 정부의 해외개발부에서 활동을 시작했고, 1977년 맥킨지 앤 컴퍼니에 합류했다. 1982년에는 HSBC 기획실에서 일했고, 1985년에는 이 은행의 글로벌 재정운영을 담당했다. 1992년 HSBC 홀딩스 plc 그룹 회계담당이 되었고, 1998년 3월에는 HSBC홀딩스 plc 이사회에서 투자은행 및 시장 담당 상무이사로 임명되었다. 2002년 5월에는 그룹의 기업뱅킹 업무를 추가로 담당했다. 2003년 6월 1일, 그룹 CEO가 되었고, 2006년 5월 26일에는 그룹 회장이 되었다. 옥스포드 대학과 매사추세츠 공과대학에서 학위를 취득했다.

왕 지안시(Wang Jianxi)

왕 지안시는 중국투자공사의 상임 부사장이자 수석 위험관리역이다. 중국투자공사 합류 전, 그는 중앙 후이진 투자공사 부사장이었고, 중국건설은행과 모건스탠리 공동으로 설립된 합작투자 투자은행인 중국국제자본공사의 회장이었다. 그는 중국증권감독관리위원회(이하 증감위) 주석보와 중국은행 인터내셔널(UK)의 사장, 재무담당 최고책임자 겸 상임 부사장과 증감위 산하 국제부의 수석 회계사 겸 주임을 역임했다. 왕 박사는 회계학 박사학위를 보유하고 있다.

니콜라스 캘시나 호슨(Nicholas Calcina Hawson)

미시간주립대학교 앤아버(Ann Arbor) 로스쿨 부교수이며, 예전에는 뉴욕에 기반을 둔 국제법 회사인 폴, 웨이스, 리프킨드, 와튼 앤 개리슨 LLP의 파트너를 역임했다. 호슨은 중국의 기업법과 증권법에 관한 폭넓은 주제에 대한 저술과 강의를 하고 있으며, 외국 재단과 싱크 탱크, 그리고 중국정부의 여러 부처와 행정부서에 대한 컨설턴트로 활동했다. 콜럼비아 로스쿨, 하버드 로스쿨, 코넬 로스쿨 등에서 중국법을 가르치기도 했다. 1988년 콜럼비아 로스쿨에서 JD 학위를, 윌리엄스 대학에서 BA를 취득했다. 중국 상하이의 푸단대학의 대학원생으로 재학하며, 청조 후기 및 현대 중국문학을 수학하기도 했다.

제이미 디몬(Jamie Dimon)

제이피모건체이스의 이사회 의장 겸 CEO이다. 그는 2004년 7월 제이피모건체이스와 뱅크 원의 합병 기관의 사장이었다. 2000년에는 뱅크 원의 회장 겸 CEO에 임명되었다. 뱅크 원 이전에 그는 시티그룹과 그 자회사인 솔로몬 스미스 바니와 그 전신인 트래블러스 그룹의 여러 고위직을 역임했었다. 터프츠 대학(Tufts College)을 졸업했으며, 하버드 경영대학에서 MBA를 취득했다. 그는 또한 뉴욕 연방준비은행, 하버드 경영대학원, 그리고 연합 흑인대학기금을 포함한 수많은 비영리기관들의 이사회에서 활동했다.

첸 시웬(Chen Xien)

첸 시웬은 금융 · 경제 중앙지도집단 사무소 부주임 겸 농촌사업 중앙지도집단 주임이다. 1982년 중국 사회과학원 농업경제학연구소에 합류했다. 그리고 국가 농촌연구조사집단의 부부장도 역임했다. 첸은 그 후 국무원 국가 농촌연구조사센터의 부소장을 지냈으며, 그 후에는 소장으로 재직했다. 1994년 국무원의 중앙 금융 및 경제 지로집단의 일반 사무소에 합류했다. 2000년에는 국무원 개발연구 센터의 부센터장을 맡았다. 젠은 중국 인민대학 농업경제학부에서 공부했다.

한스-폴 뷰어크너(Hans-Paul Buerkner)

2003년부터 보스톤 컨설팅(Boston Consulting Group : BCG)의 사장 겸 CEO를 지냈다. 1981년 이 회사에 합류했으며 BCG 뒤셀도르프(1982년)과 프랑크푸르트(1991년) 사무소 개설 팀원이었다. 유럽출신의 첫 CEO가 되기 전 BCG의 글로벌 파이낸셜 서비스의 사장이었다. BCG에서 25년 간, 그의 고객 중에는 세계의 선도적 금융기관들이 포함되어 있다. 경제학, 경영학, 중국어를 공부하여 보쿰 대학, 예일대학(MA)과 옥스포드대학(Ph.D)에서 학위를 취득했다.

마 웨이후아(Ma Weihua)

1999년부터 차이나 머천트 은행 행장 겸 CEO를 지냈다. 1999년 9월, 2003년 9월과 2007년11월부터 각각 CMB 국제자본공사, CIGNA, CMC 생명보험사 이사회 의장을 역임했다. 또한 1990~92년 중에는 인민은행의 일반 사무와 기획 및 자금부에서 일했고, 인민은행 하이난 지점장과 국가외환관리국 하이난 지점장을 거쳤다. 1999년 경제학 박사학위를 취득했다.

❖ 제3부: 자본시장

저우 친예(Zhou Qinye)

상하이 증권거래소 상임 부사장에 재직 중이며, 재정부 회계기준위원회, 중국 내부통제기준위원회, 중국공인회계사연구소 감사기준위원회, 중국공인회계사협회(CICPA)의 내부통제 교육위원회 회원이며, CICPA 이사이다. 또한 상하이회계연구소 상임이사 및 상하이 사법 전문위원회 회원이기도 하다. 다수의 중국 명문대학의 겸임교수로도 활동하고 있다. 상하이 금융경제대학 경제학 석사학위를 소지하고 있다.

왕 동밍(Wang Dongming)

CITIC 증권사 회장으로 재직 중이다. CITIC 그룹 이사 겸 사장보, CITIC 홀딩스, CITIC 국제금융 홀딩스, CITIC 캐피탈 홀딩스의 이사이기도 하며, CITIC 펀드 관리회사 회장을 맡고 있다. 그는 또한 중국증권투자은행 부사장, 중국서부증권 상임 부사장을 역임했으며, 캐나다 스코티아 맥레오드 증권(Scotia McLeode Securities)에서 근무했다. 이력의 대부분의 기간 동안 중국 투자은행들의 발전과 증권사 내부 지배구조의 발전을 위해 헌신했다. 베이징외국연구대학, 조지타운 대학, 남캘리포니아대학을 졸업했다.

케반 와츠(Kevan Watts)

DSP 메릴린치 사장으로 메릴린치 인터내셔널 회장을 역임했다. 1981년 메릴린치에 합류했고, 뉴욕, 런던, 홍콩 근무를 거쳐 지금은 봄베이에서 근무하고 있다. 메릴린치에서 글로벌 투자은행 공동대표, EMEA 투자은행 및 인터내셔널 대표를 포함한 메릴린치 내 고위직을 두루 거쳤다. 1997년 이후 아시아 전역의 메릴린치 사업에 적극적으로 참여했으며 특히, 중국과 인도를 중심으로 활동했다. 메릴린치 합류 전에는 대학시절인 1974년에 입사한 영국의 에이치 엠 트레저리(H M Treasury)에서 근무했다. 옥스포드 대학에서 정치학, 철학, 경제학 학사학위와 철학 석사학위를 받았다.

치 빈(Qi Bin)

현재 중국 증권감독관리위원회의 싱크탱크인 연구센터 소장이다. 5년간 중국 자본시장에서 뮤추얼펀드 산업 및 QFII 제도 감독을 담당하는 증감위 펀드 감독부 부부장을 역임했다. 또한 2000년 증감위에 합류하면서부터 전략 및 기획 위원회 위원, 뉴욕 기반의 벤처 캐피탈사 파트너를 역임하고 골드만삭스 매니지먼트와 뉴욕과 런던의 파리바 캐피탈 마켓에서 근무했다. 칭화대학 물리학사와 경제학 박사, 시카고 대학 MBA 및 로체스터 대학 생물리학 석사학위를 보유하고 있다.

린 이시앙(Lin Yixiang)

2001년 자신이 직접 설립한 티안치앙 투자컨설팅 사장으로 있다. 증감위 연구 및 정보부의 선임 전문역 겸 부부장과 시장 감시 시스템 대표를 역임했다. 중국 증권사에 부사장으로 일한 경험이 있으며 중국의 증권 애널리스트협회 회장 및 중국 증권협회 부회장이다. 프랑스 파리대학 경제학 Ph.D를 보유하고 있으며 다수의 중국 명문대학 겸임교수이다.

판 용홍(Fan Yonghong)

현재 후아시아펀드관리(Huaxia Fund Management) 이사회 의장, 중국 증권협회 부회장 및 중국 금융 및 은행협회 상임 위원이다. 1998년에 펀드산업이 개시된 이후 펀드관리산업과 상업은행, 증권회사 등에서 많은 실무경험을 쌓았다. 중국 증권산업의 발전에 대해 적극적인 관심을 가지고 있으며 여러 해 동안 증감위의 주식발행 위원회 위원 중 한 명으로 활동하고 있다. 증감위 상장 기업 감독부 M&A 업무 자문역으로도 있다.

존 S. 워즈워드 2세(John S. Wadsworth Jr.)

모건스탠리 아시아 명예회장 겸 모건스탠리 고문 이사로 재직 중이다. 2001년 1월 퍼스트 보스톤에서 15년, 모건스탠리에서 25년을 포함 거의 40년을 투자은행에서 보낸

후 퇴직했다. 1987년부터 도쿄에서 5년, 홍콩에서 10년을 시작으로 모건스탠리 아시아 사업을 담당했다. 현재 IT산업을 중심으로 한 베이징에 본거지를 둔 초기 벤처 캐피탈 파트너십인 세유안 벤처스(Ceyuan Ventures)의 공동 창업자이자 회장이다. 1961년 윌리엄스 대학에서 학사학위, 1963년 시카고 경영대학원에서 MBA를 취득했다.

우 샨지(Wu Shanzhi)

현재 CDH 투자 회장이다. CDH가 설립되기 전, 그는 1995년 중국국제자본공사(CICC)가 시작되면서부터 사모펀드그룹의 대표를, 1998년부터는 상무이사를 역임했으며, 2000~2002년에는 CICC 경영 위원회 위원을 역임했다. 1991~1993년에는 국제금융공사 선임 투자역을 맡았다. 1984~1991년에는 세계은행 운영사무실에서 일했고, 국제금융공사/세계은행을 떠난 후에는 중국으로 귀국하여 베이징 코피아 컨설팅의 설립 파트너와 상무이사를 맡았다. 또한 매사추세츠 공과대학에서 기계공학 Ph.D와 공업경영 MS를 취득했다.

❖ 제4부: 보험

유안 리(Yuan Li)

중국보험감독관리위원회(이하 보감위) 주석보(補)이며 중국 국제금융협회 부회장이다. 1984년 이후 중국 보험산업에 종사해 왔다. 또한 박사학위를 소지하고 있다.

양 차오(Yang Chao)

중국생명보험(그룹) 회장 겸 사장이다. 또한 중국생명 손해 및 상해보험 이사회 회장이다. 보험과 은행부문에서 거의 30년간의 경험을 가지고 있으며 2000~2005년 중국보험(홀딩스)과 중국보험 H.K.(홀딩) 회장 겸 사장을 역임했다. 1996~2000년 CIC 홀딩스(유럽)의 회장 겸 사장, 1976~1996년에는 중국인민보험 이사 겸 총지배인을 거쳤다. 상하이 국제연구 대학을 졸업하고 영국의 미들섹스 대학에서 경영학 석사학위를 취득했다.

우 얀(Wu Yan)

중국인민보험(그룹)의 회장 겸 중국 보험산업협회 명예회장으로 있다. 중국 비생명보험 시장연구 보고서 편집장이고, 유명 경제 · 정책 연구 학술지에 많은 논문을 발표한 바 있다. 또한 박사학위를 소지하고 있다.

쟈크 켐프(Jacques Kemp)

현재 ING 보험 및 투자 아시아/퍼시픽 부회장이다. ING 은행 인터내셔널 총지배인으로, 1990년대에는 회장을 역임했다. 1974년 ING 그룹 위험관리부에서 경력을 쌓기 시작했다. 1980년대 남미에서 ING가 주요 입지를 구축하는 데 중요한 역할을 한 임원 중 한 사람이었다. 베어링스와의 합병 및 통합 후, 일반 은행업무와 전 세계 국제 네트워크 담당 집행 위원회 위원이 되었다. 2000년 ING 그룹 글로벌 헤드 e-비즈니스 직책을 맡았고, 2002년 7월에는 EC A/P에 합류하여 2003~2008년 5월 기간 동안 CEO를 역임했다. 로테르담 고등 경제대학을 졸업하고 시카고 대학 MBA를 취득한 바 있다.

가오 시칭(Gao Xiqing)

현재 중국 투자공사의 부회장, 사장 및 최고 투자역을 맡고 있다. 국가사회보장기금 위원회 부주석과 중국증권감독관리위원회 부주석을 역임했다. 또한 증권거래소 집행위원회의 공동 설립자로 1990년 상하이 및 선전 증권 거래소 설립에 중요한 역할을 했고, 1992~1995년 CSRC, 기업공개 법무 자문위원, 1997~1999년 7월, 홍콩 중국은행 투자은행 부문인 BOC 인터내셔널의 부회장 겸 CEO 등을 역임했다. 국제경영경제대학으로부터 1978년 BA와 1981년 법학 석사를 취득했다. 그 후 듀크 대학에서 1986년 JD를 취득했으며 중국으로 귀국 전인 1986~1988년의 기간 중에는 월스트리트 주요 법률회사에서 법률 현업에 종사했다.

❖ 제5부: 통화정책

우 샤오링(Wu Xiaoling)

중국 인민은행부총재를 지냈으며, 전국인민대표자회의 금융 및 경제 위원회 부의장,

중국 금융 및 은행협회 상임 부회장, 중국 금융회계협회 회장으로 있다. 1985년 인민은행 연구소에서 경력을 시작하여 1994년 인민은행 연구국장에 임명되었다. 1998년 4월 인민은행 산하의 국가외환관리국 국장으로 승진했다. 1998년 11월에는 인민은행 상하이 지점장에 임명되었으며, 포브스 지 선정 "2007년 100대 가장 영향력 있는 여성" 중 18위에 올랐고, 2004년 11월 8일자 월스트리트 저널에 게재된 "주목할 만한 50인 여성"에 포함된 바 있다.

후 샤오리안(Hu Xiaolian)

인민은행 부총재이자 2005년부터 국가외환관리국(SAFE) 국장을 맡고 있다. SAFE에서 경력을 시작해서 정책 및 규제부장과 외환보유고 관리부장을 거쳐 2001년 3월 SAFE 부국장이 되었다. 2004년 7월에는 인민은행 총재보에 임명된 바 있다. 철학학사와 경제학 석사학위를 가지고 있다. 중국의 외환제도, 외환시장, 경상계정 및 자본계정 태환성 및 외환 보유고 관리의 발전에 깊이 관여했다.

시에 두오(Xie Duo)

중국 외환거래 시스템 사장으로 재직 중이다. 중국 정부기관 소속으로 거시경제연구와 정책결정 과정에서 풍부한 경험을 가지고 있다. 1996~2005년 중 통계부 부부장과 통화정책부 부장을 비롯한 인민은행의 여러 부서를 두루 거쳤다. 1988~1996년 동안 국가 경제제도 구조조정 위원회에서 일한 바도 있다. 옥스포드 대학과 북경대학 경제학 석사학위를 가지고 있다.

주 유첸(Zhu Yuchen)

중국 선물거래소 사장으로 있다. 달리안 상품거래소 사장, 중국 선물협회 회장을 역임했고, 선전, 상하이 및 베이징 소재의 중국 국제선물회사(CIFCO) 지점을 관리했다. 또한 COFCO의 자회사인 중국 국가곡물거래공사에서도 재직했으며 금융선물 분야 전문가 중 선두주자이다. 우한 대학 전략관리연구소와 중국 농업대학 겸임교수이기도 하다.

스테픈 그린(Stephen Green)

상하이 소재 스탠다드차터드은행의 중국연구 책임자이며 선임 이코노미스트로 재직 중이다. 스탠다드차터드은행에 합류하기 전에는 런던 채담하우스(로얄 국제문제연구소) 아시아 프로그램 디렉터와 이코노미스트지 부편집장을 역임했다. 그 이전에는 식량지원을 위해 케냐와 모잠비크 지방에서 일했다. 런던 정경대학에서 Ph.D를 취득했고, 캠브리지 대학에서 학사학위를 받았다. 또한 상하이 푸단대학과 상하이 증권거래소 초빙 연구원을 역임했으며, 표준 중국어를 구사하고 중국관련 다수의 책을 출판했다.

❖ 제6부 서비스 부문

우 지판(Wu Zhipan)

2002년부터 북경대학 부총장을 맡고 있으며, 1993년부터는 북경대학 금융법연구소 소장과 법학 교수로 있다. 또한 1996~2001년에는 로스쿨 학장, 아이젠하워재단 위원(1997)과 하바드 대학 로스쿨과 홍콩 순얀대학 초빙교수를 역임했다. 북경대학에서 1988년 박사학위와 1982년 LLB를 취득한 바 있다.

샤오 웨이(Xiao Wei)

준헤 법률사무소 관리 파트너로 있다. 해외투자, 증권, M&A 및 기업 일반업무를 전문으로 하고 있다. 처음에는 베이징 7번 법률회사와 그 다음 중국 법률문제센터에서 법률 업무를 담당했다. 1991년에는 중국 법무부와 영국 문화원이 공동으로 후원한 홍콩-런던 교환프로그램의 교환 변호사였다. 1984년 북경대학에서 LLB를, 1987년에는 중국 사회과학원 대학원에서 국제경제법 LLM을 취득했다. 또한 1995년 콜럼비아 로스쿨에서 미국기업 및 상법 LLM을 취득했다.

제임스 털리(James Turley)

2001년부터 언스트 앤 영(Earnst & Young) 회장 겸 CEO를 맡고 있다. 1977년에 이 회사에 합류했고 그 후 일련의 지도적 직책을 역임해 왔다. 뉴욕과 런던을 기반으로 하여 수많은 글로벌 언스트 앤 영 선임 자문파트너직을 수행하면서, 전문 서비스 회사와 재무보고의 질에 대한 대중의 신뢰 제고를 위해 적극적 노력을 기울이고 있다. 미국의 사베인스-옥슬리법(Sarbanes-Oxley Act) 적용, 국제 재무보고기준 도입, 글로벌 회계기준과 관리의 통합 등의 문제에 대해 대주주간의 대화를 촉진시키는 역할을 했다. 또한 러시아 총리와 함께 러시아 해외투자 자문위원회 공동의장을 맡고 있기도 하다. 현재 비즈니스 라운드테이블(Business Roundtable)과 환대서양 비즈니스 대화(Transatlantic Business Dialog) 회원이며 2007년 10월에는 미국 회계감사의 질 연구소 이사회 의장에 임명되었다. 텍사스 주 휴스턴 소재 라이스 대학 회계학 학사 및 석사 학위를 보유하고 있다.

수 샨다(Xu Shanda)

전(前) 국가조세관리국(SAT) 이사회 부의장이자 위원이다. 거시경제학, 은행, 금융 및 조세이론을 오랫동안 연구해 왔다. 이어서 재정부 산하 국가조세국 연구부 부부장과 국가조세국 조세과학 연구소 연구실장 등을 역임했다. 1970년 칭화대학 자동제어과를 졸업하고 1984년 중국 농업과학원 대학원에서 농업경제관리 석사학위와 1990년 영국 바스대학 재정학 석사학위를 취득했다.

감사의 말

우선 누구보다도 편집진의 요청에 적극적으로 응해 준 36명의 저자들에게 감사한다. 집필진은 이 주제에 대한 종합적인 고찰의 중요성과 필요성을 인식하고 있었다.

중국의 부상하고 있는 금융 시스템은 이미 글로벌 시스템의 중요한 부분을 차지하고 있다. 그럼에도 이러한 중국의 금융 시스템이 향후 중요한 역할을 하리라고 생각하는 사람들은 많지 않은 것 같다. 최근 서구의 금융위기는 이 책에서 언급되는 서구 은행들로부터 배우는 참고사항들을 사실상 무의미하게 만들었다. 그렇다고 중국의 기본적 상황이 변한 것은 아니며 그 상황이 이 책의 여러 장들에 반영되어 있다. 필자들은 개혁 · 개방 정책이 시작된지 30년이 지난 현재의 중국이 어디에 서 있는지를 가늠하게 해 주는 벤치마크를 제시하고 있다. 이들은 미래에 대한 출중한 통찰력을 가진 관련 분야 최고의 전문가들로, 농축된 지성으로 관련 문제에 대해 설명하고 있다. 우리 편집진은 필자들의 노고에 깊은 사의를 표하는 바이다.

다음으로, 이 책의 출판을 도와준 포드 재단(Ford Foundation)에 대해서도 감사를 전한다. 마지막으로 존 와일리 앤 선스(John Wiley & Sons) 출판사는 이 책의 출판에 오랫동안 꾸준히 심혈을 기울여 왔다. 이 책이 완성되는데 애써준 와일리(Wiley) 출판팀에 감사드린다.

주 민
카이 진핑
마사 애버리

추천사

그 기능을 다하는 금융 시스템, 특히 뱅킹 기관들의 경우, 최근 수십 년 동안 중국만큼 빠르게 발전을 이룬 경우는 역사상 존재한 적이 없었을 것이다. 중국 구시대의 틀에서는 지배적인 국유/국영 "은행들"이 국가가 정한 우선순위에 따라 국유기업들에게 자금을 제공하고 있었다. 사실, 이 구시대적 틀은 개인 및 기업의 니즈에 반응하는 자유로운 은행 시스템이 전혀 아니었다.

절실했던 전환을 달성하기 위해서는 엄청난 노력이 필요했다. 은행들의 대차대조표에 부담으로 남겨진 구체제 하의 수많은 국유기업들의 미지급금과 지급불능 채권들을 처리하는 데에는 거대한 암묵적 금융비용이 소요되었다.

경제개혁의 일환으로 좀 더 분권적이고 시장에 신축적으로 반응하는 금융 시스템을 도입하고 지원하는 데에는 폭넓은 정치적 도전이 도사리고 있었다. 특히, 좀 더 개방적이고 경쟁적인 경제 환경에 적합한 방법과 요건들에 부응할 수 있는 지적이고 교육적인 전환도 필요했다.

오늘날에도 국가는 여전히 소수의 대형 은행들과 보험사들의 지배주주이긴 하지만, 그러한 금융기관들에는 민간인 주주들도 존재하고 있고, 몇몇의 경우에는 외국인들까지 주주로 참여하고 있다. 민간자본으로 설립된 점점 더 많은 소형 금융기관들이 여기에 합류하고 있고, 소수이기는 하지만 외국 은행들과 보험사들의 현지법인들의 참여도 늘어나고 있다.

감독과 규제의 기본 틀이 마련되었고, 중앙은행은 통화정책을 수행하기 위한 기본적인 도구들을 갖추게 되었다. 국제회계기준이 도입되었고, 신용분석과 위험관리 등에 대한 관심도 점점 증가하고 있으며, 합당한 이익마진을 낼 만큼 효율적으로 운영될 필요성도 커졌다.

이제 기업들과 개인들의 필요에 반응하여 경쟁할 여지가 생겼다. 실제로 그렇게 할 필요성이 존재한다. 이의 성공여부는 이익마진으로 비용을 부담할 수 있는 능력에 달려있다. 그 결과 효율성과 부실대출의 위험을 회피하게 하는 "신용문화"의 발전에 주의를 기울여야 할 필요가 있으며, 현대 경제에 필수적인 금융서비스의 다양성을 제공할 필요도 있다.

분명 이 과정은 미완의 상태이다. 이 책의 거의 모든 장들은 지금까지 진전된 내용에 대한 보고서가 아니라 아직 완성되지 않은 비즈니스에 대한 보고로 채워져 있다. 일부 분석은 기술적이고 구체적이지만, 기본적인 주제는 매우 분명하다.

중국의 은행업은 중국의 급속한 성장을 지원하면서 세계금융의 점점 더 큰 일부분이 되었다. 내가 보기에 기본적인 추세는 분명하다. 즉, 중국의 은행업은 시장의 힘에 좀 더 민감해지고 있고, 가격결정의 유연성이 커졌으며, 민간자본에 점점 더 크게 의존하게 되었고, 시간이 지남에 따라 중국의 은행들은 세계시장에, 외국 금융기관들은 중국시장에 참여하는 일이 더욱 더 빈번하게 되었다는 것이다.

10억이 넘는 인구를 가진 나라, 한쪽에서는 대량의 자본이 필요하고 다른 한쪽에서는 대량의 저축을 만들어 내는 강력한 역량을 가진 나라에서, 효율적인 금융중개는 선택사항이 아니다. 그것은 중국의 빠른 성장을 유지하기 위한 노력에서 핵심적 요소이고, 점증하는 다른 나라들과의 교역에서 일부분이 되었다.

중국의 시스템은 아직 기관들, 특히 정부가 소유권 대부분을 갖고 있는 매우 거대한 금융기관들이 지배하고 있다. 하지만 그 추동력은 점점 더 시장 지향적이 되어가고 있고, 개인들을 위해 개발된 다양한 서비스와 기업을 위한 신용자원을 갖추고 있다. 국유기업들에 대한 대출이 아직은 상당하지만 그 중요성은 점점 작아지고 있고,

그러한 대출도 점점 더 규율화되고 있다. 또한 신용제공도 정부 관리의 지시보다는 기업의 필요에 점점 더 반응하고 있다.

의심의 여지없이, 성장하는 경제의 필요를 충족시키기 위해서는 기술에서, 직원 훈련에서, 그리고 경영에서 아직 완수해야 할 일들이 많이 남아있다. 내 느낌으로는, 외국인의 참여가 이 과정에 도움이 되고 훨씬 더 많은 기여를 할 수 있을 것으로 보인다.

이와 동시에, 중국 금융시장의 발전에 참여하여 지도하고 있는 사람들은 서구의 경험으로부터 얻은 중요한 교훈들에 주의를 기울일 필요가 있다. 또한 투기로부터 보호하고, 충분한 자본과 효과적인 감독을 유지하며, 가장 중요하게는 합당한 수준의 금융 안정성을 위한 경계를 늦춰서는 안 될 것이다. 성장하여 세계무대에서 효과적으로 경쟁할 만큼 생산적인 경제가 되고자 하는 나라라면 모두 이러한 교훈들을 잊어서는 안된다.

폴 A. 볼커

서문

저우 샤오촨
중국인민은행 총재

중국 금융개혁의 과정을 되돌아보고 미래를 전망해 보면, 한 가지 중요한 결론에 이르게 된다. 즉, 개혁 · 개방을 확고하게 고수하는 것만이 향후의 진전을 가능하게 할 뿐만 아니라 중국의 금융적, 경제적 안정을 보장해 줄 것이란 점이다.

❖ 금융개혁에 관한 기본원칙

최근 몇 년간 중국 금융 시스템의 발전과 시장에의 조응은 대부분 개혁 · 개방 정책의 결과이다. 건강한 금융기관을 육성해야만 우리는 시장에 참여하고, 사업기회를 잡고, 세계경제뿐 아니라 중국의 경제성장을 지원하며, 안전성을 확보할 수 있다.

정부는 최근 금융개혁을 달성하기로 단호하게 결정했음을 확인했다. 동시에 이러한 개혁은 단박에 이루어질 수 없는 기나긴 과정이다. 어떤 조치는 조기에 결과를 낳을 수도 있겠지만, 다른 경우에는 많은 경험의 축적을 필요로 하기도 한다. 다음 단계들은 현재 내려지는 결정들을 이어 받아, 경제와 금융 시스템 모두에서 개혁을 강화하는 일이 될 것이다.

개혁은 시스템 엔지니어링을 실행하는 것이다. 이 과정의 많은 부분은 통합과 매우 광범위한 참여를 요한다. 이런 종류의 개혁에는 분산된 힘에 의존하는 게릴라 작전이 아니라, 모든 역량을 총동원하는 전면전이 요구되는 것이다.

제도적 개혁은 금융 안정성의 초석이다. 금융시장에서의 모든 새로운 발전은 금융 안정성 측면에서는 새로운 도전이기도 하다. 우리는 미국의 서브프라임 모기지 위기와 그에 따른 시장 변동성을 통해 안정성을 확보하는 일이 얼마나 중요한 일인지를 알게 되었다. 금융 안정성은 경제 및 금융기관들의 안전성과 밀접히 관련되어 있다. 중국정부는 세 가지 주요 정책목표, 즉 개혁, 성장, 안정성 사이의 균형을 유지하기 위해 노력해 왔다. "과학적 경제발전관"이라는 문구의 함의 중 하나는 이 세 가지가 적절히 균형을 이루어야 한다는 것이다. 정부주도의 거시경제정책과 스스로 조절하는 미시경제적 힘들 사이의 균형 또한 유지되어야 한다.

지금까지 거둔 개혁의 성과를 통해 우리는 다음 단계의 개혁 · 개방이 성공할 것이란 확신을 갖게 되었다. 개혁된 메커니즘들이 원활히 작동함에 따라 중국은 또한 경제성장 과정에서 개혁 · 개방에 더 큰 무게를 둘 수 있게 되었다. 우리는 이러한 측면에서 더 많은 경험을 쌓게 되었고, 그에 따라 더 강한 자신감을 갖게 되었다.

❖ 10전 전 중국의 금융 시스템

지난 수 년 동안의 중국 금융개혁을 살펴보면서, 10여 년 전의 아시아 금융위기 당시 우리나라의 금융여건을 상기해보는 것이 유용하다. 당시의 상황에 대한 내 개인적인 관찰을 요약해 보면 다음과 같다.

상업은행들의 부실채권비율이 높았다. 위기 당시, 부실채권비율은 25%로 보고되었지만, 회계기준, 대출 분류방법, 전반적인 금융 수준 등의 문제로 인해 시장은 이보다 많은 35-40% 수준으로 평가하고 있었다.

이렇게 높은 부실채권비율이 제시된 것은 주로 상업용 대출과 정책적 목적으로 이루어진 대출들이 서로 뒤섞여 있었기 때문이었다. 이는 또한 당시 만연하던 "신용문화"와 관련이 있었다. 공통되게 회자되던 이야기는 중국에서 은행의 대출들은 주로 "관계대출"(relationship loans), 즉 개인들의 관계에 의해 이루어진 대출이라는 것이었다.

10년 전 상업은행들은 하나의 "기업"으로서 운영되지 않고 있었다. 은행들이 이익을 주된 목적으로 운영되어야 한다는 상부의 지시는 분명히 없었다. 대신, 은행들은 정부기관의 지시에 따라 운영되고 있었다. 아시아 금융위기가 발생하던 당시에 중국에서는 기업에 대한 개혁과정이 벌써 시작되었지만, 아직 큰 진전을 보지 못하고 있었다. 기업지배구조라는 개념은 초보적인 형태로도 제시되지 않고 있었다. 정부와 규제기관들은 적절한 관리방안에 대해서 아무런 지침도 내리지 않고 있었고, 기업들은 어떻게 해야 할지에 대해 각자가 이해한 방식으로 나아가는 것이 보편적이었다. 일반적으로 말해, 당시 금융기관들은 마치 정부기관들처럼 사업목적이 불분명했고, 그러한 목적을 달성하기 위한 동기부여와 억제 메커니즘이 결핍되어 있었다.

법률, 규정, 그리고 규제의 측면에서 중국과 세계 사이에는 큰 격차가 존재하고 있었다. 중국의 회계기준과 국제 회계기준 사이에서 그 간격이 특히나 컸다. 당시 표준적인 대출 분류방식은 주로 대출기간과 관련되어 있었고, 지금처럼 5단계 구조로 나뉘어져 있지도 않았다.

상장기업들의 정보공개 기준이 한심하리만큼 불충분하여, 내부자 거래와 주가조작이 만연했다. 재무 보고서들은 부적절한 회계기준으로 인해 별 의미가 없었다. 당시의 회사법, 증권법, 그리고 파산법과 같은 핵심 법률도 불완전했다.

10년 전 중국의 자본시장은 아직 초기단계에 불과했다. 시장이 미성숙하여 가격결정 메커니즘이 부실했고, 투자원리는 발전되지 못했으며, 문제점들로 가득했다.

아시아 금융위기 당시 규제 시스템 또한 매우 불만족스러웠다. 위기를 지나면서 중국은 좀 더 효과적인 시스템을 어떻게 가장 잘 구축할 수 있을지를 두고 논쟁이 벌어지기도 했다. 규제 시스템뿐만 아니라, 전반적으로 개선된 환경을 마련하기 위한 규칙과 규정이 총체적으로 마련될 필요가 있었다. 전문성을 높이고 규제 목적을 명확히 하기 위해서는 규제 당국자들에 대한 훈련도 필수적이었다. 당시에는 이 모든 것이 결여되어 있었고 위기가 닥치고서야 시급히 요구되었던 것이다. 시스템, 조직, 규정과 절차 등을 구축하는 일이 아시아 금융위기 동안 부과된 핵심 과제였다.

특정 행위를 억제하고 성과를 평가하기 위한 메커니즘이 불충분했다. 실제로 정확히 어떤 종류의 메커니즘이 금융기관에 대해 적용되어야 하는지 분명치 않았다. 위기기간 중 어느 특정 금융기관을 평가함에 있어서 중국정부가 적용한 핵심 기준은 포트폴리오에서 부실채권이 차지하는 비율이었다. 하지만 부실채권 가운데 어떤 대출이 정책성 대출이고 어떤 대출이 상업성 대출인지를 파악하기가 어려웠다. 부실채권의 원인을 구분하는 것도, 책임을 묻는 것도, 그리고 부실채권에 대한 균형잡힌 규정을 어떻게 마련할 수 있는지도 알지 못하고 있었다. 사실, 부실채권에 초점을 두는 것은 행위를 제약하는데 있어서, 그리고 은행의 건전성을 평가하는데 있어서 결코 간단히 적용될 수 있는 방법이 아니었다. 바젤I 협약이 정한 적정 자기자본비율 규정과 금융기관들을 제약하고 평가하는데 있어서 핵심적인 규제원칙들을 적용하는 것이 시급한 과제가 되었다. 동시에, 당시 수많은 상업은행들의 자기자본비율이 음(–)이었기 때문에 그것들을 시행하는 것도 쉽지 않았다.

10년 전에는 경제 전체에 걸쳐 상대적으로 심각한 금융억압이 존재하고 있었고, 금융 서비스 및 도전들에 대응하기 위한 혁신역량이 불충분했다. 금융기관들이 건강하지 못했고, 규제도 불충분해 개혁에 저항하는 금융억압이 매우 강했던 것이다. 기본적으로, 우리는 더 심한 문제가 발생하리라는 두려움에서 벗어나기 위해 필요했던 시장과 금융상품의 발전을 촉진할 수 없었고, 실제로 많은 문제들이 대두되었다. 어떤 금융기관은 신상품 출시를 원했고, 어떤 거래소는 새로운 파생상품 거래를 원했지만, 당시에는 그 어떠한 허가신청도 4-5년 안에 인가가 날 가능성이 희박했다. 그 이유는 금융기관들이 건강하지 못했고, 위험은 과도하게 집중되었으며, 많은 사람들이 새로운 상품이 위험에 봉착할 것이라 생각하고 있었기 때문이었다. 한 가지 중요한 이슈는, 복잡한 새로운 상품들은 소매 매입자들에게 판매될 수 없었기 때문에, 기관투자자들의 성장을 촉진해야 한다는 점을 중국이 이해하고 있었다는 사실이었다. 하지만 당시 중국의 기관투자자의 수는 극도로 적었고, 금융억압으로 인해 이들의 성장도 어려웠다.

아시아 금융위기 당시 위안화에 대한 신뢰가 추락했다. 중국의 무역수지가 1990년대에 들어 흑자를 유지하고 있었고 외국의 기업가들도 중국에 투자하고 있었음에도 불구하고, 국제수지표를 자세히 살펴보면 1990년대 대부분에 걸쳐 국제수지는 적자였고, 때로는 자본유출이 극심하기도 했다. 이는 위안화에 대한 신뢰가 부족하여

자본도피 경향이 매우 강했음을 보여주는 것이었다. 이러한 조건 하에서, 통화정책은 상대적으로 긴축적이었다. 중국의 기업인들이 국제 시장에 참여하여 기회를 잡을 가능성이 희박했다.

은행업의 운영에 대한 행정적 간섭이 당시만 해도 아직 만연해 있었다. 1993년부터 중국은 국가(정부)와 비즈니스(기업)의 분리를 촉진하고, 상업은행들의 상업성 대출에 대한 정부의 개입을 억제하기 시작했다. 중앙정부는 실제로 이 방향으로 운영되기 시작했다. 하지만 지방정부의 대응방식에는 큰 차이가 있었다.

따라서 아시아 금융위기 동안 주요 개혁과제 중 하나는 대출결정 과정에 행정적 압력을 행사하지 말라는 중앙정부의 요구를 지방정부가 따르도록 하는 것이었다.

❖ 중국 금융개혁의 속도

중국 금융개혁이 시작되던 시점(아시아 금융위기 당시)에 대한 앞 절의 논의를 통해, 어떤 조치들이 시급했었는지를 알 수 있다. 많은 국제기관들이 당시의 상황을 암울하게 묘사하고 있었다. 다음과 같은 세 가지 기본적인 평가가 제시되고 있었던 것이다. (1) 중국의 금융제도는 언제라도 터질 수 있는 대형 폭탄과 같다; (2) 중국의 상업은행들은 기술적으로 지급불능 상태다; (3) 중국의 금융제도는 경제성장에 장애물로 되어, 경제 발전에 기여할 수 없게 되었다.

이러한 상황에서 중국정부는 개혁을 실행하기로 결정했다. 문제가 다면적이었기에, 통일되고 체계적이며 총제적인 접근이 필요했다. 그것은 여러 층위를 거치면서 신중하게 설계되고 조직되며, 실행될 필요가 있었다. 아시아 금융위기는 수많은 아시아 국가들에게 큰 충격이었으며 중국도 예외가 아니었다. 많은 관측통들은 중국에 대한 영향이 제한적일 것이라고 생각했지만, 수많은 기업들이 심각한 손실을 입었다. 소비자들의 신뢰가 훼손되었고, 경제는 디플레이션으로 들어서는 등, 사실상 중국에 대한 충격은 매우 컸다. 하지만 다른 시각에서 보면, 이 경험을 통해 개혁의 시급성을 쉽게 인식할 수 있었다고도 할 수 있을 것이다.

당시 거대한 중압감에서 개혁결정이 내려지긴 했지만, 개혁 조치들은 신속한 실행이 필요한 개혁과 보다 신중한 접근이 필요한 개혁으로 구분되었다. 후자의 개혁과 관련하여, 중국 속담이 이르는 것처럼, 더 빨리 자라라고 자라고 있는 새싹을 잡아당길 수는 없다. 이는 그저 뿌리를 뽑는 것일 뿐이다. 장기적 개혁에는 신용문화의 변화, 기관투자자의 발전, 합리적 의사결정을 위한 투자자 교육, 기업지배구조의 개선 등이 포함되었다. 이러한 개혁들은 오랜 시간이 필요한 일들이다. 당시만 해도 기업지배구조를 개혁할 수 있는 인력조차 모으기 힘든 것이 보통이었다. 이사회의 독립이사나 사외이사들에게 관련 업무를 배우게 하고, 이사회의 책무를 이해시키며, 합당한 회의 진행은 어떻게 하는지 등등을 가르치기 위해서, 이들을 현지 대학의 특별과정에 등록시켜 교육해야만 했다. 10년 전에는 극소수를 제외하고는 대차대조표와 재무보고서를 평가하는 일에 대한 경험이 부족했다.

개혁이 더욱 시급했던 측면들도 있었다. 그러한 일들은 시급히 조치가 취해져야 할 뿐만 아니라 하루 속히 결과를 봐야 할 필요가 있는 것들이었다. 정부정책을 추진하는 과정에서 이루어진 정책성 대출과 상업성 대출을 분리하는 일이 그러한 시급한 문제들 가운데 하나였다. 상업금융은 비즈니스 기업들의 요구를 충족시켜주는 방향으로 발전되어, 진정한 상업적인 길로 가도록 강제되어야만 했던 것이다.

두 번째 과제는 획기적인 방식으로 금융기관들의 대차대조표를 청소하는 것이었다. 아시아 금융위기와 일본의 경험 모두가 입증한 것처럼, 우물쭈물하는 조치는 역효과만 낳을 뿐이었다. 조치가 단호하지 않으면, 그러한 문제들이 오랫동안 해결되지 않은 채 잔존할 것이었다. 그렇게 되면 대차대조표의 문제가 전반적인 경제성장을 지원하는 금융 시스템의 역량에 영향을 미칠 것이다. 위기 당시에 금융기관들은 자신들이 처한 시급한 문제에 급급하여 경제를 건설할 능력이 없었다.

세 번째 과제는 법률과 규제, 회계기준, 정보공개 의무, 대출분류, 세제 등을 비롯한 모든 종류의 현대적 표준을 구축하고, 이와 동시에 기업지배구조에 대한 지침을 마련하는 일이었다. 실제에서 중국은 이러한 문제를 매우 당차게 처리했지만, 그러한 표준들을 신속히 구축하는 것과 그 표준들을 적용하는 것은 별개의 문제였다.

네 번째 과제는 규제를 강화하는 일이었다. 금융기관들 스스로 규제요건을 만족시킬 수 있는 인적자원을 개발하도록 하는 한편, 과거의 경험으로부터 교훈을 배우고 금융규제의 조직적 구조를 변화시키는 일이 필수적이었다.

다섯 번째 과제는 규제 메커니즘을 구축하여 적정 자기자본비율을 준수하게 하는 일이었다. 이는 뱅킹 시스템과 증권업 및 보험업이 바젤 협약 및 메커니즘을 강력히 준수하도록 하는 것이었다. 이러한 메커니즘 없이는 금융기관의 발전은 매우 느려질 것이다.

❖ 중국 금융개혁의 주요 측면

이와 같은 고려 하에서, 중국 금융개혁의 주요 구성요소에는 다음과 같은 이슈들이 포함되었다.

1. 은행들의 정화와 구조조정, 그리고 이러한 개혁의 전제조건을 마련하기 위한 거시경제정책의 개선, 그 다음으로 국유상업은행들의 재무상태 재구성. 중국교통은행, 중국은행, 중국건설은행 등이 이러한 절차를 따른 최초의 은행들이었으며, 후에 중국공상은행도 그 뒤를 이었다. 이러한 금융개혁 과정은 아직 진행 중에 있으며, 다음 차례는 중국농업은행이 될 것이다.
2. 증권사와 보험사를 비롯한 새로운 양식으로 거듭난 금융기관들을 가능한 범위 내에서 주식회사로 전환하기. 이러한 정책에는 주식시장 상장, 관리 메커니즘의 실행, 적절한 기업지배구조의 구축 등이 포함된다. 전통적인 영향력들을 고려할 때, 주식보유 제도 없이 그리고 상장되지 않고서는, 기업지배구조가 정착되기는 어려울 뿐만 아니라 진지한 외부의 감시와 규제 또한 실현되기 어렵다. 이와 동시에, 대외 개방과 관련된 여러 조치들이 기업지배구조의 확립과 안착을 촉진하는데 도움이 된다.
3. 모든 종류의 표준과 규칙에서의 진정한 변화. 아시아 금융위기 이후, 중국은 여러 번에 걸쳐 회계기준을 개정했고, 이러한 개정으로 중국의 기준이 크게 개선되어 국제기준에 접근하게 되었다. 대출의 분류와 관련하여, 중국은 5단계 분류법을 엄격히 고수하기 시작했고, 바젤협약에 따른 적정 자기자본비율 요건을 충족시키도록 했다. 개혁은 이러한 결과를 달성하기 위한 분명한 일정 계획표를 작성하도록 했다. 현재 대부분의 은행들이 바젤I 기준에 부합하고 있으며, 대형은행들은 2-3년 안

에 바젤II 기준을 충족할 것이다. 아울러, 정보공개 요건과 기업지배구조 규제에서도 진전이 이루어졌다.

4. 규제의 강화. 2003년 중국은 은행감독관리위원회를 설립하고 규제의 조직적 구조를 강화했다. 동시에 이는 규제원칙을 명확히 하는 것이기도 했다.
5. 통화정책의 지도 메커니즘 강조. 거시경제적 대책은 금융기관들의 건전성과 조화를 이루어야 한다. 또한 금융기관들은 정부의 통화정책 지침에 합치되는 방식으로 시장에 접근해야만 한다.
6. 낡고 과다한 행정규제의 철폐. 금융기관들이 건강하게 운영되고 있음이 확인되면, 이들이 국제시장에 보다 많이 참여하고, 각자의 영업부문에서 국제기관들과 경쟁하며, 상품 및 조직적 혁신에 몰입하는 것이 장려되어야 한다. 중국의 상황은 변했다. 우리가 새로운 단계로 나아가려 할 때마다 항상 행정적 심사와 승인을 받을 수는 없는 일이다. 시장진입, 신상품 출시, 외환관리 등이 그런 것들이다. 이 모든 것들은 이제 새로운 방향으로 나아가야 하고, 시장의 힘에 조응해야 한다.
7. "금융 생태계"(financial ecosystem)의 개선. 과거에는 행정적 개입이 특정 금융업무와 특정 지역에 집중되어 있었다. 부채와 관련된 여러 경우에는 지방정부가 보증을 제공했다. 때때로 이의 부적절한 실행은 전국 단위의 금융기관들이 지역적 기반의 이점을 이용하고 있음을 의미했다. 지방 수준의 정부들은 이것이 큰 문제가 아니라고 생각하는 경향이 있었지만, 이러한 인식에 있어서 큰 변화가 시스템 전체에 걸쳐 널리 퍼졌다. 적절한 행정적 집행과 신뢰가 형성되어야만 더 많은 금융자원이 지역발전에 투입될 것이란 점이 인식되기 시작한 것이다. 지방의 금융 생태계가 잘 관리되고, 행정적 개입이 최소화되며, 행정집행이 적절하고, 신뢰가 강조될 때에야 비로소 미래에 더 많은 자원이 활용될 수 있을 것이다. 또한 그러한 연후에야 비로소 지역 경제가 전진해 나갈 수 있을 것이다. 이러한 변화는 아시아 금융위기 이후 등장한 매우 중요한 인식의 전환을 상징하고 있다.

❖ 중국 금융개혁에 대한 체계적 접근

아시아 금융위기 이후에 실시된 중국 금융개혁의 내용과 구성을 살펴보면, 우리는 중국정부가 순차적인 방식으로 개혁을 추진해 왔음을 알 수 있다. 어느 한 가지 개혁은 다음의 개혁과 연계되어 있었기에, 신중한 연구와 설계에 따라 지도되었고, 또한 기타 조치들과 조화를 이루는 조직적 방식으로 실행되어 왔다. 당연히도 경제와 금융의 발전과정에서 수많은 예상치 못한 일들이 발생했다. 그럼에도 불구하고, 일반적으로 말해, 이 과정은 체계적 개혁의 긍정적인 경험에 의해 이끌어져 왔다.

중국 금융기관들을 건강하게 만든 것은 그들에게 국제시장에 참여할 수 있는 기초를 제공한 것이었다. 하지만 우리는 위험과 금융 안정성에 대해 고도의 경계를 유지해야 한다. 최근 국제금융 시장의 극단적인 혼란은 시장이 종종 안정적이지 못하다는 점을 상기시켜 주었다. 위험을 완화하고 건전성을 유지할 수 있는 금융기관들의 역량과 정부의 거시경제정책은 금융안보에서 극단적으로 중요한 측면이다.

우리는 현재 진행되고 있는 금융의 개혁 · 개방 정책을 지속적으로 추진해 나갈 것이다. 2007년 1월, 베이징에서는 금융공작회의가 개최되었다. 이 회의를 통해 자본시장의 추가적 발전, 보험산업 구축, 국가발전은행의 개혁, 예금보험 설치 등을 포함하는 다음 단계의 개혁들이 조율되었다. 미래의 어떤 단계들은 예측 가능하다. 하지만 세계경제는 우리에게 끊임없이 새로운 도전과 여건을 던져 준다. 어려움에 봉착하더라도, 우리는 적절히 조정하여 금융의 개혁 · 개방을 향해 끊임없이 전진할 것이다.

개요 | 중국의 부상하는 금융산업과 그 시사점

주 민

중국은행 부행장

개혁정책이 시작된 1978년 이후 중국경제의 성장은 폭넓게 인정되고 있다. 이 경제는 지난 30년간 연평균 9.6%라는 놀라운 성장을 유지해 왔던 것이다. GDP는 2008년 4조 달러에 이르러 미국(약 14조 달러)과 일본(약 4.3조 달러) 다음으로 세계 3위[2010년 말에는 세계 2위가 되었다–역자]의 경제대국이 되었다. 이 기간 동안의 체제 개혁은 근본적인 변화를 낳았고, 가장 중요하게는 과거의 계획경제체제로부터 벗어나게 되었다. GDP에서 국유기업의 생산이 차지하는 비율이 1978년 89.1%에서 하락하여 2008년에는 9.7%에 불과했다. 1978년 중국의 농업, 공업, 서비스의 부문별 GDP는 각각 28.2%, 47.9%, 23.9%였지만, 2007년 이 비율은 각각 11.3%, 48.6%, 40.1%로 변화되었다.

도시화가 놀랄만한 속도로 진행되었다. 1978년에는 중국인구의 18%가 도시에 거주했지만, 2007년에는 전체 인구의 거의 절반인 44.9%가 도시지역에 거주하게 되었다. 중국의 "개방"정책으로 인해, 국제무역이 30년간 연평균 23.6%로 성장해 왔고, 그 결과 총 무역규모는 1978년 GDP의 9.7%에서 2007년 66.4%로 증가했다. 아울러 중국의 재정적자는 겨우 GDP의 1.1% 미만 수준에서 유지되었음에도, 안정적인 거시경제정책을 지속할 수 있었다. 인플레이션도 매우 낮은 수준에서 유지되었다. 소득은 지속적으로 증가했다. 280달러에 지나지 않던 1978년의 1인당 GDP는 2008년 3,180달러로 증가했다. 3억 인구가 가난에서 벗어났으며, 중국의 평균 기대수명은 1978년 68세에서 2007년 73세로 늘어났다.

이러한 수치들은 대단한 것이었다. 그러나 중국의 금융산업은 훨씬 더 큰 변화를 겪어왔다. 1978년까지는 중국인민은행이 중앙은행, 상업은행, 그리고 금융과 관련된 모든 역할을 담당하고 있었다. 지금 중국은 여러 금융기관들 즉, 독립적인 중앙은행, 국가정책 사업에 대한 자금조달 기능을 담당하는 정책은행, 대형 상업은행, 주주소유의 중형 상업은행, 소규모 도시형 은행들, 그리고 농촌신용협동조합 등으로 이루어진 은행업 구조를 가지고 있다. 은행산업의 총자산은 1978년 1,155억 위안에서 2007년 52조 위안으로 증가했다. 이러한 자산의 500배 증가는 그것이 연평균 약 20%씩 성장해 왔음을 의미한다. 중국 국민들의 저축성 예금은 1978년 211억 위안에서 2007년 17.25조 위안으로 연평균 25%씩 성장하여, 800배로 증가했다. 중국의 주식시장은 상하이 증권거래소가 설립된 1990년 후반 무(zero)의 상태에서 시작됐다. 2007년 말 이 거래소에서는 1,550개의 상장사와 1.32억여 개의 개인 투자계정이 존재하게 되었다. 상하이 증권거래소의 시가총액은 32.7조 위안으로 중국 GDP의 140%에 달하게 되었고, 상하이 증권거래소는 세계 제5위의 증권시장이 되었다. 1972년 중국이 국내외 부채를 갖고 있지 않다고 선언한지 25년이 지나, 중국은 이 모두를 지고 있다. 1981년 중국은 처음으로 국채 발행을 재개했다. 그 후, 채권시장은 모든 형태의 국채, 회사채, 단기어음(bills), 그리고 자산담보부증권(ABS) 등 12.3조 위안 즉, GDP의 47%에 해당하는 규모의 채권를 보유하게 되었다. 이것은 금융 역사상 가장 극적인 변화 중 하나였다.

이 책『부상하는 중국 금융시장』의 개요에서 나는 중국의 지난 30년 동안의 금융부문 개혁을 검토하고, 교훈을 정리하며, 미래를 생각해 보기로 한다. 제1절에서는 중국의 금융개혁을 살펴본다. 제2절에서는 중국 금융부문의 대외개방을 논의하고, 제3절에서는 금융산업이 직면한 새로운 도전을 요약한다. 제4절에서는 금융산업의 미래를, 글로벌 통합이 미칠 영향을 특히 고려하여 고찰한다.

❖ 1. 개혁과정 동안의 성장

은행부문

중국 은행부문의 개혁은 중국 경제제도의 급격한 변화를 배경으로 30년에 걸쳐 추진되었다. 순차적이고 체계적으로 이루어진 개혁은 시스템 전체의 성장을 촉진했다. 1978년 개혁 · 개방이 시작되기 전, 중국은 여러 기능을 가진 오직 단 하나의 은행인 중국인민은행만이 존재했다. 중국인민은행의 구조 내에서 중국은행은 외환을 전담했다. 중국농업은행은 농업과 농촌지역을 전담했다. 재정부 산하의 중국건설은행은 국가경제계획에 따라 고정자본투자에 대한 정부자원의 관리와 배분을 위해 설립되었다. 1979년 중국농업은행은 농촌지역에서 모든 대출을 제공하는 기능을 가진 별도의 은행으로 재설립된 첫 기관이었다. 1983년에는 중국은행은 중국인민은행으로부터, 중국건설은행은 재정부로부터 분리되었다. 중국공상은행은 1984년 중국인민은행으로부터 분리되어 독립된 기관이 되었고, 과거 중국인민은행이 담당했던 금융활동을 수행했다.

이후 중국의 은행부문은 4개의 거대 은행으로 구성된 구조를 갖추게 되었고, 이들 각각은 전문 기능과 독립된 임무—상공업에 유동성 제공, 농업과 농촌지역에 대한 대출, 외환 공급, 기초 인프라 건설에 자금 제공—를 수행했다. 1985에서 1993년까지 이 4대 은행은 "경영" 개혁을 실시하여 운영절차의 측면에서 기업으로 전환되었다. 이로써 은행들은 관료주의적으로 경영되던 국가조직으로부터 기업으로 전환되었고, 금융자원을 배분할 뿐만 아니라 그 자금들에 대해 책임을 지는 조직으로 변신했다. 여기에는 전면적인 경영개혁이 포함되었다.

1994년 국가발전은행, 농업발전은행, 그리고 수출입은행 등 3개의 정책은행이 공공정책 수행을 위해 설립되었다. 이들 은행은 4개의 대형 전문은행들의 정책금융 업무를 인수했다. 이에 따라 4대 은행들은 1994년에서 2002년 사이에 점진적으로 본격적인 종합 상업은행으로 진화하여, 상공업에 자금을 제공하는 일에 종사하기 시작했다. 2003년 은행법이 공포되어, 중국에서는 최초로 중국 상업은행들의 권리와 의무를 법률적 형식으로 확정했다. 같은 해 중국은행감독관리위원회(이하 은감위)도 설립되었다. 2004년 1월 중국은행과 중국건설은행은 "주식회사 전환" 개혁의 시범사례가 되었다. 정부는 외환보유고 자금을 이용하여 각 은행에 대해 225억 달러 규모의 자본을 확충해 주었다. 그 결과 2004년 8월과 9월에 중국은행과 중국건설은행은 주식제 기업이 되었다. 2005년 10월에는 중국건설은행이, 2006년 6월과 10월에는 중국은행과 중국공상은행이 각각 홍콩과 상하이 증권거래소에 상장되었다. 이러한 역사적 조치는 중국의 국유상업은행들을 주식회사로 전환시키데 있어서 획기적인 진전을 대표했다.

1987년에 중국건설은행이 재조직되어 새롭게 탄생되었는데, 이는 국가소유이지만 개혁을 단행한 중국 최초의 주식제 상업은행이었다. 그 후, 중국 국제투자신탁공사, 머천트은행, 선전발전은행, 지방은행에서 출발하여 점차 전국 단위의 은행으로 발전한 12개의 여타 은행들이 주식제 상업은행으로 설립되었다. 1996년에는 정부가 주식을 소유하지 않은 최초의 민간은행이 설립되었다. 현재 은행 시스템의 근간은 기본적으로 완성되어 있고, 그 안에서 지방에 근거하여 발전한 주식제 상업은행들이 중국 은행부문의 제2선을 형성하며 국유은행들이 계획경제체제 하에서부터 유지해 온 독점을 무너뜨리고 있는 중이다. 중국 은행부문의 제3선에는 도시상업은행들, 농촌상업은행들, 체신저축기관들 등이 포진해 있다.

도시신용협동조합은 붐을 일으키고 있던 사기업들에게 금융을 지원하기 위해 1980년대 중반 빠르게 성장했다. 그러나 이들은 소규모였기 때문에 영업비용이 많이 들고 주식소유구조가 문제가 되는 경우가 자주 발생했다. 1995년부터 도시신용협동조합은 해당 지역의 기업들, 일반인들, 지방정부를 비롯한 다양한 투자자들로부터 투자를 유치하여 합병하고 통합하여 도시상업은행으로 발전했다. 이렇게 급성장하는 은행들은 현재 대차대조표를 재편하여 주식시장에 상장하고자 부단히 노력하고 있다. 닝포은행, 난징은행, 베이징은행 등은 이미 성공적으로 상장을 마쳤고 지역을 넘나드는 영업전략을 적극적으로 추구하고 있다.

1980년대 중반 농촌의 금융개혁이 시작된 후, 농촌지역들에는 다양한 금융기관들이 각 지역의 다양한 참여로 설립되었다. 2007년에는 체신저축기관이 합병되어 체신저축은행(Postal Savings Bank)이 되었고, 기타 향(village, 鄕)에 기반을 둔 미소금융은행들의 성장도 시작되었다.

2007년 말까지 중국의 은행 및 금융기관들의 총자산은 52.6조 위안으로, 이 가운데 대출이 49.6조 위안, 주식이 3조 위안을 차지했다. 이 부문에는 8,877개에 달하는 등록법인기관들이 포함되어 있다. 189,921개의 지점을 가진 영업망은 2,696,760명의 직원을 고용하고 있었다.

2008년 기준으로, 중국의 3대 국유정책은행은 총 은행자산의 8.1%를 보유했다. 5대 대형 상업은행의 총자산은 28조 위안으로 전체 은행산업의 53.3%를 차지했다. 저축성 예금은 약 40.1조 위안으로 은행부문 전체의 55.5%, 대출은 27.8조 위안으로 49.9%를 차지했다. 이 5대 상업은행 망에는 모두 67,392개의 영업점(전체 은행 영업점의 35.8%)와 1,492,000명(총 은행 종사자의 55.3%)의 직원이 포함되어 있다. 12개 지방 상업은행들은 은행부문 총자산의 13.8%를 차지했다. 또한 124개의 도시상업은행들은 은행자산의 6.6%를 차지하고 있었고, 도시신용협동조합의 수는 42개였다.

2007년 말까지 농촌지역에서의 금융개혁이 계획대로 진행되고 있어, 농촌신용협동조합에 대한 성(省) 수준의 관리감독 체계가 형성되었다. 8,348개의 농촌신용협동조합, 17개의 농촌상업은행, 113개의 농촌신용협동조합, 19개의 향진은행 등이 활동하고 있다. 농촌금융기관들은 전체 은행부문 자산의 10.6%를 차지하고 있다. 여기에 더해서, 2007년 말 기준 중국의 은행산업에는 4개의 대출전업사, 8개의 현(縣) 단위 농촌상호금융, 54개의 신탁회사, 기업집단이 보유한 73개의 금융사, 10개의 금융리스사, 2개의 통화중개사, 9개의 자동차금융사, 1개의 체신저축은행, 4개의 금융자산관리사, 그리고 29개의 외국인투자금융기관 등이 있었다. 1978년 단일은행으로부터 중국 은행산업의 구조는 확실히 진보했다.

증권업

중국의 자본시장은 26년 전 무(zero)에서 출발했다. 오랜 단절의 시기를 거쳐, 1981년 국채가 최초로 발행되었고, 상하이 주식시장은 1990년 12월에 개설되었다. 이 기간 동안 시장은 좀 더 유기적인 방식으로 성장할 수 있는 시스템과 메커니즘을 창조해 냈다. 중국의 시장은 변화가 진행되고, 개혁이 심화되는 와중에 발전했다. 이 시기는 또한 요동의 시대이며 변동성이 큰 글로벌 환경에 직면하기도 했으며, 때로는 오류를 범하기도 했던 시기였다. 정부의 지원은 이러한 발전의 추동력이었고, 결과를 유도하기 위해 시장을 이용했고 선별된 시범 기업부터 시작했다. 이 과정에서 국내의 문제와 "개방"정책 모두가 지속적으로 중시되었다. 중국 자본시장은 중국 내부의 개혁을 추진하는 동시에 세계경제와 보조를 맞추려는 시도가 이루어지면서 발전해 왔던 것이다.

중국의 증권 및 선물시장은 경제성장에 따른 수요의 거대한 증가와 함께 발전했다. 1981년 7월, 개혁 · 개방의 필요성에 따라 중국은 10여 년 전 중단된 국채 발행을 재개했다. 1981년, 정부는 총 148억 위안의 채권을 발행했는데, 이는 48.66억 위안의 국내채권과 국제시장에서 판매된 99억 위안의 외화채권으로 구성되었다. 중국의 경제발전이 재개된 초기에는 경제성장을 위한 자금조달을 위해 국유상업은행이 필요했고, 1985년 7월 중국농업은행은 15억 위안의 채권을 일반대중에게 판매하기도 했다. 이것이 중국의 현대적 채권업의 시작이었다. 그 후, 대형 국유상업의 예금이 급격히 증가함에 따라, 이들이 자금조달시장에 의존할 필요가 없어졌다. 금융채는 예금을 취급하지 않은 정책은행의 주된 자금조달 수단이 되었다.

1980년대 중반, 중국에서는 중국경제의 빠른 성장으로 인해 금융에 대한 큰 수요가 발생했다. 국가계획상 중요한 인프라 건설 사업에 부족한 자본을 보충하기 위해 1987년 정부는 전력, 철강, 비금속, 석유화학산업 관련 채권을 포함한 국유대기업들의 채권을 발행하기 시작했다. 그러한 회사채의 규모가 1987년 45억 위안이었다. 여기서 중국건설은행이 회사채 배분 대리기관의 역할을 수행하며 지원업무를 담당했다. 2005년 중반, 중국인민은행은 단기채의 절차를 표준화하기 시작했다. 2007년 8월, 중국증권감독관리위원회는 "회사채 발행을 위한 시범 프로그램 방법"이라는 문건을 공포했다. 이것이 중국에서 회사채 발행의 공식적인 개시이다. 1987년으로 돌아가 보면, 국채 또는 재정채권의 유통시장이 개설되어 국채 거래가 시작되었다. 2002년에는 상업은행들이 장외거래(OTC)의 형태로 국채 거래를 시작했으며, 2005년에는 은행간 채권시장이 개설되어 부채수단들의 장기적 거래가 시작되었다.

중국의 증권시장은 경제개혁이 이루어지고 경제성장이 견고하던 시기에 태동했다. 이러한 두 가지 배경은 기업금융 수요를 크게 증가시켰다. 1980년대 초, 경제는 강한 성장세를 나타냈지만, 은행대출은 아직 경제계획과 정부의 억제에 의해 제한되었다. 그 결과 기업들의 주식에 대한 투자가 가능한 자생적 시장이 발전했다. 정부는 중소기업 중에서 시범 케이스를 권장했다. 1984년 11월, 중국 최초로 기업의 주식이 발행되었다. 이것은 상하이에 있는 "플라잉 뮤직"이라는 테이프 녹음회사였다. 1985년 1월, 상하이 얀쯔홍사는 일반인에게 주식을 공개한 첫 번째 집체기업이 되었다. 1986년 9월, 중국공상은행 산하의 상하이투자신탁회사의 징안 증권부는 증권업무의 시작을 선언하여, 중국 최초로 승인된 증권중개기관이 되었다. 주식을 발행하는 회사와 장외거래가 증가함에 따라 업무 표준화와 유동성 증진을 위해 1990년 12월에는 상하이 증권거래소가 개설되었다. 1991년 7월, 9개의 종목으로 구성된 지수가 만들어지고 있다고 공표되었다. 1991년 4월에는 선전 증권거래소가 개설되었다.

주식시장은 이러한 두 거래소의 설립 이후 빠른 속도로 발전했으며 규제의 문제가 중국에게 중요한 문제로 부상했다. 1992년에는 중국증권감독관리위원회가 설립되어 전국의 모든 증권 및 선물 영업을 통합적으로 규제할 수 있는 권한을 부여 받았다. 1993년 상하이 증권 거래소는 공업, 상업, 부동산, 공공사업, 종합지수 등 5가지의 주가지수를 발표하기 시작했다. 중국의 첫 증권법은 1999년 7월 발효되었다. 2002년 1월 중국증권감독관리위원회(이하 증감위)는 "증권회사 관리방안"을 공포하여, 금융기관을 위한 인허가절차, 영업규제, 개인들에 대한 관리, 위험관리 등을 비롯한 금융사업 전반에 관한 규칙과 규정을 제시했다. 2001년 3월, 중국증권등기결산공사가 증권법과 회사법의 요구에 따라 설립되었다. 이 기관은 거래소 상장주식의 등록과 결제를 담당했다. 2002년 10월, 증감위는 중국 내에서의 매수 및 합병과정과 기업 구조조정을 돕는 두 가지 문건을 발간했고, 2002년 11월에는 회사채 관련 두 가지 추가 규칙이 발효되었다. "상하이 증권거래소에서 거래되는 회사채에 대한 규칙"과 "선전 증권 거래소에서 거래되는 회사채에 대한 규칙"이 그것이었다. 2002년 5월, 중국 증감위는 "주요 구조조정과 주식발행 기업을 위한 업무 절차"를 공포했다. 상장기업의 정보공개에 대한 감독을 강화하고 시장에 대한 경고 메커니즘을 구축하기 위해 상하이 및 선전 증권 거래소는 2003년 4월 관련 문제에 대한 고시를 제정했다. 이것은 "상장폐지 가능성의 위험에 대한 대중의 인지 증진과 관련된 문제에 대한 고지"라 불렸다.

또한, 거래소는 "상장폐지되는 기존 주식의 위험을 관리하는 특별조치"를 제정하고, 대상 기업 앞에 이를 표시하기 위해 기호 *ST를 붙였다. 이것은 중국 자본시장의 독특한 특징 중 하나였다. 2003년 10월, 중국투자펀드법이 통과되었다. 이는 증권법의 공표와 실행 이후 중국 자본시장 발전과정 상의 중요한 또 하나의 이정표가 되었다. 2004년 5월, 선전 증권거래소는 중소기업들의 주식거래를 위한 중소기업판의 개설을 인가했다.

역사적인 이유로 인해 초기에 상장하기로 결정했던 기업들은 당시 거래소에서 거래되는 신주(新株)만을 발행했다. "구주(舊株)"는 이 회사들의 직간접인 명령으로 인해 유통되지 않았다. 이러한 조치는 국유기업들이 자신의 지분 또는 대주주로서 지위를 상실할 지도 모른다는 우려가 반영된 것이었다. 그 결과 세 가지 종류의 주식, 즉 "유통주"(시장에서 거래가 가능한 주식), "국유주"(정부가 보유하고 시장에서 거래지 않는 주식), 그리고 "법인주"(국유기업, 기업집단의 한 기업 또는 사기업을 비롯한 다양한 소유자가 보유하고, 유통되지 않는 주식)가 존재하게 되었다. 유통주식은 2004년 말 기준 상장기업 총주식 가운데 36%에 불과했다. 국유주가 47%, 법인주가 17%를 각각 차지하고 있었다. 정부는 명시적으로 국유주의 유통을 금지한 것은 아니었지만, 사실 이러한 문제를 다루는 명확한 규칙은 없었다. 그 결과 이들은 기본적으로 유통에서 "제외된" 상태가 되어, 유통되는 주식의 일부가 되지도 못하고 지배주식의 소유권을 희석시킬 수도 없었다. 그 결과 국유주와 법인주의 절대 다수가 사실상 거래되지 못하고 있었다. 이는 주식의 소유패턴을 왜곡하고 상장기업들의 지배구조에 극단적 결함을 야기시켰다. 실제로 거래 가능한 상장주식의 비중이 매우 작았다. 이는 시장의 가격결정 기능을 왜곡하고, 주가 투기를 확대시키며 시장 조성자의 조작 가능성을 낳았다. 비유통주의 압도적 규모로 인해 내부자 조작 또한 가능했다. 특정 기업의 주식이 동일한 권리나 권한을 가지지 않았기 때문에 단일의 지배주주가 존재하는 현상이 일반적이었다. 유통주를 보유하는 중소 주주의 법적 권리가 심각하게 짓밟힌 것이다.

이 시스템은 결국 멈추고 말았다. 이 문제로 2001년에서 2004년 사이 시장이 침체되었고, 문제가 빈번히 발생했다. 차환은 어려웠다. 이러한 상황에서는 정부가 기업

개혁과 사회보장에 금융적 지원을 하기도 어려웠다. 2005년 4월, 증감위는 "상장기업 주식배분 개혁 시범에 관한 통지"를 공포하고, 선정된 기업들을 대상으로 주식배분 개혁을 실행했다. 주식배분 개혁은 유통주와 비유통주 사이의 체계적 차이를 제거하는 것을 목표로 했다. 이는 "같은 주식이지만 불평등한 권리", 그리고 "같은 주식이지만 불평등한 편익"이라는 차별을 제거했다. 궁극적으로 이는 상장사들의 모든 주식을 유통시킬 수 있게 만들었다. 시장의 이중가격체계로부터 동일한 주식이 동일한 권리를 가지는 통합된 시장가격 체계로 변경되었으며, 중소 주주들의 권리가 보호받게 되었다. 이로써 기업의 지배구조가 개선되고 국유주의 축로라는 새로운 길이 열렸다. 주식배분 개혁은, 비유통주의 유통주 전환을 허용하기 위해 비유통주 주주들로 하여금 유통주에 대해 일정한 보상을 하도록 하는 방식을 취했다. 각 기업의 구체적인 내용은 주주총회와 이사회에 의해 결정되었다.

증감위는 이를 중국 증권시장을 더욱 개혁하기 위한 기회로 활용했다. 동 위원회는 주식개혁의 기준을 따르지 않는 기업들은 요구되는 지위를 얻기 위해서 전면적인 개혁 및 재조직화를 단행하도록 했다. 동시에 이 위원회는 정보공개 관련 요건을 확대하고, 불법행위에 대한 처벌을 강화하면서 기타 유용한 조치들를 취했다. 2006년 말 기준, 상하이 및 선전 증권거래소의 총 1,269개 기업이 주식배분 개혁을 마쳤거나 시작했다. 이들 기업의 시가총액은 전체의 97%로, 이때 주식배분 개혁 작업이 기본적으로 완성되었다. 이는 이후 2007년의 거대한 주가상승으로 이어졌다.

중국의 증권거래소가 개설되면서, 중국 상품선물시장도 설립되었다. 1990년 10월, 젱조우 곡물 도매시장(Zhengzhou Grain Wholesale Market)이 선물거래를 위한 조치들을 채택하여, 주로 밀과 콩을 거래하는 중국 최초의 선물시장이 되었다. 1993년 2월에는 달리안 상품거래소(Dalian Commodity Exchange)가 설립되었다. 1999년 12월에는 상하이의 세 개의 선물거래소가 상하이 선물거래소로 통합되어 공식적인 영업에 들어갔다. 통합된 이 세 시장은 상하이 금속거래소(1992년 5월 설립), 상하이 곡물 및 유류 거래소(1993년 6월 설립), 그리고 상하이 상품거래소(1995년 5월 설립)였다.

중국의 증권 및 선물시장은 현재 8가지의 투자형태로 거래하고 있다. A-주(위안화 표시 보통주), B-주(외화표시 국내 상장주), 국채(현물시장), 국채(repo시장), 회사채, 전환사채, 증권투자 펀드, 상품, 그리고 외환선물 등이다. 2007년 말 기준 1,550개의 기업이 중국 내에 상장되어 GDP의 약 140%에 해당하는 32.7조 위안의 시가총액을 기록했다. 중국은 자본시장으로는 세계 3위, 신설 시장으로는 1위였다. 2007년의 기업공개는 중국 내에서 총 4,595.79억 위안으로 전 세계 기업공개 시장에서 1위를 기록했다. 중국의 증권시장은 증권거래소 지수, 주식 시가총액, 실현 거래액의 연간 증가 등에서 모두 세계 1위에 등극했으며, 거래량 또한 하루 평균 1,093억 위안을 기록하여 세계에서 가장 활발한 시장 중 하나가 되었다.

2007년 말에 채권과 투자펀드 시장에서는 국채, 금융채, 회사채 시장이 붐을 이루었다. 이 시장의 거래량은 각각 7.8666조, 3.0605조, 8,011억 위안이었다. 개인 증권투자자 계정은 138,870,000개였고, 104개 증권사들의 총자산은 약 1조 위안, 영업망은 3,100여개 영업점들로 이루어져 있었다. 펀드관리회사의 수는 모두 58개였고, 증권투자 펀드는 총 365개, 펀드자산 순가치는. 3.28조 위안이었다.

현재 모든 주식거래와 폐쇄형 증권투자펀드에는 전산을 통한 배분과 거래 방식이 도입되어 있다. 증권업에 종사는 모든 기관들은 매매와 결제에 통일된 기준을 채택하고 있다. 상품선물과 금융파생상품과 관련하여, 2007년 말 현재, 중국은 3개의 상품선물거래소, 183개의 상품선물 중개기관들을 보유라게 되었고, 밀, 콩 및 기타 여러가지 농산물, 그리고 구리, 알루미늄, 기타 금속 등을 비롯한 12 종류의 거래상품들이 있었다. 2007년에는 7.28억 건, 가치로는 40.97조 위안의 매매가 체결되었다. 은행간 외환시장과 중국 외환센터는 현재 현물 및 선물거래와 스왑거래를 할 수 있다. 2007년 일일 평균 거래량은 이미 90억 달러에 이르렀다. 금융선물 거래소는 2006년에 설립되어, 현재에는 개장을 앞두고 예비적인 가상거래를 실시하고 있다. 금 거래소의 경우, 2007년 기준 거래액이 3,164.9억 위안에 이르고 일일 평균 거래량은 금 7,554.3Kg이다.

보험

은행업과 증권업에 대한 관리방식과는 달리 1950년 중국정부는 보험업 관리를 위해 중국인민보험공사를 설립했다. 1959년 이후에는 중국 내 보험업이 해체되었고, 따라서 이 회사는 외국과 관련된 보험만을 취급하게 되었다. 중국 내 보험업은 그 후 1979년 개혁 · 개방의 추진으로 다시 재개되었다.

1981년, 중국인민보험공사는 정부의 한 부서에서 전문회사로 전환되어, 당시 중국의 유일한 보험사가 되었다. 보험에 대한 수요가 증가하고 개혁이 심화되면서, 지방 보험회사들이 이제 설립되기 시작했다. 1988년 첫 주식제 보험회사가 설립되었는데 이는 지방회사였다. 핑안보험의 전신이었으며, 당시 명칭은 "선전 핑안보험"이었다. 1991년에는 상하이에 본부를 둔 중국 퍼시픽 보험이 설립되었다. 이 회사가 중국 최초의 전국적 주식제 상업보험회사가 되었다.

1990년대 후반, 국유 보험회사들은 "주식회사 전환"이라는 방향으로 개혁을 추진하기 시작했다. 1996년 국유의 중국인민보험공사는 "주식회사 전환" 개혁을 추진하여 중국인민보험(집단) 회사가 되었다. 그 산하에 "종바오" 즉, 자산보험주식회사, 생명보험주식회사, 그리고 재보험주식회사가 편입되었다. 1998년 10월에는 이들 중국 보험집단의 세 자회사들(중국인민보험, 중국생명보험, 중국재보험)은 독립회사가 되었다. 2003년 이들 세 국유 대형 보험사들은 주식개혁을 추진했다. 중국인민보험은 재차 구조조정을 거쳐 중국인민보험 지주회사가 되었고, 그 산하에 중국인민 손해 및 상해보험 주식회사와 중국인민자산관리 주식회사를 두게 되었다. 또한 중국생명보험은 구조조정을 통해 중국생명보험(집단)과 중국생명보험이 되었다. 중국재보험은 중국재보험(그룹)이 되었고, 그 산하에 중국손해 재보험, 중국생명 재보험, 그리고 중국 손해 및 상해보험이 속했다.

이와 동시에, 보험 전문회사의 발전이 시작되었다. 2000년, 베이징 지앙타이, 상하이 동다, 그리고 광조우 창쳉이라는 보험 중개사가 설립되었는데, 이들은 모든 전국 단위에서 운영된다. 2004년 첫 건강보험회사인 중국인민건강보험이 세워졌다. 그리고 첫 연금회사인 핑안 연금보험이 설립되었다.

최근 수 년 동안 보험회사의 개혁으로 현대적 상업 시스템 구축이 가능해 졌다. 주요 보험사들은 "주식회사 전환" 개혁을 완료하고 상장되어, 지급 또는 보상능력 부족이라는 보험업의 문제 중 하나를 해결하는데 도움이 되었다. 아울러 상장은 보험사들의 경영방식을 바꾸도록 강제하여, 새 출발의 계기가 되었다. 보험업을 관리하는 규제 시스템은 계속해서 업그레이드되고 있다. 기준이 더욱 개선되고 있으며 국제 규제 체제와의 협력도 강력하게 추진되고 있다. 적어도 초기 수준이긴 하지만, 보험업은 표준적인 규제구조라 할 수 있는 세 기둥(기업의 내부지배구조, 시장행위, 보상능력)을 구축하고 있다. 발전은 계속되고 있다. 새로운 보험 계리표, 새로운 비생명보험 평가 시스템, 더 나은 통계 시스템, 정보 시스템, 회계 시스템 등이 모든 형태의 보험에 제공되고 있다.

중국의 보험업은 초기, 중단, 재개라는 3단계를 거치며 발전해 왔다. 이 과정에서 40여 년의 경험이 축적되었으며, 일반인들의 삶의 많은 부분에서 안정성을 확보하는 데 도움을 주었다. 보험은 또한 저축을 위한 다양한 투자기회를 제공하는 다단계 상품을 제공할 수 있게 되었다. 2007년 보험업의 프리미엄 수입은 7035.8억 위안이었으며, 손해 및 상해보험에 의한 보험 프리미엄은 총 1997.7억 위안, 생명보험 프리미엄은 5,038억 위안을 기록했다. 보험업의 총자산은 빠른 속도로 계속 증가하고 있다. 1980에서 2004년까지 24년에 걸쳐 보험업은 자산 1조 위안을 축적했다. 그 이후, 단 4년 만에 거의 3조 위안으로 자산규모가 증가했다. 2007년 말 기준, 보험업의 총자산은 2.9조 위안에 이른 것이다. 보험회사의 수도 계속적으로 늘어나 1980년에는 단 1개였던 것이 2007년 말에는 117개로 증가해, 모든 종류의 보험을 제공했다. 예를 들어, 9개의 보험자산 관리회사, 2,327개 회사가 중개 및 대리를 맡고 있으며, 139개의 외국인투자 보험회사의 대표 사무소가 설치되어 있다. 2007년 말, 중국 보험업의 실현이익은 672.7억 위안에 이르렀다.

요약

전체적으로 30년에 걸쳐 중국은 경이로운 규모로 은행업과 금융 시스템을 발전시켰다. 구조조정을 거친 이후, 국가 금융기관은 부실채권이라는 역사적 유산을 해결할 수 있었고 그 결과 부실채권이 줄고 자산의 질은 지속적으로 향상되었다. 대차대조표는 과거보다 훨씬 더 건실해졌다.

전체 은행산업의 부실채권 비율은 2003년 17.9%에서 2007년 6.17%로 떨어졌다. 주요 은행인 공상은행, 중국은행, 그리고 중국건설은행의 부실채권 비율은 3%미만으로 떨어졌다. 잠재적 커버율이 100%를 초과했다. 위험감당 능력이 개선되었다. 자기자본비율은 과거보다 훨씬 높아졌다. 2003년 말 중국의 단 8개 은행만이 8% 초과의 자기자본비율을 구비하고 있었지만, 2007년 말에는 금융기관 전체의 평균이 8%로 상승하여 처음으로 국제 규제수준을 달성했다.

이익수준도 극적으로 증가했다. 1997에서 1999년까지 중국의 은행산업에서 모든 은행이 손실을 기록했다. 하지만 2000년의 세전 이익은 322.8억 위안으로, 2006년에는 3,379.2억 위안으로 증가했다. 2007년 말, 중국의 은행기관의 세후 이익은 4467.3억 위안이었다. 이는 자기자본이익률과 총자산이익률이 각각 16.7%, 0.9%였음을 의미한다.

이러한 수치들을 통해 알 수 있듯이, 중국 은행산업의 세전 이익은 2000년과 2007년 사이에 32배 증가했다. "주식회사 전환" 개혁, 기관투자자 유치, 중국 내외의 주식시장에 상장 등을 거치면서, 중국의 금융기관들은 현재 주주의 다양화 과정에 돌입해 있다. 이들 금융기관들이 현대적 요건에 부합하는 기본적 기업지배구조를 구축해 가고 있다는 점을 고려할 때, 주식회사 전환은 적절했다고 할 수 있다. 주주총회, 이사회, 감사위원회, 그리고 최고 경영진 등이 점차 각자의 역할을 수행함에 따라, 결과를 적절히 조화시킬 수 있는 효과적인 메커니즘이 구축되었는데, 이는 이해관계와 구조의 균형을 달성하는데 도움이 된다. 정보공개 시스템도 점차 발전하고 있고, 투명성이 크게 향상되었다. 주식시장에 상장된 금융기관들은 규정이 정한 바에 따라 경영결과를 공시하게 되었다. 이들은 또한 시장규제에 성실히 따르고 있다. 위험관리를 기본으로 하는 합리적 경영 시스템이 구축되어 위험억제 수준도 크게 향상되었다. 금융산업이 성장하는 와중에도, 중국은 건전한 영업 규준에 따라 운영되고 있는 여러 금융산업들을 통제하는 법률과 규제 체계의 발판을 마련했다. 중국은 은행, 증권, 보험 등 각각의 금융부문에 적용되는 독립적인 규제제도를 가지고 있다. 중국은 금융업이 법에 따라 운영 · 규제될 수 있도록 하는데 필요한 토대를 다져왔다. 이는 금융산업에게 위험관리, 경쟁력, 혁신성을 제고할 수 있는 환경을 제공하려는 것이다. 시장진입에 관한 정책은 하루가 다르게 표준화되고 투명해지고 있으며, 문서로 작성되지 않는 감독이 중요한 역할을 하기 시작했다.

다른 한편으로, 금융시장 규제에서의 국가간 협력과 정보교환이 강화되고 정보교환 메커니즘이 실현되고 있다. 은감위는 2007년 "중국 은행업의 신자본협약 준수에 관한 지침 의견"을 공표하여, 2010년 말부터 모든 중국은행들은 2002년의 신자본협약(은행감독에 관한 바젤 위원회의 BIS II)에 따라야 한다고 지적했다. 전체적으로 볼 때, 중국 금융산업의 시스템 리스크는 이미 완화되어 있고, 중국의 경제성장을 지원할 수 있게 되었다. 동시에, 중국의 금융산업은 개혁을 통해 스스로의 성장을 촉진할 수 있게 되었다.

❖ 2. 대외개방을 통한 강화

중국 금융산업의 "대외개방"은 국내개혁과 동시에 진행되고 있다. 1980년 중국 경제개혁의 초기에 정부는 일본 수출입은행이 베이징에 대표 사무소를 설치할 수 있도록 허용했다. 1981년에는 홍콩에 등록된 난양은행이 최초로 선전에 지점을 설치했는데, 이는 외국 은행들에게 중국 은행시장의 개방을 알리는 신호였다.

중국이 세계무역기구(WTO)에 가입했던 2001년 중국 내 외국인투자은행으로 등록된 금융기관은 19개였다. 이들의 자산 규모는 3,739억 위안으로 당시 중국 총 은행자산의 1.8%를 차지했다. WTO 가입 후 5년간의 이행기 말이 되는 2006년 12월에 중국의 은행업은 완전히 개방되었고 특히, 중국은 위안화 소매금융을 외국인투자은행들에게 완전히 개방했다.

2007년 말까지 47개 국가 및 지역으로부터 193개의 은행이 중국 내 242개 대표사무소를 설치했다. 지금은 24개의 순수 외국인투자은행(119개의 지점을 보유), 2개의 합작투자은행(5개 지점과 1개의 관계 기관을 보유), 그리고 3개의 순수 외국인투자 금융회사가 있다. 아울러, 23개 나라 및 지역으로부터 71개의 외국계 은행들이 중국 내에 117개의 지점을 설치했다. 외국인투자 금융기관의 자산은 1.2조 위안으로 중국 은행산업 전체 자산의 2.4%를 차지한다. 55개의 외국인투자 금융기관들이 금융파생상품을 취급할 수 있는 허가를 받았다.

중국 금융기관의 내부관리 메커니즘에 대한 개혁과 시스템의 구축은 날이 갈수록 더욱 중요해지고 있다. 중국 금융부문은 시장 개방으로부터 지분 소유권에 대한 참여 개방으로 점진적으로 이행하고 있다. 1998년 중국은 중국 소형은행들에 대한 외국인의 직접투자를 유치하는 실험을 시작했다. 이러한 실험의 범위는 제한적이어서, 국제금융기관들의 중국 소형은행에 대한 투자로 제한되었다. 같은 해, 상하이은행은 다국적 금융회사로부터 2,400만 달러를 유치했다. 2003년부터 중국 국유은행의 "주식회사 전환" 개혁이 전개됨에 따라, 중국 은행부문의 개방은 외국인투자은행들의 중국 내 영업 허용에서 외국인투자은행들의 중국은행에 대한 주식투자 허용으로 진전되었다. 2007년 말, 25개의 중국 상업은행들은 33개 외국 기관투자자들로부터 총 212.5억 달러의 투자를 유치했다.

이와 동시에, 중국의 은행들이 해외 주식시장에 상장되기 시작했다. 2007년 기준, 상장된 중국의 은행들은 기업공개를 통해 455.1억 달러를 유치했고, 은행 금융기관 전체적으로 외국인투자 유치액은 총 823.2억 달러에 달했다.

국내의 개혁과 함께 중국 증권시장의 개방이 진행되었다. 이는 "돌다리도 두드려 건넌다"는 원칙을 고수하며 꾸준히 추진되었다. 1991년 4월, 선전 증권거래소가 개설되었을 때 외국인투자를 위해 하나의 특수한 주식시장을 개방했다. 이것이 소위 말하는 B-주 시장으로, 이 주식의 가격은 외국통화로 표시되고 중국의 기업에 투자하고자 하는 외국인 투자자를 대상으로 했다. 1991년 10월에 처음으로 중국의 주식회사들은 B-주 거래를 시작했다. 10년 후인 2001년 2월 증감위가 중국 거주자도 B-주 투자를 할 수 있게 한 이래로, B-주 시장은 외국통화 표시 유가증권이 거래되는 중국 내 증권시장으로 편입되게 되었다.

홍콩 자본시장의 편리한 근접성으로 인해, 중국은 1991년부터 중국 국내기업의 홍콩시장 상장을 허용하기 시작했다. 홍콩이라는 지명이 H로 시작되므로 이러한 주식들은 H-주로 알려지게 되었다. 1993년에는 칭따오맥주가 홍콩 증권거래소에 상장되어, 해외에 상장된 중국의 첫 번째 기업이 되었다. 2002년 7월에는 중국은행(홍콩) 또한 홍콩에 상장되었고, 이는 해외에 상장된 국유상업은행의 첫 번째 사례가 되었다.

1992년 중국정부는 국내기업들의 뉴욕증시 상장을 허용하기 시작했다. 뉴욕이 N으로 시작되기 때문에, 이들은 N-주로 불렸다. 1993년 상하이 진산 석유화학이 뉴욕

증권시장에 상장된 최초의 중국기업이 되었다. 2007년 12월 기준, 총 148개의 중국기업들이 홍콩에 H-주로 상장되었고, 45개 기업은 뉴욕에 N-주로 상장되어 있다. 2007년 이러한 상장을 통해 조달된 자금은 91.7억 달러에 달했다. 2002년, 중국은 WTO 가입 조건인 증권시장 개방을 이행하여, 외국인투자자들의 중국 펀드관리회사 및 증권회사에 대한 지분투자를 허용했다. 2007년 말, 골드만삭스, 모건스탠리, 크레딧스위스, UBS, 다이와증권 등을 비롯한 11개의 외국인투자 금융기관들이 중국 증권사들의 지분에 투자하고 있다.

보험업의 대외개방은 은행업이나 증권업보다 더 일찍, 더 빠르고 광범위하게 추진되었다. 1992년 9월, AIG는 중국에서 일반보험 및 생명보험 영업허가를 취득한 첫 외국 보험사가 되었다. AIG제너럴의 모기업인 AIU는 상하이에 지점을 설치했는데, 이는 중국 보험시장이 외국인의 참여에 대해 공식적으로 개방되었음을 알리는 신호였다. 1994년 6월, 중국의 핑안보험은 모건스탠리와 골드만삭스의 지분투자를 유치하는데 성공했다. 1996년 11월, 캐나다의 매뉴라이프보험과 중국의 CITIC 그룹은 종홍생명보험이라는 보험사를 설립하여 중국 내에서 처음으로 합작투자 보험회사를 세웠다. 이 회사는 매뉴라이프-시노켐보험이라 불리고 있다. 2000년 6월, 중국보험 인터내셔널 지주회사는 홍콩에 등록되고 상장되었다. 이것이 해외에서 상장된 첫 번째 중국투자 보험회사였다. 2001년 11월, WTO 가입 후 3년 만에 중국의 보험업은 재보험, 자산보험, 집단보험, 건강보험, 그리고 기타의 보험시장에서 외국기업들에 대한 모든 지역적 제한을 해제하기로 했다. 2001년 WTO에 가입한 이래로 중국은 6개 보험회사의 시장진입과 영업기구 설립을 허용했으며, 15개의 외국인투자 보험기관의 사업 참여를 허용했다.

2003년 11월에는 중국인민손해보험 지주회사가 홍콩 증권거래소에 성공적으로 상장되었다. 같은 해 12월, 중국생명보험이 뉴욕 증권거래소에 상장되었고, 12월 8일에는 홍콩 증권거래소에도 상장되어 홍콩 및 미국 시장에 동시에 상장된 첫 국내 금융회사가 되었다. 이 상장으로 약 35억 달러가 조달되어, 2003년 주식시장 상장을 통한 자금조달에 있어서 글로벌 기록을 세웠다. 2004년 12월 11일은 중국 보험시장의 WTO 체제로의 진입을 위한 이행기가 종료된 날로 기록되었다. 현재 중국의 보험회사들은 외국인 참여에 대한 완전개방의 새로운 시기로 진입했다. 외국인투자 보험사들은 더 이상 중국 내 새로운 기관의 설립에 대한 지역적 또는 수량적 제한을 받지 않고 있으며, 영업범위에 대한 제한도 없다.

중국의 보험업은 점차 글로벌화와 금융통합이라는 요구를 충족시켜주고 있다. 2007년까지 외국인투자 보험회사들은 중국 전체 보험시장의 5.97%를 차지했다. 외국인투자 기업들은 중국 생명보험 시장의 8%, 상해보험에서는 1.16%를 차지하고 있다. 경제적으로 발전된 연안지역의 외국인투자 기업의 비율은 전국평균을 크게 초과한다. 2007년 9월 기준, 15개 국가 및 지역으로부터 들어온 47개의 외국인투자 보험회사가 본사와 지점을 포함한 135개의 영업기구를 거느리며 중국에서 왕성히 활동하고 있다.

"세계로 진출"이라는 측면에서, 현재 중국의 보험업은 해외에 42개의 영업기관과 9개의 대표 및 연락사무소를 설치하여, 중국 보험업의 국제화를 효과적으로 추진하고 있다.

외국 금융기관이 중국 금융시스템에 진입하는 것을 허용한 것은 중국 금융기관들의 경쟁력 제고와 금융시장의 심화발전에 중요한 일이었다. 첫째, 외국인투자 금융기관들은 중국기업과 중국국민에게 다양한 상품과 풍부한 금융서비스를 제공한다. 중국 금융산업의 결함 중 하나는 상품의 종류가 부족하다는 점이다. 전통적인 예금과 대출이 여전히 주요 상품인 은행산업이 그 한 예이다. 금융산업의 비이자수입은 2007년 말 총수입의 12%에 불과했다. 외국인투자 금융기관들은 국제시장에서의 많은 경험과 글로벌 상품 플랫폼을 활용할 수 있기 때문에, 중개업무와 수수료 중심의 상품을 중국 은행시장에 빠르게 확산시키고 있다.

외국인투자 금융기관들은 또한 중국에게 판매와 서비스에 대한 새로운 개념을 소개했다. 보험업이 한 가지 예가 될 것이다. 1992년 11월, AIG는 처음으로 생명보험 에이전트들을 훈련시켰다. 생명보험 에이전트들을 이용한다는 것은 중국의 영업 방식에서 거대한 변화였고, 중국의 생명보험회사들에게 빠르게 전파되었다. 외국인투자 금융기관들의 진입은 가격만이 아니라(당시까지는 그랬다) 상품과 서비스의 기초를 두고 경쟁을 유발함으로써, 중국의 시장경쟁을 업그레이드하기도 했다.

외국인투자 금융기관들은 국제 규제기준에 기초하여 운영되고, 이것이 중국의 규제환경을 개선시켰다. 이는 중국 자체의 규제기준을 국제화하는 자극제가 되었다. 중국이 국내기업의 홍콩상장을 허용하자, 중국과 홍콩 주식시장 간의 표준화가 가속화되었다. 이 두 시장은 자신의 시장에서 상장하기를 원하는 우량기업을 놓고 경쟁을 벌이기 시작했다. 이를 계기로 중국에서 거래의 투명도가 크게 높아졌다.

외국인투자 금융기관들의 중국시장 진입은 또한 중국의 기본적 금융 인프라에 대한 수요를 증가시켰고, 국제 규준에 부합하는 시스템의 발전을 촉진했다. 지불 및 결제 시스템과 현재 국제모델의 모범 규준을 준수해야만 하는 여타의 기본적인 인프라가 여기에 해당된다. 그 결과 중국의 금융 인프라가 획기적으로 진보하게 되었다.

마지막으로, 외국인투자 금융기관의 중국시장 진입은 중국기업에게 모범적 모델을 제시하여, 경쟁력 강화의 시급성을 강조하는 계기가 되었다. 외국기관들은 특히 고급의 고객 서비스 및 혁신 상품 영역에서 강력한 도전장을 내밀었다. 이들은 중국 금융기관들의 국제경영 시스템, 특히 인적자원, 위험관리, IT 시스템과 상품혁신 등의 영역에서 개혁에 속도를 높이도록 강제했다.

외국인 자본과 외국인의 지분참여를 중국 금융기관에 도입한 것은 핵심적인 경쟁력 강화와 지속 가능한 건전한 성장에 대해 직접적이고도 중요한 효과를 낳았다. 첫째, 외국인 전략적 투자는 중국 금융기관들의 자본을 강화하여, 이들의 영업 규모와 사업 영역을 빠르게 확장하도록 만들었다.

둘째, 외국 금융기관의 전략적 투자로 인해 중국 국유기관의 주식보유 구조가 갖는 독점적 성격이 변화되었고, 이로 인해 보다 의미가 큰 개혁이 가능하도록 했다. 국유기업의 가장 근본적인 문제는 불분명한 소유권이었다. 전략적 외국인투자를 불러들이는 과정은 국유자산에 대한 소유권을 명확히 하도록 중국을 강제했을 뿐만 아니라, 자산소유권의 "정의"와 "규칙화"(regularization)를 개선시켰다.

셋째, 외국인 전략적 투자자와의 협력은 중국 금융기관의 기업지배구조 수준을 높여, 경영 개념과 방법의 변화를 촉진했다. 외국인 주주의 존재는 규칙과 절차, 주주총회, 이사회, 지배구조에 대한 이해를 크게 개선시켰다. 이로써 투명성이 높아지고 성과평가 메커니즘의 적극적 역할이 향상되었다. 책임제도 크게 강화되었다.

넷째, 실제 업무에서 전략적 투자자와의 협력은 중국 기관들의 상품 개발과 서비스 역량을 확장하는데 크게 기여했고, 이로써 중국 금융기관들의 혁신성이 향상되었다. 다섯째, 위험관리, 회계, 인적자원 관리, 그리고 기타 광범위한 분야에서 전략적 투자자와의 협력은 중국 기관들의 경영의 질적 개선을 이루게 했다.

이와 동시에, 중국 금융시장에 대한 외국인의 참여는 중국 금융기관들에 대해 경쟁 압력을 가중시킴으로써, 경쟁력 강화와 내부 개혁에 대한 시급함을 절실히 느끼도록 했다. 이러한 과정은 중국 금융기관들의 내부 시스템에 대한 보다 신속하고 폭 넓은 점검으로 이어졌고, 여기서 얻어진 교훈은 중국의 금융산업이 운영 규모에서 실제 결과까지 모든 면에서 더 강한 산업의 면모를 갖추도록 강제했다.

중국의 전반적 국가정책은 그 시작부터 "개방" 정책의 적절성을 입증해 주었다. 이러한 정책들은 중국의 금융기관들과 규제기관들로 하여금 경쟁력 강화를 위해 국제기준을 준수하고, 국제 모범 규준을 연구하며, 국제규준에 충실히 따르도록 지도하고, 격려하고, 독려했던 것이다. 중국 금융산업의 개방을 위한 전략적 계획에는 중국 금융시장의 형성을 추동하기 위해 외국인 투자자를 유치하는 것, 중국기관들에 대한 외국인의 지분보유를 허용하는 것, 그리고 내부 메커니즘의 발전을 촉진하고 경쟁력을 제고하기 위해 모든 중국 금융기관에 대한 외국인 투자기관들의 참여를 허용하는 것 등이 포함되어 있었다. 이 모든 것은 중국의 금융시장을 국제화하고 글로벌 경제 및 금융의 통합과정에 중국이 참여할 수 있도록 하기 위해 실행된 조치들이었다.

오늘날 중국의 금융시장은 국내와 외국 사이의 상호 경쟁과 협력으로 묘사되는 상황에 이르렀다. 중국이 투자한 주요 금융기관들 중 거의 모든 기관들이 국제 금융기관들의 투자를 유치하고 있어, 중국 및 국제 금융규제기관 모두의 규제를 수용하고 있다. 경쟁과 협력이 공존하는 상황에서 중국의 금융기관들은 국제적 조직의 모범 규준을 발빠르게 연구하고, 자신들의 핵심 역량과 경쟁력을 꾸준히 향상시키며, 시장과 규제 모두의 질을 개선하는데 끊임없이 노력하고 있다.

이와 동시에, 국제 금융기관들이 하루가 다르게 중국 금융시장에 보다 깊숙이 파고들고 있다. 이들은 중국관련 사업과 중국과 관련된 국제사업을 자신들의 장기계획에서 핵심적인 전략적 구성요소로 삼고 있다. 마지막으로 외국기업들의 중국 금융시장 참여는 이미 중국 금융시장 위험의 일부분을 감당하고 있다. 이는 또한 자본배분의 효율성을 제고하는데 도움을 주어, 중국경제 전체적으로 더욱 효율적인 자원배분을 촉진했다.

중국 금융시스템의 개방은 돌이킬 수 없는 일이다. 중국의 시스템은 이미 글로벌 금융시장과 밀접하게 엮여 있으며, 이미 글로벌 금융 시스템의 한 부분이 되었다.

❖ 3. 새로운 도전에 대면하기

중국 금융산업의 개혁은 30년이라는 짧은 기간 동안 괄목할 만한 성과를 이루었다. 그러나 금융산업의 미래 성장은 아직 심각한 도전에 직면해 있다. 중국의 금융제도는 아직 시작단계이며 미래의 개혁과 성장은 "양"에서 "질"로 중심점이 옮겨가야 할 것이고, 성숙과 심화를 지향해야 한다.

중국의 금융기업들은 보다 치열한 국제경쟁과 더욱 복잡해진 국내경쟁에 대응하기 위해 현재의 경영역량을 제고하고 핵심 경쟁력을 높일 필요가 있다. 기업수준의 도전에는 다섯 가지의 기업경영 요소들과 관련되어 있다. 상품과 서비스 혁신 능력의 향상, 위험관리와 회계 분야에서의 관리역량 제고, 기업지배구조 메커니즘의 개선, 분할된 지역적 기반에서 상품 사업부에 기초하는 조직구조로의 변화, 인적자원 및 위험과 서비스 문화의 육성 등이 그것이다.

거시적으로 볼 때, 중국의 금융제도는 시장구조의 전반적인 커다란 변화에 직면하고 있다. 그것은 또한 금리와 환율의 시장화(자유화)라는 도전에 직면하고 있으며, 점진적으로 부진해져 가는 "금융 생태계"로부터의 압력, 국제적 경쟁과 규제를 준수할 필요성에 직면하고 있다. 이 모든 것들이 국가 금융 시스템의 미래를 시험하고 예측하게 해줄 것이다. 글로벌 경제 및 금융이 통합되면서, 국제 금융기관들이 점점 더 중국에 의존하게 되더라도, 중국의 금융기관들은 국제무대로의 진출을 계속할 것이다. 이 모든 것은 중국의 금융 시스템이 적어도 다음과 같은 10가지의 중요한 도전에 직면하고 있음을 의미한다.

첫 번째 도전은 시장의 니즈와 중국 금융 시스템의 서비스 및 혁신 역량 사이에 분명한 간극이 여전히 존재하고 있다는 점이다. 중국 금융산업의 시장환경이 빠른 변화를 겪으면서 고객의 니즈가 전통적인 단순 업무에서 종합적이고 다양한 금융 서비스에 대한 수요로 바뀌었다. 작금의 금융시장 경쟁에서 중요한 부분은 서비스와 상품의 제공이다. 중국 금융시장이 규모, 금융 서비스 면에서 글로벌 시장에서의 경쟁자들에 맞설 수는 있지만, 아직은 역부족이다. 금융시장의 혁신역량이 부족하다는 점이 주요 약점이고, 지나치게 획일적인 상품을 제공하고 있어서 거대한 성장과 경제구조의 변화를 겪고 있는 중국경제의 니즈를 충족시켜 수 없다. 동일한 상품에 대한 시장에서라면 경쟁은 단순히 가격인하에 의존할 수도 있다. 하지만 이것은 더 크고 심화된 금융시장을 만드는 데는 도움이 되지 않는다. 은행을 예로 들면, 상품수준의 지표는 총수입에서 차지하는 비이자수입의 비율이다. 중국의 경우 이 비율은 12%에 불과하며, 선진국 은행산업에 훨씬 미치지 못한다. 이는 아시아 다른 나라들 은행산업의 26%에도 미치지 못하는 수준이다. 중국의 3대 은행은 이미 전 세계 10대 은행에 속해 있다. 하지만 비이자수입은 같은 수준의 은행들에 비해 1/3 정도에 불과하다. 이 부분에서 역량이 취약한 원인은 직원들의 수완 부족, 평가 메커니즘의 부적절성, 혁신적인 문화의 부족 등과 같은 저변의 원인들이라 할 수 있다. 궁극적으로 이러한 문제들은 그 해결을 위해서 긴 시간과 많은 단계를 거쳐야 하는 구조적 문제들이다.

중국 금융 시스템이 직면한 두 번째 도전은 위험관리 및 재무관리가 비교적 뒤떨어져 있다는 것이다. 위험관리 시스템 구축의 초기 단계는 구조조정과 기업공개의 과정이다. 위험관리에 대한 개혁이 실시되었고, 금융기관들은 전문가를 양성하고 그에 대한 관할을 통합하기 시작했다. 또한 절차를 좀 더 합리화하고, 고객평가 체계를 강화했다. 그럼에도 위험, 특히 시장위험, 유동성 위험, 운용위험에 대한 관리에서는 아직 취약하다. 중국의 금융기업들은 전반적인 금융위험 관리 면에서 아직 준비되지 못했다. 그들은 이를 분명히 인식해야 한다. 위험에 대한 가격을 결정하고 정보를 관리하는 능력은 또 다른 하나의 중요한 영역이다. 중국은 미래에 증권시장, 부채시장, 금융파생상품시장 등의 자본시장을 위주로 확대될 것이고, 그와 동시에 국내시장들이 점진적으로 국제화될 것이기 때문에, 시장위험과 유동성 위험을 관리하는 일이 무엇보다 중요하다. 재무관리 면에서 보면, 구조조정과 자본투입을 통해 부실자산이 제거되었으므로, 대차대조표는 크게 개선되었다. 중국 금융기업들 대부분은 이미 국제회계기준(IFRS)를 채택하고 있다. 1993년과 2001년에 두 번의 중요한 재무회계 개혁이 단행된 이후, 규칙이 꾸준히 개선되어 왔고, 이제는 국제적 기준에 매우 가까워졌다. 하지만 보고의 명확성과 정확성, 그리고 국제기준의 준수를 보장하기 위한 전사적(全社的) 경영 시스템을 구축하는 것은 아직 제도화되지 못하고 있다. 재정예산 시스템의 표준화에서 개선이 요구되고 있다. 건전한 재무분석 능력이 불충분하다. 재무 및 위험 관리 역량의 개선은 장기적 프로젝트로 남아 있다.

중국의 금융 시스템이 직면한 세 번째 도전은 현행의 기업지배구조 메커니즘을 개선하는 일이다. "주식회사 전환" 개혁, 기관투자 유치, 국내외 시장 상장 등으로 중국의 금융기관들은 기본적인 기업지배구조를 정립할 수 있었다. 주주총회, 이사회, 고위 경영진에는 별도의 다양한 역할이 주어진다. 이러한 여러 기능이 효과적으로 균형과 조화를 이루려는 실천은 어느 정도 목적을 달성했지만, 보다 효과적인 기업지배구조가 여전히 요구되고 있는 실정이다. 여기에는 중국어로 "3회(會)"라 불리는 주주총회, 이사회, 감사회의 역할과 기능에 대한 정의와 이들 세 기구의 책임, 권리, 편익이 포함된다. 성과를 측정하고 적절한 인센티브를 부여하는 제도는 여전히 구성의 초기단계에 머무르고 있다. 효과적인 책임성도 아직 갖추어지지 못했다. 정보공개 제도는 발전하고 있기는 하지만, 투명성은 더 개선될 필요가 있다. 기업지배구조의 발전에서 중국의 가장 큰 어려움은 개혁이 주로 기업의 본부 수준에서 이루어진다는 점이다. 하지만 중국은 넓고 금융기관의 네트워크는 광범위하다. 기업지배구조 메커니즘이 시스템의 모든 부분에 미치도록 보장하는 방법은 장기적이고도 중요한 도전이다.

네 번째 도전은 지리적 위치보다 제품라인 및 업무를 합리화하기 위한 지방 사무소의 업무방식에 대한 구조조정이다. 중국의 금융기관들은 대체로 중국의 행정단위에 따라 분류된다. 경영은 "주먹구구식"으로 행해지고, 성(省) 또는 자치시(市)를 기준으로 분할되어 있다. 특정 성 내부에서 어떤 금융기관의 경영은 행정구역, 도시, 그리고 중국 관료제상의 행정단위에 기초하고 있다. 이 시스템은 국제금융기관의 업무처리방식과는 다르게, 재무문제와 위험에 대한 관리가 중앙집권적인 방식으로 처리되기도 하고, 제품라인 및 위험관리 부서가 직계 라인의 지시를 받기도 한다. 중국의 지방정부가 지난 수십 년간 관리되어 온 방식을 고려하여, 현실에서 중국식 경영은 지점에 대해 상당한 권한을 부여하고 있다. 중국의 규모를 감안하면, 어느 한 성 또는 자치시라 할지라도 그것의 금융 및 경제 규모는 세계 중소득 국가의 경제규모를 능가하는 경우가 자주 있다. 이 때문에 금융기관들의 성별 지점은 독립적인 금융기관으로 운영될 수 있다. 이것은 제품에서의 판매, 금융에서의 위험관리, 일반업무에서의 인적자원에 이르는 모든 영역에 적용된다. 어느 시스템에서는 투명성이 다소 분명하지 않고, 전체적인 전략적 접근법이 어렵다. 이러한 상황은 고객에 대한 종합적인 서비스를 제공하는데 도움이 되지 않는다. 이 모델이 의미하는 바는 중국의 기관들은 글로벌 경쟁은 말할 것도 없고, 이미 매우 커져버린 중국 시장이 요구하는 경영의 기본조차 만족시킬 수 없다는 것이다.

과거 10년간의 개혁과정에서 중국의 금융기관들은 위험과 재정 부분에서 정책, 관리, 시스템을 강화하기 위해 노력해 왔다. 이들은 정책의 중앙집중화를 시도해 왔고, 지급 · 청산 제도를 IT 시스템과 통합하기 시작했다. 그리고 일부 금융기관들 또한 제품, 고객, 재무, 위험관리 등의 영역에서 중첩적이고 강화된 매트릭스 시스템을 창조함으로써 중국 지방의 "주먹구구식 운영 구조"로부터 한 걸음 전진했고, 청산절차를 IT 시스템과 결합했다.

중국의 금융시장은 국제기관들의 조직방식을 지향할 필요성이 분명해졌다. 이들은 주먹구구식 방식에서 탈피하여, 제품 라인에 따라 조직되고 통합된 운영체계를 갖는 직선적 경영구조로 이행할 필요가 있다. 하지만 경제적 목적이 계획되고 시행되는 방식이라는 면에서, 중국의 경제발전은 아직 정부의 행정단위에 기초하고 있다. 지방의 행정부는 지방 금융에 매우 큰 영향력을 발휘하고 있다. 따라서 전통적 사고방식은 지방 행정단위에 큰 무게를 두고 있다. 주먹구구식에서 통합으로의 전환을 포함하는 개혁은 금융기관이 통제하기 어려운 외적 측면에서의 변화 또한 포괄하고 있다. 여기에는 관리가 가능한 여러 측면 가운데 IT 시스템의 보다 구체적 구성요소를 비롯하여, 개념적 접근, 경영능력, 인적자원 훈련 등의 개혁이 포함된다. 20년 전 유럽과 미국의 주요 금융기관들은 전통적 사업방식이었던 지역모델로부터 상품 라인에 따라 조직되고 통합된 방식으로 운영되는 사업방식으로 전환했다. 이들이 이러한 이행을 완료하기까지는 10년 이상이 소요되었다. 이러한 측면에서 중국의 금융기관들은 아직 갈 길이 멀다.

중국 금융기관들이 직면하고 있는 다섯 번째 도전은 인적 자원과 기업을 신뢰하는 문화, 위험관리 문화, 서비스 문화 등을 비롯한 조직문화를 국제화하는 일이다. 금융기관은 양질의 인적 자본에 의존하는 서비스 산업에 속한다. 중국의 금융기관들은 국유체제에서 시장경제로 이행하고 있기 때문에, 기업문화와 인적자원 제도를 개혁하고 혁신하는 문제에 직면해 있다. 금융산업 전체가 경영의 국제화, 고객 니즈의 다양화, 제품혁신의 복잡화, 시장경쟁의 일상적 심화라는 추세에 직면해 있다. 또한 대외 개방과 함께, 국내 환경의 빠른 변화도 빼놓을 수 없다. 이러한 문제들을 다루기 위해서는 국제 금융시장에 익숙하고, 금융분야 관리 경험이 있으며, 외국어에 능통하고 법률에도 정통한 회계 및 기타 전문지식을 가진 재능있는 인력을 육성해야 한다. 금융과 경제는 글로벌 통합 과정에 있으며 고객의 니즈도 다양화되고 있다. 이러한 전반적 환경 속에서 시장경쟁은 중국의 기업문화가 그러한 수요에 맞도록 변화되기를 요구하고 있다.

고도의 자격을 갖춘 전문인력이 중국에도 존재한다. 현실은 중국의 유능한 인력이 부족하다는 것이 아니라, 중국의 금융기관들 중에는 이러한 유능한 인력을 활용할 준비가 되어있는 시스템이 결핍되어 있다는 것이다. 그들에게는 전문적이며 혁신적인 인력을 받아들일 유연성과 매력이 부족하다. 성과에 기초한 보상체계와 동기부여를 위한 급여수준 관리라는 측면에서 과학적으로 건전하고 효과적인 경영 메커니즘이 아직 마련되어 있지 못하다. 인적자원관리 시스템의 개혁은 중국 금융기관들에게 있어 현재 매우 중요한 일이다. 이들은 전통적인 국유기업 관리로부터 독립했지만, 조직문화는 아직 전환되지 않고 있다. 시장개혁에 부합하고 시장개혁에 의해 인도되는 새로운 기업문화가 조성될 필요가 있다. 중국의 금융기관들은 직원들의 소속감과 조직과의 일체감을 배양하고, 행위, 사고, 감정, 신뢰, 직원들의 문화를 통합하며, 조직 전체를 유기적인 방식으로 통일할 필요가 있다. 아울러, 개인의 창의력을 진작하고 이것이 기업의 공통된 목표에 기여하도록 할 필요도 있다. 중국의 금융기업들은 직원들이 종합적인 문화를 통해 위험을 관리할 수 있고, 상호간에 이해되는 서비스 개념을 숙지하고 고객에 서비스할 수 있으며, 상호간에 공유하는 가치관을 통해 연대감을 형성할 수 있을 때에야 비로소 효율성과 경쟁력을 갖게 될 것이다. 이것이 장기적으로 중국의 금융기관들이 직면하게 될 핵심적 도전들 가운데 하나이다.

중국의 금융 시스템이 직면하고 있는 여섯 번째 도전은 기업금융 구조의 불균형이다. 과거 20년 동안의 빠른 성장으로 중국 금융산업의 규모가 획기적으로 커졌다. 그러나 여러 이행경제의 경우와 마찬가지로 그러한 경제성장은 불평등하고, 불균형적이며, 구조적인 문제를 가지고 있다. 중국의 자금조달 시스템은, 다양한 증권을 통한 직접금융보다는, 은행을 통한 간접금융에 지나치게 의존하고 있다. 2007년 말, 중국 은행산업의 자산은 GDP의 213% 수준이었지만 주식시장의 시가총액은 GDP의 140%에 그쳤고, 채권시장의 총가치는 GDP의 47%에 지나지 않았다. 2007년 중국의 주식시장이 빠르게 성장했지만, 은행부문이 기업금융의 79%를 차지했고, 주식시장을 통한 금융은 13%에 지나지 않았다. 채권과 기타 채무를 통한 자금조달 비중은 겨우 8%에 지나지 않았다. 과도한 간접금융 의존성, 그리고 채권시장과 같은 장기적이고 안정적인 자금조달 시장의 부족으로 인해, 중국의 금융시장은 거시경제적 여건에 더욱 직접적으로 종속되게 되었다. 이는 기업들과 금융기관 모두의 장기적이고 안정적인 금융활동에 유익하지 않다.

중국 금융 시스템의 구조적 문제로는 전문서비스의 부족이라는 문제도 있다. 모든 기관들은 모든 방면에서 성장을 추구하고, 이들은 모두 "크고 종합적" 또는 최소한 "작지만 종합적"으로 되는 것을 목표로 삼는다. 이들은 모두 낮은 수준의 경쟁 하에서 서로의 노력을 복제하면서 동일한 종류의 업무, 동일한 제품을 취급한다. 예를 들어, 모든 은행들이 모든 역량을 갖춘 은행이 되고자 하고 있으며, 일반적인 은행영역 밖에 있는 증권과 기타 투자은행 업무를 추구하고 있다. 보험사들은 전통적인 상업은행 업무를 취급하려 하기도 한다. 증권사들은 투자은행들과 함께 자산관리 사업을 발전시키고 있으며, 프라이빗 뱅킹, 신탁서비스 등의 영역으로도 성장하고 싶어한다. 한편, 중국의 은행부문에는 신용카드 전문회사도 없고, 신탁 사업에 전문화된 수탁은행(custody bank)도, 주택보유자들에게 모기지 대출을 제공하는 주택모기지 회사도, 기업대출이나 개인 소비자 금융 전문회사도 존재하지 않는다. 이러한 전문화된 금융기관의 부재는 금융시장의 효율성을 낮춘다.

마지막 구조적 문제는 중국경제의 이중적 성격으로, 이는 중국 금융 시스템의 이중성에도 반영되어 있다. 중국 농촌지역에서의 금융(즉 "농업" 또는 "농촌 금융")은 도시에서의 금융에 비해 한참이나 뒤쳐져 있다. 마찬가지로 중부 및 서부 지역에서는 동부지역에 비해 금융적 지원이 훨씬 적다. 은행 영업점의 분포가 그 한 예이다. 2005년 말 기준, 한 조사에 따르면 중국 도시지역에 175,000개소의 은행 영업점이 있지만, 농촌지역에는 단 27,000개소만이 존재하고 있었다. 1만 명당 평균 은행 영업점의 수도 도시는 1.34개인 반면, 농촌은 0.35개이다. 농촌지역의 은행업무 수준도 여전히 낮다. 중국인구의 55%가 농촌에 거주하지만, 농촌지역의 대출 및 예금액은 전체의 15%에 지나지 않는다. 동부지역이 전체 예금의 61%를 차지하고 있다. 동부의 저축성 예금은 55%, 기업예금은 70%, 외환예금은 83%의 비중을 차지하고 있다. 그러한 불균등 분포는 대부분의 신용이 동부에 집중되어 있음을 보여준다. 동부의 대출은 전체의 57%를 점하고 있지만 중부, 서부, 북부의 그것은 각각 14.9%, 16.4%, 7.7%에 지나지 않는다. 농촌 지역, 중부와 서부지역의 증권 및 보험기관의 비율도 훨씬 낮다. 더 심각한 것은 금융개혁이 농촌 금융기관들에는 거의 미치지 못하고 있으며, 위험관리가 약하고, 부실자산 비율이 높고 금융 상품들은 다양한 니즈에 부응하기에 충분할 정도로 다양하지 못하다. 현재, 도시와 농촌간의 격차가 계속 확대되고 있다. 농촌금융, 그리고 중부와 서부 지역의 금융은 이미 중국 금융 시스템의 위험지역이 되어 금융시장의 발전을 저해하고 있다. 향후 10년간, 중국은 주로 농업발전과 중서부의 발전을 위해 노력을 기울일 것이고, 따라서 더 많은 양질의 금융서비스가 요구될 것이다. 현재 이 지역의 금융기관들은 이러한 수요를 충족시킬 수 없다. 현재 중국에서 보여지고 있는 금융의 이중적 구조는 균형있고 평등한 성장을 왜곡할 뿐만 아니라 중국경제 전체를 제약하는 병목(bottle neck)현상을 야기하고 있다.

중국 금융 시스템이 직면하고 있는 일곱 번째 도전은 불만족스러운 "금융 생태계"이다. 즉, 적절한 법률 시스템과 같이 산업을 뒷받침해 주는 모든 구성요소들이 결핍되어 있다. 금융기업들의 생존과 성장은 안정적인 경제환경을 비롯한 그것을 양육해 주는 생태계를 필요로 한다. 중국이 시장경제에 적합한 일련의 법률들을 최근 제정했지만, 비즈니스를 위한 중국의 법률적 환경은 아직 이상적이지 못하다. 재산권과 재산보호에 대한 개념적 인지가 아직 취약하며 역사적으로 물려받은 법제의 많은 부분이 시장경제의 실현에 부적합하다. 예를 들어, 아직 개인 파산법, 범죄행위로 간주되어야 할 금융적 침해를 판단하는 법률 등이 마련되어 있지 않다. 준법이라는 측면에서는 현지 관계와 개인 관계 등 여러 종류의 관계가 사법기관의 법 집행 능력을 저해한다. 법 집행상의 어려움은 매우 심각하며 따라서 그 비용도 매우 크다.

둘째, 중국에서 신용도에 대한 사회적 문화, 특히 신용평가 제도가 완전하지 못하므로 개선될 필요가 있다. 정부부서, 기업, 일반 대중들 사이에서 신용의 가치에 대한 공통된 이해가 구축될 필요가 있다. 신용정보의 수집방법과 신용에 관한 중개기관의 설립은 아직 초보적인 수준이다. 일반인에 대한 것은 물론이거니와 기관투자자들의 신용도에 대한 정보도 확인할 수 없다. 신용정보가 효과적으로 수집되지 않고 있을뿐더러, 보다 일반적으로는 신용의 부족과 관련된 대중적 환경을 기록하고 공개할 방법이 존재하지 않는다. 부정확한 정보를 제공한 자에 대한 처벌 메커니즘이 유효하게 정립되어 있지 않은 한편, 금융기관들은 고객들의 정확한 신용상황에 기초해서 정확한 운영결정을 내릴 수가 없다.

셋째, 어떻게 대출이 결정되는지에 대한 직간접적인 영향력들이 존재한다. 해당 지역 경제를 성장시켜야 하는 압박에 직면하여, 지방정부 관리들은 그 지역 기업들에게 대출해 줄 것을 요청하여 간접적으로 은행에 영향을 미칠 수도 있다.

넷째, 중국은 금융규제 및 지역간 규제를 조화롭게 하거나 조정하기 위한 메커니즘이 부족하다. 일부 지역간 자본이동은 현재 규제의 범주에 포함되지 않는다. 지역간 자본이동에 대한 금융정보는 쉽게 얻을 수 없다. 간단히 말해, 중국금융 시스템의 유지와 성장에 대한 외부환경 또는 생태계의 추가적인 발전이 필요하다.

중국 금융 시스템이 직면하고 있는 여덟 번째 도전은 금융기관들의 이익과 위험관리에 압력이 될지라도 금리와 환율의 시장화를 진전시키는 일이다. 일정한 수준에서 관리되는 금리와 환율은 최근 중국 금융산업이 이룬 성취가 폐쇄 시스템, 즉 시장의 힘에 완전히 의존하지 않는 상황 속에서 이루어진 것임을 의미한다. 계획경제 기간 중 중국은 엄격히 관리되는 금리 제도에 기초하여 운영되었다. 이는 개혁이 마침내 금리의 시장화 실험을 적당한 정도로 시작했던 1986년까지 계속되었다. 전문은행들은 은행간 협의를 통해 결정된 금리와 기간에 의해 서로에게 대출을 제공할 수 있었다. 1996년에야 비로소 은행간 대출금리는 시장(수요와 공급)에 기초하여 결정되는 것이 허용되었다. 1999년에 중국인민은행은 외환대출과 거액의 외환예금 금리가 시장에 기초하여 운영되도록 허용했다. 즉, 이러한 금리가 시장의 힘에 "개방"되었다. 2004년 중국인민은행은 금융기관의 위안화 대출금리의 상한과 예금금리의 하한을 정하던 일을 중단하고 점진적으로 금리의 시장화를 시작했다. 즉, 그러한 금리들은 "관리되는 대출금리 하한과 관리되는 예금금리 상한"에 기초하여 운영되었던 것이다. 2007년 1월에는 "SHIBOR" 즉, 상하이 은행간 매도금리를 운영하기 시작했고, 중국 통화시장에 표준화된 시장금리 제도가 정립되기 시작했다. 하지만 금융기관이 부과하는 대출금리는 여전히 정부의 지도 대상이고, SHIBOR와 아직 연계되지 않고 있다.

이러한 관리 금리 제도로 인해 중국의 은행들은 일반적인 국제기관들보다 더 높은 마진을 유지하고 있다. 예를 들어, 현재 1년 만기 예금/대출의 총스프레드(Gross Spread)는 306bps(베이시스 포인트)로 국제수준의 약 2배이다. 이것이 중국의 은행들이 과거 수 년간 비교적 견실한 이익수준을 향유할 수 있었던 원인 중 하나였다. 그러한 마진은 금리가 완전히 시장화되면 경쟁압력으로 점점 축소될 것이다. 이와 동시에, 은행들은 금리위험과 시장위험에 대한 관리를 개선해야 할 것이고, 위험관리 비용은 상승할 것이다.

중국의 환율제도는 관리변동환율제도를 채용하고 있다. 1996년 중국은 국제통화기금(IMF)의 8조 규정을 채택하고 경상계정에 적용되는 환율제한을 폐지했다. 이는 위안화 표시 경상계정을 전환할 수 있는 환율이 실현된 것이었다. 위안화 환율은 기본적으로 1달러 당 8.27위안 수준에서 유지되었다. 2005년 7월 21일 중국인민은행은 시장의 수요와 공급에 기초하는 관리변동제(조정을 위한 통화 바스켓 도입)를 채택하여 환율제도에서 일보 전진했다. 이후 2008년 6월 30일까지 위안화는 미국달러화 대비 20.5% 절상되어 위안화 환율은 1달러 당 7.3046위안 수준이 되었다. 환율제도의 시장화 개혁으로 인해, 금융기관들은 시장위험 관리와 충분한 유동성 관리능력을 크게 향상시킬 것을 요구받게 되었다.

아홉 번째 문제는 전체적인 거시경제 상황의 하강 가능성이다. 과거 수 년 동안 중국의 거시경제 현황은 매우 양호했으며 금융기관의 수입은 빠르게 증가했다. 정부는 광범위한 개혁을 지원하고, 과거에 발생된 부실자산의 부담을 운용기관으로부터 분리했다. 중국의 금융기업들이 이러한 기회의 창, 특히 위험관리 시스템의 구축을 적극적으로 이용했지만, 관련 시스템은 경기하락의 시험을 거치지 못했다. 오늘날, 글로벌 경제가 하락하고 있고, 금융시장 또한 심한 변동에 직면하며, 중국경제가 약화되기 시작하자, 중국 금융기업의 위험관리 시스템은 그야말로 진정한 의미의 첫 시험대상이 되었다.

중국 금융 시스템이 직면하고 있는 열 번째 도전은 글로벌 금융위험 및 글로벌 금융규제와 관련된 것이다. 점차 통합되고 있는 글로벌 경제와 금융 시스템을 고려할 때, 중국의 금융기관들은 글로벌 시장으로 나아가는 과정에서 불가피하게 글로벌 금융위험을 감수하고 있다. 10년 전 아시아 금융위기와 작금의 미국 서브프라임 모기지 위기는 우리에게 글로벌 규모의 금융충격을 상기시켜 주었다. 이러한 위기들은 또한 이러한 사건들의 속도와 힘이 앞서 예상했던 것 보다 훨씬 더 클 수 있음을 상기시켜 주었다. 중국의 국내시장과 금융상품의 구조가 상대적으로 단순하고, 위험관리 기술 및 시스템이 상대적으로 기본적 수준에 머물고 있으며, 종사자들의 관련 경험이 아직 부족하기 때문에, 글로벌 금융충격이 중국 금융산업에 끼칠 수 있는 위험이 다소 크다.

이와 동시에, 국제적 규제 기준을 채택하는 일은 중국의 기존 규제 시스템, 관련된 사람들, 그리고 금융기관 자체에 대한 또 하나의 도전이다. 예를 들어, 바젤 신자본협약의 핵심 구성요소 중 하나는 자본 및 위기 관리를 위해 적극적인 인센티브 메커니즘을 구축하는 것인데, 이는 정확히 중국의 기존 금융규제가 가진 주요 결함 중 하나이다. 더 높아진 정보공개 기준 또한 하나의 도전이다. 중국의 금융기관들은 현재의 핵심 운영 메커니즘으로 채택하고 있는 비즈니스의 흐름(business flow)이 주도하는 메커니즘을 위험관리를 지도 원리로 삼는 메커니즘으로 전환해야 하는 과제에 직면해 있다. 이러한 전체 위험관리 구조를 만드는 것은 하나의 도전이다.

❖ 4. 글로벌 통합과 협력

중국의 금융산업은 세계적 체계에서 중요한 일부분이다. 금융산업의 중요한 구성요소로서 중국의 은행부문은 이미 글로벌 체계의 중요한 부분을 구성한다. 영국의 잡지, 더 뱅커(The Banker)(2008년)에 따르면, 중국의 31개 상업은행들이 자본기준 세계 1,000대 은행에 랭크되어 있다. 중국공상은행이 7위, 중국은행이 9위를 차지했다. 이것은 중국의 은행들이 상위 10대 은행에 진입한 최초의 예였다. 시가총액 기준으로 2007년 말 현재, 중국공상은행, 중국건설은행, 중국은행이 세계 5대 은행에 올랐고, 2008년에도 그 위치를 유지했다.

2008년 6월 27일, 아시아위크지(Asia Week)가 정한 순위에 따르면, 중국 은행들이 순이익 기준으로 일본은행들을 처음으로 추월하여 아시아에서는 최고가 되었다. 그 중 중국공상은행은 106억 달러의 순이익을 내, 아시아에서 가장 이익을 많이 낸 은행이 되었다.

중국의 증권시장 또한 세계 속에 통합되고 있다. 진행 중인 개혁으로 중국의 증권 및 선물시장이 극적인 변화를 겪고 있고, 법률이 점진적으로 정비되어 갔으며, 기본적인 인프라가 개선되어 양적, 질적으로 투자자의 극적인 증가를 가져왔다. 2007년 중국 내 기업공개를 통한 자금조달의 증가가 글로벌 선두를 차지할 정도로 시장의 규모 또한 급팽창했다. 중국의 기업들은 현재 세계 자본시장으로부터 활발하게 자금을 조달하고 있는 것이다. 중국의 자본시장은 이미 글로벌 자본시장 시스템의 중요한 구성부분이 되었다.

중국 금융기관들의 세계무대 진출

중국 내부의 발전과 함께, 중국 은행부문은 세계무대로 단계적으로 진출하고 있다. 2006년 은행산업은 "해외진출" 정책에 힘입어 해외시장으로의 본격적인 진출을 시작했다. 2006년 12월, 중국공상은행이 인도네시아 할림은행(Bank Halim)의 지분 90%를 매입했고, 2007년 8월에는 마카오 쳉싱은행(Chengxing Bank), 10월에는 남아프리카의 최대은행인 스탠다드은행(Standard Bank)으로부터 20%의 지분을 매입했다. 8월에는 중국발전은행이 영국의 바클레이은행(Barclay Bank)로부터 3%의 지분을 매입했다. 같은 해 10월, 중국은행은 아시아 최대 항공기 리스사인 싱가폴 리스회사를 9.65억 달러로 매입했고, 중국공상은행의 모스크바 지점이 영업을 시작했다. 중국건설은행도 시드니에 대표 사무소를 개설했고, 교통은행은 프랑크푸르트와 마카오에 각각의 지점을 설치했다. 중국수출입은행은 세인트 피터스버그에 대표 사무소를 설치했다. 2007년 11월, 미국 은행감독원은 1991년에 외국은행 규제법이 통과 후 미국 내 영업을 인가한 최초의 중국투자은행인 중국 머천트은행의 뉴욕지점 설립을 승인했다. 2007년 말 중국은 미국, 일본, 영국, 독일, 오스트레일리아, 싱가폴, 홍콩, 마카오를 비롯한 60개 지점과 자회사를 설립했다. 이들 기관들에는 약 2,674억 달러의 해외자본이 유입되었다.

중국 자본의 해외투자

중국의 자본계정이 아직 "개방"되어 있지 않고 위안화가 태환되지 않지만, 중국은 외국인의 중국 A-주 시장 투자를 허용한 것을 포함해, 점차 국가간 금융투자에 대한 규제를 완화하고 있다. 국제기관들은 중국의 위안화 표시 주식에 투자할 수 있고, 중국 거주민들도 해외 증권시장에 투자할 수 있다. 2002년 11월에 중국정부는 적격외국인기관투자자 프로그램을 시행하여 외국인 투자자들의 시장접근을 허용하기 시작했다. 이로써, 위안화로 표시되는 A-주 시장에 대한 투자가 허용되었다. 2003년 5월, 스위스의 투자은행 UBS와 일본 중개회사 노무라 증권은 적격외국인기관투자자 라이센스를 취득한 최초의 외국 투자자로서 중국 주식시장에 진입허가를 받았다. 2007년 말 기준, 53개 외국금융기관들이 적격외국인기관투자자 라이센스를 얻었고 모두 300억 달러를 중국 시장에 투자했다. 2005년 3월, 국제기관들은 위안화 표시 채권 발행을 승인받았고, 세계은행은 국제금융공사(International Finance Corporation)를 통해 중국에서 처음으로 위안화 표시 채권을 발행했다. 2007년 7월, 중국은 적격내국인기관투자자의 해외증권시장 투자를 허용하는 시험적인 프로그램을 시작했다. 같은 해 말 기준, 이미 50개의 기관들이 적격외국인기관투자자로 승인되어 약 353억 달러를 해외에 투자했다.

2013년의 중국

중국의 1인당 GDP는 1980년에서 2000년 사이에 2배가 되었다. 2007년 중국정부의 계획에 따르면, 2000에서 2020년까지 다시 2배가 될 것으로 예상된다. 보수적으로 추정하더라도, 이 목표는 앞당겨 달성될 것이다. 실제로 2006년 중국의 GDP는 이미 21.2조 위안에 이르렀으며, 달러화로 환산하면 이는 2.65조 달러에 해당한다. 1인당 GDP는 16,000위안, 약 2,000달러였다. 중국의 GDP가 2009년에서 2013년 사이 연평균 8.5%로 계속해서 성장한다면, 2013년까지 총 40조 위안, 약 7조 달러가 되고 1인당 GDP는 30,000 위안, 또는 5,000달러가 될 것이다. 1인당 GDP의 2배 달성은 목표로 했던 2020년 보다 7년 앞서 달성될 것이다. 이러한 전망치에 따르면, 5년 내에 중국은 분명히 세계 2위의 경제 대국이 될 것이다.

중국경제의 규모가 인상적이긴 하지만, 진행 중인 구조적 발전이 아마도 더욱 중요할 것이다. 중국은 경제성장 방식의 변화를 통해 현재 투자와 수출이 주도하는 모델에서 국내소비, 투자, 수출을 결합한 균형된 성장 모델로의 전환을 꾀하고 있다. 정부의 정책을 고려할 때, 서비스 산업의 성장이 증대될 것이고, 과학 · 기술발전에 초점을 맞춤으로써 중국은 더욱 혁신적인 국가로 거듭날 것이다. 중국은 연금제도의 발전을 위한 노력을 지속할 것이다. 중국의 중산층의 금융자산 보유도 지속적으로 확대될 것이다. 경제규모의 확대, 경제구조의 발전, 서비스 산업, 혁신에 대한 중시, 이 모든 것은 본격적으로 중국 기업들이 세계로 진출하려 하고 있음을 나타낸다. 더 많은 중국기업들이 포춘 500대 기업에 오르고, 적극적으로 국제시장에 참여할 것이다. 중국기업들은 기술, 시장, 브랜드, 자원을 구하면서 국제무대로 "진출"하고 보다 적극적으로 해외 M&A에 참여할 것이다. 하지만 이 모든 것은 금융산업의 지원을 필요로 할 것이다. 매우 상이한 금융구조와 금융상품의 혁신이 이러한 새로운 변화를 충족시켜야 할 것이다.

2013년까지 중국은 외환보유고 세계 1위가 될 것으로 예상된다. 안정적인 증가로 인해 그 규모는 약 3조 달러로 예상된다. 중국 은행산업의 자산은 약 15조 달러에 이를 것이다. 예금은 5조 달러에 이를 것이다. 중국 금융산업의 전체 규모도 채권시장 10조 달러, 주식시장 10조 달러 규모로 계속 확대될 것이다. 시장구조는 지속적인 개선을 통해 시장 메커니즘의 효율성을 제고하고 증권사들 사이의 경쟁이 심화됨에 따라 상장기업들의 건전성이 개선될 것이다. 외부의 제약들과 기업 내부 지배구조의 개선이 비즈니스 환경을 개선시켜 줄 것이다. 투자자 구조는 더욱 균형을 이루고 법률 환경이 개선되며 기관들은 규제가 요구하는 요건을 맞추기 위해 더욱 준비해야 한다.

중국 보험산업의 시장규모는 1조 달러에 이를 것으로 예상됨에 따라, 성장을 위한 커다란 기회가 열릴 것이다. 국민들의 개인적 부의 증가는 보험산업의 장기적인 성장 요인이 될 것이다. 동시에, 소비구조의 고도화가 수요를 견인할 것이다. 국민들의 생활수준이 향상되면서 건강, 노후, 교육, 주택, 자동차에 대한 지출이 늘고 따라서 관련 부문의 보험에 대한 수요도 비례적으로 증가할 것이다. 특히, 중산층이 차지하는 비중이 높아지면서, 그들의 안전 및 보장에 대한 니즈가 증가하여, 보험수요는 현대적 소비의 중요 부분이 될 것이다. 사회보장제도의 발전에 대한 압력이 더욱 증가하고 있으며, 국민들의 연금과 의료에 대한 니즈를 만족시켜주기 위해 견고한 보험산업이 필요해질 것이다. 향후 5년간 보험산업은 계속해서 빠른 성장을 이어갈 것이다.

이러한 상황은 중국 금융기관에 대한 기회이자 도전이다. 투자자와 규제당국에게는 어려운 선택을 요구할 것이다. 새로운 상품과 서비스가 필요해지고 새로운 접근법이 필요하다. 중국의 금융기관들은 자신을 혁신할 필요가 있으며, 세계 다른 국가로부터 금융상품과 서비스를 보다 적극적으로 도입할 필요가 있다. 동일한 선상에서, 중국의 자본은 세계시장으로 진출하여 새로운 투자기회를 발견하고, 국제금융기관들과 협력하고 공동 투자할 필요가 있다.

이러한 단계들은 중국 금융시장의 성장을 촉진할 것이다. 금리 및 환율 제도의 개혁이 가속화되고, 주식시장과 채권시장은 자본시장 발전의 전조가 될 것이다. 주식, 채권, 금리, 환율에 기초한 파생금융상품이 빠르게 성장하여야 한다. 자산의 증권화는 더욱 보편화될 것이다. 중국 금융시장이 글로벌 금융시장을 완전히 끌어안게 되면, 중국은 필연적으로 글로벌 금융위험에 직면할 수 있고, 따라서 금융기관들은 위험관리의 강화 및 금융규제 수준의 제고를 위한 수순을 밟아나가야 한다.

중국 금융제도의 국제화는 모든 금융 시스템의 글로벌 연계성 확보를 앞당길 수 있다. 그 과정을 통해 세계 금융시스템의 그림을 그리게 될 것이고, 이미 그리고 있기도 하다. 우리는 대단한 발전의 시대, 중국 및 세계 금융이 함께 성장하는 시대에 들어서고 있다. 중국 금융시장의 빠른 성장은 중국과 세계 모두에게 커다란 도전과 기회를 가져다준다. 우리는 준비가 되어 있는가? 여기서 "우리"라는 표현은 중국과 전 세계의 금융기관, 시장, 그리고 규제기관 모두를 의미한다.

Part 1

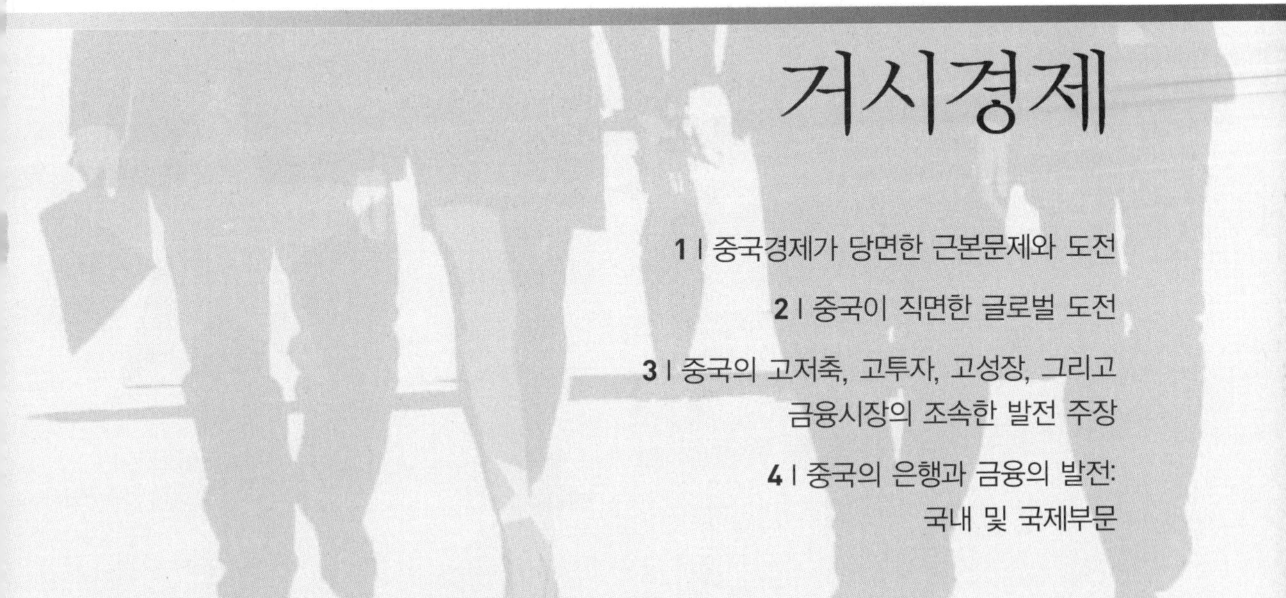

거시경제

1 | 중국경제가 당면한 근본문제와 도전

2 | 중국이 직면한 글로벌 도전

3 | 중국의 고저축, 고투자, 고성장, 그리고 금융시장의 조속한 발전 주장

4 | 중국의 은행과 금융의 발전: 국내 및 국제부문

1 | 중국경제가 당면한 근본문제와 도전

구오 슈킹
중국건설은행장

중국경제는 지금까지 지난 30여 년간 세계사적으로 두드러지게 빠른 성장을 지속해 왔다. 세계화와 신기술 혁명은 다른 개발도상국들과 마찬가지로 중국에게도 산업사회와 정보사회를 나란히 동시에 발전시켜 갈 기회를 제공함으로써, 많은 도움이 되었다. 이러한 과정이 갖는 중요한 의미는, 이제는 전통적으로 경제변수로 간주되던 변수들과 함께 과거에는 "비경제적 변수"로 간주되어 왔던 변수들도 경제적 현대화 과정에 영향을 미치고 있다는 점에서 찾을 수 있다. 다른 지역들에서 환경보호 문제를 다루면서 얻은 교훈과 경험을 후발 개발도상국들도 활용할 수 있게 되었다. 이론적으로, 중국은 이러한 측면에서 서방세계가 저지른 대부분의 과오를 답습하지 말아야 한다. 하지만 나라별로 실제 발전상은 매우 상이하기 때문에, 어떤 한 나라가 완전히 이상적인 것으로 간주될 수는 없다. 어떤 나라가 특정부문에서 불균형 상태에 있다면, 다른 어떤 나라들은 이와는 다른 부문에서 그러하다. 중국의 상황이 가장 큰 논쟁거리가 되고 있는 것은 어쩌면 당연하다.

❖ 개혁 · 개방 이후 중국 경제의 기본적 변화

1970년 대 말 개혁 · 개방이 시작된 이래로 중국은 자신의 과거나 외국의 경험과는 다른 방식의 성장을 경험해 왔지만, 이는 이 양자가 물려준 유산을 흡수한 것이기도 했다. "밖으로는 개방을, 안으로는 활력을 불어 넣는" 주요 정책들이 채택된 이후, 정부와 시장이 중국의 발전과정에서 안내자의 역할을 수행해 왔다. 지방의 집체들과 도시가 유동적으로 전환되었고, 양적인 목표와 질적인 목표 모두가 똑같이 중요하게 추구되었다. 또한 중국 경제의 산업화는 "정보사회"로의 발전과 조화를 이루며 진행되어 왔다. 이러한 과정에서 시장이 중요한 역할을 맡아 왔다. 시장은 해외 무역과 해외투자를 진작시켰다. 결과적으로 선진 기술과 경영기법의 도입은 혁명적인 효과를 가져왔다. 동시에, 과거에 우리가 지지했던 발전정책들—예를 들어, 사적 소유권 완화 및 사적 이윤의 인정, 지방에서 시행되는 지역적 경제개발 활동들의 활용, 대기업과 중소기업의 병행 육성, 중국 고유의 요소와 대외적 요소의 결합, 농촌 촌락들의 산업활동 참여 허용 등—의 영향을 눈으로 직접 확인할 수 있게 되었다.

10여 년의 개혁 · 개방기를 지나 중국 경제의 개혁동력은 1980년대 말과 1990년대 초에 이르러 실질적인 변화를 일으켰다. 고질적 결핍이 가장 적절한 특징으로 회자되던 경제가 이제는 소비재가 넘쳐나고, 실질적으로 거의 모든 제품의 재고가 과도하게 쌓여있는 창고를 연상시키게 하는 경제로 변모되었다. 몇 년 동안은 수입이 수출을 초과했었지만, 상황이 바뀌어 오히려 무역수지 흑자가 실현되었다. 구조적 불균형—예컨대, 곡물, 자원 및 운송 등에서의 병목현상—은 가격 인플레이션의 주요 원인이 되었지만, 재화의 수요와 공급이라는 측면에서 보면 이는 더 이상 가격 상승을 알리는 주요 경보기가 될 수 없게 되었다. 1980년대 말이 되자, 이자율과 환율 등 가격지표가 중국 경제에서 중요한 역할을 하기 시작했다. 반인플레이션 정책수단의 경우, 이 당시에는 그 역할이 매우 제한적인 것이었지만, 20세기 후반 두 차례의 인플레이션에 대응하는 과정에서는 대다수 경제학자들의 기대를 넘어설 정도로 그 유효성이 입증되었다. 저축예금들 또한 보조금을 통해 인플레이션으로부터 그 실질가치를 유지할 수 있었다.

경제의 운용에서 질적 변화 혹은 준질적 변화(semi-qualitative change)라 불릴 수 있는 것들이 무시할 수 없는 중요성을 지니게 되었다. 첫째, 이러한 변화는 전통적인 계획경제 또는 "지령경제"가 시장경제로의 이행을 이미 절반쯤 완성했음을 나타내는 것이었다. 당시에 이는 "상품 지향적 계획경제"(commodity-oriented planned economy)라 불렸다. 시장경제로 완전히 이행된 경제를 실현하는 데에는 아직 많은 어려움 남아 있지만, 현재 그것은 기대할 수 없을 정도로 먼 것은 아니다. 둘째, 그러한 변화는, 경제운용에 있어서 행정적 수단에만 의존할 수 없으며 오히려 경제적 성과에 영향을 미치려면 간접적인 수단으로 전환되어야 함을 의미하기도 한다. 즉, 중국은 거시경제정책의 공식과 운용 양식을 총체적으로 바꾸지 않을 수 없게 된 것이다. 셋째, 경제체제를 한 단계씩 점진적으로 변화시키는 접근법은 장단점 모두를 가지고 있다는 점이 명백해졌다. 지금까지의 실무적 경험을 활용하여 이러한 접근법의 단점은 극복하고 그 편익은 증진시켜, 보다 빠르고 부드럽게 시장경제로 이행하는 것이 현재 우리의 임무이다.

이러한 이행기 동안에 달성된 경제성장을 부정할 수는 없지만, 그 과정에서 부정적인 결과들이 초래된 것 또한 사실이다. 경제적 모순이 첨예화되기 시작하던 1990년대 중반, 문제는 더 심각해졌다. 그 원인은 다면적이었다. 첫째, 중국의 산업화 수준이 상승함에 따라, 일반 공산품은 곧 초과공급되었고 경쟁이 치열해졌다. 국유기업뿐만 아니라 향진기업들 또한 이를 체감하기 시작했다. 둘째는 환경적 요소를 고려하지 않은 산업화가 전국적으로 일어났다는 점이었다. 생태적 상황은 사람들의 생활조건 만큼이나 급격히 악화되었다. 경제성장의 실제 비용은 사람들이 더 이상 외면할 수 없는 것이 되어버렸다. 셋째, 외국인투자기업이 계속 늘어남에 따라, 대외무역이 확대되었을 뿐만 아니라 국내의 시장과 산업부문에도 영향을 미치게 되었다. 넷째, 이때까지 중국 은행들의 부실채권은 감당할 수 없는 수준이 되었고, 급속히 성장하는 경제에 자금을 제공하기 위해 대규모 대출에 의존하는 일이 점점 더 어렵게 되었다. 다섯째, 오랫 동안 농업은 소규모 가족농 방식을 채택해 왔다. 하지만 이러한 농업체계는 현대화된 산업 및 시장과 조화되기가 점점 어려워져, 불안정해지고 정책의 중복만을 낳게 되었다.

제9차 5개년 계획이 연구를 거쳐 수립되었을 때, 우리는 경제체제와 경제성장 양식 모두의 전환을 목표로 한, 이른바 "두 가지 전형(轉形)" 정책을 제시했다. 아시아 금융위기의 발발로 중국 경제체제의 전략적 변화가 더욱 시급해졌다. 그 후, 중국경제는 극단적으로 좋은 성과를 내었지만, 성장양식의 전형은 바라던 만큼 이상적이지 않았다.

1998년부터 중국 경제는 공급측에서의 전반적인 과잉을 경험하기 시작했다. 제품 팔기가 어려워졌고, 잉여노동이 존재했고, 투자자금이 투자처를 찾지 못했으며, 곡물 재고가 과다하여 한동안은 토지조차 풍부한 자원처럼 보이게 했다. 이 모든 일들은 중국경제가 빠른 경제성장률을 유지하는 와중에 발생했다. 이는 중국 역사상 전례가 없는 일이기도 했고, 세계사적으로도 유일한 일이기도 했다.

이러한 모든 문제는 유효수요의 부족으로 요약하는 것이 올바를 것이다. 하지만 이는 또한 비합리적 생산구조와 불충분한 유효공급에 그 원인을 돌릴 수도 있다. 이 경제의 저부가가치 산업에서는 중복투자와 과도한 경쟁을 경험하고 있는 반면, 고부가가치 산업에서는 오히려 부족을 호소하고 있었던 것이다. 핵심 문제는, 우리의 제조업이 시장을 개방하고, 수요를 유도하며, 신제품을 창조하는데 매우 취약하다는 것이다. 여기에 더하여, 중국의 제조업은 상대적으로 높은 비율의 고기술 장비를 수입해야만 한다. 생산된 제품이 재고로 쌓여가는 동안, 국민과 사회를 지원하는 수많은 사회 서비스는 전반적으로 공급부족 상태에 있었다. 실제로, 자세히 들여다보면 모든 서비스 산업이 실질적인 공급부족상태에 있었다. 도소매 서비스업은 질적으로 선진국 수준에 훨씬 미치지 못하고 있었다. 선진국과는 달리 위품과 모조품이 중국 전역에 만연해 있었다. 모든 방법을 동원하여 소비자를 속이려는 생산자가 어디서든 발견되었다. 반면에, 국민 개인에 제공되는 금융 서비스는 수십 년 전의 선진국 수준에도 크게 미치지 못하고 있었다. 교육, 문화, 과학 및 기술, 보건 및 위생, 법률, 그리고 회계와 감사부문의 발전은 더욱 더 부진했다. 그 결과, 자원 배분상의 심각한 불균형이 존재하게 된 것은 의심의 여지가 없었다.

21세기에 들어서, 특히 중국의 세계무역기구(WTO) 가입으로 중국은 매우 큰 변화를 겪게 되었다. 한편으로, 중국은 더욱 깊고 포괄적으로 세계경제에 진입하여 국제 노동분업에서 중요한 역할을 수행하기 시작했다. 이로써 중국은 세계 경제성장에서 중요한 촉진제가 되었다. 다른 한편으로, 중국 내 시장개혁이 빠르게 진행되고 시장 메커니즘의 본질적 성격이 확립되어 감에 따라, 사회주의 시장경제의 구조를 개선하기 위한 거시경제적 관리와 기타 경제적, 법적 조치를 도입해야 할 필요성이 더 커졌다는 점이 분명해졌다. 이러한 조치들을 도입하는 일은 미래에 상대적으로 빠른 성장을 담보할 수 있는 체계를 위한 물적 기반과 토대가 될 것이다.

❖ 중국에 고유한 경제적 문제들

중국의 거시경제 정책은, 경제의 단기적 균형에만 집중할 수 없고 중장기적인 변화에 지속적인 주의를 기울여야만 한다는 핵심적인 이유로 인해, 서방 선진국의 그것과는 근본적으로 다르다. 향후 중국 경제의 발전과정을 평가하는데 있어서, 세계 다른 나라들의 경험을 참조하는 일 못지않게 중국 고유의 환경을 반드시 염두에 두어야 한다. 한편으로 이는 산업화 과정 전반에 대한 성찰이 필요할 것이겠지만, 또 다른 한편으로는 미래의 발전 양식에 대한 전망을 요구하는 것이기도 하다.

중국은 이미 후기 산업단계로 접어든 국가의 전철을 밟지 말아야 한다. 이는, 과학적 진보가 후진국들로 하여금 일정정도 "후발주자의 이익"을 누릴 수 있도록 경제활동에서의 구조적 변화를 가져왔다는 사실에 주로 기인한다. 이론적으로, 중국이 경제발전의 3단계 과정을 동시에 거치고 있거나, 혹은 흔히 일컬어지듯, 산업사회와 정보사회로 동시에 진입하기 위한 정책을 추구할 수 있어야만 한다.

현실에서는 이러한 개념은 심각한 도전에 부딪치게 된다. 중국의 서비스산업 성장속도는 산업성장보다 빠르지 않았을 뿐만 아니라, 수십 년 혹은 수 세기 전 다른 나라들이 보여줬던 서비스 산업의 성장속도에도 결코 다다르지 못했다. 가장 관대하게 추정한다 해도, 중국의 2차 산업은 국내총생산(GDP)의 절반 가까이를 차지하고 있는 반면, 3차 산업은 GDP의 40% 정도를 차지하고 있다. 이러한 불균형적인 비율은 소득분배, 소비비중, 성장 잠재력, 그리고 환경보호 등에 대해 부정적 결과를 야기한다. 이에 대해 두 가지 근본적 이유가 지적될 수 있다. 첫째, 도시화가 산업화와 경제 전체의 성장에 비해 크게 뒤쳐져 왔다는 점을 들 수 있다. 둘째, 일반교육이 그 잠재력에 비해 한참이나 낮은 수준에서 머물러 있다는 점이다.

중국은 과거 50여 년간 매우 독특한 발전과정을 추구해 왔고, 이것이 현재의 구조적 문제와 도시화의 지연에 대한 근본적인 원인이 되었다. 어쩌면 인민공사가 설립된 1950년대부터 산업화는 농촌의 촌락으로까지 확대되기 시작했다. 하지만 1958년 "대약진운동"의 실패와 뒤이은 경제조정을 위해, 수많은 사람들이 농촌으로 하향되어야만 했다. 도시민과 농촌주민 사이를 엄격히 구분하는 정책으로 인해, 중국의 경제구조 또한 사실상 분할되었다. 농촌 촌락에게는 자신만의 산업화 방식을 발전시키는 것이 허용되었던 반면, 도시의 산업화는 도시에 대한 서비스 제공을 위해 이루어졌다. 1970년대에 "사대기업"(Commune Troop Enterprises)이 이미 형성되고 있었던 것이다. 개혁・개방정책이 시작된 후, 이들의 상업 활동이 봇물 터지듯 증가하고, 이러한 긍정적 쇄도에 힘입어 이들은 중국 전역에 걸쳐 급격히 부상하기 시작했다. 향진기업(Town-and-Village Enterprises: TVEs)의 등장은 중국 경제의 이행기 동안 경제체제의 구조적 변화에 가장 중요한 요인이 되었다. 이러한 새로운 동력이 없었더라면, 중국의 경제개혁은 그토록 빠르고 지속적인 성장을 달성할 수 없었을 것이며, 시장경제 메커니즘이 돌이킬 수 없는 지배력을 확보해 가는 것 또한 어려웠을지도 모른다. 동시에 도시의 경제제도가 그러한 변화를 안정되고 비가역적으로 뒷받침하는 역할을 수행하는 것 또한 불가능했을지도 모른다. 하지만 정부정책과 전체 경제체계가 [계획부문과 개혁부문이 공존하는–역자] 이중성을 띠고 있었기 때문에, 향진기업들은 자신들이 가진 자원을 활용하여 도시 경제체제 밖에서 운영되지 않으면 안 되었고, 스스로의 길을 개척해야만 했다. 그러한 향진기업의 거대한 융성은 산업체가 공간적으로 널리 분산되도록 만들었다. 1990년대 초, 대략 향진기업의 87%가 농촌지역에 위치하고 있었고, 지금까지도 단 30% 정도만이 지방 소도시 및 도시, 그리고 상업단지에 들어서 있다. 이러한 경향이 낳은 하나의 결과는 서비스 산업 시장이 뒤처지게 되었다는 점이다. 과도하게 분산된 산업화 현상은 장기적 발전과 국내 경제구조의 균형에 대한 부정적인 결과를 나타낸다. 그러한 결과는 지난 10년 동안 더욱 확연히 드러나게 되었다. 오랫동안 은행부문에 잔존해 오고 있는 부실채권 문제, 그리고 최근 자본투자의 낭비 문제에 더하여, 이는 자원, 환경, 그리고 국민생활의 질이라는 차원에서 막대한 대가를 치르게 했다.

❖ 농업부문

국가경제에 있어서 농업의 중요성은 어느 나라에게나 마찬가지다. 중국의 도시화 문제는 오래 전에 대부분의 선진국들이 직면했던 그것과 유사하다. 여기에는 중앙정부와 지방정부 등 모든 층위의 중국 정부들이 직면한 소위 3가지 "농업문제"(즉, 중국의 농업 산업 자체, 농업 종사자들, 그리고 일반적인 농촌의 조건)가 포함된다. 적정 농업규모의 관리, 농업의 전문화, 농업 서비스의 보장, 그리고 고기술의 이전 등, 이 모든 것을 위해 결정적으로 중요한 전제는 농업인구의 유동성을 본질적으로 보장하는 일이다.

안타깝게도, 중국에는 이러한 본질적 유동성에 대한 근본적인 제약이 존재한다. 고용구조는 극단적으로 복잡하다. 농업 종사자는 계절에 따라 건설 노동자가 되는 경우도 흔하고, 파트타임 판매원, 식당 종업원이나 도살장 직원으로 일하는 경우도 있다. 농촌과 소도시 및 촌락 모두에서 노동분업은 매우 천천히 진행되고 있고, 다방면에서 부수적 직업을 갖거나 혼합된 고용 형태는 필연적으로 오랫동안 지속될 것이다. 1980년대 이후, 중국에서 농업과 농촌지역이 정체상태에 빠진 것은 부분적으로 이런 이유 때문이기도 하다. 고도로 발달된 기업들이 위치하고 있는 농촌지역들은 점차적으로 사실상 도시화되고 있다는 사실로 인해 또 다른 복잡한 현상들이 등장하고 있다. 이러한 복잡성은 다른 지역의 농업인구가 직업과 사업을 위해 기존의 도시로 이주하는 경우에도 발생해 왔다.

그러나 장기적으로 볼 때 도시로 이주한 사람들이 도시에 흡수되지 못했다. 이주민들에게는 아직도 "농민공"이라는 다소 경멸조의 딱지가 붙여져 있다. 반면, 오랜 기간을 거쳐 사실상의 도시가 되거나 비농업 상업 활동이 지배적이게 된 소도시와 촌락은 정책적 측면에서 여전히 "농촌지역"으로 관리된다. 이 곳 주민들의 법적 지위는 도시민의 지위와는 다르다. 이점은 고용, 공공 서비스 및 사회보장 혜택의 측면에서 가장 극명하게 드러난다. 최근 수년 간 실질적인 도시화에 대한 인식이 정책영역에서 확대되어 왔지만, 실제 전략적 측면에서 명확히 반영되기까지는 더 기다려야 할 것이다. 적합한 법령의 제정이 필요하고, 중국의 자생적 도시화에 따라 등장하고 있는 시급한 문제들도 해결되어야 한다.

❖ 산업구조

1990년대 초부터 심각한 구조적 불균형이 중국 산업계와 제조업 부문에서 뚜렷해 졌다. 기초 산업은 정체상태에 빠져 부가가치 산업에 뒤쳐졌는데, 이는 가격 및 조세 개혁 후 점차적으로 다루어진 불균형이었다. 21세기 초까지도 사람들은 산업이 과도하게 "중공업화"의 방향으로 나아갔는지를 두고 우려를 나타내기도 했다. 두 번째 불균형은 부가가치 산업의 업그레이드 속도가 너무 느리다는 것이었다. 제조업들의 연결망이 너무 짧고, 저부가가치 산업에 과도하게 집중되어 있어서 부가가치가 충분히 생산되지 않았던 것이다. 세 번째 불균형은 산업이 연안지역에 과도하게 집중되어 있다는 것이었다. 다른 산업화된 나라들에서 발견되는 지역적 분포가 중국에서는 찾아보기 어렵고 사실상 그 반대의 추세, 즉 "공작새가 남동쪽으로 날으는" 현상이 지배적이다. 이 가운데 마지막 두 가지 문제는 오랫동안 점점 더 악화되는 방식으로 서로 결부되어온 문제들이다. 개선을 위한 변화가 발견된 것은 겨우 최근 2~3년간의 일이다.

중국이 서부지역을 개발하려는 전략은 1999년에 실행되기 시작했다. 그 후 중부를 "끌어 올리고" 동북부의 오래된 산업지역을 부활시키려는 방안이 제시되었다. 중앙정부는 지역 불균형을 줄이기를 희망했고, 이러한 제안들이 실행되는 과정에서 기초 사회기반시설의 개선 등 긍정적인 변화가 실질적으로 이루어졌다. 그렇지만, 산업의 실질적 발전은 기대에 크게 미치지 못했다. 시장의 힘이 이러한 상황을 돌려놓기에는 충분하지 않을 것임이 분명해졌다. 이러한 문제들은 정책과 관련되어 있을 뿐 아니라 구조적인 것이었다. 소위 여러 "특별조치들"이 시장의 중요 부분을 왜곡시켜 시장화 과정을 늦추었던 것이다. 그러한 특별조치들은 토지가격의 결정에서부터 임금, 그리고 조세 및 환율 우대정책에 이르기까지 널리 퍼져 있었다.

이러한 문제들을 인식하고 해결하는 것은 경제성장을 지속적으로 추동하고 조화로운 사회를 만드는데 근본적인 일이다. 장애물도 많다. 어떤 사람들은 연안의 산업들이 "도려내 지지는" 않을까, 또 어떤 사람들은 외국인 직접투자에 영향을 미치지나

않을까 전전긍긍하고 있다. 더 중요하게는 많은 사람들이 일자리를 잃게 되지는 않을까 걱정하기도 한다. 사실, 우리가 산업 구조조정을 서두르는 것은 바로 고용확대를 위한 것이다. 중국은 광대한 영토를 가지고 있으며, 연안지역의 산업구조를 업그레드하게 되면 새로운 첨단산업과 서비스 산업이 새로운 고용기회를 창출할 것이다. 중부 및 서부지역은 산업체가 이 지역으로 이전하는 시점에서 새로운 성장을 시작할 수 있다. 이들 지역의 자체적인 고용이 개선되고, 전국적으로 고용이 확대될 것이다. 더구나 시장수요에 발맞춰 고용구조가 변화됨에 따라, 우리는 경제의 지역간 균형을 달성하게 될 것이다. 현재 진행되고 있는 남부와 동부 연안지역으로의 인구이동은 둔화될 것이다. 오직 이러한 변화가 일어나야만 비로소 초거대도시에 드리워진 과부하 상태가 완화되기 시작할 것이다.

❖ 노동시장의 문제

노동시장이 장기적으로 분할되어 왔다는 점이 중국의 비합리적인 경제구조를 낳은 근본적 원인이다. 많은 중국의 경제학자들과 수많은 외국의 경제학자들도 중국의 경제적 이점이 임금수준의 정체와 고용보장의 결여에 있다고 생각한다. 이러한 주장이 전혀 근거 없는 것은 아니지만, 그 증거는 피상적으로 드러나는 것과는 다르다.

첫 번째 주장은 소위 원시적 축적이론(primitive accumulation theory)과 관련이 있다. 이는 산업혁명기 또는 2차 세계대전 후에 존재했던 경우—양 시기에 특정 국가들의 경제가 비상했었다—를 중국에 기계적으로 적용한 주장이다. 이 주장은 극단적인 자본부족을 강조하는데, 이는 수년 동안 순자본유출이 일어나고 있는 오늘날의 중국의 사정과는 밤과 낮만큼이나 다른 상황이다. 두 번째 주장은 소위 무제한적인 노동공급 이론(theory of unlimited labor supply)과 관련이 있는 것으로, 경제학의 가장 기본적인 원리와 모순된다. 모든 자원은 유한하여 가격조정을 통해 수요와 공급의 균형이 이루어지는데, 노동의 경우 또한 그러하거나 어쩌면 이러한 공급 제약이 더 클 수도 있다. 세 번째는 노동시장의 탄력성 이론이다. 이 이론은 노동을 도시와 농촌, 해당 지역 내부에서 제공되는 노동과 외부로부터 유입되는 노동, 그리고 고정 노동과 임시직 노동 등으로 구분한다. 하지만 동일 노동에 대해 상이한 보상을 지급하는 것은 단지 마찰과 사업위험을 증가시키고 효율성을 저하시킬 뿐이다. 이러한 류의 "탄력성"은 경제적 활력을 진작시키는데 필요한 것이 절대 아니다.

넷째는 그러한 분할이 도시와 농촌 사이의 원활한 유동성을 증진하는데 도움이 된다는 견해이다. 사실, 이 견해는 외부유입 노동자가 실직할 경우, 지방 자치체와 정부는 경기하강에 대한 책임을 전혀 지지 않게 된다고 상정한다. 즉, 노동자들은 자발적으로 그 지역을 다시 떠나게 될 것이라 간단히 가정하는 것이다. 하지만 이 견해는 도시화라는 것이 돌이킬 수 없는 근대화 현상이라는 점을 인식하지 못하고 있다. 다섯째는 노동을 저렴하게 유지함으로써 경쟁력을 확보할 수 있다는 견해이다. 사실 현대 경제에서 경쟁력은 진보된 기술, 제품혁신, 그리고 생산성 향상에 달려 있다. 장기에 걸쳐 저렴한 노동력에 의존하는 시장 우위는 경제적 쇠퇴와 실패로 귀결될 것이다. 여섯째는 농민을 보호하지 않으면 그 나라의 농업 기반이 흔들리게 되므로 농민에 대한 보호와 보존이 이루어져야 한다는 관념이다. 이 이론은, 도시로 유입된 "농민"의 임금이 농촌에 남아 있는 사람들의 임금보다 높게 된다면, 농업의 상황은 악화될 것이라 주장한다.

기타 많은 거창한 이론들이 존재하고 있다. 여기서 우리는 가장 단순한 질문을 제기해야만 한다. 1995년 이후 10년간 중국 경제는 1.38배 성장했지만 무수히 많은 수억 명에 달하는 농민들의 임금은 전혀 증가하지 않았다. 누가 새로이 생산된 이 모든 제품들을 소비하고 있었던 것인가? 이 질문에 답하기 위해, 윤리나 사회적 양심은 고려하지 않기로 하자. 또한 생산의 목적과 사회적 가치는 잠시 논외로 하자. 이렇게 경기순환 자체만을 고려한다 하더라도, 다음과 같은 질문을 하지 않을 수 없게 된다. 즉, 이러한 상황이 지속될 수 있을까? 이는 정상적인 것으로 볼 수 있을까? 한 가지 다행스러운 것은 2005년 이후 드디어 개선의 조짐이 일부나마 보이기 시작했다는 점이다.

노동시장의 문제는 사회보장제도의 개혁 문제와도 밀접히 관련되어 있다. 사회보장제도의 개혁은 새로운 경제체계의 안정성과 지속가능성을 결정하는 데 큰 역할을 할 것이다. 중국은 노인문제, 의료, 실업자 문제 등과 같은 기본적인 사회보장제도의 영역에서 두 가지 난제에 직면해 있다. 하나는 많은 다른 나라들도 직면하고 있는 문제들로, 현재 보험 가입자들이 납부하는 보험료로 현재의 수급 대상자들에게 보험 급여를 지급하는 현행의 기금관리 체계가 미래에는 재정부족으로 유지되기 어렵다는 것이다. 두 번째 난제는 수억 명에 달하는 중국의 근로자들과 그 가족들이 어떤 형태의 사회보장제도에도 전혀 가입되어 있지 않다는 사실이다. 중국에서는 경제가 빠르게 발전하고 있고 인구구성도 상대적으로 젊기 때문에, 이미 높은 비용이 발생되고 있는 나라들이 겪고 있는 것과 같은 사회보장비로 인한 부담이 중요한 사안이 아니다. 따라서 중국의 사회보장 체계에 대한 문제는 좀 더 쉽게 해결될 수 있다.

중국이 제일 먼저 해야 할 일은 사회보장 계획을 위한 저축을 축적하는 방식을 확립하는 것이다. 유럽의 "큰 밥그릇" 체계를 답습할 수는 없는 일이지만, 여기저기 흩어져 있는 기금을 자유롭게 운용하여 부분적 해결을 도모할 수도 없다. 둘째, 도시로 이주한 농민과 잔류 농민을 차별하지 않고 통합하는 개방된 체계를 확립해야 한다. "이 모든 자금은 어디로부터 충당할 것인가?"라는 문제는 바로 이 지점에서 제기된다. 농민은 말할 것도 없이, 미래를 대비하여 저축을 하지 않은 모든 중년층과 노년층을 위한 자금을 누가 제공할 것인가? "돌 하나로 세 마리의 새를 잡는다"는 생각은 환영의 대상이 될 수 있다. 첫째, 국가 자원과 국가 소유의 토지로부터 발생하는 수입의 일정부분이 사회보장 기금으로 할당될 수 있을 것이다. 이러한 "미리 축적된 기금"은 곧바로 그 기능을 발휘하기 시작할 수 있다. 개인별 금액은 노년층, 중년층, 청년층에 대한 어떤 이전 절차를 수립할 필요 없이 연도별로 다시 월별로 내려가면서 산출할 수 있다. 국유산업은 즉시 "부재 사주"(absentee owner) 산업체로 전환될 수 있고, 이어서 시장 메카니즘으로 하여금 좀 더 안정적이고 간편한 방식으로 이들 자산의 소유권을 조정할 수 있도록 할 수 있을 것이다. 농업인구의 도시화는, 모든 층위의 정부기관이 수입을 올리기 위해 토지를 유용(流用)하는 방식과 지금처럼 농민 보조금이 낭비되어 온 방식 모두를 피할 수 있는 안정적인 형태로 실행될 수 있을 것이다.

❖ 인적자원

중국은 전통적으로 교육과 문화를 중시해 왔다. 그러나 지금까지 오랫동안 중국 사람들은 생계를 유지하는 일에 몰두하게 되면서 이러한 것들에 그다지 관심을 두지 않아 왔다. 현재 중국 사회에는 교육에 대한 생소한 몇 가지 태도가 퍼져 있다. 어떤 사람들은 교육과 문화가 단순히 자원을 소비하는 일인 반면, 경제학과 기술은 가치를 창조한다고 생각하고 있다. 예를 들어, "교육은 '소비'의 범주에 속한다. 만일 우리가 경제 발전을 핵심으로 삼는다면, 이는 생산을 최우선으로 두어야 한다는 것을 의미한다—즉, 돈 벌이에 초점이 맞추어져야 한다—그런 연후에야 비로소 우리는 돈을 쓰는 일에 관해 논의를 시작할 수 있다." 사실, 많은 국제기구와 학자들의 연구가 보여주고 있듯, 교육투자로부터의 수익은 다른 어떤 투자로부터의 수익보다도 더 크다. 이 사실은 국가 전체적으로나 개별 가계 모두에서 성립한다. 항간에 도는 또 다른 생소한 이야기는 "중국의 9년 의무교육 계획은 현실성이 없다. 중국이 세계 표준에 도달하기 위해 필요한 지출을 감당할 수 있다고 생각하는 것은 몽상에 불과하다"는 것이다. 실제로, 유럽 주요국들이 의무교육을 제도화했을 때, 이들 국민의 평균소득은 현재 중국의 소득수준 보다 훨씬 높지 않았다. 아시아의 신흥 산업국들이 기본 의무교육을 실시했을 때, 경제수준은 1980년대 중국의 수준보다 전체적으로 더 낮았다. 경제수준에 비해 중국의 교육은 상대적으로 오랫동안 뒤쳐져 왔다.

문화와 관련된 문제는 훨씬 첨예한 논쟁을 불러 일으켰다. 10년 전, "문화"의 경제적 유의성에 대한 주제를 꺼냈을 때 어떤 사람들은 밤잠을 설칠 정도였다. 그러나 수년 동안의 과학기술의 부흥기를 거친 후, 우리는 "창조적 산업"이라는 말이 유행하고 있음을 목도하게 되었다. 수백여 년 아니 수천 년간 "문화"의 개념은 가치를 구현하는 것이었다. 과학기술과 마찬가지로 문화는 재화와 서비스의 가치를 결정했다. 거래장부를 기록하기 위해 줄에 매듭을 만들어야만 하고, 사건을 묘사하기 위해서는 그림을 그려야만 했던 시대에는 문화, 과학, 그리고 기술은 사실상 서로 분리될 수 없는 것들이었다.

❖ 전략적 대책

중국 경제가 균형 잡히고 조화롭게 성장한다는 것은 경제사회의 법칙을 따라야 한다는 것을 의미한다. 그러한 경제법칙에 부응하는 방식으로 채택된 경제정책은 중국에 존재하는 생산적 산업들의 구조적 불균형을 시정하는 데 틀림없이 도움이 될 것이다. 거시경제정책의 적절한 조정은 경제개혁과 대외개방 과정을 분명 가속화할 것이다. 이 과정에서 다음과 같은 5가지의 전략적 출발점을 제안할 수 있다.

첫째, 중국의 경제적 구조를 조정하는데 있어서 시장으로 하여금 좀 더 완전한 역할을 수행하도록 해야 한다. 우리는 생산물 투입요소의 가격결정이 보다 합리적으로 이루어지도록 해야만 한다. 다시 말해, 이자율, 지대, 세율, 환율, 임금 등에 영향을 미치는 경제체계 내부의 왜곡들은 제거되어야만 한다. "단일한 방식으로의 통합, 개방, 경쟁, 질서" 등의 정책목표를 준거로 삼아, 우리는 각 영역에서의 결함과 부적절성을 찾아내어 공개하고, 이를 해결하기 위한 조치를 실행하며, 어느 부처가 이러한 일을 담당해야 하는지 그 책임소재를 분명히 해 두어야 한다. 적실한 정책과 규칙을 차례로 실행하고, 모든 종류의 부패와 "부정한 수수료"나 뇌물수수에 지속적으로 대응해야 하며, 공정한 경쟁의 원칙을 위배하는 행위와 실제 생산비와 실제 소득을 교란하는 특혜 문제에 관심을 집중해야 한다. 우리는 시장의 거래비용 상승을 부추기는 행위를 처벌하고, 생산요소가격을 낮추려는 행정적 압력이 중단되기를 희망한다. 다양한 제품들과 생산요소들이 갖는 시장특성을 완전히 파악하고 적절한 대책을 강구하여 실행해야 한다. 예를 들면, 석탄과 전력 모두 생산품이지만, 이들의 시장특성은 크게 다르다. 이러한 여러 문제들을 처리함에 있어서 모든 문제를 동일한 방식으로 접근하는 것은 효과가 없을 뿐만 아니라, 효과를 기대하며 안일하게 대응하는 것이 지속가능할 수도 없다. 특히 주의해야 할 점은, 서비스 산업에는 공공의 이해와 사업성을 동시에 가지는 속성들이 다수 존재한다는 사실이다. 서비스 시장의 다수가 종종 절반은 시장적이고 절반은 공적이거나 완전히 공적인 것이다. 교육, 과학적 연구, 문화, 공중 보건, 체능 등이 그 예들로, 이들에게는 이러한 분리되기 어려운 이중적 성격을 지니고 있다. 시장 메커니즘으로 하여금 자원배분에서 더 큰 역할을 담당하게 하는 일은 매우 중요하지만, 이것이 갖는 어려움은 공공의 이해가 걸린 산업부문에 고유한 특성을 파악하고 그에 걸맞는 적절한 대책을 마련하고 실행하는 일이다.

둘째, 정부는 공공부문에서 스스로의 책임을 다해야 한다. 정부기능은 4가지의 주요 영역—경제적 조정, 시장의 규제, 사회적 행정(social administration), 공공복지

—에 놓여 있음은 이미 분명해졌다. 시장경제라는 맥락에서 경제적 조정이란 경제에 대한 간접적 조치, 즉 거시경제 정책을 의미한다. 따라서 이 기능은 점차 중앙정부로 더욱 집중되어야 한다. 지방정부는 이 영역에서 물러나야 하며, 그렇지 않을 경우 시장의 왜곡과 행정적 간섭을 피하기 어렵게 될 것이다. 시장의 규제에는 중앙과 지방 모두에게 책임이 있으며, 지방정부의 역할이 요구된다. 시장규제의 동학이 특히 강화될 필요성이 커지고 있다. 책임을 분명히 하고 그것을 할당하기 위해서는 할 일이 많이 남아 있지만, 그 방향은 이미 명확하다. 반면에 사회적 행정과 공공복지에 대한 책임이 누구에게 있는지는 아직 분명치 않다. 무엇보다도 우선, 가장 기본적인 공공재의 충분한 공급이 아직 확보되어 있지 않다. 의무교육이 그 한 예다. 이 공공재에 대한 도시와 지방 사이의 격차는 아직 매우 크다. 공공보건, 공공보안, 법률행정과 기본적인 문화 및 체육시설에서도 마찬가지이다. 둘째, 우리가 사회적 행정이라고 부르는 것에도 수많은 격차가 존재한다. 과거의 중국에서는 "노동단위"(work unit)가 이러한 책임을 떠맡고 있었다. 하지만 이후 이것이 점차 해체되었음에도, 이 기능을 물려받아 담당할 새로운 조직적 구조는 아직 발전하지 못했다. 셋째, 정부의 운영 방식이 신속히 변화될 수 없었다. 과거에 정부의 결정사항이 효과를 발휘하기 위해서는 행정적 명령, 붉은 글자로 쓰여진 문서[정부지침을 담은 문서에는 붉은 글씨로 제목이 달려 있다–역자], 대면지도 등에 의존했다. 하지만 이런 방법은 점차 더 큰 비용을 요구할 뿐만 아니라, 그 효과 또한 점점 작아지게 되었다. 준정부(semi-government) 및 비정부 조직 외에도, 이런 일에 더 큰 역할을 수행해야 하는 자치 조직들도 사실상 결실을 맺지 못했다. 노동조합과 여성협의회 등 오래 전부터 존재해 왔던 조직들은 매우 관료화되었고, 이들 고유의 오래된 사고방식과 운영방식을 변화시키는 것은 쉽지 않은 일이다.

셋째, 안정되고 질서정연하게 농민이 대·소도시로 이주하는 것이 허용되어야 한다. 대·소도시의 인구집중 현상은 발전하는 경제사회에서는 필연적인 경향이다. 이는 억제되어서도 안되고, 또한 급격한 방식으로 진행되어서도 안된다. 한 동안은 중국의 도시화율이 연평균 2%로 상승할 수도 있다. 사람들이 도시로 몰려들고 그들이 어려움에 봉착하게 될 때, 결정적인 이슈들이 등장하게 될 것이다. 정부의 정책은 이들 이주민들을 고무하고 수용하며, 다양한 인구층을 통합하는데 도움이 될 수 있는 것이어야 한다. 이주민들이 필요한 것은 교육, 직업훈련, 그리고 임금과 주택, 사회보장을 비롯한 근로권에 대한 보장이다. 도시 이주민들은 학교, 공장, 정당, 정부, 그리고 노동 · 청년 · 여성협의회 등 중국 내 모든 조직에서 동등한 대우를 받아야 한다. 우리는 더 이상 이주 인구의 지위를 "농민공"으로 정의해서는 안 된다. 우리는, 통일된 고용시장을 조성하고, 농민과 비농민 모두가 직업을 갖을 수 있는 기본여건을 제공하는 정책을 추진해야만 한다. 노동조합은, 모든 기관의 모든 수준에서, 농촌에서 자신의 조직으로 유입된 사람들을 자신의 조직 안으로 포괄하고, 그들에게 임금, 복지, 시민권 측면에서 동등하고 공정한 대우를 보장해 주어야 한다. 이주민들에 대한 기초교육과 주택문제에 대한 특별한 주의가 필요하고, 이주민들을 공공정책의 대상으로 포괄할 수 있는 계획 및 실행 절차가 마련되어야 한다. 우리는 대 · 소도시의 모든 근로자를 위한 사회보장 제도를 수립해야 한다. 토지가 수용되어 도시지역으로 이주한 농민들에게는 반드시 법령에 의해 기초연금과 건강보험이 제공되어야 한다. 그런 상황에 놓인 농민에게 이와 같은 사회보장 서비스를 제공하기 위해 토지기금(land fund)이 조성되어야 할 것이다.

넷째, 서로 매우 이질적인 연안지역과 내륙간의 긴밀한 결속을 구축해야 한다. 이는 사실상 중국의 미래 경제를 결정할 전략적 문제이다. 우리는 시장원리에 부합하는 방법을 활용하고 시장 메커니즘을 통해 지역간 관계와 협력을 강화해야 한다. 우리가 질서 있는 금융시장, 토지시장, 노동시장을 통해 이를 추진한다면, 이 목표는 반드시 달성될 수 있다. 동부지역 산업체들은 더 높은 수준으로 발전되어야 하고, 일부 기초산업과 노동집약적 산업은 내륙지역으로 이전되어야 한다. 연안지역에서 가장 중요한 일은, 실제 시장에 기초한 시장관계가 제 기능을 할 수 있도록 하고, "저가판매"를 축출하며, 과잉생산을 억제하고, 질적 향상을 촉진하는 것이다. 우리는 낡은 산업기반시설을 갖고 있는 동북지역과 기타 지역을 부흥시키고, 서부지역을 개방하고 개발할 계획을 실행하는데 좀 더 적극적으로 나아가야 한다. 산업들을 서로 보완적이게 하고 서부지역으로도 기술 및 인적 재능이 이전될 수 있도록 하는 통합된 산업구조를 형성함으로써, 우리는 중부지역이 동부지역으로부터 이전되어 오는 생산을 흡수할 수 있도록 지원해야 한다. 지역간 불균형 문제를 해결하기 위해 우리는 외국인 투자 정책을 활용해야 한다. 토지, 투자, 노동 자원이 동부에서 진출한 투자자들에게는 시장가격보다 낮은 가격으로 제공되는 일은 중단되어야 한다. 우리는 토지개혁과정을 심화하고 비농업용 토지에 대한 시장경쟁을 촉진시켜야 한다. 서부지역의 재정조건을 개선하기 위해 우리는 재정 및 금융개혁 과정 또한 심화해야 한다.

다섯째, 더욱 합리적인 방식으로 중국의 국내경제를 해외경제와 통합해야 한다. 우리나라 국민경제의 불균형을 조정하고 해결하는 것은 중국뿐 아니라 나머지 세계경제에도 유익할 것이다. 이러한 상호이득이 존재하기에, 우리는 외부세계와의 관계 속에서만 발전할 수 있다. 투자와 무역부문에서 우리는 외국기업에 대한 특혜를 점차 줄여 나가고 중국인에 대한 대우를 적절히 하는 방식의 정책을 추진해야 한다. 식료품, 에너지자원, 원재료, 완제품, 금융, 외환 등에 대한 국제시장에서 우리는 이해관계와 상호신뢰 사이의 조화에 기초하여 안정적이며 협력적인 수요-공급 관계를 형성해야 한다. 우리는 장기적 상호 이익을 추구하면서 책임감 있는 자세로 상호번영을 실현해야 한다. 무역마찰을 공정하고 합리적으로 해결하기 위해서는 경제적 이익의 상충 문제와 이슈들을 적절히 처리해야만 한다. 우리는 실제적이고 실현가능한 투자자 권리보호 문제를 해결해야 한다. 우리는 양자간 및 다자간 투자 및 무역 협정에 적극적으로 참여하여, "세계진출" 전략의 실행을 가속화하여야 한다. 우리는 국제금융기구와의 관계를 강화하고, 다자간 협력을 발전시키고, 모든 방법을 동원하여 우리나라 국민경제의 안전을 보호하고 보존해야만 할 것이다.

2 | 중국이 직면한 글로벌 도전

스테판 로치
모건 스탠리 아시아 회장

중국은 경제발전의 이론과 역사를 다시 썼다. 단 30년 만에 세계 최다 인구국가가 경제 붕괴 직전에서 새로운 번영의 첨단으로 나아갔다. 국유 시스템의 "개방"으로부터 추동된 대담한 개혁은 점차 시장에 기반한 경제를 탄생시켰다. 결과는 그야말로 대단한 것이다. 거의 30년간 실질 국내총생산 (GDP)이 연평균 9.5%로 성장했고, 중국의 1인당 국민소득도 현재 1990년대 초에 비해 5배가 넘는 수준인 2,000달러를 초과하고 있다. 13억 인구의 거대국가가 전체 생활수준을 그렇게 폭발적으로 증가시킨 것은 가히 놀랄만한 것이다.

중국의 괄목할 만한 성공은 대외 지향적 발전 모델을 채택한 덕택이다. 중국은 대외무역에 크게 의존하면서, 그에 병행하여 강력한 수출기반을 지원하는 인프라와 산업화에 대한 투자를 확대했다. 다행스럽게도 중국의 그러한 대외 지향적 경제성장은 세계화의 새로운 시대가 번창하던 시기와 일치했다. 이러한 흥미로운 결합은 중국을 현대 세계화의 최대 수혜자라는 부러운 위치에 올려놓았다.

물론, 이러한 이익에는 위험과 책임이 동반된다. 현재 중국은 머지않은 미래에 닥칠 수많은 위험과 책임에 직면해 있다. 수출 주도적 성장모델은 다시 균형을 잡을 필요가 있다. 중국의 지도부는 우선 국내수요 특히, 민간소비에 의한 자발적 발전에 더 치중할 필요가 있다는 점을 인정한 최초의 인물들이었다. 또한 수출주도형 모델은 중국 경제를 글로벌 경제의 순환적 발전에 과도하게 노출되게 만들었다. 1970년대 초 이래로 가장 강력한 글로벌 호황이 거의 5년 동안이나 지속된 이후, 이제 중국은 미국이 주도하는 세계경제의 침체를 걱정해야 할 만한 충분한 이유가 있다. 또한 중국의 수출 주도적 발전모델은 우려스럽게도 이 최대 인구국가를 반세계화라는 역풍의 십자선 위에 놓이게 했다. 중국은 책임 있는 세계인의 일원으로서 현재 그러한 우려에 정면으로 대응해야 한다. 전체적으로 보면, 현대사에서 가장 개방적인 발전모델인 중국은 이제 만만찮은 글로벌 도전들에 직면하게 된 것이다.

❖ 중국의 대외 지향성

수출 주도적 성장모델은 오랫동안 경제발전의 주류 모델로 인식되어 왔다. 그러나 중국은 이러한 접근법을 완전히 새로운 경지로 끌어 올렸다. 그림 2.1에서 볼 수 있듯이 (국제통화기금(IMF)의 추정치), 중국의 세계무역 점유율은 1982년 경제가 도약하기 시작한 이래로 거의 8배나 증가했다. 이는 같은 시간 동안 여타 아시아 국가들이 경험

그림 2.1 | 세계화의 최대 수혜국

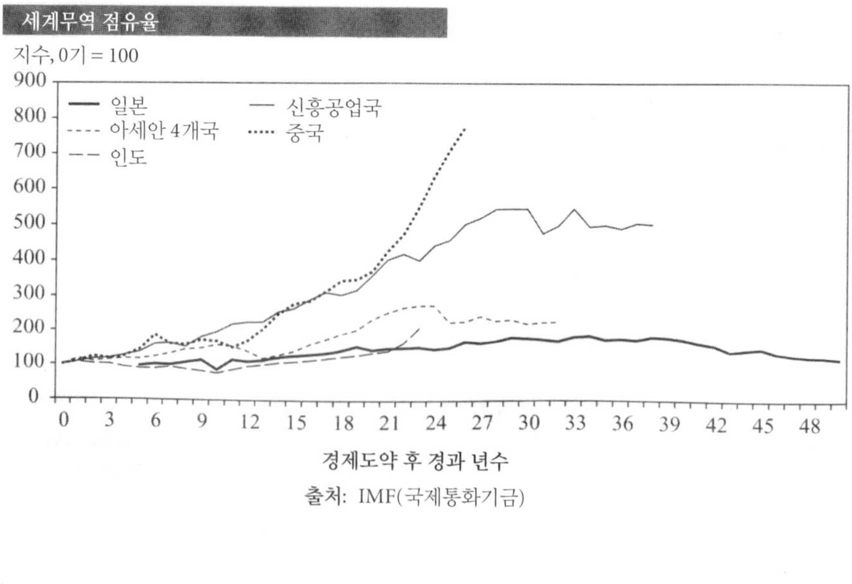

출처: IMF(국제통화기금)

한 경제발전의 일반적 수준을 크게 능가하는 것이다. 중국과 가장 유사하다고 할 수 있는 나라들로는 한국, 타이완, 홍콩, 싱가포르 등 소위 아시아 신흥공업국들(NIEs)이 해당된다. 매우 작은 도시국가 2개국을 포함하더라도, 이들 전체가 세계무역에서 차지한 비중은 이들이 집단적으로 도약하기 시작한 이후 25년 동안 겨우 5배 증가했을 뿐이었다. 이 또한 인상적인 결과이긴 하지만, 중국의 경험은 이를 무색하게 한다. 급속히 성장하는 동남아시아연합 4개국(ASEAN-4), 즉 인도네시아, 말레이시아, 필리핀, 태국의 세계무역 점유율은 25년 동안 겨우 2배 조금 넘게 증가했을 뿐이었다.

아시아 최대의 경제이며 오랫동안 아시아 경제의 맹주를 차지해 온 일본과 비교해 보면 특히 인상적인 결과를 얻는다. 제2차 세계대전 이후 1955년 경제도약을 시작한 일본의 세계무역 점유율은 이후 25년 동안 1.7배 증가하는데 그쳤는데, 이는 중국이 도약을 시작한 후 최초 25년간 경험한 증가의 20%에 불과한 것이다. 오랫동안 국제무역 강국으로 군림해 온 일본의 약진은 중국과 비교할 때 크게 빛을 잃게 된다. 1990년에 도약하기 시작한 이후 2배의 세계무역 점유율 증가를 달성한 인도와 비교하더라도 마찬가지이다. 아시아는 지금까지 근대사에서 가장 외향적이고 무역지향적인 발전노선을 향유해 왔다. 그러나 중국은 다른 아시아 국가들보다 훨씬 크게 두드러진다.

중국의 대외 지향성은 2000년 이후 특히 극적으로 증가했다. 이 시기 비교적 짧은 기간임에도 불구하고 중국의 세계무역 점유율은 기본적으로 2배로 증가했다. 중국의 이러한 대외 지향적 발전이 2000년대에 가속적으로 집중된 것은 시기적으로 적기였기 때문이었다. 이 시기는 세계 GDP의 성장세가 유난히 강력했던 시기와 일치하는데, 실제로 글로벌 GDP가 연평균 5%로 성장하던 2003년에서 2007년의 시기는 1970년대 초반 이후 세계경제가 가장 빠르게 성장한 5년이었다. 대외 지향적인 중국경제에게 이는 "하늘에서 내리는 만나(manna)"와 같은 것이었다. 세계경제가 한 세대 동안의 침체를 마치고 다시 강력히 성장하던 바로 그 시기에, 중국의 세계무역 점유율이 가파르게 증가했던 것이다. 이 이유 하나만으로도 중국은 현대의 세계화 물결의 최대 수혜자라 할 수 있을 것이다.

❖ 불안정, 불균형, 부조화, 지속불가능성

대외 지향적 경제성장 그 자체로는 아무 문제도 없다. 하지만 이는 궁극적으로 내수가 주도하는 성장으로 전환된다는 전제가 있을 때만 그러하다. 이 점은 중국의 가장 큰 거시경제적 도전, 즉 거시경제의 구조를 재편해야 할 필요를 부각시키는 것이다. 이 점은 지난 2007년 3월 16일 전국인민대표회의에서 원자바오 총리가 행한 폐회사에 가장 잘 표현되어 있다. 원자바오 총리는 이 자리에서 중국의 전반적인 성장과 고용지표의 견고성을 극찬하면서도, 그 저변에서 쌓여가고 있는 문제점들에 대해 강조하여 경고했다. 그의 발언을 빌리면, 중국경제는 점증적으로 "불안정해지고, 불균형이 심화되고, 부조화스럽고, 지속 불가능해지고" 있다. 내 견해로는 원 총리의 진단은 중국경제의 거시적 구조가 부과하고 있는 긴장과 압박에 대한 솔직하고 중요한 평가였다. 그러한 긴장에 대한 해법은 향후 수년 간 중국경제의 변화과정을 형성하는데 결정적일 수 있다.

원 총리가 이와 같은 요인들을 핵심적 도전들로 인용할 때, 그것들은 무엇을 의미하는 것일까? 불균형(*imbalanced*)이란, 수출과 고정투자가 GDP의 거의 80%를 차지하고 있고, 겨우 약 36%만이 민간소비에 돌려지고 있는 것처럼, 한쪽으로 쏠려 있는

그림 2.2 | 중국: 저변의 상황

"중국경제는 불안정, 불균형화, 부조화, 그리고 지속 불가능해 지고 있다."
—원자바오 총리, 2007년 3월 16일

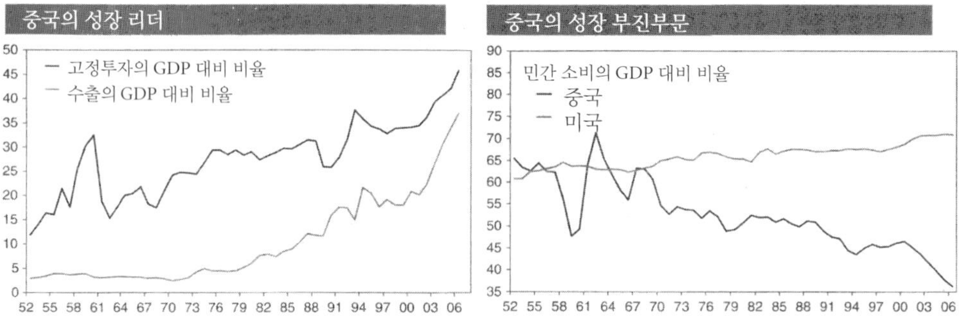

출처: 국가별 자료와 모건 스탠리 연구소

현재의 거시적 구조를 지칭한 것으로 짐작된다 (그림 2.2 참조). 물론, 그렇다고 중국의 민간소비가 늘어나지 않는다는 뜻은 아니다. 오히려 중국의 민간소비는 과거 5년간 실질가치로 거의 연평균 9%의 속도로 성장해 왔다. 하지만 이러한 성장률은 급속히 성장하고 있는 수출과 투자에 비하면 보잘 것 없는 것이다. 우리의 계산에 따르면, 전체 GDP에 대한 수출과 투자의 기여분은 여전히 민간소비 기여분의 4배를 초과하고 있다. 이는 생산이 주로 수출과 수출 지향적 경제활동에 대한 투자에 의해 뒷받침되고 있는 상황에서, 중국경제의 성장 동학은 압도적으로 공급측면에 치중되어 있음을 말해주는 것이다. 매우 위축된 소비비중이 나타내고 있듯이, 중국은 국내수요의 기여가 매우 빈약하다. 이러한 추세가 지속된다면 총공급과 총수요 사이의 대규모 불균형으로 이어질 것이다. 그리고 이러한 불균형은 어떤 경제에서라도 디플레로 결과할 것이다.

원자바오 총리의 **불안정**(*unstable*)한 경제라는 경고는 중국의 과도한 자연자원 및 에너지 소비와 특히 관련되어 있다. 지난 5~6년을 거슬러 계산해 보면, 중국의 비금속과 원유 소비는 전 세계 누적 소비량의 약 50%를 차지한 것으로 드러나는데, 이는 중국이 전 세계 GDP에서 차지하는 비중 5.5%의 거의 10배에 달하는 수치이다. 그뿐 아니라, 중국은 비효율적인 원유 소비국이다. 단위 GDP 당 원유 집중도는 1970년대 말 이래로 크게 감소하였지만, 중국의 원유 효율성 지표는 세계 전체의 그것에 비해 2배나 높다. 11차 5개년 계획[2006년에서 2010년-역자]에서, 중국은 명시적으로 GDP 단위 당 원유 소비량을 20% 감축하겠다는 목표를 설정했다. 2006년 그 목표가 달성되지는 않았지만, 2007년의 기록은 계획했던 목표수준에 훨씬 근접했다. 중국의 자연자원에 대한 초과수요가 지속될수록, 이들 자연자원 상품의 가격이 높아진다. 이는 생산비용을 높이고 이윤마진을 압박하여, 중국이 이러한 과정을 지속할 여력이 있을 것인지를 가늠하기 매우 어렵게 한다.

원 총리는 또한 **조정되지 않는**(*uncoordinated*) 체계에 대한 우려를 강조했다. 중앙정부의 경제정책을 통한 통제가 어려운 이유는 경제적 · 금융적 활동이 지역에 따라 분할되어 있기 때문이다. 이러한 특성의 주요 결과 중 하나는 중국 고정투자가 상대적으로 비효율적으로 이루어진다는 점이다. 도시화와 공업화를 이루고 인프라를 발

그림 2.3 | 중국 : 지속불가능성

환경 악화

공기 오염 (SO_2 m^3당 *mcg*)	
1. 중국 구이양	**424**
2. 중국 충칭	**340**
3. 중국 타이위안	**211**
4. 이란 테헤란	209
5. 중국 쯔보	**198**
6. 중국 칭따오	**190**
7. 중국 지한	**132**
8. 브라질 리오 데 자네이로	129
9. 터키 이스탄불	120
10. 중국 안소우	**115**

유기 수질 오염물질 배출 (*kg*/일, 백만)	
1. 중국	**6.09**
2. 미국	1.81
3. 인도	1.52
4. 러시아	1.39
5. 일본	1.18
6. 독일	0.97
7. 인도네시아	0.73
8. 프랑스	0.56
9. 이태리	0.49
10. 우크라이나	0.45

출처: 세계은행

연간 이산화탄소 배출

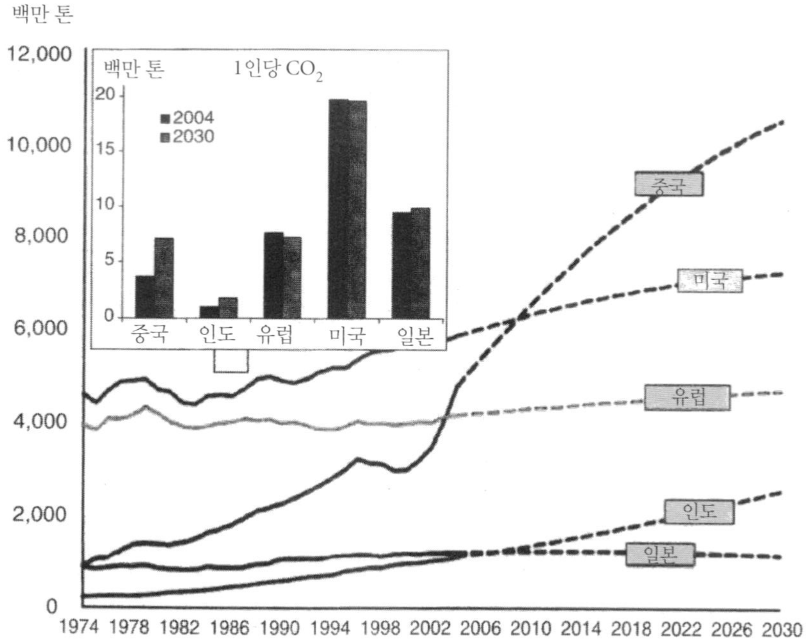

출처: EIU, IEA 및 중국 전략자문

전시켜야 한다는 절박함으로 인해, 대규모 투자를 통해 국가경제를 끌고 간다는 것은 명백히 정당화될 수 있다. 하지만 제2차 세계대전 이후 재건이라는 중국과 유사한 투자동기를 갖고 있었던 1960년대 일본의 경험과 비교하더라도, 중국의 투자는 지나치게 과도한 것이다. 그 초기에 일본의 GDP 성장은 단 한해를 제외하고는 전 기간에 걸쳐 중국의 경우보다 높은 수준이었다. 하지만 1960년대 일본의 투자비중은 단 한번도 34%를 넘은 적이 없었다. 반면에 현재 중국의 투자비중은 50%에 육박하고 있다. 심각하게 분할된 중국 은행시스템이 중국의 신용중개를 지배되고 있음으로 해서, 조정되지 않는 중국경제의 투자 비효율성이 자원배분을 심각한 위험에 빠뜨리고 있는 것이다.

마지막으로, 원 총리는 잠재적으로 치명적이고 **지속불가능한**(*unsustainable*) 오염과 환경 악화의 결합된 문제에 대해 특히 강조하여 우려를 표명했다(그림 2.3 참조). 기후변화는 전 세계에게 중요한 문제임에는 틀림없다. 그러나 훼손된 환경을 치유하기 위한 부담을 어떻게 배분할 것인가에 대해서는 선진국과 개발도상국 사이에 큰 이견을 보이고 있다. 현재 중국은 스스로를 위해서라도 이 문제에 앞장서야 할 시점에 와 있다는 신호를 보내고 있고, 또한 그럴만한 충분한 이유가 있다. 세계적으로 최악의 오염도시 10개 가운데 7개 도시는 중국의 도시이긴 하지만, 이들 도시 이외의 지역에서 수질오염 문제는 잘 대응되고 있다. 다른 한편, 어느새 중국은 비교적 짧은 기간에 최다 온실가스 배출국의 길에 들어섰다. 이것은 중국을 위해서, 아니 지구 전체를 위해서 지속될 수 없다. 이 문제를 솔직히 시인하면서, 원 총리는 중국 경제성장의 질적 측면이라는 새롭고 매우 중요한 집중분야를 제기했던 것이다.

이 "4가지 문제들"을 임박한 재난 위협으로 간주될 수는 없다. 오히려 이는 중국 특유의 대외 지향적 경제발전 과정의 중요한 부산물들이다. 경제학 용어로, 중국의 수출 주도적 성장 동학을 위해 요구된 끝없는 투자와 산업화는 이제 수많은 부정적 "외부효과"(externality)를 발산하고 있는 것이다. 급격한 자산가격 상승, 특히 주식가격 급등과 소비자가격지수(CPI) 기준 인플레이션(그림 2.4 참조)의 가속화로 드러나고 있는 중국경제의 주기적 과열 압력 또한 마찬가지로 두드러진 현상이다(그림 2.5 참조). 개인 투자가 주도하고 있는 최근의 주가 상승은 특히 당혹스런 것이다. 2년 반 전의 수준

그림 2.4 | 중국: 과열위험

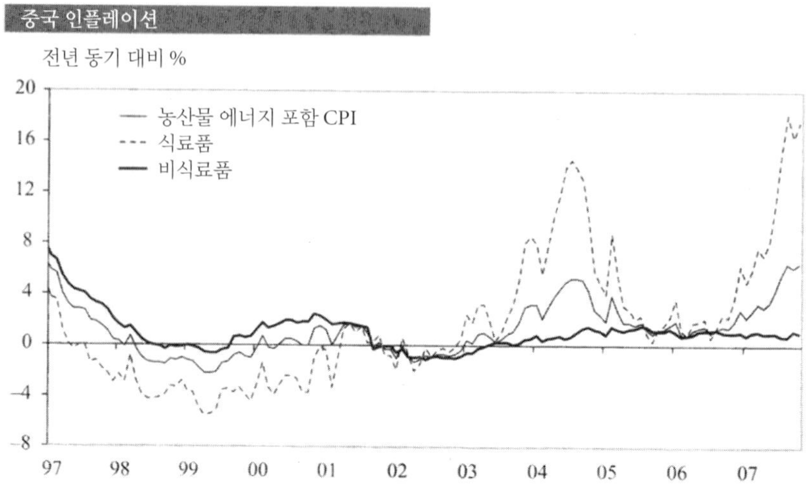

출처: CEIC 및 모건 스탠리 연구소

그림 2.5 | 중국: 투기적 열풍

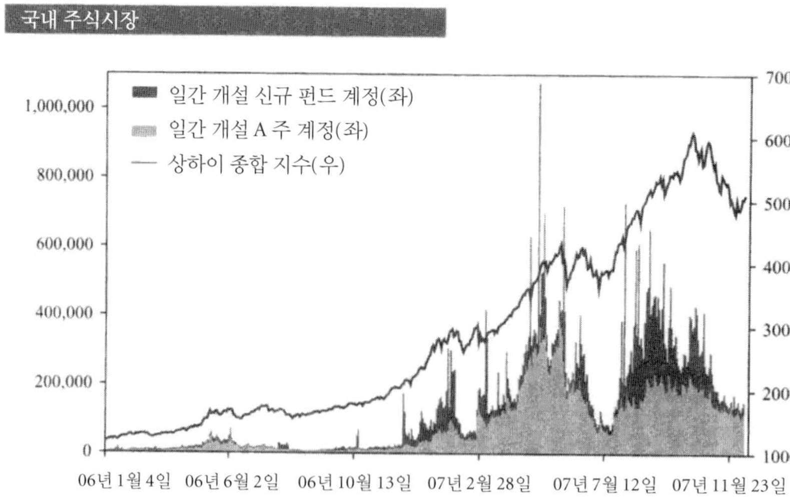

출처: Wind Info.(*원문표기 그대로)

에 비해 5배 상승한 상하이 A-주의 경우, 실현 가능성이 없는 추측이긴 하지만, 중국 증시가 폭락한다면 사회적 불안의 위험은 결코 작지 않을 것이다. 중국에서 이런 일들은 모두가 오랫동안 심각하게 우려해온 일들이다.

이 모든 문제들은 중국경제가 더 이상 과거 30년과 동일한 경로를 밟아갈 수 없음을 지적하는 것이다. 중국 지도부가 이러한 문제들의 해결에 총력을 기울이고 있다는 점은 희소식이다. 이 "4가지 문제들"에 대한 대비는 약 2년 전 제정된 11차 5개년 계획의 주요 과제였다. 2007년 말에 개최된 연례 중앙경제공작회의는 은행들의 대출정책에 대한 행정적 긴축을 단행할 것이란 점에 대해 의심의 여지를 거의 남겨두지 않았다. 이는 물론 자산가격과 소비자물가 인플레이션 모두의 과열로 인해 야기된 인플레이션 위험을 해소하기 위한 것이었다. 그러나 이러한 정책이 당면한 과제에 충분한 것인지에 대한 판단은 아직 확실치 않다. 문제를 가지고 있다는 것과 그 문제를 풀고자 하는 의지와 결단력은 완전히 별개인 것이다.

10년간 견고하게 지속된 중국경제의 호황으로부터 내가 배운 것이 있다면, 문제해결을 위한 발의에 있어서 중국 지도부의 의지와 결단력은 결코 과소평가될 수 없다는 것이다. 나는 아직도 이러한 생각을 여전히 갖고 있다. 하지만 중국의 정책결정자들 앞에 놓인 과제가 쉽다는 보장은 어디에도 없다. 실제로, 이 대외 지향적 경제가 당면하고 있는 도전들은 다가오는 몇 년 동안 특히나 험난할 것이라 믿을 만한 충분한 이유가 있다.

❖ 혼합경제를 견인하는 정책

현재의 중국경제는 국유제와 사유제 중간 단계에 있는 다분히 혼합경제 체제이다. 약 800개의 국유기업들이 과거 10년 동안 공개시장에 상장되어 왔지만, 정부는 여전히 이들 대부분의 소유권을 보유하고 있다. 중국에서 사유화는 "주식회사 전환" 이상을 의미한다. 이와 함께, 자본시장의 개혁이 지연되어, 은행이 여전히 모든 신용중개를 대표하는 금융기관으로 남아있다. 더구나 상당한 정도의 자율성을 가진 방대한 지방 및 지역 지점들로 대표되듯이, 은행 시스템 그 자체가 매우 분열되어 있다. 이 모든 상황이 베이징의 중앙정부 정책의 효과성을 결정하는 요인들이다. 중국의 한 고대 속담이 이를 가장 잘 나타내준다: "산은 높고, 황제는 너무 멀리 떨어져 있다."

가격 신호 또한 중국 경제의 혼합적 성격을 반영하고 있다. 에너지 가격과 공공요금의 변동은 행정적으로 규제되고, 통화 또한 잘 관리되고 있다. 중앙은행이 이자율을 정하긴 하지만, 정치적으로 독립된 조직이 아니다. 중국은 통화 및 재정 정책, 그리고 환율정책 등 모든 전통적 거시안정화 정책들을 갖추고 있기는 하지만, 이 혼합경제에서 이들은 완전한 기능을 발휘하지 못하고 있다. 따라서 중국의 정책무기 중 가장 효과적인 도구들은 과거 중앙계획기구에 상응하는 국가발전개혁위원회(National Development and Reform Commission; NDRC)의 수중에 놓여 있다. 최근의 통화긴축 계획은 적절한 것이었다. 중국인민은행은 올해 다섯 차례나 이자율을 올렸고, 열 차례에 걸쳐 지급준비율을 상향조정했다. 하지만 은행의 여신과 통화의 팽창은 어떤 기준에서 보더라도 초과상태이다. 따라서 NDRC는 현재 신용량에 대한 행정적 규제를 통해 은행여신의 증가를 늦출 수 있는 권한을 가지고 있다. 이러한 행정적 규제는 정책과제 수행을 위한 가격 메커니즘(즉, 이자율)에 주로 의존하는 시장체제의 오래된 접근법과는 전혀 다른 것이다.

마지막으로, 국가의 거시경제적 입장이 사건에 따라 변할 수 있다는 사고방식으로 인해 크게 제약되고 있다는 인식이 중국 안팎으로 강하게 퍼져 있다. 2008년에는 베이징 올림픽과 정권교체가 다가오고 있었다. 2010년에는 상하이 엑스포가 고려되지 않으면 안 된다. 중국 지도부는 정책으로 인한 거시경제의 하락이 이러한 중요 행사들을 감히 망치게 하지는 않을 것이란 것이 전통적인 지혜가 가르쳐 주는 바다. 중국 정부당국이 이러한 낡은 인식을 하루 빨리 물리칠수록, 거시적 견인을 위해 요구되는 거시경제정책의 신뢰를 획득할 가능성이 커진다. 최근 발표된 통화긴축은 중국의 정책에 대한 신뢰를 얻기 위한 캠페인에서 당연히 중요한 발전이다. 물론 정책당국이 발표내용을 견지해야 한다는 전제가 필요하지만 말이다.

시장에 기초하는 정책적 견인의 부족은 "보이지 않는 손"이 중국의 자원을 효율적으로 배분하는 것을 매우 어렵게 만든다. 이것이 중국으로 하여금 여전히 관료제라는 통념과 5개년 계획의 가이드라인에 신세지게 만들고 있는 것이다. 거의 30년간의 눈부신 발전에 있어서는 이것이 문제가 되지 않았다. 그러나 중국이 원자바오 총리가 "4가지 문제"로 강조한 유형의 문제들을 해결하고자 한다면, 이는 앞으로 다가올 미래에도 여전히 괜찮을 것 같지는 않다. 어느 시점에 다다르면, 중국은 시장에 기초한 신호가 자유로이 퍼지고 이에 대해 더 큰 신뢰를 부여해야 할 것이다. 그렇게 될 때까지는 중간단계에서 시정을 실행하기가 점차 더 어려워질 것이다. 이는 아직 혼합경제 체제에 머물고 있는 중국경제와 "불완전한" 금융 시스템에 잠재적 위험으로 남아있어, 중국을 거시적 충격에 훨씬 크게 노출되도록 만들었다. 대외 지향적 중국 경제가 점차로 더욱 어려워지고 있는 글로벌 환경에 직면하고 있는 현재, 이 문제는 특히나 심각한 문제일 수 있다.

❖ 양날의 칼

세계화는 혜택을 주기도 하지만 빼앗아 가기도 한다. 글로벌 경기변동이 여기에 해당된다. 세계화 구도에 참여하려는 세계의 집단적 의지 또한 여기에 해당된다. 무역, 자본, 정보, 노동의 흐름이 거침없이 증가함으로써 중국보다 더 큰 혜택을 누린 나라는 없다. 그리고 이제 순풍은 얼마든지 역풍으로 바뀔 수 있다. 세계화라는 양날의 칼은 중국에게 가장 큰 기회이자 가장 성가신 도전이기도 한 것이다.

최근 몇 년간 세계경제의 상승국면은 중국에게 매우 친절한 미소를 지었다. 2003~07년 사이 세계 GDP가 연평균 5.5%로 성장함에 따라, 점차 더욱 강력해진 중국의 수출엔진은 더 이상 바랄 것이 없었다. 같은 기간 동안 중국의 수출은 연평균 30%씩 성장하여, 세계 전체의 무역 평균 증가율 8%보다 거의 4배나 빠른 속도로 성장했다.

그러나 이제 글로벌 경기순환의 미소가 눈살 찌푸린 표정으로 바뀌려하고 있다. 미국이 거대한 부동산 거품 붕괴의 충만한 힘을 온전히 느끼고 있는 것처럼, 미국발 글로벌 경기하강이 시작될 가능성이 무척 크다. 소위 서브프라임 위기는 거품 붕괴의 한 가지 징후에 지나지 않는다. 가장 큰 위험은 미국 소비자들의 지구력이다. 주택가격이 꾸준히 상승한 것에 더해 주택담보대출 프로그램으로 손쉽고 비교적 저렴한 비용으로 대출받을 수 있었기에, 미국 소비자들은 지난 6년간 자산에 의존하는 소비기계로 전락했다. 주거용 부동산을 담보로 인출한 순대출이 2000~05 기간 동안 가처분 소득의 3%에서 거의 9%로 증가하여, 근로소득 세대의 고질적 부족분을 충분히 상쇄하고도 남았다.

소득이 부족하고 자산에 의존하는 시대에, 미국의 거시경제를 지지하던 버팀목이 뒤집혔다. 소득에 기초한 개인 저축률이 급격히 하락했고, 미국 전체의 국내순저축률도 2003~07년 사이에 국민소득의 1.4%라는 기록적으로 낮은 수준으로 떨어졌다. 미국은 저축이 부족했기 때문에 경제성장을 유지하기 위해서는 외국의 잉여저축을 수입해야만 했다. 또한 미국은 외국 자본을 유치하기 위해 대규모 경상수지 및 무역수지 적자를 감내해야 했다. 결과적으로 주택 거품이 터졌을 때, 자산에 의존하는 미국의 소비자들이 과도하게 늘어나 있었을 뿐 아니라, 미국은 심각하고 지탱하기 어려운 국제적 금융부채를 떠 앉고 있었다.

이제 모든 것이 거꾸로 돌아갈 차례다. 소득이 부족한 미국 소비자들은 이제 주택 거품에 의지할 수 없게 되어, 경제 전체에 대한 소비부문의 기여는 마이너스가 될 가능성이 크다. 이는 예를 찾아보기 힘든 전국적 주택가격 하락뿐만 아니라, 주택담보대출을 어렵게 만든 서브프라임 사태의 확산에 따른 여파였다. 개인 소비지출이 실질 GDP의 72%를 차지하고 있는 상황에서 주택 거품이 터지면서, 주택에 의존해 온 미국경제가 2008년의 전면적인 경기침체를 피하기는 매우 어려울 것이다. 그래도 이것이 가져온 반가운 결과는 미국의 경상수지 적자가 축소될 가능성이 커졌다는 점이다. 소비자가 주택 거품 이후 저축률을 회복하기 위해 지출을 줄이면, 미국은 해외저축에 대한 수요를 줄일 수 있을 것이다. 이 과정은 글로벌 균형을 회복하기 위해 오랫동안 기다려온 중요한 발걸음이다.

그러나 중국을 비롯한 다른 나라들은 미국 소비자 및 경제의 급격한 하락을 통한 글로벌 균형회복에 대한 대가를 치러야 한다. 많은 나라들이 "글로벌 탈동조화"(global decoupling)에 희망을 걸고 있지만, 이는 세계가 미국의 경기하강으로부터 기적같이 보호된다는 고전적인 장밋빛 시나리오다. 점점 더 세계화되고 있는 현실에서 그러한 결과가 도래할 가능성은 거의 없다. 해외부분이 주도하는 중국경제의 경우에는 특히 그러하다. 2006년 중국 민간소비가 GDP의 약 36% 정도에 불과하리만치 내수가 부족한 중국에서, 미국의 경기침체라는 외부충격은 중국의 빠른 경제성장에 대한 가장 큰 하방 압력으로 작용할 것이 거의 확실하다. 중국 GDP의 거의 40%가 수출이고 그 중 21%가 대미 수출인 상황에서, 달리 생각할 여지가 없다. 수출이 주도하는 중국경제에게 미국으로부터의 탈동조화란 있을 수 없다. 중국은 세계화의 최대 수혜자로서 미국 최종 소비재 시장의 막대한 수입수요에 크게 의존하고 있는 것이다. 특히 현재 미국의 경기침체는 미국에서 가장 덜 세계화되어 있던 주택건설 부문으로부터 미국에서 가장 세계화가 진행되어 있는 개인소비 부문으로 이전되고 있기에, 중국의 대미 탈동조화란 더욱 있을 수 없는 일이다.

❖ 세계화의 후퇴

대외 지향적인 중국경제를 동조화만큼이나 당황스럽게 하는 것은 세계화에 대한 후퇴의 징후가 커지고 있다는 점이다. 이러한 후퇴의 모습은 미국 의회에 보호주의가 점차 확산되고 있다는 점에서 극명하게 나타난다. 작년 한 해 동안 어떤 형태로든 중국에 대한 무역 제재를 부과하는 최소 18개의 개별 법안이 의회에 제출되었다. 예년과는 달리, 그 중 두개의 법안은 핵심적인 상원 재무위원회와 은행위원회를 양당의 압도적인 지지로 실제로 통과되었다. 의회의 관심이 서브프라임 위기에 쏠려 있었기에, 중국에 대한 이러한 공격은 관심을 덜 받았던 것으로 보인다. 이 때문에 즉각적인 행동이 취해질 가능성은 제한적이다. 그러나 내 판판이 맞아서 미국이 2008년 경기침체에 빠진다면, 실업은 상승할 것이고, 가열된 대통령 선거 연도에 보호주의적 "치유책"에 대한 압력은 더욱 강화될 것이다.

그 사이에, 달러약세는 보호주의자들의 목소리를 확대시켰다. 지난 8월 서브프라임 위기가 발발한 후, 포괄적인 무역량을 가중치로 하여 계산되는 달러 인덱스(dollar index)의 실질가치가 2007년 11월까지 약 6% 하락했고, 2002년 2월 이후 누적치로는 2.3%가 평가절하되었다. 중국의 통화는 여전히 달러화에 밀접하게 연동되어 있기 때문에, 워싱턴의 정치인들은 자신들이 기대한 위안화의 절상을 얻어내지 못했다. 게다가 특히 유로화 대비 달러화의 가치가 급격히 하락하면서, 유럽 정치인들 또한 이제 위안화의 절상 요구 대열에 뛰어들었다. 세계화의 최대 수혜자인 중국은 이제 미국과 유럽 정치인들 모두로부터의 대대적인 공세에 직면해 있는 것이다.

아무리 잘못된 것이더라도, 세계화에 대한 정치적 반발이 아무런 이유 없이 일어난 것은 아니다. 지난 10년간, 선진 부국들의 소득분배는 극적으로 악화되어 왔다. G7 경제의 경우, 국민소득에서 차지하는 노동의 몫이 최저치를 기록한 반면, 기업이윤의 형태로 자본가들이 차지한 몫은 최고치를 기록했다. 이러한 문제는 특히 미국을 괴롭힌 문제로, 10년 넘도록 생산성은 크게 증가했지만, 중간 계층 노동자들의 시간당 임금은 거의 정체해 왔던 것이다. 이는 노동자들이 궁극적으로 한계생산성에 따라 보상된다는 경제학의 근본적 전제 중 하나와 첨예하게 모순되는 현상이다.

미국이 대규모 무역적자를 경험하고 있고 그 가운데 중국은 미국의 교역 대상국 가운데 가장 큰 무역 흑자국이라는 상황에서, 이에 분개하는 미국의 중간계층은 중국을 때리기 시작했다. 내가 예상했던 것처럼, 만일 미국이 침체로 빠져들게 된다면 이는 더욱 심해질 것이다. 내가 2007년 초 미국 의회에서 세 차례 증언하면서 깨닫게 된 점은, 이론적 혹은 실증적 관점에서 이러한 중국 때리기의 유혹에 반대하는 것이 쓸데없는 짓이라는 것이다. 희생양의 정치가 워싱턴을 온통 지배하고 있었다. 중국에 반대하는 유럽의 목소리 또한 이제 점점 더 커지고 있다. 불행히도 세계화의 최대 수혜자인 중국은 현재 맹렬한 지정학적 반발을 감내하고 있다.

❖ 하나의 경기순환 주기일 뿐

이러한 전개과정을 전체적인 맥락에서 바라보는 것이 중요하다. 세계는 끝나지 않을 것이다. 단지 오랫동안 반복되어 온 경기순환의 힘이 작동하고 있을 뿐이다. 모든 경기순환은 각기 서로 다르며, 이번의 경기순환은 근래의 깊지 않았던 경기 침체들보다 훨씬 강도가 셀 것이다. 특히 오랫동안 세계경제의 소비를 주도해 온 미국 소비자들이 소비를 크게 줄이고 부채도 축소해야 하기 때문에 더욱 그러하다. 그러나 이것은 결국에는 저점을 지나 어김없이 회복단계로 들어서고야 말 하나의 주기일 뿐이다.

아무리 고통스럽다 하더라도 주기적 조정은 기회이기도 하다. 이번은 중국, 미국, 그리고 보다 광범위한 글로벌 경제에게 중요한 기회이다. 해외시장의 최근 발전과 발전 전망이 지시하는 바는 중국이 민간소비에서 성장의 동력을 찾는 경제로 전환해야 할 급박한 필요가 있다는 점일 것이다. 해외수요에서 중요한 부분을 차지하고 있던 미국 소비자의 수요가 감소하고 있는 상황에서, 이를 중국의 민간소비로 상쇄해야 한다는 점이 무엇보다도 중요해졌다. 중국은 이 일에서 즉각적으로 만족할 만한 결과를 얻을 수는 없을 것이다. 중국에는 전국적인 연금, 사회보장제도, 실업보험, 의료보험 등을 제공하는 잘 발단된 사회안전망이 부족하기 때문에, 중국의 가계들은 여전히 "예비적 저축"에 몰두할 가능성이 크다. 그러나 중국 지도부가 해외수요의 부족에 대응하기 위해 사회안전망의 구축을 서두르는 정도에 따라, 소비자가 주도하는 경제로의 이행은 다소 일찍 이루어질 수 있다.

마찬가지로 이번 경기순환은 미국에게도 점점 더 불안정해지는 자산 의존적 성장이라는 악순환의 고리를 끊을 수 있는 중요한 기회이다. 자산 거품이 일 때마다 차입(leverage)과 자산에 과도하게 의존하여 성장하곤 하는 자산과 경제성장의 연결고리는 너무나 위험한 지경이 되었다. 미국은 소득에 기초한 지출과 저축으로 회귀하고, 이를 통해 점증적으로 불안정해지고 있는 막대한 경상수지 적자를 삭감할 수 있는 기회를 얻었다. 이 과정을 통해, 미국은 또한 세계 금융시장에서 가장 불안정한 요소 중 하나인 달러 가치의 하락을 막을 수 있다. 이처럼, 이번 경기순환은 글로벌 균형을 회복하여 경상수지 적자국과 흑자국 사이에 조성된 긴장을 완화할 수 있는 중요한 기회이기도 한 것이다.

아무도 주기적인 경기하강을 원하지 않는다. 특히 중국이 그러하다. 필사적으로 사회적 안정을 유지하려는 중국 지도부에게 경기침체는 오랫동안 궁극적 위협이 되어 왔다. 중국이 글로벌 경기순환의 하강국면 진입에 따른 경제성장에 대한 부정적 충격을 흡수할 수 있는 거대한 완충장치를 가지고 있다는 점은 반가운 소식이다. 미국의 수요충격으로 중국의 GDP 성장률이 최악의 경우 11%에서 8% 정도로 하락한다 하더라도, 중국에게는 재난적 상황은 아니다. 나쁜 소식은, 중국 또는 이 문제에 관한 한 미국이 경기순환의 전환점에서 생성되는 균형 회복의 기회를 허비해버릴 수 있다는 점이다.

나는 중국이 이 순간을 잘 포착하여 개혁에 집중할 것으로, 특히 오랫동안 염원해 왔던 소비자 주도적 성장체제를 지원하는 일에 집중하리라 기대하고 있다. 과거 30여 년 동안 중국은 순환적 경기하락을 거시적 기초를 바로잡는 기회로 활용해 왔다. 나는 이번도 그러한 기회 중 하나가 될 것으로 생각한다. 세계화의 세계 최대 수혜자자로서, 대외 지향적 중국경제는 이제 글로벌 도전에 정면으로 대응하는 것 외에 다른 선택의 여지가 없다.

3 | 중국의 고저축, 고투자, 고성장, 그리고 금융시장의 조속한 발전 주장

리 양
중국 사회과학원
금융은행연구소 소장

중국은 다양하고 장기적인 자금조달원을 확보할 수 있도록 해 주는 금융기관과 금융상품을 발전시켜야 한다. 더욱 심화된 주식시장, 채권시장, 연기금 등 이 모든 것들은 은행을 통한 간접금융 대신 중국의 성장에 유리한 직접금융을 위해 필요한 것들이다. 이 장은 경제적 요인들에 대한 분석을 기초로 시급한 조치들이 필요함을 주장한다.

1978년 이후 투자를 반영하는 중국의 경제지표는 상대적으로 높은 수준에서 점진적인 증가세를 유지해 왔다(그림 3.1 참조). 중국의 경제성장과 경기변동은 투자지표의 변동과 밀접히 연관되어 왔다. 1980년대에는 GDP 성장률과 투자율이 매우 밀접히 움직였다. 1990년대 이후 이들의 일치성은 더욱 두드러졌다. 현재의 경기순환이 시작된 2002년 말 이후 투자와 성장의 동시 증가가 경제의 여러 부문에서 과열을 낳은 주요 원인이 되었다. 표면적으로 볼 때, 논리적인 거시경제 정책은 경제성장의 안정화와 물가수준 통제를 위해 특정 경제부문과 특정 지역의 투자를 억제하는 것이었다.

상황은 쉽지 않다. 무엇을 할 것인가에 대한 이론가 집단의 논의는 여전히 무성하고, 지속되고 있는 고투자에 대한 많은 "대책"들이 마련되었지만, 투자가 줄어든다는 근본적 신호는 어디에서도 찾아 볼 수 없다. 반면, 상응하는 국내 소비율은 계속해서 하락해 왔다는 점은 골치 아픈 문제이다. 어떤 현상이 20년 동안이나 지속되고 뚜렷

그림 3.1 | 중국의 저축률과 투자율

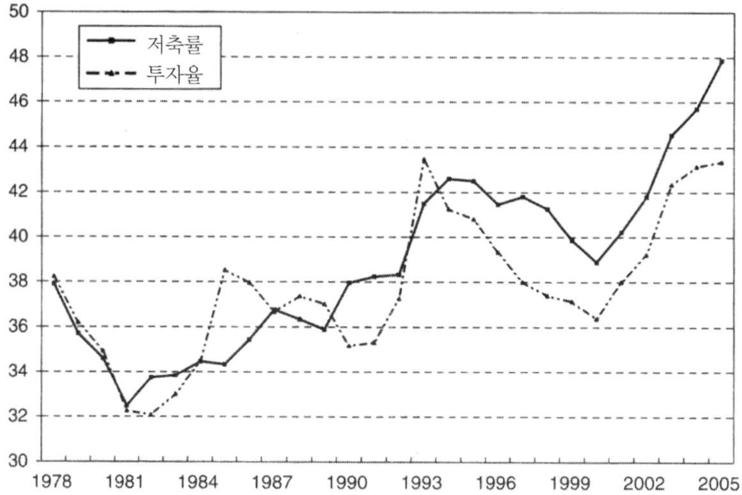

이 부각된다는 것은 일종의 내부적인 원인이 있음을 나타내는 것이다. 중국의 높은 저축 및 투자 수준을 단기적인 비합리적 요인 탓으로 간단히 돌려질 수만은 없다. 표면 이면에서 작용하는 경제 메커니즘을 보다 면밀히 검토해야할 때다.

❖ 개혁 · 개방 이후의 중국경제

중국 경제는 높은 투자율과 그 보다 훨씬 더 높은 저축률을 보여 왔다. 저축과 투자, 그리고 양자의 관계는 거시경제의 작동에서 핵심을 이룬다. 고투자율과 이것이 국가 경제 전반에 미치는 전체 효과에 대한 분석을 위해서는 동전의 다른 한 측면인 저축도 살펴보아야 한다. 이 관계는 국민소득 기본방정식으로 명확해질 수 있다. 우선 폐쇄경제의 상황을 살펴보는 것이 가장 단순한 방법이다. 수요가 경제성장을 결정하는 시장경제에서 국민총생산[Y]은 단순히 두 개의 구성요소인 소비[C]와 투자[I]로 이루어진다. Y = C + I가 성립하고, 이는 S = I라는 저축과 투자의 등치관계로도 표현된다.

투자가 저축보다 크면, 소위 "저축 갭"(savings gap)의 상황, 즉 투자의 일부분이 국내의 자원으로 충당되지 못하고, 경제가 인플레이션 위협에 직면하게 된다. 반대로 투자가 저축보다 작을 경우, 국내 자원이 완전히 이용되지 못하고 경제는 디플레이션 또는 경제위축의 압력에 놓이는 "투자 갭"(investment gap)이 나타난다.

개방경제에서는 국내저축 또는 투자 갭은 해외저축 또는 해외투자에 의해 균형이 달성된다. 즉, Y = C + I + (X − M)이 성립된다. 여기서 등치는 국내저축과 국내투자 사이의 차이가 해외수요와 같다는 것을 나타낸다. 즉, S − I = X − M.

저축과 투자가 같지 않거나, 수입과 수출이 다를 때, 이 두 경우 모두 국민경제의 불균형을 초래할 수 있다. 대내(internal) 불균형은 국내저축과 국내투자가 균형에서 벗어난 것을 말하며, 대외(external) 불균형은 수출과 수입의 장기적 불균형을 말한다. 개방경제에서 대내 외 불균형은 독립적인 것이 아니라 서로가 상호 상응하는 것이다. 다시 말해, 수출입의 차는 국가 거시경제의 정상적 기능에 관여하는 균형을 달성하게 해 주는 요인이다. 저축이 투자보다 큰 경우, 순수출은 외환 보유고의 증가나 자본유출을 수반하면서, 인플레이션 없는 균형성장을 달성하게 해 준다.

중국 경제는 오랫동안 대내 · 외 불균형 상태에 있어 왔다. 1989년은 개혁 · 개방 이후의 시기를 둘로 나누는 경계로, 각기 대내 불균형과 대외 불균형의 두 시기를 대표한다. 첫 번째 시기는 1978년에서 1989년까지의 기간이다. 이 기간 중에는 1982년과 1983년을 제외하고는 전반적인 상황이 투자가 저축을 초과했다. 이는 개발도상국에 대한 고전적 이론에 부합하는 것이었다. 즉, 개발도상국으로서 자원부족이나 "저축 갭"이 중국의 중요 문제였다. 무역수지 적자를 유발한 해외자원의 수입은 중국의 빠른 성장을 촉진하는 경로로 기능했다. 두 번째 시기는 1989년에서 현재까지이다. 이 기간 중 1993년을 제외하고는 저축이 투자를 초과했다. 다른 말로 하면, 투자율이 믿을 수 없을 정도로 높았지만, 국내 저축을 모두 흡수할 정도로 높은 것은 아니었다. 따라서 외부 또는 해외수요의 일부분을 유인 즉, 국내의 투자 갭을 보충하거나 채우기 위해서는 순수출이 필수적이었다. 순수출이 과다한 국내저축을 흡수할 수 있을 정도로 크지 않으면, 그 국가는 디플레이션을 계속 경험하게 된다. 지난 15여 년 동안 중국의 경제 불균형은 높은 투자수준에 기인하는 것이었다. 하지만 그 근본 원인은 투자가 국내저축을 완전히 흡수할 수 없었다는 점에 있었다. 이 때문에 장기적인 고투자는 인플레이션 압력을 낳지 않았을 뿐만 아니라, 그와는 정반대로, 디플레이션의 망령이 살아나게 했다.

세계화가 진행되고 있는 경제 환경에서 한 나라의 경제 운영은 다른 나라와의 관계에서 이해되어야 한다. 이론적으로 세계 경제는 항상 균형이기 때문에 한 나라 또는 여러 나라의 불균형은 그에 상응하는 다른 나라들 사이의 불균형을 발생시킨다. 이러한 관점에서 보면, 어느 한 나라의 불균형에 대한 분석은 새롭고 좀 더 복잡한 글로벌 시각을 필요로 한다. 2005년 말, IMF는 글로벌 경제 불균형에 관한 중요한 연구 프로젝트를 완료했다. 이 연구는 글로벌 경제가 위험한 불균형 상태에 처해 있다고 결론 내렸다. 이러한 결론에 대한 구체적 근거로는 다음과 같다. 세계 주요 국가들 가운데 미국과 유럽은 장기적인 경상수지 적자를 기록하고 있어, 저축이 투자보다 작다. 거의 모든 다른 나라들에서는 오랫동안 저축이 투자를 능가해 왔기 때문에, 장기적인 경상수지 흑자를 유지하고 있다. 20세기 말부터 중국, 일본, 그리고 여타 아시아 국가들은 미국 내 부족한 저축을 보전해 주면서 미국의 국내수요 및 경제성장을 지원했다. 지구상 가장 부유한 나라인 미국은 최대 채무국이자 자본 수입국이 되었다. 상대적으로 후진국이자 개발 중에 있는 중국은 지속적으로 자본을 수출하는 동시에 누적적으로 거대한 "채권", 즉 미국 부채에 대한 소유권을 축적해 왔다.

소위 글로벌 경제 불균형은 국가 간 경상수지 불균형으로 나타난다. 그러나 더 깊이 살펴보면, 이는 전 세계 나라들 사이의 저축과 투자의 불균형을 나타내는 것이다. 저축과 투자 사이의 불균형 이면에 존재하는 원인은 각국 국민경제의 전반적인 불균형이다.

이론적으로 그러한 불균형은 자연스런 상태이다. 세계는 다른 경제부문이 필요로 하는 것을 제공하는 각각의 부문들을 통해 균형을 이루며 성장해 나간다. 사람들이 현재의 경상수지 불균형에 매우 놀라고 있으나, 그 이유는 매우 명백하다. 선진국들이 무역적자를 기록하고 있는 반면, 개발도상국들은 장기적으로 무역수지 흑자를 보이고 있기 때문이다. 그 결과 개발도상국들은 물질적인 수출품 외에도 자본 수출을 통해 선진국을 "보조"하게 되었다. 균형관계라는 관점에서 보면 이는 "부자연스럽다"는 것이 이에 대한 반향이다. 즉, 합리성과 지속가능성에 의문이 제기되고 있는 것이다. 이러한 취약한 경기변동의 성격이 붕괴되는 시점에 세계는 경제위기를 맞이하게 될 것이다.

❖ 인구학

중국의 고투자와 동시에 고저축은 큰 부분 인구구조 변화에 기인한다. 단기적으로, 저축률은 대체로 금융시장 이자율의 함수이며 투자율은 자본수익률의 함수이다. 하지만 장기적으로는 저축수준은 인구구조에 의해 결정되는 반면, 투자율은 자본수익률과 장기이자율 간의 상관관계에 달려 있다.

고저축과 고투자의 병존 현상은 중국에서 "인구 보너스"(population bonus)라고 알려진 현상과 밀접히 관련되어 있다. 인구 보너스란 연령구조의 변화에 따른 것이다. 베이비 붐 이후 수십 년 동안 부양대상인 아동과 노인의 비율이 감소한 반면, 노동인구 연령에 이른 인구의 비율은 증가하고 있다. 이러한 변화 과정에서 노동인구가 생산적으로 고용된다면, 총 노동참가자의 비율은 상승한다. 이것은 적어도 두 가지 이유에서 저축률의 상승을 가져온다. 첫째, 근로인구의 비율이 증가한다면, 전체 소득이 증가하고, 이는 다시 저축수준을 높인다. 둘째, 젊은 근로자 수의 상대적인 증가는 전체 인구의 소비를 감소시키고 저축의 증가를 가져온다. 투자가 그에 상응하는 정도로 증가될 수 있다면, 그 결과는 고도의 경제성장이 될 것이다. 인구구조의 변화에 따른 3"고", 즉 고저축, 고투자, 고성장이 "인구 보너스"라 알려져 있다.

1949년 이래로 중국의 인구는 두 차례의 베이비 붐을 경험한 바 있다 (그림 3.2와 3.3 참조). 한 번은 인구의 자연증가율이 20~30%를 유지하던 1960년대에 일어났고, 다른 한 번은 인구의 자연증가율이 약 15%에 달하던 개혁 · 개방이 개시된 후인 1980년대에 있었다. 1960년대에 태어난 베이비 부머들의 현재 연령은 35~45세이다. 이 세대는 당대의 "개혁 · 개방기" 동안 주요 "노동인구"를 구성했다. 뿐만 아니라, 이 집단의 직업이 안정되고 이들의 자녀들이 성인으로 성장해 감에 따라, 이 집단의 소비율이 상대적으로 하락했다. 즉, 이들은 중국의 주요 "저축인구"가 되었던 것이다. 같은 이유로 1980년대의 베이비 부머는 향후 10~20년 동안 중국의 주요 생산인구이자 저축인구가 될 것이다.

두 차례의 베이비 붐, 특히 1960년대의 베이비 붐은 중국 인구구조의 변화를 추동했다. 수년에 걸친 인구조사와 2004년 실시된 1% 인구 샘플에 대한 조사결과에 따르

그림 3.2 | 인구 : 출생률 및 사망률과 자연 증가, 1949~2004

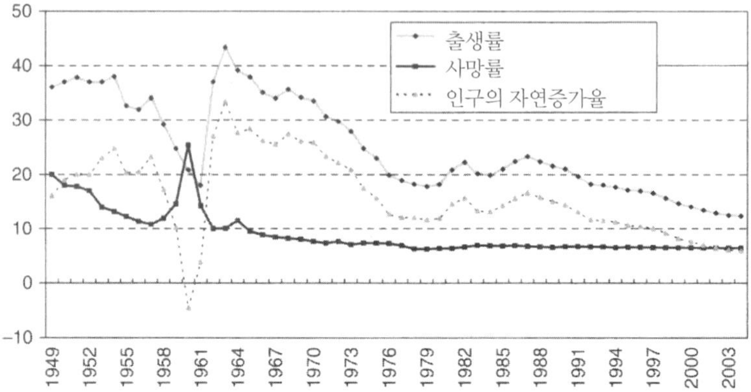

그림 3.3 | 15~64세 연령층의 감소와 65세 초과 연령층의 증가를 나타내는 인구통계상의 변화

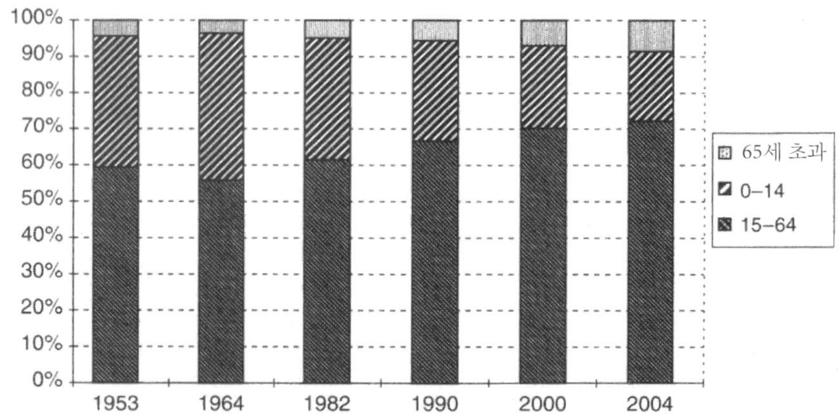

면, 1960년대를 시작으로 전체 인구에서 고용가능 인구(15-64세) 수는 2004년까지 점진적으로 상승하여, 노동가능 인구가 전체인구의 72%를 차지하게 되었다.

중국 전체를 젊게 만드는 연령구조는 "3고"라는 인구 보너스로 이어졌다. 전체 인구 중 노동가능인구의 비중은 증가하는 한편, 같은 연령 층 내의 실제 고용인구는 98% 수준을 유지해 왔다. 노동참가인구의 비율은 기본적으로 중국의 인구구조의 변화와 일치했다. 개혁 · 개방이 시작되던 1979년, 노동참가인구의 비율은 총 인구의 겨

그림 3.4 | 1979~2003년 저축률 및 자본형성률과 중국 노동인구의 비율

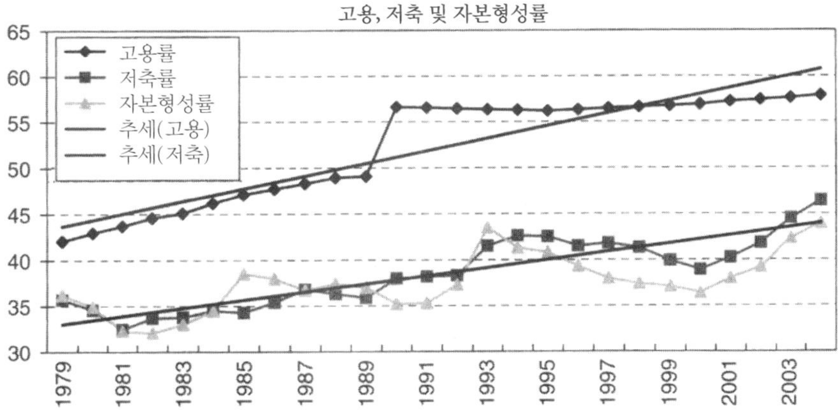

우 42%에 불과했다. 2004년까지 이 비율은 58%까지 상승했다. 추세선(그림 3.4)을 살펴보면, 저축율과 투자율은 노동참가인구의 비율과 보조를 맞추며 지속적으로 상승하고 있음을 알 수 있다.

중국 인구 및 개발 연구중심(*China Population and Development Research Center*)의 카이팡의 예측에 의하면, 중국의 높은 노동인구 비중은 2010년까지 계속될 것으로 전망된다. 2020년 이후에는 절대 노동인구 수의 전반적인 감소 추세에 따라 15~64세에 해당하는 노동인구의 비중이 감소하기 시작할 것이다. 다른 말로 하면, 중국의 저축률은 향후 5~10년 동안 인구구조로 인해 높은 수준을 유지한 후, 점차 감소할 것이다. 중국에서 고저축, 고투자, 고성장은 향후 5~15년 간 계속해서 공존할 것임이 분명하다. 이 기간 중 높은 저축을 모두 소진할 정도로 높은 투자를 유지하고, 이를 통해 빠르고 안정적인 경제성장을 촉진할 수 없다면, 그 후에는 우리에게 기회가 없을지도 모른다.

❖ 공업화와 도시화

중국에서 고투자와 동시적인 고저축은 공업화 및 도시화와 밀접히 관련되어 있다. 인

구구조의 변화는, 다른 나라들의 경우에서 보듯이, 고저축, 고투자, 고성장이 동시에 일어나기 위한 여러 전제 조건 중 하나에 불과하다. 또 다른 전제 조건은 부가가치가 높은 비농업부문에 노동인구를 고용할 수 있는 능력이다. 비농업부문의 노동생산성이 더 높기 때문에 이 부문에서의 노동은 획기적인 소득증가를 가져오고, 이는 다시 저축률을 높인다. 동시에 농업에서 비농업으로 노동이 이동함에 따라, 중국의 농업부문 잉여 인구가 감소하고 농업에 잔류하는 인구의 소득도 증가하는 결과를 낳을 수 있다. 이로써 선순환이 형성된다. 즉, 비농업부문 고용의 증가, 소득증가, 저축증가, 투자증가, 그리고 다시 비농업부문의 고용이 더욱 더 증가하는 등의 선순환이 발생하게 된다.

간단히 말해, 비농업부문에 고용된 인구의 비율은 공업화와 결합되어 있다. 인구구조의 변화가 인구 보너스의 충분조건이라면, 공업화는 그것의 필요조건이다. 이는 인구 보너스가 공업화의 심화 정도에 달려 있음을 함축한다.

비농업부문 고용인구 비중의 증가는 공업화와 밀접히 결합되어 있을 뿐만 아니라, 도시화의 급속한 진행에서도 명확히 드러난다. 공업화와 도시화의 원인과 결과는 동일한 현상으로서, 불가분의 관계에 있는 것이 사실이다. 도시와 소도시 사이에 존재하는 차이의 명백한 특성은 인구밀도이다. 인구가 도시에 집중되는 이유, 그리고 도시화의 추진력이라 할 수 있는 원인은 노동분업과 교환활동의 "심화" 또는 증가이다. 이론과 실제에 있어서, 노동분업과 교환은 경제성장을 유발하는 초기적 요인이자 현재에도 영향을 미치는 요인이다. 산업혁명 이전의 물품집산지들 및 봉건 도시들과 비교할 때, 산업혁명 이후의 도시는 두 가지 이유로 인해 규모와 기능 면에서 크게 확장되었다. 첫째, 공업화는 공장들이 규모의 경제를 통해 발전하는 것이 가능하도록 만들었다. 둘째, 도시화가 공간들 간에, 그리고 산업들 간에 상호자극제 역할을 하도록 만들었다. 이는 다시 중간재와 소비재 시장의 범위가 확대됨에 따라 도시화가 공업화의 발전을 크게 촉진했던 것이다.

간단히 말해, 고저축과 고투자는 공업화와 그에 따른 도시화 과정에서 공통적인 현상이다. 바꾸어 말하자면, 이 둘은 한 나라의 공업화와 도시화를 위해 필수적인 조건을 창출하는 것이다.

❖ 공업화, 도시화, 체제개혁

개발도상국인 중국의 저축과 투자는 도시화 및 공업화와 동시성을 지닌다. 또한 체제변화를 겪고 있는 나라로서 경제모델의 개혁은 저축과 투자에 큰 영향을 미쳤다. “부상하는” 그리고 “과도기적”이라 부를 수 있는 중국의 개혁에서 이 두 가지 가장 중요한 특징은 저축 및 투자를 결정해 왔고, 앞으로도 그러할 것이다.

공업화의 영향

개혁 · 개방 이전에 중국의 공업화 모델은 개혁이 시작된 이후 지지를 받았던 모델과는 판이하게 달랐다. 개혁 · 개방 이전의 시기에는 계획경제와 객관적 경제법칙을 무시한 중공업 우선정책이 중국의 정상적인 공업화 과정을 제약했다. 개혁 · 개방 이후의 시기에는 시장경제 체제가 점점 자리를 잡아갔고 공업화 과정은 객관적 법칙을 따르며 순탄하게 진행되었다.

비농업부문에 고용된 인구는 점진적으로 전체 고용인구에서 더 큰 부분을 차지하게 되었고(그림 3.5), 이는 개혁 · 개방 이후의 공업화 정도를 보여주는 확실한 지표이다. “공업화” 지표로 비농업부문의 고용을 살펴보면, 1978년 이후 중국의 공업화 과정은 3단계로 구분될 수 있다. 첫 번째 시기는 1978부터 1990까지의 기간이다. 농

그림 3.5 | 중국의 비농업 고용(좌측 축)과 저축 및 자본 형성률(우측 축)의 비교

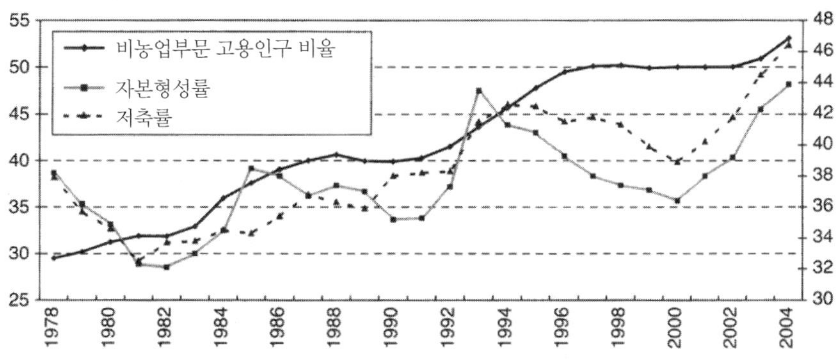

촌지역의 경제개혁에 힘입어, 공업화가 폭넓게 진행되어 경공업 부문이 주요 수혜자가 되었다. 두 번째 단계는 1991년부터 2000년의 기간이다. 해외 투자에 대한 "개방"과 국유경제 체제의 개혁이 이 시기 공업화의 추진력이었다. 그 결과 수출 지향적 가공산업과 일반 제조업이 빠른 속도로 발전했다. 세 번째 기간은 2001년 이후의 시기이다. 이 최근의 시기 동안 개혁 · 개방과 관련된 중국의 모든 정책들은 크게 심화되었고, 산업과 관련해서는 중공업부문이 그 뚜렷한 추세를 보였다. 공업화에 동반하여 저축율과 투자율 또한 변동이 크지 않은 채 꾸준히 상승하는 추세를 보였다.

1978~1900년의 첫 번째 시기 동안 평균 저축율과 투자율은 각각 35.26%와 35.69%를 기록했다. 1991~200년의 두 번째 시기 동안에는 이들은 40.65%와 38.64%였다. 세 번째 시기에 들어서 그것은 각각 43.23%와 40.85%로 상승했다.

저축률과 투자율이 공업화의 진행과 함께 동반 상승했지만, 일정한 주기로 순환적 등락을 보였다. 공업화는 고저축 및 고투자와 인과관계에 있고 따라서 두 비율의 주기적 변동은 공업화 과정의 순환과 매우 흡사하다. 이제 "공업화"의 지표인 비농업부문의 고용에 대해 살펴보기로 하자. 그림 3.6은 이 비율의 연간 변화를 저축률 및 투자율의 연간 변화와 비교하고 있다. 이 그림을 통해 저축률과 투자율의 주기적 오르내림이 비농업부문 고용의 주기적 오르내림과 매우 흡사함을 알 수 있다. 절대적

그림 3.6 | 저축 및 자본형성률과 비농업 노동인구(굵은 선) 비율의 변화, 1979~2004

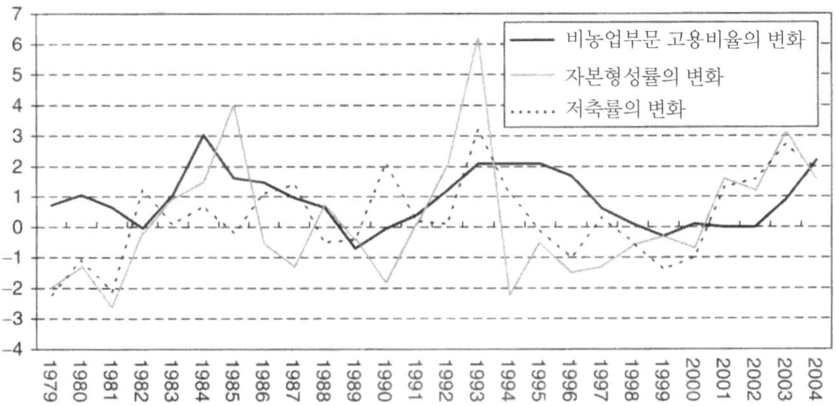

수준에서건 그 변동분에서건, 저축률과 투자율은 공업화와 밀접한 관계를 맺고 있는 것이다.

향후 상당한 기간 동안 중국의 공업화가 지속되리라는 것은 확실하다. 따라서 저축률과 투자율 또한 높은 수준을 유지할 것이다. 2004년 중국은 1인당 GDP가 1,000달러를 약간 넘어선 정도였고(당시의 환율로 환산할 때), 이미 소위 “공업화의 중반기”에 진입했다. 1차, 2차, 3차 산업의 GDP 비중이 15:53:32로, 경제는 공업화의 성숙기에 놓여졌다. 하지만 이 산업들의 고용구조는 49:22:29로, 공업화의 초기단계였다. 소도시를 포함한 도시화율은 41.8%로 “초기”에서 “중반”기로 이행하고 있음을 나타내고 있다. 상기의 4가지 지표를 요약하면, 중국의 공업화는 중간단계에 있다고 결론내릴 수 있다. 이 판단이 정확하다면, 공업화, 고저축, 그리고 고투자는 얼마간 계속될 것이다.

1인당 생산의 여러 단계들, 즉 공업화의 여러 단계들마다 각 단계의 핵심 산업들이 각각 다르다. 이는 여타의 개발도상국이 보여주는 바이다. 중국은 현재 급속한 공업화 단계에 있으며 발전의 핵심부문은 기초산업과 건설이다. 중국의 미래 성장은 이들 부문이 이끌어 갈 것이고, 이들은 모두 자본집약적이란 특징을 갖는다. 이들의 발전은 분명히 훨씬 더 높은 저축 및 투자로 뒷받침 되어야 한다.

도시화의 역할

공업화와 함께, 중국의 도시화 수준은 개혁 · 개방이 시작된 이후 빠르게 높아졌다. 1964년 도시인구는 총 인구의 20%에도 미치지 못했다. 1984년에 이는 20%를 넘어섰고, 1990까지 30%에 도달했다. 2000년에 들어서는 도시인구가 40%에 육박하고 있다. 비농업부문 고용분포의 변화에서 중국의 도시화 진전 현황을 명확히 확인할 수 있다. 1978년에는 총 고용인구의 24% 미만이 도시에 고용되어 있었다. 2004년에는 이 비율이 35%로 증가했다. 앞서 살펴본 공업화의 3단계처럼 도시 고용인구의 변화 또한 단계별로 진행되었다. 1978~1990 사이의 제1단계는 도시의 고용비율이 3% 포인트 증가하는 데 12년이 걸렸다. 1991~2000년의 10년간은 도시고용비율이 총 인구 대비 27%에서 32%로 5% 포인트 증가했다. 제3단계는 2001년에 시작되었다.

2001~2004년 4년간 도시고용비율은 추가로 3% 포인트 상승하여 가속화 양상이 뚜렷해졌다. 예측하건대, 도시고용비율은 2010년까지 약 43%로 상승할 것이다.

도시인구와 도시고용인구의 증가는 저축률 및 투자율의 상승에 주로 기인한다. 도시고용인구는 상대적으로 높은 소득을 올리는 2차 및 3차 부문에 집중되어 있고, 소득증가는 반드시 저축을 증가시키는 결과를 낳는다. 그림 3.7은 도시화와 저축률 및 투자율이 동일한 추세를 따라 증가했음을 보여주고 있다.

도시화의 과정은 직접적으로 저축과 투자를 밀어 올릴 뿐만 아니라, 간접적으로는 국민의 소비습관을 업그레이드시킴으로써 투자를 확대시킨다. 1,000달러를 초과하는 중국 1인당 국민소득은 중국인의 소비 구조에서 근본적인 변화를 의미하는 것이기 때문에 이의 영향력은 엄청나다. 논란의 여지가 없는 중국의 불공평한 소득분배, 그리고 현재의 빈곤문제에도 불구하고, 점점 더 많은 도시 거주민들이 주택과 자동차를 구입할 수 있고, 여가시간을 가지며 여행을 즐길 수 있다. 1990년대 중반부터 소비자 신용의 확대는 금융구조에 대한 주요 조정내용 중 하나가 되었다. 주택과 같

그림 3.7 | 고투자 및 고저축률 추세선과 도시지역 노동인구의 비율, 1978~2004

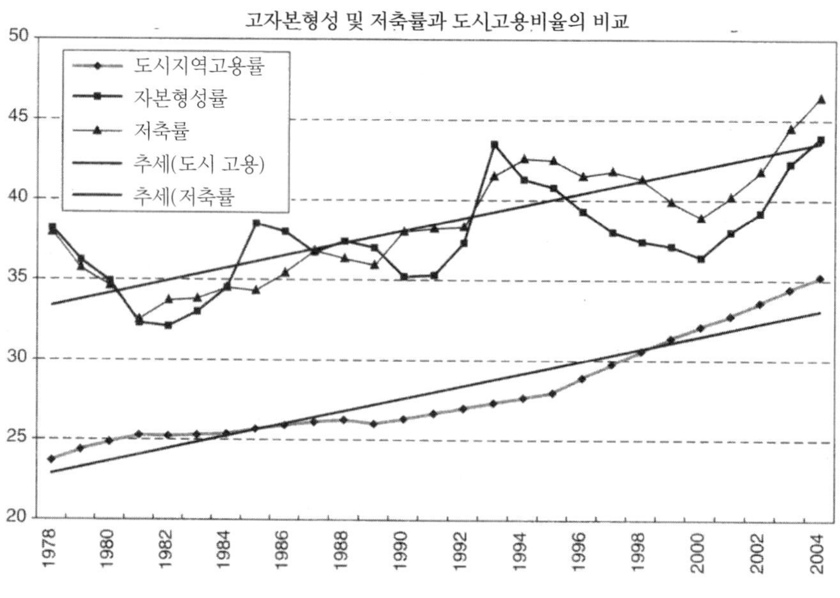

은 주요 상품의 구매를 억제했던 예산제약이 이 과정을 통해 제거되었던 것이다. 이는 사람들의 평생 동안의 기대소득을 일정한 수준으로 고르게 분포하도록 "평준화(smooth out)"했을 뿐만 아니라, 기대되는 미래의 소득으로 현재의 주요 소비재 값을 치룰 수 있게 만들었다.

2004년 말 기준, 상업은행들의 전체 신규대출 가운데 소비자 대출의 비중이 처음으로 25%를 초과했다. 반면에, 부동산 개발을 위한 대출은 1998년 이래 모든 신규 대출의 10% 이상을 차지해 왔다. 이러한 통계치들은 소비자 수요를 새로운 "제3의 수준"으로 업그레이드시키기 위한 획기적인 금융적 지원을 의미한다. 자연적으로 이 모든 새로운 소비자 수요는 기본적인 인프라, 도시 체계, 교통 및 주택에 대한 수요를 증가시켰다. 하지만 이는 역으로 석탄, 전기, 가스와 같은 자원들의 공급에 있어서 장기적인 지속가능성을 압박하고 있다.

시장화 개혁

저축과 투자 증가의 중요한 요인인 공업화와 도시화와 더불어 계속되고 있는 시장화도 중요한 역할을 해왔다.

물론 시장화 개혁은 중국의 도시화와 공업화가 진행되도록 한 기초였고, 따라서 고저축과 고투자에 대한 전제조건이었다. 이러한 개혁들의 직접적인 결과는 주요 투자가 국유 산업체로부터 다양한 기업체들로 분산되도록 한 것이었다. 이러한 변화는 투자배분에 있어서 시장경제의 메커니즘이 점차로 중요한 역할을 담당하기 시작했음을 의미했다. 이는 투자의 증가를 크게 자극했을 뿐 아니라 투자의 효율성 또한 향상시켰다. 투자 주체의 다양화는 근본적이고 시스템적 요소로, 이로써 중국의 공업화와 도시화, 그리고 매우 높은 저축률과 투자율을 달성하도록 만들었다.

하지만 국가부문에 고용된 노동의 비중이 이 부문에서 행해지고 있는 투자에 비해 매우 낮은 수준이라는 사실을 지적하는 것도 흥미로운 일이다. 2004년 이 부문의 투자율은 35%였던 반면, 국유경제 부문에 고용된 인구의 비중은 9%였다. 이러한 불일치는 국유투자가 주로 화학공업을 비롯한 자본집약적 중공업에 집중되어 있다라는 사실을 반영하는 것이다.

시장화 개혁이 진행됨에 따라, 과거 전통적인 계획경제 사업체에 속했던 사람들에게 적용되었던 사회적 편익은 점차 모두 소멸될 정도까지 축소되었다. 공공편익과 사회서비스에 대한 수요가 시장화된 것이다. 이는 사람들이 그러한 사회서비스에 대한 비용을 치를 수 있는 능력을 갖추기 위해서는 스스로 저축해 한다는 것을 의미한다. 계획경제체제 하에서 주택과 사회보장 등 고용이 가져다 준 혜택은 한 주체의 여러 측면이었다. 하지만 현재의 시장화 개혁은 이제 노동인구에게 미래에 대한 불안감을 확대하고 있다. 이는 다시 미래에 대비한 저축의 필요성을 강화시킨다. 공급측면에서, 계획경제 메커니즘이 시장경제 메커니즘으로 대체되어감에 따라, 시장화 개혁은 자연히 투자를 자극하게 되었다. 요소가격의 상승은 사람들에게 무료로 제공되던 물품의 실제 시장가격을 반영하기 시작했다. 그러나 개혁이 진행되는 동안, 시장 메커니즘은 아직 불완전한 것이어서, 물가가 왜곡된 수준으로까지 매우 높게 오르기 일쑤였다. 이는 공급 측 비용을 매우 크게 상승시켜, 그에 상응하는 투자의 필요성을 낳았다.

이와 같은 시장화 개혁의 2차적 결과의 영향은 의료비, 교육, 사회보장과 같은 영역에서 감지되고 있다. 특히 주택부문에서는 지금 크게 논란이 되고 있는 문제가 대두되고 있다.

❖ 경제적 불균형

위의 분석을 요약하면, 고저축, 고투자, 고성장은 중국의 인구구구의 변화, 공업화, 그리고 도시화 등 상호 강화적인 요인들에 의해 발생될 수밖에 없는 결과라는 것을 알 수 있다. 중국의 연령구조 하에서, 상대적으로 높은 노동참가율은 당분간 지속될 것이고, 도시화와 공업화는 중국 경제성장의 기초를 이루고 있기 때문에, 중국에서 "3고"(투자, 저축, 성장) 현상은 향후 오랜 기간 동안 계속될 것이라는 것을 인식할 필요가 있다.

상대적으로 낮은 인플레이션율과 결합된 "3고"는 경제성장을 위한 이상적인 상태라 여겨질지 수도 있다. 하지만 안타깝게도 이것이 중국경제가 완벽하다는 의미는 아니다. 반면에, 잠재적인 문제들은 경제학자들에게 여간 곤혹스러운 것이 아니다.

이러한 문제들에 대해 중국 안팎에서 많은 연구가 이루어졌다. 고투자율을 비난하는 사람들도 있고, 장기적인 무역수지 흑자의 의미를 의심하는 사람들도 있다. 또한 어떤 사람들은 경제구조의 왜곡을 걱정하기까지 한다.

이 모든 분석들은 나름의 장점들을 지니고 있지만 충분하다고는 할 수는 없다. 장기적인 관점에서 정말 어려운 문제는 중국의 저축률이 투자율보다 높다는 점이다. 고투자로부터 대규모 무역수지 흑자, 그리고 이와 관련된 문제들에 이르기까지 많은 문제가 여기서부터 시작된다. 두 비율 간의 차이가 중국경제의 장기적인 대내외적 불균형을 초래하고 있다. 현재의 내부 불균형은 경제성장을 유지하기 위해 높은 수준의 투자에 의존하게 만든다. 대외 불균형(경상수지의 흑자)은 무역마찰의 유래 없는 증가, 국가간 자본이동, 대규모 외환 보유고의 축적, 그리고 날로 증가하는 환율조정 압력을 유발한다. 문제해결을 위해 현실적으로 할 수 있는 일이 많지 않다는 사실로 인해, 문제의 복잡성이 악화되고 있다. 앞서 지적했듯이, 지나치게 높은 저축률은 인구구조, 공업화, 도시화, 그리고 경제적 개혁 등을 비롯한 다룰 수 없는 문제들이 결합되어 발생한 결과이다. 즉, 이 문제는 체계적 요인과 실무적인 경제적 요인에 의해 야기되었다. 더구나 근본적으로 중국의 대내 경제 불균형은 글로벌 경제 불균형의 한 가지 표현방식이다. 따라서 현실적인 관점에서 보자면, 중국의 내부 경제구조에 대한 조정을 시작하는 것은 전체적인 상황에 큰 도움이 되지는 않을 것이다.

그럼에도 불구하고, 반드시 해결되어야 하는 시급한 문제, 또는 적어도 완화될 것으로 생각되는 문제는 오랫동안 지속된 고투자가 가져오는 불행한 결과들이다. 현대의 시장경제에서 저축을 투자로 전환하는 것은 주로 금융시스템의 중개 기능에 달려 있다. 장기적 투자보다 장기적 저축 수준이 더 높아 초래된 경제적 불균형은 중국 금융시스템의 결함과 밀접히 연관되어 있다. 우리가 보기에, 은행에 의한 간접금융에 의존하는 금융시스템이 장기투자를 초과하는 장기저축의 원인일 뿐만 아니라, 극단적인 변동성을 설명하는 이유이기도 하다. 더구나 큰 변동성은 부실채권의 재발 문제를 가중시키고 금융적 안정성을 위협한다.

이와 관련하여 두 가지 사실에 주목해야 한다. 첫째, 운영측면에서 은행의 전체 대출 규모는 당연히 순환적이다. 이것은 항상 경제적 추세를 과장한다. 경제가 붐일 때,

돈을 벌고 있는 실질적 대상에 대한 강한 투자 유인은 대출의 규모를 증가시켜, 은행들이 전반적인 과열추세를 조장한다. 경기가 위축될 때, 은행의 대출은 동일하게 감소하고, 이것이 과도한 수축과 경기하강의 원인이 된다.

둘째, 중국의 "대외개방" 환경 하에서 주로 간접적인 은행금융을 이용하는 시스템은 통화의 "미스매치(mismatch)"를 유발하며 환율정책과 국제수지에 영향을 미친다. 통화의 미스매치란 경제주체들(기업, 국가 내 거주자, 정부)이 국제거래에 참여할 때, 환율변화가 대차대조표에 영향을 주는 것을 의미한다. 이는 가격 산출에 있어서 자산/부채 그리고 소득/결제가 각기 다른 통화를 사용하기 때문에 일어나는 일이다. 역사적으로, 개발도상국들 대부분의 외화자산은 외화부채에 비해 작았고, 따라서 자국 통화의 평가절하로 인한 위험에 노출되어 있었다. 중국의 상황은 정반대였다. 외화자산이 상대적으로 더 컸고 이 때문에 중국 통화의 미스매치 위험 노출은 인민폐(RMB)의 평가절상과 관련되었다. 평가절상은 자국통화로 평가할 때 외환자산의 축소를 낳는다.

1980년대 이래로 세계의 다른 나라들은 간접적인 은행금융에 대한 과도한 의존이 잘못이라는 것을 깨닫고, 자국 내 증권을 통한 직접금융의 비중을 높이기 위해 안간힘을 다해 왔다. 아시아 금융위기는 이 과정을 가속화시켰다. 그러나 중국의 정부와 대중은 오랜 기간 직접금융 확대의 필요성을 인지했음에도, 실제에 있어서는 직접금융비율이 감소하고 있다. 이 점은 논쟁거리가 될 수 없는 명백한 사실이며, 그 결과가 부실채권이다. 긴축정책에 따른 수많은 부정적 결과들이 누적되어 부실채권이란 형태로 은행의 대차대조표에 그 모습을 드러내기 시작한 것이다.

이러한 상황을 처리하는 적절한 방법은 명확하다. 투자 활동의 위험을 배분하는 메커니즘에서 보여지는 중국의 심각한 불균형을 시정하는 근본적인 방법은 장기자금을 제공할 수 있는 능력을 갖춘 금융기관들을 발전시키는 것이다.

더 구체적으로 말하자면, 금융개혁을 더욱 더 추진함에 있어서, 증권시장, 채권시장, 그리고 자금시장을 육성하고, 모든 형태의 투자에 대해 장기자본을 공급하기 위해 우리가 할 수 있는 모든 일을 해야 한다. 채권시장에서는 성장기업의 채권과 도시건설을 위한 도시채권이 특별히 강조되어야 한다. 모든 형태의 투자에 대해 장기자금을 공급하기 위한 조치가 취해져야 하는 것이다. 둘째, 우리는 개발은행과 같은 장기 자금원을 가진 금융기관은 물론이고, 보험, 연기금, 그리고 기타 계약에 기초하는 금융기관들의 성장을 발전시켜야 한다. 이는 금융기관들이 장기적 재원을 마련하기 위해 단기차입을 할 때("단기차입, 장기운용") 발생하는 문제들을 피하기 위함이다. 셋째, 우리는 금융혁신을 촉진시키고, 증권화(자산 증권화는 물론이거니와 담보부증권화)와 금융기관들, 특히 상업은행들의 불충분한 자산유동성 문제를 해결할 수 있는 여러 방법들을 지원해야 한다. 저변에 깔린 경제적 힘들에 대한 위의 분석들을 고려할 때, 중국의 금융적 능력을 제고하는 일은 매우 시급할 일이 되었다.

4 | 중국의 은행과 금융의 발전: 국내 및 국제부문

피에터 보텔리어
존스 홉킨스 대학 선임 외래교수
전(前) 세계은행 중국 사무소장

이 장에서, 나는 앞으로 다가올 중국금융의 발전과 도전들에 대한 개인적인 생각을 함께 나누고자 한다. 중국경제의 개혁은 독특하고, 주목할 만하며, 서방이 잘 이해하지 못하고 있는 내용이다. 중국이 1970년대 덩샤오핑의 지도하에 시장개혁을 시작했을 때, 금융시스템은 중국인민은행(People' s Bank of China: PBC)이라는 단 하나의 기관으로 이루어져 있었다. 내전기간 중 공산당이 국민당 정부로부터 중국의 서북지역에 대한 통제권을 거머쥔 이후, 인민은행은 이 지역에서 금 위안화(Gold Yuan)를 인민폐 위안화(Reminbi Yuan)으로 대체하는데 성공했다. 이 통화개혁의 경험은, 인민은행이 1949년 10월 중국인민공화국의 중앙은행으로 전환되고 나서 내전으로부터 물려받은 초인플레이션에 대응하기 위한 전국적 수준의 통화개혁을 단행해야만 했을 때, 큰 도움이 되었다. 1979년에 금융개혁이 시작될 때까지, 인민은행은 예금은행, 대출은행, 결제시스템, 그리고 정부의 현금출납원으로 기능했다. 자본시장과 보험회사도 당시에는 존재하지 않았다.

서구의 경제학자들은 1970년대 이후 중국의 경제개혁 방법을 이해하는데 종종 어려움을 겪곤 했다. 계획경제에서 시장경제로의 전환은 쉽게 이해되기 어려운 패턴으로 관리되었으며, 다수의 개혁조치는 계획, 범위, 순서에 있어서 전통적인 것이 아니었다. 예를 들어, 중국의 국유은행들이 설립되고 나서도 오랫동안 계획의 우선순위에 따라 실물경제의 개혁과 발전을 촉진하기 위한 준재정기관(quasi-fiscal agent)으로 활용되었다. 이들 은행들은 도시지역의 완전고용을 유지하는데 기여했는데, 적자를 내고 있던 국유기업(SOE)들이 계속 생존할 수 있도록 해 준다는 것을 의미했음에도 그렇게 했다. 중국 지도부에 경종을 울렸던 1997~98의 아시아 금융위기가 발발하기 전까지는 국유은행의 대차대조표에 부실채권이 쌓여가는 것에 대해 큰 걱정을 하는 사람은 아무도 없었다.

은행개혁의 새로운 장을 열었던 계기는 중국은행의 홍콩 연결대상 자회사(consolidated subsidiary)가 증권거래소 상장을 신청(2001년 초)한 일이었는데, 이 일이 있고 나서야 대부분의 은행들이 부실채권에 대한 체계적인 보고를 하기 시작했다. 이것은 대출 분류, 자본 적정성, 회계, 회계감사, 공시 등에 대한 국제기준의 점진적 채택을 포함한 개혁의 시작을 알리는 것이었다. 중국 금융부문의 개혁은 당시까지 실물경제의 발전을 더디게 했다. 1998년에 따라잡기 과정이 시작되었다. 중국이 세계무역기구 (WTO)(2001년 12월)에 가입했을 때, 금융부문에 있어서의 획기적인 개방을 약속했다. 금융개혁은 가속화되었고 외부 관찰자가 더 쉽게 이해할 수 있게 되었다.

서구의 관점에서 보면, 중국의 금융시스템은 최근까지도 후진적이며 비효율적인 것처럼 보였다. 기업지배구조는 허술했고, "신용문화"는 정착되지 못했다. 적자를 내고 있는 국유기업들 조차도 시장개혁이 개시된 후 여러 해 동안 은행신용과 자기자본에 접근할 수 있는 특권이 주어져 있었다. 되돌아보면, 이러한 체계가 당시 외국의 관찰자들이 생각하는 것보다 중국의 필요에 더 적합한 것이었는지, 그리고 금융개혁과 자유화가 좀 더 일찍 진행되었더라면 중국경제가 더 나은 성과를 보일 수 있었는지에 대해 의문을 갖지 않을 수 없다. "후진적" 금융시스템에도 불구하고 중국은 지난 수십 년 동안 지속적인 고성장을 이룩하는 동시에, 대외무역 및 투자가 개방되었고, 역동적인 비국유경제 또한 같은 정도로 성장했던 것이다. 이 모든 성과는 도시지역의 완전고용이 1990년대 중반까지도 유지되는 가운데 달성되었다. 완전고용을 유지하지 않고 진행하는 개혁방식으로 인해 개혁기간이 훨씬 더 길어졌을 수도 있다. 이와 관련하여 중국의 경험과 1990년대 전반기 러시아의 경험은 큰 대조를 이룬다.

1990년대 말까지도 중국은 계획상의 우선순위에 따라 신용을 배분하기 위해, 그리고 개혁 초기의 시기에는 인지되지 않던 부실채권의 "쓰레기 통"으로 국유은행이 활용됐다. 그러나 이러한 비전통적 접근법은 월등히 좋은 결과를 가져왔고, 중국에게 가치있는 시기를 제공했다. 즉, 이 시기는 시장경제가 발전하고, 새로운 제도와 정책 도구들이 창조되고, 정부가 그 활용법을 익히는 시간들이었던 것이다. 또한 이 시스템은 국가로 하여금 다른 방식으로는 오늘날 존재하지 않았을 핵심 인프라의 건설에 자원을 배분할 수 있도록 해 주었다. 세부적인 사안들—예를 들어, 주식 및 채권 시장은 더 빠른 개혁이 가능했을 지도 모르며 사회보장 개혁이 앞당겨 시작되었을 수도 있다—에 대해서는 논란이 있을 수 있지만, 내 생각으로는 은행부문의 개혁은 중국의 사회와 정치체계가 다룰 수 있는 정도의 속도로만 진행되었다. 발전의 관점(발전 후의 편익에 대한 생각과 함께)에서 보면, 1980년대와 1990년대의 중국 은행 시스템이 "비효율적"이었다라고 말할 수는 없다. 또한 중국의 비전통적 개혁 방식이 성장을 늦추었다고도 할 수 없다.

중국은 WTO 회원국이며 개혁의 목적과 방법을 보다 정확히 명시하고 있다고 할 때, 주요 의제는 다음과 같다. 즉, 중국은 얼마나 빨리 체제개혁을 완수해야 하는가, 그리고 무엇에 우선순위를 두어야 하는가? 금융부문과 관련하여, WTO 가입에 대한 합의에는 가입 이후 최초 5년간에 대한 시간 계획표(2002~2006)를 담고 있지만, 금리 자유화, 자본계정 개방, 환율관리, 국내 자본시장 발전, 현존 금융기관에 대한 외국인의 참여, 대외 투자 관리 등과 같은 중요한 정책들은 합의과정에서 다루어 지지 않았다. 대부분의 해외 관찰자들은 중국의 금융시스템 개혁을 더 빨리 추진하라고 요구하고 있지만, 내가 우려하는 것은 중국이 너무 빨리 개혁을 완료하려 하면 통제력을 잃을 수도 있다는 점이다. 금융부문은 시장경제의 신경계이다. 중국이 통제력을 잃을 만큼 여유가 있지는 않다. 규제당국은 시스템 조작자와 혁신적 사기범들 보다 앞서 있어야 하며, 이점이 관건이다. 또 다른 나의 우려는 규제기관이 독자적으로 운영되어 서로 협력이 이루어지지 않을 수 있는 점이다. 유사기관 사이의 효과적인 상호협력은 중국이 풀어야 하는 난제로 남아 있는데, 이는 금융부문만의 문제는 아니다. 영국의 재정청처럼 규제력을 단일 서비스 기관으로 통합하는 것이 하나의 선택 가능한 대안이기는 하다. 하지만 이는 내가 중국을 위해 추천하고 싶은 대안은 아니다. 왜냐하면 단일 기관에 너무 많은 권한이 집중되기 때문이다.

이 장의 나머지 후반부에서는 (1) 1998년 이후 개혁의 진전 (2) 자산가격 인플레이션에 따른 긴급한 문제 (3) 대내외 불균형 극복의 필요성과 그와 관련된 중기적 문제 등을 중점적으로 다룬다.

❖ 1998년 이후의 진전

지난 10년간의 금융개혁과 발전으로부터 강한 인상을 받지 않을 수 없다. 1997년 아시아 금융위기가 OECD 회원국이 된 직후의 한국을 강타했을 때, 중국의 지도자들은 충격에 빠졌다. 중국의 금융시스템이 갑작기 노출될 수 있는 위험에 대한 예리하고도 폭넓은 인식이 공유되었다. 국유은행들은 실제 은행이 되어야 했고, 기업지배구조가 진지하게 채택되어야 했고, 세계화되고 있는 중국경제의 니즈를 충족시키기 위해서는 금융시스템이 국제 준칙과 규범에 맞도록 발전되어야만 했던 것은, 바로 이 때였다. 그 결과, 금융개혁의 속도가 크게 빨라졌다. 1999년 4개의 새로 설립된 국유자산관리공사는 일단 5개의 국유은행들로부터 명목가치 1.4조 위안의 부실채권을 떠안았다. 2001년 중국은행의 홍콩 자회사가 홍콩에 상장되고, 중국의 한 은행(상하이은행)에 대해 외국은행(HSBC)이 최초로 소규모 전략적 참여를 하게 되고, 2003년에는 중국은행감독관리위원회가 설립되면서 금융개혁이 강화되었다. 1979년 이후 수많은 초기 은행개혁이 있어 왔지만, 그 대부분은 행정적 성격의 것이었고 그 어느 정책도 1998년 이후의 정책처럼 지대한 영향을 미친 경우는 없었다.

갑자기, 중국 금융 시스템의 개혁과 발전은 독립적인 목적이 되었다. 여기에는 막대한 규모의 직원훈련 외에도 정책계획자, 규제책임자, 은행경영자들의 사고방식과 태도에 괄목할 만한 변화가 동반되었다. 사실, 과거 10년간 중국 금융부문의 모든 변화 중 가장 인상적인 것은 인적자원과 제도적 발전이었다. 은행부문에 대한 기술적 관점에서, 가장 중요한 발전은 대부분의 은행 부실채권을 자산관리공사의 대차대조표로 분리(지속적인 거래를 통해)하는 데 성공한 일이었다. 이것은, 부실채권 청산비용이 지불되었다는 것이 아니라, 부실채권 문제가 더 이상 중국 은행시스템에 대한 위협이 아니라는 것을 의미한다. 주요 상업은행들의 부실채권비율(은행 전체 기준)은 2002년 거의 25%에서 2007년 9월 말까지 6.2%로 점차 감소했다. 이 외에도 많은 금융부문의 중요 발전이 있었다. 나는 다음과 같이 선정된 예들에 주의를 기울이기고자 한다.

(1) 스위스 바젤에 위치한 국제결제은행(Bank for International Settlements: BIS)을 비롯한 국제금융기구들과의 긴밀한 협력관계

중국은 1996년 국제결제은행의 회원국이 되었다. 중국은 국제결제은행과 IMF, 세계은행, 국제금융공사(IFC), 아시아 개발은행 등 이미 가입을 마친 기타 국제금융기구들이 제공하는 교육훈련과 발전기회를 모두 활용하고 있었다. 아울러, 중국인민은행은 직원훈련과 시스템 개발을 위해 홍콩, 싱가폴, 그리고 기타 여러 나라의 통화당국과 긴밀한 협력관계를 발전시켰다. 국제기준과 모범 규준을 배워 도입하는 일에 중국인민은행보다 더 열심히 노력하는 개발도상국 중앙은행을 상상하기란 쉽기 않다. 중국은 대출 분류기준, 은행감독, 회계감사, 국제금융 회계기준(IFRS) 등의 국제기준을 채택했다. 중앙은행 통화보고서, 연차 은행보고서, 그리고 금융통계의 질, 적시성, 투명성이, 중요한 한 가지 예외(4개의 국유자산관리공사의 계정은 아직 공개되지 않고 있고, 이들의 운영상의 정보가 매우 부족하다)를 제외하고는, 모두 크게 발전했다.

(2) 독립적인 은행 규제기관/감독기관의 설립

2003년 3월 중국 은행감독관리위원회의 설립은 제도발전 과정의 분수령이었다. 이로써 은행의 감독과 규제라는 결정적으로 중요한 기능이 중앙은행으로부터 분리되었고, 중국인민은행은 점증적으로 복잡해져가고 있는 통화정책적 도전들에 집중할 수 있게 되었다. 그 후 중국 은행감독관리위원회는 전국적으로 24,000명의 직원을 보유한 훌륭하고 효과적인 은행 감독/규제기관으로 성장했다. 중국 은행감독관리위원회, 중국 증권감독관리위원회, 그리고 중국 보험감독관리위원회 등 3대 금융규제기관은 상호간 자문활동을 위한 틀을 구성하는데 합의했지만, 이들 3대 기관과 인민은행, 재정부 등 기타 주요 정부 금융기관 사이의 효과적인 협력은 여전히 문제가 있다. 중국 가계들이 중국은행 톈진지점을 통해 홍콩 증시에 투자(무제한)하는 것을 허용한다는 2007년 8월 20일 중국 국가외환관리국(State Agency for Foreign Exchange(SAFE))의 획기적인 선언으로부터 야기된 챙피스러운 혼란이, 그러한 정책협조상 문제의 대표적인 예일 것이다. 이 선언은 아래에서 논의되는 11월의 원자바오 총리의 말과는 모순되는 것이었다.

(3) 주요 국유은행들 대부분의 내부 구조조정

세부적인 내부 구조조정 계획은 은행 자체적으로 결정되었다. 이 계획들에는 매우 급진적인 경우가 흔히 있었다. 계획에는 많은 불필요한 인원의 일시 해고와 수많은 은행지점들의 폐쇄가 포함되었다. 예를 들어, 중국은행의 일정 직급 이상의 모든 관리자들은 퇴직한 후 국제 경영 컨설턴트의 도움을 받아 구조조정된 경량화된 조직에 다시 지원하여 재입사해야만 했다. 3차례의 지원에도 새로운 일자리를 얻지 못한 경우에는 대상에서 제외되도록 했다. 중국은행, 그리고 실질적으로 모든 은행들이 관리자를 포함한 직원들에게 다양한 훈련 프로그램을 이수하도록 요구했다. 경영정보 및 회계시스템은 통합되어 전산화되었다. 이에 따라 많은 지점을 거느린 거대 은행의 최고경영자들이 자신이 책임을 지고 있는 조직에 관한 최신의 포괄적인 정보를 보유하는 것이 가능해 졌고, 이러한 일은 은행들에게는 처음인 경우가 많았다. 이는 또한 규제당국의 은행감독을 용이하게 했는데, 이는 은행계정이 통합되고 전산화되기 이전에는 매우 어려운 일이었다. 모든 주요 은행들(중국농업은행 제외)은 기업공개를 통해 주식을 외국인 전략적 투자자와 금융투자자들에게 매각하기 이전에, 중국 회사법에 따라 주식회사로 전환되었다. 중국농업은행, 그리고 일반적으로는 농촌 금융 시스템은 여전히 중국 은행시스템의 가장 취약한 부분으로 남아 있지만, 이 또한 진전은 이루어지고 있다. 중국

농업은행에 대한 구조조정 계획이 곧 발표될 예정이다. 정부는 이 은행의 자본 재조정을 위해 외환보유고에서 40억 달러를 이미 확보해 두고 있다.

(4) 외국은행의 소규모 투자자 및 이사회 구성원으로서 중국 은행에의 전략적 참여

1998년 당시 중국의 국유은행들이 겨우 몇 년 후에 주요 국제은행들의 투자대상이 될 것이라고 예상한 사람은 아무도 없었다. 1990년대 말 국유 은행 시스템은 비효율적이며 기술적으로 파산상태의 "블랙박스"(Black Box)로 간주되었다 (이는 절대 비현실적인 진단이 아니었다). 2007년이 되어서는 거의 모든 주요 은행들이 외국의 소수 전략적 파트너(자신들의 이사를 선임)를 가지고 있었고, 홍콩 및/또는 상하이 증권거래소에 상장되었다. 이로써 중국 은행부문의 전체적 모습이 크게 변화되었다. 이는 국제기준을 현대화하고 채택할 획기적인 기회와 새로운 도전을 낳았다. 내가 보기에는, 중국이 금융서비스 회사를 포함한 기존의 중국 은행들과 기타 금융시스템에 외국인 참여가 확대되면 이익을 얻게 될 것이다.

(5) 대부분의 중요 국유은행들의 완전한 자본 재조정—최소 8% 자기자본기준 초과

이는 정부가 외환보유고와 예산으로부터 자본을 직접 주입하고, 외국인 소수 전략적 투자자들이 참여하고, 홍콩 및/또는 상하이 거래소에 기업을 공개(지분의 최대 30%까지 유동화)하고, 은행들은 후순위채를 발행하고, 은행 자체적으로 증가한 영업이익으로부터 자본을 확충한 결과이다. 구조조정과 자본 재조정 계획은 각 은행의 구체적인 환경에 맞게 수립되었다. 은행의 자본 재조정을 위해 외환보유고를 사용한 것은 전통적인 방식은 아니지만, 혁신적이며 효과적인 것이었다. 이 과정에서 여기에 투여된 외환이 국내통화로 전환되지 못하게 하는 조치가 취해졌고, 자본이 재조정된 은행들에 대한 환위험 보호조치도 동반되었다.

(6) 선물시장, 새로운 금융수단, 그리고 새로운 중개기관의 도입

거래 가능한 금융수단의 범위가 최근 크게 확대되었다. 그 가운데 상대적으로 중요한 새로운 상품으로는 단기 회사채, 부실채권 및 모기지 담보부 증권, 후순위 은행채, 미국 달러화 표시 국내채권, 다국적 기관이 발행하는 위안화 표시 채권, 그리고 여러 만기구조를 가진 중앙은행 채권(공개시장 조작을 위한) 등이 있다. 다양한 상품들에 대한 선물시장도 개설되었다. 채권시장은 재정부와 중국발전은행이 발행하는 채권이 여전히 지배적이다. 회사채 시장은 여전히 규모가 작고, 정부규제 때문에 발전이 제약되고 있다. 그러나 이후 논의되겠지만, 여러 가지 이유로 머지않아 회사채 시장도 크게 발전할 것으로 예상된다. 중국에서 벤처 캐피탈, 엔젤 투자자들, 사모투자펀드 등(외국과 국내 모두의)의 등장 또한 기업의 자금원 다양화와 자본시장 발전에 기여해 왔다.

(7) 상장기업의 비유통주를 유통주로 점진적으로 전환하는데 있어서 시장에 기초한 해법을 채택함

상하이와 센젠 증권거래소가 설립되었을 때(각각 1990년 말과 1991년 초), 중국은 상장된 국유기업의 지분 가운데 대부분을 국가가 보유 (보통은 최소 65%)함으로써 사회주의적 발전과 자본주의적 발전이라는 목적을 조화시키고자 했다. 이러한 주식은 매매가 불가능했다. 중국이 국가사회보장기금 (2000) 조성을 위해 기업공개 공모액의 10%를 유보하기 시작하고, 때를 같이 하여 일부 지방정부들이 외국인 투자자들에게 장외의 사적 거래를 통해 대폭 할인된 가격에 비유통주를 매각하기 시작할 때까지는, 대규모 비유통주 물량은 시장에 문제를 일으키지 않았다. 이 두 가지 사정으로 인해 수년 동안 경제가 활황임에도 유통주의 시장가치를 심각하게 압박했다. 신규상장은 둔화되어 2005년 중단되었다. 이 해는 정부가 기존 유통주 시장을 훼손하지 않으면서 비유통주를 유통주로 전환하기 위한 방법으로 시장에 기초한 접근법을 시험하기 시작하던 해였다. 이 접근법은 유통주 보유자들에게 비유통주의 유통주 전환을 억제할 수 있는 권한을 부여하는 것이었다. 이 권한은 비유통주를 유통주로의 전환(수 년 간의 유예기간 이후에 점진적으로)에 동의하는 것에 보상을 제공하는 협상을 유도하기 위한 것이었다. 2006년에는 2005년의 성공적 실험이 대주주가 국가(90% 이상)인 모든 상장 국유기업들로 확대되었고, 기업공개도 재개되었다. 그 결과, 주식시장에 대한 대중의 신뢰가 회복되고 2007년까지 활황이 이어졌다. 당시 발전하고 있던 거품이 잠재적으로 위험한 것이었지만, 중국의 비유통주라는 곤란한 문제에 대한 해법은 혁신적이고 시장개혁과도 일치하는 것이었다.

(8) 도시주택 사유화의 가속화에 뒤이은 프라임모기지 시장과 소비자 신용의 발전

1998년 아시아 금융위기를 계기로 정부는 도시주택의 사유화를 크게 가속화하기로 했다. 이 정책의 주요 목적은 당시 피고용인에 대한 의무적 주택공급으로 인한 대부분의 국유기업 부실문제를 해결하고, 상업적인 도시 주택시장을 육성하는 것이었다. 그 외에도 민간 건설산업을 육성하고, 중요한 내수(주택 개선)의 원천을 창조하여 아시아 금융위기가 경제에 미친 부정적 영향을 차단하는데 도움을 주려는 것이었다. 현금급여가 여전히 낮았고 모기지 대출은 일반적으로 가능하지 않았기 때문에, 기존 대부분의 도시 주택들은 시장가치보다 낮은 가격으로 기존 거주자들에게 양도되었다. 하지만 신규주택의 상업적 판매를 위해서는 모기지 금융산업이 발전되어야만 했다. 10년 이내에, 중국은 대부분의 도시에서 주택시장, 대규모 모기지 금융산업, 그리고 관련 상업용 보험들이 발전했다. 이 모든 것들이 은행 자산의 질, 자본시장의 발달, 그리고 도시에서 민간 부의 축적에 크게 기여했다.

(9) 대출금리 상한과 예금금리 하한의 폐지(2004)

이 조치는 국유은행들의 상업화를 촉진하고 수익성을 향상시키기 위한 여러 조치들 가운데 하나였다. 정부는 국유은행들이 보다 독립적인 기관이 되어, 체계적인 위험분석과 차별화된 대출금리를 통해 여신 운영에서 자율적이기를 바랬다. 수익성의 향상은 잠재적 외국 파트너에게 중국의 은행들을 더욱 매력적으로 보이게 하고, 충당금을 통해 자본 재조정에 도움이 될 것이었다. 금리의 부분적 자유화는 또한 새로운 금융수단 및 장기저축(보험과 모기지 금융)과 결합되어 자본시장의 발전과 상업화에 기여했다. 한 예로, 2002년 정부채권과 회사채의 수익률 곡선(yield curve)은 여전히 거의 완전한 수평에 가까웠다. 즉, 만기구조와 채권가격 사이에 연관성이 없어서 자본시장을 위한 벤치마크로서는 아무런 기능도 하지 못하고 있었다. 하지만 최근에는 이것이 변했다. 정부채권에 대한 수익률 곡선은 정상적인 시장경제에서 그런 것처럼, 우상향하는 형태를 보이고 있다.

(10) 대부분의 회사채 발행 책임을 국가발전개혁위원회로부터 중국 증권감독관리위원회(CSRC)로 이전함

이 조치는 2007년 1월에 결정이 내려졌지만, 이 글을 쓰는 현재에도 완전히 실행되고 있다. 원칙적으로, 이는 매우 중요한 제도적 변화이다. 이는 1990년대 초부터 쇠퇴해 온 중국의 발달하지 못한 소규모 회사채 시장이 결국 도약하게 될 것이란 약속을 담고 있는 것이다. 1993년 회사채 발행의 인허가권이 중국인민은행으로부터 국가계획위원회(State Planning Commission; NDRC의 전신)로 넘어갔다. 이는 회사채의 발행과 인수에 관한 규율을 개선하기 위한 조치였다. 그러나 국가발전개혁위원회는 회사채 발행을 거대 국유기업 일부로만 한정했고, 모든 신규 발행 회사채에 대한 국유상업은행의 완전 보증을 요구했다. 2005년에는 중국인민은행이 단기 회사채 발행을 승인하여 시장이 갑자기 커졌는데, 이는 중국이 유동성 관리를 위한 단기금융을 절실히 필요로 했기 때문이었다. 다양화된 대규모 채권시장이 기존의 채권시장을 보완하여 신용평가회사들에게 더 큰 흥밋거리(혹은 도전)를 안겨줄 것이다.

여러 금융부문 개혁들이 중국의 기업지배구조와 신용문화에 미친 누적적 효과는 정확히 측정되기는 어렵지만, 의심의 여지없이 긍정적인 것이었다. 중국은 실질적으로 시장원리에 바탕을 둔 강력하고 다원화된 금융시스템의 기초를 구축했다. 주요 은행들과 금융 서비스 기관들에 대한 국가의 지배적인 소유권은 언제까지 일지는 모르지만 아마도 계속될 것 같다. 하지만 그럼에도 외국회사와 국내 민간 주주들의 참여가 증가할 여지는 상당하고, 이는 다시 중국 금융시스템의 성숙에 도움이 될 것이다. 기관들 사이의 협력관계는 아직 많이 개선되어야 하고, 잠재적으로 금융시스템의 안전성에 대한 아킬레스건이긴 하지만, 중국의 금융시스템이 점증적으로 전문적이고 효과적인 규제기관에 의해 감독된다는 점은 분명하다.

❖ 발등에 떨어진 문제들

주식시장 거품

자산가격 인플레이션, 유동성 관리, 그리고 기관들 사이의 협력관계는 중국이 직면한 가장 급박한 문제의 일부이다. 2005년 비유통 국유주식 문제를 해결하기 위해 시장에 기초한 해법이 실험되어 성공한 일과 이를 대다수 국유 상장기업들에게도 동일한 방식으로 적용한 것은 2006년 중국 주식시장의 부활을 촉발했다. 상하이와 센젠의 A-주 시장은 걷잡을 수 없는 활황시장을 연출하여, 전 세계 주식거래소를 추월했다. 2007년 10월 말, 상하이 상장 A-주들의 평균 주가수익률 (이월수익 기준)이 신흥 동아시아(중국 제외)와 인도의 약 20 (배)에 대비되는 50 (배)을 초과했다. 1990년 거품이 터지기 전 일본의 경우에는 이것이 약 70 (배)였다. 2007년 11월의 상당한 시장 조정에도 불구하고, 중국 정부는 당연하게도 새로운 거품과 그에 따른 잠재적인 시장붕괴의 위험에 대해 우려하고 있다.

2007년 11월의 조정에도 불구하고, 중국 주식시장은 여전히 거품 지역으로 남아 있다는 점에는 의심의 여지가 별로 없다. 이는 경제적, 정치적 위험을 수반한다. 중국에서 후자의 위험이 매우 중요한데, 왜냐하면 주식을 보유하고 있는 대략 6000만 개별 가계의 수가 너무 많기 때문이다. 주식시장의 붕괴가 경기침체를 촉발할 수 있는 위험을 측정하는 것은 매우 어려운 일이다. 그러나 중국에서 이 위험의 수준은 선진국 시장경제가 비슷한 상황이었더라면 처하게 될 위험보다는 아마도 낮을 것이다. 중국에서는 증거금을 통한 신용매입(buying on margin)이 공식적으로 금지되어 (그리고 드물다고 믿어지고) 있기 때문에 상황은 1980년대 말 일본 또는 1929년 미국과는 다르다. 따라서 일단 하락이 시작되면 돌이킬 수 없게 될 위험이 작다. 하지만 주식구매의 대부분이 자금차입에 의해 이루어진다면, 급격한 하락은 금융 시스템의 안정성에 위협할 수 있다. 이에 대한 직접적인 정보는 없다. 일반적으로, 주식 매입자금 중 "자기자금"의 비율이 높을수록 시스템 위험이 낮다. 가계, 기업, 그리고 공공기관의 주식매입 가운데 "자기자금"에 의한 비중이 높다고 가정하는 것이 합당할 것으로 보인다. 외국인에 의한 A주 매입이 상대적으로 적고, 이들은 적격외국인 기관투자자(Qualified Foreign Institutional Investor:QFII) 제도에 의해 엄격히 관리된다.

정부는 시장을 냉각시키려 노력했지만,[1] 2007년의 시장조정을 제외하고는 거품의 위험이 제거되지는 않았다. 게다가, 2007년 8월20일 국가외환관리국 (SAFE)은 중국 가계의 홍콩 증권거래소에 대한 직접투자(무제한)를 허용한다고 발표했다. 이 조치는 분명 국내 증권거래에 대한 압력을 완화시키고, 의도하지 않은 외환보유고의 축적을 줄이겠다는 기대를 반영한 것이었다. 그러나 11월 초, 이 선언에 뒤이어 홍콩시장이 약 40% 상승한 이후 원자바오 총리는 수많은 조건이 충족될 때까지 이 제도의 최종 승인은 유보될 것이고, 이는 오랜 시간이 걸릴 수도 있음을 시사했다. 이 에피소드는 시중의 유동성 관리의 어려움과 국가 유관기관들 사이의 협력관계가 심각하게 결여되어 있음을 단적으로 보여준다. 중국에서 홍콩으로 민간저축의 급격한 대규모 유출은 실제로 국내와 홍콩 자본시장을 불안정하게 만들 수 있다. 시중의 유동성, 즉 2007년 3분기 말 은행 시스템 내의 총예금액이 약 37조 위안(약 5조 달러)에 달하고 있었다. 그 중 절반 이상을 가계가 보유하고 있었고, 점점 큰 부분이 은행에 대한 요구불예금 형태로 유동적인 자금이었다.

중국의 중앙은행은 주로 은행시스템의 유동성(협의의 유동성: 대부자금 차감액. 즉, 예금에서 대출잔액과 지불준비금을 차감한 금액) 관리에 관여하고 있지만, 내가 보기에는, 시중의 유동성 과잉에 의한 자산가격 거품을 통제하는 데에도 일정한 역할을 했다. 과거 6개월간 수차례의 금리 인상에도 불구하고, 은행의 예금금리는 경상 소비자가격지수 인플레이션 대비 마이너스 (−)를 기록했다. 이러한 마이너스 실질 금리는 저축성예금으로부터 유동성이 더 높은 요구불예금으로, 요구불예금으로부터 주식매입으로 자금의 이동을 가속화했을 뿐만 아니라, 더 큰 규모의 지하 금융이 규제되지 않는 비공식적 통화 및 자본 시장으로 흘러가도록 유도하여, 거시경제에 대한 통제의 효과를 약화시켰다. 중국이 초기의 경험을 통해 깨달았듯이, 예금에 대한 마이너스 실질금리는 금융시스템 전체의 건전성을 약화시킬 수 있다.

시중의 과잉 유동성에 의한 자산가격 거품을 통제하는 것은 언제나 은행의 유동성과 은행 대출을 통제하는 것보다 훨씬 더 어렵지만, 그렇다고 불가능한 것은 결코 아니다. 이 문제를 해결하기 위해서는 중국인민은행, 중국은행감독관리위원회, 중국증권감독관리위원회, 국유자산감독관리위원회(SASAC), 재무부(MOF) 등 모든 관련 정부당국이 협력해야 한다. 재무부는 지방정부와 그 하부기관들이 주식매입을 위해 과도한 현금을 사용하는 것을 금지하는 조치를 도입할 수 있다. 정부는 정부기관 대부분에 대해 주식소유 금지조치까지도 도입할 수 있다. 국유자산감독관리위원회는 자신들이 관리하고 있는 기업들의 주식투기를 금지할 수 있을 것이다. 중국은행감독관리위원회와 중국증권감독관리위원회는 공동으로 주식매입 목적의 은행대출과 중개기관들의 증거금을 통한 신용대출을 제거하고 레버레지 주식투자를 감시하려는 노력을 하여야 한다. 중국인민은행은 예금금리를 올려야 한다. 이 조치로 거품을 멈출 수는 없겠지만, 어쨌든 다른 이유 때문에라도 그렇게 되어야 한다. 중국증권감독관리위원회는 우량기업의 상하이와 센젠 증시 상장을 서둘러야 하고, 가능한 한 빨리 국내 B-주와 A-주 시장을 통합해야 한다. 아울러, 주식거래세는 더 인상될 수 있고, 적격내국인 기관투자자(QDII)에 대한 상한액을 상향조정하며, 회사채 시장을 확대해야 한다.

도시의 부동산 가격 인플레이션

금세기 초부터 도시의 부동산 가격 인플레이션 또한 높은 수준을 유지해 왔지만, 거품의 위험에 대한 우려는 상대적으로 적었다. 도시의 부동산 가격 인플레이션의 정도에 대한 정보가 상충되기도 하지만,[2] 이 역시 부분적으로는 시중의 과잉 유동성에 기인한다. 규제되지 않는 외국 "핫 머니"의 유입은 국내 주식시장보다는 도시의 부동산시장에서 더 중요한 요인일 수 있다. 중국에서 현재의 부동산 가격 인플레이션은 다음의 이유 때문에 주식가격 인플레이션 보다 위험이 적고 통제가 더 용이한 것으로 여겨진다.

- 공식정보에 의하면, 평균 도시소득이 평균 도시주택가격보다 빠른 속도로 상승하여, 평균적인 "주택구입능력 지수"가 개선되었다.
- 여러 지방정부들은 계약금 요구수준을 상향조정 및/또는 2차 모기지 신청 전에 1차 모기지의 완납을 요구함으로써 투기적 주택구입을 줄이는데 성공했다.
- 도시주택의 공급탄력성이 아마도 국내 A-주의 공급탄력성보다 클 것이다.

게다가 도시의 부동산 가격 인플레이션이 주택보조를 화폐화하고, 대규모 민간 주택건설업과 모기지 금융업의 등장과 결합되어 있다. 국유기업들이 피고용자들에게 주택을 제공해야 할 전통적인 의무로부터 벗어남에 따라, 많은 도시들에서 호구제의 강제가 완화되어 노동 유동성을 제고하는데 도움이 되었다. 이와 같은 모든 것들은 중국 경제와 금융시스템을 위해 매우 긍정적인 발전이다. 중국이 이제까지 경험한 도시의 부동산 가격 인플레이션은 금융시스템 안정성에 대한 위협이 아니다. 그것은 중국의 도시주택 시장의 실질적인 자유화와 사유화를 위해 지불해야 할 작은 대가일 뿐이다.

❖ 경제 불균형과 금융시스템 개혁

국내측면

중국의 경제적, 사회적 불균형, 즉 투자 및 순수출에 과도하게 의존하는 GDP 성장, 사회 불평등의 증가, 환경악화 등이 매우 심각해졌으며, 추가적인 금융부문 개혁을 비롯한 모든 가능한 정책, 행정, 규제수단을 동원하여 해결할 필요성이 크다. 특히 제조업 부문의 과잉투자에 대한 하나의 이유는 예금금리의 상한이 현재의 소비자물가지수 인플레이션을 고려하면 마이너스 실질금리가 되도록 낮은 수준에 정해져 있기 때문이다. 낮은 예금금리는 기업부문의 과잉 유동성을 증가시키고 이자율구조 전체를 낮추는 역할을 한다. 음(−)의 실질 예금금리는 금융중개를 규제하는 금융시장에서 규제되지 않을 때로는 "지하" 금융시장으로 이동하게 만든다. 특히 중국에서 자본은 상대적으로 값싸고 예금금리는 매력적이지 못하기 때문에, 공식적인 금융시스템의 활용이 용이한 대기업으로서는 모든 활용 가능한 자금을 가능한 한 빨리 투자하는 것이 일반적이다.

최근 중국의 "과잉투자"를[3] 낳은 다른 요인들로는 다음과 같은 요인들이 포함된다. (1) 금세기 초 이후 기업들의 수익성이 급격히 개선되었지만, 국유 또는 비국유 기업들은 실질적으로 배당지급을 거의 하지 않았다. (2) 사유화 과정으로 인해 사유화된 기업들이 증가 (또는 이들이 소유하고 있는 기업들이 증가)하였고, 그 결과 가용투자자원이 증가했다. (3) 보통 국내 가격보다 더 높은 국제시장에 대한 접근이 용이해졌다. 수출가격이 국내가격보다 낮은 경우라 하더라도, 기업의 수익성은 규모의 경제 및/또는 지속적인 높은 생산성 증가로 인해 반드시 하락하는 것은 아니다. 이는 낮은 이자율, 높은 유동성, 높은 기업이익, 그리고 큰 생산성 증가 등의 결합이 어떻게 중국경제의 불균형을 확대시키는 일종의 제조업 투자 "플라이휠 효과"(flywheel effect)를 만들어 내는지를 설명해 준다. 따라서 불균형의 치유는 전체 이자율 구조를 상향조정하고, 규제되지 않는 금융시장을 억압하는 효과를 낼 수 있는 여타의 대책들에 일정정도 달려 있다. 더 빠른 평가절상 또한 국내 경제의 불균형을 치유하는 데 도움이 될 것이다.

단기자금시장 이자율과 정부채와 회사채 이자율은 기본적으로 시장의 주도에 따라 결정되고 있지만, 앞서 지적한 것처럼, 중국은 은행 예금금리의 상한과 은행 대출금리의 하한을 정해 (국가가 통제하는 은행시스템의 총 마진을 보호하기 위한 방책) 두고 있다. 전체 이자율체계의 자유화는 금융중개에서의 건전한 경쟁을 촉진할 것이며, 일반적인 시장경제에서와 마찬가지로 상대적으로 비효율적인 금융기관의 수익성에 악영향을 미치게 될 것이다. 시장개혁을 완성하고 경제적 불균형을 시정하기 위해, 중국은 금융시스템의 안정을 해치지 않는 범위 내에서 모든 예금금리와 대출금리를 가능한 한 빨리 자유화해야 한다.

국제적 측면: 중국의 딜레마

국내 금융자유화의 국제적 측면은 매우 중요하다. 현재의 상황에서 중국에게 가장 불필요한 것은 상대적으로 높은 국내 예금금리에 따른 추가적인 "핫 머니"의 유입이다. 이 위험을 줄이기 위해서는 국내 예금금리의 자유화가 환율관리의 "유연성"과 자본계정 개방의 확대와 결합되어야 한다. 중국이 과거보다는 훨씬 유연해 졌지만, 왜 중국이 최소한의 자본통제를 유지하고 환율관리를 지속하고자 하는지에 대한 합당한 이유들이 있다. 1971년 브레튼 우즈 시스템 붕괴 이후 미국의 경상적자에 의한 국제유동성 발생에 대한 내재적 제약이 없기 때문에, 지금의 국제금융 시스템은 감독 및 규제가 잘 이루어지지 않고 내재적으로 불안정하다. 어떠한 경우라도, 중국은 원하지 않는 투기성 자본유입 (또는 자본유출)과 기타 잠재적 불안정성을 지닌 국제 금융거래에로부터 자국의 경제를 보호하고자 할 것이다. 글로벌 경제를 괴롭히고 있는 심각한 국제경제 불균형의 관점에서, 현재의 미국 달러화에 기초하는 국제금융 시스템은 지속 가능하지 않을 수 있다.

금세기 초부터, 세계는 전례 없는 세계무역 불균형의 악화, 흑자 경제국 (중국 등)의 외환보유고 증가 (중국 등), 미국의 순외채 누적 등을 경험해 오고 있다. 여기서 미국은 브레튼 우즈 체제 붕괴 이후 국제통화 시스템의 관리자 역할을 수행해 왔다. 대부분의 외환보유고는 미국 달러로 표시된 금융수단들에 투자되었다. 미국은 세계 최대의 채무국이 되었다. 역사상 초유의 글로벌 경제 불균형은 지금의 국제통화체제에 대한 많은 우려를 낳았다. 최근 수년간 미국 달러화 가치의 하락은 기축 통화로서의 매력을 감소시켜, 대안적인 외환보유고 투자 및 저장 방법에 대한 필요성을 증가시켰다. 사실, 브레튼 우즈 체제의 붕괴 (즉, 미국이 달러의 금태환을 금지했을 때) 이후에 발전된 현재와 같은 국제통화 시스템의 근본적 기초에 대한 의문이 제기되고 있는 것이다.

국제통화체제의 관리인이자 최대의 수혜자인 미국이 달러가치 하락의 형태로 채권자에게 중대한 손실을 강요하지 않으면서 지속 불가능한 대외적자를 어떤 이유에서

건 줄일 수 없다면, 시스템 자체가 위험에 빠지게 될 것이다. 브레튼 우즈 체제 하에서라면 자기 조정과정이 훨씬 더 일찍 일어났을 것이므로, 대규모 글로벌 무역 불균형과 현재 상황의 특징이라 할 수 있는 과잉 유동성은 발생될 수 없었을 것이다. 브레튼 우즈 형태의 국제통화체제는 현재의 시스템에서 보다 훨씬 더 엄격한 국내 정책에 대한 규율을 요구하는데, 이러한 체제로의 복귀는 불가능할 것이므로, 중국 등 개발도상 대국이 불안정을 유발하지 않으면서 현 체제의 변동성으로부터 자국의 경제를 보호하기 위해서는 무엇을 할 수 있을까 하는 의문이 생기는 것이다. 국내 금융시스템이 향후 수년 내에 충분히 성숙되지 못할 경우, 중국은 딜레마에 빠지게 된다. 즉, 중국이 이 국제체제에 완전히 편입하여 그 규칙에 따라 행동하거나, 또는 최소한 일정정도의 자본통제를 유지하면서 환율에 영향력을 행사할 수 있을 것이다. 첫 번째 선택은 불안정성을 수입할 위험이 있고, 두 번째 선택은 불안정성을 조장할 위험이 있다.

혹자는 현재의 글로벌 경제 불균형에 대한 원인을 두고, 미국이 국내의 정책 조정을 통해 지속되고 있는 대규모 대외적자를 피하려는 의도가 없거나 그럴 수 있는 여력이 없기 때문이라고 주장한다. 또 다른 사람들의 주장에 따르면, 정확하게 말해서 현재의 국제금융체제의 약점 가운데 큰 부분은 중국과 같은 거대 흑자국들이 동일한 규칙을 따르지 않고 자국통화를 미국 달러에 연계시키고, 시장개입을 통해서 시장에 기초한 환율조정을 방해한다는 사실에 원인이 있다. 중국의 예가 보여주듯이, 그러한 시장개입은 그렇게 하지 않는 경우보다 글로벌 불균형이 더 크게 확대되도록 방치한다. 게다가, 명목 그리고 실질 평가절상을 늦추거나 억제하려는 중국의 노력은 국내 통화관리에 큰 문제를 일으켰다. 중국의 무역 및 경상수지 흑자는 절대수준 기준(2006년과 2007년)으로 세계 최대를 기록했고, 지금은 상대적 기준에서도 그러하기 때문에, 중국이 글로벌 불균형의 주요 원인 제공자라는 결론을 피하기 어렵다. 그렇지만, 중국은 "진퇴양난(catch-22)"에 빠져 있기 때문에 해결이 그렇게 단순하지는 않다. 내 견해로는, 중국의 환율이 평가절하되어 있고 빠른 절상이 이루어져야 한다고 하더라도 문제는 여전히 남는다. 현재의 국제적 규칙이 국제 금융 불안정의 원인이라면 (또는 될 수 있다면), 중국과 같은 나라가 그러한 규칙에 따를 것이라고 어떻게 기대할 수 있겠는가?

1971년 이래 발전되어 온 닻을 잃고 불안정한 체제를 대체할 수 있는 새로운 국제통화 협정이 필요하다는 결론도 피하기 어렵다. 국제적 합의로 1969년에 도입된 IMF 주도의 특별인출권(SDR) 제도는 모든 면에서 기념비적 중요성을 갖는 혁신적 시스템이었다. 특별인출권은 회원국의 공식적 준비금을 보충하도록 설계된 국제 준비금 자산이다. 이 혁신적인 제도는 IMF를 경제성장과 무역에 금융을 지원하기에 충분한 국제적 유동성을 보장할 책임을 지는 일종의 글로벌 중앙은행으로 전환시켰다. 그러나 특별인출권 체제는 브레튼 우즈 체제의 붕괴와 미국의 대외적자라는 형태로 나타난 대규모 국제유동성이 창조됨으로써 본질적으로 불필요한 것이 되었다. 글로벌 통화체제의 개혁에서 서구의 지도력이 부재한 상황에서, 중국을 비롯한 아시아는 성장을 뒷받침할 충분한 새로운 유동성으로 글로벌 경제균형을 보장할 새로운 체제의 개발에 앞장서야만 할지도 모른다.

이 장이 다루어야 할 주제의 대한 제약 때문에 매우 중요한 이 문제를 충분히 논의할 수는 없다. 국제통화체제의 미래가 불확실성에 싸여 있는 와중에 중국은 국내 금융시스템의 개혁을 완성해야 한다. 중국은 기축통화로서 미국 달러화의 장점에 대해 스스로의 판단을 내리고, 장기적으로 경제에 가장 이득이 되는 방식으로 그 어마어마한 외환보유고를 투자해야 한다. 이러한 판단에는 글로벌 안정과 발전이 고려되어야 할 것이다. 미국과 중국 간 쟁점들과 무역 불균형에 대한 전략적 경제대화가 중요하지만, 그렇다고 이것이 글로벌 경제 불균형의 지속 불가능성이라는 난제를 해결하기에 충분한 것은 아니다. 내 견해로는, 중국은 자신의 금융시스템을 외국인의 참여에 개방하고, 금융시장을 자유화하고, 환율관리의 유연성을 확대하고, 점진적으로 자본계정을 개방하는 일을 계속할 것이 분명하다. 그렇지만 중국은 현재의 국제금융체계의 모든 측면을 완전히 포용하는 데까지는 나아가려 하지 않을 수 있다. 그렇다고 이것이 현재의 국제금융시스템을 개선하려는 국제적 노력에 중국이 활발히 참여하는 것을 방해하지는 않을 것이다.

미주

1 예컨대, 2007년 중반 주식거래에 대한 인지세가 폐지되었고, QDII 해외투자 상한액이 상향 조정되었으며, 유통주의 공급확대를 위해 국유은행과 국유 에너지회사에 의한 대규모 국내 기업공개가 촉진되었다.

2 공식 데이터에 따르면, 도시주택 가격은 평균적으로 도시 가처분소득보다 느린 속도로 증가해 왔다. 이는 도시 가계의 "주택구입능력 지수"(affordability index)가 개선되었음을 의미하는 것으로, 중산층의 발전에 긍정적임을 함축한다. 그러나 많은 도시에서 주택가격이 가처분소득보다 빠르게 상승하여 주택가격 지불능력이 약화되었음을 보여주는 많은 일화적 증거들이 있다. 주택가격지불능력 지수의 하락은 안정적인 중산층의 발전과는 반대되는 것이다. 이 장에서 공식 데이터에 기초하여 논의를 진행할 것이다.

3 내가 과잉투자에 따옴표를 친 것은, 중국의 현 상황에서 우리는 유휴 생산능력에 대한 상대적으로 명확한 증거들을 목격하고 있기 때문이다. 이러한 증거들은 생산자들이 수출판매를 증가시키거나 수입을 대체하고, 그에 따라 2005년 이후의 순수출 확대를 더욱 증폭할 수 있는 여유가 있다는 사실에서 찾아질 수 있다.

Part 2

은행부문

5 | 중국의 은행산업: 개혁 · 개방과 조화를 이루며 전진하기

6 | 중국 금융의 전환과 새로운 도전들

7 | 상업은행 개혁

8 | 구조조정 후 중국의 상업은행: 노멘클라투라의 책임이 기업의 지배구조 개혁에 도움이 되는가?

9 | 중국 은행의 전망: 글로벌 은행들은 왜 중국에 투자하는가?

10 | 중국의 농업금융: 계획경제에서 시장경제로의 힘겨운 전환

11 | 소매금융: 성장기회를 잡기 위한 부 관리법 통달하기

12 | 성장하는 중국의 소매금융

5 | 중국의 은행산업: 개혁 · 개방과 조화를 이루며 전진하기

왕 쟈오싱
(중국 은행감독관리위원회 부주석)

금융은 근대 경제의 핵심이다. 중국의 장기적 근본정책은 개혁 · 개방 과정을 고수하는 것이고, 이는 중국 은행산업의 경쟁력을 높일 수 있는 경제발전 모델을 실현하는 데 필수적인 것이기도 하다. 이러한 근본 국가정책이 개시된 이후로 지금까지 은행산업은 경제성장과 사회발전 과정에서 매우 중요한 역할을 수행해 왔다. 중국정부의 은행개혁에 대한 강조는 최근 수많은 핵심 조치로 이어졌다. 이러한 조치들은 수년 동안 악화되어온 매우 문제가 많은 정책부문에서의 개혁으로부터 시작되었다. 국유은행들에 대한 개혁은 돌파구를 찾게 해 주었고, 농촌 금융에서는 단계적 개혁이 실시되었으며, 중소형 상업은행에서도 꾸준한 진보가 이루어져왔다. 세계무역기구(WTO)로 완전히 진입하기 위한 이행기가 종결됨에 따라, 중국의 은행산업 또한 새로운 수준에 도달했다. 이 산업은 효과적인 규제를 강화하고 개혁 · 개방을 고수함으로써 역사적인 전환을 이룰 수 있었던 것이다. 이제 중국의 은행산업은 새로운 기회와 동시에 전례 없는 도전에 직면해 있다.

❖ 중국 은행산업의 역사적 변화

2006년 말, 중국 은행 및 금융기관의 총 자산은 43.95조 위안이었다. 이것은 2003년

그림 5.1 | 자기자본비율 기준을 충족하는 은행 수와 자산의 비율 2003~06

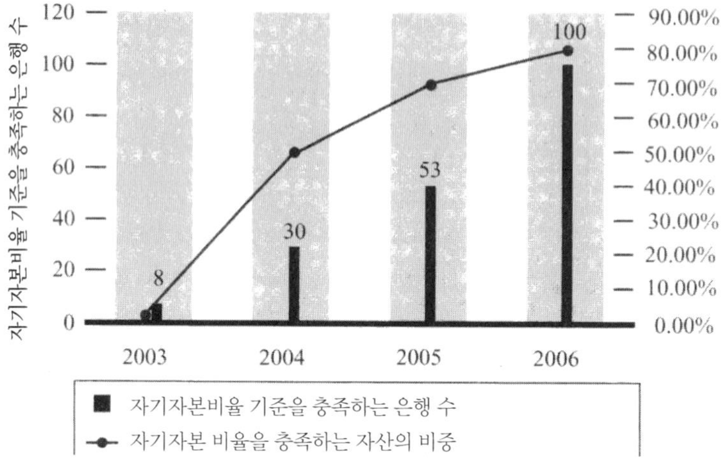

출처: CBRC

말 수준으로부터 거의 60%가 증가한 수치였다. 중국의 여러 은행과 금융기관에는 3개의 "정책"은행, 5개의 국유 또는 국영 거대 상업은행, 12개의 합자상업은행, 그리고 113개의 도시상업은행 등이 포함된다. 2006년 말까지 9개의 상업은행이 중국 내외의 증권시장에 상장되었다. 또한, 78개의 도시신용사, 19,348개의 농촌신용사, 13개의 농촌상업은행, 80개의 농촌협동조합은행, 4개의 금융자산관리회사, 1개의 체신저축은행, 54개의 신탁회사, 70개의 기업집단 금융회사, 6개의 금융리스회사, 1개의 현금관리회사, 7개의 자동차금융회사, 14개의 외국인투자법인 금융기관 등이 포함되었다. 따라서 이미 중국의 은행산업에는 20,000개에 가까운 등록 법인체 금융기관이 존재하고 있었다.

은행개혁의 진전

중국 은행산업은 계획경제 시기로부터 부상하는 과정에서 어려운 경로를 거쳐 왔다. 전체 은행산업은 수많은 국가정책 목표를 달성하는데 기여해 왔다. 오랜 기간에 걸쳐 국가경제의 진작, 국유기업 개혁에 대한 지원, 금융 및 사회적 안정 유지 등이 여기에 포함된다. 그러나 이와 함께 은행산업은 역사적 부담과 그 동안 누적되어 온 상당한 위험 또한 물려받았다. 오랫동안, 중국의 국유상업은행은 대규모의 부실채권, 낮은 수준의 자본금, 부실한 기업지배 관행과 부적절한 위험관리 등 복잡한 문제에 직면해 있었다. 이는 주로 사회 전체의 모순과 문제들을 반영하는 것이기는 했지만, 은행부문에서는 그 효과가 더욱 확대되었다. 은행산업 자체 내 조직상의 장애물이 문제를 악화시키기도 했다. 위험요소는 더욱 커져갔다. 이는 폭넓은 국제적 관심과 국제 언론의 주의를 끌었으며, 그 중 일부 기관은 중국의 상업은행이 "기술적으로 이미 파산"상태라고까지 말할 정도였다.

최근, 은행 시스템 내의 부실채권 누적을 처리하기 위해 막대한 자원이 투입되었다. 4개의 완전 국유상업은행의 자본금을 확충하기 위해 1998년에는 2700억 위안 규모의 특수국채를 발행하기도 했다. 1999년에 1조 3939억 위안의 부실채권이 특별히 설립된 금융 자산관리공사에 양도됨으로써, 4개 은행의 대차대조표에서 상각되었다. 그러나 은행산업의 메커니즘과 전체 시스템 모두가 아직 개혁되지 않았기 때문에, 과거의 부담이 완전히 덜어지지 않은 상태에서 새로운 위험이 계속적으로 부가되고 있다. 국유상업은행의 구조조정은 국가의 강력한 지원을 받으며 2003년에 공식적으로 시작되었다. 시스템 전체와 세부 뱅킹 메커니즘의 개혁이 시행되는 한편, 등록 자본금이 강화되었다.

2006년 말까지 중국 은행의 모든 위험 지수들은 역사적인 전환을 이루며 개선되고 있음을 보여 주었다. 2002년 20% 이상이던 부실채권의 비중은 2006년 7.5%로 떨어졌다고, 대차대조표 상 부실채권의 양도 지속적으로 감소해 왔다. 지급준비금 또는 적정자본기준도 크게 증가했다. 적정 지급준비금 기준(adequate reserve standard)을 준수하는 은행의 수는 2003년 말 8개에서 2006년 말 100개 은행으로 늘어났다. 은행산업 총 자산 중 이 지급준비금 기준을 충족하는 자산의 비중은 0.6%에서 77.4%로 증가했다. 수익성이 주목할 만한 증가를 보여, 2002년 364억 위안에 불과하던 세전이익이 2006년에는 2,409억 위안으로 늘어났다. 또한, 수익구조에서도 긍정적인 변화가 나타났다. 금융적 지속가능성이 크게 개선되었다.

5개의 대형 국유은행 중 4개 은행이 재무적 구조조정과 주식제 개혁 즉, "주식회사 전환"을 단행했다. 전략적 투자자를 유치하고 중국 내에 또는 해외에 상장되었다.

관련 4개 은행은 중국공상은행(ICBC), 중국은행(BOC), 중국건설은행(CCB), 교통은행(BoCom) 등이다. 운영 안정성과 수익성, 경쟁력이 개선됨에 따라 이들 은행들은 이미 국제무대에서 일정 정도의 영향을 미치는 대형은행이 되었다. 이 가운데 중국공상은행(3위), 중국은행(6위), 중국교통은행(7위) 등 3개의 은행은 2006년 말 시가총액 기준 세계 10대 은행에 포함되었다. 현대적 기업지배구조가 이들 은행 내부에서 제도화되고 있다. "고객을 기업의 핵심"으로 삼는다는 경영이념이 실행되고 있으며, 조직적 구조와 업무절차도 재구축되고 있다. 일부 은행들은 전사적(全社的)위험관리를 실시하고 있으며, 정보 시스템이 강화되고 위험관리능력도 개선되었다. 그리하여 이익창출 및 자기 축적 능력이 꾸준히 증가하고 있다. 어떤 은행들은 경영 효율성과 경영품질에 집중하면서 EVA(경제적 부가가치)와 RATOC(위험조정 자본이익) 등과 같은 성과지표들을 도입하기도 했다. 동시에 대형 상업은행들은 자기자본의 위험 민감도를 높이기 위해 내부평가시스템을 구축하기 시작했다. 이러한 개선들은 신바젤협약(New Basel Accord) 정신에 따라 국제적 기준을 충족하기 위한 것이다. 여기에는 개발자본 추정치의 모형화, 위험관리 수준 개선 및 금융 규준에 있어서 중국 은행들과 국제은행들 사이의 격차의 점진적인 축소 등이 포함된다.

같은 기간 중 농촌 금융 협동조합 시스템의 개혁이 여러 단계를 거치면서 이루어졌다. 새로운 재산권 형식과 조직형태가 형성되었고, 지방 및 중앙 정부의 지원으로 옛 유산인 금융적 부담을 극복하고 위험을 줄이는데 약진을 이루었다. "3농 문제"에 대한 지원과 현(縣) 수준의 경제개발 능력이 획기적으로 제고되었다. 은행산업 내 다른 유형의 금융조직도 이와 유사하게 재산권 시스템 및 내부 조직적 구조의 개혁에서 진전을 이루었다.

대외개방

모든 국가들에서 은행산업의 공통된 경험이 가르치는 바, 외국인의 참여에 대해 "개방"하는 일은 자국 내 실정에 따라 이루어져야 한다는 것이다. 국내 실정으로 고려되는 사항들은 규제능력, 은행개혁 현황, 국내경제의 발전단계 등이다. 중국 은행산업의 개방은 연안지역에서 내륙으로, 지방에서 전국으로, 외환 부문에서 국내통화사업

표 5.1 | 중국 내 외국인투자은행 기관

	2003	2004	2005	2006
개수	192	211	254	312
자산(1억 위안)	4159	5823	7155	9279
총은행자산 대비 비율	1.50%	1.84%	1.91%	2.11%

출처: CBRC 2006 연보

부문으로, 그리고 기업에서 개인으로 진행되었다. 이와 같은 순차적 과정은 중국 국내경제 및 은행산업에 대한 개혁과 보조를 맞추며 실행되었다. 또한, 이는 기본적으로 전체적인 중국의 대외 개방 과정과도 일관성을 유지하는 것이어서, 질서와 안정성이 유지되었던 것이다.

중국은, WTO 회원국으로서 5년간의 유예 기간 동안, 금융산업 진입, 위안화 고객, 그리고 지역발전과 관련된 요인들에 관한 WTO 약정 의무를 이행했다. 그러한 의무에는, 중국의 중부, 서부, 동북부 지역에서 외국은행의 영업을 허용하는 적극적인 조치를 채택한 것과 같이, 다층적이고 광범위한 "개방" 조치를 실행하는 것이 포함되었다. 중국은 "외국인투자은행 관리에 관한 규칙"을 공포하여, 모든 외국인투자은행에 대한 "부적절한" 제한을 철폐했다. 위안화 거래에 있어서 "내국인 대우"(citizenship status) 즉, 중국 법인과 동등한 처우를 제공함으로써, 위안화 거래가 외국인투자은행에 대해 완전히 개방되었다. 2006년 12월까지, 14개의 순수 외국인투자 또는 합작투자은행 기관들이 중국에서 법인으로 등록되었으며, 이들은 산하에 19개 지점 및/또는 자회사를 두고 있었다. 22개 국가 및 지역으로부터 투자된 74개 외국인투자은행들은 중국 내 25개 도시에 200개의 자회사와 79개 지점(중국 법인으로 등록된 것과는 다른)을 설립하였다. 42개 국가와 지역으로부터 투자된 186개의 외국인투자은행들은 중국 내 24개 도시에 242개의 대표 사무소를 설치했다. 이러한 외국인투자은행은 100가지가 넘는 유형의 은행업무를 취급했고, 115개의 외국인투자은행 기관은 위안화 거래에 대한 승인을 획득했다. 중국 내 외국인투자은행의 총 외국인 자본은 중국의 은행산업 전체의 약 2%에 해당하는 13억 3000만 달러(927.9 억 위안에 해당)에 이르게 되었다.

동시에, 외국기관의 투자를 유치하기 위해, 중국은행감독관리위원회는 신중히 중국 은행산업의 몇몇 금융기관들에 대한 평가와 허가를 시작했다. 이러한 선별 과정에서는 투자자의 기여가 갖는 전략적 특성, 중국 기관과의 협력이 여러 행정적 단계에서 얼마나 잘 달성될 수 있을 것인가 등이 강조되었다. 그 목적은 중국 은행들이 시스템과 지식을 얻을 수 있도록 하기 위한 하나의 방안으로서 중국에 대한 투자가 갖는 매력적인 이점을 활용하는 것이다. 2006년 말까지 총 21개의 중국 상업은행들이 총 190억 달러를 투자한 29개 외국인 기관투자자를 유치했다. 외국인투자 금융기관들의 중국 주식에 대한 투자는 중국 은행들의 자본상태를 강화하고 지나치게 획일적이던 은행의 소유구조를 바꾸어 놓았다. 또한 중요한 것은 은행부문의 지배구조를 발전시키고 중국 은행들이 현대적 국제 규준을 따르게 하는 경영기법과 경영이념을 촉진한 점이었다. 이러한 경험은 중국 은행산업에 있어서 전체적인 전략적 정책과 세부적 대책 모두가 이 산업의 개혁을 더욱 더 추진하도록 하는데 유효했다는 점을 입증했다. 이 양자는 모두 경쟁적 메커니즘—중국 은행들의 금융혁신에 기여한—을 가져왔고, 위험회피 방법을 발전시키고, 이 은행들의 경영능력을 강화했다.

외국금융기관에 대한 개방과 동시에, 중국은행감독관리위원회는 적극적으로 외국규제기관과의 협력관계를 구축했다. 이 과정은 우리 은행들의 기능을 개선하는데 여러 면에서 도움을 주었다. 즉, 자기자본비율, 기업지배구조, 내부통제, 경영 안정성 등이 향상되었다. 이러한 과정은 중국의 국내 금융기업들로 하여금 해외 영업능력을 갖추고 "해외로 진출"할 수 있는 여건을 조성하는데 도움이 되었다. 그러한 해외진출에는 해외 자회사 및 지점의 설립과 양 당사자의 성장을 위한 인수 · 합병 등이 해당될 것이다. 현재, 중국의 선도적인 상업은행들은 29개 국가와 지역에 주요 지점을 보유하고 두 개의 해외 금융기관과 인수 또는 합병을 마쳤다.

금융혁신

중국은행들은 현재 "고객을 핵심으로, 시장을 안내자로" 삼고 있다. 이러한 신조는 중국 금융기관들의 서비스의 질과 핵심 경쟁력을 개선하기 위한 기초가 되고 있다. 또한 이는 위험의 분산과 효과적으로 헷징을 이해하기 위한 열쇠이기도 하다. 이 원리들은 중국 은행들에게 지속 가능한 성장전략의 중요한 구성요소가 되었다.

최근 수년간, 중국은행감독관리위원회는 지침적 원칙에 따른 규제라는 규제원리를 채택하였다. 이에 따라, 금융상품에 대한 행정적 인허가 조건이 단순화 또는 폐지되었고, 혁신을 위한 은행환경이 개선되었으며, 금융혁신활동이 적극적으로 촉진되었다. 이 모든 것은 측정 가능한 비용, 통제 가능한 위험 수준, 그리고 대중에 대한 위험상황의 숨김없고 적절한 공개 등을 준수한다는 전제조건 하에서 이루어졌다. 위원회는 "상업은행 금융혁신 지침"을 발간했다. 이것은 상업은행의 후순위채, 파생금융상품 거래, 개인자산 관리, 전자 뱅킹, 그리고 자산의 증권화 등에 관한 규칙을 제정한 것이었다. 이는 또한 표준적 규칙에 부합하는 은행혁신활동을 고취하기 위한 규제 시스템을 마련한 것이기도 했다.

상업은행들은 최근 기업에 대한 현금관리 서비스를 시작했다. 다양한 만기구조를 갖고, 이자율, 환율, 주가지수 및 귀금속 가격과 결합되어 있는 상이한 통화로 표시되어 있는 개인 자산관리상품을 출시한 것이다. 또한 이들은 외환 선물, 스왑 및 옵션 등과 같은 외환파생상품 거래를 중재하기도 하고 자신의 계정에서 운용하기도 한다. 이들은 은행 중개업 협력(banking brokerage cooperation) 및 은행 보험 협력(banking insurance cooperation)은 물론이거니와, 모바일 뱅킹, 텔레뱅킹, 인터넷 뱅킹의 광범위한 확산을 촉진시켰다. 이 은행들은 또한 상품과 서비스 모두의 혁신능력을 매우 훌륭한 수준으로 개선했고, 수익과 고객기반 및 재무구조와 이익모델 등도 개선했다.

2006년 말 통계에 따르면, 거의 70개의 중국 및 외국인투자은행들이 중국 내 파생상품 거래에 대한 자격을 획득했다. 30개의 중국 및 외국인투자은행들은 위안화 업무와 외화자산관리를 개시했고, 이들이 운용하는 펀드의 가치는 4000억 위안에 달하였다. 2006년 7월에 1차 QDII(적격국내기관투자자) 상품이 거래소에 상장된 이후, 11개의 중국 은행들이 14가지의 QDII 상품을 출시했다. 2006년 말까지 전자 뱅킹 거래 규모는 2005년 대비 101% 증가한 122조 위안이었다. 이 가운데 텔레뱅킹이 52%, 모바일 뱅킹이 2.7배 증가한 반면, 인터넷 뱅킹 거래는 2005년 52조에서 2006년 94조 위안으로 증가했다. 신용카드 발급건수는 2005년 9.6억 건에서 2006년 11.7억 건으로 늘어나, 기본적으로 개인 1명당 1개의 신용카드를 소지한 셈이 되었다. 은행카드

소비는 2005년 총 소비재 소매업의 10%에서 2006년 17%로 증가했다. 몇몇 은행들은 증권화된 자산과 관련된 펀드관리회사 및 시범적 프로젝트 회사를 성공적으로 설립하기도 했다.

금융 서비스

은행의 성과를 평가하는데 있어서 발전된 지역에서의 정상적인 경쟁력 척도와 함께, 경제적으로 저발전된 지역 또는 금융 서비스가 부족한 지역에 대한 금융 서비스가 충분히 공급되었는가를 고려하는 것이 중요하다. 농촌지역에 대한 금융기관 서비스의 포괄범위가 작고 경쟁이 부족하다는 문제점을 해결하기 위해, 중국은행관리관독위원회는 농촌지역 금융기관에 대한 혁신을 강력하게 추진했다. 농업생산, 농민소득, 농촌의 경제성장 증대를 위해 중국은행감독관리위원회는 금융기관으로 하여금 "3농"(농민, 농촌, 농업)에 대한 서비스를 강화하도록 적극적으로 촉구해 왔다. 현재, 총여신에서 농촌신용사, 농업은행, 그리고 농업발전은행 등이 농업관련 부분에 대출한 여신의 비중이 이미 약 20%에 이르고 있다. 농가의 약 31.2%가 소규모 신용대출 및 농가대출을 받고 있다. 이러한 대출을 필요로 하고 대출요건 또한 충족하고 있는 농가는 전체 농가의 57.6%를 차지한다. 약 3억 명의 향과 진(towns and villages) 거주민이 이 혜택을 받고 있다.

농촌지역에는 촌락은행, 농촌상호금융, 그리고 대출전업사 등의 신형 농촌금융기구들이 설립되어 왔다. 체신저축은행망이 농촌지역으로 광범위하게 확대되면서, "3농 문제"에 대한 은행시스템의 지원이 크게 개선되었다. 이러한 새로운 금융적 지원역량은 "신사회주의 농촌"의 건설을 강화했다. 동시에, 농촌지역 거주민들의 현대 금융에 대한 지식 부족, 특히 금융위험에 대한 이해 부족이라는 문제에 대응해, 중국은행관리감독위원회는 촌락수준에까지 금융지식을 보급하기 위한 활동을 확대하고 있다. 이러한 활동을 통해 금융지식을 농민에게 전달하기 위한 모든 매체형식을 동원하여 위험에 대한 교육을 확대하고 있다.

개혁 · 개방 이후, 소기업들은 중국경제의 가장 활력이 넘치고 적극적인 부문이었다. 중국 경제성장의 중요한 동력인 이들은 신제품 개발, 생산구조 조정, 지역경제 부양, 고용문제 해결, 농촌 노동력의 이전 등 매우 중요한 역할을 수행했다. 그러나 현재 중국의 금융서비스 수준은, 이들이 지속적으로 성장함에 따라 늘어나는 금융적 지원에 대한 수요를 충족시키기 시작했다. 소기업에 대한 금융지원이라는 난제를 해결하기 위해, 중국은행감독관리위원회는 금융기관으로 하여금 소기업에 대한 서비스를 개선하고 중요한 서비스에 우선순위를 두도록 권유하고 있다. 이 위원회는 소기업에 대한 대출이 위험을 분산시키고 이익을 확대하며 전략을 조정할 기회를 제공하고 있다는 점을 인행들이 인식하도록 지도해 왔다.

국제 은행업의 잘 확립된 토대와 경험들을 완전히 활용하기 위해 은행감독관리위원회는 이러한 우선순위 변경과 관련된 6가지의 중요 은행업 메커니즘에 관한 일련의 문서를 발표했다. "소기업 은행 대출에 관한 안내 의견"이라는 연속물에는 은행산업이 위험에 기초한 가격결정, 독립적 회계, 효율적인 평가 및 승인수단, 적정한 제약, 전문적 직업훈련, 정보공개 의무사항 위반의 문제를 처리하는 방법 등을 확립하는데 은행들이 노력을 기울일 것을 촉구하고 있다. 수년간의 노고 끝에 은행산업에서 대부분의 금융기관은 기본적으로 소기업 대출의 여러 측면(인증, 평가와 승인, 회계, 실사, 감사, 책임 메커니즘 등)과 관련되어 있는 전체 시스템을 완성했다. 이러한 것들은 소기업 대출의 확대를 위한 은행업무 발전에 크게 기여했다.

은행규제

은행감독관리위원회는 그 출범부터 자신의 목적을 규정하는 특정 원칙들을 제출했다. "법인에 대한 규제, 위험규제, 내부통제 및 투명성 제고에 대한 규제" 들이 그것이었다. "4가지의 규제목표" 및 "6가지 최적규제 기준"과 함께, 현대의 국제적 규제 체제에 대한 새로운 규제 개념을 이들이 따라야 할 모델로 채택되었다. 새로운 위험관리 개념의 실행이라는 측면에서, 그리고 "여러 유형의 대출 사이의 적정성에 대한 차별적 적용—적정 지급준비금 제고—이자율 현실화—표준 요건을 충족하는 자기자본비율"이라는 일반적 사고에 따라, 은행관리감독위원회는 건전성 규제를 실행하여 위험을 은행산업을 다루는데 있어서 가장 중요한 고려사항으로 취급하기 시작했다.

은행감독관리위원회는 "은행규제와 감독에 관한 중화인민공화국 법률"을 규제

시스템에 대한 규칙과 규정 제정을 위한 핵심적 근거로 삼는다. 이 근거에 의해 위원회는 따라야 할 기준으로 총 220 건의 규칙과 문서를 제정했다. 이러한 규칙들은 영업범위, 위험관리, 내부통제, 자본관리에 대한 규정과 같은 다양한 측면을 포괄하고 있다. 위원회는 건전성 규제 법령 및 규칙을 위한 예비적 구조를 창출했다. 이러한 법령과 규칙들을 제정하는 과정에서 위원회는 투명성과 관련된 절차를 확립하는데 특별한 주의를 기울였다. 가장 중요한 규칙을 설정하기 전에, 위원회는 크게는 일반 대중과 은행산업에 대한 철저한 조사를 실시하여 의견을 수렴했다.

규제활동의 실행과 관련하여 은행감독관리위원회는 국제 자문위원회 설치를 매우 중요한 단계로 간주했다. 이는 은행규제에서 일어난 최근의 국제적 진보를 활용하고, 국제 규제기구들의 최선의 실천과 경험을 배우기 위한 것이었다. 여기에는 중국의 규제 시스템이 국제규준과 일치하도록 하고자 하는 의도가 담겨 있었다. 은행규제의 실제 실행을 감안하여 은행감독관리위원회는 "효과적인 은행규제 발전을 위한 중장기 계획"을 수립하여 실행했다. 동시에 바젤위원회를 참고하고 그것의 "효과적인 은행감독을 위한 핵심원칙"을 활용하여 은행감독관리위원회는 정기적인 자체평가 절차를 제도화했다. 수년간 성실히 노력한 결과 국제기준[바젤]과 은행감독관리위원회의 효력간의 거리는 크게 줄어들었다.

최근 수년간, 은행감독관리위원회는 규제 방식 및 수단을 과감히 개정하여, 금융기관들로 하여금 지배구조와 내부통제를 개선하도록 했고, 상업은행들이 자본관리 시스템을 구축하도록 했다. 자기자본비율, 위험평가방법 및 CAMELS 규제 등급은 물론이거니와, 은행산업의 표준적인 국제관행에 일치하는 5단계 대출등급 분류 시스템이 포괄적으로 도입되었다. [주: CAMELS = 자본(capital), 자산의 질(asset quality), 경영(management), 수익(earnings), 유동성(liquidity), 민감도(sensitivity). 이것은 8,000 + FDIC(연방예금보험공사) 보험에 가입된 은행들에 대한 민간의 내부적 은행 등급 분류 시스템으로, 운영상 위험과 전반적인 은행 등급 분류를 포함한다. 그 변형인 CAMEL은 8000 + NCUA(국가신용조합관리청) 보험에 가입된 신용조합들에 대한 민간의 내부적 신용조합 등급 시스템이다]

또한 은행감독관리위원회는 다른 한편으로는 대출 "편차도"(degree of deviation), 대출 "이동"(migration) 분석, 동질—동형 대출들 사이의 비교, 그리고 기타 과학적 규제법과 같은 조사방법들을 적극적으로 활용하여, 대규모 신용 및 그와 연관된 거래들에 대한 일련의 건전성 규제조치들을 실행해 왔다. 이는 완전한 정보공개와 시장제약의 개선과 관련된 지원을 제공하려는 것이었다. 이는 명령과 규칙 주도형 규제에서 지침원리에 지배되는 규제로의 이행을 추동해 가는데 일정 도움이 되었다. 이에 따라 관리 가능한 위험의 범위 내에서 규제체제의 완화와 혁신의 가속화가 독려되었다. 동시에 은행감독관리위원회는 점진적으로 스스로의 조직구조와 업무처리 시스템을 발전시켰다. 새로운 규제정보시스템을 개발했고, 특수한 위험환경에 초점을 맞춘 맞춤형 현장 실사를 실시했으며, 규제자원의 배치를 좀 더 과학적으로 했고, 은행규제의 효과성과 전문성을 눈에 띄게 강화하기도 했다.

산업간, 국가간 위험관리를 위해 은행감독관리위원회는 중국증권감독관리위원회(CSRC) 및 중국보험감독관리위원회(CIRC)와 금융규제 협력에 관한 협의서를 조인하고 협력해 왔다. 이들 세 기관의 주석들은 산업간 규제정책 조정을 촉진하는 "공동협회 시스템"에 선임되어, 이 세 기관들이 산업간, 시스템간 위험을 방지하는데 협력할 수 있도록 했다. 동시에 은행감독관리위원회는 미국, 영국, 캐나다, 독일, 한국, 싱가폴, 홍콩, 마카오, 프랑스, 오스트레일리아, 이태리 등 20여 개 국가 및 지역 규제기관들과의 협력 양해 각서에 서명했다. 이 각서를 통해 협력적 규제 및 의사소통 메커니즘이 구축되게 되었다.

❖ 새로운 도전들

수년간의 개혁과 대외개방으로 중국 은행산업은 현재 새로운 출발점에 놓이게 되었다. 은행산업과 규제 시스템 모두가 새로운 기회들과 동시에 커다란 도전들에 직면해 있다.

중국 은행시스템의 대외충격

중국의 대내외 금융상황은 현재 완전히 새로운 특성을 보여주고 있다. 국제적 측면에서는 최근 수년간 세계의 경제 및 금융이 변동성이 훨씬 커지고 복잡해졌다. 모든 글로벌 교역상품의 가격이 지속적으로 상승하고 있으며, 주요 환율의 변동성이 커졌고, 보호주의가 확산되고 있다. 위험이 글로벌 금융시장으로 이전되는 추세는 그 규모와 속도 면에서 크게 확대되었다. 2007년 여름에 분출된 미국의 서브프라임 모기지론 위기는 국제금융시장에 불규칙한 교란을 유발했다. 수많은 유명 금융기관들이 심각한 유동성 문제에 봉착했으며 서방 신용시장은 급격히 위축되고 지속적인 성장에 대한 전망은 불확실해졌다.

반면, 중국은 경제 및 금융 시스템의 대외개방을 지속해 왔다. 이와 동시에 대외위험요인이 중국 거시환경에 영향을 미칠 가능성도 확대되었다. 경제통합은 복합적 위험요인의 먹잇감이 되었다. 국내적 측면에서는, 중국의 GDP는 양(+)의 성장추세를 유지하였지만 무역불균형, 과도한 투자, 신용의 지나친 팽창, 자산가격의 급격한 상승과 같은 문제가 등장했다. 그러한 부조화 요소들은 불안정성을 유발하기 시작했다. 중국은 이자율 및 환율과 관련된 모든 거시경제 정책들—시장에 의한 환율 결정을 가속화하고 환율결정 메커니즘을 개선하는—을 통과시켰다. 이러한 문제들을 관리하는데 따르는 어려움들에 발맞춰, 해외 경제 및 금융 환경의 변화는 이제 위험을 관리하는데 있어서의 어려움들도 그만큼 증가했음을 의미한다.

따라서 위험관리에 관해서 금융산업이 해야 할 일이 점점 많아지고 있다. 은행 경영자들의 탄력적 대응력, 융통성, 압박에 대한 저항력에 대한 필요성이 커지고 있는 것이다.

추가적인 개혁

중국의 은행산업은 최근 돌파구를 마련하는 진전을 달성했지만, 해외의 시스템과 비교하면 아직 기업 지배구조, 전략적 포지셔닝, 금융혁신, 그리고 특히 위험관리 면에서 뒤쳐져 있다. 현대의 기업 지배구조가 아직 "형식과 정신 모두를 갖춘" 단계에까지는 이르지 못하고 있다. 내부통제와 위험관리 문화가 은행조직 전체에 걸쳐서 더욱 육성될 필요가 있다. 전략적 성장 포지셔닝이 보다 예리해질 필요가 있으며, 상품과 서비스에 대한 품질관리가 강화되어야 한다. 더욱이, 지나치게 획일적인 수입구조,

경영의 효율성, 금융혁신에 동반되는 위험에 대한 가격결정, 경영정보 시스템의 지원 능력 등 모든 영역에서 발전이 요구되고 있다. 마지막으로 은행산업에 종사하는 인적 자원의 질은 이 산업을 발전시키고 국제적 경쟁에 맞서기 위해 더욱 전문화될 필요가 있다.

위험관리

중국 은행산업의 대외개방은 새로운 단계 즉, 위험모수에 영향을 미치는 새로운 단계에 진입했다. 새로운 여건 하에서 외국인투자은행의 경영은 더욱 다양화되고, 위험 또한 더욱 복잡해졌다. 외국인투자를 유치한 은행들이 중국의 법인체가 되는 추세 속에서, 규제상의 어려움이 증가하고 있다. 첫째, 중국 내 외국인투자은행의 다양화는 규제 시스템 및 자원배분에 대한 수요를 증가시키고 있다. 많은 대형 외국인투자은행들은 현재 중국법인 은행과 지점들을 설치하는 동시에, 중국 은행들의 전략적 투자자가 되었다. 어떤 영역이 요구하는 금융서비스를 충분히 제공할 필요와 공정한 경쟁을 어떻게 조화시킬 것인가, 이해의 충돌을 어떻게 방지하며, 시장의 독점화는 어떻게 예방할 것인가 등과 같은 새로운 문제들에 대한 의문이 제기되고 있다. 둘째, 외국인투자은행의 경영과 관련된 위험의 복잡성이 증가함에 따라, 중국 규제기관의 규제능력에 대한 새로운 도전이 부과되고 있다. 현재 중국의 규제 시스템은, 관리 시스템이 그런 것처럼, 산업별로 분리되어 있다. 중국 내 대부분의 외국인투자은행들을 관할하는 대형 국제금융그룹들은 일반적으로 "통합관리체제"를 운영하고 있다. 중국 내에서 서로 다른 업무에 대한 허가를 획득하기 위해서는 서로 다른 규제기관에 신청할 수 있다. 어떻게 규제기관들 사이의 조화를 달성하면서도 "개방" 기조를 유지 · 확대할 것인가, 그리고 어떻게 어떤 영역에서의 규제 공백을 피할 수 있을 것인가가 중국당국이 당면하고 있는 문제들이다. 외국인투자은행들에 대한 통합적인 규제를 확립하고 공정한 경쟁 환경을 조성할 수 있는 방법들에 대해서는 더 많은 연구가 필요하다.

규제능력

금융혁신과 금융기관 합병이 산업, 시장, 국경을 가로질러 미치는 영향으로 인해, 은행

경영의 복잡성이 어마어마하게 증가하고 있다. 위험의 형식 또한 다양해지고 있다. 규제기관들은 아직 효과적으로 제도화 되어 있지 않으며, 복잡한 상품에 동반되는 위험을 다루는데도 과학적인 기초가 부족하다. 더 단순한 상품의 경우에도 우리의 규제기관들은 실무적 방법과 성숙된 규제경험이 부족하다. 우리 인력의 지식수준과 전문성이 시장의 변화를 따라잡을 수 없다면, 적시에 효과적인 규제책을 수립하기가 어렵게 될 것이다. 산업들 사이의, 그리고 국가들 사이의 위험에 대한 규제의 유효성 및 효과적인 통제는 크게 위태롭게 될 것이다.

국제적 금융규제에서의 새로운 발전은 또한 중국 규제 시스템의 개선을 시급히 요구하고 있다. 신바젤자본협정이 2004년 6월 공식적으로 공표되었다. 당시 그 내용은 적정 자기자본비율 규제의 새로운 기준이 되었다. 주요 신흥시장경제 국가들뿐만 아니라 10개국 그룹과 기타 선진국 금융시장들은 이미 신자기자본협정을 준수할 수 있는 정책적 틀을 발표했다. 이와 함께, 국제회계기준의 변화를 충족시키기 위해 중국은 국제기준에 부합하는 새로운 회계기준 시스템을 2007년에 실행하기 시작하였다.

중국의 규제 능력이 국제적 기준에 부합하고 중국의 은행산업이 갖는 독특한 특징들에도 적합한 준칙들을 기획하는 일은 이미 시작되긴 했지만, 그렇게 짧은 기간 동안에 완료한다는 것은 큰 도전이 아닐 수 없다.

❖ 더 나은 은행규제

이러한 도전들에 직면하여, 우리는 책임감을 가지고 과학적인 관점에서 접근해야 한다. 또한 우리는 금융부문의 개혁 · 개방 목표와도 부합되는 방식으로 은행산업의 개혁과 개방을 지속적으로 추진해야 한다. 중국 은행산업의 핵심 경쟁력과 전반적인 경쟁력을 높이기 위해서, 우리는 은행산업의 메커니즘과 상품은 물론 시스템의 긍정적 변화를 힘차게 추동해야 한다. 우리는 영업활동의 위험 및 거시적 환경에서 진행되고 있는 발전과 변화에 맞는 규제의 방법과 대책을 꾸준히 개선해야 한다. 우리는 또한 공정한 경쟁을 촉진하고, 예금자의 권리를 보호하며, 국제기준을 모델로 하고 있는 중국 법률에 따라 건전성 규제를 실시하여 은행 시스템의 안전한 운영을 도모해야 한다.

외부요인에 대한 모니터링

중국 금융이 최근 불균형 상태에 있는 글로벌 경제와 더욱 더 통합되어 가고 있고, 전반적인 유동성 과잉이 관측되고 있으며, 금융시장 변동성의 확대를 경험하고 있음을 중국의 은행산업은 충분히 인식해야 한다. 대외적 금융위험요인에 의한 충격이 과거에 비해 훨씬 더 직접적이다. 우리 중국은 현재 진행되고 있는 성장정책을 계속적으로 추구해야 하지만, 우리가 글로벌 시장에 참여하게 됨에 따라 많은 위험이 확대되고 있다는 점 또한 인식해야 한다. 이러한 위험에는 신용위험, 시장위험, 운영위험, 유동성위험 등이 포함된다. 우리는 이러한 위험들을 인식하고 다른 위험들과 차별화할 수 있는 능력, 위험을 모니터링하고 예측하며 억제할 수 있는 능력을 향상시켜야 한다. 우리가 빠르게 성장하고는 있지만, 외부위험을 점검하고 적절한 대책을 강구할 수 있는 길을 모색해야만 한다.

시스템, 메커니즘, 그리고 상품의 개발

은행산업은 중국의 국가적 특성과 조화를 이루는 현대적 기업지배구조의 틀을 마련하고 발전시킴으로써, 기업지배구조 개혁을 심화시켜야 한다. 더 나아가 내부통제를 확립하고, 영업 및 경영절차를 개발하며, 규제정책들에 부합하는 기업문화를 조성하여야 한다. 아울러, 중국 은행산업은 위험관리기술 및 대책을 발전시키고 위험관리능력을 배양해야 한다. 은행산업은 보수 및 처벌에 대한 새로운 시스템과 인력모집의 새로운 방법을 만들어야 한다. 과학적인 직원선발 시스템을 구축하고 최고의 질을 갖춘 금융산업 전문팀을 적극적으로 육성해야 한다. 은행업 금융기관들의 핵심적이고 종합적인 경쟁력 증진을 위한 혁신활동이 장려되어야 한다. 효과적인 규제를 전제조건으로 삼아, 금융기관으로 하여금 포괄적인 서비스를 개발하고, 산업간 조정을 효과적이게 하고, 교차상품 및 서비스를 제공하도록 해야 한다.

금융보안의 보장

제일 먼저 중요하게 고려할 것은 중국 은행들에 대한 개혁을 더욱 밀고 나가면서, 해외의 경쟁력 있는 은행들에 대한 “개방”을 계속하는 것이다. 중국에 대해 제기되는 질문은 국내 금융 시스템의 개혁을 진작시키는데 이 과정을 어떻게 활용할 것인가이다. 이러한 개혁과정을 통해 중국 은행들의 핵심 경쟁력을 증대시키는 일에 주안점이 두어져야 한다. 둘째, 어떻게 정부의 거시경제적 목표를 달성하고, 어떻게 은행산업에 대한 "개방"정책의 자기 지향성을 이용하여 조화로운 발전을 진전시킬 수 있을 것인가? 우리는 중국 지역들 사이의 개방도 불균형 문제를 해결하기 위해 대안적인 정책들을 더 연구하고 검토해야 한다. 또한 우리는 CEPA(Closer Economic Partnership Arrangement, 중국 중앙정부와 특별행정구 정부간의 '경제협력관계강화약정')에 따라 우대정책을 홍콩과 마카오 지역으로 확대하는 방안을 검토해야 한다.

이와 동시에, 우리는 국가간 규제협력 메커니즘을 완전히 활용하고, 보다 많은 국가 및 지역들과의 협력관계를 적극적으로 증대시켜야 한다. 문제점 또는 불길한 동향을 적시에 인지하기 위해, 우리는 외국인투자은행들의 본국에서 발생하는 경영 및 위험 현황을 철저하게 파악할 수 있어야 한다. 우리는 실시간 경보 메커니즘을 활용하여 규제대책을 적용할 수 있어야 한다. 신바젤자본협정이 점진적으로 시행됨에 따라, 다른 규제기관과의 소통과 교류를 강화시키고 금융적 안전을 유지할 수 있는 효과적인 국가간 규제체제를 구축하여, 우리 자신을 더욱 개선해 나가야 할 것이다.

우리는 WTO의 시장진입협상과 준칙제정 과정에 참여함으로써 중국 은행들이 국제시장에 진입할 수 있는 여건을 조성하기를 바라고 있다. 중국 상업은행들의 개혁과 구조조정이 강화됨에 따라, 자본 건전성, 기업지배구조, 경영기준, 정보공개 등이 점차적으로 국제기준에 부합되어가고 있다. 중국 금융규제기관들의 규제능력도 크게 향상되어, 미래에는 접근 또는 진입하고자 하는 대상 국가의 시장진입요건을 충족할 것이다. 우리가 WTO 규칙을 따르고 의무를 준수하면서, 협상에 적극적으로 참여하여 설정된 목표대로 회원국에 대한 자국시장 개방을 요구해야 한다. 이는 구조조정된 중국의 은행들로 하여금 해외 영업활동을 위한 요건을 충족할 수 있게 할 것이다.

효과적인 은행규제의 강화

중국의 은행산업 규제에 대한 기본원칙은 "법인규제, 위험규제, 내부통제규제, 투명성 제고"이다. 여기서 상업은행의 주요 위험과, 나아가 은행 시스템의 체계적 위험이 강조된다. 우리는 상업은행들이 적절한 위험관리 시스템과 엄격한 내부통제 메커니즘을 정립하도록 감독하고 권장하며, 정보공개에 대한 의무요건을 통과시켰다. 이와 동시에, 우리는 보다 체계적인 심도 있는 위험관리 대책을 마련하고 있으며, 외부평가 및 분석절차를 강화하고 있다. 또한 우리는 위험평가 능력과 내부 실사 능력을 향상시키고 있으며, 법적 강제 대책과 처벌을 강화하고 있다. 우리는 이제 위험 및 위기관리 시스템에 대한 종합적인 예측 방법들을 연구 · 개발하고, 관련 위험 정도와 범위에 부합되는 연속적인 위기관리 방법들을 강구하며, 시스템 위험과 예기치 못한 갑작스런 위험들에 대한 경계를 강화해야 한다. "효과적인 은행규제를 위한 핵심 원칙"과 기타 국제기준에 따라, 우리는 규제의 효율성과 투명성을 개선하고, 중국 은행규제의 전문성과 효과성 증진을 끊임없이 추구해야만 한다.

6 | 중국 금융의 전환과 새로운 도전들

스테펀 그린
(*HSBC 홀딩스 그룹 회장*)

중국경제 발전의 새로운 시대는 중국의 금융시장이 완전히 개방되면서 시작되었다. 이는 수십 년 간에 걸친 개혁의 정점이자, 새로운 기업가적 활동, 보다 효율적인 자본배분, 소비자의 금융 선택의 폭 확대를 촉진하게 할 국내외 금융기관들을 위한 발판을 제공하는 것이기도 하다.

이러한 개방의 영향은 은행부문 스스로가 가장 빨리 감지—외국은행들은 시장 접근성의 확대라는 이득을 얻었고, 국내 은행들은 새로운 기술, 경영기법, 협력관계, 자본 등을 활용할 수 있게 되었다—했지만, 그러한 편익은 금융기관들을 넘어 광범위하게 확대되었다. 더욱 현대적이며 경쟁력이 강화된 금융 시스템은 중국 국민들에게 확대되는 번영을 관리하기 위한 더 나은 도구를 제공했고, 중국 국유기업들은 더욱 시장 지향적이 되었으며, 중국의 중소기업들은 자본 접근성이 개선되는 혜택을 누리게 되었다. 또한 금융부문의 경쟁력 강화로 중국 경제는 충격에 대한 내성과 회복력이 더욱 강화되었다.

물론, 해결해야 할 일들도 아직 남아있다. 하지만 대다수 국유은행들이 부실채권 때문에 곤경에 처해 있고 위험평가 메커니즘이 매우 뒤져 있던 2000년대 초와 비교할 때, 중국의 금융 시스템은 놀라운 전환을 경험해 왔다.

중국의 규제당국이 문제를 인식하고 금융시스템을 강화하기 위한 효과적인 조치를 취했다는 것은, 중국은 물론 전 세계에게도 매우 중요한 의미를 지닌다. 실제로, 역사는 금융개혁이 폭넓은 시장개혁과 함께 추진되지 않으면 경제적 진보는 지연되거나 소멸될 수 있음을 입증해 왔다. 1990년대 말의 금융위기와 일본의 경제거품의 붕괴 등 아시아 내부의 주요 충격은 구조적 취약성 또는 불충분한 시장 지향성—직접적인 원인은 아닐지라도—으로 인해 악화되었다.

그렇다면 중국 금융 시스템 개혁이 글로벌 시장의 안정성을 보장하는데 결정적이라는 점은 의문의 여지가 없는 것 같다. 중국은 이미 세계 4위[2010년 말 현재는 세계 2위-역자]의 경제대국이며 3위[2010년 말 기준 1위-역자]의 교역국이며, 수십 년 내에 세계 최대의 경제대국이 될 잠재력을 지니고 있다. 건전하고 안정적인 중국경제를 유지하는 것은 글로벌 경제의 유지를 위해서도 매우 중요하다.

이 글에서는, 최근에 실행된 개혁을 분석하고 현재의 시장환경을 개관하며 미래의 추세를 생각해 보기로 한다.

❖ 개혁 30년

중국이 최근 30년 동안 계획경제에서 시장경제로 빠르게 이행하면서 경험한 도전의 규모와 깊이를 고려하면, 현재 진행 중인 중국 은행 시스템의 전환은 특히나 인상적인 성취라 할 수 있을 것이다.

중국 은행 시스템에서 변화의 시작은 대체로 덩샤오핑이 개시한 개혁 과정과 시기적으로 일치한다. 1949년 중화인민공화국의 건국에서 1970년대 말 덩샤오핑의 개혁까지, 중국의 모든 상업은행들은 중국인민은행(People' s Bank of China: PBC)에 의해 관리되었는데, 이는 재정 및 중앙은행 기능을 모두 포괄하는 것이었다.

은행 시스템에 대한 중국인민은행의 통제는 3개의 특수은행에 대한 통제를 통해 조율되었다. 농업부문에 대한 여신을 담당한 중국농업은행(Agricultural Bank of China: ABC), 사회기간설비에 대한 금융을 제공하는 중국건설은행(China Construction Bank:CCB), 환율, 해외 대출 및 신용장 등 외환을 관리하는 중국은행(Bank of China: BOC). 이들 3기관이 1979년 중국인민은행으로부터 독립되면서, 개혁 과정이 실질적으로 시작되었다.

중국의 "4대 대형"(Big Four) 상업은행 중 마지막 멤버인 중국공상은행은, 인민은행이 자신의 목표와 기능을 축소하는 방향으로 구조조정하면서 공식적인 중앙은행으로 확립된 1984년에 설립되었다. 동시에 중국공상은행은 인민은행의 상업은행기능을 인수하기 위해 설립되었다. (중국 금융부문의 빠른 변화와 그 변화의 규모를 가늠하게 하는 지표로, 인민은행은 구조조정 이후 23년 동안 세계에서 가장 영향력이 큰 중앙은행 중 하나가 되었고, 중국공산은행은 시가총액 기준으로 세계 최대의 은행이 되었다는 점을 주목할 필요가 있다)

하지만 이들 4대 대형 은행들에게는 정책은행으로서의 역할이 잔존했기 때문에, 이들을 진정한 상업은행으로 전환하는 것은 힘든 작업이었다. 이렇듯, 중국의 은행들은 대체로 국가차원의 전체적인 발전의 필요에 신용을 배분하는 접근법을 따랐다. 이것은 대부분의 대출이 계획당국과 지방정부가 우선적으로 추진하는 사업에 대한 자금지원에 이용되었다는 것을 의미했다. 정상적인 은행의 기준에 따른 신용위험 평가 메커니즘은 거의 존재하지 않았었다.

1980년대부터 1990년대 중반까지 발생한 중국 내 급속한 신용확대와 상업화라는 측면에서 볼 때, 개혁은 보다 시장 중심적인 은행 시스템으로 전환하려는 것이었다.

1990년대 중반 새로운 상업은행법이 제정되었고, 3개의 정책은행들—중국발전은행(China Development Bank: CDB), 농업발전은행(Agricultural Development Bank: ADB), 중국수출입은행(Export-Import Bank of China: China Exim Bank)—이 동시에 설립되어 중국 농업부문과 수출산업을 뒷받침하는 인프라 개발에 대한 금융을 담당했다. 이 결정으로 4대 대형 은행들이 정책금융으로부터 자유롭게 되어 상업은행 업무에 더욱 주력할 수 있게 되었다.

그 후, 중국의 신용평가 기법이 급속히 발전했다. 자산관리공사를 설립하고, 4대 대형 은행들의 국제시장 상장을 준비하면서 이 은행들에 자본을 투입함으로써 이들의 포트폴리오에서 부실채권 비율을 줄이고, 필요하다면 적극적으로 자본 재구성(recapitalization)을 단행했다.

이런 과정의 대부분은 2000년 이후에 이루어졌다. 언스트와 영(Earnst & Young)

의 추정에 따르면, 2003년에서 2005년 사이 약 6080억 위안(미국 달러로는 782억 달러)이 은행부문에 투입되었고, 4200억 위안의 부실채권이 '4대 대형 은행' 들의 장부에서 상각되었다. 또한 7960억 위안 규모의 부실채권이 신설된 자산관리공사에 매각되었다.

중국은 금융부문의 전환을 위한 지원책으로서 위험관리 시스템을 개선하는데 도움을 주기 위해 전략적 투자자를 유치했다. HSBC는 외국 은행으로서는 최초로 중국 국내은행에 투자했는데, 상하이은행의 지분 8%를 매입하기로 합의하여 이 과정에서 개척자가 되었다. HSBC가 17.5억 달러를 투자하여 중국에서 5번째로 큰 중국교통은행의 주식 19.9%를 매입한 2004년에 이르러 이 과정은 가속화되었다. 이는 당시 국내은행에 대한 단일투자로서는 최대의 외국인투자였다. 이후 30개 이상의 중국 본토 금융기관에 대한 전략적 외국인투자가 이루어졌다.

이러한 금융부문 개혁의 마지막 단계는 중국 은행들의 기업공개였다. 이는 경영에 대한 시장의 평가를 확대했고 은행들로 하여금 자기자본 포지션을 강화하도록 했다. 중국교통은행은 2005년 6월 홍콩에서 기업공개를 통해 190억 달러를 조달했고, 뒤이어 중국건설은행은 2005년 10월 92억 달러 규모로 홍콩시장에 상장되었다. 2006년 5월에는 92억 달러 규모의 중국은행 홍콩상장이 이루어졌다. 2006년 10월에는 상하이와 홍콩에서 191억 달러로 공상은행이 상장되었는데, 이는 중국 본토와 해외에 동시에 상장된 최초의 경우로, 당시 세계 최대 규모의 기업공개였다.

이 모든 노력의 결과로 현재 중국의 주요 은행들 대부분이 국제 기준을 충족하는 적정 자기자본비율을 유지하고 있다. 모든 주요 은행들—국유 상업은행들과 합자상업은행들—은 모기지, 소비자 금융 및 신용카드를 비롯해 매우 광범위한 상품을 적극적으로 개발하고 있다. 또한 현대적 경영기법과 경영구조에서 현저한 발전이 이루어져, 기업지배구조의 전반적 개선을 가져왔다.

❖ 진행되고 있는 추가적인 개혁

중국경제가 더욱 확대됨에 따라, 투자 및 소비자 금융 서비스의 지속적이고 견고한 성장이 기대되고 있다. 첫째로 중국은 점진적으로 금융 서비스 부문을 자유화하고 있다. 외국기업들은 2007년부터 WTO 체제 하에서 시장에 완전히 접근할 수 있게 되었다—HSBC는 새로운 영업환경을 현지에서 통합하고 활용한 첫 외국은행들 중 하나였다.

둘째로 중국정부는 투자주도적 성장에서 벗어나 개인소비 주도적 성장으로 전환한다는 목표를 가지고 있고, 따라서 소비자들은 신용카드, 선불카드, 아직 중국에서는 발전과정에 있는 모든 종류의 소매금융 서비스가 필요할 것이다. 마찬가지로 중국의 금융시장과 금융기관들이 발전함에 따라, 예금자는 연금, 보험, 자산관리 상품 등 장기금융상품의 이용을 원할 것이다.

이러한 전환은 중국 정책결정자들이 상정하고 있는 중요한 목표이다. 소비 진작을 위한 궁극적 해결책은 복지 시스템과 금융부문 모두를 더욱 발전시키는 것이다. 안전성이 확대되고 재무 설계가 개선되면서, 개인과 기업 모두 단순히 저축하기보다는 안락한 소비를 하고 있다. 즉, 이들은 생산적인 기업들을 더 잘 지원하는 방식으로 투자할 수 있는 것이다. 예를 들어, 연금기여는 중국 노년인구의 필요를 보다 효과적으로 충족시켜주는 적립식체계(funded system)로 변화되고 있다.

교육과 의료에 대한 정부지출의 증가는 소비자들의 미래 기대비용을 낮출 것이다. 이것들은 중국 가계들이 저축하는 핵심 이유이기 때문에, 그러한 발전은 머지않아 가계의 초과 저축률을 하락시키고 더 소비하도록 하는데 기여하게 될 것이다. 향후 은행의 고객들에게 더 나은 저축 수익성을 제공하는 소비자 은행상품과 다양한 종류의 저축 · 투자 상품이 개발되면, 소비는 더욱 증가할 것이다.

이러한 추세를 고려할 때, 금융기관들 사이의 경쟁이 점점 더 강화될 것이다. 이는 다시 소비자들에게 더 유리한 거래조건으로 이어질 것이고, 더 많은 금융상품과 일반적으로는 금융 시스템의 강화로 이어질 것이라고, 나는 확신한다.

그러나 중국이 현대적 은행 시스템으로 빠르게 옮겨가고 있기는 하지만, 아직 풀어야할 과제가 많이 남아 있다.

중국경제는 다른 국가에 비해 은행금융에 과도하게 의존하고 있다. 금융 시스템을 완전히 발전시키기 위해서는 모든 자본시장 상품 및 기법을 발전시킬 수 있는 추가적 조치들이 취해져야 한다. 선물, 환매약정, 옵션, 그리고 기타 헷지 수단 등을 도입하는 것은 위험관리에 있어서 매우 중요한 구성요소들이다—규제 프레임이 이들의 올바른 활용을 보증한다면. 또한 기관투자자들을 위한 기초를 다지는 것은 시장의 작동을 안정화하고 시장변동성을 축소하는데 중요한 역할을 하게 될 것이다.

오늘날에도 은행대출이 전체 금융에서 매우 큰 비중을 차지하고 있다. 중국정부는 이미 자금원을 다양화하고 자본배분의 효율성을 제고해야 할 필요성을 인식하고 있다. 이에 대한 대응으로, 중국 자본시장을 발전시키고 관련 기관들의 안정성을 제고하며, 가용 상품을 확대하는 수많은 획기적인 개혁조치들이 제시되어 왔다.

이들 가운데 눈에 띄는 조치들로는 증권회사들의 자본 재구성 및 결합, 국내 부채시장(빠르게 성장하고 있는)의 개발, 그리고 금리스왑과 외환선물과 같은 위험관리 수단들의 도입 등을 들 수 있다. 국내 증권시장의 추가적인 발전—중소기업을 위해 증권거래소 제안 등—과 중국 회사채 시장의 개방은 이러한 과정을 촉진할 것이다.

이미 채권, 외환 및 파생상품 시장의 거래총액이 증가하고 있고, 국가가 주요 상장기업들의 주식들을 처분하는 일을 신중하고 기민하게 관리함에 따라 증권시장은 안정되었다. 그럼에도 중국의 자본시장은 현재 아직 이행단계에 있으며 빠르게 성장하고 있는 경제에 걸맞는 규모의 금융시장을 조성하기 위한 추가적인 조치가 필요할 것이다.

이와 동시에, 이 이행기 중에도 금융의 가장 중요한 원천으로서 은행들이 여전히 중요하다는 점을 생각할 때, 중국 규제당국과 은행의 경영진들은 강력한 위험관리 문화—모든 수준의 지점 직원들 사이에서—의 중요성을 강조할 필요가 있다. 물론 그 핵심 요인에는 소비자 및 기업 여신에 대한 신용평가 기법에 대한 올바른 이해뿐만 아니라, 평판, 시장 및 포트폴리오 위험과 같은 기업지배구조 문제에 대한 폭넓은 인식도 포함된다. 개별적 신용을 엄격히 평가하는 것뿐만 아니라, 전체 신용 포트폴리오가 균형 잡히고 위험이 과도하게 집중되지 않도록 하는 것도 매우 중요하다. 중국의 부동산 부문과 기타 주요 산업의 활황이라는 오늘날의 여건에서, 이는 특히 중요하다.

현재 중국의 금융 시스템은 더 효율적인 민간기업보다 국유기업에게 더 많은 금융을 제공하고 있다. 하지만 중국의 심오한 경제개혁으로 인해 사유권의 범위가 크게 확대되었다. 현재 민간 부문은 중국 GDP의 절반 이상을 차지하고 있고, 수출에서 지배적인 부분을 담당하고 있다. 민간기업들이 대부분의 신규 일자리를 창출하고 있으며, 경제 전체의 생산성과 수익성을 높이고 있는 것이다.

중국의 은행개혁은 민간기업들에게 더 많은 자금을 배분하기 위한 은행들의 노력을 지원함으로써 중국 전체의 생산성을 높이고 있다. 게다가 이는 증권시장 개혁 또한 국유기업들의 성과를 개선하고, 민간기업들의 새로운 자금원에 대한 접근성을 향상시킬 것이다. 추가적인 금융 시스템 개방, 투명성의 확대, 그리고 더욱 공정한 경쟁의 장은 지배구조 개선, 주주의 감독 확대, 민간부문에서의 더욱 생산적인 신규 일자리의 창출 등을 촉진할 것이다.

이러한 이익들을 향유하기 위해서는 은행 직원들과 소비자 모두를 위한 위험 및 보상 동학이 금융 시스템에서 작동할 수 있는 방식을 면밀히 검토하는 것이 중요하다. 중국 은행들의 경우, 은행업무의 기술, 정보 시스템, 감사절차, 그리고 직원 평가 및 보상 기법을 강화할 필요가 있다. 전통적으로 대출 담당직원은 부실대출을 승인한 것에 대한 책임을 지는 경우가 거의 없었고, 국유기업들에 대한 대출의 경우는 특히 그러했다. 또한 소비자 금융이나 중소기업 대출 등 새로운 사업부에서 위험평가를 잘 하더라도 그에 대한 보상이 주어지는 경우는 거의 없었다. 소비자 입장에서 볼 때, 은행 포트폴리오 가운데 소비대출의 비중이 최근 급격히 상승하기 시작하긴 했지만, 과거에 대출이 국유기업들에 집중되었던 점은 중국의 소매금융이 은행예금을 제외하고는 발전하지 못하게 하는 결과를 가져왔다.

이와 유사하게, 매우 높은 수준의 가계저축은 금융 시스템의 현재 구조가 소비자에게 저수익-저위험의 은행예금 외에는 다른 투자 기회를 거의 제공하지 못하고 있음을 부분적으로 반영하는 것이다. 비록 부동산 가격 상승과 주식시장의 재등극이 최근 중국인들에게 추가적인 투자 대안으로 부상하긴 했지만, 투자선택의 폭이 상대적으로 협소하다는 사실은 증권 및 실물시장 과열에 대한 두려움을 조장했다. 중국 국민들에게 자신의 저축과 추가적으로 활용 가능한 투자처를 관리할 수 있는 길이 확대되게 되면 이러한 위험을 약화하는데 도움이 될 것이다.

2006년 중반에 처음 시작된 적격내국인기관투자자(Qualified Domestic

Institutional Investor: QDII) 제도는 이에 대한 긍정적 반응으로, 기관 및 소매 투자자들로 하여금 QDII로 승인된 기관을 통해 해외시장에 투자할 수 있도록 했다. 처음에는 QDII 부여가 정부채권 등 고정수입이 확보된 투자로만 제한되었다. 이러한 적격투자자 승인은, 증권시장의 활황과 위안화의 평가절상 기대에 직면하고 있던 중국 투자자들로부터 크게 환영받지는 못했다.

이 점을 인식하여, 중국정부는 2007년 7월 QDII 프로그램을 개선하기 위한 절차를 거쳐, 더 높은 수익을 달성할 수 있는 해외 증권투자를 포함하도록 제도의 폭을 확대했다. 중국 HSBC는 개정된 제도 하에서 QDII 상품을 제공한 최초의 외국은행이었다. 그 후, 중국 국민들이 점차 새로운 투자도구 및 위험분산 수단에 수용적인 태도를 보임에 따라, 투자자들은 새로 승인된 QDII를 선호하는 현상이 강해지는 것을 목격할 수 있었다.

소비대출, 모기지, 신용카드, 자동차 할부 등과 같은 개인 금융서비스는, 그 인기가 빠르게 증가하고 있음에도 불구하고, 아직은 발전의 초기 단계에 머물러 있다. 기업여신과 개인 금융서비스 사이에, 그리고 상업성 포트폴리오의 국유기업과 민간기업에 대한 여신들 사이에 균형을 달성하려는 이러한 전환에는 시간이 필요할 것이다. 대부분의 중국 은행들의 내부적인 신용평가 능력은 아직 발전 중에 있고, 잠재적 차입자들의 신용이력과 재무상황에 대한 외부정보 접근성이 제한되어 있다. 하지만 국가소비자신용국(national consumer credit bureau)이 크게 발전함에 따라, 상황이 급격히 변화할 것임이 틀림없다. 중국인민은행 신용점검 데이터베이스가 구축되고 여러 기관들이 이에 접근할 수 있게 되면서, 소비자 및 다른 기관의 신용이력에 점점 더 포괄적인 가이드를 제공하고 있는 것이다.

그러나 필요한 데이터의 수집과 공유에 대한 전국적인 기준이 아직 존재하지 않는다. 기업측면에서는 민간기업들의 재무상황 공개, 회계기준, 회계감사 등이 개선될 필요가 있다. 이러한 필요조건들은, 기업들이 증권시장에 보다 쉽게 접근하게 되고 정확한 정기적 재무보고에 대한 주주들의 압력이 축적되는 경우에만 충족될 수 있을 것이다. 정보의 가용성과 재무제표의 투명성이 갖고 있는 이러한 결함들이 소비자와 소기업에 대한 여신을 제한하고 있다.

WTO 가입협정에 따른 중국 금융부문의 개방은 이미 은행부문에서 치열한 경쟁을 가져왔고 상품의 범위를 확대시켰다. 이와 동시에, 법적 · 규제적 틀은 몇 가지 진행 중인 주목할 만한 발전—예금보험제도를 비롯한—을 이루었고, 이는 중국 은행들의 영업환경을 더욱 개선하고 뒷받침할 것이다. 금리와 환율제도에 대한 추가적인 개혁 또한 적절한 시기에 도입될 것임에는 의심의 여지가 별로 없다.

❖ 외국은행의 현지법인

2007년 중국은 외국은행들이 금융시장에 완전한 접근할 수 있도록 현지법인화를 허용함으로써 중국 은행부문의 전환을 위한 역사적 단계에 착수했다. 2007년 4월, HSBC는 현지법인을 설립한 최초의 4개 외국은행 중 하나가 되었고, 이후 5개의 다른 은행들이 그 뒤를 이었다. 이 기관들은 모든 외국 및 국내 은행들과 동등한 대우가 보장되고, 중국의 은행들과 동일한 법률과 요건 하에서 운영된다. 현지법인 은행들은 지역적 제약 없이 위안화 금융업무와 예금 서비스를 제공할 수 있다.

중국은행감독관리위원회에 따르면, 2006년에 이 9개의 금융기관들은 중국 내 총 외국은행지점들의 34%, 외국은행 보유 총 자산의 55%, 그리고 외국은행 이익의 58%를 차지하고 있었다. 이는 외국 금융기관들이 현지법인을 중국에서 대규모 사업을 구축하는데 핵심으로 보고 있음을 분명히 보여주는 것이다.

하지만 외국은행들이 중국에서 대규모로 영업하는 것을 어떻게 생각하고 있는지는, 중국 최대의 외국은행과 중국의 최대 은행을 나란히 비교할 때 잘 설명되듯, 상대적 관점에서 살펴보아야 한다. 즉, HSBC의 61개 점포망(2007년 12월 말 현재)은 공상은행의 20,000여 점포에 비해 매우 왜소한 것이다. 이러한 큰 격차를 놓고 볼 때, 국제금융기관들이 중국 시장에서 국내 금융기관들의 주도적 역할에 도전할 수는 없을 것으로 보인다.

그러므로 현지법인체로서 수익성이 높고 지속가능한 운영을 추구하는 외국은행들은 다양한 고객층보다는 틈새 영업 전략을 명확히 하고 실행해야만 할 것이다.

예를 들어, HSBC의 중국 본토 내에서의 전략은 다음의 두 갈래, 즉 중국교통은행과의 파트너십과 자체 영업망—이는 1865년 홍콩과 상하이에서 HSBC를 설립한 이래로 존재해 온 것으로, 중국에서 우리의 사업이 갖는 특별한 의미를 나타낸다—의 확대이다.

우리는 중국에 있는 글로벌 기업들과 글로벌 야심과 요건을 갖춘 중국 기업들에게 더 나은 금융상품과 서비스를 제공하기 위해 우리의 유기적 중국 네트워크를 구축해 나가는 한편, 소매부문의 자산관리에서 우리가 갖고 있는 강점에 초점을 맞추기로 했다. 우리는 비록 비교적 소규모로 남아 있을 것이지만, 외국은행들은 중국 전체의 경제발전에 가치를 더하게 될 유의한 전문성을 제공한다고 나는 믿고 있다.

지금까지 나는 중국의 주류 상업은행 부문의 개방에 대해 주로 논의했지만, 2007년 중국 농촌지역에서 은행업에 대한 새로운 규제가 발효되면서 국내외 은행들을 위한 두 번째 중요한 변경 지역 개척지가 열렸다는 점이 지적되어야 한다. 2006년 12월, 중국은행감독관리위원회는 농촌지역에 진입하고자 하는 은행들에 대한 진입 문턱을 획기적으로 낮추고 농촌지역 시장에 대한 접근 요건을 완화했다. 이러한 개혁은 금융 현대화의 혜택이 중국의 번잡한 도시를 넘어 농촌지역으로까지 확대되는 것을 기약한 것으로, 이을 통해 대다수 변방지역인 농촌에 질 높은 금융 서비스를 제공하고 지방의 발전을 지원하고자 한 것이다.

이러한 규칙들은 농촌 은행시스템의 현대화에 일조하기 위한 것들이다. 이는 또한 상대적으로 수가 적은 지방 은행점포라는 포괄범위의 문제와 농촌지역의 금융 서비스 및 경쟁부족이라는 문제를 동시에 해결하려는 취지를 갖고 있다.

여기에 추가하여, 이 새로운 정책은 국제은행들에게 아직 손닿지 않은 잠재력을 지닌 시장을 개방하는 것이다. 지금까지 국제은행들의 영업은 중국의 연안 대도시와 산업 중심지로 제한되어 왔지만, 국제은행들에게 중국 농촌지역이 지닌 매력은 명백하다. 지리적으로 분산되어 있으나, 지방 시장의 규모는 매우 크다. *2006 중국 통계연감*의 추정에 따르면, 2004년의 지방의 예금규모는 총 2조 위안을 초과했고 인구는 보수적으로 평가하더라도 6억이 넘는 것으로 추정되었다.

HSBC는 후베이성 수조우 쳉두 HSBC 지방은행 주식회사(HSBC 지방은행)를 2007년 12월에 설립함으로써 중국의 농촌시장에 진입한 최초의 국제은행이 되었다.

당사는 몇 년 내에 추가적인 지방은행 개설을 계획하고 있다. 이 시장의 규모와 잠재력을 고려할 때, 여타 국제은행들도 조만간 유사한 영업을 개시하여, 경쟁을 조성하고 농촌지역으로의 국제적 전문성을 더욱 보급하게 될 것이다.

❖ HSBC의 경험

당사의 경험은 중국정부가 은행부문에 대한 국제금융기관의 중요성을 완전히 인정했다는 것이다. 수년에 걸쳐, 우리 은행을 비롯한 외국은행들은 경쟁력 강화와 기술 및 경영의 전문성 도입을 통해 중국 은행산업의 모습을 변화시키는데 기여해 왔다.

2004년 시작된 중국교통은행과의 파트너십은 중국과 우리의 역사적 유대관계를 심화하고 강화하는 계기였고, 특히 소비자 금융에서 생산적인 협력관계를 갖도록 해주었다. 중국교통은행은 HSBC의 기술 및 경영지원을 받아 현재 4백만 건의 공동 브랜드 신용카드를 발급하였다.

이러한 관계는 선정된 상품에 대한 협력을 훨씬 뛰어 넘어 확대된 다면적 관계이다. 중국교통은행과 HSBC는 여러 직급의 임원 및 경영진 간의 정기적 회의를 통해 유지되는 협력의 틀을 가지고, 파트너로서 서로의 네트워크를 이용하도록 허용되었다. 이를 통해 고객 서비스 능력과 두 은행이 결합한 국내외 영업범위로부터 수익을 얻는 능력이 확대되었다.

HSBC와 중국교통은행의 결합은 아마도 중국 금융기관과 외국금융기관 사이의 최대이자 가장 포괄적인 파트너십일 것이다. 그러나 이는 중국과 국제 금융기관이 상호 유익한 시너지 효과의 개발을 모색했던 수많은 방식들 가운데 하나의 예에 지나지 않는다. 업무연계는 규모와 실행 면에서 매우 다양했다. 국제투자은행인 골드만삭스(Goldman Sachs)와 중국 최대 은행인 중국공상은행, 미국의 거대 은행인 아메리카은행(Bank of America)과 중국건설은행(CCB)과의 제휴, 그리고 오스트레일리아 ANZ사와 상하이 자치시 지방상업은행 사이의 제휴가 성립되었다.

그러므로 외국과 중국은행의 협력을 지원하는 중국모델은 모범경영의 고유, 신상품 개발, 고객 서비스의 개선 등 윈–윈(win-win)의 관계을 의미한다.

❖ 중국은행들을 위한 새로운 경계

2007년 중국 금융시장의 전면개방에 따라 세계 금융시장도 중국은행들에 상호적으로 개방하는 것을 목도하기 시작했다. 2005년까지 중국의 금융기관들은 자본을 확충하고, 기술 및 경영 시스템을 습득하기 위한 수단으로서 국제투자를 환영하는 추세였다. 현재는 국내외 기업공개를 통해 국내 은행부문의 자본확충이 크게 강화되자, 이들 중국 금융기관들은 이제 해외 금융기관들에 대한 전략적 투자를 찾아 밖으로 눈을 돌리고 있다. 국제금융기관들도 중국시장의 노출 기회를 잡고, 이들 중국 투자자들의 중국 현지 지식으로부터 이익을 얻기 위한 수단으로서, 중국 은행들로부터의 투자를 적극 수용하는 자세를 보이고 있다.

2007년 체결된 거래에는 중국 최대 기업과 세계에서 가장 긴 역사와 명성을 지닌 금융기관 일부가 포함되어 있다. 중국공상은행은 56억 달러 규모의 남아프리카 스탠다드 은행의 지분 20%를 매입했고, 중국발전은행은 영국 바클레이스사(Barclays)에 22억 파운드를 투자했다. 핑안보험(그룹)은 계약을 체결하면서, 18억 파운드 규모의 벨지안-더치 포티스 엔브이(Belgian-Dutch Fortis N.V.) 지분 4.2%에 대한 매입계획을 발표했다.

이러한 투자에 따른 해외부문 수익은 중국 은행에게 막대한 이윤을 가져다 줄 것이다. 또한 수익원이 다양화됨으로써 변동성 및 위험을 축소할 수 있게 될 것이다. 중국과 글로벌 금융시스템과의 연계성 확대는 다른 분야—중국에서 기회를 찾고자 하는 국제 기업들과 해외 투자를 모색하는 국내기업 모두들 사이에서—에서의 거래와 투자를 한층 더 확대시킬 것이고, 이는 지속적인 글로벌 성장과 경제발전을 보장하는데 일조하게 될 것이다.

❖ 은행과 환경

나는 중국 은행시스템을 강화함으로써, 그리고 개별 국가 및 글로벌 금융 시스템과의 연계가 증가함으로써 얻어지는 경제적 이익에 주목해 왔다. 이는 중국이 글로벌 무역, 경제, 정치에 더욱 깊숙이 참여하는 과정과 나란히 발생한 일이었다. 또한 중국은 글로벌 생태계에서 담당하고 있는 중요한 부분, 특히 자원관리와 기후변화 측면에서 세계가 공통적으로 직면하고 있는 도전들을 매우 잘 인식하고 있다.

중국에서 영업하고 있는 모든 은행들은 이 나라의 장기적 발전이 단순히 경제적 문제만은 아니며, 중국이 얻게 되는 막대한 이득의 지속 가능성을 보장하기 위해서는 환경보존과 사회적 발전에 최우선 순위를 두어야 한다는 점을 인식해야만 한다. 이것은 이타주의의 문제가 아니다. 은행들이 환경을 훼손하는 활동과 정책을 취한다면, 경제성장을 저해하고 주주와 고객의 지지를 상실한 기관으로 전락될 수 있음을 명심해야 한다.

그 결과, HSBC와 동종업계의 은행들은 중국 국내외 모두에서 점증적으로 지속가능한 은행업에 대한 정책을 취함으로써, 사업의 지속 가능성을 구축해가고 있다.

국제적 은행들은 환경 친화적이며 사회적으로 지속가능한 경제발전을 촉진하는 데 기여하는 수많은 내부 지침을 채택해 왔다. 예를 들어, HSBC는 글로벌 영업에 공통적으로 적용되는 엄격한 내부지침을 채택했고, 특히 삼림지 및 임산물, 담수 기반 시설, 화학제품, 에너지, 금속, 채굴 등과 같이 민감한 부문에 대한 여신을 규제하는 부문별 특수 지침을 적용하고 있다.

또한 HSBC는 금융기관과 고객들이 프로젝트 파이낸싱 활동의 사회적 · 환경적 영향을 해소하는 일을 돕기 위해 적도원칙(Equator Principles, 환경 파괴나 인권 침해국에 대한 대출을 제한하는 행동 원칙–역자)—모범경영에 기초한 자발적 공동 지침—을 조기에 채택했다. 국제금융공사(International Financial Corporation)의 실행 기준을 참조한 이 원칙은 1000만 달러이상의 프로젝트 파이낸싱에 대해서는 위험평가를 실시하도록 규정하고 있다.

우리는 프로젝트 파이낸싱 거래의 구조화에 대한 자문을 포함하여 모든 적용 대상 프로젝트 파이낸싱 제의가 이 원칙을 벗어나지 않도록 보장하고 있다. 적도원칙이나 우리의 내부적 부문별 지침—양자의 기준이 다를 때 더 높은 기준을 적용—을 충족하지 않거나 따를 수 없는 프로젝트에 대해서 우리는 직접적으로 대출을 제공하지 않을 것이다.

그 동안 적도원칙을 채택하는 글로벌 금융기관의 수가 크게 늘어났다. 국제금융공사에 따르면, 2003년에 적도원칙이 마련되었을 때 이 원칙을 적용하는 은행들은 신흥시장 프로젝트 파이낸싱 전체의 약 30%를 차지했다. 2007년 10월의 국제금융공사의 추정에 따르면, 이 원칙을 채택하는 은행이 전 세계 프로젝트 파이낸싱의 약 85%를 차지하여, 윤리적인 대출이 주변부에서 주 영업으로 이동하였음을 나타냈다.

적도원칙은 1000만 달러 이상의 프로젝트에만 적용되지만, 은행들은 중소기업들의 지속가능한 경영활동을 촉진할 수도 있다. 예를 들면, HSBC는 하나의 제도를 도입했는데, 이에 따라 홍콩이나 중국 본토에서 장치(equipment)를 사용하는 업체가 에너지와 자원의 소비를 줄이거나 폐기물 발생을 줄이는 장치에 투자할 경우, 그 기업들에게 유리한 금융조건을 제공하는 녹색장치금융지원제도(Green Equipment Financing scheme)에 신청할 자격을 부여한다. 이러한 제도는 녹색사업의 가능성을 은행부문이 인식하고 있음을 나타내는 것이고, 녹색사업의 발의가 수익성에 도움이 될 수 있음을 천명한 것이다.

이러한 정책에는 은행을 제약하는 부정적 조치—다량의 오염물질을 배출하고 에너지 효율성이 낮은 기업들에 대한 대출을 거부하는—가 포함되어 있긴 하지만, 은행들 또한 자신들의 핵심사업 내에서 긍정적인 조치를 취함으로써 환경에 기여할 수 있다. 우리는 저탄소 경제의 발전과 관련된 경제적 기회가 상당히 크다고 믿고 있다. 당사는 저탄소 경제와 관련된 기회—우리 금융그룹 고객들의 이익과 우리 그룹 자신의 사업을 위해—를 찾아내는데 도움이 될 우수기후변화센터(Climate Change Centre of Excellence)를 설립한 바 있다.

한편 2007년 9월에 우리는 기후변화라는 도전으로부터 수익을 얻고 있음을 가장 잘 보여주고 있다고 생각되는 핵심 기업들의 주식시장 성과를 추적하여 반영하는 기후변화지수(climate change indices)군(群)을 개발했다. 여기에는 오염물질 배출 감축과 관련된 산업과 기업, 기후변화의 효과에 대한 대응에 관심을 갖고 있거나 기후변화의 영향에 대한 적응에 집중하고 있는 산업 및 기업이 포함된다.

아울러, 은행들—사실상 모든 기업들—은 사업의 지속가능성을 보장하기 위해 노력할 수도 있다. HSBC—탄소 배출과는 무관해진 최초의 주요 은행—는 2007년에 재생 에너지 기술 도입, 수질오염과 폐기물 감축 프로그램 및 종업원 참여 등 일련의 발의를 통해 우리 은행이 환경에 미치는 영향을 줄이는 데 향후 5년간 추가적으로 9000만 달러를 투입하기로 약속했다. 우리의 경험에 의하면 이와 같은 발의는 환경에 유익할 뿐 아니라, 시간이 지날수록 점점 많은 비용을 절감하게 하여 지속적인 영업신장을 강화하기도 한다.

금융부문의 녹색 발의들이 대체로 사업상의 이익에 의해 추동되고 있지만, 정부는 교육 및 동기부여 메커니즘을 통해 지속가능한 은행업의 모범경영을 채택하도록 장려할 수 있을 것이다. 지속가능한 은행경영은 중국시장에서 특히 견인력을 얻고 있는데, 여기서 초점은 규제당국의 지도와 11차 5개년 계획의 목표로 설정된 것처럼 오염산업, 고에너지 및 고자원 소비산업에 대한 대출의 축소에 맞춰져 있다.

은행부문이 환경보호 및 발전에 핵심적 역할을 수행해야 한다는 중국의 인식은 여러 새로운 발의들에서도 찾아볼 수 있다. 여기에는 중국환경보호국(State Environmental Protection Administration)과 중국인민은행이 개발한 환경신용 데이터베이스(environmental credit database)가 해당되는데, 이는 중국에서 지속가능한 은행 경영활동을 확대하려는 것이다. 이와 비슷하게, 중국은행감독관리위원회 상하이 지부는 금융기관에게 기업의 사회적 책임에 대한 활동을 의무적으로 보고하게 하는 지침을 발표했다.

이러한 움직임은 중국의 조화롭고 과학적인 발전—에너지 및 자원 관리, 사회발전 및 환경의 지속가능성을 강조—에 대한 약속을 강화한 일과 부합한다. "과학적 발전관"이라는 개념이 중국 공산당의 당헌 속에 각인됨에 따라, 사회적 · 환경적 발전의 촉진은 정부와 중국 내에서 영업 중인 모든 기업에게 핵심적 고려사항이 된 것이다.

❖ 결론

1970년대 말 중국이 대외개방을 실시한 이래로 전반적인 경제와 금융 시스템 모두의 발전에서 커다란 진전을 이루었다. 성숙된 시장에서는 규제체계와 금융 시스템이 수세기에 걸쳐 진화—아직도 진행 중—했지만, 중국이 통제되는 경제에서 시장에 기반한 경제로 이행한 것은 그 규모와 범위에서 가히 혁명적인 것이었다.

금융산업의 거의 모든 하위부문에서 새로운 발전이 빠른 속도록 진행되고 있는 것처럼, 중국에는 아직 할 일이 많이 남아 있다. 하지만 중국경제가 지속적으로 성숙해 감에 따라 이러한 것들은 큰 도움이 될 것이다.

이러한 새로운 환경 속에서 외국 은행들은 지속적인 경제발전과 금융 시스템의 현대화를 이루게 하는데 점점 더 중요한 역할을 담당하게 될 것이다. 그러나 중국 내 외국 금융기관의 크기가 상대적으로 작은 상황에서, 중국 경제발전의 전반적인 성공은 대체로 국내은행들에 의해 주도될 것이다.

국내은행들은 이에 대한 충분한 능력이 있음을 입증해 왔다. 단지 수십 년 동안, 중국의 주요은행들은 세계적 금융기관으로 급속히 발전했고, 민첩하게 국제기준을 도입했다. 중국 금융기관의 개방은 이 과정에 기여한 바가 컸다. 우선 중국의 은행들은 전략적 주주들을 환영했고, 보다 최근에는 중국 은행들 자신이 해외 금융기관들의 전략적 주주가 되었다. 같은 기간 동안 중국의 규제당국은 중국을 폐쇄적인 국가주도 경제에서 세계의 무역과 금융시장에서 글로벌 영향력을 가진 나라로 이끌 수 있었다.

중국이 경제모델을 더욱 정교하게 만들고자 함에 따라, 앞에는 거대한 도전이 놓여 있을 것이다. 이는 환경적 · 사회적 발전과 지속적인 경제성장의 필요 사이에 균형을 맞추는데 있어서 특히 그러하다. 중국이 직면한 도전들은 진정으로 거대한 것이지만, 이는 리더십을 위한 기회들이기도 한다. 최근 수십 년 동안 금융 시스템을 변화시키면서 이룩한 주목할 만한 성공을 고려할 때, 중국인들과 세계 모두에게 이로운 지속가능한 경제를 꾸준히 발전시켜 나갈 수 있는 중국 국민과 정부의 능력에 대해 낙관할 수 있는 충분한 이유가 있다.

편집자 주, 2009년 1월:

HSBC 홀딩스그룹 회장인 스테펀 그린은 이 책의 출간을 위해 2007년 말 이 논문을 기고해 주었다. 이 원고가 제출된 후 수 개월 동안 세계 금융시장은 깊은 혼란에 빠졌고, 시장과 거시경제적 상황은 급속히 악화되었으며, 여기 언급된 몇몇 금융기관들은 더 이상 존재하지 않게 되었다.

그럼에도 이 글은 여전히 1978년 이후의 중국 금융개혁을 매우 잘 개관하고 있는 논문이다. HSBC는 중국에서의 사업에서 성장을 계속 이어가면서도, 이번 금융위기를 통해 충격을 견디는 힘을 갖추고 있다는 점을 지적하는 것도 유의할 것이다.

7 | 상업은행 개혁

왕 지안시[1]
전(前) 중앙 후이진 투자공사 부사장
중국투자공사 부회장, 수석 위험관리사

중국의 상업은행 개혁은 금세기 초 해외에서뿐만 아니라 중국 내에서도 대단한 관심의 대상이었다. 한편으로, 개혁은 국유은행에 대한 20여 년 동안 실행된 개혁의 연속이었지만, 기존의 은행개혁이 체계적으로 변했음을 나타내는 것이기도 했다. 새로운 개혁은 겨우 3년 만에 큰 진전을 보였다. 그리고 중국 금융기관들에게 매우 큰 영향을 미쳤다.

❖ 배경

초기의 중국 국유은행 개혁에 대한 검토

중앙계획경제 시기 동안 중국 금융시스템 전체의 운영은 중앙당국에 대부분 집중되어 있었다. 은행은 단지 정부와 기업을 위한 현금출납원이나 "거대 창구"(big teller)로 기능한 반면, 공공 금융당국이 금융자원을 배분하는 권한을 갖고 있었다.

국가경제의 다른 부문처럼, 은행은 1978년에 시작된 경제적 개혁과 "개방" 정책에 참여하기 시작했다. 은행부문 개혁 · 개방의 첫 단계는 문화혁명 중 해체되어 합병된 국유은행을 원 상태로 복원하고, 중국인민은행의 여신수신 기능은 새로 설립된 중국공상은행에 이관하는 것이었다. 1984년이 되어서는 특수업무를 담당하는 4개의 국유은행들이 인민은행의 권한과 규제에 종속되는 상황이 등장했다. 이 4개의 은행이란 중국공상은행(ICBC), 중국농업은행(ABC), 중국은행(BOC), 중국건설은행(CCB)이었다. 은행개혁의 전반적 방향은 시회주의 시장경제의 경로와 일치하는 것이었다. 한편으로, 현재 정부는 외국은행들이 제한적이나마 중국시장에 진입하는 것을 허용하고 지방정부, 국유기업, 그리고 민간 투자자들도 은행산업에 진입할 수 있게 함으로써, 점차 은행산업에 대한 진입제약을 완화했다. 다른 한편으로는, 이 4대 국유은행의 개혁이 계속되었다.

중국은 1995년에 상업은행법과 중국인민은행법을 공포했다. 법적으로 4대 은행은 자신 스스로 경영에 대한 책임을 져야하는 국유은행으로서, 스스로 사업위험을 감수하고 경영결과에 대해 스스로 책임을 진다고 규정되었다. 또한 이 법들은 4대 특수은행들의 영업범위에 대한 제한을 해제하여, 이들의 사업부문이 중복되게 하여 상호간 경쟁을 유도했다. 중국인민은행은 최종대부자이자 "은행의 은행"으로서의 책임을 떠안게 되었다. 또한 상업은행에 대한 규제를 강화했다. 이와 동시에 4대 국유은행으로부터 정책성 업무가 분리되고, 이를 담당할 새로운 3개의 "정책"은행이 설립되었다. 이 은행들은 정부정책 실행을 위한 재원조달을 담당한다. 현재 정책은행들과 상업은행들은 각각 독립적인 법인체로 분리되어 있다.

이러한 획기적인 개혁과정에서 시장화라는 의도는 명확했지만, 이 의도의 실행은 실망스러운 것이었다. 그 주된 이유 중 하나는 국유기업의 개혁 및 정부기능의 개혁이 은행개혁과 보조를 맞추지 못했기 때문이었다. 그 와중에서 중국인민은행이 상업은행에 대해 행사할 수 있는 규제는 실질적인 것이라기보다는 형식적인 것에 가까웠다. 국유상업은행들은 여전히 모든 수준의 정부기관이 우선적으로 추진하고자 하는 정책을 위한 보다 중요하며 편리한 도구 중 하나임과 동시에 경제적 통제의 기능도 수행하고 있었던 것이다.

1997년 아시아 금융위기가 터졌을 때, 중국의 은행들은 글로벌 은행시스템으로부터 상대적으로 고립되어 있었기 때문에 직접적인 타격은 피할 수 있었다. 하지만 4개의 대형 국유은행들의 자기자본비율은 지독히도 불충분했고, 부실채권비율마저도 극히 높은 수준이었다. 이들의 경영성과가 형편없어, 서구의 관찰자에게 "기술적으로 이들 4대 은행들은 이미 파산상태이다"라고 알려져 있을 정도였다.

1997년 아시아 금융위기로 은행시스템의 안정성을 보호하는 일이 시급한 과제가 되었다. 1998년 상업은행들의 막대한 잠재적 위험을 제거하기 위해 중앙정부는 국유은행들의 자기자본비율 개선에 필요한 자본을 지원하기 위해 2700억 위안의 특별 재정부 채권을 발행했다. 1999년에는 1.4조 위안에 달하는 부실채권이 4대 국유은행들의 장부에서 상각됐으며, 각각의 은행을 담당하는 4개의 자산관리공사가 설립되었다. 후아롱(Huarong), 창첸(Changcheng), 동팡(Dongfang), 씬다(Xinda)라 이름 붙여진 이들 자산관리공사는 국유은행들의 부실채권을 처리할 임무를 띠고 특별히 설립된 기관들이었다.

4대 은행들의 부실채권들은 이러한 개혁 이후 크게 감소했고 자기자본비율 등 여러 재무지표들이 다소 개선되었다. 하지만 이러한 개선된 여건은 오래가지 못했다. 장부상에 있던 부실채권들이 2002년 말에 복수를 하듯 되돌아 왔기 때문이다. 당시 중국은행감독관리위원회 주석이었던 리우 밍강(Liu Mingkang)은 2003년 10월 기자회견에서 국유은행들의 건전여신 대비 부실채권 비율이 24.11%라고 말했다.

완전히 국유인 이러한 은행들에서 부실채권이 발생한 원인은 매우 복잡했다. 분석에 따르면 이들 가운데 약 30%는 모든 수준의 정부들이 은행에 직접적인 행정적 명령을 내리고 간섭한 결과였다. 또 다른 30%는 국유기업 개혁의 결과였다. 약 10%는 지방정부 수준에서의 행정 및 정책 집행 때문이었다. 10%는 특정 기업의 폐쇄와 합병을 비롯한 정부의 제조업 구조조정이 원인이었다. 나머지 20%는 은행 자체의 경영문제였다. 이러한 분석은 전체 부실채권 가운데 80%가 다양한 이유로 인해 정부에 책임이 있음을 보여주는 것이었다 (2004년 국제금융포럼에서의 조우샤오추안 총재의 연설).

은행개혁의 처음 두 단계를 뒤돌아보면서, 우리는 중국이 선진국의 상업은행들이 경험한 성공을 자신의 개혁 모델로 삼고 있음에 주목해야 한다. 그러나 이러한 묘약들은 중국 국유은행에 대한 치료방법이 될 수 없었다. 왜냐하면 선진국들에는 완전히 다른 금융 생태적 요인들이 존재했기 때문이다. 중국의 초기개혁에서는 전체 핵심 시스템에 적용할 수 있는 혁신적 변화보다는 기술적 모델을 그대로의 답습하는데 치중했던 것이다. 중국의 저변에 깔린 시스템이 핵심이었다. 취해진 조치들은 단순히 증상을 치료하는 것이지 병 자체를 치료할 수는 없었기에, 개혁과정은 정체되었다.

필연적인 은행개혁

비록 이미 20년 동안 은행개혁이 실시되어 다양한 조치들이 일부 실질적인 효과를 보이고 있긴 하지만, 국유상업은행들의 근본적인 문제는 아직 해결되지 않았다. 이 시스템의 개혁과 관련하여, 중국정부는 이제 앞으로 나갈 수밖에 다른 방법이 없다.

첫째, 중국의 은행산업은 금융시스템 전체 자산의 약 70%를 차지하고 있지만, 4대 대형 국유은행은 여기에서 핵심적 지지대를 형성하고 있다. 개혁과정에서 4대 대형은행의 시장점유율이 다소 감소했지만 아직도 전체의 45~55%를 유지하고 있다. 이 비율은 중국에서 운영되고 있는 국내외 200여 개의 은행들 전체가 차지하는 비중이다. 이 4대 은행의 문제를 해결하지 않고서는, 체계적인 위험은 중국 금융부문을 항상 따라 다니는 다모클레스의 칼(신변위험–역자)이었다.

둘째, 자본시장은 12년의 성장을 통해 일정정도 진보해 왔지만, 자본배분 능력에서는 큰 진전이 없었다(표 7.1). 은행산업이 여전히 자본배분의 주요 통로이고, 4대 은행은 이 주요 통로의 절반을 차지하고 있다. 은행산업의 체계적 문제가 해결되지 않는다면, 전체 자원배분 시스템의 효율성을 향상시키기는 어려울 것이었다. 이는 역으로 중국의 발전 속도와 국가경제의 유연한 운영에 영향을 미치게 된다.

2003년 3월 14일, 새로 지명된 원자바오 총리는 국유상업은행 개혁에 가장 큰 주의를 기울일 것임을 명확히 했다. 싸우스차이나 모닝포스트(Shouth China Morning Post)지와의 인터뷰에서 그는 "이번 개혁은 강을 등지고 있어서 전진 말고는 물러설 여력이 없는 전투와 비슷하다. 우리가 그처럼 강도 높은 대책을 채택하는 이유는, 이 개혁은 실패해선 안 되는 것이기 때문이다."라고 말했다. 이후 원 총리는 다음과 같이 말하기도 했다.

표 7.1 | 국내 주식시장을 통한 자본조달 대(對) 연간대출잔액 증가, 1993~2006(단위: 억 위안)

연도	국내 주식을 통한 자본조달	연간 대출잔액 증가	%
1993	314.54	6,335.40	4.96
1994	138.05	7,216.62	1.91
1995	118.86	9,339.82	1.27
1996	341.52	10,683.33	3.20
1997	933.82	10,712.47	8.72
1998	803.57	11,490.94	6.99
1999	897.39	10,846.36	8.27
2000	1,541.02	13,346.61	11.55
2001	1,182.13	12,439.41	9.50
2002	779.75	18,979.20	4.11
2003	823.10	27,702.30	2.97
2004	862.67	19,201.60	4.49
2005	338.13	16,492.60	2.05
2006	2,463.70	30,594.90	8.05

주: 국내 주식에 대한 투자는 A-주 및 B-주 포함
출처: 중국인민은행, 국가통계국, 중국증권감독관리위원회

> 국유은행들의 재무상태와 성과에서 변화를 끌어내기 위해서는 정부의 정책적 지원이 필수적이다. 이러한 정책에는 자본투입과 (은행의 대차대조표에서) 부실채권을 제거하는 조치가 포함되어야 한다. 과거 5년 동안 은행자본을 보충하기 위해 우리는 2700억 위안의 특별 재정부 채권을 발행했다. 동시에 1.4조 위안의 부실채권을 분리해 냈다. 그러나 은행문제의 해결은 근본적 개혁에 달려있다. 현대적인 기업지배구조와 금융기업 시스템을 구축하는 것이 관건이다. 즉, 은행을 "주식회사로 전환"하고 주식보유제 시스템을 실시할 수 있는 기본여건을 조성해야 하는 것이다.

개혁의 새로운 국면에서 이전의 개혁을 통해 교훈과 경험을 얻을 수 있었다. 개혁의 주요 관심은 외부의 영업환경에서 은행의 내부 시스템으로 옮겨갔다. 국유은행들의 시스템을 혁신하는데 있어서 핵심은 현대적 기업시스템의 구축하는 것이었다. 여기에서는 소유권이 명확히 정의되고, 투자자의 기능이 제대로 작동하고, 은행들의 지분은 국가가 보유한다. 법인체로서 은행은 자사의 자산에 대한 완전히 통제권을 갖고,

운영과 경영에 대해 전적으로 책임을 지고, 경영결과를 감수하며, 투자자들의 투자를 보호하고 증대할 의무를 갖는다. 또한 법에 따라 시민으로서의 책임과 권리를 갖는 법인체가 되어야 했다. 이들은 적절한 의사결정의 기반이자 동기와 책임감을 고취하기 위한 필수 전제조건인 효과적인 기업 지배구조를 구축하여야 했다. 이것들은 또한 효과적인 감독을 실시하고, 위험관리 및 자산의 질 개선을 위한 필수 전제조건으로 간주되기도 했다. 은행의 주주들과 경영진 사이의 수탁관계(fiduciary relationship)가 적절히 처리됨으로써만이 기업의 지배구조는 개선될 수 있을 것이었다. 그래야만 이해관계자들의 간섭을 피하고 내부자에 의한 펀드 조작을 방지할 수 있을 것이었다.

신중한 연구와 논의를 거친 후, 국유상업은행들에 대한 개혁과 소유구조 조정을 3단계로 진행하기로 결정했다. 여기에는 외환보유고를 통한 자본 재조정도 포함되어 있었다. 첫 번째 단계는 대차대조표에서 부실채권을 제거하고 자본을 투입하는 등의 재무적 구조조정이었다. 시범 은행들은 바젤협약I이 규정하고 있는 자기자본비율과 부채비율 5% 이하를 달성하는 등 재무상태를 변화시켜야 했다. 이것은 두 번째 단계를 위한 필요조건들이었다. 이 과정은 "집안을 깨끗이 청소하고 손님을 맞이"하기 위한 준비로 받아들여졌다. 주식회사 전환과 전략적 투자자를 유치하는 단계인 두 번째 단계에서는 다양한 주주구성에 적합한 기업지배구조의 틀이 구축되었다. 여기에는 정기 주주총회, 이사회, 감사회 등과 함께 의사결정 과정의 제도화와 견제 및 균형 메커니즘이 포함되었다. 세 번째 단계는 자본시장에 은행을 상장하는 것이었다. 이를 통해, 일반 대중 및 감독기관의 감독과 은행 및 정부의 행태를 "표준화" 또는 "정규화"하는데 도움을 주는 미디어의 효과적인 감시를 활용할 수 있다. 이는 주주, 예금자, 은행 법인의 이해를 보장할 것이었다.

❖ 개혁과정에서 시행된 조치들

수많은 논쟁과 신중한 검토를 거쳐, 2003년 9월부터 최고 정부당국은 주식회사 전환 시범사업 대상으로 중국은행(BOC)과 중국건설은행(CCB)을 선정하고, 새로운 국유은행 개혁을 시작하기로 했다. 이 두 은행이 선정된 이유는 이들이 상대적으로 과거가 남긴 부담이 적었기 때문이었다. 완전하고 철저한 개혁을 보장하기 위해 중국 국무원은 2003년 10월 부총리 후앙 주(Huang Ju)가 이끄는 지도집단을 구성하고, 중국인민은행의 금융안정국(Financial Stability Bureau)에 그 총괄 사무소를 두었다. 중국인민은행 총재 조우 샤오찬이 총괄 사무소장직을 맡았다. 조우샤오찬 총재의 직접 지도체제 하에서 금융안정국은 금융부문의 "주식회사 전환 방안"을 기초했다. 이 계획안은 국무원에 제출되어 2003년 12월에 승인되었다.

이 두 시범은행의 진전 상황을 고려하여, 2005년 4월에 중국공상은행(ICBC)의 주식회사 전환 개혁이 시작되었다. 이 개혁은 "1은행, 1정책" 원칙에 따른 것으로, 각 은행은 자신의 특수한 환경 하에서 전진해 나아가야 한다는 의미였다.

개혁의 목표와 시기

"분명한 소유구조, 명확한 권리와 책임, 정부와 기업의 분리, 과학적 경영" 등을 포함한 현대적 기업시스템 개념에 따라 진행된 국유은행의 주식회사 전환 개혁의 전체 목표는 다음과 같았다.

> 현대적 금융기업 시스템 구축, 기업지배구조 확립, 영업활동 메커니즘 전환, 내부통제 강화, 지속가능한 성장 달성 등을 위해 재무 구조조정을 통한 내부적 개혁과 엄격한 외적 규제. 이를 통해 국유 상업은행들은 적정자본, 엄격한 내부통제, 안전한 운영, 우수한 서비스 및 성과를 유지하며 국제 경쟁력을 갖출 수 있을 것이다.

이러한 목표들과 동시에, 개혁은 이들 은행들에 대한 국가의 투자를 보호하고 그 가치의 증대를 보장하고자 했다.

개혁실행의 적절한 시기를 선택하는 문제와 관련하여, 중국은 우선 1990년대 은행부문의 체계적 위험을 경험한 적이 있는 일본으로부터 교훈을 배우려 했다. 중국경제가 빠르게 성정하고, 국가는 누적된 문제들을 처리할 수 있는 충분한 재정적 능력을 갖춘 시기를 적당한 시기로 삼았다. 둘째, 중국이 WTO에 가입하면서 서명한 약속들이 고려되었다. 2006년 말까지 외국인 투자가 중국의 국내 은행시장에 진입하는 것이 허용되게 되어 있었다. 국유은행이 직면한 위험을 낮추고 외국인투자은행과의 경쟁력을 높이기 위해서는, 이번 단계 개혁에서의 중심과제는 이때까지 완료되어야 했다. 은행의 재무 구조조정에서 상장까지 3단계를 완료하는데 3년이 소요될 것으로 추정되었다. 따라서 은행의 개혁절차는 2003년 말까지는 반드시 시작되어야만 했다.

중국 SAFE투자공사의 설립

지도집단은 이번 개혁 단계의 추진방식을 정하기 위해 성숙된 외국 은행업의 경험에 의존했다. 왜냐하면 소유권 체계, 기업지배구조, 은행규제 등이 고려되었기 때문이다. 모든 요인들에 가중치를 두고 적절히 고려한 후, 지도집단은 금융 국가자산관리공사 등 행정기구가 아닌 지주회사 모델을 채택했다. 2003년 12월 16일에는 중국 SAFE투자공사가 설립되었다. [SAFE는 중국인민은행의 국가외환관리국(State Admini-stration of Foreign Exchange)을 나타내며 현재로는 영문명이 선호되지만 중국 명칭은 중앙 후이진 투자공사이다] 이 조직은 국가를 대신하여 시범은행의 자본을 재조정하고, 국가를 대리하여 소유권을 행사하고 의무를 진다. 중국의 은행개혁에 이러한 방식이 선택된 것은 용기 있는 행동이었다. 첫째, 이는 국유 지분이라는 자본 공급자가 분명히 드러나거나 인식될 수 있어서 책임소재를 명확히 할 수 있기 때문에, 소유권의 기능이 실현되었음을 의미했다. 둘째, 이는 안정성과 자본수익에 대한 자본 공급자로서의 책임과 기능이 실현될 것임을 의미했다. 셋째, 이는 또한 지주회사 형식이 자본의 투자와 관리에 편리하고, 의사결정에서 상대적으로 유연하며 대부분의 시장경제 규칙과도 부합할 수 있음을 의미했다.

중국의 중앙 후이진 투자공사(이하 "후이진"으로 표기)는 중국 회사법에 따라 설립되고 국무원의 승인을 받은 유일한 국유 투자회사이다. 국가는 후이진이 중요 금융기관에 투자할 수 있도록 자본을 공급하고, 정부를 대신하여 권리를 행사하고 의무를 부담하도록 했다. 후이진의 지분투자 기능에 대한 권한은 국무원에 의해 승인되었지만, 다른 어떤 상업적 활동에도 관여하지 않았다.

후이진의 이사회는 9명으로 구성되었다. 고위 경영진으로부터 들어온 2명의 이사를 제외하면, 이들은 재정부, 중국인민은행, 국가외환관리국으로부터 온 사람들이었다. 감사회 또한 상기의 정부기관 출신 3명으로 구성되었다. 이사회는 중요 사안에 대해 투표를 통해 의사결정을 내리고 회사의 주요 정책결정에서 중요한 역할을 담당했다.

재무 구조조정

국유 상업은행에 대한 재무 구조조정은 주식소유구조의 개혁 및 이후의 전략적 투자자 유치를 위한 전제조건이었다. 그러한 구조조정에는 자산손실의 확충 및 상각, 부실채권 처분, 자본 재투입 등이 포함되었다. 이는 시범은행의 자기자본비율을 바젤I이 정한 8%로 유지하는 것을 목표로 한 것이었다. 은행의 대차대조표를 근본적으로 개선하고 개혁의 두 번째 단계를 위한 기초를 놓기 위해서는, 부실채권 비율을 크게 낮추어야만 했던 것이다. 중국은행과 중국건설은행은 부실채권 손실을 상쇄하기 위해 2003년의 이윤과 모든 자본준비금(capital reserve)을 충당금 계정으로 이전했다. 자산손실을 확증하고 상쇄한 후, 2003년 12월 30일 부실채권은 시장가격으로 평가되어 국가자산관리공사로 이관되었다. 자산손실의 확증과 부실채권 상각을 기초로 2003년 12월 30일, 국무원은 후이진의 중국은행과 중국건설은행에 대한 225억 달러 규모의 자본투입을 승인했다. 2005년 4월에 후이진은 150억 달러를 중국공상은행에 투입했고 재정부와 후이진은 각각 이 은행의 지분 50%씩을 보유하게 되었다. 재무구조조정 후 이들 은행들의 재무상태는 크게 개선되어, 주요 재무지표가 대형 국제상업은행들의 수준에 근접했다.

주식소유구조의 개혁

재무 구조조정을 마친 후 중국은행(BOC), 중국건설은행(CCB), 중국공상은행(ICBC)은 완전한 국가소유에서 지주회사로 탈바꿈했다. 중국은행는 2004년 8월 26일에, 중국건설은행은 2004년 9월 21일에, 이와 유사하게 중국공상은행은 2005년 10월28일에 각각 지주회사가 되었다. 이들 세 은행의 제1차 주주총회는 첫 번째 이사회와 감사회를 선출했다. 내규와 관련 세칙들은 법적 근거인 회사법과 기타 관련 법률 및 규제에 따라 통과되었다. 고위 경영진이 고용되었고, 표준적인 기업지배구조를 정립하기 위한 첫 단계가 실행된 것이다. 후이진은 6인의 상임이사를 중국은행과 중국건설은행의 이사회에 선임했다. 이 이사들은 재정부, 중국은행감독관리위원회(CBRC), 중국인민은행(PBC), 국가외환관리국, 그리고 기타 정부기관에서 선발되었다. 후이진은 후보자 명단을 지도집단의 승인을 얻기 위해 제출했다. 이 이사들은 국가 주주로서 후이진을 대표했다. 또한 이들 세 은행은 독립이사로 활동할 유명 전문가를 중국 안팎에서 초청하여 기업지배구조의 수준을 개선하고 국제무대에서의 위치를 다졌다.

주식회사 전환 과정에서 강조된 점은 기업지배구조를 확립하고 개선하는 것이었다. 이와 관련하여, 후이진이 완수한 주요 과제는 다음과 같다. 첫째, 시범은행에서 국유자산의 소유권을 명확히 하고, 국가 주주로서의 책임을 유효하게 만들었다. 지배주주로서 후이진은 자본공급자 역할을 수행하는데 있어서 국가를 대표했다. 법률이 규정하는 대로, 후이진은 시범은행들의 이사 및 감사를 선임하고, 기업지배구조에서 긍정적인 실질적 역할을 하기 시작했다. 이는 국유은행들에서 소유권의 대표가 분명하지 않다는 고질적인 문제를 해결함에 있어서 비교적 성공적이었다. 둘째, 모든 시범은행들은 현대적 기업지배구조에 관한 지침 및 현대 금융시스템이 요구하는 바에 따라 내규를 만들었다. 내규를 통해 주주총회, 이사회, 감사회, 그리고 고위 경영진의 세부적인 책임을 담은 현대적 기업지배구조의 틀이 정립되었다. 조화로운 경영체계를 갖춘 견제와 균형의 메커니즘이 점진적으로 확립되었으며, 소위원회를 갖는 이사회와 감사회가 중요한 역할을 담당하기 시작했다. 경영진은 은행의 운영개념을 바꾸고 주주 가치에 최고의 중요성을 부여하는 목표를 세우기 시작했다. 기업지배구조의 메커니즘이 효과를 발휘하기 시작했다. 후이진의 세 번째 과제는, 시범은행으로 하여금 내부 경영 시스템을 개선하고 개혁하도록 독려하는 것이었다. 이는 경영 메커니즘을 변화시키고, 내부 통제와 위험관리를 강화하며, 책임체계을 실현하고, 효과적인 동기부여 및 책임 메커니즘을 구축하기 위한 것이었다.

전략적 투자자의 유치

국무원이 시범은행들의 주식회사 전환에 관한 전체 계획을 수립했을 때, 투자자의 다양화를 이 과정의 핵심으로 삼았다. 이것은 국내외 전략적 투자자를 유치하고, 기존의 단일한 소유구조의 변화를 의미했다. 전략적 투자자, 특히 외국 투자자의 유치는 국유은행들의 소유구조 개선에 유익했다. 특히 이는 정부기관의 행정적 간섭을 거부하는데 도움이 되었으며, 국유은행과 여러 정부기관들 사이의 “혈연”관계를 단절하고자한 것이었다. 이와 함께, 해외로부터 선진적인 경영 전문성을 받아들이고 계속적인 시스템 개혁과 혁신을 통해 시범은행들은 혜택을 누렸다. 마지막으로, 이는 은행들의 자금조달과 증시 상장에 기여함으로써, 개혁의 비용을 줄이고 기업지배구조의 수준을 신속히 개선하는 데 실질적으로 중요한 일이었다.

재무 구조조정과 주식회사 전환을 완료한 후 이들 세 은행은 적극적으로 전략적 투자자 유치작업을 개시했다. 규제당국의 지침을 준수하고 각각의 은행들이 처한 사업현황에 의거하여, 이들은 잠재적 투자자들을 면밀히 조사하기 시작했다. 2005년 6월과 7월, 후이진과 중국건설은행(CCB)은 아메리카은행(Bank of America)과 싱가폴의 테마섹 홀딩스(Temasek Holdings)와 전략적 계약을 체결했다. 아메리카은행은 기업공개 전에 H-주 9%를 매입하기 위해 25억 달러를 투입했고, 테마섹은 후이진으로부터 이 은행의 지분 약 5.1%를 매입했다. 2005년 8월에는 스코틀랜드 로얄은행(Royal Bank of Scotland)이 30.48억 달러를 들여 중국은행(BOC)의 시가총액 중 9.61%를 매입했고, 테마섹은 15.24억 달러를 들여 4.8%를 매입했다. 아울러, 중국은행(BOC)은 스위스의 UBS와 아시아개발은행을 전략적 투자자로 유치했다. 2006년 4월, 골드만삭스(Goldman Sachs), 독일의 알리안츠(Allianz), 아메리칸 익스프레스(American Express)는 컨소시엄을 구성하고 30억 달러를 출연하여 중국공상은행(ICBC)의 지분 10%를 매입했다.

기업공개(IPO)

2005년 10월 27일에 중국건설은행(CCB)이 홍콩 증권거래소에 상장되었다. 초과배정 옵션(over-allotment option)이 행사된 끝에, 발행된 주식의 수는 305억 주가 되어 전체 주식의 13.6%를 차지했다. 이렇게 발행된 주식을 통해 조달된 자금은 약 92억 달러에 달했다.

중국건설은행이 성공적으로 상장된 후, 2006년 6월 1일에는 중국은행(BOC)도 홍콩에 상장되었다. 초과배정 옵션이 행사된 후 이 은행은 총 294억 주를 발행하여 약 112억 달러의 자본을 조달했는데, 이는 전체 주식자본(share capital)의 11.9%를 차지하는 규모였다. 중국은행은 1개월 후 재차 상하이 증권거래소 A-주 시장에서 주당 3.08위안으로 총 65억 주의 주식을 발행하여, 총 195억 위안의 자본을 조달했다.

2006년 10월 27일에는 중국공상은행(ICBC)의 A-주와 H-주가 각각 홍콩과 상하이 증시에서 동시 상장되었다. 초과배정 옵션을 고려하지 않았을 때, A-주와 H-주가 각각 130억 주와 353.9억 주 발행되었다. 주당 가격은 H-주 3.07 홍콩달러, A-주 3.12 위안이었다. 환율로 조정하면 두 주식의 가격은 동일했다. 주가순자산비율(price to book value)은 2.23배로 대형 국유상업은행 중 최고였다. 중국공상은행은 A-주와 H-주 동시 상장으로 중국 내부와 외부에서 총 220억 달러의 자본을 조달했다. 이는 세계적으로 역대 최대의 기업공개였다.

2007년 9월 25일, 중국건설은행(CCB)은 A-주 시장에 복귀하여 상하이 증시에도 상장되었다. 이번에는 주당 6.45 위안의 가격으로 90억 주의 A-주가 새로 발행되어, 이 은행은 580.5억 위안을 공개모집할 수 있었다. 이들 세 은행들은 모두 두 시장에서의 A-주와 H-주를 상장하여, 시가총액 기준으로 세계 10대 은행에 속하게 되었다.

❖ 2003년 이후 국유상업은행들의 포괄적 개혁의 완수

국유상업은행들의 주식소유구조 개혁 작업을 진행한 국무원의 지도집단의 지도하에서, 개혁은 중요한 진전을 이루었다.

기업공개는 성공적이고, 시장이 은행의 가치를 입증하다

2005년 10월부터 2006년 10월까지 1년간 이루어진 중국건설은행(CCB), 중국은행(BOC), 그리고 중국공상은행(ICBC)의 상장은 대성공이었다. 자금조달의 규모, 청약경쟁률, 발행가격, 그리고 기타 여러 부분에서 수많은 신기록들이 갱신되었다. 이 기업공개들은 세계적인 관심을 불러일으켰고 중국 내외의 투자자들로부터 대단한 찬사를 받았다. 중국공상은행의 공개모집은 세계최대의 금융주 공개모집이자 기업공개였다. 이는 자본시장의 수많은 신기록을 수립했다. 중국은행과 중국건설은행의 공개모집 또한 세계에서 각각 두 번째와 세 번째로 큰 규모의 공개모집으로 기록되었다. 이들 세 은행들 모두의 공모가 결정은 세계 최고 수준을 보였다. 즉, 주가순자산비율(price to book value) 배수는 각각 1.93(CCB), 2.18(BOC), 2.23(ICBC)이었는데, 홍콩시장에서 비교 가능한 은행들의 수준과 일류 국제은행들의 수준을 넘어서는 것이었다. 주가수익비율(price to equity) 또한 선도적인 국제금융기관들의 평균수준을 초과했다. 상장 후 이들 세 은행들의 주가는 모두 양호한 수준을 유지할 수 있었다. 한 예로 중국건설은행의 H-주는 이미 최초의 주가 2.35 홍콩달러에서 지금은 7.44 홍콩달러로 상승했다(2007년 11월 16일 종가). 더욱이 이 주식들은 홍콩시장의 항셍지수와 중국 MSCI 산정에 구성부분으로 편입되었다. 현재는 중국공상은행의 시가총액이 시티그룹 수준을 초과하고 있고 시가총액 기준으로 세계 최대 은행이 되었다. 국유상업은행들의 주식회사 전환은 중국 내외의 시장에서 모두 성공적이었음이 증명된 것이다.

금융지표의 개선

구조개혁 이후 이들 세 은행들의 자기자본비율, 자산의 질, 수익성 면에서 확실한 발전이 이루어졌다. 2007년 6월말까지 주요 금융지표는 우량한 국제은행들의 수준에 근접했다. 금융여건들이 강한 지속가능성을 보여주고 있는 것이다. 자기자본비율은 훨씬 더 높아졌다. 2007년 6월 30일까지 중국은행, 중국건설은행, 중국공상은행의 자기자본비율은 각각 13.9%, 11.34%, 13.67%였다. 자산의 질도 크게 향상되었다. 이들 세 은행들의 부실채권비율은 각각 3.72%, 2.95%, 3.29%였다. 이들의 수익성은 2007년 전반기 세전 이윤이 각각 509.32억, 505.42억, 586.03억 위안으로 크게 향상되었다.

기업지배구조의 변화

중국 국유상업은행들의 주식회사 전환은 국유금융자산 통제와 소유형태에 관한 낡은 시스템을 무너뜨릴 수 있었다. 후이진 모델은 국가 자산을 누가 소유하고 있는가라는 문제와 관련하여 "아무도 아니다"라는 오랜 이슈를 해결했다. 시범은행들의 지배주주로서 후이진은 국가 주주의 역할을 수행하는데 있어서 국가를 대표했다.

주식회사 전환 이후, 이 세 은행은 주주총회, 이사회, 감사회, 운영진 등 현대적 기업지배구조를 정립했다. 주주들, 의사결정 기구, 감독기관, 경영에서 견제와 균형 메커니즘이 효과를 발휘하기 시작했다. 이 기업들의 기업지배구조 메커니즘이 적절한 역할을 수행하기 시작한 것이다. 지난 3년 동안 후이진은 세 은행들에 대해 기업지배구조 시스템의 전체 골격을 완성하기 위해 정관, 절차상 규칙, 기타 지배구조와 관련된 성문 규정들을 개정하도록 독촉했다. 또는 이사회, 감사회, 그리고 부속 소위원회 등의 기능과 구조를 조정하고 개선되도록 했다. 이에 따라 주주, 이사회, 감사회, 고위 경영진의 권리, 책임, 의무가 점차 명확해졌고, 새로운 견제와 균형 메커니즘을 갖춘 의사결정, 집행, 감독기제가 자리를 잡아가고 있다. 따라서 은행 내부자의 손에 이 모든 기능이 집중되어 있던 과거의 개념적 틀이 깨졌다. 주주가치를 최고의 가치고 삼는 경영목표가 도입된 것이다.

전략적 투자 유치와 자본시장 상장은 새로운 자본이 주입되게 했을 뿐만 아니라, 은행들에 효과적인 외부감독과 규제 메커니즘을 도입하도록 했다. 이러한 것들은 관리와 경영의 전환을 더욱 촉진하는데 기여했다. 시장법칙에 대한 존중, 정보공개의 개선, 투명성 증대, 여러 국제은행들의 기준에 준하는 경영 규준의 개선, 지배구조의 개선, 핵심 경쟁력의 강화 등 이 모든 것은 주주 가치의 극대화를 위한 것이었다.

전략적 투자자를 유치하고, 기업지배구조를 개선하며, 운영 및 경영 규준을 제고함으로써, 이 세 은행은 기업의 지배구조, 내부통제, 재무관리, 자산-부채 관리, 위험관리, 인적자원관리 등의 영역에서의 기술뿐만 아니라 현대적 경영경험을 강조했다.

국유주식 가치의 유지와 증가

설립 후 후이진은 국무원이 부여한 역할에 따라, 그리고 핵심 국유금융기관들의 지배주주로서의 기능을 수행함에 있어서, 국유상업은행들의 주식회사 전환을 완수하기 위해 최선을 다했다. 전략적 투자의 유치와 은행들의 상장과 같은 사안에서 중요한 역할을 수행했다. 동시에 후이진은 일관되게 은행들의 성과를 강조했고, 정부의 주식가치를 유지하고 증가시켰다. 이는 곧 개혁의 전반적인 목표를 실현한 것이었다.

후이진이 세 은행의 자본 재조정을 완료한 후, 이 투자는 높은 수익을 냈다. 후이진은 배당과 주식매각을 통해 이미 1,122.42억 위안의 수입을 실현했다 (자세한 내용은 표 7.2, 7.3, 7.4를 볼 것).

후이진이 세 은행에 투입한 총 자본은 600억 달러에 달했다. 당시의 환율로 계산하면, 이는 약 4,962억 위안이었다. 2007년 6월 말까지, 전략적 투자자에 대한 주식매각과 배당으로 후이진은 이미 초기 투자의 22.6%를 회수했으며, 세 은행에 남아 있는

표 7.2 | 세 은행들의 배당과 주식 매각을 통한 후이진의 수입, 2004~07 (단위: 억 위안)

은행명	2004	2005	2006	2007 (전반기)	총배당금	주식매각에 의한 순수입	총수입
CCB	27.93	52.98	146.14	221.93	448.98	47.21	496.19
BOC	142.00	141.12	68.53	–	351.65	21.39	373.04
ICBC	–	17.69	152.85	–	170.54	82.65	253.19
합계	169.93	211.79	367.52	221.93	971.17	151.25	1,122.42

주: CCB: 중국건설은행, BOC: 중국은행, ICBC: 중국공상은행; CCB의 후이진에 대한 배당에는 중국지안윈투자공사(후이진이 지분 100%를 보유하는 자회사)에 대한 배당도 포함되어 있다.

출처: 후이진 통계

표 7.3 | 2007년 6월 말 기준 후이진이 보유한 세 은행의 순자산 가치 (단위: 억 위안)

은행명	순자산 (2007년 6월말까지)	보유주식 비율	후이진 이자
CCB	3,257.38	61.48%	2,002.64
BOC	4,254.65	67.49%	2,871.46
ICBC	5,027.22	35.3%	1,774.61
합계	12,539.25	6,648.71	

출처: 후이진 통계

표 7.4 | 후이진 보유 3대 은행 주식의 시장가치, 2007년 10월 31일 현재(단위: 억 위안)

은행명	후이진 보유 주식수(백만 주)	시장 종가 2007년 10월 31일 기준	RMB 대비 홍콩 달러화의 당시 환율	후이진의 은행주식 시장가치(RMB 백만 위안)
CCB	1,588.42	8.81	0.96375	13,486.73
BOC	1,713.25	7.14	–	12,232.61
ICBC	1,180.01	8.74	–	10,313.47
합계				36,032.81

출처: 후이진통계

보유자산의 순가치도 6,648.71억 위안에 달했다. 주식의 순자산 자치와 배당소득을 합하면 후이진의 초기 자본투자액 600억 달러의 가치는 56.6% 증가했다. 2007년 10월 31일, 후이진이 보유한 세 은행의 주식의 시장가치는 3.603281조 위안으로 증가했다. 이 세 수입원, 즉 현재의 주식가치, 배당, 주식매각을 합하면, 후이진의 투자액은 6.5배 증가했다.

중국 국유상업은행 시스템에 대한 이러한 개혁이 역사적인 돌파구를 마련한 것이었지만, 은행들은 아직 경기침체라는 시험을 통과한 것은 아니다. 더구나 최고 수준의 현대적 국제은행들과 중국 국영상업은행 간의 격차는 상당히 크다. 따라서 중국 은행산업의 개혁은 미래에도 오랫동안 연장될 것임을 명심해야 한다.

미주

1 본 논문에 도움을 준 중앙 후이진 투자공사 건설은행부 부부장 거롱롱(Ge Rongrong)에게 감사를 전한다.

8 구조조정 후 중국의 상업은행: 노멘클라투라의 책임이 기업의 지배구조 개혁에 도움이 되는가?

니콜라스 캘시나 호슨
미시간대학교 법학전문대학원 조교수[1]

중국공상은행(2003)

근자에 이르러, 많은 사람들이 [주주의 권리를] 보장하기만 하면 모든 문제가 해결되고, 그렇게만 된다면 우리 은행 또한 성공할 것이라 지극히 기계적으로 생각하고 있다. 하지만 현실에서는 주주의 권리를 보장하는 개혁과 함께, 우리 은행 내부의 지배구조도 강화되어야 한다…주식시장에 상장이 되기만 하면, 만사형통일 것이라는 것은 사실이 아니다.

— 공상은행장 지앙 지안칭 인터뷰에서
(*Ling Huawei and Zhao Xiaojian 2003: 74*)

중국은행감독관리위원회(2004)

…개혁이 중점을 두어야 하는 지점은, 은행[중국건설은행과 중국은행]의 경영 체제와 시스템의 혁신, 기업지배구조의 개선, 운영 메커니즘의 혁신 및 그에 따른 수익창출 능력의 갱신 등이다.

— 중국은행 및 중국건설은행의 지배구조 개혁과 감독에 관한 지침
(중국은행감독관리위원회 *2004:* 제2조)

중국교통은행장 지앙 챠오 리앙(2006)

현대적 기업지배 시스템을 완벽히 구축하기 위해서 우리는 4가지 측면을 고려해야 한다: 과거 10년으로부터의 교훈; 현대적 기업지배구조의 정신이라 할 수 있는

주주의 권리 보장; 주주의 다양화; 지배구조 내에서 당 위원회의 기능. 이러한 것들은 중국식 기업지배구조의 개발을 위해 반드시 고려되어야 할 전제조건이다. 우리는 이미 더 이상 당 위원회를 필요로 하지 않는 기업지배를 실시하고 있기 때문에 [당위원회를 기업지배구조에서 제외해야 한다고-역자] 간단히 말할 수는 없다. 그것은 현실적이지 못하다…우리가 설계하고 있는 기업지배구조에는 주주총회, 이사회, 감사회, 고위 경영진, 당 위원회 등이 포함되어 있으며, 이 모든 것들은 지배구조 안에서 매끄럽게 함께 작동하고 있다…국가가 지분을 통제하고 있는 기업에 당 위원회를 설치하는 것은 반드시 수용되어야 할 중국식 기업지배구조 시스템 안에 존재하는 현실이다.

—중국건설은행장 지앙 챠오리앙 인터뷰
(*Hu Runfeng, Cheng Zhe, and Fu Tao 2006: 72*)

전(前) 세계은행 베이징 파견단장 피에터 보텔리어(2006)

…구조적 개혁이 올바른 방향으로 진행되고 있음은 명백하다…은행부문의 경영과 규제가 더욱 전문화되어 가고 있을 뿐만 아니라, 국제기준에도 점점 더 부합되어 가고 있다. 소유권과 경영진 및 이사회의 책임이 더욱 명료해졌다. (Bottelier 2006: 1)

❖ 서론

1997~98년 아시아 금융위기가 발발하자 중화인민공화국(People' s Republic of China: PRC)은 한때 중국 금융시스템의 사령탑으로 통하던 대형 국유 및 국영 상업은행들에 대한 야심찬 개혁 프로그램을 실시하기 시작했고, 이는 2003년 이후 가속화되었다. 정책 및 금융 전문가들의 수많은 조언과는 반대로, 중국은 이들 금융기관들을 청산하거나 완전히 사유화하지 않았다. 대신에 중국은 그 대형 은행들의 내부 동학과 이에 영향을 미칠 수 있는 외적 환경을 변화시킴으로써, 청산이나 진정한 사유화가 낳을 큰 사회적 비용(그리고 의심의 여지가 없는 정치적 비용)을 피하려 했다.

2003년 이후 실행된 주요 개혁조치들은 은행 내부의 지배구조와 소유자(주주)에 의한 감시에 관한 것들로, 다음과 같은 조치들을 포함하고 있다: (1) 1994년 이후의 회사법에[2] 따라 은행들의 주식회사 전환, (2) 새로 주식회사로 전환되었으나 아직 "대리인"(경영자)에 의해 경영되는 기업체에 실질적인 "주인"(주주)의 역할을 할 정부 투자기관의 창설, (3) 해외로부터의 소수 전략적 투자 도입 (그리고 외국자본 대표 또는 "기술지원" 협정의 대표에게 이사회 참여 허용) (4) 해외 및 중국 증권시장에 은행들의 자본금 일부를 상장, (5) 이제는 공개된 기업인 상업은행들의 이사회에 "독립이사" 선임. 하지만 여기에 제시되어 있는 조직 및 자본구조의 실질적인 혁신은 은행 영업활동의 모든 측면에 영향을 미칠 수 있는 광범위한 개혁조치의 일부에 지나지 않는다. 1949년 이후 처음으로 세계은행 베이징 파견단장(1993~97)을 지낸 피에터 보텔리어(Pieter Bottelier)는 최근 다음과 같은 글을 쓴 바 있다:[3]

> …금융부문 개혁이 최근 수년 동안 가속화되어 왔다. 대부분의 국유은행들은 중국 회사법에 따라 주식회사로 전환되었고, 구조조정되었으며, 자본구성을 재편했다. 유치된 많은 해외의 전략적 소수 파트너와 4개의 주요 국유상업은행은 홍콩 및… 국내 증권시장에 성공적으로 상장되었다…대규모 부실채권의 잔존, 정부가 보유한 비유통주 등과 같은 금융부문의 문제는 점차 해결되어가고 있다. 중국 금융시스템을 지배하는 법적 · 규제적 틀은 국제기준과 국내의 필요를 충족하도록 조정되어 가고 있다…구조적 개혁이 올바른 방향으로 진행되고 있음은 명확하다. 은행부문의 경영과 규제는 더욱 전문화되어 가고 있고, 국제기준에도 더 잘 부합되어 가고 있다. 소유권, 경영진 및 이사회의 책임이 더욱 분명해졌다(Bottelier 2006: 1)

이 장은 중국 상업은행 개혁 프로그램 가운데 상대적으로 협소한 하위 주제, 즉 법적 · 규제적 측면에 논의를 집중하고자 한다. 이 장에서 다루려는 주제는 (1) 중국 은행들이 내부적으로 지배되는 방식, (2) 기업의 개념적 "소유자"인 주주가 외부적으로 은행의 경영자들을 감시하는 방식, 이 양자를 변화시킬 것을 목적으로 하는 법률 및 기업조직에 기초한 접근법이다.[4] 이 과정에서 본 장은, 형식적이고 제도적인 개혁이 단행된 이후에조차 중국 은행들은 어떻게 지배되고 있는지를 조명하고, 널리 홍보되고 있는 법적 지배구조의 개혁이 낳은 효과들을 검토한다. 이를 통해, 진정으로 "혼합적인" 중국의 사회주의 시장경제에서 중국 상업은행들을 실질적으로 통제하고 있는 개인들은 어떻게 감시되고 있고 어떠한 책임을 떠맡고 있는지를 설명한다. 결국 이 장은, (1) "현대적" 또는 "국제기준에 부합하는" 지배구조 개혁과 그에 따른 은행의 성과 사이의 연관성에 대한 그야말로 무수히 많은 이론과 대중적 선언(Basel 1999: 3)에 대해 반론을 제시한다. 또한 이 장은, (2) 중국 국유은행 **내부**의 지배구조 개혁이 기본적으로 "완료되었다"고 선언하고, 기업 **외부**적 조치들(조세정책, 채권자 보호 및 파산법과 실행, 이자율 정책, 지불준비금 요건 등(Xie Ping 2006: 20))로 논의의 초점을 재설정하고 있는 수많은 규제당국자, 관리, 분석가, 시장 참여자, 그리고 투자자들—이들은 진실을 훨씬 더 잘 알고 있다—에 대한 반박이기도 하다. 마지막으로 본 장은 (중국 내부와 해외의) 관찰자들과 투자자들이 공표된 법적 변화를 어떻게 그처럼 쉽게 수용하고 신뢰하여, 보다 효과적일 수 있는 감시 및 지배구조 수단들을 그처럼 쉽사리 간과해 왔는지에 대해 주의를 환기시키고자 한다.

본 장에서는 중국 상장기업 주식에 대한 시장의 평가가 아직 기업의 성과를 제대로 반영하지 못하는(이는 "부상하는 중국"이라는 전반적인 믿음과 그에 따라 "중국 게임"으로 몰려드는 군중 심리적 행태(herd-mentality participation)와는 정반대의 현상이다) 상황에서 중국 상장은행들의 주가가 형성되고 있음을 강고하고자 한다. 공시되는 주가의 존재가 중국에서 아주 의미가 없는 것은 아니지만, 중국에 도입된 이후 투자 계획서들과 국제금융지 등에서 널리 언급되고 있는 형식적인 기업지배 메커니즘은 그러한 주가와는 다소 무관하다는 사실이 드러날 것이다. 물론 현재 실질적인 힘을 발휘하는 기업지배 메커니즘은 국유기업 및 노동단위의 지배구조에 대한 개혁 이전의 비젼, 즉 **노멘클라투라**(사회주의 관료) 시스템에 철저하게 뿌리를 두고 있다는 점은 역설적이다. 이러한 역설은 절반쯤 효율적인(semi-efficient) 국제 및 국내 자본시장이라는 명백히 개혁 이후의 현상과 과거의 잔재가 기묘하리만치 온건하게 (혹은 예상하지 못했던 방식으로) 혼재되어 있다는 사실에서 그 증거를 찾을 수 있을 것이다.

❖ 기업 지배구조의 개혁—개혁에 대한 더 많은 이야기의 한 부분

국가가 지배하고 있던 중국의 은행부문에 대해 1990년대 초 이후 취해진 여러 조치들 중, 지금까지 실행된 조치들의 일부만이 기업의 지배구조 그 자체와 관련된 것들이다. 하지만 그렇게 기업의 지배구조를 겨냥했던 개혁들은 그 이전과 당시의 수많은 기업지배구조 이외의 변화라는 맥락에서도 유의하게 되었다. 간단히 지적하자면,[5] 금융부문 개혁의 기타 측면들에는 다음과 같은 것들이 해당된다: 1970년대 말 중국인민은행이 된 "단일은행" 체제의 해체와 "특수목적" 금융기관의 설립; 국내 상업은행들의 "전국" 단위 경쟁의 점진적인 도입; 공업 및 서비스 경제를 구성하고 있던 (비은행) 국유기업에 대한 "현대적 기업 시스템" 구축; "정책은행"과 "상업은행"이라는 모순적인 기능의 분리; 금융부문의 인허가를 관장하고 이를 지배하는 주요 법령과 규제의 공포(이에 따른 전문적인 은행 규제당국의 설립); 그러한 국내규제의 엄격한 적용(그리고 경우에 따라서는 위험 자본에 대한 최소 자기자본비율 8%를 규정한 바젤협약(Basel Accords)을 1995년에 중국상업은행법에 포함(2000년에 달성)시킨 것과 같이 국제기준을 국내에서 강제적으로 준수하게 함); 상업은행에 대한 기업 소득세 축소 (55%에서 33%로); 지속적인 자본 재구성 (여기에는 부실채권을 소위 정부의 자산관리회사로 이전함으로써, 실제로는 자본 재구성을 연기한 것에 불과한 조치들이 포함됨); 해외경쟁의 단계적 도입—이러한 해외경쟁은, 2001년 말 중국이 세계무역기구(WTO)에 가입하면서 약속한 바와 같이, 2006년 12월 11일까지 중국 상업은행 부문이 실효성 있게 개방됨에 따라 절정을 맞이하게 된다.

2005년 중국건설은행장으로 인터뷰했으며 후에 중국인민은행 총재가 된 저우샤오촨은, 1999년과 아시아 금융위기 이후의 금융부문 개혁의 주요 목표는 중앙정부가 자본 재구성에 대해 직접 지시를 내리게 되는 지불상환능력의 확충, 부실자산의 정비 및 (자발적) 국제 자기자본 기준의 준수—모든 것이 은행 단위의 현대적 회계감사에 의해 공개되고 확인되는—였다고 단언했다. 이러한 단기적 주안점에도 불구하고, 저우샤오촨은 또한 자본 재구성과 재무 건전성의 강화를 (1)즉각적인 주식회사 전환, 그리고 (2)공개 자본시장을 통한 자금조달을 위한 핵심적 기초로 보았다.

> 과거에 우리는 국유상업은행을 국가행정조직으로 취급했고, 부적절한 평가기준으로 경영에 행정적으로 개입하는 경우가 수없이 많았다. 아시아 금융위기 이후 이러한 문제들[의 해결]이 개선되고 있음을 발견할 수 있었다. 내가 직접 관찰한 다양한 조치들 중 몇 가지는 진실로 매우 중요한 것들이 포함되어 있었다. 첫째, 회계기준이 지속적으로 개선되고 있다. 둘째는 대출을 5등급으로 분류하는 체계로, 이를 통해 위험 수준에 따른 실질적인 지급준비금을 보유할 수 있게 된다. 셋째는

> 2003년 중국공산당 16기 3중전회에서 국유은행 개혁을 위한 길이 분명하게 마련되었다는 점이다. 이 회의에서 통과된 "사회주의 시장경제의 완전성에 관한 몇 가지 문제에 대한 해법"이 지적했듯이, 우리는 "자격요건을 갖춘 국유은행들의 주식제도 개혁[주식회사 전환]을 실행해야 하고, 부실채권의 처리를 가속화해야 하고, 자본을 확충해야 하고, [개혁이 완료된 은행의] 상장 여건을 조성해야 한다." 이러한 개혁의 길은 모든 방면에 대한 신중한 연구와 분석결과를 바탕으로 채택되었다. (Ling Huawei 2005: 73)

저우샤오촨이 16기 당대회에서 발제한 이 견해는 중앙금융공작집단(National Finance Working Group)이 이미 2002년에 내부적으로 구체화한 정책목표들(훨씬 더 중요한)을 확인한 것이었다:

> 현대적 기업시스템을 정립할 필요가 제기됨에 따라 [우리는] 국가가 완전히 소유하고 있는 국유상업은행을 완벽한 지배구조, 건전한 경영메커니즘, 분명한 사업목표, 튼튼한 재무상태, 상대적으로 강력한 국제경쟁력 등을 갖춘 현대적 금융기업으로 전환시켜야 한다. (Hou Aiai 2002:28)

중국의 은행들이 공식적으로 주식회사로 전환되고 정부 소유의 주식자본 발행을 제한하며, 또한 현대 기업지배구조를 채택하는 등의 개혁조치들을 단행한 것은 이러한 여건의 개선, 금융 개혁, 제도개선, 그리고 정책 및 규제 개혁—이들 대부분은 아직 진행중이다—등의 맥락에서 이해되어야 하고, 이러한 맥락 또한 은행개혁에서 결정적으로 중요했다. 실제로 앞서 지적된 많은 변화들은 중국 은행들의 지배구조 개혁에 직 · 간접적으로 영향을 미치고 있다.[6]

❖ $4\frac{1}{2}$대 대형은행

본 장은 주식회사로의 전환이 4대 국유상업은행에 미친 제한적 효과를 집중적으로 논의한다. "$4\frac{1}{2}$대 대형은행"이란 5번째로 진입한 교통은행을 포함하기 위해 붙여진 이름이다. 그렇다고 이러한 명칭이, 이 은행들의 주식회사로의 전환과 상장이 이들보다 작은 은행들이나 전국단위의 독립 상업은행 또는 이 은행들의 지방 협력은행들에 미친 효과들(종종 상이하고 긍정적)을 무시하거나 축소하는 것은 아니다. 실제로 주식회사로 전환한 후 상장하는 정책은 처음에는 이 $4\frac{1}{2}$대 대형은행이 아니라, 전국적인 사업권을 가진 여타 은행들을 대상으로 한 것이었다.[7] 하지만 여기서 우리가 집중하고자 하는 것은 중국에서 가장 큰 규모를 가진 국유은행들의 기업지배구조 개혁이다. 역사적으로 보면, 이들은 계획경제 하에서 자본을 배분하기 위해 사용된 국가의 행정부처로 기능했다. 이들에 초점을 맞추는 이유는, 지면의 제약 외에, 기업 지배구조개혁 프로그램이 중국 금융체계 전체와, 더 중요하게는 $4\frac{1}{2}$대 대형은행이 차지하고 있던 지배영역을 개선하는데 기여하는 전략으로 설계(또는 홍보된)되었기 때문이다.

❖ 새로운 이사회—낡은 자본구조

주식회사 전환과 기업공개를 뒷받침하는 이론에 따르면, 그렇게 전환된 기업들은 주식회사라는 기업형식이 갖는 이점을 활용하고, 이해관계를 가진 주주들—민간, 공공 또는 해외의—이 경영진(이사들 및 고위 경영진)에게 경영결과에 대한 책임을 지울 수 있게 하고, 결국에는 경영자가 [기업-역자]가치를 제고하는 의사결정을 내리도록 강제하는 메커니즘을 제공한다. 애초에 "주식제 개혁"과 "현대적 기업체계"에 홀려있던 중국의 초기 이론가들과 정책 결정자들은, 합작투자기업(joint venture company)이라는 법적 형식이 제공하는 우산 아래에 자산을 배치하는 것만으로도 마술처럼 "소유와 경영이 분리"되고, 경영자들로 하여금 기업의 소유자를 위한 이윤추구에 책임을 지도록 강제할 수 있다고 단언했다. 또한 이들은 경영자들의 잠재적인 기회주의적 또는 비효율적 행태—감시기제가 존재하지 않는다면 경영자들이 추구하게 될지도 모르는—를 감시감독할 수 있을 것으로 믿었다. 당시의 이론에 따라, 주식회사 전환—그리고 주주—소유자에 대해 책임을 지는 이사/경영진의 정립—은 그러한 은행 "내부자"들의 조작에 대한 강력한 방비책일 뿐만 아니라, 중국 은행의 경영상 또는 자원배분상의 비효율성을 치유하는데 즉각적인 효능을 지닌 만병통치약으로 추진되었다. 지분에 대한 이익을 "대중"에게 폭넓게 배분—이는 국제자본시장에 대한 접근이 낳은 결과였다—하는 것, 설립 계획서가 규정하고 있는 정보공시의 의무, 그리고 공개시장에서 주식가격(따라서 은행의 실제 가치에 대한 실시간 평가) 현상 등은 모두 시급히 기대되는 감시 및 책임성(accountability)의 효과를 뒷받침하는 것으로 생각되었다.

$4\frac{1}{2}$대 대형은행(중국농업은행은 제외)들은 주식회사로 전환하고 그에 따라 "현대적" 기업 지배구조를 구축하기 위해 각기 다소 상이한 프로그램을 채택해 왔다.[8] 이사회는 형식적으로 절대적인 지배 주주나 주주그룹을 보유하고 있는 법인의 맨 위에 있었다. $4\frac{1}{2}$대 대형은행 중 "절반"에 해당하는 은행으로, 중국에서 최초로 기업공개를 단행한 중국교통은행이 좋은 사례이다. 2005년 연차 보고서(그리고 여기에 포함되어 있는 "기업지배구조 보고서")가 지적하고 있듯이, 주식회사로의 전환과 기업공개로 인해 상호 "균형과 견제"의 기능을 수행하는 주주총회, 이사회, 그리고 (독일/일본/대만의 법제에 영향을 받은 중국의 회사법이 설치하도록 규정하고 있는) 감사회 등으로 구성된 "독립적인 현대적 기업지배구조"가 등장하게 되었다(교통은행 연차 보고서 2005: 38). 기업공개 시, 교통은행 이사회는 처음에는 19명의 이사로 구성되었는데, 그 중 단 4명만이 상무이사였고, 나머지 15명중 중국증권감독관리위원회가 선임한 독립이사는 5명이었다. 감사회는 9명으로 구성되었으며 은행의 재무상태 및 이사회와 고위 경영진의 활동에 대한 감시 책임을 갖는 것으로 간주되었다. 2006년 중국교통은행 이사회 의장은 다음과 같이 말했다:

> 현재, 모든 이사들은 이사회 회의에서 자신의 임무를 수행하는데 최고의 성실성을 발휘하고 있음을 목도해 왔고, 회사의 전략, 회계감사, 위험관리 등의 사안에 대해 독립적인 의견을 피력해 왔다. 이 점은 이사회 회의에서 이사들이 적극적으로 발언하고, 발의에 대해 심사하는 과정에서 발생하는 논쟁이 일반화되었다는 점에서 가장 직접적으로 인식된다. 이는 "모든 일에 한목소리를 내던" 과거와는 판이하게 다르다. (Hu Runfeng, Cheng Zhe, and Fu Tao 2006: 72)

그러나 은행들의 주식회사 전환과 성공적인 기업공개 이후에도 40% 이상의 주식을 재정부(Ministry of Finance)와 국가사회보장기금위원회(National Council for Social Security Fund: NCSSF), 그리고 후이진(Huijin, 중국 중앙은행의 국가외환관리국과 재정부 사이의 합작투자회사, 이하에서 더 자세히 설명한다) 등이 보유하고 있다. 여기에 더해, 거의 20%에 달하는 홍콩상하이은행(HSBC)의 전략적 보유와 "법인" 주주(베이징자본공항집단, 운난의 홍타, 상하이전력공사 등 대부분이 국유기업)가 보유한 또 다른 20%를 추가하면, 결과적으로 공개적으로 유통되는 주식은 극단적으로 소수가 되고, 일반 주주나 집단적 행동을 취할 수 없는 주주의 입지는 매우 취약해진다. 두 번째 예는 이보다 훨씬 규모가 큰 중국공상은행(ICBC)—가장 뒤늦게 기업공개가 이루어졌고, 1994년 이전에 존재하던 "단일은행" 체제의 마지막 잔재로 남아있던—으로, 대체로 유사한 형태를 취하고 있다. (새로운) 공상은행은 2005년 10월 지분에 따라 제약되는 새로운 유한회사로 승격(후이진과 재정부가 이를 추진하였다)됨에 따라, "설립"(주식회사 전환)되었다. 2006년 1월에 중국공상은행은 골드만삭스(5.16%), 알리안츠 그룹(2.01%)과 아메리칸 익스프레스(0.4%)로부터 해외 "전략적" 투자를 유치하였다.[9] 기업공개 후 처음 구성된 중국공상은행의 이사회는 13인의 이사로 구성되었으며, 4인이 상무이사, 6인이 비상무이사(그 중 3명은 독립이사)였다. 중국공상은행으로 해외 "전략적" 투자자가 참여함에 따라 지배구조에도 상이한(적어도 여타의 개혁된 중국은행들과 비교하여) 기업지배 메커니즘—기업 공개 이전에 골드만삭스와 맺은 "전략적 협력 협정"—이 도입되었다.[10] 그러나 상하이와 홍콩에서 동시에 기업을 공개하는데 성공한 이후에도 재정부, 후이진, 그리고 국가사회보장기금위원회가 총 발행지분 잔액의 79.49%를 보유하는 등, 자본구조는 여전히 국가 또는 그 대리인에 큰 비중이 주어진 채로 남아있었다 (ICBC 2006:188).

❖ 후이진(중국 국가외환관리국 유한투자공사)

개혁정책이 암시한 재무상태 개선과 기업 구조조정에서 중요한 역할을 담당한 것은 영문으로는 "China SAFE Investment Limited"(중국 국가외환관리국(SAFE) 유한투자공사)로 표기되는 후이진(Huijin, 匯金)이었다. 이는 중국의 재정부와 국가외환관리국(State Administration of Foreing Exchange: SAFE)이 공동 소유한 유한책임회사로, 원래는 폭발적으로 증가하던 외환보유고를 활용하여 중국 주요 은행들의 자본을 재구성하기 위한 수단으로 기능했다 (중앙은행은 외환보유고 기금을 활용하여 은행들의 자본 재구성을 단행하고, 이로부터 발생된 중앙은행 투자분에 대한 명목상 주주/투자자로서 새롭게 설립된 후이진을 내세웠다). 중국은행이 기업공개 계획서에서 밝히고 있듯이, 후이진의 기능은 "중화인민공화국 정부가 은행의 주주로서 투자자의 권리와 의무를 행사하는 과정에서 중국정부를 대리"하고 "국유금융기관의 개혁에서 중화인민공화국 정부의 정책을 실행, 집행"하는 것이었다(BOC 2006:197). 이러한 임무는 매우 중대한 것으로, 어쩌면 중국의 비효율적—개혁 여부에 관계없이—인 거대한 국유기업 체계에서 주주로서의 여타 "국가기관"(정부의 행정부처)—후에 설립된 국가자산관리공사와 같은—에게 부여된 어떠한 임무보다도 더 중요한 것이었다. 후이진에 대해 원자바오 총리가 언급했듯이,[11] "[후이진 투자공사]는 국가를 대신하여 지분을 보유한다. 이는 수익을 내야지, 깊은 수렁을 채우기 위해 이용되어서는 안 된다!"(Ling Huawei 2005:74). 극도로 소수의 운영진으로 구성되며, 언제나 재정부와 중국인민은행(국가외환관리국을 지배한다) 간의 내부 투쟁에 종속되어 온 이 새로운 기관은 지분투자/자본확충이라는 주어진 임무를 수행해 감에 따라, 궁극적으로는 중국의 주요 금융기관의 핵심 주주가 되었다. 이 기관의 사업범위가 집중되어 있었고(상업은행 부문), "투자"는 상대적으로 작았으며(소수의 국유은행만이 자본 재구성을 요청했다), 고위 간부들은 전문성과 패기를 갖추고 있었던 사실로 인해, 이 기관은 투자대상 은행에 이해관계를 갖는 주주로서 강력히 참여하게 되었던 것이다. 하지만 이러한 참여는 때때로 공식적 관리자(재정부와 중국인민은행/국가외환관리국)의 생각 및 의욕과 무딪히기도 했고, 은행을 "지배하고 있던" 현 은행 내부자의 기대와 충돌하기도 했다 (Wen Yuanhua 2006: 78). 하지만 후이진은 "주인부재"(absent principal)라는 중국 은행들의 고질적인 문제에 대한 조기의 부분적인 해결책이었다고 평가된다. 개혁기 가운데 오랫동안에 걸쳐, 국유기업 체계와 이후의 주식회사 전환 프로그램에 대한 비판자들은, 국유기업을 지배할 실질적인 "주인"이 존재하지 않아 이들 기업들의 가장 내밀한 곳에서 활동하던 내부자들(간부/경영자)의 먹잇감으로 전락했다는 사실을 한탄했다(hou Aiai 2002; Clarke 2003; Dou Hongguan 2005). 주식회사 전환은 이러한 난점을 어떤 유의한 방식으로도 해결하지 않았던 것이다. 왜냐하면 형체도 없고 정의되지도 않은 이전의 100% 소유자—"모든 인민"—가 여전히 그렇게 전환된 기업의 주요 소유자로 남아 있었기 때문이다. 다만 이제 이들은 과거보다는 작은 국가보유지분 70~80%를 통해 소유하고 있을 뿐이었다. 이해관계를 가진 특정한 주주가 존재하지 않고, 대신 "부재주인"만이 존재하게 됨에 따라, 주식회사로 전환된 기업일지라도 예전의 경영자 그리고 내부자에 의한 통제와 조작은 여전히 계속되었다. 이들 내부자들 중에는 은행기업이 국유상업은행이던 시절에 동일한 역할을 담당하던 동일 인물도 많았다. 후이진은 적어도 중국의 상업은행 기관이라는 제한된 세계에서나마, 위풍당당하게 결함들을 바꿨다. 그리고 한편으로 그것은 도입 초기에 은행의 내부 경영자와 이전의 "모든 인민"의 대리인이었던 재정부를 놀라게 하고 충격에 빠지게 하는 방식이었다![12]

❖ 외국인 전략적 투자자

적어도 이론적으로는 기업의 지배구조 개혁만큼이나 중요한 것은 중국 내 구조조정을 마친 은행에 "외국인" 전략적 투자자가 공식적으로 등장하였다는 점이다. 1990년대 말, 중국인민은행과 뒤이어 중국은행감독관리위원회라는 규제기관은 $4\frac{1}{2}$대 대형 상업은행 이외의 은행과 심지어는 국내 A-주를 상장한 기업에 대해 외국인의 소규모 지분투자(25% 미만)를 허용하기 시작했다. 이러한 외국인 투자는 뉴브릿지(Newbridge, 사모펀드회사인 텍사스 퍼시픽 그룹(Texas Pacific Group, 현재는 TPG)의 자회사)가 어려움을 겪고 있던 선전발전은행(Shenzhen Development Bank)에 투자하면서 시작되었다. 뒤이어 시티그룹(Citigroup)은 상하이푸동발전은행(Shanghai Pudong Development Bank)의 소규모 전략적 지분을 매입했는데, 이는 도발적인 혁신을 대표하는 것일 수도 있었다. 왜냐하면 이는 중국의 상업은행 부문에서 단순한 금융적 투자(사모펀드)가 아니라 외국인의 (동일 산업 내에서) 전략적 투자가 허용되었음을 의미했기 때문이다.[13] 마지막으로, 2004년에 중화인민공화국—중국의 대형 국영 상업은행을 국제시장에서 공개할 것이란 직접적인 기대를 가지고—은 새로이 주식회사로 전환된 중국의 상업은행들에 대한 (전략적 및 재무적) 외국인 투자를 허용하기 시작하였다. 이렇게 외국인 투자를 허용하는 과정은 다른 경제 부문의 중국기업들을 해외에 상장하기 전에 외국인 전략적 투자를 허용했던 것과 여러 면에서 유사한 것이었다. (제조업 부문에서는 Anheuser-Bush사가 칭따오맥주의 기업공개 전에 개별적 협상을 통해 H-주 5%를 매입한 일, 천연자원 부문에서는 BP, 엑슨모빌, 그리고 워렌 버핏 등이 기업공개 전의 페트로차이나(PetroChina)와 시노펙(Sinopec) 지분을 개별협상을 통해 매입한 일 등이 그 예이다). 그러나 대형 상업은행에 있어서의 기업공개 이전의 외국인 투자와 다른 부문에서의 그것 사이에는 중요한 차이가 있다. 다른 부문에서 그것은 신뢰의 교류와 자본시장의 출범을 의미한 것이었지만, 그러한 소수자 외국인 투자자에게 투자대상 기업(산업 부문을 불문하고)의 지배구조에 어떤 형태로든 참여가 허용되리란 기대는 거의 없었다. 이와는 반대로, 중국의 $4\frac{1}{2}$대 대형 상업은행에 대한 기업공개 전 외국인 소규모 투자는 명시적으로, "현대적" 경영기법과 더 나은 기업지배구조가 중국의 투자대상 은행에 전달되는 통로로써 그려졌다 (상하이푸동발전은행에 대한 시티그룹의 투자나, HSBC의 중국교통은행에 대한 투자의 경우도 이와 유사하다). 이에 따라, 외국인 "전략적 투자자"를 유치한 중국의 상업은행들은 주창된 지배구조 효과를 명시적으로 크게 홍보하여, 기업 금융/자본 시장의 신뢰성 평가를 암시하고자 했다. 중국교통은행은 HSBC가 자신에 투자하고 있다는 점과 HSBC 대표가 은행 이사회에 참여한다는 점을 집중적으로 부각시켰다 (Bank of Communications 2006:96). 중국건설은행은 아메리카 은행과 싱가폴의 테마섹(Temasek)과 차례로 유대관계를 넓혀가는 가운데, 아메리카 은행이 "위험관리, 기업 지배구조, 신용카드 사업, 소비자 은행업무, 글로벌 재정, 정보기술" 등의 분야에서 중국건설은행을 지원할 것이고(Ling Huawei, Guo Jiong and Li Zhigang 2006:49), 두 은행 모두에게 중국건설은행 이사회에 참여하도록 할 것이라고 홍보했다 (CCB 2005: 88). 중국은행도 스코틀랜드 로얄은행과 싱가폴 테마섹의 참여와 관련해, 이들 각각의 은행이 선임하는 이사를 수용할 것이고, 로얄은행과는 "포괄적 협력 협정"을 체결할 것이라는 등의 유사한 주장을 폈다(BOC 2006: 69). 물론 스코틀랜 로얄은행에게는 미래에 이 은행의 지분을 추가로 구매할 의무가 없었지만(이는 (옵션 협정을 통해) 건설은행의 지분을 더 구매하겠다는 아메리카 은행의 약속과는 대조되는 것이다). 끝으로, 중국공상은행의 경우, 골드만삭스와의 "전략적 협력 협정"—중국공상은행과 이 증권인수주선회사 사이에, 그리고 중국공상은행과 그 즉시 설치된 수많은 "합동 위원회" 및 관리훈련위원회 사이에 조인된—에 따라 골드만삭스가 자신의 은행에 온건하고 깊숙히 관여할 것이라 암묵적으로 약속했다.

❖ 기업지배구조 개혁, 그러나 개혁되지 않은 기업지배구조

주식회사 전환과 상장(그리고 공시되는 주가의 존재)는 그 출발부터 기껏해야 중국의 은행들이 직면하고 있는 수수께끼 같은 지배구조 문제에 대한 이론적 해답에 불과한 것으로 인식되어 왔다. 중국 국유은행들의 주식회사 전환과 기업공개를 이 산업부문이 앓고 있는 병에 대한 (부분적) 치유책으로 권유한 그 "이론적" 자극이란 무엇이었는가? 중국인민은행의 총재가 2005년에 지적했듯이, 국유 상업은행의 개혁을 이끈 논리적 근거들의 많은 부분은 이 은행들의 대출자이자 고객인 극단적으로 비효율적인 국유기업에게도 동일하게 적용될 수 있었다. 중국어로 이루어진 인터뷰에서, 저우샤오촨은 "국유 상업은행에 대한 개혁으로 왜 주식회사 전환, 주식발행, 그리고 기업공개라는 방식을 택했습니까?" 그리고 "당시 무슨 생각을 가지고 있었습니까?"라는 질문에 대해 다음과 같이 답했다:

> 당시에 우리가 보기에, 상업은행과 대형 국유기업 모두에게 개혁의 주요 문제는 동일한 것이었다. 즉, 양자 모두에게는 경쟁압력이 미약한 상황에서 정부와 기업의 미분리, 지나치게 많은 행정간섭, 공허한 지배구조, 인센티브 구조와 경영진의 이해 사이의 불일치, 심각한 관료화, 자율성 또는 가격결정 권한의 부족 등의 문제들이 있었다…이러한 모든 문제들은 관료적 경영모델을 추종하며 진정한 기업과는 다르던 대형 국유기업들이 직면했던 문제와 매우 흡사하다…결국, 국유상업은행에 대해 취해야 했던 선택에 있어서도, 우리는 공업부문의 국유기업 개혁의 성공적 측면들을 참조해야 하고, 주식제 개혁[주식회사 전환]과 공개시장에 상장하는 방법을 실행해야 한다고 생각했다. (Ling Huawei 2005: 73)

저우샤오촨이 피력한 의견에 따르면, 이것을 달성하기 위해서는 은행들로 하여금 소유자/주주(광범위한 대중과 전략적 투자자를 포함하는)에게 더 많은 책임을 지도록 만드는 것이었다. 따라서 은행을 주식회사로 전환하는 것이 필연적이 첫 번째 단계였다. 그의 견해로는, 이것이야말로 국가에게는 적은 비용만을 부과할 것이었다. 즉, 중국 국가경제의 성장, 국가안보 및 안정성에 기여할 수 있도록 보다 경쟁력 있고 이윤추구적인 금융기관을 만들기 위해 국가는 매우 작은 지분만을 포기하지만, 절대로 실질적인 통제권을 포기하는 것은 아니었다. 이로써 부실한 금융기관에 대한 어마어마한 보조금 낭비와 구제금이 삭감될 것이었다(Ling Huawei 2005: 73). 따라서 중국의 주식회사 전환과 기업공개 전략은 아시아 금융위기 이후 개혁되고 있던 중국 은행들의 자본 재구성을 돕기 위해 더 많은 자본을 중국의 은행으로 유인한다는 단기적 이익과 함께, 건전하고, 잘 관리되며, 보다 효율적인 기업들을 위한 메커니즘과 여건을 조성한다는 장기적인 이익 또한 가져올 것이었다.

법률 분석가들 또한 동일한 분석결과를 내놓았지만, 이들은 재산권, 법적 신분, 구조적 특성 등에 중점을 두었다. 중국 인민대학교 법과대학의 어느 기업 지배구조 전문가는 2002년 말 다음과 같이 간략히 요점을 정리했다:

> 국유상업은행들이 처한 현재의 열악한 상황을 발생시킨 이유에는 다양한 측면이 존재한다. 이에 대한 대다수의 논자들은 구조적 결함이 근본적인 원인이라고 믿고 있다. 현재의 구조 하에서는, 중국의 국유상업은행들은 단지 정부의 특정 경제정책을 실행하는 전달자에 불과하며, 재산권 형식이 단일한 (완전한 국가소유) 독특한 기업이다. 또한 이들에서 재산권 설정이 혼란스럽고, 행정적 기능과 기업 고유의 기능이 분리되어 있지 않다. 국유상업은행은 회사법에서 이해되는 기업이 아니며, 위험관리 메커니즘을 한 번도 구축한 적도 없으며, 이윤동기를 부여하는 구조도 갖추고 있지 않다. (Hou Aiai 2002: 27)

이러한 숭고한 야심과 매우 정교한 이론적 관점에도 불구하고, 중국의 최대 국유상업은행들의 주식회사 전환과 기업공개는 기업지배구조의 어떠한 실질적 개혁도 달성하지 못했다. 그렇다고 이것이 중국 은행들의 성과가 개선되는 모습을 보이지 않았다는 뜻은 아니다. 이는 다른 문제이다. 이는 철저하게 진행된 구조상의 법적 개혁과 지배구조 개선 사이의 연관성이 부족하다는 점을 지적하는 것이다. 이에 대한 몇 가지 이유들은 다음 절에서 설명될 것이다.

❖ 주식회사 전환 이후의 자본구조; 권한이 없는 외국인 지분 투자자

주식회사 전환, 그리고 가장 안전한 기업형태(유한책임회사 형식의 하위 분류에 속하는 "완전 국유기업")에서 합작투자회사(joint stock company)로의 전환에도 불구하고, 중국 은행기관들의 자본구조는 여전히 국가 또는 국가가 지원하는 주주들에 의해 압도적으로 지배되고 있다. 언제나 이것이 개혁 프로그램을 구성하고 있었다. 즉 주식회사 전환, 자본 재구성, 상장(주로 자본의 재구성을 위한 주식발행을 동반하여). 그렇지만 국가 주주의 지배적 소유권과 절대적 통제권은 여전히 유지되었다. 저우샤오촨이 2000년 5월 인민일보에 다음과 같은 글을 게재한 것도 같은 맥락에서였다.

> …상업은행은 100% 국가소유가 필요한 부문이 아니다. 대형 상업은행은 국가경제에 큰 영향을 미치며, 국가의 관리능력은 [상대적인] 지분관리를 통해 체화될 수 있다…세계에 개방[그리고 해외와 경쟁]하고 경제체계를 [국제 기준에] 부합하도록 전환되는 시기에 국가가 관리의 전권을 가지면서 외부충격에 대한 보호를 유지하기 위해서는, 대형 상업은행의 일정 부분에 대한 절대적 통제를 유지할 수 있다. 예를 들어, [국가는] 75%의 지분을 유지할 수 있는 것이다. (Zhou Xiachuan 2000: 76)

여기서 강조되어야 할 점은 지배주주가 국가나 국가의 대리인이라는 사실이 아니다. 오히려 문제는 어느 단일 주주(또는 주주집단)가 기업에 대한 지배적인 지분을 보유하고 자기편의 인사를 이사회에 선출할 수 있으며, 다시 선출된 이사들은 동일인을 최고 경영진에 선임하게 된다는 점이다. 후이진은 외환보유고를 공여하고 지분을 얻었다. 이후 후이진—그리고 더 중요하게는 후이진이 선출한 이사들—이 이들 $4\frac{1}{2}$대 대형 상업은행에 활동가들을 파견해 유례없이 깊이 관여하게 된 것은 여러 측면에서 예상치 못한 예외적인 것이었다.

중국 은행들에 대한 구조조정이 단행 된 후 나타난 구조상의 순 결과는 새로운 기업수단(corporate vehicles)을 만들어 냈다는 것이었다. 이러한 구조에서, 소수의 주주들은 기업지배에서 거의 아무런 영향력도 행사할 수 없고, 지배 주주의 행위 및 전략을 견제할 힘이 거의 없으며, 특히 지배 주주가 공식적으로 선임하는 내부자를 통제하는 것은 더더욱 불가능하다. 물론 중국의 공기업에 선임된 "독립이사들"은 기업의 소액 투자자들의 이해에 복무하도록 되어 있다. 이것은 개혁되기 어려운 일인데, 그러한 독립이사들이 기본적으로 기업 전체의 이익(분명 이는 지분의 80%를 보유한 주주의 이해와 거의 같은 말이다)에 복무해야 할 때 특히 그러하다. 이들은 이사회 수준에서 거부권이 없으며, 따라서 가장 큰 지분을 가진 국가주주를 대표하는 대다수의 이사들이 압력을 행사하여 결정된 사항을 억제할 수 없고, 독립이사들 자체가 아래에서 논의되는 당위원회의 내부자 그룹에서 선임되는 경우가 허다하다. 그러므로 이론적으로는 중국 은행들의 새로운 법적 형태가 더 나은 기업지배구조를 낳는다. 여기서 "소유자"는 자신들이 뽑은 이사회와 이사회가 선임한 "경영자"가 자신의 자산을 배치하는 방식을 감시하게 될 것이다. 하지만 모든 중국 은행들의 자본구조는 한쪽으로 치우쳐 있고 때로는 "국가"가 지배하는 구조를 가지고 있어서, 실제로는 새로운 종류의 대리인 문제들을 양산하고 있다. 즉, 소수의 주주들은 책임 수탁인(director fiduciaries)을 감시하거나 변화시킬 힘이 없고, 이사의 다수를 선임하고 있는 거대한 주요 통제집단에 대한 감시로부터 완전히 배제되어 있다. 이제 이러한 상황은 중국의 상업은행 개혁에 대해 논하는 중국어 문헌에서 조차도 심각한 문제로 점점 더 인식되어 가고 있다(Dou Hongquan 2005: 275–314).

중국공상은행의 이사회 의장도 기업공개 이전 주식회사 전환 시점에서 가진 인터뷰에서 이 점을 지적했다. 제도로서 이사회의 중요성을 극소화하거나, 또는 주식회사 전환과 주식 일부의 공개시장 상장이 갖는 효과에 대해 언급하면서, 그는 다음과 같이 말했다:

> 내가 여기서 분명히 해야 할 점은, 국유은행에 대한 역사적 문제들은 이사회의 결여에 그 원이 있는 것이 아니라는 사실이다. 대신에 이 문제들은 경제구조, 신용구조, 국유기업의 구조조정, 그리고 이행경제 등과 같은 다중의 요인들과 밀접히 결합되어 있다…우리는 주주의 권리에 대한 개혁을 실행해야 하지만, 이것이 우리의 궁극적인 목표는 아니라는 것을 잘 알고 있다. 근자에 이르러, 많은 사람들이 [주주의 권리를] 보장하기만 하면 모든 문제가 해결되고, 그렇게만 된다면 우리 은행 또한 성공할 것이라 지극히 기계적으로 생각하고 있다. 하지만 현실에서는 주주의 권리를 보장하는 개혁과 함께, 우리 은행 내부의 지배구조도 강화되어야 한다…주식시장에 상장이 되기만 하면, 만사형통일 것이라는 것은 사실이 아니다.(Ling Huawei and Zhao Xiaojian 2003: 74)

이와는 다르지만 그만큼이나 해로운 영향도 있다. 국가가 통제하는 중국의 상업은행들이 가진 편향된 자본구조는 해당 은행들을 통제하기에는 부적합한 기업 통제 시장을 만들고 있다. 일반적으로 인정되는 바와 같이, 수준 이하의 경영은 수준 이하의 재무적 성과로 나타나고, 이는 주가하락으로 반영될 것이다. 특정 기업의 주식이 거래되는 자본시장이 보다 발달되고 유동적이라면, 주가하락은 잠재적으로 더 효율적이고 잘 경영되고 있는 기업의 잠재적인 인수대상이 된다. 이들은 저평가된 주식의 매입을 반기고, 경영진 그리고/또는 내부자를 교체하여 낮은 성과를 보이는 기업의 미래가치를 높이려 한다. 하지만 제한적인 주식만이 실제로 거래되고, 단일의 행위자(중국에서는 재정부를 통해 경영권을 행사하는 국가)가 기업에 대한 통제권을 단단히 장악하고 있다면, 그런 기업과 경영자에게는 기업경영권에 대한 이러한 위협이 완전히 차단되게 된다. 이러한 상황에서, 하락하는 주가가 경영부실의 신호가 되고 경영진을 불편하게는 하더라도, 기업인수나 경영 구조조정의 위협(즉, 지위의 상실)을 동반하지는 않게 된다.

많은 관찰자들과 분석가들은 외국인의 소수 지분투자(종종 외국인의 지배구조 참여와 "전략적" 또는 "기술적" 지원이 동반되곤 하는)를 도입하거나, 은행부문에 대한 중국의 WTO 협약 내용을 실행할 때 발생될 경쟁효과를 기업지배구조를 개선하기 위한 하나의 대안적 동력으로서 지적하기도 한다. 이러한 대안들은 중국 상업은행의 개혁에서 결정적인 요인은 아니지만 나름 중요한 요인이 될 수 있을지도 모른다(Berger, Hasan, and Zhou 2007).[14] 본 장에서는 중국의 대형 상업은행 내부로 외국인 지분 참여를 허용하는 것이 가져온다고 알려진 긍정적 효과를 기각하거나, 최소한 강조하지 않는다. 왜냐하면, 앞서 지적한 것처럼, 단순한 주식회사 전환과 상장은 어떠한 개선도 아니기 때문이다. 이것은 지분의 70~80%를 차지하는 주주와 이들이 자신들의 대표로 선임한 내부자들의 압도적인 영향력을 제한하는 것은 아니다. 그러한 외국인 전략적 투자자들은 사업과 운영상의 통찰력을 제공하거나, 새로운 제품라인에 대한 제언을 제공할 수는 있다. 또한 이들은 자신들에게 당당한 개입이 허용된 것처럼 보이는 "전략적 협력" 협정에 조인할 수도 있다. 하지만 이들 외국인 전략적 투자자들은 협상을 통해 거부권을 얻지 못하는 한, 자신들의 이견을 강제하고 내부자의 행위를 억제할 힘을 갖지 못하고 있으며, 내부자들이나 국가의 거대한 지분보유에 대해 효과적으로 감시할 수가 없다. 오늘날까지 중국의 은행 가운데 외국인 "전략적" 투자자가 기업지배에 참여했던 한 가지 예가 있었던 것처럼 보인다. 그것은 바로 널리 퍼져 있던 선전발전은행의 주식 가운데 국가지분(선전 지방정부가 보유하던 지분)을 TPG가 매입한 사례이다. 이 유일한 예에서 외국인 전략적 투자자가 행사한 통제의 정도는 당시의 독특한 상황의 결과였다. 당시 국가 주주(외국인 투자자가 매입)가 "퇴장"하고, 중앙정부는 소액 주주에게 지분 이상의 이사회 지배권과 경영진 선임권을 보장하는 경영구조 재편을 승인했던 것이다.

❖ 당위원회—황제의 새 옷

주식회사로 전환되어 주식시장에 신규로 상장된 중국의 상업은행들이 형식적인 "이사회"(현재에는 독립이사가 규정된 비율만큼 포함되어야 한다)를 구성하고, 더 나아가 이사회의 세부 위원회를 설치했다는 것은 사실이다. 하지만 은행의 지배에 있어서, 그리고 법적으로 집중된 경영의 정점에 있는 이사들에 대해 결정적인 영향력을 행사하는 또 다른 "위원회"가 존재한다는 사실은 더 이상 비밀이 아니다. 이 위원회에 대해서는 주식회사로 전환된 상업은행에 관한 중국 문헌과 언론에서 폭넓게 논의되었지만, 외국어로 된 논문, 언론 또는 해외 모집 상장관련 문헌 등에서는 거의 언급되고 있지 않다.[15] 중국 공산당 위원회는 모든 개혁된 국유기업들(저자의 경험에 따르면, 심지어는 주식회사로 전환되어 공개시장 상장을 추진하고 있는 향진기업에도)에 설치되어 있다. 따라서 회사법 분석가들이 "이사회"로 묘사하는 메커니즘의 도입에도 불구하고, 중국의 국유 대형 상업은행에서의 실질적 권력기관은 당 위원회이다. 이는 주주들이 선출하게 되는 이사 후보를 추천하는 방식으로 이사들을 지명하고 지도하는 집단이고, 그 투표권을 행사하는 주주들은 당의 지도에 따라 해동하는 약 70%의 국가 주주들에 의해 지배된다. 국가나 군대와는 대조적으로, 어떤 은행이나 기타 국유기업에서 당 위원회는 당 체계의 통제에 종속되어 있는데, 이는 기업 수준의 당 위원회가 당원 임명을 통해 당 체계에 통제되고 있기 때문이다. 주식회사로 전환된 중국의 모든 상업은행의 경우, 그것이 $4\frac{1}{2}$대 대형 상업은행이든 아니든 관계없이, 증권 모집 공고나 공시 보고서에 나타나는 이러한 병렬적 당 조직에 대한 유일한 증거는 "규율 위원회" 또는 때때로 "당 규율 위원회"에 대해 언급된 부분이다. 각각의 은행에서 이 위원회는 당 위원회에 종속된 위원회인데, 당의 "규율"("공적인" 법규 또는 규제의 강제와는 구분되는)에 따라 은행들에서 당원들의 부정행위를 조사하고 처벌하는 기구이다. 중국에서 국가가 통제하는 상장 은행들 중 어떠한 은행도 그러한 당 위원회의 존재를 시사하는 은행은 없다. 그러나 대부분의 공개 모집 서류의 "경영"에 대한 공시 의무에 해당하는 절에는 어색하게도 "규율 위원회"의 대표 한 사람의 이름이 올라 있다. 하지만 이 조직의 실체와 역할, 당 위원회에는 어떠한 방식으로 예속되어 있는지, 또는 이 위원회가 공식적인 기업지배구조와는 어떻게 연관되어 있는지 등에 대한 더 이상의 자세한 언급은 없다.[16]

매우 직설적이었던 2006년 인터뷰에서, 중국교통은행장 지앙 챠오리앙(Jiang Chaoliang)은 당 위원회가 무엇을 하는지, 그런 일을 하는 이유는 무엇인지, 또 이 위원회가 누구 또는 무엇을 대표하는지 등에 대해 자세히 설명했다. 전통적인 기업지배 활동의 관점에서 볼 때 아마도 가장 놀라운 것은 지앙 행장의 우회적인 발언으로, 이는 분명히 중국의 은행들에서 이루어지는 실질적인 통제 경로에 대해 인터뷰하는 사람을 안심시키려는 시도였다. 지앙 행장은, "이사회가 당 위원회에 동의하지 않을 때, 전자는 [위원회의 결정에 대해] 거부권을 행사할 수 있다"라고 말했다(Hu Runfeng, Cheng Zhe, and Fu Tao 2006: 72). 이는 19세기 이래로 발전해 왔고 중국 또한 1994년 이후 회사법이 약속하는 기업형태와는 정반대의 것이다. 즉, 그러한 발전이 암시하는 기업형태란 이사회에 최고 권한이 주어지는 중앙집중화된 경영인데, 여기서 이사회의 권한은 (1)이사회 내부의 전문화된 위원회 또는 (2) 주주들의 엄격한 감시 아래에 놓여 있다. 지앙 행장은 역으로 비공개 위원회의 손에 주된 권한이 주어져 있고 이사회에게는 단지 이 지도집단의 제안에 대한 "거부권"만이 허용되고 있는 기업법 및 기업지배 체제를 폭로하고 있는 것이다. (여기서 비공개 위원회는 이사회도, 고위 운영진도, 감사회도, 주주회도, 그 무엇도 아니며, 법에 따르면 이사회는 기업 소유자의 유일한 법적 수탁인이다.) 지앙 행장은 중국의 새로운 기업지배 체제에서 대주주

(국가), 국가 뒤에 버티고 있는 당, 그리고 당 위원회가 추구하는 이해 사이의 이론적 (그리고 이데올로기적) 연계를 논하는데 더 관심이 많았다.

> 당 위원회는 무엇을 관리하는가? 첫째, 당 위원회는 전략을 감독하는 업무를 담당한다. 정부는 중국교통은행의 지분 [원문내용 그대로] 65%를 보유하고 있고, 지배 주주로서 정부는 이 은행의 미래의 발전을 위한 전략을 제안할 권한이 있다. 둘째, [당 위원회는] 인적 자원을 감독한다…당 위원회는 이사회에 고위 경영진 후보를 추천하며 이사회는 최종 결정을 내린다…. 셋째, [당 위원회는] 기업의 사회적 책임을 감독한다. 중국 내에서 자연인과 법인 모두는 법으로 규정된 조세를 납부하고, 합법적으로 사업을 하고, 무법과 혼란을 야기하지 않는 것과 같은 일정정도의 사회적 책임을 져야만 한다. 만일 국가가 거시경제적 조치를 실행한다면 [우리 은행은] 이 정책을 준수해야 한다 (Hu Runfeng, Cheng Zhe, and Fu Tao 2006: 72)

이러한 언급에는 몇 가지 매우 흥미로운 점들이 발견된다. 가장 중요한 점은 한 기업에서 활동하는 다양한 행위자들의 역할들 사이의 법적 또는 운영상 관계에 대한 정통적 이론에서 벗어나 있다는 점이다. 이 인터뷰에는 (1) 국가가 이 은행의 지배 주주이지만, 주주로서 국가의 이해는 주주총회가 아니라 기업수준의 당 위원회를 통해 전달되며, 당 위원회의 제안은 이사회에 직접 전달된다는 사실이 인정하고 있고, (2) 기업의 고위 경영진을 선발하고 추천하는데 있어서 당이 직접적 책임과 권한을 가지고 있으며(이사회의 승인을 필요로 하지만),[17] (3) 이사회와 이사회가 선임한 간부를 통해 권한을 행사하고 있는 당 위원회는 기업으로 하여금 모든 주주를 위한 직접적인 이윤창출 목표가 아니라, "안정성", "적법성", 그리고 국가의 "거시경제적 정책" 등에 따라 행동하게 한다는 점을 명확히 지적하고 있다. 마지막으로, 2006년 같은 인터뷰에서 지앙 행장은 당 위원회는 사실상의 전권을 행사한다—적어도 교통은행에서는—고 밝혔다.

> [교통은행의] 당 위원회는 최대주주의 이해를 대표하며 이사회에 특정 제안들을 제출한다. 이사회의 승인투표 이후 고위 경영진이 [이 제안들을] 실행하는데 배치된다. 이 경영진이 그 제안을 실행할 때, 감사회는 이사회의 전략적 방향과 고위 경영진의 실행이 적법한 것인지 감독한다. (Hu Runfeng, Cheng Zhe, and Fu Tao 2006: 72)[18]

여기서, 주주의 이해가 대변되거나 표명되는 것은 주주총회를 통해서가 아니라 당 위원회를 통해서라는 점이 명확하게 나타나 있다. 하지만 주의해야 할 것은, 당 위원회는 법적으로 주주의 이해에 복무해야 한다는 수탁인 의무(feduciary duty)를 전혀 지지 않는다는 사실이다.

다소 다른 각도에서 이 문제를 다루고 있지만, 중국은행장 리 리후이(Li Lihui) 또한 2005년 인터뷰에서 중국은행 내에서 당 위원회의 기능에 대해 지앙 행장만큼이나 솔직했다. 리 행장에게 카이징지(Caijing Magazine)의 기자가 농담을 건네자,[19] 그는 다음과 같이 답했다.

> 현재 이사회, 감사회, 그리고 고위 경영진 중 일부는 당원이다. [이사회] 의장은 당 위원회 비서이며 감사회 의장과 은행장은 당 위원회의 부비서이다. [당] 위원회는 당원의 구조는 물론이거니와 거시정책, 기업의 운영방향, 당의 구조를 감독한다. 중국에서 공산당의 정치적 권력을 이용하는 것은 매우 중요하다. 경영 체계는 대다수의 문제를 해결할 수는 있지만, 모두는 아니다. 예를 들어, 정치적 이념 과제를 어떻게 발전시킬 것인가, 또는 피고용인의 윤리적 수준을 어떻게 끌어 올릴 것인가 등등에 대한 요구가 주어진다면, 이러한 문제들은 당 위원회에서 연구되어야 한다. 그러므로 [이에 대해서] 어떠한 위선적인 것은 아무것도 없다고 나는 생각한다. 220,000의 피고용자들을 [어떻게 할 것인가라는 질문이 주어지면] 해고 또는 구조조정을 단행한다? (Zhang Xiaocai 005)

비슷하게, 중국공상은행장 양 카이쉥(Yang Caisheng)은 2006년 다음과 같이 말하면서 지배구조에서 공개되지 않은 부분으로서 당 위원회의 역할을 언급했다: "2005년 10월 이후 공상은행의 체계는 '3 위원회' [고위 경영진, 이사회, 그리고 감사회]—당 위원회가 포함되면 '4 위원회'—운영체제로 전환되었다." (Zhang Jiwei, Yu Ning and Guo Jiong 2006: 66)

리 행장과 양 행장의 언급은 장 행장의 언급만큼이나 많은 것을 보여주고 있으며, 비공개된 당 위원회의 존속과 큰 역할("거시정책, 기업의 운영방향…여러 부서간의 조정"), 그것의 필수 불가결성("경영 체계는 대다수의 문제를 해결할 수는 있지만, 모두는 아니다"), 그리고 노멘클라투라(*nomenklatura*, 사회주의 관료) 직위와 기업에서의 공식적인 직위 사이의 밀접한 교차관계(이사회 의장=당 비서, 감사회 의장=당 부

비서, 행장=당 부비서 등)를 입증하고 있다. 사실 이러한 교차관계는 넓게 보면 당과 국가 조직 사이의 관계를 거의 그대로 모방한 것이다.

당 위원회의 두드러진 역할을 이렇게 규명하는 것은 중국 공산당, 혹은 이렇게 알려지지 않은 지배 권력의 중심은 당 위원회라는 사실을 비난하려는 뜻은 아니다. 반대로 이것은 중국의 은행들(그리고 기업들)에서 기업 통제권이 작동하는 실제 경로와 개혁기 중국에서 보여지는 형식과 기능 사이의 불일치를 조명하려는 것이다. 가장 중요하게 지적될 수 있는 것은 이사 또는 고위 경영진이 기업의 진짜 지도력이 아니게 될 때, 이들에게 동기나 책임을 부여하는 일은 절대로 적절하지 않게 될 것이라는 사실이다. 더구나 기업의 배후에 도사리고 있는 실질적인 권력을 감시하는 것은 주주가 아니라 분리되어 있는 당의 상부 조직이다.

❖ 게임에 사회주의 관료들이 남아있다

중국교통은행 이사회 의장(그리고 당연히 당 위원회 비서) 지앙 챠오리앙은 앞서 인용한 인터뷰에서, 당 조직(기업수준의 당 위원회를 통해 활동)이 고위 경영진(그 중 많은 사람들이 경영 이사로서 이중의 임무를 수행한다)의 실질적인 선임에서 발군의 역할을 수행한다는 점을 명백히 했다.

> …[당 위원회는] 인적 자원을 감독한다…당 위원회는 이사회에 고위 경영진 후보를 추천하며 이사회는 최종 결정을 내린다…(Hu Runfeng, Cheng Zhe, and Fu Tao 2006: 72)

고위 경영진의 직위에 선임된 이 사람들은 누구인가? 그 대다수는 공산당 위계구조에서 한 자리를 차지하고 있는 사람들(인사 발령 시스템에 의해 결정된)로, 항상 그런 것은 아니지만 종종 관련기업과 동일 "계통" 내에 위치하고 있는 사람들이다. 중국의 개혁기에 조차, 모든 국유기업들과 국가가 통제하는 기업들은 여전히 모든 공공기관을 포괄하는 당 위계 체계의 한 부분(또는 하위 부분으로)으로 남아있다. **노멘클라투라의 임명**은 행정기관에서와 같이 공기업에서도 계속되고 있는데, 이는 단지 "한 단계 아래의" 인사일 뿐이다. 공공부문 전체에 걸쳐 개별 부서나 기업의 지도자를 임명할 수 있는 권한은 사회 및 정치경제 모든 면에서 중국 공산당의 통제를 유지하기 위한 가장 중요한 수단이다 (Lieberthal 2004: 234–9). 따라서 기업 경영진의 임명은 거의 전적으로 당 구조 질서체계(arrangements)와 직무평가에 의해 결정되고, 전자는 그림자처럼 후자에 붙어 다닌다. 달리 말하면, 기업 고위층(이사 및 감사들)의 선출과 임명(관리)은 여전히 지속되고 있는 중화인민공화국의 노멘클라투라 체계로 인해 활발히 활동하는 질서체계의 반영일 뿐이다.

따라서 주요 기업인들이 기업과 정부(당) 기구 사이를 오고 가는 것을 쉽게 찾아볼 수 있다. 예를 들면, 중국국가해외석유공사의 회장은 하이난성 성장(省長)으로 옮겨갔다. 불명예 퇴직한 중국건설은행장 장 엔자오의 후임은 인민은행(국가외환관리국)으로부터 영입되었고, 시노펙(Sinopec)의 새 회장은 중국 동북부 고위 정치인이 낙하산 인사로 임명되었다. 더욱 혼란스럽게 하는 점은, 노멘클라투라들 가운데 고위 인사들은 동종산업의 경쟁기업들 사이에서 조차 빈번하게 교환되고 있다는 사실이다. 이는 마치 돌아가며 감투쓰기가 최고위층에서 뿐만이 아니라 실무진 수준에서도 빈번히 일어나고 있는 것과 같다. 예를 들어, 명백히 "경쟁사"인 차이나모바일(China Mobile)과 차이나유니콤(China Unicom)은 해외 기업공개를 마친 직후 최고 경영진들을 맞바꾸었을 때, 놀라지 않을 수 없었다. 또 다른 한 예는 2007년 여름에는—그것도 단 5일 만에—차이나모바일, 차이나텔레콤(China Telecom), 차이나넷콤(China Netcom), 차이나유니콤 사이에 대규모의 고위 경영자(부사장 수준) 맞바꾸기가 완료되기도 했다.[20] 여기에 연루된 각 기업은 이러한 조치를 발표하는 언론사 보도자료를 발간했고, 명백히 구별되는 이 기업들이 3G 입찰을 준비하고 있다고 널리 알려졌다. 그러나 이러한 경영진 교환은 이 네 기업들이 어떤 비기업적 방식으로 운영되고 있다는 점을 드러내는 것이다. 그것은 바로 노멘클라투라 체계로, 이는 당 조직 및 정부부처 사이에 고위 정부관료를 배정하는 체계이다. 이러한 배정에는 국내외 시장에서 자본을 조달하기 위한 방안으로 주식회사화 된 정부부처까지도 해당된다.

이러한 두드러지게 중국적인 현상에 대해 정치 또는 조직적 견지에서 이의를 제기할 필요는 없다. 국가의 가장 복잡한 정치–경제조직이 안고 있는 어려운 과제에 대해 당(기업의 최대주주인 국가를 통해 영향력을 행사하는)이 가장 경쟁력 있는 간부단을 배치할 수 없을 것이라 누가 말할 수 있겠는가? 순수 노멘클라투라의 임명이 상업적·운영적 측면에서의 기업활동을 침해하는 정도가 국유기업에 따라 다르다 하더라도, 점점 더 기술적이 되가는 업무(예컨대 금융부문에서 쉽게 찾아볼 수 있는 업무)를 관리하는데 순수 정치인을 지명하는 것은 문제의 소지가 있다는 점은 분명해 보인다. 그러나 기업개혁과 주식회사 전환으로 부여된 형식적 외양이 실제의 기업지배체제와 얼마나 다른가는 다시 한 번 생각해야 할 문제이다. 가장 중요한 측면으로, 이는 중국의 은행들에서 정확히 누가 누구를 감독하고 누구에게 책임이 있는지를 명확히 규정하는 문제이다. 주주에 대한 책임을 지는 사람들은, 주식회사 형태의 기업이라 할 때 우리가 흔히 생각할 수 있는 것처럼, 이사들과 고위 경영자들이 아니다. 대신에 중국의 은행들(그리고 기타 국유기업들)에서 **노멘클라투라**는 당 체계에게 대해 책임이 있고, 이 체계는 은행들의 명목상 지배 주주인 국가를 지배하는 것과 동일한 체계이다.

❖ 문어 다루기

주식회사 전환 이후 자리 잡게 된 문제가 많은 자본구조, 강력한 그림자 지배체계의 지속 등은 차치하고, 따라서 은행의 경영자들이 모든 주주의 이익에 따라 은행을 경영하고자 한다 하더라도, 그 순수한 규모, 이질적 조직, 그리고 명목상으로는 중국은행 기업의 하위 조직이지만 실질적으로는 독립적인 지점 수준의 행위자 등은 그러한 노력들을 무산시키고 있다. 예를 들면, 중국교통은행이 기업을 공개할 때 92개의 지점을 가지고 있었고, 그 중 7개 지점만이 "본사"(기업본부)의 직접적 감독을 받고 있었다. 이 지점들 중 27개는 "성 단위"의 지점들이었는데, 이들은 58개의 다른 성급 지점들을 감독하고 있었다(Bank of Communications Annual Report 2005: 22). 중국교통은행 창 젠밍 행장은 수직적 지배구조의 핵심적 어려움을 다음과 같이 규정했다.

> 원래 은행 전체의 운영 모델은 38개의 1차 지점을 통해서 관리하는 것으로, 이들 지점들은 각자의 대차대조표를 갖고 있으며 이들 각 지점의 [순] 이윤을 합산하여 은행 전체의 [총] 이윤[수익]을 산출했다. 따라서 본사의 관리 형태는 모든 자원을 이 38개 지점에 배분하는 것이었다. (Ling Huawei, Guo Jiong and Li Zhigang 2006: 48)

중국은행의 경우도 이와 유사해서, 기업을 공개할 당시 11,000개 이상의 지점과 영업소, 580개의 셀프서비스 센터, 그리고 11,600개의 자동화 서비스 기기를 가지고 있었다. 중국공상은행은 2006년 6월 가장 많은 18,038개의 "국내 지점, 영업소 및 기타 시설"과 98개의 "해외지점, 자회사, 대표 사무소, 그리고 영업소"를 가지고 있었다! (ICBC 2006: 102)

중국의 은행기관들은 사실상 수직적으로 통합되기가 극히 어렵다. 왜냐하면 "본사"(그리고 현재의 기업 중심)가 오랜 기간 존속해온 기존의 하위 부서의 활동에 대해 지시하거나 감시할 수 있는 권한이 약한 현대식 연방정부와 유사한 경우가 흔했기 때문이다. 그 이유는 중국의 지배구조 상에서 일반적인 핵심 문제들과 밀접히 관련되어 있다. 즉, 은행 지점들의 지역적(성 혹은 자치시, 그리고 그 아래의 지역) 정체성은 그에 상응하는 지방정부(혹은 당)과 밀접히 엮여 있고, 어떤 지점들의 경우에는 "본사"와 같은 어떤 은행중앙기구보다도 먼저 설립된 경우도 있었기 때문이다. 2005년 말 중국의 경제학자 우 징리안이 지적하고 있듯이, 1990년대 중반까지도 지점 수준의 행위자들이 중국 중앙은행 지방 분점들로부터 직접 자금을 수령하여 지역의 고객들에게 대출해 주었다(Economist 2005: 73). 예컨대, 충칭시에 존재하는 국유은행들의 분점체계는, 같은 은행의 명목적 본사 또는 주식회사 전환 후 공식적인 법적 정점을 구성하는 가상법인의 "본부"의 명령보다는, 충칭시 인민자치정부(그리고 당 조직)가 부여하는 우선권과 야심에 더 적극적으로 반응했을 것이란 점은 거의 확실하다. 수많은 지방 수준의 "지점들"은 자체적으로 대출 및 자산형성에 대한 결정을 내리고, 자체적으로 신용기준(해당 지방정부의 압력 하에서)을 마련 · 시행하고, 독자적 재무제표를 작성하기까지 했을 것이다. 이러한 내용은 일찍이 중국 금융부문 개혁의 초기인 1997년 11월 이미 잘 인식되고 있었는데, 당시는 국가 금융실무집단이 지방정부들에게 은행지점의 운영과 의사결정에 간섭하지 말도록 촉구하는 정책지시를 반복해서 내려 보내던 때다 (Zhou Xiachuan 2000: 76). 같은 시기 관측통들에 따르면, 은행부문에 이러한 일이 잔존하는 것은 단지 "지방" 은행의 대표들이 명목상의 상급자들에게 이런 방식으로 대응하기 때문이 아니었다. 오히려 이는 지난 10년 동안 발생한 수많은 주요 은행 스캔들들이 지역수준의 영업을 감시하는데 근본적인 어려움을 갖고 있었기 때문이었음을 보여준다.[21] TPG의 대표로서 낙하산 인사로 선전발전은행장직에 앉게 된 한 외국인 경영자는 다음과 같이 말하기도 했다. "중국에서는 지점장이 왕이다" (*Economist* 2005: 73).

구조조정을 단행하고 의무적인 감시 및 이의 강제집행이 공식적으로 도입된 후에도, 중국 은행들에서 상급기관이 기술적으로 종속되어 있는 시스템—물리적 · 정치적 지형에 따라 넓게 퍼져 있는—을 지배한다는 것은 매우 어려운 일이다. 예를 들어, 중국은행은 기업공개를 완료한 후, 2006년 4월 센치우 지점의 대규모 사기사건을 자체적으로 적발하고 공개했다(이 은행의 직원이 2004년에서 2005년 사이 이 지역의 기업인 조우코우 완위안 맥주(Zhoukou Wanyuan Beer) 총지배인과 결탁하여 1.46억 위안을 횡령했다.) 이 사기의 진원은 어디에 있는가? 그것은 바로 은행의 지방 지점과 공모한 그 기업이 지방정부에 대해 가지는 중요성에 있다! 어느 주민이 말했듯이, "정부는 완위안을 전적으로 지원하고 있었지만, 은행의 신용만으로는 이 기업의 [자본에 대한] 식욕을 충족시킬 수 없었다." 중국은행의 센치우 지점장이 인정했듯, "2005년 중국은행은 구조조정을 실시하고 적극적으로 내부를 통제하려 했지만, 지점 수준에서 이를 실행할 수 있는 [본사의] 힘은 별로 크지 않았다. 지점장은 지점 내에서 아직 여러 자원을 통제할 수 있고, 사기를 치기 위한 담합행위를 통해 불안정을 발생시킬 수 있다. 현실에서 중국은행들의 개인별 제약과 [직무] 순환 시스템은 최근에야 실행되기 시작했다" (Hu Runfeng, Yu Ning, and Guo Jiong 2006: 41). 분석가와 개혁가들이 사실상 널리 확산되고 무반응적인 제도적 구조라 할 수 있는 하부 수준의 관리에 대해 책임감이 강한 기업의 중앙 관리자들이 영향을 미칠 수 있을 것이라 주장할 때, 이러한 제도적 현실을 고려하지 않으면 안 된다. 이러한 통찰은, 지방 수준의 지점 행위자들이 상업은행 업무를 수행하기 위한 자격요건이 얼마나 잘 갖추어져 있는지는 문제 삼지는 않는 것이다(중국건설은행에 새로 취임한 구오 슈칭 행장은 국제 기업공개를 위한 준비과정에, "중국건설은행의 위험관리자 중 90% 이상이 자격을 갖추고 있지 않다"(Economist 2005: 73)라고 지적했지만). 과거 소위 부실채권을 국가자산관리회사에 "매각" 또는 자본 재구성을 통해 장부상으로 상각하던 때에 조차도, 중국의 대형 상업은행들은 단순한 부실대출이나 정치성 대출을 계속하고 있었다는 사실로부터, 이처럼 어려운 동력이 다시금 확인될 뿐이다. 의심의 여지없이, 중국의 주식회사 전환 은행들과 공공 은행들의 새로운 지도자들은 거대하고 매우 이질적인 "지점" 망을 "재중앙집중화"(많은 경우, 이러한 표현은 잘못된 표현인데, 왜냐하면 원래 권력이 지방 은행기관들에 주어져 있었기 때문이다)하려고 실질적인 노력을 기울이고 있다. 또한 더 명백한 남용의 사례들—자율적으로 운영되고, 자신의 고유 웹싸이트를 만들고, 독립적인 법인 (그리고 회계) 자격을 갖고 있다고 주장하는 지점들—이 밝혀지고 사라져가고 있음도 분명하다. 하지만 "중앙집중화"와 바로잡기가 성공할 가능성은 1990년대 중반 중국 중앙정부가 시작한 정치적 · 발전적 통제를 다시금 중앙집중화하려 노력하기 시작하면서 경험했던 것과 같은 방식으로 방해를 받게 될 것으로 보인다.

❖ 대마불사

마지막으로, $4\frac{1}{2}$대 대형 상업은행에서 이루어진 모든 조직상의 변화에도 불구하고, 대형 은행들은 아무리 부실하게 운영되더라도 망하도록 내버려두지 않을 것이란 분명한 인식이 중국 안팎으로 존재한다. 이 때문에, 적어도 상업은행들을 실제 지배하는 개인들에게 "도덕적 위험"이라는 고전적 문제가 생겨났다. 중국 은행들의 도산으로 세계가 흔들리는 것을 상상하기는 어렵지 않다. 중국 은행들의 도산은 허락되지 않아야 한다는 갈망은 중국 중앙정부와 금융정책 결정자, 그리고 중국 은행부문의 자본 재구성 및 대차대조표 복구(부실채권을 자산관리회사로 양도함으로써 사실상의 자본 재구성의 유예) 등을 통해 그 신호가 전달되어 왔다. 만일 진실로 파산하기에는 너무 중요하다면, 경영진—기업지배에 주의를 기울여야 하는 주체—에게는 자신들에게 적용되는 기업지배의 형식적 제도에 관계없이, 자신의 행위와 악행에 대한 책임을 회피하도록 허용된 것이다. (물론, 서구의 대형 금융기관들, 특히 서브프라임 모기지론 혼란과 그에 따른 글로벌 금융위기, 또는 그 이전의 미국에서의 저축대부조합 스캔들에 대해 동일한 이야기가 가능하다. 하지만 그런 시장들은 기업통제시장(market for corporate control)과 같이 기타 실질적인 책임감수 및 감시의 기제를 보유하고 있다.)

❖ 측정의 결함—치솟는 주가와 지속되는 부실채권

어떠한 지배체계라도 기업의 성과를 개선하고 주주가치를 증대시키기 위해서 외부 감시와 내부의 견제와 균형을 개선하려 한다. 중국의 은행기관들에 대한 주식회사 전환과 지배구조 개혁의 구체적 효과를 구분하고 측정하기까지 할 수 있는 몇 가지 방법이 있다. 여기에는 다음의 방법들이 포함된다: 수익성 증가(기업 운영상의 근본적인 변화), 양질의 은행자산 증가와 부심채권의 감소(기업 운영상, 또는 신용대출에 관한 의사결정에서의 근본적인 변화), 그리고 주가의 변화(은행 수익성, 성장성, 미래가치에 대한 시장의 평가) 등. 안타깝게도, 중국 금융부문의 현 상황에서 이와 같은 각각의 전통적 측정 도구들에는 문제의 소지가 많다.

중국 은행들의 기업지배구조 개혁에서 의도된 긍정적인 효과들을 측정하기 위해 기본적인 수익성 지표 또는 수익성의 변화를 활용하는 것은 아직 너무 성급한 것이다. 자기자본수익률 (ROE), 자산수익율 (ROA), 금리마진, 또는 총수익 대비 여신수익의 비율 등 다른 어떤 척도를 사용하건 여전히 그러하다. 이러한 난점이 왜 발생하는 지를 이해하는 일은 어렵지 않다. 즉, 중국은 아주 최근에야 은행을 주식회사로 전환(그리고 독립회계 단위는 물론 독립법인으로 만들었다)했다. 따라서 어떠한 최근의 기준선에 대비한다 하더라도 수익성 및 성과의 "변화"(즉, 개선)를 이해하는 것은 불가능하다. 또한 지속되고 있는 부실채권의 발생 또는 보유에 대한 평가에서와 마찬가지로, $4\frac{1}{2}$대 대형 은행에 부과된 공시의무에도 불구하고, 은행들의 재무보고서들의 정확성에 대한 의문이 계속해서 제기되고 있다. 많은 관찰자들은 이러한 척도를 통해 긍정적인 변화들을 확인할 수 있기를 바라지만, 기업지배구조 개혁(규제, 공적 감시 등등은 말할 것도 없이)과 개선된 성과 사이의 관계를 이해하려 하는 것은 아직 너무 이르다.

중국은행들의 경영자들이 이 새로운 영역에서 얼마나 잘하고 있는지를 평가하는데 있어서 유용할 수도 있는 두 번째 지표는 수익성과 또는 시장(가격을 통한)의 평가 이외에, 부실채권이 지속적으로 발생하고 있다는 사실이다. 상장된 중국은행들에게 열린 새로운 시대에, 관련 은행들은 지금 훨씬 정확한 (그리고 기업공개 계획서의 법적책임 원칙에 따라) 부실채권 또는 적어도 부실채권 충당금을 설명하는 재무감사 보고서를 (수시로) 공개해야 한다. 지나치게 일반화할 필요는 없지만 중국은행감독관리위원회 주석 리우 민캉이 이 결정적으로 중요한 문제에 대해 이따금 언급한 바를 진지하게 고려할 때, 중국의 은행들—특히 $4\frac{1}{2}$대 대형 은행들—의 부실한 대출심사(자산창출) 결정으로 인해 부실채권이 지속적으로 축적되어 왔고, 이는 지금도 계속되고 있는 것으로 보인다. 이러한 우려스런 현상이 중국 및 해외의 문헌들(*Economist* 2005)에 언급되어 왔는데, 이는 적어도 하나의 고압적 거래(TPG가 선전시가 보유하고 있던 선전발전은행의 국가주 및 법인주를 최초로 매입한 것)가 거의 붕괴된 이유이기도 하다.[22] 뉴욕 타임즈에는 기업공개 전 건설은행에 고용된 어느 고위 위험자문위원의 경고가 경영진에 의해 어떻게 무시되었는지를 아주 구체적으로 설명하는 눈에 띄는 기사가 실렸다. 이 위험관리위원은 "회사의 기록은 부실화되었음을 보여주고 있었지만 우량여신으로 잘못 표기된 부실 여신이 지점은행들에 "특별언급"이란 항목에 감추어져 있다"고 집요하게 주장했다(Barboza 2006). 또는 부실채권 수준이 정확히 밝혀지지 않은 이유를 설명하면서 중국은행감독관리위원회의 최고 관리 한 사람은, "우리 은행들이 정보를 공개할 때, 항상 정직하게 공개하는 것은 아니다"라고 말하기도 했(*Economist* 2005: 72). 지금의 목적상, 이러한 현상이 중요한 이유는, (주식회사로 전환하여 상장하고, 지배구조를 개혁한 이후) 부실채권의 증가속도가 줄었다거나 부실채권이 줄어들기까지 하고 있다는 취지로 중국의 은행들이 발간하는 장미빛 보고서에 의문을 제기하고 있기 때문이다. 이런 점에서 관찰자들은 중국 은행을 관리하기가 얼마나 멀고도 어려운지 전혀 이해하지 못하고 있으며, 지배구조상 나타난 형식적 변화와 영업상의 효과를 어떻게 연결해야 할지 모르고 있다.

중간정도로만 효율적인 자본시장이라 할지라도, 주가가 기업의 가치(더 가장 중요하게는 기업 경영자에 대한 시장의 인식)를 반영할 것이라는 생각이 어떤 기업지배 체제에 암묵적으로 내재되어 있는 관념이다. 2008년 글로벌 위기 이전에, 해외시장에서 그리고 중국의 은행들이 점점 더 많이 2차 A-주 발행을 공모함에 따라 국내시장에서도, 중국의 국가가 통제하는 은행들의 주가는 현기증 나도록 빠른 중국경제의 성장궤적을 반영했을 것이고, 어떤 특정 기업에 얼마나 잘 경영되고 있는지에 대한 평가 보다는 모든 "중국 일반이 게임을 벌이고 있었다". 2006년 5월 이후 모든 "중국적인" 것과 "증권"이, 고열은 아니더라도, 열기를 띠고 있었다. 작금의 붐이 일어나기 전에 조차, 경제학자 스테판 그린(Stephen Green)은 다음과 같이 말하며 "중국적 특색을 갖는 주식시장"이라는 현상을 지적했었다: 공개 상장된 중국의 제조업 기업들이 적자를 내고, 내부자가 사기를 치고 속임수를 쓰더라도, 주가는 상승하다니!(Green 2003: 118–53) 이와 거의 유사한 동학이 중국의 은행주들에서 작동하고 있었고, 이는 2006년 여름 이후 "거품이 낀" 중국의 주식시장과 비이성적인 상승에서 특히 그러했다. 상업은행 부문에서 주가와 알려진 사실들 사이의 이탈(디커플링) 현상을 보여주는 좋은 예는 기업을 공개하고 해외시장에 상장하기 바로 직전에 중국건설은행장 장 엔자오가 구속된 일이다. 기업공개 직전 장 행장은 고위 국가관료(구오 슈칭)과 전격 교체되었다. 이 사건은 기업공개에서도 적절히 공개되었지만, 주식 공모는 반향적인 성공을 거두었고 주식가격은 계속 상승하기만 했다. 또한 기타 은행들에서 벌어진 작전에 대한 끔찍한 공개와 해당 주식가격의 무반응에서 유사한 현상이 발견되었다. 간단히 말해, 국내외 시장에 상장된 $4\frac{1}{2}$대 은행들 모두의 주식가격은 꾸준히 올랐고, 마치 기업정보, 은행부문의 "펀더멘털", 또는 훨씬 더 광범위한 시장의 변화에 영향을 받지 않는 것처럼 보였다. 다시, 여기서 실제로 작용하는 원리를 확인하기는 어렵지 않다. 즉, 외국인 및 국내 투자자들은 중국의 놀라운 성장을 따라갈 것을 약속하는 중국의 은행기관들에 투자하고 있었고, 특정 기업이 갖고 있는 현재의 지배구조는 거의 고려하지 않았다. (동일한 논리로 최근의 폭락은 특정 기업의 문제가 아니며, 주식 및 신용 시장의 글로벌 붕괴와 결부된 것이다). 이러한 작동원리의 지속이 갖는 함의는, 현대적 기업지배구조와 시장 감시 체제의 한 부분으로서 중국 은행들의 공개시장 상장(그리고 소위 기업의 특성을 잘 반영하는 주가)을 지지했던 정책 결정자들이 어쩌면 단기적으로는 잘못 판단했던 것 같다는 점이다. 중국 은행들의 주가는 일반적으로 기업 특정적 경영이나 지배구조에 대한 평가를 반영하지 않는다.

요약하자면, 중국의 은행들을 개선하고 더 효율적이고 수익성 있는 기업으로 만드는데 있어서 주식회사 전환과 기업지배구조 개혁 프로그램이 갖거나 갖게 될 효과를 정확히 측정—적어도 중기에는—하는 일은 매우 어렵다. 여기서 제시하는 것들이 은행 특정적 개혁이 시작된 이래로 중국 상업은행들의 성과가 개선되지 않았음을 의미하는 것은 아니라는 점을 다시 한번 강조하는 것이 중요하다. 문제는 성과의 개선이 일어났는지의 여부와 그 정도를 판단하기는 아직도 매우 어려우며, 그러한 개선이 있다고 하더라도 그런 개선을 은행기관 자체의 지배구조 상의 변화와 특정적으로 연관시키는 것은 거의 불가능하다는 사실이다.

❖ 주식회사 전환, 상장, 그리고 전략적 외국인 투자를 통해 달성된 것은 무엇인가?

앞의 논의는 다음과 같은 명제들을 도출한다. (1) 중국은 국가 은행부문에 대해 폭넓은 개혁을 단행했다; (2) 개혁 프로그램의 한 부분은 이 은행금융기관을 주식회사로 전환하고, 주식회사 전환 후 이 은행들의 주식자본 일부를 상장하고, 공식적인 기업지배 메커니즘을 부과하는 일이었다; (3) 주식회사 전환과 상장은 "대리인"인 이사/상임경영진과 분리된 "주인"(주주)을 창조하고, 이사 선출과 수탁인 의무를 통해 전자는 후자를 감시하고 후자에게는 책임을 부과하려는 의도를 가진 것이었다; (4) 외양과는 달리, 중국의 국유 상업은행들은 여전히 대체로 과거와 같은 방식으로 지배—적어도 중앙 수준에서는—되는데, 전체적인 전략적 방향과 이사/임원 선임에 있어서 당 위원회가 최고 권한을 행사한다; (5) 공산당, 그리고 이사와 임원직에 임명된 **노멘클라투라**는 필연적으로 주주의 이해(75%의 지분을 보유하는 국가 주주(이 자체는 다시 당의 영도를 받는다) 이외의 이해)에 따르는 것은 아니다; (6) 중국 은행들의 구조조정과 상장은 사전적으로 정의되는 이론적 예측과는 반대로, 이들의 기업지배구조에 매우 미미한 효과만을 낳을 수 있다.

이러한 주장에 대해, 일부는 주식회사 전환, 상장, 법적 변화, 기업지배구조 개혁이 중국 금융부문에서는 전혀 아무런 효과도 없다는 어쩌면 이단적인 관점을 받아들일지도 모른다. 그 이유—그것이 참이라면—는 앞서 주장했던 것과 같다. 즉, 중국 대형은행에서는 실질적이고 효과적인 기업지배구조 개혁가 이루어지지 않았다. 정확히 말하면, 자본구조는 여전히 불균형상태에 있으며, 이사회는 명목상으로만 기업의 중앙집권적 경영진이고, 현실에서 경영진(이사회와 고위 간부)은 주식회사로 전환되기 오랜 전부터 자리를 잡고 있던 대주주(국가)를 위해 활동하는 당 위원회에 복무하고 있기 때문이다. 지배구조적 의미에서, 강력한 권한을 갖는 당 위원회는 "내부자"의 특정 집단으로 구성되는데, 이들은 실질적이고 자율적이며 주의 깊은 주인/주주(국가 또는 "전인민")가 부재한 상황에서 기업을 통제한다. (중국투자공사(CIC)로의 흡수 발표가 있기 전, 후이진의 적극적인 태도는 이러한 부정적인 동학에서 일시적인 예외였다) 그러한 내부자들은 주주나 시장(기업통제시장을 통해)에 책임을 지지 않는다. 만일 중국에서 민간 공익변호사 제도(system of private attoneys-general)와 그에 따른 집단소송을 통한 주주의 적극적인 감시가 발전할 것인가는 앞으로 지켜볼 일이다. 하지만 주주가 피해를 부담하는 진정한 "집단"으로 조직될 수 없다는 점, 그리고 이들을 대리할 변호사들이 성사를 조건으로(on contingency basis) 사건을 수임할 수 없다는 사실을 감안할 때, 중국에서 그러한 발전은 회의적이다.[23]

이러한 어려운 문제들에 대한 확실한 장기적 해법은 중국 대형 국유은행들의 (실질적) 사유화를 강화하는 것이다. 즉, (비국가) 내부자 대체 집단에게 은행의 통제권을 "급진적 충격요법식"으로 사유화 혹은 매각하는 것이 아니라, 개별 은행들에서 압도적인 국가 지분을 보다 독립적이고 다양한 자본집단들에 점진적으로 매각하는 것이다. 그러한 새로운 주주 집단들은 기업의 성과와 가치에 깊은 관심을 가지는 집단들이 될 것이다. 물론 점진적인 사유화라 하더라도 연루된 산업부문과는 무관하게 막대한 사회비용과 불확실성을 낳을 수 있다. 그러한 비용은 가장 진보적인 개혁가마저도 좌절시킬 수 있는 것이다. 실질적인 사유화 혹은 소유권의 분산이 성공할 가능성이 희박한 상황에서, 우리가 좀 더 집중적으로 탐구해야 하는 것은 지금까지 실행된 부분적 개혁 프로그램이 지배구조에 어떤 실질적인 효과가 가져왔고, 또는 향후 중기적으로 어떤 실질적인 효과를 낳을 것인지의 문제이다. 직설적으로 말해서, 중국의 은행들에 취해진 지배구조 및 법적 변화들 가운데 은행의 경영자들(그게 누구든)의 책임감을 높이고(혹은) 기회주의적이거나 답답한 행태들을 견제하는 기능을 담당하는 그 무엇이라도 존재하는가? 비록 형식적으로는 주식회사로 전환되었고 정보를 공개하고는 있지만, 중국의 은행들 내부에서 진정한 권력관계가 어찌 보면 예상되지 못했던 역할—기업지배구조 개혁의 짧은 역사에서 어쩌면 독특한 역할—을 수행하는 것은 이런 사정에 기인한다.

우리는 위에서 기업통제시장의 부재로 인해 중국 은행들의 주가 변동은 보통 이

은행기업의 경영자에 거의 영향을 미치지 못할 것이란 점을 지적했다. 즉, 불만족한 (대중) 주주는 이사를 물러나게 할 수 없고, 선출된 이사들(혹은 상대적으로 힘이 약한 "독립이사들")에게 경영을 바꾸도록 하지도, 민간 (주주들의) 법률적 대응권도 거의 주어져 있지 않다. 또한 형식적으로 주주들의 이해에 따라 일해야 하는 이사회와 집중화된 관리라는 측면에서 이사회를 전적으로 능가하는 당 위원회 사이에 근본적 긴장관계가 존재한다.

그러나 이러한 분석은 현대 중국에서 확립된 것과 같은 기업 형태를 지나치게 심각하거나 형식적으로만 인식하여, 공시 주가가 중국 국가가 통제하는 은행들에서 실제 경영자의 운명(그리고 경력)에 영향을 미치고, 그에 따라 더 나은 성과와 충성스런 실적에 대한 유인을 제공하는 방식에 대해서는 간과하는 것일 수 있다. 중국에서 국가가 통제하는 은행들을 이끄는 자리에 임명된 개인들은, 그들이 형식적인 이사나 관리이건, 혹은 가장 중요하게는 이사회를 실질적으로 지도하는 당 위원회의 일원이건, 모두 중국의 현대적 **노멘클라투라**들이다. 이들은 당(그 아래로 국가/정부, **계통**(系統), 기업의 순으로)의 중요한 요원들로, **노멘클라투라** 체계의 한 부분으로서만 진급하고 지위를 얻는다. 따라서 당—중국의 국가 기관, 행정기관, 그리고 국가가 통제하는 기업에 대해 실질적 권력을 행사하는 주체—은 정부부처의 관료에서부터 기업의 최고 경영자에 이르기까지, 이들이 자신들에게 부관된 임무를 어떻게 수행하고 있는지를 지대한 관심을 두고 관찰한다. 주식회사로 전환된 은행의 공시 주가—뉴욕증시, 홍콩 또는 상하이 증시 등 상장증시가 어디든—가 당 정치(그리고 인사) 체계 내에서 당 지명자의 승진에 중요한 영향을 미치게 되는 것은 바로 이러한 사정에 따른 것이다. 그러므로 중국 은행주의 시장가격이 전체 직무평가에서 아주 작은 부분만을(30% 이하) 차지한다 하더라도, 중국의 은행들을 실제로 통제하는 당 지명자들—공식적으로 임명된 이사, 직원, 고위 경영자 모두—은 주가에 대해 당 체계가 부과하는 책임을 지게 될 가능성이 큰 것으로 보인다. 은행의 실적이 저조하거나, 부실하게 경영되는 조직이 관찰되거나, 혹은 긴요한 일과 상충되는 방식으로 운영되는 경우, 주가는 떨어질 것이다. 이는 다시 당 위원회 위원 및 기업에서 직위를 갖고 있는 당 지명자에 대한 조치—해고, 강등, 또는 승진탈락 등—로 이어진다. 따라서 좋은 실적을 내거나 자본시장에서 잘 평가되는 기업에 복무하는 당 관료들은 보상이 주어지고 승진할 것이다.

당연하게도, 이러한 관찰들 또한 이에 대한 이론의 영역을 벗어나지 않는데, 왜냐하면 상장된 $4\frac{1}{2}$대 대형 은행 가운데 글로벌 위기와 무관하게 두드러진 주가하락을 경험한 은행은 아직 없었고, 따라서 그러한 은행들에 배정된 **노멘클라투라** 구성원에 대한 즉각적인 조치도 없었다는 바로 그 이유 때문이다. 그럼에도 불구하고, 이러한 관점은, 주식회사 전환과 상장이라는 개혁 프로젝트의 최소한 한 부분은 중국 은행들에서 집중화된 경영을 지배하는데 유효할 수도 있다는 생각을 가지게 한다. 이러한 생각은, 관찰자들이 생각하기에, "개혁된" 은행기관들의 편향된 자본구조와 당의 지배를 진정으로 이해한다면, 불가능한 그 어떤 것이다. 회사법과 지배구조에 대한 이론이 우리에게 가르쳐 주는 것은 주식회사 형태의 기업에서는 "주주"가 기업의 "경영자"를 감시하는 것이 허용된다는 점이다. 하지만 중국 국유기업들과 국유은행들을 둘러싸고 있는 독특한 환경은 주주들에게 전통적인 감시 메커니즘들("투표", "매도", 또는 "소송") 가운데 한 가지 만을 이용할 수 있도록 한다. 즉 중국 은행들의 주주들은 자신이 보유한 주식을 매도할 수만 있을 뿐이다. 그러한 매도는 주가의 하락을 유발할 것이고, 이에 따라 이들 은행들의 실질적인 통제집단—"이사" 또는 "CEO"로 다시 부상했던 고위의 정치적 핵심집단—을 평가하는 매우 중요한 성과지표들 중 하나에 영향을 미칠 수도 있다. 의심의 여지없이, 이것은 최적의 감시 메커니즘이 아니며, 많은 사람들은 이를 가장 허약하고 불명확한 책임부과 방식으로 여길 것이다. 이러한 이의제기가 어떤 면에서는 참이라고 할 수 있지만, 두 가지 중요한 반박이 존재한다. (1) 어찌되었건 감시 메커니즘은 존재한다 (중국의 대형 국유기업들은 어떠한 감시의 대상도 아니라는 널리 퍼져있는 관점에 대한 반론). (2) 서구의 공개 기업들의 폭넓게 분산되어 있는 주주들에게 주어진 메커니즘도 이만큼이나 약화되고 간접적인 메커니즘이다. 시티그룹(Citigroup), 메릴린치(Merrill Lynch), UBS, 또는 도이치 방크(Deutsch Bank) 등 소위 "선진시장"의 대형 은행기업들에서 수백만의 주주들이 감시하고 변화에 영향을 미치기 위해 사용할 수 있는 실질적인 권한과 지렛대와 비교해 보라. 형식적으로는 그러한 서방의 대형 은행들의 주주들은 활용할 수 있는 더 많은 무기들—이사 선임 · 해임 투표, 인수 위협(기업통제시장), 그리고 증권집단소송

(class action securities fraud) 또는 수탁자 의무 위반에 대한 주주대표소송(derivative lawsuit) 등—을 가지고 있지만, 그러한 국제 대형은행의 경영진들은 새로이 주식회사로 전환한 중국 은행들의 이사들과 직원들 또는 당 위원회 지도자로서 "커튼 뒤에서 지배"(垂簾聽政)하고 있는 사람들만큼이나 잘 보호되고 있는 것이 현실이다. 따라서 국가가 통제하는 중국의 은행들과 선진 경제의 해당 기업들은 기업의 책임(accountability)을 확정하고 강제하기 위한 하나의 기본적인 메커니즘—공시 주가 및 그것에 대한 금융매체의 주목—을 공유하고 있는 것이다. 서구에서 이러한 메커니즘은 막강한 CEO의 해임(메릴린치의 스턴 오닐(Stan O' Neal), 또는 시티그룹의 척 프린스(Chuck Prince)의 경우를 볼 것)을 초래할 수 있는 반면, 중국에서는 중국 국유은행에서 해임되거나 어떠한 실질적 권력을 위한 승진에 종말을 가져올 수 있다. 그러므로 국가가 통제하는 중국의 은행들의 지배구조에서 가장 중요하게 된 것은 서구 은행들의 임원들과 이사들의 운명을 결정하는 것과 많은 부분 동일하다. 즉, (1) 정보공개와 투명성(특히 금융적 성과에 대해)을 의무로 규정하는 증권규제 (2) 잘못된 사업 결정, 태만, 무능, 이익에 반하는 거래, 또는 기업 부패 등에 대한 독립적 언론매체들의 문제제기, 조사, 집중적 조명 등이 여기에 해당된다. 중국과 중국의 국유은행들, 그리고 넓게는 모든 상장 은행들은 이 두 가지 모두를 갖추고 있다. (1) 최첨단 증권규제로부터 나오는 편익($4\frac{1}{2}$대 대형 국유은행들 가운데 4개의 은행들이 해외에 상장됨에 따라, 스스로 해외 증권 및 외환 규제의 대상으로 되었다)과 강력한 정보공개 의무, (2) 해외의 언론매체와 믿을 수 없을 정도로 독립적이고 노련한 중국의 언론매체들에 의한 혁혁한 심층취재. 2008년의 글로벌 몰락 이전의 중국 주가의 비현실성—중국 내외 모두에서—은 영원히 계속될 수 없다. 일단 그러한 거대한 과대평가가 멀어졌다. 세계가 2008년의 글로벌 위기를 거치면서 증권시장이 다시 한 번 기업의 펀더멘털을 반영하게 된 이후, 국가가 통제하는 중국의 다양한 은행들의 주가는 당연히 극심하게 하락할 것이다. 이는 필연적으로 이 중요한 금융기관들의 경영자의 경력과 승진 전망에 영향을 미칠 것이다.

국가가 통제하는 중국의 주요 은행들의 주식회사 전환과 상장은 몇 가지 효과를 가져 올 것으로 기대되었다. 이 희망된 효과 가운데 중요한 효과는 이 은행들에 대한 진지한 감시와 실질적인 책임을 위한 여건을 조성하여, 효율성과 생산성의 새로운 세계를 창조하는 것이었다. 그러한 숭고한 목표와 새로운 법적 · 금융적 구조의 도입에도 불구하고, (다른 요인 중) 중국이 취한 "사유화가 아닌 주식회사 전환"이라는 독특한 접근법은 은행 내부자에 대한 그러한 감시와 책임 부과에 있어서 잘 알려지고 극복 불가능해 보이는 장애물을 낳았다. 그러나 그러한 실망감은 중국 은행개혁의 한 측면—얄팍하고 널리 분산되어 있는 기업 소유권의 조각들에 대한 공시 가격 현상—이 어떻게 감춰진 것처럼 보이는 수 많은 관리자들(즉, 계속해서 지배적 지위를 차지하고 있는 노멘클라투라)에게 영향을 미쳤는지를 인식하게 되면, 누그러질 것임에 틀림없다. 이러한 메커니즘은 중국 은행들이 상하이 증권거래소—여기서는 중국 시민들(스타에 빠져 있는 외국 펀드매니저들이 아니라)과 전례 없이 독립적으로 되어가고 있고 비판적인 중국의 금융 매체들이 상황을 주시하고 있는 주주들일 것이다—에 A-주식을 상장하기 위해 중국으로 복귀함에 따라 더욱 유효하게 될 것이다.

미주

1 저자는 이 연구에 소중한 도움을 준 미시간대학교의 J.D 로스쿨 졸업생인 Ms. Marianne Chow와 Mr. Timothy Throm에게 감사를 드린다. 초고에 대해 친절하게 구체적인 지적을 해 준 Pieter Bottelier, Ken Lieberthal 및 Zhao Minyuan 교수에게도 감사한다.

2 크게 수정되어 2006년 1월부터 효력을 발생. 2005년 10월 27일 제10차 전국인민대회 18차 상임위원회서 통과된 중국인민공화국 회사법을 참조할 것 (CLC 2006: 1–1).

3 중국인민은행(중국의 중앙은행)이 금리 자유화 및 지급준비율 인상 등을 포함하여 부수적이나 중요한 정책개혁을 개시하기 이전에.

4 이는 다음의 관련된 두 가지 측면과 잘 대비된다. 첫째, 상업은행 활동에 대한 중국은행감독관리위원회(China Bank Regulatory Committee, CBRC)와 같은 정부기관에 의한 직접적이고 전문적이며, 자칭 중립적인 규제를 통해 영향을 미치는 규제적이고 외부적으로 부과된 개혁전략 (이는 다시 현대 중국에 종종 해당되곤 하는 것, 즉 규제의 주체가 규제의 대상이 되는 기업의 소유자이고 경영자이기도 한 경우들과 대조된다 (예를 들면, 중국 정보산업부(Ministry of Information Industry)는 전(前) 우편통신부(Mininstry of Post and Telecommunications)의 규제담당 부서의 후신으로, 전기통신분야의 독점이 해체된 이후에도 다수의 통신사업자에 대한 간접적 소유권과 경영상 통제권을 유지하고 있다); 둘째, 역사적인 문제(예컨대 회수불가능 자산)를 치유하고자 하는 중국 은행개혁의 여러 측면들.

5 어느 한 경제 분석가는 1992~93 이후에서 2003~04 이전의 시기에 일어난 이러한 개혁을 다음과 같이 3단계로 구분한바 있다. (1) 1992~93의 과열된 중국경제를 진정시키고, 금융부문에 대한 법적 근거를 마련 (즉, 1995년 중앙은행법과 상업은행법), 그리고 중국의 상업은행들로부터 "정책" 기능 분리. (2) 5단계 분류체계를 통한 은행규제의 강화(1998년 실험적으로 시작된 후 2001년 공식적으로 채택된 정책), 1998년 4대 대형 상업은행의 자본 재조정(2,700억 위안), 그리고 은행의 재무상태를 정비하기 위해 자산관리회사를 설립하여 불량 은행부채를 매입하게 함 (1999년부터). (3) 구체적인 정부승인 절차와 WTO 가입을 통해 국내외 경쟁 강화, 금융부문에 대한 전문적인 규제의 권한과 임부를 가진 새로운 정부기관의 설립 (2003년 중국은행감독관리위원회(CBRC), 은행에 대한 국가 주주로서 뿐만 아니라 자본화(capitalization)를 확대하기 위한 수단으로 기능할 국가기관의 설립 (2003년 11월 설립된 후이진(Huijin)), 은행에 대한 새로운 자본 적정성 기준(capital adequacy standard) 적용 (2000년 제정된 바젤I 협약 및 2004년부터 바뀐 바젤II 협약의 준수)(Ito 2006). 또한 중국인민은행 총재 저우샤오촨이 주창한 것처럼, 1995년 중화인민공화국 상업은행법이 공포되고 이후 10년 동안 바젤이 정한 자본 적정성 기준을 충족키기 위한 중국의 노력이 갖는 기본적 역할(Zhou Xiaochuan 2000: 74–6)과 개혁 프로그램 전반에 대한 **이코노미스트**(The *Economist*)지의 요약문을 참조할 것 (*Economist* 2005)

6 한 가지 예로, 개혁 초기에 "정책금융" 기능을 이제 "상업"은행이 된 은행들로부터 분리한 개혁은, 처음에는 명목뿐이었지만, 점차적으로 중국의 은행개혁에서 실질적인 핵심을 구성했다 (특히, 중국발전은행(China Development Bank)과 같은 정책은행이 새롭게 설립되어 운영된 후부터). 마찬가지로 아래에서 논의되듯이, 한차례 은행의 자본 재조정(recapitalization)으로(여기에는 중국의 풍부한 외환보유고가 사용되었다) 활력적이고 은행경영에 깊이 개입하는 국가 주주(후이진)가 탄생했고, 이는 과거 중국의 "국유"은행에 존재했던 "부재주인"의 문제를 실질적으로 대체하는 첫 번째 계기가 되었다. 중국의 다양한 은행 개혁 프로그램들이 어떻게 지배구조와 경영에 영향을 미쳤는가를 보여주는 마지막 예는 은행산업에 대한 중국의 새로운 규제당국—2003년 3월 설립된 중국은행감독관리위원회—이 훨씬 더 엄격하고 투명한 내부 감시를 위해 중국의 은행들로 하여금 자산(대출) 위험 분류체계를 따르도록 했다는 점이다.

7 선전발전은행(Shenzhen Development Bank)은 사실상 선전 증권시장에서 "A-주" 상장이 허용된 첫 번째 발행자가 되었다. 이는 선전경제특구(Shenzhen Special Economic Zone)의 1992년 8월 10일 소요("8.10" 사건)를 촉발시킨 상장이었는데, 중국증권감독관리위원회의 설립에 대한 직접적인 계기가 되었다. 선전발전은행의 주식회사 전환과 1992년 상장 이후 수년 동안, 12개의 국가 상업은행들 모두가 지분만큼만 책임을 지는 유한책임회사로 설립되거나, 그렇게 전환되었다. 이에 따라 다수의 은행들이 A-주를 상장하는 혜택을 입었다.

8 이 논문을 작성하는 현재에도 진행 중.

9 중요한 점은, 상업은행 산업 내부에는 외국인 투자자가 존재하지 않기 때문에 이들 해외의 투자기관들 각각은 "재무적" (전략적) 투자자로 볼 수 있다는 점이다. 다시 말하면, 이들 외국인 투자자들은 중국공상은행에게 사업부문(골드만삭스 인수주선업무(underwriting), 알리안츠 보험, 그리고 아메리칸 익스프레스 신용카드)을 제공하긴 하지만, 상업은행들의 영업 또는 상업은행업 부문에서 기업지배에서 조차 허약한 영향력만을 갖는 사업부문들이다.

10 전략적 투자를 실시하면서, 골드만삭스는 공상은행과 5년간의 "전략적 협력 협정"을 맺고, "기업지배"에서의 협력을 포함해 전반적인 "전략적 협력"을 관장하기 위해 양사에 "합동 운영위원회", "합동 업무그룹", 그리고 프로젝트 관리 사무소를 신설하기로 약속했다 (ICBC 2006: 91).

11 2005년 저우샤오촨 인민은행 총재 또한 공개석상에서 이를 반복하여 언급함.

12 이 논문을 쓰고 있는 현재, 중국의 새로운 국부펀드인 중국투자공사(CIC)가 후이진이 보유하고 있던 중국 은행들에 대한 지분을 인수하도록 되어 있어서, 후자가 전자에 편입되어가는 모습이다. 후이진과 후속기관인 CIC의 투자자본은 모두 중국인민은행이 보유한 풍부한 외환보유고로부터 나온 것이고, 이들 투자금은 더 높은 수익성을 낼 필요가 있다는 점과 이미 과열된 중국 국내경제 외부에 투자되어야 한다는 점 등을 비추어 보면, 그러한 통합은 이해가 가는 일이다. 하지만 후이진은 중국투자공사의 자회사로서만 활동해 왔지만, 어쩌면 독립적 기관으로 재편될 수도 있다는 말이 베이징에 나돌았다. 후이진은 앞으로 새로운 구조로 재편 · 지배될 것인데, 그렇다면 남는 문제는 일단 그것이 더 큰 투자 업체의 일부분이 되었을 때, 현재 관찰되는 역동성과 투자의 주안점이 여전히 유지될 것인지의 여부이다. 흥미롭게도, 중국투자공사의 초기 해외투자는 블랙스톤 기업공개와 모건스탠리에 대한 지원 등 모두 금융부문에 집중되었다.

13 흥미롭게도, 이는 외국인 투자의 효과에 대한 중국 내 일부 계층이 가진 관념에 대한 피상적인 증거로 이해된다. 하지만 이러한 외국인 투자의 일부는 4개 반의 대형 상업은행 이외 은행들의 기존 (국가) 주주로부터 매입한 것이므로 대상 중국은행에 대한 새로운 자본공급은 이루어지지 않았다. 이러한 의미에서, 해당 거래는 모두 중국 중앙과 지방 정부기관의 상업은행 투자금을 현금화하고 외국인 투자자에게 다소의 지배권을 양도하는 것이었다. (Howson and Ross 2003 참조).

14 본 장은 기업지배구조의 개혁에 중점을 두고 있으므로, "외국인" 참여에 대한 두 번째 부분—중국에 외국은행의 경쟁을 도입하는 문제—에 대해서는 다루지 않는다. 여기서는, 그러한 경쟁이 중국 국유상업은행의 성과를 개선하는 데 가장 효과적인 방법 중 하나라 점이 입증되었다는 점을 지적하는 것으로 충분하다.

15 이 사실과 관련하여 외국인 고객을 대상으로 발행되는 2007년 맥킨지(McKinsey)의 "경계령(alert)"을 볼 것. 이는 컨설팅 회사가 중국의 은행들을 상대적으로 덜 인정하고 있음을 명백히 보여주는 것이다: "…당 위원회는 최고 임원의 지명, 임원 평가 및 보수, 자산의 인수 및 처

분, 그리고 연간 예산 등 핵심적 사안에 있어서 중심적 역할을 수행하고 있다. 때로는 당 위원회가 경영상의 결정에 관여하는 일까지 있다…"(*McKinsey* 2007).

16 예를 들어, 중국은행의 기업공개 계획서에는 "이사진" 및 "운영진"에 대한 의무적 공개 규정에 따라, "장린"이라는 "당 규율 위원회" 비서를 거명하고 그의 경력(중국 수출입은행에서)을 열거하고 있지만, "당 규율 위원회가 무엇이며 어떻게 기능하는 지에 대해서는 한 마디의 언급도 없다. 이 계획서(BOC 2006: 208)의 어디에도 이 위원회에 대한 다른 언급은 없으며, 이 위원회의 "비서"는 고위 경영진 명단에 들어 있지도 않다. 이는 중국공상은행의 기업공개 공시에도 동일하게 적용되고 있다. 여기에도 이 은행의 자산관리회사(차이나 후아롱)의 전(前) 부사장 리우 리씨안이라는 이름이 "경영"이라는 항목에 은행 당 규율위원회의 비서로 명기되어 있다 (ICBC 2006: 179). 리우 리씨안에 대한 간단한 소개와 "고위 경영진"을 나열한 표(여기에는 "리우 리씨안, 52세, 당 규율 위원회 비서"라고 기록되어 있다 (ICBC 2006: 178))가 당 규율 위원회에 대한 유일한 언급이다. "이사", "감사", 그리고 "고위 경영진"을 포함하고 있는 다음 절에는 이사회의 전략, 회계감사, 위험관리, 인사, 보상 위원회 등이 장황하게 설명되어 있다 (ICBC 2006: 171–83).

17 당 위원회가 이사로 선발한 개인들이 지배하는 이사회가 얼마나 자주 당 위원회의 제안을 거부할 것인가?

18 지앙 행장은 다소 쾌활하게, 이 특정 은행의 전략적 투자자 중 거의 20%가 이러한 "중국적 특성을 가진" 지배구조 형식을 이해하고 있으며, 또한 명백하게 인정하고 있다고 확신하며, 다음과 같이 말했다. "우리는 이 문제에 관하여 HSBC와 논의해 왔다. 존 본드 경(Sir John Bond)은 '나는 당신(지앙 행장)이 당 비서라는 것을 알고 있고, 이것이 당신이 행장이 되어야 하는 이유다' 라고 말했다. 그 사람은 이것을 전혀 이상하게 생각하지 않는다" (Hu Runfeng, Cheng Zhe and Fu Tao 2006: 72). 변화하는 중국의 기업지배구조가 외국인 전략적 투자자들에게도 동일하게 적용되고 있는 것이다; 중국 시장 진출을 위한 이 특정한 조건들은 영향력이 발휘되는 방향을 변화시킬 수 있는 것처럼 보인다!

19 "중국은행의 영국측 독립이사가 당 위원회에 참여하길 바랬지만, 그는 당원이 아니었기 때문에 자신을 대신해 당 위원회에 참여할 영국인 공산당원을 찾으려 했다"는 취지로 발언.

20 차이나텔레콤의 부사장 후앙 웬린은 차이나모바일로 이직했고, 차이나모바일의 부사장 장 젠씨앙은 차이나모바일로 자리를 옮겼다. 반면, 차이나유니콤의 홍콩 자회사 "레드칩"(상장사) 전무이사 리 지앙구오는 차이나넷콤으로 옮겼고, 차이나넷콤의 이사 미아오 지안후아는 차이나유니콤으로 갔다(Xinjing Bao 2007: B08).

21 다음의 밝혀진 예들을 보라: 중국교통은행 진조우 지점은 문서를 위조하여 175개 기업에 대출된 2.21억 위안의 "부실채권"을 허위로 상각하기로 결정(부패한 지방 법원과의 공모)하고 이를 기업 본부에 보고했음. 하지만 이 지점은 여전히 그 "부실" 채권에 대한 이자와 원금을 회수하거나 담보권을 행사하고 있었고, 그 회수대금을 개인계좌로 빼돌림; 중국교통은행 타

이위안 지점의 유사한 사기 사건에서는 위조한 도장을 사용하여 3.45억 위안을 횡령(BoCom Annual Report 2005: 155); 중국건설은행이 기려마지 않는 기업공개 이전에 이 은행의 하위 지점에서 부실대출을 숨긴 일 (Barboza 2006)이나, 준독립적이던 이 은행의 출장소에서 일어난 뇌물사건 (CCB 2005: 121); 중국은행의 기업공개 모집 서류에 "헤이룽장성 사건"(헤이룽장성 출장소의 소장이 9.39억 위안을 고객계좌에서 자신의 개인계좌로 빼돌림), 시마루 출장소 소장의 은행인수어음(bank acceptance) 모집 사기 사건, 베이징 지점 직원들이 주택 모기지대출 6.7억 위안을 마련한 뒤 전용한 사건, 카이핑 지점 지점장이 4.82억 달러를 악의적으로 횡령한 사건 등을 공개 (BOC 2006: 161–2); 그리고 공상은행 기업공개 모집 서류에는 기업공개가 이루어지던 시점에서 조차 중국 언론에 보도된, 거대한 지점망에서 벌어진 끔찍한 불법행위와 범죄행위들의 예들로 채워져 있다 (Ling Huawei and He Xiaoxin 2006:41). 거의 50만 명이 고용되어 있는 중국농업은행의 상황은 조직을 정비하고 상장하면서 공개된다면, 이보다 훨씬 더 나쁠지도 모른다. (www.iht.com/articles/2007/01/21/business.bank.php 참조).

22 매각을 위한 국가주 가치평가는 대차대조표에 대한 평가 및 부실채권에 대한 대비 정도와 결부되어 있었지만, 은행자산의 질이라는 내용적 측면에 대한 평가에 따라 달라졌다 (혹은 이로부터 유발되는 구매가격 조정에 달려 있었다). 인수자(TPG)는 부실자산양수도계약과 거래종료(signing and closing) 사이에서 더 많은 부실채권을 찾아냈고, 이에 따라 구매가격의 하향 조정을 요구했다(Howson and Ross 2003).

23 더 폭넓은 중국의 정치적 · 경제적인 맥락에서 보면, 정부와 당이 집단소송 메커니즘과 성사사례금 제도를 꺼리는 데이는 틀림없이 다른 이유가 있다.

참고문헌

Books and reports

Bank of Communicatins (2005), *Bank of Communications Hong Kong Offering Prospectus*, available at www.hkex.com.hk/listedco/listconews/sehk/2005.

Bank of Communications Annual Report (2005), available at www.bankcomm.com

Basel Committee on Banking Supervision (1999), *Enhancing Corporate Governance for Banking Organizations*, Basel: Basel Committee on Banking Supervision

Bank of China (2006), *Bank of China Hong Kong Offering Prospectus*, available at www.hkex.com. hk/listedco/listconews/sehk/2006.

Berger, A.N., Hasan, I., and Zhou Mingming (2007), Bank Ownership and Efficiency in China: What Will Happen in the World's Largest Nation? Bank of Finland Discussion

Papers, No.16.

Bottelier, P. (2006), Accelerating Reforms in China's Financial system, *China Brief* 6, Issue 24, December 6, available at http: //jamestown.org

China Banking Regulatory Commission (2004), Guidelines on Corporate Governance Reforms and Supervision of the Bank of China and China Construction Bank, March 11, available at www.cbrc.gov.cn/english/home/jsp/docView.jsp?docID=560.

China Construction Bank (2005), *China Construction Bank Hong Kong Offering Prospectus*, available at www.hkex.com.hk/listedco/listconews/sehk/20051014/LTN20051014000.htm.

CLC (2006), *Guowuyuan Fazhibangongshi* (Legislative Affairs Office of the State Council)(ed.), *Gongsi Falu Guihang Sifa JIeshi Quanshu (Compendium of Company Law, Regulation and Judicial Explanations)*, Beijing: *Zhongguo Fazhi Chubanshe* (China Legal System Publishing House).

Dou Hongquan (2005), *Yinghang Gongsi Zhili Fenxi* (An Analysis of Bank Corporate Governance), Beijing: *Zhongxin Chubanshe* (CITIC Publishing).

Green, S. (2003), *China's Stockmarket: A Guide to its Progress, Players and Prospects*, London: Economist Books in association with Progress, Profile Books Ltd.

Hou Aiai (2002), *Guoyou Shangye Yinhang Gaizhi Shangshi de Youguan Wenti* [Issues Concerning Structural Reform and Listing of State-owned Commercial Banks], *Zhengquan Falu Pinlu* [*Securities Law Review*], no. 2: 26–74.

Howson, N. and Ross, L. (2003) Foreign Minority Equity Investments in Chinese Commercial Banks, *China Business Review* 30, no. 4: 18–31.

Industrial and Commercial Bank of China (October 2006), *Industrial and Commercial Bank of China Hong Kong Offering Prospectus*, available at www.hkex.com.hk/listedco/listconews/sehk/20061016/LTN20061016000.htm.

Ito, S. (2006), The Acceleration of China's Financial Reforms—Pursuing More Efficient Resource Allocation, October 11, available at www.nliresearch.co.jp/eng/resea/econo/eco061011.pdf

Lieberthal, K. (2004), *Governing China: From Revolution Through Reform*, New York: W.W. Norton & Company, Inc.

McKinsey (2007)—He, Richard H. and Orr, G., "China's State-owned Enterprises: Board Governance and the Communist Party" *McKinsey Quarterly*, 2007, no.1, available at www.mckinsey quarterly.com/article_page.aspx?ar=1929&L2=39&L3=0&rid=246.

Articles

Barboza, D. (2005), Lawsuit Involving Bribery Preceded Bank Resignation, *The New York Times*, March 22, 2005: 6.

Barboza, D. (2006), Rare Look at China's Burdened Banks—Loan Risk Advisor Warns of Cover-Up, *The New York Times*, November 15, 2006: C1 & C8.

Economist (2005), Special Report: China's Banking Industry: A Great Big Banking Gamble—Reforms of China's Banking System Have Not Gone Far Enough." *Economist*, October 29, 2005: 71–3.

Hu Runfeng, Cheng Zhe, and Fu Tao (2006), *Jiang Chaoliang: Jiaohang Po Jianzhong* [Jiang Chaoliang: Bank of Communications Breaks Out of the Cocoon], *Caijing Magazine*, no.162 (2006, no 13) June 26: 70–7.

Hu Runfeng, Yu Ning, and Guo Jiong (2006) *Zhonghang Shenqiu Zhihang Zai Bao Piaoju An* [Another Bank of China Shenqiu Branch Receipts Case Explodes], *Caijing Magazine*, no. 161 (2006, no. 12) June 12: 40–1.

Ling Huawei and Zhang Xiaojian (2003), *Jiang Jiangqing Xijie Gonghang* [Jiang Jiangqing Explains ICBC in Detail], *Caijing Magazine*, no. 75 (2003, no 1) January 5: 70–6.

Ling Huawei (2005), *Zhou Xiaochuan Tan Jianghang Gaige* [Zhou Xiaochuan Addresses China Construction Bank's Reform], *Caijing Magazine*, no. 147 (2005, no. 24) November 28: 72–4.

Ling Huawei, Guo Jiong, and He Huafeng (2005) *Jianhang IPO XiLi* [Construction Bank's IPO Cleansing], *Caijing Magazine*, no. 145 (2005, no. 22) October 31: 62–9.

Ling Huawei and Yu Ning (2006), *Zhonghang 112 Yi Meiyuan IPO* [BOC's US$11.2 Billion IPO], *Caijing Magazine*, no. 161 (2006, no. 12) June 12: 38–9.

Ling Huawei, Guo Jiong, and Li Zhigang (2006), *Chang Zhenming: Jianhang Xu Guodu* [Chang Zhengming: China Construction Bank Must Pass Through], *Caijing Magazine*, no. 164 (2006, no. 15) July 24: 46–50.

Ling Huawei and He Yaoxin (2006), *Gonghang IPO: Xin Gaochao Hishi Zhuanzhedian* [ICBC IPO: High Point or Turning Point], *Caijing Magazine*, no. 170 (2006, no. 21) October 16: 40–2.

Wen Yuanhua (2006), Guoyou Yinhang Gongsi Zhili: Luoji yu Xianshi [Corporate Governance at State-owned Banks: Logic and Reality], *Caijing Magazine*, no. 162 (2006, no. 13) June 26: 78.

Xie Ping (2006), *Yinhang Gaige Hai Xu Wanshan Waibu Huanjing* [Bank Reform Still Needs to Ameliorate the External Environment], *Caijing Magazine*, no. 166 (2006, no 17) August 21: 20–1.

Xinjing Bao (2007), *Si Da Dianxin Yunyingshang Gaoguan Huanban* [High Level Operational Personnel Switch Posts at Four Big Telecoms Operators], *Xinjing Bao* [*New Capital News*], 2007, July 12: D08.

Zhang Jiwei, Yu Ning, and Guo Jiong (2006), *Yang Kaisheng: Gonghang Ziyou Lu* [Yang Kaisheng: The Road to Freedom For ICBC], *Caijing Magazine*, no. 159 (2006, no. 10) May 15: 64–8.

Zhang Xiaocai (2005), *Li Lihui Xishu Zhonghang Chongzu* [Li Lihui Recounts in Detail Bank of China's Re-structuring], *Caijing Magazine*, no. 160 (2005, no. 11) June 7.

Zhou Xiaochuan (2000), *Guoyou Shangye Yinhang Ruhe Chongshi Ziben* [How Can The State-owned Banks Replenish Capital], *Renmin Ribao* [*People's Daily*], May 9, 2000, reprinted in *Caijing Magazine*, no. 147 (2005, no. 24) November 28: 74–6.

9 | 중국 은행의 전망: 글로벌 은행들은 왜 중국에 투자하는가?

제이미 디몬
제이피 모건 체이스 은행 회장 겸 CEO

최근 수년간 국제금융기관들은 중국의 은행시장에 앞다투어 진출했다. 그 유인은 명백하다. 즉, 세계에서 가장 빠르게 성장하고 있는 이 주요 경제가 급속히 산업화 되어 가고 있고, 소비자 금융 시장도 빠르게 성장하고 있다. 하지만 이 시장으로의 진출은 아직 미약한 상황이고, 따라서 그것은 기회를 선점하기 위한 것이다. 예측기관에 따르면, 중국은 향후 몇 십 년 내에 세계 최대의 경제대국이 될 전망이다. 한 예로 보스톤 컨설팅그룹은 2004년에서 2010년 사이에 전 세계 은행업 수입 증가분의 1/4을 중국의 은행들이 차지할 것으로 전망했다. 글로벌 금융기관들은 중국의 중요성을 인식해왔으며, 중국 지점을 통해 제공되는 상품과 서비스의 폭을 넓혀가는 한편, 중국정부의 장려정책에 힘입어 중국 금융부문에 투자해 왔다.

❖ 중국에서 제이피 모건 체이스의 역사

중국에서 제이피 모건(JPMorgan)의 역사는 현대적인 개혁기 이전으로 거슬러 올라간다. 이 역사는 당사가 중국 내 여러 국내외 기업들 및 중국 정부기관에 도매 뱅킹 서비스를 제공했던 1920년대까지 거슬러 올라갈 수 있기 때문이다. 1973년 체이스 맨하탄(Chase Manhattan)은 미국의 은행들 중 최초로 중국은행(Bank of China)의 주

거래은행(correspondent bank)으로 지정되었다. 당사는 개혁 초기에 첫 베이징 대표 사무소를 개설했고, 25여 년이 지난 2007년에는 외국은행으로는 처음으로 중국 수도에 은행 현지법인 설립을 승인받았다. 다른 금융부문에서도 우리는 상하이국제투자신탁공사(SITICO)와 합작으로 펀드관리회사를 설립했다. 이 회사는 현재 (총 운영자산 기준으로) 중국 내 상위 10대 자산관리 회사 중 하나가 되었다.

우리의 경험이 보여준 것은 중국에서 확실한 것이라고는 변화가 빠르다는 사실뿐이다. 중국은 지금 금융서비스 부문 전체를 지배하는 규제의 틀이 여러 방면으로 발전해 갈 수 있는 교차로에 서 있다. 국내외 기관을 막론하고, 알 수 없는 가장 핵심적인 점은 규제철폐의 속도다. 본 장에서 나는 중국의 뱅킹과 금융시스템의 발전에 대해, 그리고 중국에서 해외 금융기관들이 어떻게 건설적인 역할을 할 수 있을지에 대한 나의 전망을 제시하고자 한다. 중국의 은행들이 세계적으로 거대한 금융기관의 반열에 오르게 됨에 따라, 이들은 새로운 서비스를 다양화하고 국제적 발자취를 넓히려고 노력하고 있다. 중국 은행들이 사업을 확장하여 새로운 금융서비스를 취급하는, 이른바 유니버셜 뱅킹 체제(universial banking system)로 진출하는 과정에서 예상되는 난제 및 이익과 관련해서, 제이피 모건 체이스가 과거 성공과정에서 얻은 몇 가지 교훈들을 나누었으면 한다.

궁극적으로, 우리는 중국시장이 더 나은 시장으로 변화될 것으로 기대하고 있다. 또한 우리는 국내외 은행들이 서로를 통해 배우고 협력하며, 건전한 경쟁을 통해 상호 이익을 누리게 될 것이라 믿는다.

❖ 진화하는 중국의 금융 지형

중국의 금융 지형도를 살펴볼 때 가장 두드러진 특징은 은행부문의 비중이 압도적이라는 점이다. 2006년 기준 중국 자금조달 시장에서 은행여신이 차지하는 비중은 84%로, 그 어느 주요 경제의 경우보다도 높은 수준을 기록했다. 이렇듯 은행부문의 개혁은 금융부문의 효율성을 높이는 전략 중 가장 핵심적인 부분을 차지했다. 5년 전만 해도 중국 은행들의 금융상품은 매우 기초적인 서비스에 국한되어 있었다. 금리는 국가가 통제했고, 금융산업에 대한 통제도 엄격했다. 최근 수 년 간의 개혁 속도는 주목할 만한 것이었다. 이 과정에서 정부는 국내 은행들의 경쟁력 강화와 금리 자유화에 대한 강력한 의지를 보여줬고, 또한 위험관리와 기업지배구조 문제와 같이 개선의 여지가 많은 영역들에 대한 해결책을 마련하겠다는 확고한 의지를 보여주었다.

새로운 금융서비스 시장

역사적으로 중국에서 은행여신의 역할이 컸던 것은 다른 금융방식이 아직 발전 중이라는 사실을 의미했다. 자동차와 주택의 구매를 늘리고, 신용카드를 더 많이 사용하며, 가계의 미래 금융자산 구성에 대한 계획을 세우고 있는 증가하는 중산층 소비자의 구미에 맞는 보다 고급화된 서비스가 필요해졌다. 경제성장과 사유화의 진전 또한 뱅킹 서비스를 필요로 하는 민간 중소기업들의 빠른 증가를 낳았다. 기업대출에 대한 수요가 미래에도 여전히 크겠지만, 소비자 금융과 빠르게 성장하고 있는 중소기업 부문은 중국 금융부문의 성장을 견인하는 중요한 동력이 될 것이다.

중국 자본시장의 발전

최근 중국의 자본시장 또한 경제 전체의 성장과 함께 빠르게 성장했다. 보다 안정적이고 효율적인 자본시장의 발전은 중국 정부가 이루고자 하는 중요 목표 중 하나로 자주 거론되었다. 더 많은 중국 기업들이 대안적인 자금조달원으로 자본시장에 눈을 돌리고 있고, 저축의 점점 더 많은 부분이 고수익을 위해 주식시장에 투자되고 있다. 우리는 중국 내 최대 투자은행 중 하나이며 최대 자산관리회사 중 하나로서, 중국 자본시장의 발전에 이해관계를 가진 주주인 셈이다. 동시에 외국기관들이 중국에 상장된 주식에 투자하고, 중국의 기관 및 개인들의 해외 금융상품에 대한 투자를 지원하는 업무의 범위를 확대한 최근의 조치에 우리는 고무되어 있다.

이러한 발전과정은 은행과 기타 금융기관들에게 새로운 수익 기회들, 예컨대 자산관리, 카드 서비스, 투자은행, 무역금융, 비이자부 서비스 등을 제공하고 있다. 국내외 기관을 막론하고 중국 은행부문의 모든 참가자들은 새로운 서비스를 제공하기 위해 치열한 경쟁을 벌이고 있고, 규제의 변화와 소비자들의 기대 수준의 향상과 같은 공통의 도전에 직면하게 될 것이다.

❖ 외국 및 국내 은행들의 상대적 강점

2001년 중국이 세계무역기구(WTO)에 가입한 후, 외국 은행들은 중국이 점진적으로 금융부문을 개방하기를 열렬히 기대했다. 그 후 2006년 12월에 개인을 대상으로 한 국내통화 서비스 업무가 허용되는 이정표적인 조치가 취해졌다. 외국에 소매금융을 개방함으로써 제이피 모건 체이스의 베이징, 상하이, 텐진 지점은 모든 유형의 고객들을 위해 모든 다중통화 서비스 업무를 취급할 수 있게 되었다. 또한 2004년에 우리는 파생상품 업무를 취급할 수 있는 허가도 얻게 되었다.

따라서 당시까지 국내은행과 다국적 은행들은 대개 서로 다른 목표시장을 가지고 있었다. 외국 은행들은 외국통화 표시 여신과 오랜 기간 경험을 쌓아온 고급 서비스 부문에서 하나의 집단을 형성하며 서로 경쟁하게 되었다. 그렇지만 시장의 자유화는 당초 예상되었던 것처럼 외국 은행들의 시장 점유율을 급속히 늘리지는 못했다. 중국 시장이 두드러지게 커진 것은 사실이지만, 외국 은행들의 몫은 과거 수년에 비해 약 1.8% 높은 수준에 머물렀다.

중국 은행들의 경쟁력이 강화되었다

중국의 선도적 국내 은행들의 경쟁력이 향상되면서, 부실채권 비율은 더 쉽게 관리될 수 있는 수준으로 낮아졌고, 사업 전반에 대한 많은 개선이 이루어졌다. 관리역량을 제고하고 다방면에서 이점을 살려 수익을 얻는 방식으로 전환되었다. 최근의 기업공개를 통해 조달된 자금의 대부분은 은행업무의 핵심기반을 다지기 위한 기술수준 제고에 투자되었다. 다수의 선도은행들이 조직의 효율성과 위험관리 활동에서 진전을 이루었고, 해외의 조언자 및 전략적 투자자들과 협력하여 더 복잡한 금융상품들을 도입했다.

중국의 은행들은 글로벌 금융시스템에 빠르게 동화되어 가고 있다. 여기서는 상품화의 진전에 기초한 뱅킹 서비스 및 상품들이 두각을 보여야만 살아남을 수 있다. 중국의 선도은행들이 세계 금융시장을 이끌고 있는 세계적 금융기관들과 비슷한 수준의 상품을 제공하게 될 것임이 틀림없다. 이에 따라 국내 소비자의 니즈에 더 잘 부합하는 상품의 개발에 당연히 성공할 것이다. 크게 볼 때, 중국 은행들의 로컬 네트워크, 가계 금융에 대한 지식, 문화적 친숙성 등은 중국에 진출하는 외국의 금융기관들에 비해 큰 이점이다.

한편, 기업공개로 인해 많은 은행들의 소유권이 분산되었고 은행들의 책무성도 강화되었다. 글로벌 은행의 임원들이 그러는 것처럼, 이제 중국 은행들의 임원들은 매일 세계 애널리스트들의 평가를 받아야 하고 투자자들의 관심 사안에 대해 적절히 처리하지 않으면 안 된다. 중국의 3대 은행은 최근 해외에서 기업공개를 단행하여 시가 총액 기준으로 세계 10대 글로벌 은행에 합류했다.

다양화의 필요성

중국 선도은행들의 급신장으로 인해, 관측통들은 향후 수년간 이들 기관들이 어떤 형태가 되어 있을지, 그리고 이들의 글로벌 야심을 어떻게 펼쳐 나가게 될지 궁금해 하기 시작했다.

중국의 은행들이 새로운 경쟁질서 속에서 성공하려면, 소비자들이 만족할 수 있도록 서비스를 다양화하고, 중국의 규제 틀 하에서 가능한 한 다른 금융부문으로 역량을 확대해야 한다. 중국경제는 앞으로 더욱 더 발전할 것이고, 자본시장도 여러 자금조달 경로를 제공할 것이기 때문에, 전통적 재무제표 중심의 모델은 시대적 추세를 따라가지 못할 것이다. 저축의 탈중개화의 위협에 직면한 중국의 은행들은 자연스럽게 더 높은 비이자 수입을 창출하고자 노력해 왔다. 지금까지 달성된 진전은 대단한 것이었다. 예컨대, 모기지 대출은, 비록 낮은 수준에서 시작되었지만, 2001년부터 2006년까지 5년간 연평균 36%의 비율로 증가했다.

변화의 속도가 빠르긴 하지만 아직 갈 길이 멀다. 아직도 기업대출이 대부분 중국 은행의 대차대조표 상에서 가장 큰 자산항목을 차지하고 있는 반면, 소매금융이 집중적인 관심을 끌게 된 것은 겨우 최근 몇 년 전부터이다. 선진 시장에서는 수수료 업무가 일반적으로 전체 은행수입의 최소 절반을 차지한다. 반면 중국에서는 그 비중이, 4대 은행의 경우 평균 10.8%에 불과하다. 향후 수년간 중국 소비자 시장이 보다 정교해지고 그 수요가 증가함에 따라, 이러한 구조는 크게 변하게 될 것이다. 개인대출, 주택모기지, 자동차대출, 신용카드 등 소매금융으로 분류되는 자산이 은행 부문의 자산 배분에서 점점 더 큰 비중을 차지하게 될 것이다. 적격국내기관투자자(QDII)의 참여 확대를 허용하는 등 최근의 자유화 조치는 혁신적인 투자 상품에 대한 수요를 확대시킬 것이다.

부(富) 관리

또한 중국의 경제성장으로 대규모 순자산을 보유한 사람들의 수가 빠르게 증가하고 있다. 소매은행업의 자연적인 확대로 부 관리는 중국 은행들의 소매 수수료 증가에서 중요한 부분을 차지할 것이다. 구체적 상품과 배분방식은 염두에 두고 있는 중국 고객에 맞추어 마련될 필요가 있지만, 이 부문 서비스 공급자는 선진시장에서와 마찬가지로 차별화될 것이다. 부 관리 서비스를 성공적으로 제공하는 금융기관은 중국 시장의 문화적 특성에 어울리면서 세계적 수준의 질과 다양성을 지닌 금융서비스를 제공하는 기관일 것이다. 부 관리자로서 국제은행들은 많은 경험, 특히 높은 수준의 틈새 소비자 부문에서 전문성을 보유하고 있기 때문에, 이 부문에서 높은 경쟁력을 과시할 것이다.

외국 은행들이 중국시장에서 확장해 가는 과정에서 직면하는 도전들

전반적인 소매금융 시장에서, 국내 은행들이 얼마간은 지배적인 위치를 유지할 것이다. 실제로 외국 은행들의 경우 현재로서는 대규모 시장 전체에 진입하기 위해 필요한 지점망이 부족한 실정이다. 반면 국내 은행들은 방대한 네트워크와 국내시장에 대한 직접적인 경험을 많이 가지고 있다. 중국 대형 은행들의 과점체제로 인해 이들이 국내 통화공급을 통제한다. 중국이 은행부문에 관한 WTO 합의사항을 충족시켰지만, 국제은행들은 아직 중국 내에서 시장을 확장하는 과정에서 넘어야 할 중대한 장애물에 직면하고 있다. 현지 법인은 인민폐 10억 위안 규모의 선불 자본납입을 해야 하고, 더 많은 행정적 규제를 받는다. 이 때문에 외국 은행들은 숙련된 역량이 부족한 부문에서 경쟁을 벌여야 한다. 또한 중국에서의 네트워크가 취약하기 때문에 외국 은행들은 자금조달에 큰 애로를 겪게 된다. 예금기반이 취약한 상황에서 외국 은행들은 은행간 차입에서 높은 금리를 지불해야 하고, 높은 지급준비금을 쌓아야 하고, 외환 업무에도 여러 가지 제약을 받는다. 반면에 증권인수 및 자문 서비스의 펀더멘털은 상대적으로 보편화되어 있어서 투자은행 서비스는 보다 적극적으로 수행되고 있다. 그리고 바로 이 점 때문에 국제 투자은행들이 중국의 증권산업에서 더 큰 역할을 수행할 수 있는 여지가 있는 것이다.

중국의 경쟁적 금융환경으로 인해 각 외국 은행들은 자사가 보유하고 있는 자원과 각자의 장점에 적합한 서로 다른 전략을 선택하지 않을 수 없었다. 기본적으로, 중국 진출을 희망하는 외국 은행은 두 가지 대안을 가지고 있다. 하나는 기존 금융기관의 지분을 20%(총 외국인 지분에 대한 상한은 25%이다)까지 매입하고 국내 은행의 네트워크를 활용하여 소매금융 고객에 대한 영업을 하는 것이다. 두 번째는 점진적으로 조직을 키워 입지를 확보하는 방법이다. 중국 소매금융 시장으로의 진출이 어려운 상황을 고려하여 대개의 글로벌 금융기관들은 현지 은행들에 대한 투자를 통해 시장 진입을 꾀하고, 이들의 발전을 위해 노력을 기울이고 있다. 다른 외국 은행들은 틈새 시장을 목표로 국내 고객들의 니즈를 최우선적으로 충족시키려 노력하고 있다.

기업금융: 협력의 장

기업금융의 측면을 살펴보면, 중국의 글로벌 무역관계의 확대로 인해 증가하는 중국 내외로의 결제자금 유출입에 대한 결제서비스와 기타 무역금융 상품과 서비스를 제공함으로써 수수료 수입을 증대시킬 기회가 만들어졌다. 한편 금융개혁은 국내 파생상품의 발전과 회사채 시장 활성화를 위한 기초를 다지도록 구성되었다. 중소기업부문을 비롯해서 새로운 사업영역을 위해 경쟁하고 있는 은행들 입장에서는 금융상품의 범위를 넓히고 기업 파생금융상품 사업부문을 발전시킬 필요가 있을 것이다.

중국의 은행들은 예금부문에서 더욱 치열한 경쟁을 치러야 하기 때문에 대출과 예금간의 기간구조의 불일치 가능성이 높아지고 있다. 이러한 상황에서 헷지와 제공 상품간의 조화를 추구할 필요가 있다. 복잡한 금융거래에 있어서 위험관리 메커니즘은 안정성을 갖추고 있어야 한다. 많은 경우에 중국 은행들은 국제 은행들과의 협력을 통해 그들의 프랜차이즈를 확충할 수 있다. 한 예로 중국측 파트너는 기업고객들에게 파생상품 서비스를 제공하여 수수료 수입을 늘리는 한편, 헷지수단을 제공하는 외국 파트너의 전문성과 기술적 인프라를 활용할 수 있다. 이런 방식으로, 중국 은행들은 점진적으로 자신들만의 통합된 관리 시스템을 구축하고 중간 및 후선 업무의 모범 경영을 발전시키는데 필요한 기능과 기술을 흡수할 수 있을 것이다.

❖ 겸업은행제도(Universal Banking): 제이피 모건 체이스의 경험

통합의 시대로부터 부상하기

중국의 은행들이 수년 전에 비해 현재 입지가 훨씬 튼튼해 진 것은 사실이지만, 중국 은행산업은 여타의 성숙된 시장들에 비하면 아직 초기단계에 머물러 있다. 중국 은행부문의 발전 가능성을 가늠하기 위해서는 미국과 유럽의 예를 살펴볼 필요가 있다. 많은 글로벌 선도 금융기관들—제이피 모건 체이스를 비롯한—은 수수료 중심의 서비스를 확대하여 겸업은행제도(유니버설 뱅킹)로 불리는 형태로 발전해 나갔다.

겸업은행 모델 하에서는, 한 은행이 소매금융 고객, 대기업과 중소기업 고객에 대한 다양한 금융 서비스를 제공한다. 제이피 모건 체이스의 6개 사업부(소매은행, 카드 서비스, 상업은행 업무, 투자은행 업무, 국고업무, 자산관리)는 수십 년을 거치면서 하나의 글로벌 금융 서비스 회사로 통합되었다. 여러 사업부문의 통합은 우연히 일어난 것이 아니었다. 이는 관련된 주요 시장에서 성장의 기회를 창조한 환경적 요인들이 결합된 결과였다. 1980년대에 은행부문의 글로벌화, 미국 규제제도의 변화, 기술발전 등의 영향으로 세분화된 산업들—처음에는 지방은행 영역에서 시작되어—이 가속적으로 통합되어 갔다. 1990년대는 미국 은행산업의 합병이 활발하게 이루어진 시기였다. 통합을 통해, 미국 상업은행의 수는 1990년 12,343개에서 2005년 7,549개로 감소했다.

현재 미국 은행의 수는 더욱 감소했고, 자산의 집중도는 더 높아져 대형 은행들이 대부분의 자산을 보유하고 있다. 대형 금융기관들은 규모의 경제를 달성하고 상품의 범위를 다양화하며, 한 지붕 아래에서 고객의 모든 니즈를 만족시켜 줌으로써, 보유자산을 극대화할 수 있다. 제이피 모건 체이스의 전신이었던 대형 은행들은 이 기간 중 활발했던 합병과정에 참여했다. 제이피 모건의 형성은 다음과 같은 거래의 과정을 통해 이루어졌다.

1991년: 케미컬 뱅킹(Chemical Banking Corp.)과 매뉴팩처러스 하노버(Manufacturers Hanover Corp.)를 합병하고, 사명은 케미컬 뱅킹으로 정했다. 이렇게 통합된 은행은 미국 내 제2위의 대형은행이 되었다. 4년 후, 퍼스트 시카고(First Chicago Corp.)가 NBD 방코프(NBD Bancorp.)와 합병하여 중서부 거점의 최대은행인 퍼스트 시카고 NBD가 되었다.

1996년: 체이스 맨하탄(Chase Manhatan Corp.)이 케미컬 뱅킹에 합병되어 당시 미국 내 최대의 은행지주회사가 되었다.

1998년: 뱅크원(Bank One Corp.)이 뱅크원이라는 사명으로 퍼스트시카고 NBD와 합병했다. 그 후 루이지애나의 퍼스트 커머스(First Commerce Corp.)와의 후속합병을 통해 뱅크원은 중서부 최대 금융서비스 회사가 되었고, 미국 내에서는 제4위의 은행이자 세계최대의 비자 신용카드 발급회사가 되었다.

2000년: 제이피 모건(J.P. Morgan)과 체이스 맨하탄의 합병으로 제이피 모건 체이스(J.P. Morgan & Co.)가 탄생했다. 이 합병은 실질적으로 뉴욕시에서 가장 크고 가장 오래된 역사를 자랑하는 4개 은행(모건(Morgan), 체이스(Chase), 케미컬, 매뉴팩처러스 하노버)의 합병이었다.

2004년: 제이피 모건 체이스와 뱅크원이 합병하여 현재 1.5조 달러의 자산과 50여 개국에 170,000여 명을 고용하고 있는 선도적 글로벌 금융서비스 기업이 되었다.

합병과 조직확대를 통해 제이피 모건 체이스는 도매 및 소매 고객 모두를 지향하는 연관상품을 제공하면서, 다양한 기능을 수행하는 금융그룹으로 발전했다. 2007년 4월을 기준으로, 당사의 소매금융 부문은 전체수입의 46%를 차지하고, 도매금융 부문은 54%를 차지했다. 기본적인 목표는 모든 틈새시장에서 이 산업의 선도기업들과 경쟁하는 것이다. 이러한 목적을 달성하기 위해 전 사업부문의 성과를 검토한 결과, 신용카드 부문은 아메리칸 익스프레스, 투자은행 부문은 골드만삭스와 모건스탠리, 상업은행 부문은 아메리카 은행에 견줄만한 수준인 것으로 나타났다.

시너지 효과의 이용

우리 은행의 사업 확장, 특히 2004년 제이피 모건과 뱅크원의 합병으로, 다양한 상품군을 통합하고 후선 부서의 기능 및 시스템을 통합하며, 낭비적 지출을 없애려는 많은 노력이 필요했다. 이러한 노력을 기울인 결과, 사업은 긴밀한 협력관계 속에서 운영되게 되었고, 제이피 모건 체이스의 고객들과의 전체적인 관계가 돈독해졌다. 몇 가지 예를 든다면, 2006년 소매지점에서 100만여 개의 신용카드 계정이 개설되었는데, 이는 전년대비 74%가 늘어난 숫자였다. 소매 및 신용카드 서비스 팀은 상품설계, 신용정보 보고, 시스템, 인력 등 모든 카드업무를 매우 긴밀한 협력을 통해 최적화했다. 지금은 두 부문에서 고객정보를 이용하여 신용카드 인수업무를 할 수 있다. 또한 투자은행 부문은 2006년 한해에만에도 당사 가계여신 부문에서 개시한 비대리인 방식의 모기지(non-agency mortgage)의 95%를 판매했는데, 2년 전만 하더라도 이 두 사업부의 업무협조는 거의 이루어지지 않고 있었다.

제이피 모건과 뱅크원의 합병으로 투자은행 업무, 국고채, 증권업무 등을 포괄적인 상업은행의 고객기반으로 확대할 수 있었다. 반면 자산관리 그룹은 상업은행 및 투자은행 부문과 긴밀하게 협력하여 민간은행 서비스로부터 이익을 얻을 수 있는 고객을 발굴하고 있다. 또한 이러한 전사적 협력방식을 조직의 역량 및 관계 강화에 적용한다는 목표를 세우고 있다.

중국 은행부문 발전에서의 핵심

중국에서 금융상품에 대한 선호는 최근 몇 년 동안 결정적인 임계점에 도달했다. 소매 은행예금으로부터 주식 및 뮤추얼펀드로의 대규모 자금이동, 그리고 중국기업의 자금조달이 자본시장으로 점차 몰리는 현상이 이를 입증한다. 새로이 등장하고 있는 소비자 부문은 이미 가장 자연스러운 상행위 중 하나인 끼워 팔기의 기회를 창출해 내고 있다. 중국 고객들은 더 다양한 금융상품을 요구하고 있기 때문에, 중국 은행들의 겸업은행제는 그 자체가 목적이 아니라 고객의 기대를 충족시켜주는 과정에서 합리적으로 성장한 결과로 보아야 한다.

이러한 기로에서 중국에서 영업하고 있는 은행들은 탈금융중개화의 위험이라는 심각한 압박에 시달리고 있다. 새로운 규제로 인해 회사채 발행이 용이해짐에 따라, 상업은행에 대한 기업들의 전통적인 의존도는 더욱 더 줄어들고, 점차 회사채 발행이 중국 기업들의 중요한 자금조달원으로 부상할 것이다. 성숙한 경제의 경우, 회사채 시장에서 조달된 자금의 규모는 일반적으로 주식시장을 통한 조달액보다 몇 배나 더 크다. 중국의 경우, 2006년 기준으로 회사채를 통한 자금조달은 주식발행에 의한 것보다 규모면에서 절반에도 미치지 못하고 있다.

중국 은행들의 전통적인 대기업 고객들이 자금조달을 위해 자본시장으로 이동하고 개인들 또한 은행예금이 아닌 다른 방안을 추구함에 따라, 은행을 통한 금융중개활동의 이탈이 증가할 것이다. 중국 보험 및 자산관리회사의 성장은 전통적으로 중국 예금자가 제공해온 저비용의 자금조달 방식에 대한 압력을 증폭시킬 것이다. 예금 프랜차이즈의 침식에 직면하게 된 은행들은 새로운 자금조달원을 개발해야 할 압력을 받게 될 것이고, 이는 도매금융의 발전을 촉진하는데 도움이 될 것이다.

기업금융의 확대와 수수료 수입 창출에 집중하는 것은 중국 은행들로 하여금 증권업무, 투자은행 업무, 자산관리, 보험 등 다른 금융 서비스 영역으로 업무를 다양화하도록 만들 것이다. 이러한 사업부문들은 중국 은행들이 기존의 여신업무를 보완하여 수익성이 높은 부문으로 확장하게 되는 계기가 될 것이다. 정부는 이미 은행의 단기금융시장 진출을 허용했지만, 중국 상업은행법은 은행의 비은행금융기관의 설립 또는 지배지분 매입을 금지하고 있다.

중국 은행들이 향후에 어떠한 형태를 취하게 될지는 금융기관들이 여러 금융기능을 분리해야 하는지의 문제에 대한 규제당국의 결정에 달려있다. 중국에서는 상업은행, 투자은행, 보험업이 대체로 분리되어 왔다. 그러나 시범적으로, 동일 법률 하에서, 정부는 중국 에버브라이트 그룹(China Everbright Group)과 중국국제신탁투자공사 그룹 등 중국 기업집단에게 전액 출자 은행업 및 증권업 자회사를 설립하는 것을 허용했다. 이러한 움직임은 경쟁으로부터 보호되어온 금융부문에 경쟁을 도입하려는 계획의 일부로 볼 수 있을 것이다.

금융산업 부문간 장벽

여러 금융기능들을 분리할 것인지 아니면 통합할 것인지의 문제는 많은 국가들이 오랫동안 고심해 온 문제이다. 미국의 경우, 1929년 주식시장 붕괴와 대공황이 1930년대에 글래스-스티걸법(Glass-Steagall Act)을 낳았다. 이 시기는 상업은행의 증권업무 취급이 위험한 주식시장 투기와 결과적으로 수많은 은행의 도산에 책임이 있다는 인식이 형성된 이후였다.

상업은행과 투자은행 간의 분리는 많은 은행들이 허용된 범위 안에서 적극적으로 업무 다양화를 추진했던 1980년대에 와해되기 시작했다. 1987년 체이스 맨하탄은 연방준비위원회로부터 기업어음 인수업무에 대한 승인을 받아낸 최초의 상업은행이 되었다. 다른 은행들도 뒤이어 기업어음뿐만 아니라 담보부증권 인수업무를 추진했다. 1990년 가장 늦게 상업은행 및 투자은행 기능을 통합한 미국의 은행인 제이피 모건은 연방준비위원회부터 최초로 주식인수 업무에 대한 허가를 얻어 이 부문에서의 활동을 시작했다.

글래스–스티걸법이라는 장벽이 무너져가는 와중에 1999년의 '그람–리치–블라일리법' (Gramm-Leach-Bliley Act)은 금융서비스 고객에 대한 프라이버시 보호를 강화하면서 지난 수십 년간의 입법 대부분을 무효화하여, 결국 금융서비스의 통합을 위한 길을 열게 되었다. 수십 년간의 개혁으로 미국의 금융부문은 은행, 증권사, 자산관리회사, 소비자 신용회사, 그리고 기타 금융기관의 기능이 다시 통합된 것이다. 이것을 가능하게 한 것은 금융과 위험관리 기술에 있어서의 거대한 진보였다.

중국이 이 단계에 도달하려면 아직 갈 길이 멀지만, 정부의 개혁으로 인해, 조직의 확장에 의하건 인수에 의하건, 중국의 선도은행들이 거대한 금융집단으로 발전할 수 있는 가능성이 높아지고 있다.

종합적 위험관리

이러한 '금융 슈퍼마켓' 의 시나리오가 갖고 있는 내재적 매력에도 불구하고 종합적 위험관리에 대한 필요가 과소평가되어서는 안 된다. 문이 열리면, 하나의 금융이라는 우산 속에서 여러 부문의 위험을 관리하는 것은 매우 어려운 문제이다. 제이피 모건 체이스는 여러 종류의 위험에 대한 노출을 관리하기 위해 종합적 위험관리 및 지배구조의 틀을 적용하고 있다. 더구나 다양한 금융 기업집단 하에서는, 기밀정보의 오용과 고객에게 잠재적 비용이 될 수 있는 잠재적 갈등을 피하기 위해 최고의 윤리강령이 조직 내에 심어져야 한다. 상업은행이 투자은행업에 진출하고자 할 때, 한 고객과 지나치게 많은 여신위험을 떠안을 유혹에 빠져서는 안 된다.

금융부문이 더욱 이완됨에 따라, 금융서비스에 대한 모기업으로서 금융지주회사가 중국에서도 등장할 것이다. 투명성을 높이기 위해서는, 겸업은행은 자회사들을 법적으로 독립적인 기업들로 구성하여, 각 기업단위의 수익성과 재무건전성을 완전히 공개할 수 있을 것이다.

❖ 중국 은행들은 해외인수에 대한 준비가 되어있는가?

상장된 중국 은행들은 현재 거대한 시가 총액 및 자산을 보유하고 있지만, 기능 및 지리적 다양성 측면에서 업무영역은 그리 넓지 못하다. 중국 내에서 형성된 성장에 대한 전망은 매우 확고하지만, 특히 다수의 주요 기업고객들이 해외투자나 해외에서의 영업을 점차 늘려가는 시점에서, 중국 은행들은 발전을 가속화하기 위해 해외인수를 추진할 수 있다.

2007년 말, 중국 은행들은 처음으로 해외투자의 움직임을 보이기 시작했다. 미국 은행의 주식을 처음으로 사들인 은행은 중국 민생은행으로, 최대 3억 1700만 달러를 지불하고 샌프란시스코에 본사를 둔 UCBH 지주회사의 주식 9.9%를 인수하기로 했다. 인수발표가 있고 나서 수주 안에 훨씬 더 큰 규모의 국제투자 뉴스가 발표되었다. 다름 아닌 중국공상은행이 남아프리카 스탠다드 은행 주식의 20%를 55억 달러에 매입했던 것이다. 다른 금융부문에서, CITIC 증권이 월 스트리트 투자은행인 베어스턴과 교차투자 계약을 체결했다.

이러한 거래는 중국의 선도 금융기관들에 의해 이루어질 것이라고 개인적으로 기대했던 대규모 투자의 시작에 불과한 것이었다. 그러한 거래는 기업공개에 의해 뒷받침되었고, 그 여파로 이익이 증대하고 주가가 상승했다. 이러한 움직임이 나타난 것은, 기술과 신상품 개발능력의 획득이나 해외에서 영업하고 있는 중국회사들에 대한 폭 넓은 금융서비스 제공을 목표로 한 탓이었다. 발전된 해외 금융기관들의 주식을 매입함으로써, 중국 은행들은 인적 자원을 확충하고 최신의 기술과 경영기법을 수입할 수 있을 것이다.

하지만 중국의 은행들은 인수에 따른 위험을 감수하기 전에 신중을 기할 필요가 있다. 현재와 1980년대 중반 중국의 은행들이 처했던 상황처럼, 일본에서도 실물경제의 빠른 성장, 상대적으로 높은 저축률, 그리고 엔화가치의 상승에 힘입어 일본 금융산업의 발전이 가속화되었다. 1970년대 초, 자산규모 기준으로 대형은행 10개 중 7개가 북미 은행이었다. 반면 1980년대에는 10개중 9개가 일본계 은행들이었다. 일본의 은행들은 새로운 위상을 바탕으로 새로운 국제시장 확대 계획에 착수했다.

오늘날 해외인수에 나섰던 다수의 일본 은행들은 과거의 사업을 매각했고 수축하고 있다. 미쯔비시 금융그룹(Mitsubishi UFJ Financial group)만이 자산규모 기준 세계 10위권에 머물고 있다. 이들 은행들은 기본적으로 금융산업의 붕괴와 국내 시장에서의 규제완화라는 두 가지 위협이 결합되어 어려움에 처해 졌다. 그 후, 아시아 금융위기의 소용돌이 속에서 문제는 더 심각해졌고, 많은 일본의 은행들이 자본압박을 받고 있으며 해외사업에 필요한 자본요건을 충족하지 못하고 있다.

과거 20년간 일본 은행들의 경험은 경고로 받아들여질 수 있다. 중국의 분위기는 1980년대 일본의 상황과 큰 차이가 있지만, 매우 유사하다. 글로벌 경제에서 차지하는 위상이 상승하고, 무역흑자가 증가하며, 통화가치가 상승하며 과잉 유동성으로 인해 자산가격 상승이 나타나고 있다. 그러나 중국의 은행부문에 대한 국내환경은 전반적으로 유리한 상황이다. 발전과정에서 중국 은행들은 거시경제적 긴축, 이자율과 통화조절에 따른 신용위험, 복잡한 상품 및 서비스의 제공과 관련된 영업상의 위험에 따른 신용위험 등의 증가에 주의를 기울여야 한다. 아울러 금리규제의 완화가 임박했을 수 있다. 따라서 중국의 주요 은행들은 매우 건전한 자본구조를 갖고 있기는 하지만, 차분한 성장을 추구할 필요가 있다.

❖ 경쟁과 파트너십은 병행될 수 있다

요약하면, 중국의 은행들과 외국 은행들 사이의 경쟁은 전통적으로 국유 기관이었던 은행들이 시장과 고객 중심의 상업은행으로 전환하는데 큰 영향을 발휘할 것이다.

그러나 여기에는 외국 파트너의 글로벌 금융자원과 상품혁신 능력을 국내 은행들이 가지고 있는 국내 시장에 대한 지식과 분배망의 우위를 결합하는 과정에서 협력의 여지가 충분하다. 이러한 호혜적 협력관계의 예는 제이피 모건 자산관리가 해외투자 자문역을 맡고 있는 중국공상은행이 출시한 중국 내 최초의 적격내국인투자자 상품인 오리엔탈 펄(Oriental Pearl)에서 찾아볼 수 있다.

중국 측 파트너와의 자유로운 계약관계를 통해, 국제적 기업은 중국 파트너와 자본시장 전체에게 절실한 자금과 기술적 전문성을 제공할 수 있다. 중국이 자본시장에 대한 인프라를 구축하는 데는 시간이 걸리고, 이러한 과정이 건전한 금융산업—중국을 경쟁력을 갖춘 경제대국으로 만드는—을 위한 기초작업을 수행할 기회를 보여준다.

중국 은행부문이 발전하고 이에 대한 규제가 진화해 가는 과정에서 새롭고 매력적인 기회가 지속적으로 등장할 것이라, 우리는 믿고 있다. 예를 들어, 10년 내에 우리는 은행의 지배지분을 매입할 수도 있고, 중국 내 소매금융에서 두각을 나타낼 수도 있다. 계속된 규제완화와 견실한 국내 채권시장의 발전은 국내외 은행들이 소매 개인고객들을 유인하기 위한 매우 차별화된 상품을 개발하도록 할 것이다.

중국에서 우리의 관심 집중과 최근의 투자에도 불구하고, 우리는 중국 시장에 참여하여 바로 눈앞의 기회들을 모두 잡아야 한다는 압박을 느끼지 않는다. 최고의 비즈니스를 지향하는 수세기에 걸친 전통을 지켜야 한다는 책임감은 사업대상이 되는 모든 시장에서 좋은 기업인으로 비즈니스를 해야 한다는 것을 의미한다. 다시 말해, 이는 사업상의 이해를 추구하면서 사회에 미치는 영향에 대해 책임을 지며, 가장 윤리적으로 행동해야 한다는 것을 의미하는 것이기도 하다. 우리의 목표는 우리의 가치를 공유하는 파트너와의 관계를 구축하는 한편, 장기적인 성공을 위한 절차를 구축하는 것이다.

10 | 중국의 농업금융: 계획경제에서 시장경제로의 힘겨운 전환

첸 시웬
금융 · 경제 중앙지도집단 사무소 부주임;
지방사업 중앙지도집단 사무소 주임

1978년 중국의 지방에서 시작된 경제개혁은 시장경제로의 전체적인 구조변화를 자극했다. 그 후 중국경제는 30년간의 급속한 성장을 실현했다. 실제로, 중국은 9%가 넘는 연간 국내 총생산 성장률을 유지했다. 총 인구 중 빈곤수준 이하로 정의되는 인구의 비율은 30%에서 3% 미만으로 감소했다. 2006년까지 전체 경제생산은 세계 4위로 뛰어 올랐고, 무역규모 또한 세계 3위로 증가했다.

경제성장, 산업화, 도시화와 함께, 중국의 사회주의 경제구조는 큰 변화를 겪게 되었다. 이러한 과정은 도시화의 가속화를 가져왔다. 농업 및 농촌지역의 장기적인 발전이라는 관점에서 볼 때, 이러한 변화의 두 가지 측면이 관심의 대상이 되고 있다.

그 중 한 가지는 지난 10여 년간 중국 내 경작지가 10% 가깝게 감소했다는 사실이다. 자원과 환경에 대한 압력이 크게 증가하게 됨에 따라, 수요의 속성 또한 변하여 농산물의 자급 문제가 더 심각해졌다. 둘째는 거의 2억의 농촌인구가 고향을 버리고 도시로 이주했다는 사실이다. 아직 해결되지 않고 있는 안전문제와 주택문제로 인해 이주민들은 진정한 도시민이 될 수 없다.

이러한 중국의 도 · 농간 문제와 경제 · 사회적 변화에 어떻게 대처할 것인가 하는 문제는 중국 금융체계에 대한 심각하고도 급박한 도전이 아닐 수 없다. 중국의 금융기관들은 시장경제로의 이행과정 중에 있다. 다시 말해, 빠른 성장과 시스템의 변화,

복잡한 경제구조, 그리고 전적으로 만족할 정도는 아니지만 자산소유권 시스템을 갖추게 된 것이다. 이러한 문제는 불가피한 것으로 새로운 세기, 새로운 시대를 맞이하여 중국 금융기관들은 새로운 단계에 들어서고 있다.

지난 30년 동안의 중국 농촌의 개혁과정을 돌아보면, 농촌 금융 시스템은 농업과 경제의 발전에서 중요한 역할을 수행해 왔음을 알 수 있다. 1990년대 중반 이전까지만 하더라도, 농촌금융은 "단일은행 시스템" 하에서 중국의 농업과 농촌경제의 발전에 크게 기여했다. 은행 시스템이 구조조정을 통해 시장중심의 상업은행 시스템으로 점진적으로 이행함으로써, 이 부문에 대한 금융적 지원도 변화를 겪게 되었다. 농촌에 대한 서비스는 전례없는 문제에 부딪치게 되었다. 농촌 금융서비스 기관의 수가 감소했고, 신용제공 또한 급격하게 감소했으며, 자금이 농촌에서 도시로 유출되었다.

이러한 현상의 원인이 무엇이냐는 것은 난감한 질문이 아닐 수 없다. 과거에 "전문화된(specialized)" 또는 "단일기능"(single-function) 은행들이라고 불리던 기관들이 매우 엄격한 통제시스템 하에서 농업과 농촌지역에 대한 금융지원을 확대할 수 있었던 이유는 무엇인가? 완성도 높은 새로운 법령에 따른 새로운 상업은행 시스템 하에서 은행당국이 통제를 풀자, 역설적으로 왜 농촌금융이 위축되었을까? 이러한 신용축소의 정도가 매우 컸기에 농촌지역의 경제뿐만 아니라 농업의 성장에도 큰 장애가 되었다. 통상적인 관점 중 하나는 산업화와 도시화로 인해 농촌지역에 투자된 자본의 수익률이 도시부문에 비해 훨씬 낮다는 견해이다. 높은 이익을 좇아 움직이는 자본의 본질적 속성 때문에, 농촌지역으로부터 대규모의 자본유출이 발생한다는 것이다. 이 과정은 당연한 것이며, 시장변화가 그 원인인 단순한 과정이라고 주장된다. 정말 그럴까? 면밀히 살펴보면 상황은 이보다 더 복잡하다.

❖ "단일기능" 은행시스템 하에서의 농업금융

개혁과정에서 중국 은행시스템의 발전은 세 시기를 거치며 발전했다고 할 수 있다. 첫 번째 시기는 "독점은행기(期)"라 불리는 기간이다. 계획경제 기간 중에는 중국인민은행과 농촌신용협동조합(Rural Credit Cooperatives)이 전국 단위의 금융기관이었다. 후자는 지역민들의 예금에 대한 예수기관으로 인민은행의 감독을 받았다. 도시 금융당국 산하의 기업은 모두 국가 또는 집체의 소유로, 모든 투자활동은 정부가 승인하고 조직했다. 이 때문에 도시의 사안들을 관할하는 인민은행이 예수에 대한 중심 기능을 수행했던 것이다.

당시, 경제 전체적으로 "시장"이 유의했던 유일한 부문이 있다면, 농촌신용협동조합의 신용관계가 그것이었다. 농촌신용협동조합들은 지방주민의 예금을 수취했을 뿐만 아니라 집체 및 농가에 대한 생산자금 대출과 소액의 농가 생활자금을 지원하는 것이 허용되었던 것이다. 후에 향진기업(Township and Village Enterprises)들이 그렇게 빠르게 발전할 수 있었던 것도 정확히 이러한 예외가 적용되었기 때문이었다. 농촌신용협동조합은 향진기업 성장의 전제조건이었던 것이다.

두 번째 시기는 "단일기능 또는 전문은행기"라 지칭되는 기간이었다. 중국농업은행(Agricultural Bank of China: ABC)이 1979년에 재설립되었고, 1984년에는 인민은행의 한 분과가 중국공상은행(Industiral and Commerical Bank of China: ICBC)으로 분화되었다. 중국은행(Bank of China: BOC)은 독점적으로 외환업무를 담당하게 되었고, 중국건설은행(China Construction Bank: CCB)에게는 처음부터 재정기능이 부여되었다. 이로써, "전문" 또는 "단일기능" 은행시스템이 인민은행과 함께 설립되었고, 이들 네 은행들은 각자 독자적인 특정 역할을 수행했다.

세 번째 시기는 "상업은행 시스템의 시기"이다. 상업은행과 소위 정책은행은 현재 두 개의 서로 다른 기관으로 구분된다. 1994년부터 중국발전은행(China Development Bank: CDB), 중국수출입은행(China Exim Bank), 그리고 농업발전은행(Agricultural Development Bank: ADB) 등 세 개의 정책은행이 설립되었다. 설립된 정책은행들은 네 개의 전문은행들이 수행하던 정책금융 활동을 떠안았다. 정책은행들의 설립으로 "단일기능 또는 전문은행"으로 전환하려는 은행개혁을 위한 여건이 마련된 것이다. 1995년 공포된 "중화인민공화국 상업은행법"은 네 개의 "단일기능 은행"의 법적 지위를 현재의 "국유상업은행"으로 명문화했다.

지난 30년간 중국 은행시스템의 변화를 돌이켜 보면, 중국의 은행당국은 두 가지의 커다란 구조변화를 거쳐 왔다. 하나는 단일은행(mono-bank) 체제에서 단일기능(single-function) 은행체제로의 변화이며, 두 번째는 단일기능 은행체제에서 상업은행 체제로의 변화였다.

인민은행이 설립되었을 때, 이는 재정부 산하의 유일한 금융기관이었다. 이는 전국의 모든 농촌지역의 예금과 대출을 위한 업무망을 구축했다. 협동조합화 또는 집체화 과정이 시작되던 당시, 중국 전역에 걸쳐 농촌신용협동조합이 설립되었다. 최 전성기에는 100,000개가 넘는 농촌신용협동조합이 존재하기도 했다. 1950년대 후반에는 인민은행이 이들 협동조합들에 대한 직접적 통제 이상의 기능을 수행했고, 인민은행의 대출 및 예금 업무에 협동조합을 편입시켰다. 이러한 상황은 중국농업은행이 재설립된 1979년까지 지속되었고, 중국농업은행이 설립되자 이 은행이 농촌신용협동조합에 대한 감독과 관리에 복귀하게 되었다.

단일은행 체제 하에서 "신용대출"을 위한 자금은 배분계획에 따라 관리되었기 때문에, 인민은행과 농업신용협동조합은 재정부의 자금관리 부서에 불과했다. 두 기관은 재정과 예산기능을 담당했으며, 한편으로 예금기관으로서의 역할도 담당했다. 당시 금융활동 수준이 낮아 금융활동에 심각한 제약이 존재했다. 1980년대 초에 단일기능 은행체제로의 이행이 완료되자, 중국의 금융수준은 향상되었고 은행이 금융중개기관으로서의 기능을 담당하기 시작했다. 그럼에도 불구하고, 여전히 비교적 엄격한 금융통제가 존재했다. 1990년대 중반 이후, 상업은행 체제로의 이행이 이루어짐으로써 중국 내 금융활동은 빠르게 증가했고 은행들은 모든 금융중개업무를 취급하기 시작했다. 동시에, 은행법과 은행규제 시스템이 크게 개선되었다.

은행당국이 중국 금융시스템을 매우 빠르게 시장중심 체제로 전환시킴에 따라, 현재 농촌지역의 자금원이 크게 줄어 있다. 농촌지역은 단일은행 및 단일기능 은행시스템으로부터 훨씬 큰 금융적 혜택을 지원받았다. 지금은 농촌의 금융부문이 새로운 상업은행 시스템 하에서 심각할 정도로 위축되어 있다.

표 10.1의 통계치는 개혁 이전 단일은행 시기에 이루어진 농업과 농촌지역에 대한 대출규모가 실제로 낮지 않았음을 명확히 보여준다. 국가가 통제하는 은행과 신용협동조합에 의한 대출의 총 규모는 대략 1980년에서 1995년까지의 기간 중 10% 수준을 유지했다. 향진기업에 대한 대출을 포함하면 그것은 총대출 대비 1970년 9.9%

표 10.1 | 1970년에서 1995년까지 농업부문과 농촌에 대한 대출 현황

연도	대출 합계	향진 기업대출	농업 대출	농업 생산	농업대출비중 (%)	농촌대출비중 (%)	농업대출/농업생산
1970	1,052.2	0.8	103.9	716.3	9.88	9.95	14.5
1975	1,489.4	7	99.1	1,202.4	6.65	7.12	8.24
1978	1,895.1	22	131.3	1,288.7	6.93	8.09	10.19
1980	2,495.9	56.1	226.4	1,964.5	9.07	11.32	11.52
1985	6,305.6	288	652.2	2,912.2	10.34	14.91	22.39
1990	16,579.4	1,128.3	1,680.4	7,662.1	10.14	16.94	21.93
1995	44,627.6	4,441	4,376.7	20,340.9	9.81	19.75	21.52

주:

1. 대출합계와 농업대출은 국유은행 대출과 신용협동조합 대출을 합한 값이다.
2. 향진기업대출 통계치는 1971년과 1976년의 통계이고 신용협동조합 데이터를 포함한다. (출처: 중국금융통계연감 *1952–87*)
3. 1978년 향진기업 대출에 대한 데이터는 "중국 향진기업 통계"에 따른 것이다.
4. 농업대출 통계는 신용협동조합이 제공한 집체대출과 농가대출을 합한 것이다.
5. 1970년에서 1985년의 기간 중 농업생산 통계는 중국농촌지역통계연감 *1989*에 따른 것이고, 기타 기간에 대한 통계는 중국통계연감에서 수집되었다.
6. 농업생산에는 농업, 어업, 축산업이 포함한다. 1990년과 1995년도의 통계치는 경상가격 기준이다. 출처: 중국통계요약 *2002*.

에서 1995년 20%로 상승했다. 동 기간 동안 농업, 축산업, 임업, 그리고 어업의 총 생산액은 28배 증가했고 농업부문에 대한 대출 금액은 42배 증가했다. 농촌지역에 대한 대출액은 향진기업에 대한 대출을 포함하면 80배 넘게 증가했다. 이러한 결과는 국가와 신용협동조합에 의한 모든 대출 총액이 전국적으로 단 42배 증가한 상황을 감안하여 살펴보아야 한다.

단일은행에서 단일기능은행 시스템으로의 이행이 완료된 이후, 중국 전체의 총대출의 증가율과 농업대출의 증가율이 거의 같았다. 향진기업에 대한 대출을 포함하게 되면 농촌지역이 받은 신용지원은 중국 내 다른 지역에서의 신용확대를 훨씬 능가했다.

중국농업은행은 1979년에 재설립되었다. 1980년을 기준년도로 할 경우, 1980년에서 1993년까지의 기간 동안 중국농업은행과 신용협동조합의 예금규모는 18.7배,

연평균으로는 25.7%로 증가했다. 대출 총액은 15.6배, 연평균 24.1% 증가했다. 이러한 수치가 의미하는 바는 농촌의 신용서비스가 같은 기간 동안 농촌경제의 늘어나는 필요에 기본적으로 대응할 수 있었다는 것이다.

단일은행 시스템에서 단일기능 은행시스템으로의 이행과정에서 농가에 대한 대출이 극단적으로 빠르게 증가했다. 중국이 단일은행 시기 동안 인민공사체제(People' s Commune System)를 제도화한 후 인민은행은 농가에 대한 대출을 직접 제공하지 않고, 소규모 대출은 신용협동조합만이 제공할 수 있었다. 1958년 농가에 대한 대출은 역대 최고수준인 11.1억 위안에 이르렀다. 이는 그 다음해에 6.9억 위안 수준으로 감소했고, 1966년에는 다시 11.4억 위안 수준으로 회복되었다. 그 이후, 1980년까지 가계에 대한 대출 규모는 11억 위안 수준을 유지했다.

1980년 농가에 대한 대출은 전년대비 57% 증가했다. 그 후 수년 동안, 대출은 연 70%를 넘는 성장률을 유지했다. 1979년부터 재설립된 중국농업은행은 가계와 집체경제 조직에 대한 대출을 늘리기 시작했다. 단일은행 시스템이 단일기능 시스템으로 이행하는 과정에서 대출 등 신용자원의 활용이 늘어나면서 농업부문의 성장이 빠르게 이루어지게 되었다. 농민소득은 1978년부터 1985년까지 2배 증가했다. 1985년부터 1990년까지는 72.6%, 1985년부터 1995년 기간 중에는 129.9% 증가했다. 이러한 통계치에는 농업, 축산업, 임업, 어업, 그리고 향진기업 부문의 소득이 포함된다.

❖ 농촌금융의 축소

1993년 12월, 중국 국무원은 "금융 시스템 개혁에 관한 결정"을 공포했다. 소위 단일기능 은행 체계에서 상업은행 체계로 전환되는 구조적 변화가 이어졌다. 농촌금융 업무를 취급하는 한편, 과거 중국농업은행이 떠안고 있던 정책적 책임을 부담시키기 위해 농업발전은행이 설립되었다. 여기에는 곡물, 면, 식용유 등의 적정 재고를 확보하기 위한 정책성 대출과 농업부산물 구매자금 대출, 그리고 영농자금 대출이 포함된다. 이 은행은 결제와 감독이라는 측면에서 농업을 지원하는 재정기관(fiscal agent)의 역할을 했다.

이러한 정책은행들이 설립되면서, 중국건설은행, 중국공상은행, 중국은행, 그리고 중국농업은행은 현재의 국유 상업은행이 되었다. 또한 수많은 합자 상업은행들도 도시와 농촌에 설립되었다. 은행시스템이 구조조정됨에 따라 "상업은행법"과 같은 법적 규제시스템도 정립되었다.

이러한 시스템 변화의 가장 큰 결과는 대출을 얻기 위해 요구되는 담보 및 지급보증과 관련된 변화들이었다. 새로운 법규와 규제들, 그리고 규제기관들에 따르면, 국유 상업은행들은 명확히 정의된 자산에 근거해서만 은행신용을 확대할 수 있다. 1997년 아시아 금융위기 이후 금융당국은 부실채권을 절대로 용납하지 않는 정책을 취했다. 대출이 대출 담당자 일생 동안의 책임이 되었으며, 훨씬 더 엄격한 신용관리 시스템이 자리를 잡게 되었다.

법률체계도 상업은행 시스템으로 이행하는 과정에서 크게 개선되었다. 은행의 "연성예산제약"(soft-budgeting)에 대한 규제가 부과되었다. 그러나 모든 기대와는 달리, 농촌금융은 곧 심각할 정도로 위축되었다.

중국의 농업생산은 1996년 GDP의 20%에서 2006년 11%로 감소했다(표 10.2 참조). 전체 대출에서 농업대출의 비중은 1998~2006년 기간 동안에는 크게 변하지 않았다. 그러나 단일은행 시스템 기간 동안의 절반수준인 약 5% 정도에 머물렀다. 1980년대 시작된 농촌지역의 빠른 공업화로 향진기업은 이미 이른바 농촌의 수입에서 중요한 부분이 되었다.

1995년부터 2003년까지 향진기업의 생산액은 GDP의 약 45%를 차지했지만, 향진기업에 대한 대출 비중은 2004년 8%에서 4%로 떨어졌다. [표 10.1, 10.2, 10.3은 1970년에서 2006년 사이][1] 농촌지역의 생산이 GDP에 기여한 정도와 대출 전체에서 농촌지역 대출이 차지하는 비중을 보여주고 있다. 이로부터, 1990년대 중반 이후 농촌부문 대출은 크게 감소했지만, GDP에 대한 농촌부문의 기여는 1992년 이후 반대로 크게 증가했음을 알 수 있다.

단일기능 은행 시스템이 상업은행 시스템으로 이행된 후, 농촌지역의 신용 및 대출 금액은 감소세를 나타내어 농촌의 발전 잠재력 및 경제활동 규모와 상충되는 모습을 보이는 한편, 전체적인 농촌 금융시스템의 쇠퇴현상을 보였다. 이러한 현상은 금

표 10.2 | 농업생산과 농업부문 신용 대출

연도	농업에 대한 대출	전체 대출 총액	농업부문이 차지하는 비중(%)	총 농업 생산	GDP	총 GDP에서 농업이 차지하는 비중(%)
1996	1,919	61,153	3.14	13,844	67,885	20.39
1997	3,315	74,914	4.42	14,211	74,463	19.08
1998	4,444	86,524	5.14	14,552	78,345	18.57
1999	4,792	93,734	5.11	14,472	82,068	17.63
2000	4,889	99,317	4.92	14,628	89,468	16.35
2001	5,712	112,315	5.09	15,412	97,315	15.84
2002	6,885	131,294	5.24	16,117	105,172	15.32
2003	8,411	158,996	5.29	16,928	117,390	14.42
2004	9,843	177,363	5.55	20,768	136,876	15.17
2005	11,530	194,690	5.92	22,719	182,321	12.46
2006	13,208	225,285	5.86	24,700	209,417	11.79

출처: 중국통계연감

표 10.3 | 향진기업이 창출한 부가가치와 향진기업에 대한 대출

연도	향진기업 부가가치	향진기업 대출	GDP에서 향진기업 부가가치가 차지하는 비중(%)	대출총액에서 향진기업 대출이 차지하는 비중(%)
1996	17,659	5,316.511	46.41	8.69
1997	18,914	5,510.74	46.94	7.36
1998	22,186	5,796.075	46.89	6.7
1999	24,883	6,288.501	47.95	6.71
2000	27,156	6,282.065	46.70	6.32
2001	29,356	6,502.575	46.00	5.79
2002	32,386	6,905.334	46.12	5.26
2003	36,686	7,661.55	45.87	4.82
2004	41,815	8,069.2	30.55	4.55

출처: 농업부의 향진기업통계연감

융기관의 수 감소, 신용대출의 규모 감소, 그리고 순자금유출로 나타났으며, 관리의 관할 또한 지방에서 상부 당국으로 넘어가게 되었다.

❖ 은행들의 농촌지점 감소

은행당국이 은행 시스템을 단일은행 시스템에서 단일기능 시스템으로 전환함에 따라 중국의 네 개 전문은행들은 중국 전역에 걸쳐 2,000개가 넘는 현(縣)급(county-level) 지역에 지점을 개설했다. 중국농업은행은 모든 향진(鄕鎭, town and village)수준에까지 영업망을 구축했다.

그러나 이후의 은행개혁 단계에서, 상업은행 시스템 개혁의 시작과 함께 각각의 새로운 국유 상업은행들은 농촌지역에서 대대적으로 철수하기 시작했다. 이러한 움직임은 현 이하의 지점운영에서 나타났다. 표 10.4는 1995년에서 2003년까지 8년간 네 개의 대형 국유은행들의 지점 감소를 보여준다. 도시지역에서는 거의 감소가 나타나지 않았으므로, 기본적으로 지점수의 감소는 모두 현 이하의 수준에서 발생했다고 할 수 있다.

2006년 5월, 중국은행감독관리위원회(이하 은감위)은 1,946개의 현, 29,140개의 향과 479,817개의 진, 그리고 100,000명의 농민과 20,000개의 중소 농촌기업을 대상으로 제공받은 금융 서비스에 대한 조사를 실시했다. 2005년 말까지, 진에 대한 금융기관의 서비스 제공 비율은 3.28%에 불과했다. 전체 향진의 65.4%에는 농촌신용협동조합과 우체국 예금기관이 있을 뿐이었다. 농촌신용협동조합과 우체국 예금기관이 전체 총 금융기관의 86.45%를 구성하고 있었고, 전체 향에서 그것은 89.83%를 차

표 10.4 | 농촌지역 국유은행의 철수에 따른 자금유출

	1995년도의 총 지점 수	2003년 지점 수	감소	변화율 %
중국공상은행(ICBC)	38,583	24,129	14,454	–37.5
중국농업은행(ABC)	67,092	36,138	30,954	–46.1
중국은행(BOC)	13,637	11,609	2,028	–14.9
중국건설은행(CCB)	35,895	16,613	19,282	–53.7
합계	155,207	88,489	66,718	–42.9

출처: 중국은행감독관리위원회 웹사이트

그림 10.1 | 농업생산과 대출자원

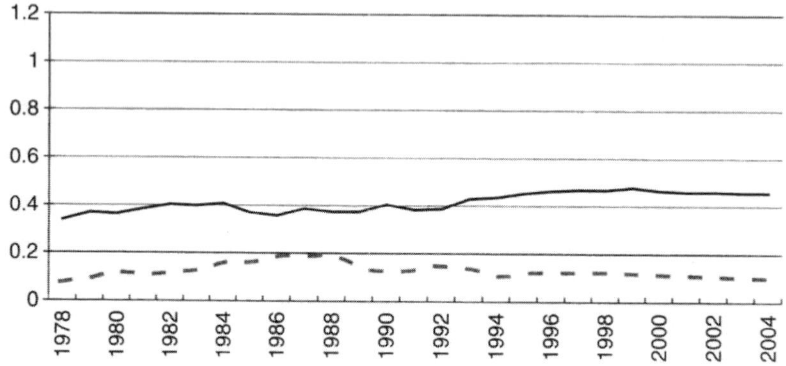

출처: 중국통계출판부, 중국통계연감 각년도, 중국농촌통계연감 각년도, 중국 농업부의 향진기업국이 펴내는 향진기업연감 각년도.

지했다. 평균적으로 각 현에는 25.09개의 금융 영업점이 존재하고 있었고, 각 향에는 2.13 개소가, 그리고 진에는 50개 당 1개의 금융 영업점이 들어서 있을 뿐이었다.

10차 5개년 계획(2001~2005) 기간 중, 조사대상 1,946개의 현과 그 이하의 행정단위에서 은행의 영업점들과 종사자 수가 감소하는 모습을 보여주고 있다. 2005년 말까지, 영업점 수와 종사자 수는 2001년에 비해 각각 24.37%와 14% 감소했다. 이 같은 감소의 주요 원인은 상업은행들이 현 이하 단위에서의 영업점 운영을 축소했기 때문이었다. 2005년 말까지, 상업은행 시스템은 현 이하 단위에서 31,900개의 영업점과 431,400명이 종사하고 있었는데, 이 수치는 26,200개의 영업점과 179,000명의 종사자가 준 것이었다.

국유상업은행이 농촌지역으로부터 대거 철수함에 따라, 농촌신용협동조합이 농촌지역에 대한 주요 금융지원 기관이 되었다. 그림 10.1이 나타내듯이, 2004년에는 농촌신용협동조합의 예금 및 대출 잔액은 겨우 전국 총액의 약 11% 수준에 불과했지만, 농업부문에 대한 총 은행 대출 대비 86%를 차지했다.

❖ 농촌 자금의 도시유출

은감위의 2007년 보고서에 의하면, 금융 서비스망의 부실과 대출관리 시스템의 경직성으로 인해 농촌지역의 가용 자금이 심각하게 위축되었고, 그 직접적인 결과로 도시지역에 대한 금융자원 배분이 증가하는 결과를 낳았다. 농업은행은 대규모의 농촌 자금을 도시지역으로 이전하고 투자했다. 이것이 총 대출 규모 대비 농촌대출의 비율에 변화를 일으킨 원인이었다. 2000년말, 현 이하 단위 금융기관의 예금잔액은 3.2787조 위안이었고, 대출 규모는 2.4355 조 위안으로 순예금은 84.32억, 예금 대비 대출의 비율은 74.8%였다. 이 비율은 동 기간 동안 은행부문 전체의 비율보다는 5.46% 낮은 것이었다. 또한 2005년 말 기준으로는 예금 6.8953조, 대출 3.8825조, 순예금 3.0128조 위안이었다. 순예금은 257% 증가했지만, 예금 대비 대출의 비율은 56.3%에 불과하여 전국 은행부문 평균보다 12.72% 낮았다.

5년 동안, 현 이하의 단위에서 금융기관들의 예금은 연평균 15.99% 증가하여 전국 금융기관의 평균 수준인 17.74%에 근접했지만, 대출은 연평균 9.72% 증가하는데 그쳐 예금과는 달리 전국 금융기관의 평균 증가율 15.66%에 크게 미치지 못했다. 중국농업은행의 기록에 의하면, 농촌대출은 1997년도에 이 은행 총 대출액의 31.1%를 차지했으나, 2001년에 이는 16.9%로 떨어졌다. 현재에는 중국농업은행 전체 대출액의 약 10%만이 농촌에서 이루어졌다. 1980년대 중반, 이는 98%였다.

❖ 농촌지역, “불균등한 금융” 지역이 되다

국가통계국 연구팀이 2000년에서 2003년까지 랜덤 샘플링 방식으로 실시한 조사에 따르면, 모든 농민들이 은행과 신용협동조합으로부터 연평균 65위안을 대출받았지만, “민간 대부업자” 또는 비공식적인 자금원으로부터는 190위안을 빌린 것으로 나타났다. 즉, 은행으로부터 부채의 25%를, 기타의 자금원으로부터 75%를 차입한 것이다.

농업부는 20,000세대의 농가를 대상으로 유사한 분석을 실시했다. 샘플은 달랐지만, 분석결과는 같았다. 다시 말해, 농민들은 공식 또는 적정 금융기관으로부터의 점점 더 적게 대출받고 있었다. 구체적으로, 금액 기준으로 1986년 47.76%에서 2000년 15.52%로 15년 동안 32.24% 감소했던 것이다.

중국 은행산업이 빠른 변화를 겪어오는 동안, 공업화와 도시화가 1990년대 중반 이후 가속화되었다. 이러한 조건에서, 농촌금융의 심각한 축소에 대한 수많은 설명이 제시되어 왔다. 대다수가 수긍하는 설명은 자본 수익의 차이로 설명하는 것이다. 이러한 관점을 갖고 있는 학자들은, 현재의 상업은행 시스템이 구축되면서 영업의 주요 동기가 이윤에 있기 때문에, 농촌금융은 위축될 수밖에 없다고 주장한다. 즉, 이러한 현상이 발생되는 이유는 시장 동학의 결과이며 정부가 여기에 개입해서는 안 된다는 것이다.

이러한 관점은 금융자원이 농촌에서 도시로 유출되는 것은 희소한 금융자원이 최적으로 배분된 결과라고 주장한다. 이는 효율적인 시장의 목표와도 조응하는 것이다.

그러나 다른 학자들은 도시와 농촌간의 신용 격차가 지나치게 크고, 농촌 및 농가 수준에서의 금융정보가 불충분하기 때문에 그러한 격차가 발생하는 것으로 보고 있다. 은행들과 농촌 구성원들 간의 정보 비대칭성으로 인해, 은행들은 소규모 대출 고객들이 과도한 비용과 과도한 위험을 갖고 있다고 생각한다.

이러한 두 가지 태도는 문제의 단면만을 반영하는 것이다. 이 두 가지 시각 모두 논리적 결론을 도출하기 위해서는 하나의 가설적 전제조건, 즉 중국에서 농촌금융이 완전히 경쟁적이라는 조건이 충족되어야 한다. 하지만 이러한 전제조건은 현실과는 전혀 맞지 않는 조건이다.

농촌에의 투자 수익률이 도시의 그것보다 더 낮음을 보여주는 충분한 증거는 없다. 오히려 많은 연구가 농촌지역의 자본 수익률이 도시에 비해 낮지 않을 뿐만 아니라, 오랫동안 실질적으로 더 높아왔음을 입증하고 있다. 세계은행의 연구에 의하면, 1978~2001년 기간 동안 중국 농업투자에 대한 한계이윤은 16배 증가했으며, 향진 단위에서도 15배 증가했다. 같은 기간 동안 도시의 산업은 전체적으로 85% 성장했고, 도시의 서비스 산업은 3배 증가하는데 그쳤다. 그림 10.2에 나타나 있듯이, 1980년대

그림 10.2 | 자본수익률, 1978-2001: 농업, 도시 산업, 농촌지역의 비농업 생산

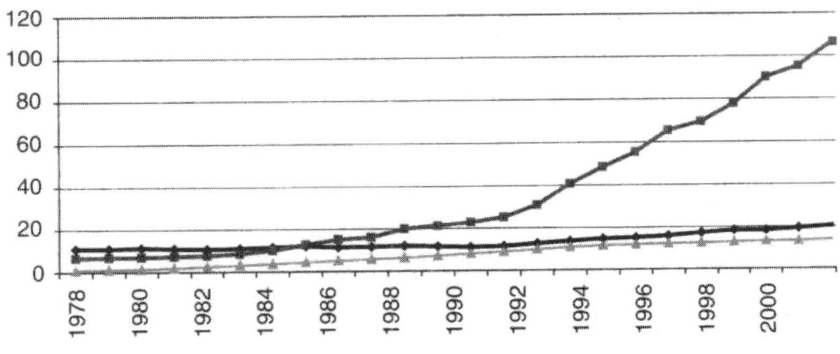

출처: 맨 위의 선으로부터 차례로, 농업, 도시 산업, 비농업 생산을 나타낸다.

중반 이후 향진기업에 투자된 자본의 한계이윤은 도시부문 투자의 그것보다 높은 수준을 유지하고 있었고, 2001년에는 향진기업의 지표는 도시 산업의 5배나 높았다.

OECD의 연구 또한 동일한 추세를 보여주고 있다. OECD는 중국의 비국유부문(여기서 향진기업이 핵심 구성요인이다)의 자본수익은 2003년 15%를 기록하는 한편, 2000~2005년 동안 모든 생산요소의 성장률이 연평균 10%에 달했다.

이러한 데이터는 농촌에서의 금융위축이 낮은 투자수익에 따른 결과가 아니라는 사실을 확인해 준다. 은행시스템이 개혁되고 다른 지역에서는 금융제공이 증가하는 와중에, 농촌금융에서는 이에 상응하는 증가가 이루어지지 않은 데에는 분명 다른 이유가 있을 것이다.

사실상 농촌금융 위축의 일차적인 이유는, 매우 "현대적"인 상업은행들의 신용관리 시스템이 농촌지역의 복잡한 자산소유권 상황을 포용할 수 없다는 사실에 있다. 즉, 은행 시스템의 빠른 변화가 농촌의 자산소유권 시스템의 느린 변화에 부딪히면서 농촌금융의 위축을 낳았던 것이다.

❖ 농촌지역의 "자산소유권"으로는 신용을 얻기 어렵다

금융중개기관들은 자신의 사업을 영위함에 있어 문서로 작성된 계약에 의존한다. 성

숙한 시장경제에서는 사적으로 소유되는 자산이 신용을 얻는데 기초가 된다. 상업은행들의 위험을 낮추고 금융중개기관들이 제 역할을 수행할 수 있도록 보장하기 위해, 은행들은 흔히 대출자에게 제공된 신용의 상환을 보증하기에 충분할 만큼의 담보를 요구한다. 재산권에 대한 적절하고 일관된 체계가 이것이 작동하기 위한 전제조건이다. 재산권 제도와 함께 자산등록, 가치평가, 그리고 공증 등 유효한 공적 조치들 또한 존재해야 한다.

금융의 문제와 재산 소유권 시스템은 밀접히 연관되어 있다. 이는 특히 담보로 사용되는 재산권을 떠받치는 법체계가 금융 시스템의 안전을 위한 주요 보장수단일 때 그러하다. 이것이 중국 은행시스템 개혁에 따라 담보에 의한 보증제도가 상업은행의 운영규칙이 된 근본적 이유이다.

하지만 중국 농촌지역에서의 재산권과 자산에 대한 권리는 독특한 특징을 갖고 있다. 여러 특징 가운데, 중국 농촌에서 재산권 체계는 충분한 규정과 규제가 갖추어져 있지 않다. 이는 상업은행들이 현대적 신용관리 시스템의 보편적 규정을 적용함에 있어서 심각한 제도적 장애에 부딪치고 있음을 의미한다.

중국의 사회보장제도가 부족한 탓에 토지자산은 농민이 노후, 실업 또는 생존을 위해 사용할 수 있는 유일한 수단이다. 사회보장제도가 중국의 인구 전체를 포용하지 못하고 있는 현재, 중국 정부는 아직 농업용 토지의 거래를 제한할 필요가 있다. 이것은 농민의 궁극적인 파산을 막기 위한 것이다. 이에 따라 토지의 매입, 매각, 담보 제공 등이 제한된다.

중국의 현행 토지관리법에 따르면, 도시의 토지는 국가소유이며, 담보관련 법규들은 이점을 반영하고 있다. 반면 농업 또는 농촌의 토지는 집단소유이다. 농업용지, 농가, 그리고 농가부지는 매매와 담보 대상이 될 수 없다. 담보법은 이에 대해 명백히 밝히고 있다: "[담보 제공자 소유의] 건물 및 토지 위에 설치된 고정자산은 담보로 사용될 수 있다." [그러나] "향진 단위에서 향진 및 향진기업 소유의 토지에 대한 사용권은 분리되어 담보로 사용될 수 없다. 향진기업과 향의 공장건물, 그리고 기타 부속건물이 담보로 사용되면, 그 건물이 세워진 부지의 사용권 또한 동시에 담보로 사용되는 것이다." "집체가 소유하고 있는 농경지의 토지, 거주지, 개인용 토지, 개인용 구릉지, 그리고 기타 집단적 소유지의 사용권은 담보로 이용될 수 없다."

중국의 재산권법은 이미 공포되어 시행되고 있지만, 농업지역의 자산에 대한 소유권 문제를 해결할 근본적인 방법은 아직 제시되지 못하고 있다. 현 시점에서의 문제는 다소간 중국 내 도시와 농촌 간 분리의 문제이다. 양자의 통합을 고려하지 않는 이중적인 소유권 제도가 문제가 된다. 다시 말해, 도시와 농촌 소재의 동일한 자산에 대해 상이한 재산권이 행사되는 것이다.

농지와 주택의 사용에 적용되는 규제에서와 같이 재산권의 일부는 법으로 제한받지만, 다른 경우는 다른 종류의 농촌지역의 불완전한 시스템의 영향을 받는다. 90%가 넘는 담보용 재산이 금융제공과 직접적으로 연관되어 있기 때문에, 농촌지역에서 무엇이 담보로 사용될 수 있는지를 규정하는 명확한 재산권 제도가 갖추어져 있지 않다는 사실이, 상업은행 시스템을 시행한 이후 농촌금융이 급격히 감소한 중요한 이유였다. 여러 측면이 문제를 더욱 복잡하게 만들고 있다.

인민은행의 조사에 따르면, 16개가 넘는 정부기관이 담보재산 등록업무를 취급한다. 이 기관들은 공상행정국, 공증소, 주택국, 토지국, 산림국, 광산당국, 교육국, 차량등록국, 농업용차량국, 선박관리국, 항공기관리국, 신원등록회사, 상표국, 특허국, 저작권국 등이다. 어떤 지역에서는 이 리스트가 훨씬 더 길다. 비싼 등록비용, 긴 대기시간, 자산등록 규정의 빈번한 변경, 재산권 관련 법 조항 정비의 미비 등은 대출 신청자로 하여금 담보제공 방법을 쉽게 알 수 없게 만든다. 그리고 담보등록 완료를 기다리는 동안 대출 수요자는 사업기회를 잃어 당국에 금융지원을 요구할 필요가 없게 되는 경우도 흔하다.

농촌의 자산 소유권 제도가 처한 특별한 환경은 상업은행 체제가 구축될 때 고려되지 않았다. 농촌지역에 적합한 신용 및 대출 상품, 대출관리 및 위험관리 수단을 포함하는 규정은 신용 및 대출 관리에 대한 조정과정에 포함되지 않았다. 이것이 농촌금융의 심각한 위축을 초래한 주요 요인이었다. 하지만 은행산업 금융기관들은 국제적 기준을 모델로 적용하거나, 주요 도시의 거대 고객들과 관련된 조건들을 반영했다. 이러한 기준들이 신용 및 대출 상품, 관리활동, 인센티브 메커니즘 등을 만드는 데 사용되었던 것이다. 따라서 농촌지역에서의 상업은행 운영은 완전히 소극적으로 이루어졌다.

앞서 지적했듯이, 새로운 시스템의 설계에서 중요한 부분은 신용이 담보나 보증 없이 확대 지원될 수 없다는 것이었다. 최근에는 이러한 규정이 훨씬 더 엄격해 진 것으로 나타났다. 기업의 설비, 완제품, 원자재 재고 등은 합법적인 담보가 될 수 있지만, 많은 상업은행들은 이를 담보로 대출을 제공하는 것이 거의 불가능해 졌다. 현 단위의 은행지점들 가운데 모기지의 담보로 사용된 자산 중 90% 이상이 그 자산가치가 상승하는 와중에 있는 고유동성의 부동산이었다.

두 번째 문제는 대출 신청 고객을 평가하는 시스템이다. 신용등급 평가기준은 일반적으로 베이징에 위치하고 있는 은행 본부에 의해 결정되어, 전국적으로 통일된 기준이 적용된다. 일정한 등급 이하의 기업은 대출 신청자격이 주어지지 않지만, 많은 경우 그 기준은 농촌의 대출 신청자에게는 부적합한 것이다. 셋째, 국유상업은행들의 현 단위 지점들에게는 대출을 제공할 권한이 없다. 과도하게 엄격한 규정은 오히려 장애가 되어 농민들이 금융서비스를 받지 못하게 만들었다. 그러한 규정들은 특수한 자산을 가지고 있는 농촌 고객의 특별한 사정을 고려한 것이 아니다.

중국농업은행을 예로 들어보자. 이 은행은 전국에 걸쳐 현 수준에 지점을 설치하고 있다. 하지만 대출은 상부의 관할이므로 이들 지점들은 대출을 제공할 권한을 가지고 있지 않다. 지점이 대출 업무를 할 수 없으면 지점수입이 발생하지 않는다. 평가과정에서 가장 중요한 고려사항은 영업소득과 위험관리다. 이 부분이 국유 상업은행들을 매우 난처한 지경에 빠뜨렸다. 대출을 취급하지 못하면 신용위험이 발생할 여지가 없지만, 소득 또한 없는 것이다. 성과의 부진은 단순히 말해 지점이 손실을 감수해야 한다는 것을 의미한다. 위의 체계적 제약은 "자산은 가지고 있지만 신용은 얻을 수 없는" 이상한 현상이 중국에서 발생하도록 했다.

2005년 인민은행의 조사분석 결과에 따르면, 중국의 모든 기업들이 보유한 총 고정자산은 8.8567조 위안이었다. 이 가운데 중소기업은 4.1087조 위안, 농가는 4.2092조 위안을 보유하고 있었다. 기업 전체가 보유한 총 재고는 5.1394조 위안이며 이 중 중소기업 보유분이 3.0326조 위안, 농가보유분은 1,024억 위안이었다. 전체 기업의 채권은 총 5.519조 위안이었고, 이 가운데 중소기업이 32.76억 위안을 차지하고 있었다. 현존하는 은행법의 제약으로 인해 재고 및 채권, 그리고 농업용 자산 등 유동성 자산은 담보로 사용될 수 없다. 매년 약 16조 위안의 자산이 신용을 창조하는데 아무런 기능도 하지 못하고 있다. 대출할인율을 50%로만 가정한다 해도, 이러한 자산들의 가치는 약 8억 위안의 대출을 보증할 수 있는 것이다.

중국현경제연감(China Country Economic Yearbook)의 통계에 따르면, 현 이하의 단위에서 생산되는 총 경제가치는 GDP의 약 50%에 달한다. 2006년 중국 GDP는 약 20조 위안이었으므로, 현 이하의 기여는 대략 10조 위안 수준이었다. 농업부문의 기여 2조 위안을 빼면, 현 이하 단위의 비농업생산물의 가치는 약 8조 위안이었다. 복합적 요소들을 고려하지 않았기 때문에, 이 추정치조차 과소평가된 것이다.

현재 농업관련 대출의 규모는 약 4조 위안이다. 향진기업 대출을 더하면 총 5조 위안 정도 된다. 이러한 통계는 담보부대출을 지칭하는 것으로, 다음 사항들을 차감해야 한다. 첫째, 이 총액에는 상대적으로 많은 량의 곡물 체계에 대부된 구매대출—이 중 상당부분이 이미 부실대출로 판명되었다—이 포함되어 있다. 둘째, 이 5조 위안에는 2000억 위안 정도의 농민에 대한 소액 신용대출과 담보를 요구하지 않는 연대보증 대출이 포함되어 있다. 셋째, 아직 상각되지 않았거나 역대에 걸쳐 형성된 부담보 신용잔액이 일부분을 구성하고 있다. 이렇게 계산해 보면 담보 또는 보증 없이 제공된 대출의 합은 약 1조 위안 정도라고 생각된다. 따라서 총 담보대출 금액은 약 4조 위안이다. 이 규모는 현 기준 비농업생산의 절반에 해당하는 수치다. 이것이 의미하는 바는, 현존하는 법과 규정 하에서 현들은 "자산은 가지고 있지만 신용은 얻을 수 없는" 매우 어색하고 불편한 상황을 뼈저리게 경험하고 있다는 것이다.

농촌금융에 대한 수요가 급증함에 따라, 일부 은행 금융기관들은 농촌의 상이한 고객과 금융 시스템의 특성에 따라 다양한 신용상품과 관리방식을 모색하여, 시장 시스템이 실행되기 시작하자 새로운 방식을 택하기 시작했다. 이 과정에는 위험관리 방안이 포함되어 있다. 실험적 노력의 결과 전통적으로 상업은행들이 이용하는 담보에 대한 의존에서 완전히 벗어났다. 지금까지 이러한 실험은 큰 성공을 거두었다.

1999년 농촌신용협동조합은 담보가 필요 없는 소액 신용대출을 취급하기 시작했고, 98%의 대출-상환 비율을 달성하여 이 제도가 매우 성공적임을 입증했다. 중국발전은행의 지원으로 세 개의 은행들과 신용협동조합들은 신용대출 확대라는 실험적

정책을 실행하는 것이 허용되었고 그 성과는 대단히 큰 것이었다. 제지앙 타이조우 타이롱 신용협동조합, 타이조우시 상업은행, 바오토우시 상업은행이 그 세 기관이다. 2005년 11월부터 2006년 7월까지 타이조우시 상업은행은 611건, 총 3,246만 위안, 건당 평균 48,200위안의 소액 대출을 제공했다. 대출자 중 90%는 자신의 토지를 상실한 농민들이었고, 5%는 실업자이거나 전직 국가부문 고용자였으며, 5%는 일자리를 위해 도시로 이주한 "농민공"이었다. 대출이 부실화 된 경우는 한 건도 없었다. 중국발전은행은 일반적인 상업은행들의 자산담보 요건을 변경하여, 대출에 대한 보증으로 지방정부의 신용을 받아들였다. 농민에 대한 훈련 프로그램과 같은 곳에 대출을 제공하기도 했지만, 그럼에도 불구하고 이를 통해 500억 위안이 넘는 수익을 냈고, 부실 채권 비율도 1988년 36%에서 2006년 0.73%로 떨어졌다.

규정을 준수하고, 상대적으로 유동성이 큰 자산을 보유하고, 위험평가를 투명하고 쉽게 하는 것만이 금융위험을 최소화할 수 있을 것이다. 선진국들은 사적 소유권 제도가 잘 갖추어져 있고, 이것이 금융과정 전체가 원활히 기능할 수 있도록 자산을 담보로 활용할 수 있게 한다. 이에 따라 여신운용의 비용이 낮게 유지될 수 있다. 개발도상국의 경우에는, 경제가 급속히 성장하고 그 안에서 시스템 자체가 초고속으로 변화하는 상황에서, 이중경제(dual economy)라는 독특한 성격 때문에 우리는 우리의 실제 환경에 기초하여 진행해 나아가지 않으면 안된다. 이는 곧 실제로 주어져 있는 경제적 자원배분 상태에 따라 법과 규제가 마련되어야 함을 의미한다. 우리가 지나치게 경직되고 교조적인 접근법을 취할 경우, 새로운 금융 시스템 하에서는 자산으로서의 가치가 충분한 자산의 큰 부분이 배제될 수 있다. 또한 이러한 자산들은 금융시장을 통해 자본화 할 수도 없을 것이다. 그럴 경우, 경제 전체적으로 비효율성이 발생되고 경제구조의 왜곡이 나타나게 될 것이다.

❖ 중국 농촌금융의 개혁

1996년 국무원은 "농촌 금융시스템 개혁에 관한 결정"을 공포했다. 그 이후, 이 부문에서는 10년여에 걸친 힘겨운 금융개혁 과정이 진행되었다. 2003년의 신용협동조합에 대한 시범적 개혁 이후 모든 개혁이 가속화되었다. 2003년 7월 중앙정부는 시범적 농촌신용협동조합 개혁을 위해 여덟 개의 성을 선정했고, 2004년에는 실험대상 지역이 전국으로 확대되었다. 1996~98년 동안 농촌신용협동조합은 중국농업은행으로부터의 분리, 등록자산의 산출 수정 등을 비롯한 여러 가지 조정과정을 거쳤다. 2002년 말 기준으로 중국에는 50,000개의 농촌신용협동조합이 있었다. 이들 가운데 유일한 법인으로는 현 협동조합의 감독을 받는 향진신용협동조합뿐이었다. 2003년의 개혁에서는 심각한 적자상태의 협동조합과 구조조정을 기대할 수 없는 경우에 대해서는 폐쇄를 단행했다. 모든 신용협동조합에 대한 자산재평가와 재무 구조조정을 위한 노력이 기울여졌다. 주식발행을 통해 자본을 증가시킬 수 있는 권한이 개인사업장[개체호]뿐만 아니라 주식회사로 전환되지 않은 현 내부의 중소기업으로까지 확대되었다. 이 과정을 통해 신용협동조합들은 은행산업에서 하나의 기관으로 영업하는데 필요한 자본요건을 충족할 수 있게 되었다.

신용협동조합들의 재조직화는 세 가지의 상이한 형식을 취했다. 첫째는 농촌상업은행들과 농촌협동조합은행들을 형성하는 것이었다. 둘째는 향진신용협동조합들에 대한 법인요건을 철폐하고, 1급 법인으로서 현정부와 공동으로 농촌신용협동조합을 설립하는 것이었다. 셋째는 현과 향의 법인제도를 계속 유지하는 것이었다. 동시에 기초 수준의 농촌신용협동조합이 재조직되고 성급 협동조합들이 설립되어 해당 성 내의 모든 협동조합들을 관리하도록 했다. 중앙의 금융당국은 중앙은행을 통해 2,000억 위안을 지원해 신용협동조합들의 부실채권을 보전하고 누적된 손실을 충당하도록 했다.

2004년에서 2008년까지 중앙정부는 농촌의 금융개혁을 위한 요구사항을 명확히 하는 다섯 가지의 문서를 발간하여, 상이한 형태의 소유구조를 갖는 대안적인 금융기관을 더 포괄적으로 수용하기 위해 은행산업이 개방되어야 한다는 점을 명확히 밝혔다. 동시에 이 문건들은, 충분한 요건을 갖춘 지역들에게 농촌 신용대출 보증기관을 설립할 수 있도록 허용했다. 2005년에는 중국인민은행은 대출 없이 예금수취만이 허용된 실험적 대출 회사 7개를 5개의 성에 설립했다. 2006년에는 주요 농산물인 곡물, 면, 식용유 등에 대한 구매라는 정책업무만을 주로 담당하던 농업발전은행에게 농촌지역의 개발업무(농촌지역의 전반적인 개방과 개발, 기초적인 인프라 개발 등)가 허용되었다. 2008년 정부는 농촌 금융기관들의 금융 시스템 진입이 가속화되어야 하고 광범위한 허용정책이 제공되어야 한다고 천명했다.

2006년 12월, 은감위는 "사회주의 신농촌 건설에 대한 지원 확대를 위한 농촌 은행 및 금융에 대한 정책적 허용의 조정과 확대에 관한 다양한 의견들"이라는 문서를 공표했다. 이 문서를 통해, 정부는 향진 은행과 대부회사 설립을 위해 농촌지역에 유입되는 모든 종류의 자본을 허용했고, 농민들이 농촌조직을 지원하는 농민뮤추얼펀드(Farmer' s Mutual Fund)를 조직할 수 있도록 허용했다. 이 정책은 1997년에 약 6개월에 걸쳐 시험지역에서 실시된 후, 2007년 10월부터는 전국의 시범지역으로 확대되었다. 농촌은행업에 대한 투자가 대폭적으로 허용되었음에도 불구하고, 이 정책은 여전히 높은 진입장벽을 가지고 있었다. 신규 농촌지역 은행의 20% 이상의 지배지분을 상업은행이 보유하고 있고, 상업은행만이 대부회사를 설립할 수 있었기 때문이다.

중국의 금융 서비스 부문으로의 진입에 대해서는 매우 엄격한 정책이 취해졌고, 아직도 사전적인 평가와 승인이 요구되고 있기 때문에, 그러한 제한 정책은 농촌 금융기관들이 농촌의 심각한 금융 서비스 부족을 해결해 줄 것이란 기대를 크게 갖지 못하게 했다.

2007년 중앙금융공작회의(Central Finance Working Committee)의 결정에 따라, 중국농업은행은 주식소유체계를 개혁하기 시작했다. 아울러 3농 지원, 시장원리에 기초한 운영, 근본적 개혁 추진, 상장 기회의 모색이라는 원칙에 따라, 중국농업은행은 재무 재구성과 공정 공학(process engineering)을 추진하고 있다. 이 결정으로 인해, 어떤 조직이라도 시장원리에 따라 운영되어야 하고, 근본적 개혁을 단행하며, 상장할 수 있게 되었다. 아울러 1990년대 초부터는 다양한 종류의 민간조직과 국제기구가 미소금융(micro-financing)에 대한 실험을 할 수 있도록 했다. 2007년 우체국예금은행이 공식적으로 설립되어 농촌지역에서 시범 서비스를 개시했다. 2007년 초, 중앙정부는 "정책관련 농업보험"의 발행을 위한 시험지역으로 6개의 성을 선정하여 지원했다.

단 몇 년이라는 단기간에도 불구하고, 농촌 금융기관을 담당하는 당국은 초고속의 구조적 변화라 불릴만한 과정을 지나왔다. 선진국의 경험으로나 새로운 경제구조에 대한 경험으로나, 그것은 매우 특수한 것이었다. 전체적으로 볼 때, 과거 4년간의 농촌금융에 대한 개혁은 긍정적인 것이었다. 농촌금융의 수많은 결함을 해결하고, 포괄적이고 지속 가능하며 "3농" 정책의 요구를 충족시키는 다층적 금융 시스템을 구축하는 것은 길고도 어려운 작업이다.

금융당국의 빠른 변화와 담보로 사용될 수 있는 것의 느린 변화 사이의 모순(이는 농촌의 자산 시스템과 재산 소유권 체계에 기인한다)을 해소하기 위해서는 더 많은 노력이 필요하다.

혁신적 신용상품과 대출상품, 신용관리 시스템, 위험관리 시스템, 그리고 감독과 규제 방법 등 모든 것이 필요하다. 그 결과는 중국적 상황에 부합하는 중국의 독특한 특성을 지닌 농촌 금융 시스템이어야만 한다. 또한 그것은 중국 농업의 발전을 추동하고, 중국 농촌지역을 현대적 세계로 편입하도록 하는데 있어서 농촌금융이 중요한 역할을 수행하는 그런 시스템이어야만 한다.

미주

1 [역자] 이 부분은 제시된 표와 설명이 불일치하여 역자가 임의로 수정했다. 원저에는 "표 10.3"으로 되어 있으나 실제의 표 10.3은 향진기업에 관한 표이고, 시기도 "from 1978~2004"로 되어 있다. 하지만 표 10.1과 10.2를 살펴보면, 원문이 말하고자 하는 의도는 충분히 파악된다.

11 | 소매금융: 성장기회를 잡기 위한 부 관리법 통달하기

한스–폴 뷰어크너

보스톤 컨설팅 그룹 글로벌 CEO

소매금융(retail banking)은 매우 큰 성장 잠재력으로 인해 대부분의 중국 은행들에게 점점 더 중요해지는 사업부문이 되어가고 있다. 세계의 많은 시장에서 소매금융은 전체 은행수입 중 절반이 넘는 비중을 차지하고 있다. 그러나 중국에서는 이것이 차지하는 비중이 전체 은행산업 수입의 1/3 이하이지만 몇 년 전부터 크게 증가했다. 이러한 부진은 소매금융의 기본적 속성에 비추어 맞지 않으나, 변화하고 있는 것만은 확실하다. 결과적으로, 보스톤 컨설팅 그룹은 부 관리(Wealth Management)를 중심으로 하는 소매사업을 강화하는 것이 많은 중국의 은행들에게 금융적으로 매력적일 뿐만 아니라 전략적으로도 중요하다고 믿고 있다.

중국의 은행들은 이미 부 관리 서비스를 제공하면서 소매 사업을 촉진하기 시작했다. 그러나 장기적인 고객관계의 가치를 극대화하는 상품과 서비스의 차별화된 결합을 발전시킨 예는 거의 없다. 부수적인 수입과 단기적인 수수료 수입이 지나치게 강조되는 반면에 고객으로부터 진정으로 인정받을 수 있는 중요한 맞춤형 자문과 서비스는 경시되고 있는 것이다. 그 결과, 은행들은 값비싼 프리미엄 뱅킹 모델들을 창조하는 경향이 있지만, 거대하고 빠르게 증가하고 있는 부유층 고객에 대해서는 충분한 서비스를 제공하지 못하고 있다.

부 관리 분야에서 성공하려면, 은행들은 고객들에게 진정한 가치를 제공하는 서비스를 개발해야 한다. 이것은 무엇보다도 단기적이고 수수료 중심적인 전략을 지양하고, 장기적 관계구축을 지향해야 함을 의미다. 은행들은 또한 고객들의 니즈(needs)를 깊이 이해할 필요가 있을 것이다. 이는 특정 고객 집단을 위해 제공되는 서비스를 고안하는데 도움이 될 것이다.

❖ 소매금융과 부 관리의 부상에 대한 전망

저축이 부족한 개인에게 단순 서비스를 제공하는데 집중함으로써, 중국의 소매금융 부문은 더 선망되고 복잡하며 대규모인 기업금융에 오랫동안 그 가치가 가려져 왔다. 이는 거대 국유기업을 대상으로 한 것이었다. 최근까지도 중국 은행들의 고위 은행가들은 기업고객에 대한 서비스로 대부분의 시간을 보냈다. 저축 영업점(Savings Outlets)이라 불리는 지소 또는 영업점의 창구직원들이 소매 고객들을 담당하도록 되어 있었는데, 이들의 개인적 부가 작았기 때문에 소매 고객들은 대부분의 은행 사업계획들에서 뒷전으로 밀려났던 것이다.

이러한 낡은 질서는 이제 개편되고 있다. 중국경제의 거침없는 성장으로 개인들의 부가 늘어나 은행부문의 전략적 우선순위가 변했다. 기업을 대상으로 하는 사업이 아직도 전체 은행수입의 약 2/3를 차지하고 있지만, 소매금융의 수입은 2배나 빠른 속도로 증가하고 있다. 시간이 지남에 따라, 중국의 은행부문은 북미, 서유럽, 아시아와 같이 더 성숙된 시장의 은행부문을 닮아가고 있다. 이러한 성숙된 시장들에서 선도 상업은행들에게는 소매금융으로부터의 수입이 전체 수입의 절반 이상을 차지한다.

중국에서 개인적인 부의 급속한 축적은 전통적인 저축 계좌를 벗어나는 새로운 상품의 번창으로 이어질 것이다. 개인들의 부가 증가함에 따라, 소매 고객들은 불가피하게 좀 더 복잡한 금융상품을 요구하게 될 것이다. 이러한 상품들에는 모기지, 신용카드, 보험상품, 투자 서비스 등이 있다. 새로운 소매상품의 발전은, 해외의 외국 은행들이 그랬던 것처럼, 중국 상업은행에게도 추가적인 수입을 가져다 줄 것이다.

소매금융의 매력은 수입규모와 성장 잠재력뿐만 아니라 수익성 및 안정성에서도 나온다. 나아가 소매금융 부문은 안정적인 자금조달원이 될 수 있다. 성숙된 시장에서는 거대 기업에 대한 대출로부터 보통 50~100베이시스포인트(bps)의 작은 이윤 마진만을 얻는 반면, 개인 서비스로부터는 높은 이윤을 낸다. 게다가 수많은 선도적 글로벌 은행들의 경우, 부 관리 사업에서 자본이익(ROE)은 40~50% 정도로 높은 수준일 수 있다. 더구나 소매 사업, 특히 부 관리 사업으로부터 나오는 수익의 흐름은 더 안정적인 경향이 있다. 보스톤 컨설팅 그룹의 분석에 따르면 2007년과 2008년도의 금융위기 이전 외국의 글로벌 은행들의 주가수익(PE) 비율은 보통 13~15(배)인 반면, 기업 중심적인 은행과 투자은행의 경우 최고 10(배) 정도인 것으로 나타났다. 이러한 차이는 투자자들이 소매금융으로부터의 이익에 더 높은 가치를 부여하고 있음을 보여주는 것이다.

중국의 소매금융 시장의 중요성이 점점 커지는 상황에서, 부 관리는 매우 매력적인 기회가 되고 있다. 중국은 일본을 제외하고 아시아 최대의 부 시장이 되었다. 가계의 총 부는 2007년 약 22조 위안이었고, 2010년까지는 최대 38조 위안이 될 것으로 전망된다. 2002년과 2007년 사이 중국 가계의 총 부는 연평균 25%(실질치 기준)로 성장한 것으로 추정되었고 여전히 매우 높은 집중도를 보여주고 있다. 그리고 50만 위안을 초과하는 금융자산을 보유한 부유층 가계의 수는 지난 5년간 약 3배가 되었다.

부 관리가 중국에서 매력적인 이유는 부가 급속히 증가하고 있기 때문만이 아니라, 이 사업이 소매금융의 여타 부문들보다 수익성이 더 높기 때문이기도 하다. 일반적으로, 부유한 고객일수록 서비스 제공에 대한 이윤이 높고, 이들은 빈번히 은행의 주요 업무에 보조금을 제공하기도 한다.

❖ 프리미엄 뱅킹에서의 기회들

일반적으로, 부 관리자는 두 개의 주요 고객층에 서비스를 제공한다. 첫 번째 고객층은 1000만 위안을 초과하는 고(高)순자산을 보유한 개인 고객들(High Net Worth Individuals: HNWI)이다. 두 번째 고객층은 50만~1000만 정도의 금융자산(부동산,

기업소유, 예술품, 기타 실물자산 제외)을 보유한 부유한 대중 소매 고객들이다. 이들 두 고객층은 별도의 서비스 조건을 정당화할 만큼 충분히 구분되는 니즈와 기대를 갖고 있다.

HNWI들은 일반적으로 프라이빗 은행들 (개인고객 은행; private banks) 또는 대형 상업은행들이 제공하는 프라이빗 뱅킹(개인고객 부문;private banking) 서비스를 받는다. 개인고객 은행들은 적절한 투자결정에 도움을 주는 일에 집중한다. 일부는 고객의 자산을 직접 관리해 주기도 한다. 대상 고객들의 수준이 매우 높아, 구조화된 투자, 역외투자, 기획부동산 투자와 같은 보다 복잡한 금융을 요구한다. 보스톤 컨설팅 그룹은 중국에는 2010년까지 HNWI 가계가 약 635,000 가구로 늘어날 것으로 추정하고 있다.

대중적 부유층 고객들은 보통 소매 은행들이 제공하는 프리미엄 뱅킹 서비스를 이용한다. 중국에서 이 부문은 VIP 뱅킹, 프라이어리티 뱅킹, 또는 부 관리라고 흔히 지칭된다. 이 고객들은 뮤추얼펀드(mutual fund)와 구조화 예금(structured deposit) 등 복잡하지 않은 투자상품에 대한 수요가 매우 강하다. 주된 목적은 자명하다. 이들은 현금보유로부터 더 높은 수익을 원하는 것이다. 투자상품 외에 프리미엄 뱅킹 또한 개인대출, 신용카드, 보험 등 광범위한 서비스를 제공한다. 대부분의 성공적인 프리미엄 은행들은 광범한 고객층을 확보하기 위해 다양한 서비스를 제공하고 최고의 수익을 보장한다. 보스톤 컨설팅 그룹의 부 관리 시장에 대한 예측에 따르면, 중국에는 2010년까지 800만 여의 대중적 부유층 가계가 존재할 것으로 예상된다.

아울러 중국의 프라이빗 뱅킹과 프리미엄 뱅킹 부문은 전국적으로 개인금융자산 중 70%가 넘는 자산을 차지하고 있으면서, 은행거래를 하는 전체 가계의 2% 미만을 대상으로 한다. 이렇게 부가 고도로 집중된 상황에서, 이러한 가계들은 수익성을 높일 수 있는 매우 유리한 기회를 제공해 준다.

물론 특히나 극히 일부의 사람들만이 이해하고 있는 프라이빗 뱅킹의 세계에서, 이는 더 이상 비밀이 아니다. 다년간 국제 프라이빗 은행들은 역외센터를 통해 부유층 중국 개인고객들에게 서비스를 제공해 왔다. 부유한 개인의 수가 늘어나고, 점차 많은 금융자산이 국외로 유출되지 않게 되면서, 많은 국제 은행들과 소수의 중국 은행들은 국내 프라이빗 뱅킹 서비스를 개발하고 시장 확보 경쟁에 적극적으로 나서고 있다. 높은 수익성과 성장세가 은행들을 이 부문으로 끌어들이고 있지만, 실무적인 고려 또한 그러하다. 다시 말해, 프라이빗 뱅킹 거래가 활발하지 않기 때문에 중국 은행들의 입장에서는 이 서비스 제공을 위한 영업점이 많이 필요하지 않고, 이는 다시 외국의 경쟁자들의 접근을 더 용이하게 한다. 따라서 적어도 단기적으로는 대부분의 중국 은행들은 프리미엄 은행 영업부문에서 상대적으로 유리한 경쟁 입지를 갖게 될 것이다. 그렇다고 이것이 현지 은행들이 이 부문에서 도전자와 부딪히는 일이 없을 것이란 뜻은 아니다.

위안화 표시 상품을 판매하는 것이 허용됨에 따라, 외국의 소매은행들은 대중적 부유층을 고객으로 삼는 전략을 취하고 있다. 이 부문에서 고객 1인당 이윤이 매우 높을 뿐만 아니라 주 업무부문에 비해 더 작고 보다 집약적인 네트워크를 통해 서비스 제공이 가능하기 때문이다. 게다가 많은 현지 소매은행들에 비해, 외국 은행들은 이 부문에 적합하게 개발된 고급 서비스 모형을 보유하고 있다. 그렇지만 필수적인 네트워크, 직원, 상품 포트폴리오, 운영 등을 구축하는 데는 시간이 걸린다. 그 결과, 현지 은행들은 이들 대중적 부유층이 흥미를 가질 수 있는 서비스를 개발할 기회가 아직 충분히 있다. 이 기회를 살리지 못한다면, 최고 고객들의 이탈은 피할 수 없는 일이고, 이에 따라 이들 은행들의 전체적인 수익성과 성장에 타격을 주게 될 것이다.

❖ 프리미엄 뱅킹에 대한 오해

수많은 중국 은행들이 이미 프리미엄 뱅킹 사업부문을 견고히 구축하는 일의 중요성을 인식하고 있고, VIP 뱅킹 또는 부 관리 서비스를 이미 제공하고 있기는 하지만, 최근 보스톤 컨설팅 그룹이 수행한 연구에 따르면 60%가 넘는 부유 고객층이 중국에서 제공되는 현행 서비스에 완전히 만족하지 못하고 있다. 고객 불만족의 주요 영역은 장시간 대기, 맞춤형 금융 솔루션의 부족, 고객의 금융적 필요를 완전히 이해하지 못하는 고객관계 관리자 등 부실한 지점 서비스였다.

보스톤 컨설팅 그룹은 고객들 사이에 퍼져있는 불만족의 원인을 제대로 설명하기 위한 프리미엄 뱅킹에 관한 몇 가지 일반적 오해를 찾아냈다.

오해 1: 1차적 목적은 수수료 수입을 극대화하는 것이다.

점진적인 규제철폐와 이자수입을 잠식하는 탈중개화로 인해, 중국의 은행들은 수수료 중심적인 사업부문을 구축하는 방식으로 수입을 다변화했다. 하지만 그러한 전략은 곧바로 프리미엄 뱅킹 서비스를 약화시킬 수 있다. 단기적으로 수수료를 중시하는 전략은 고객의 이해에 가장 잘 부합하는 지와 상관없이, 공격적인 상품판매 동기를 유발한다.

중국 은행들의 수수료 수입 비중은 국제적 은행들의 그것에 비해 상대적으로 낮다. 따라서 수수료 수입을 늘리는 것이 중국 은행들에게는 급선무였다. 하지만 이 목적을 추구하면서도, 단기적 수수료 수입 극대화 전략이 고객과의 관계를 위태롭게 만드는 지를 은행은 확인해야 한다. 고객은 수수료에 민감하고, 은행이 고객과의 좋은 관계를 개발하기 보다는 수수료 수입을 얻는데 급급해 한다고 느끼게 되면 신뢰하지 않게 된다. 이러한 일이 발생되면, 고객은 의심을 하게 되고 투자권유에 대해서도 의심을 품게 될 것이다. 이와는 달리, 고객과 신뢰관계를 형성하고 이를 유지하기 위해 노력하는 고객관리자는 훨씬 더 효율적이게 되고, 장기에 걸쳐 많은 판매시간과 노고를 줄일 수 있다.

오해 2: 부 관리는 주로 뮤추얼펀드 판매와 연관되어 있다.

프리미엄 고객의 공통적 경험은 고객관리자가 고객의 투자 목적에 대해 충분히 이해하기도 전에 섣불리 뮤추얼펀드를 권유한다는 것이다. 이러한 태도 때문에 잠재적인 고객과 기존 고객 모두의 신뢰를 잃게 되고, 장기적 금융계획에 있어서 은행의 도움을 받을 것이란 기대에 대해 고객이 의문을 갖게 된다. 상황을 더 악화시키는 경우로, 뮤추얼펀드에 관심이 있어 찾아온 고객들은 보통 부 관리 창구로 인도된다. 이는 고객으로 하여금 프리미엄 뱅킹 고객관계 관리자—형체 없는 고객집단을 대상으로 그저 뮤추얼 펀드를 판매하는 것으로 끝나고 마는 관리자—에 대해 모호하고 불명확한 인식을 갖게 한다.

부 관리는 단순히 투자상품의 판매에 중점을 두는 방식에서 벗어나야 한다. 보스톤 컨설팅 그룹의 시장조사가 보여주는 바에 따르면, 프리미엄 뱅킹 고객들은 종합적인 원–스탑–샵(one-stop-shop) 모델을 매우 선호한다. 따라서 고객 관리자는 전반적인 투자 자문을 제공하고 고객의 투자목표에 맞는 올바른 상품을 제시해야 한다. 물론 관련 관리자가 고객의 배경, 전체적인 금융에 대한 필요와 목적, 그리고 투자와 위험에 대한 태도 등을 이해하게 될 때, 그러한 서비스의 제공이 가능할 것이다.

오해 3: 혜택은 많을수록 좋다.

은행들은 특별한 혜택(공항 VIP 라운지, 특정 서비스에 대한 수수료 인하나 면제, 레스토랑과 골프코스 할인 등)을 제공하여 프리미엄 서비스를 보완하는 경우가 자주 있다. 은행들에게는 비용이 될 수 있지만, 보스톤 컨설팅 그룹의 조사에 따르면 이런 종류의 많은 특전들은 그 비용에도 불구하고 고객의 눈에는 별다른 흥미거리로 비치지 않는다.

은행들은 비싸지만 차별화되지 않은 여러 가지 혜택들을 제공하는 일을 피해야 한다. 대신 각각의 대상 고객층에게 가장 적합한 혜택을 "선별"해 제공하는 것이 좋다. 종류가 많지 않은 부가 서비스를 계획하는 것이 훨씬 더 효과적일 뿐 아니라 효율적이다. 하지만 이 제도 자체가 심층적인 고객 발굴과 연구에 기초하여 만들어질 경우에만 적용될 수 있을 것이다.

오해 4: 경험이 풍부한 관리자는 준비된 포트폴리오를 고객에게 제공한다.

단기간에 고객유치를 도모하는 은행들은 풍부한 경험이 있는 관리자를 채용하려 하는 경우가 흔히 있다. 하지만 현실에서 고객 관리자들은 이직할 때 자신들의 고객 포트폴리오를 끌고 오는 경우는 극히 드물다. 이는 그들이 자신의 고객들과 친밀한 관계를 형성해 두고 있었다 하더라도 그렇다. 더구나 보스톤 컨설팅 그룹이 광범한 프로젝트를 수행하면서 발견한 것처럼, 문화적 차이와 기타 통합과 관련된 이슈들이 해당 조직 외부에서 온 고객관계 관리자들의 동화를 어렵게 만들곤 한다.

고객 관리자를 영입하기 보다는 내부적으로 우수한 능력을 가진 직원을 육성하는 것이 더 이익이 될 것이다. 내부에서 성장한 고객 관리자는 문화적으로 우수한 적합성을 갖고 있을 뿐만 아니라 조직의 자원을 더 효과적으로 이용할 수 있다. 그 결과 이들은 외부에서 고용된 인력보다 50~150%는 더 생산적이다.

오해 5: 부 관리는 고급 패키지와 관련이 있다.

많은 은행들이 부 관리 서비스를 패키지화하려고 오랜 시간과 돈을 지출해 왔다. 중국은 고급 브랜드와 이미지를 갖춘 고급스런 부 관리 센터를 보유하고 있다. 이러한 점포들의 겉모양이 번드르르하고 비싸긴 하지만, 이들은 프리미엄 뱅킹 고객들을 유인하고, 서비스를 제공하고, 금융상품을 판매하는 데에는 효율적이지 못하다. 보스톤 컨설팅 그룹의 연구는 또한 중국의 고객들이 대부분의 중국 최고의 프리미엄 뱅킹 브랜드를 잘 인식하지 못하고 있음을 밝혀냈다.

부 관리 센터를 멋지게 치장하는 일이 중요한 것 같지만, 정작 대부분의 고객들은 프리미엄 서비스를 선택함에 있어서는 이를 중요하게 여기지 않는다. 그 대신, 고객들은 편의성, 효율성, 그리고 올바른 조언과 상품을 제공 할 수 있는 역량과 같은 요인에 주의를 기울인다. 은행이 이러한 "소프트웨어"—서비스와 상품 등 부 관리 서비스의 핵심요소들—에 완벽하지 않다면, 피상적인 "하드웨어"에 대한 과잉투자는 지속가능한 사업을 발전시키는데 아무런 도움이 되지 못할 것이다. 마찬가지로, 고객과의 약속을 지킬 수 있는 능력을 갖추지 않은 채, 고객 앞에 프리미엄 브랜드 이름과 약속들을 내놓은 것은 자멸적인 것이다.

은행은 고객들이 해당 은행으로부터 경험하게 될 것에 대한 기대와 동시에, 고객들에게 제안하고자 하는 가치가 무엇인지를 분명히 이해해야 한다. 이러한 이해는 브랜드의 포지션과 차별화 방법을 결정할 뿐만 아니라, 어떤 채널을 통해 광고 메세지를 전달할 것인지에 대한 전략, 영업점의 형식, 서비스 모델 등을 설계하는데 틀림없이 도움이 될 것이다.

❖ 성공을 보장하는 고객관계 최우선 전략

다른 무엇보다 견실한 고객관계를 정립할 수 있는 역량이 부 관리자의 성공에서 결정적인 요인이다. 고객관계 형성을 위해 부 관리자는 다음의 세 가지 주요 사항을 간과해서는 안 된다. 첫째, 고객과 돈독한 관계를 발전시킨다. 둘째, 비견할 데 없는 가치

제안(value proposition)을 제공해야 한다. 셋째, 자신이 제안한 서비스를 완벽하게 실행해야 한다.

❖ 고객과의 돈독한 관계 개발하기

고객이해의 중요성에도 불구하고, 중국뿐 아니라 전 세계적으로 대부분의 상업은행들은 고객을 보는 능력을 개발하는데 능숙하지 못하다. 많은 은행들이 고객에 대한 지식의 중요성을 과소평가하고, 또 어떤 은행들은 고객에 대해 새롭게 알아야 할 것이 거의 없다고 확신하거나, 올바른 접근법을 사용하지 못하고 있다.

대부분의 은행들은 고객이 진정으로 원하고, 고객에게 가장 중요한 것, 고객의 구매시점과 방법, 그리고 구매결정 이면에 존재하는 감정적 동인에 대해 세련된 기술을 개발하여 고급 상품을 제공하고 있는 선도적 기업들부터 많은 것을 배울 수 있다. 이러한 기업들은 한 가지의 단순한 진리, 즉 고객에게 최선의 서비스를 제공하려면 우선 고객을 이해해야 한다는 점을 잘 인식하고 있다.

고객에 대한 종합적인 시각을 개발하기 위해, 은행은 다음의 세 가지 차원을 숙지해야 한다. 상품 차원에서 고객이 실제로 무엇을 구매하는지 살펴본다(예를 들면, 뮤추얼펀드 또는 보험상품). 기능적 차원에서 고객이 필요로 하는 것을 알아낸다(예를 들어, 투자수익과 관련 위험도 등). 감정적 차원에서는 고객이 어떤 감정을 느끼고 있는지를 살핀다(예를 들어, 금융안전에 대해 느끼고 있는 심리상태).

고급 상품을 제공하는 기업들은 감정적 측면을 강조하고 이 부분에 대한 연관성을 구축하려고 노력한다. 이에 비해 대부분의 은행들은 상품적 측면을 중시하고 감정적 연관성의 중요성을 경시한다.

보스톤 컨설팅 그룹의 글로벌 연구소는 소매금융 고객이 가지는 일곱 가지 공통된 감정적 니즈를 구분했다(표 11.1는 이 연구로부터 인용했다). 고객의 감정적 니즈를 고려함으로써, 은행은 진정한 고객만족의 달성이란 단지 경쟁력을 갖춘 상품과 차별적인 혜택을 제공하는 것 이상의 것을 필요로 한다는 점을 쉽게 인식하게 될 것이다. 고객들로 하여금 자신들이 이해되고 있고, 존중되고 있으며, 관심 받고 있다는 느

표 11.1 | 소매금융 고객들은 은행 서비스에 완전히 만족하지 못하고 있다.

감정적 필요	고객들이 하는 말
배제감	"현재 나는 중산층에 들고자 하는 사람이 아니다. 모든 사람들이 상류층으로 분류되고 싶어 하지만, 은행들은 나를 딱 중산층으로 대하고 있다."
성공	"대부분의 우리는 깨어있는 동안 돈에 대한 강박관념을 가지고 있다. 내가 충분히 저축을 하고 있는 것일까? 편안히 은퇴할 수 있을까? 편안한 은퇴를 위해 충분한 돈을 저축해 놨는지를 내게 말해줄 사람이 필요하다."
존경/중시	"고객 서비스 직원은 내 관심사가 무엇인지에 대해 들어본 적이 없다고 말했다."
관심두기	"내가 두 번이나 다른 번호로 직통전화를 걸었을 때, 아무에게나 들려주는 무한반복 컴퓨터 음성을 듣고 있어야 했다."
신뢰	"20~30분 동안이나 언쟁한 후에야 비로소 나는 그들이 자신의 잘못을 인정하게 할 수 있었다."
이해	"내가 처한 상황과 내 생활이 어떻게 돌아가고 있는지 그들은 알려고도 하지 않았다."
관리	"내가 좋은 관리를 받고 있다는 느낌이 없다. 나는 그저 홀로 서 있을 뿐이다."

낌을 갖게 하는 일은, 은행조직 전체가 나서야 되는 어려운 일이다.

이와 동시에, 은행들은 부 관리 고객들이 동질적인 집단이 아니라는 점을 인식해야 한다. 더욱 깊이 감정적인 측면을 파악하기 위해서는, 은행들은 고객들을 연령, 성별, 직업, 부의 정도나 투자전략 등을 기준으로 구분해야 한다(예컨대, 부를 축적하려는 고객과 부를 유지하려는 고객). 각각의 고객층은 다르게 행동하고 상이한 감정적 필요와 금융적 필요를 가지고 있기 때문에, 은행들은 그에 적합한 맞춤형 서비스를 제공해야 한다.

❖ 비견할 데 없는 가치제안(value proposition)을 제시하라

중국의 많은 은행들은 경쟁 은행들의 서비스를 따라가는데 너무 많은 시간을 쓰는 반면에, 고객이 진정으로 원하는 것을 찾기 위해서는 시간을 충분히 할애하지 않고 있다. 그 결과 대부분의 프리미엄 서비스들이 적절하게 차별화되지 못하고 있다. 서로 유사한 범위와 형태의 투자 상품들과 부가가치 특전을 제시하고 있을 뿐이다. 하지만 고객들의 니즈를 정확히 이해함으로써, 은행은 특정 고객층의 흥미를 끌 수 있는 특별한 가치제안(value proposition)을 제시할 수 있어야 한다. 이런 비견할 데 없이 훌륭한 가치제안을 통해, 은행은 모든 방면에서 최고가 될 필요가 없으며, 성공하는데

표 11.2 | 가장 잘하는 은행은 고객의 감정적 니즈를 충족시켜 준다.

감정적 필요	고객들이 하는 말
배제감	"내가 처한 상황 때문에 나는 특별하고 개인적인 서비스를 받는다."
성공	"내가 이 은행을 이용하는 것은 내가 그렇게 해 올 수 있었기 때문이다."
	"나는 내 인생의 목표를 달성하기 위한 가장 훌륭한 금융자원을 갖고 있다."
존경/중시	"나는 주요 고객으로 인식되고 있고, 또 그렇게 대접받고 있다."
	"내 자신과 내 돈은 진지한 대우를 받는다."
	"은행에 가는 일이 편리하고 쉽다. 내 시간과 라이프 스타일이 소중히 다루어진다."
관심두기	"내가 필요로 하는 것이 변했을 때, 거기에는 누군가 항상 나를 위해 대기하고 있다. 내 담당 자문역과 장기적인 관계를 유지하고 있다."
	"나는 전문가적인 조언과 일관되게 양질의 서비스를 받고 있다."
신뢰	"내 거래 은행은 내가 신경쓰지 않고 있을 때에도 내 자산을 주의깊게 지켜보고 있다."
	"나는 편향되지 않은 조언을 받고 있다."
이해	"내 거래 은행은 나의 전체 재정적 포지션과 라이프 스타일을 이해하고 있고, 미래를 설계하는데 도움을 주고 있다."
	"내 독특한 필요를 만족시켜주는 상품이다."
관리	"내 거래 은행은 내 재무 포지션에 불편이 없도록 나를 도와준다."
	"나는 내 금융을 직접 관리하거나, 누군가가 그렇게 하도록 할 수도 있다."

값비싼 혜택들을 제공할 필요도 없게 된다.

이상적인 가치제안이란 은행이 보유하고 있는 고객층만큼이나 다양할 것이다. 상이한 고객들은 서로 다른 니즈를 갖고 있기 때문이다. 성공적인 가치제안을 개발하려 할 때, 하나의 공통분모는 고객의 감정적 니즈를 실제 상품과 서비스로 구현할 수 있는 능력이 있어야 한다는 점이다. 은행이 고객들의 감정적 니즈를 충족시켜 줄 때, 고객들은 표 11.2가 보여주는 것처럼 더 높은 만족감을 표시할 것이다.

❖ 완벽한 실행

보통의 평균적인 전략이라도 잘 실행만 된다면 번창할 수 있겠지만, 거창한 전략이라도 실행이 부실하면 실패하게 될 것이다. 전략도 여전히 중요하지만, 핵심은 고객의 기대에 부합하는 양질의 서비스를 지속적으로 제공하는 것이다. 완벽한 부 관리의 실행을 달성하기 위해서 은행은 다음의 다섯 가지 영역에 집중하여야 한다.

적절한 조직적 구조를 구축하라

수많은 세계적인 국제 은행들은 부 관리 부문과 대중시장 부문을 분리하여 운영한다. 독립된 부문은 의사결정 과정에서 더 많은 자율권이 행사될 수 있고, 소매금융에서 영업과정상의 제약을 받지 않는다. 가장 훌륭한 부 관리 부문은 별도의 종합적 사업 단위이고, 독립된 보고 체계를 갖추고 있다. 그것은 또한 판매와 서비스 제공, 그리고 프리미엄 금융상품 및 서비스의 설계를 전담하는 부서를 두고 있다. 관련된 모든 활동들은 목표 고객에게 최선의 서비스를 제공하는 방식으로 맞춰져 있다.

특히 고객 관리자는 소매금융 부문 직원들과는 별도로 관리되어야 한다. 이들의 성과는 포괄적인 핵심 성과지표들(예컨대, 총 관리자산(AuM), 순신규자산, 고객 포트폴리오의 수익 마진)에 근거하여 측정되어야 한다.

훌륭한 고객 대면 직원을 채용하고, 훈련시키고, 유지하라

여느 산업에서처럼, 우수 직원을 확보하는 것은 성공적 사업구축을 위한 첫 단계이다. 고객 관리자 채용 시, 은행은 인간관계 기술이 검증된 직원을 찾아야 한다. 이후 훈련을 통해 좋은 고객 관리자와 출중한 고객 관리자가 구분될 것이다. 기계적(technical) 기술과 소프트 기술(soft skill) 모두(상품에 대한 전문성을 갖추고, 전문가적 수행을 위해)를 주기적으로 교육하는 것이 우수한 인력을 확보하는 길이다.

실력주의에 기초한 문화를 개발하는 것, 그리고 우수한 성과를 인정해 주는 것이 우수한 직원을 유지하는데 있어서 가장 결정적인 요소이다. 경험이 많은 고객 관리자를 외부에서 영입해 오는 것은 자체 직원을 훈련시키고 유지하는 것보다 훨씬 더 큰 비용이 든다. 앞서 언급했듯이 내부 고객 관리자는 경쟁 은행으로부터 영입한 관리자에 비해 생산성도 높다.

적절한 서비스 단계를 설정하라

고객층을 잘 분할하게 되면 부 관리자는 유사한 필요와 행위를 가진 상이한 고객집단들에 대해 그들이 가진 능력을 결집할 수 있게 된다. 그렇게 함으로써 고객 관리자들은 각 집단의 경제적 가능성을 결정할 수 있다. 이는 은행들로 하여금 각각의 고객집단에게 독특한 상품을 개발하고 서비스 모델을 제공할 수 있도록 해준다. 이상적으로는, 그러한 고객층 구분의 궁극적 기준은 고객 수익성이다.

다양한 고객기반을 여러 층으로 나누는 여러 방법들이 있지만, 총 관리자산과 총 대차대조표(대출 잔액을 포함)를 이용하는 것이 보편적인 방법이다. 고객층 분할에 따라 모든 고객들은 모든 종류의 금융적 필요, 관심사, 거래를 처리해 주는 전담 관리자를 배정받아야 한다. 가장 잘 하는 은행은 가장 경험이 풍부한 고객관리자를 관리자산이 많은 고객에게 배정하고, 이들에게는 고객-고객 관리자 비율이 낮도록 해야 한다.

일관된 다중 채널의 경험을 제공하라

주요 고객들에게는 가장 세세한 것까지도 통보될 것인데, 형편없는 서비스를 경험한 고객들이 한순간에 자신의 모든 자산을 다른 은행들로 옮겨가는 것은 드믄 일이 아니다. 따라서 부 관리자는 영업점에서건, 은행기기를 통해서건, 아니면 인터넷 또는 전화 등 각 채널을 통해 고객이 지속적으로 양질의 서비스를 제공받을 수 있도록 해야 한다.

관리자들은 담당 업무의 일부분만을 보지만, 고객들은 모든 채널을 통해 상호작용 한다. 가장 빈번한 부주의가 발생하는 채널은 텔레뱅킹이다. 고객들은 무한 반복되는 자동음성 시스템이나 전화기 너머 불쾌하게 하는 은행직원을 접한 경험을 쉽게 잊지 않는다. 그러한 경험은 다른 채널에서의 긍정적인 경험마저도 무색하게 만들어, 전체적으로 부 관리에 대해 부정적인 인상을 만들어낸다.

강력한 내부 역량을 개발하라

견실한 지원 기반은 부 관리 사업의 성공에서 결정적으로 중요하다. 은행들은 고객의 배경과 거래내역을 포함한 모든 중요한 고객정보를 보관하는 종합적인 고객관계 관리(CRM: Customer Relationship Management) 데이터베이스를 유지하여야 한다. 추가적으로, 모든 비거래 상호작용들도 문서화하여 보관되어야 한다.

은행들은 또한 소매금융의 주요 고객에게 서비스를 제공하는 것보다 부 관리 고객에 대한 서비스 제공에 비용이 더 많이 든다는 사실을 인지해야 한다. 부 관리 부문의 비용이 잘 관리되지 않으면, 고객들 중 큰 부분이 수익을 내지 못하게 되는 상황이 될 수 있다. 이러한 사실은 고객층을 잘 분할해야 할 필요성을 강조하는 것이다. 고객층을 잘 분할함으로써 서비스 수준(그리고 비용)이 각 고객으로부터의 수익으로 보상받을 수 있다.

내부 역량에는 이 사업이 고객의 필요와 요구의 진화를 따라잡을 수 있도록 보장해 주는 피드백 메커니즘이 포함되어야 한다. 제도화된 절차를 통해 일선 직원들이 고객의 수요를 관련 부서로 피드백시킬 수 있도록 해야 한다. 예를 들어, 경제여건의 변화는 고객의 투자요구에 영향을 미칠 수 있는데, 이는 다시 새로운 상품 라인에 영향을 미칠 수 있는 것이다.

❖ 프리미엄 뱅킹에서 성공으로 가는 길

중국 은행들은 점점 더 많은 부분의 이윤이 소매금융 부문에서 발생할 것이며, 부유층의 확대는 부 관리 부문에서의 크나큰 성공기회를 제공해 줄 것이라는 점을 인식하기 시작했다. 은행들이 더 나은 소매금융과 부 관리 서비스를 개발하고는 있지만, 아직 할 일이 많이 남아 있다.

일부 은행들은 일반적으로는 소매금융 부문에, 구체적으로는 부 관리 부문에 자신들의 성장기회가 있음을 우선적으로 확신할 필요가 있다. 은행의 경영자들은 이 두 부문에서 성공한다는 분명한 약속을 천명해야 한다. 이러한 약속은 이 부분에서의 기회를 추구하는데 자원과 재능을 할당하는데 반영되어야 한다.

이미 프리미엄 뱅킹 전략을 이미 시작한 은행들은 점점 경쟁이 치열해지고 있는 이 부문에서 자신의 조직이 번성할 수 있도록 해야 한다. 예를 들어, 고객 관리자를 훈련시키는 일과 결정적으로 중요한 내부 역량을 구축하는 일에 집중할 필요가 있을 것이다. 빠르게 진화하고 있는 중국의 부 관리 부문에 참여하고 있는 모든 참여자들은 자신들의 서비스를 재고하고 스스로에게 다음과 같은 어려운 질문을 던져 볼 필요가 있다. 그 가치제안은 진정 차별화되어 있는가? 그것은 고객의 필요와 기대에 부응하는 것인가? 그것은 특정 고객 집단에 적합하도록 맞추어져 있는가? 이러한 질문들의 핵심에는 프리미엄 뱅킹에서 성공하기 위해서는 고객에 대해 깊이 이해해야 한다는 분명하고 긴요한 요구가 놓여있다.

은행은 낭비할 시간이 거의 없다. 부가 급속히 증가함에 따라, 프리미엄 뱅킹 서비스를 개발할 기회는 국내 은행이과 국제은행들 모두에게 더 이상 분명하고 주목하지 않을 수 없는 것이 되었다. 차별화되고 가치 있는 서비스를 제공하는 은행들은 앞으로 도약할 튼튼한 입지를 확보하겠지만, 서비스 개발이 부진한 은행들은 가장 가치 있는 고객들을 잃을 위험에 빠질 것이다. 중국의 많은 은행들에게 있어서, 소매금융과 부 관리 부문에서 성공을 거두지 못한다면 그것은 다른 모든 부문에서 곧 실패할 수 있을 것임을 의미한다.

12 성장하는 중국의 소매금융

마 웨이후아
중국머천트은행장

중국의 소매금융(retail banking)은 1980년대부터 빠르게 성장해 왔다. 이러한 성장은 글로벌 자본시장의 역동적인 성장, 금융수단 혁신, 중국 소비자층의 빠른 증가, 부의 더 큰 집중 등에 동반된 것이었다. 또한 이 사업부문은 빠르게 진행되고 있는 노령화 사회에로의 접근과도 보조를 맞추며 성장하고 있다. 이러한 변화들의 맥락에서 볼 때, 중국의 소매금융 시스템은 은행산업의 중요한 수입원이 되었다. 이 산업의 독특한 특징들—영업위험의 분산, 안정적 수익, 가격협상 가능성, 상대적으로 저렴한 사업비용 등—이 이 사업부문을 확장시킨 결정적 요인이었다. 그러한 확장은 또한 중국 은행들의 영업방식의 개혁에 대한 내재적 필요에 부합하는 것이기도 했다. 완전한 대외개방이라는 은행이 처한 새로운 환경 하에서, 중국 소매금융의 진화과정을 살펴보고 그 앞에 놓인 여러 도전적 과제들을 연구하는 것은 우리의 마땅한 의무이다. 우리 경제가 발전해 감에 따라 소매금융 부문은 어떻게 성장해 나가야 할지에 대해 우리의 분명한 생각을 정해야만 하는 것이다.

❖ 저변의 여건

오랫동안 중국은 중국인민은행이라는 하나의 "단일은행"(mono-bank) 시스템으로 은행산업을 운영했다. 1980년대 중반에는 중앙은행과 전문은행으로 분리된 이중 시스템(two-tier system)이 형성되고, 일반 회사처럼 운영되는 은행들에 기초한 상업은행 시스템으로의 이행을 모색하기 시작했다. 이러한 이행과정이 소매금융 산업의 발전을 위한 체계적 환경을 조성했다. 무(無)에서 출발한 중국의 소매금융 시스템은 이제 상당한 규모로 성장했다. 1990년대 중반에는 중국의 뱅킹 시스템은 네 개의 국유상업은행이 중심체가 되는 시장구조가 형성되었다. 이들 은행들의 수입은 거의 전적으로 이자 마진에 의존했다. 각 은행은 마치 예금 전쟁을 방불케 하는 예금유치에 전력을 다하여, 이 시기는 중국의 은행업에서 "은행 예금장부(Bank deopsit-book)의 시대"로 알려지기도 했다. 이 시기는 또한 중국 소매금융업의 태동기이기도 했다.

1995년 중국머천트은행(China Merchants Bank)은 수많은 새로운 상품과 서비스 제공의 길을 열기도 했다. 고객계좌 관리, 고정식 요구불예금, 여러 저축성 예금, 이종 통화, 전자화폐 은행카드인 "올인원 네트"(All-in-one-net)으로 불린 온라인 뱅킹에 속하는 다기능 서비스 등이 여기에 속했다. 이것은 중국의 국내 뱅킹에서 저축성예금 혁명(saving deposit revolution)을 낳았다. 다른 은행들도 서둘러 그 뒤를 쫓았다. 은행카드의 대중화는 중국 소매금융 산업이 공식적으로 시작되었음을 상징적으로 보여주는 것이었다.

2005년 9월, 합작 상업은행장 총회가 위난성의 텅총시에서 열렸다. 회의 참석자들은 "텅총 성명서"(Tengchong Communiqué)를 작성하여 발표했다. 소매금융 부문의 발전은 중국 상업은행의 전반적인 구조적 변화의 핵심적인 부분이었다. 중국 소매금융 산업은 이제 공식 출범했다. 2006년 말 기준, 총 11억7500만[원문에는 "1,175 billion bank cards"로 되어 있으나, 소수점(.)이 컴머(,)로 잘못 표기된 것으로 판단된다. 기타 다른 자료들에서는 약 10억 개로 추정하고 있다–역자] 개에 달하는 은행카드가 유통되고 있었다. 그 중 5600만 개는 신용카드였다. 2006년에는 약 4천억 위안에 달하는 개인자금관리 상품이 1,100 가지나 존재했다. 중국의 소매금융의 약진이었다. 최근 중국의 소매금융은 다음과 같은 특징과 추세를 보여 왔다.

운영규모의 증가

첫째, 소비자 신용부문은 매우 빠른 성장을 경험했다. 1999년 3월, 중국인민은행은 "개인 소비자 신용 발전에 관한 지침"을 공포했다. 당시 이 부문은 빠른 성장을 보이며, 개인용 주택 모기지 대출로부터 시작하여 내구 소비재 대출, 개인 의료비 대출, 주택개량 대출, 개인여행 대출, 교육 대출, 자동차 대출, 주택 모기지, 결혼식 대출 등으로 확대되었다. 통계에 따르면, 1997년부터 2005년까지 중국의 소비자 대출은 172억 위안에서 2.2조 위안으로 증가하여, 대출 전체의 11%를 차지했다. 이 수치는 연평균 182% 증가한 것으로, 1997년 대출규모의 120배에 해당하는 규모였다. 여러 대출 가운데 주택 대출의 비중이 전체의 70%를 차지했다.

둘째, 은행카드 부문이 안정적인 성장을 보였다. 최근 수년간 경제성장의 영향으로 카드사용 환경이 크게 개선되었고, 점차 대중의 호응이 증가함에 따라 중국 신용카드 사업은 활발한 성장세를 나타냈다. 현재는 200개가 넘는 금융기관이 은행카드를 발행하고 있으며, 신용카드는 네 개의 국유 상업은행과 거의 모든 합작 상업은행들, 그리고 몇몇 대도시 상업은행에 의해 발행되고 있다. 중앙은행에 의하면, 2006년 말까지 사용 중인 직불카드 수는 10.8억 개로 모든 은행카드의 95.6%였다. 반면 2006년 신용카드에 의한 총 소비자 소매거래액은 전년대비 97% 증가한 1.89조 위안에 이르렀다. 대규모 도매거래와 부동산거래를 제외한 카드에 의한 총 소매 소비재 거래도 총 소매거래의 17%로 전년대비 7%의 증가를 나타냈다. 베이징, 상하이, 광저우, 선전 등 대도시에서의 카드에 의한 거래가 총 소매거래에서 차지하는 비율은 30%로 선진국의 30~50%에 육박했다.

셋째, 중개부문도 빠른 성장을 보였다. 중국의 중개 상업은행 부문은 상대적으로 늦게 시작되었다. 1990년대 이전 상업은행 부문의 소득은 거의 대출과 예금간의 금리 차에 거의 전적으로 의존했으며, 상품혁신은 제한적이었다. 1990년대에 들어서면서부터 중국은 은행들의 중개업무를 개발하기 시작하여 점차적으로 혁신적인 중개상품을 내놓았다. 과거 10여 년 동안 국내 상업은행들의 중개업무 성과는 존경할 만한 것이었다. 2006년 중국공상은행은 55% 증가 한 160억 위안의 수입을 달성했다. 중개부문은 총 수익의 9.14%를 차지했으며, 이는 2005년 대비 2.6% 증가한 수치였다. 중국 은행과 중국건설은행의 순 수수료 수입은 각각 54.9%와 60.5% 증가했다. 2006년, 중국머천트은행의 비이자부 수입은 20.97억 위안으로, 전년 대비 91.07% 증가했다. 이 가운데 판매시점 사업(point-of-sale business), 주식거래 중개 수수료, 펀드 대리인, 보험 대리, 신용카드 비이자부 수입이 각각 56.1%, 383.7%, 442%, 115%, 80.7% 증가했다. 소매금융 부문에서는 개인들의 부 관리가 매우 왕성한 발전을 보였다. 현재 개인 부 관리상품 상품에는 거의 1,100 가지의 상업은행 상품이 있다. 앞서 살펴본 대로, 2006년 이 부문은 약 4,000억 위안의 규모를 기록했다. "자금관리"는 소매금융 부문에서 중심이 되었는데, 이는 흔히 "금융 슈퍼마켓", "금융 자문", "금융센터" 등으로 불린다.

서비스 제공 방식의 발전

최근 수년간 중국은 전통적인 은행 영업망을 발전시켜 왔지만, 전자식 은행 서비스를 확대하려는 많은 노력을 기울여 왔다. 소매금융 서비스의 제공 경로는 신기원을 이루며 매년 고객 소비자 수를 증가시켜 왔다. 1997년 4월 중국머천트은행이 온라인 뱅킹 서비스인 "올인원 네트" 서비스를 시작하여 선도하기 시작한 이후, 인터넷 기반 뱅킹 서비스가 빠르게 발전해 왔다. 실제로 모든 전국적 상업은행들은 지금 베이징 은행과 상하이 은행을 비롯한 몇 개의 대도시 은행과 함께 온라인 뱅킹 서비스를 제공하고 있다. 2003년 중국의 온라인 뱅킹의 거래액은 20조를 기록한 후, 2005년까지 70조 규모로 빠르게 성장했다. 2007년 6월 머천트은행은 누적거래 규모 1,000억 위안을 달성한 중국 최초의 은행이 되었다.

이제 중국 대부분의 상업은행들 또한 텔레뱅킹 서비스를 시작하여 빠르게 성장하고 있다. 예를 들어, 2006년 6월 기준 중국공상은행의 텔레뱅킹 서비스는 2,000만의 고객을 확보하고 있었다. 휴대폰 뱅킹 또한 빠른 속도로 이용자들을 빨아들이고 있는데, 이는 모바일이어서 기밀 장소에서 사용가능할 뿐만 아니라 휴대폰이 널리 확산되어 있기 때문이다. 셀프 서비스 뱅킹, 홈뱅킹, 팜(palm) 뱅킹, 뱅킹 SMS 서비스 등 다른 형식의 은행 서비스도 발전하고 있다. 이러한 새로운 영업부문의 고객 수가 매년 증가하고 있다.

더 빠른 개혁

중국은 최근 "시장, 효율성 제고, 관리강화에 다가서라"는 지도 원리에 따라 소매금융에 관한 개혁의 고삐를 당기고 있다. 다음의 주요 뱅킹 시스템은 구조개혁 과정에 있다.

첫째, 고객 대출 센터, 저축성 예금 및 자금관리 센터, 은행카드 센터, 온라인 뱅킹 센터, 상품연구 센터, 고객서비스 센터 등 본부와 대도시 대형지점에 새로운 소매금융 영업이 마련되었다. 동시에 유사한 자금관리 센터가 몇몇 소도시에도 설치되었는데, 이들은 본부의 직접 관리를 받고 있다. 전체적인 개혁의 한 부분으로서 경영의 수평화가 제도화되고 있다.

둘째, 프라이빗 뱅킹 부서가 최상층 분점들에 설치되어 전문적인 고객 계정 관리자가 파견되어 있다. 이로써 소매금융 업무의 관리가 분점으로까지 확대되었다.

셋째, "본부강화 및 지점의 전문화"라는 필요성에 따라, 지점과 분점의 자기관리의 정도와 질이 전반적으로 증가했다. 통합관리 접근법에 의해 신용카드 판매팀이 조직되었다.

넷째, 중국–외국 간의 협력이 장려되고 있다. 중국의 거대한 소매금융 시장은 중국 은행들에게뿐만 아니라 외국의 은행들과 금융기관들에게도 매력적인 시장이다. 이는 구미가 당기는 치즈조각과 같다. 세계무역기구(WTO)에 가입함으로써, 자본, 기술, 운영 면에서 효과적이면서 매우 유익한 협력이 추진되어 왔다. 이 과정은 협력의 심화, 윈–윈 정책의 촉진, 중국과 외국 은행의 지분 공유를 통한 협력 등의 원칙에 기초한 것이다.

중국과 외국 은행간의 협력은 신용카드 부문에서 가장 높은 성과를 보였다. 푸동발전은행과 시티은행은 공동으로 시티–푸동카드를 발행했고, 중국공상은행, 상하이은행, 씽예은행, 교통은행(BoCom) 또한 다른 외국 은행과의 협력을 통해 발빠르게 신용카드를 선보였다. 부 관리 분야에서는, 은행 자체의 후선 부서의 자원에 더하여 외국계 은행의 우수한 해외 네트워크가 중국 은행들이 보유한 고객 자원과 지점망의 비교우위와 결합되어 중국의 부 관리 분야에서 새장을 열기 시작했다.

교통은행과 HSBC간의 협력이 하나의 예로, 이 협력으로 은행에 기초한 적격내국인기관투자자(QDII) 상품을 출시했다. 다른 예는 베이징은행과 그 전략적 파트너인 ING은행 간의 협력으로, 이들은 부 관리 시장에서 빠른 진전을 보였다. 프라이빗 뱅킹 분야에서도 중국은행들과 외국 은행들은 긴밀하게 협력하고 있다. 중국 은행은 국내 개인들의 부 관리 분야에서 유리한 고지를 차지했고, 그 전략적 파트너인 스코틀랜드 로얄은행과 함께 프라이빗 뱅킹부문을 선도하고 있다. ING은행은 중국의 프라이빗 뱅킹 시장에 진입하는 과정에서 베이징은행과 협력하게 될 것이다.

다섯째, 위험관리가 점진적으로 강화되어 왔다. 소매금융 부문이 은행의 전체적 부실채권 수준을 낮추는 막중한 책임을 맡고 있지만, 소매금융 자체가 이 측면에서 완벽한 것은 아니다. 예대마진이 감소하고 마케팅 비용이 상대적으로 높기 때문에 소매부문 직원들은 소매금융 부실채권 수준이 약 5%를 유지해야 한다고 생각한다. 이것은 기본적으로 기업 대출의 경우 부실채권에 대한 15%와 20% 제한과는 다르다. 은행이 조금만 주의를 덜 쏟아도, 유출을 상쇄하기에 충분한 소득을 회수하기는 쉽지 않게 된다.

신용위험에 모든 영역으로부터의 주의가 집중되었으며, 점차 엄격하게 관리되었다. 보험회사는 자동차 대출 보험에 대한 제동을 걸고 있고, 중국 은행감독관리위원회(이하 은감원)과 중국인민은행은 이와 관련된 통지를 공포하고 있다. 2006년 8월의 "부동산 대출 취급에 있어서 추가적인 개선"과 2007년 9월 27일자 "상업용 부동산에 대한 대출 취급"이라는 두 통지가 대표적인 예이다. 부동산 대출규모는 약 4.3조 위안으로, 이에 대한 위험도를 헤아리기가 어렵다. 한국의 많은 신용카드사들이 파산 위험에 직면한 것 또한 중국의 신용카드 위험에 대한 경종이 되고 있다.

다행스런 것은 소비자 신용시스템의 점진적 정립 · 발전으로 중국의 위험관리 시스템의 기반이 개선되었다는 점이다. 중국은 이미 개인신용에 대한 세계 최대의 데이터베이스를 구축했다. 2006년 말 기준으로, 전국 개인신용정보 데이터베이스는 총 4.88억 "자연인"에 대한 정보기록을 보유하고 있는데, 여기에는 개인, 결제계정 정보,

은행신용 정보, 비은행이 제공한 주택적립기금(Housing Provident Fund)에 관한 기초데이터를 포괄하고 있다. 이것은 기본적으로 경제활동을 영위하는 모든 사람들에 대한 신용정보 파일을 구축한다는 기본적인 목적을 달성한 것이었다.

빠른 소매금융 성장의 요인들

맥킨지는 중국의 소매금융 부문이 향후 10년간 중국 은행산업의 주 업무이자 중요한 수익원이 될 것이라고 강조한다. 최근의 빠른 성장에 대한 이유를 다음의 세 가지로 요약할 수 있다.

개인적인 금융적 니즈의 지속적 증가

개혁 · 개방 정책이 시작된 이후 30년간의 빠른 성장을 거쳐 중국은 세계 4위의 경제대국이 되었다. 금융 서비스에 대한 수요는 끊임없이 다양화되고 개인화되고 있다. 개인들의 부 관리, 소비자 신용 대출, 중소기업 자금지원 등의 지속적 성장은 기대를 훨씬 넘어선 것이며, 소매금융 시장에 대한 거대한 기회를 제공하고 있다.

첫째, 개인들의 부 관리는 수요가 매우 크다. 2005년 대중들의 총 금융자산은 26.65조 위안에 이르렀다. 이 가운데 저축성 예금은 15조 위안이었다. 2007년 3월 포브스(the *Forbes*)의 "세계 최고의 부자들"(*Global Wealthiest*) 명단에 따르면, 중국 부자의 수가 일본 부자의 수를 능가하면서 아시아에서 부의 집중에 뚜렷한 변화를 보여주었다. 유동자산 100만 달러 이상을 보유한 중국인의 수가 40만에 육박했고, 이들이 보유한 평균 순자산 가치는 500만 달러였다. 향후 수년간 자산이 연평균 8.8%로 꾸준히 성장할 것으로 예측되고 있으며, 이는 세계 평균의 두 배에 해당하는 것이다. 이러한 최고 부유층과는 별도로, 중국의 중산층 또한 빠르게 증가하여, 이미 큰 규모로 성장했다. 중국국가통계국은 중산층을 연평균소득 6만~50만 위안의 소득층으로 정의한다. 이 기준에 따르면, 향후 10년간 중국의 중산층 인구는 메릴린치(Merrill Lynch)의 예측대로 3.5억 명 규모가 될 것으로 기대된다.

국민들의 소득수준의 빠른 증가에 상응하여 전문적인 부 관리에 대한 필요 또한 증가했다. 부의 집중을 통해, 더 많은 사람들이 고율의 개인소득세, 상속세, 증여세 문제에 직면하고 있다. 다시 말해, 많은 사람들이 좋은 절세방법을 찾고 있으며, 은퇴자와 고령층에게는 재정계획 수립을 위한 도움이 필요하다. 최근 얼마 동안은 개인적인 부 관리와 자산관리에 대한 수요가 폭발적인 성장을 보여 왔다. 중국에 진출하고 있는 외국인 투자 은행들에 대한 맥킨지의 처방은 개인들의 부 관리, 특히 고자산가들을 위한 프라이빗 뱅킹 서비스가 가장 수익성 있는 영역이 될 것임을 분명히 하고 있다.

둘째, 소비자 대출 수요가 매우 크다. 크레딧 스위스 퍼스트 보스톤(Credit Suisse First Boston)의 분석에 따르면, 중국의 소비자 시장은 연간 18%의 속도로 성장하고 있다. 10년 후에는 GDP에서 소비수요가 차지하는 비중이 지금의 44%에서 50%가 넘는 수준으로 성장할 것으로 예상된다. 소비자 대출이 가까운 장래에 지속적으로 확대될 여지가 크다고 믿을 만한 충분한 이유가 존재하는 것이다.

❖ 금융시장 시스템의 빠른 성장

중국 금융시장의 빠른 성장, 전반적인 금융 생태계와 시장구조 등의 지속적인 개선은 중국 소매금융 부문의 성장을 결정적으로 중요한 분기점으로 이끌었다. 가장 중요한 점은 금융기관이 더욱 튼튼해지고 있다는 점이다. 중국 금융산업의 성장으로, 다기능 · 상호 보완적인 분업, 다층적인 금융구조 등 수많은 다양한 조직들이 공존하고 있다. 현재의 시스템에는 통화, 자본, 금, 외환시장이 포함되어 있다. 다층적 시장구조는 중앙은행, 증권회사, 은행, 보험 감독기관들을 조정하는 규제 시스템을 갖추고 있지만, 규제의 영역은 아직 분리되어 있다. 이러한 금융산업 구조의 개선은 소매금융 부문에게 유리한 여건을 조성했다.

둘째, 중국의 자본시장이 계속 성장하고 있다. 주식 소유권 개혁이 완료된 이후, 중국의 주식시장은 전례 없는 성장을 경험했고, 특히 인수권부 시장(Warrant Market)의 성장은 폭발적이었다. 지수선물시장이 곧 시작될 예정이고, 자본시장은 현재 순조롭게 운항하고 있다. 통화시장에서 중앙은행[재정부]채, 단기금융채, 그리고 기타 상품이 등장하고 있으며, 통화시장의 상품들이 점점 더 풍부해지고 있다. 외환시장의 경우에도 위안화가 관리변동환율제도를 채택함으로써, 외환거래, 통화스왑, 파생상품 거래의 규모가 급증하고 있다. 자본시장 시스템이 매우 빠르게 발전하여, 소비자들은 무엇을 선택해야 할지를 모를 지경이다. 마지막으로, 운영이 점진적으로 통합되는 방향으로 전진하고 있다. 최근 중국의 금융업은 증권, 보험, 기타 금융 관련 산업들이 통합되어 운영되는 추세를 보이고 있다. 은행 산하의 펀드관리사들이 끊임없이 설립되고 있으며, 은행들과 보험산업 간의 관계는 하루가 다르게 가까워지고 있다. 통합된 운영은 고객 서비스를 위한 대규모 플랫폼을 개발하는데 유리하다. 이는 다시 소매금융 산업의 발전에 자극제가 되고 있다.

❖ 변화하는 게임의 규칙

중국 은행산업은 모든 종류의 새로운 금융수단들이 등장함에 따라 소위 게임의 규칙이라 할 수 있는 것의 거대한 변화에 직면해 있다. 이러한 새로운 금융수단들에는 단기 상업어음, 자산유동화 단기채, 중장기 금융수단 등과 같은 다양한 직접금융 방법들이 포함된다. 이러한 변화에는 또한 예금금리의 하한과 대출금리 상한을 완화하여 시장금리를 자유화하는 것도 포함된다. 아울러 고정환율제에서 관리변동환율제로 전환되어 점차 위안화가 평가절상되어 가고 있다. 이러한 모든 변화는 소매금융 산업에 대한 도전이 되고 있다. 상업은행들이 이러한 도전들에 대응하기 위해서는 전략적 돌파구를 찾아 전략적 전환을 실행해야만 한다.

첫째는 직접금융의 발전이다. 2005년 중앙은행이 기업에 대한 단기금융채(회사채) 발행을 공식적으로 승인한 이후, 이 시장은 급성장했다. 2007년 3월말, 총 376개 기업이 4,880.4억 위안 규모의 단기 회사채를 발행했다. 중장기 금융수단도 곧 허가될 예정이다. 2005년 12월 15일 70억 위안 규모의 자산유동화 증권이 발행되면서 이 증권시장이 번성하기 시작했으며, 푸동발전은행, 중국공상은행, 그리고 기타 은행들이 여기에 뛰어들었다. 회사채, 중장기 금융채와 같은 다양한 직접금융 수단이 점차 등장함에 따라, 은행대출, 특히 수많은 우수고객들의 은행대출에 대한 수요는 감소할 것으로 예상되고 있다. 직접금융의 급성장이라는 도전에 직면하여 상업은행들의 전략적 선택은 반드시 소매금융과 중개부분을 키우는 것이어야 한다.

둘째는 이자율과 환율의 시장화(자유화) 개혁이다. 최근 시장변화에 따른 금리변화가 점차 증가함에 따라, 중국의 은행들은 금리변화로부터 발생되는 위험에 노출될 가능성이 더 커지기 시작했다. 미국, 대만, 홍콩, 그리고 기타의 유사 국가들의 경험은 이자율의 시장화는 보통 은행 이자율 스프레드를 축소시키는 경향이 있음을 입증해 주고 있다. 이것이 근본적인 추세인 것으로 보인다. 금리의 시장화는 상업은행들에게 여러 가지 위험(예컨대, 역투자자 위험, 금리변동 위험, 예금이탈 위험, 채권자산가치 하락 위험 등)을 안겨준다. 국제 은행들의 경험에 의하면, 견실한 소매금융 부문은 상업은행이 금리 시장화에 대응하는데 있어서 매우 중요하다. 금리 스프레드 축소의 충격은 기업금융에 비해 소매금융 부문에서 상대적으로 작다. 다수의 소매금융 사업들, 특히 신용카드, 소비자 대출, 개인들의 부 관리 등은 은행에게 안정적인 이자수입을 가져다주며, 매우 유리한 수수료 관리가 가능하도록 해 준다. 또한, 소매금융 부문은 금융중개의 발전과 현대적인 상업금융에서 혁신적 상품들을 위한 기반을 만들어낸다. 은행의 고객 네트워크와 개인금융이 일정한 수준에 도달하는 경우에만 중개 서비스는 괄목할 만한 성장을 달성할 수 있게 되는 것이다.

셋째는 상업은행에 대한 감독의 성격이 엄격해 지고 있다는 점이다. 2004년 3월 1일, 은감위는 “상업은행들의 적정자본비율 확보”에 대한 새로운 관리대책을 공포하고 시행하기 시작했다. 이는 신바젤 자본협약이 정한 규제의 틀 내에서 시행된 것이었다. 자본요건에 관한 국제 시스템을 준수하기 위한 조정속도가 가속화된 것이다. 중국 은행들의 자본조달 체계가 아직 유연하게 작동하지 않고 있었기에, 이는 중국 은행들의 운영에 커다란 압력으로 작용했다. 자본에 대한 심각한 제약은 은행 경영상의 전략적 조정의 필요성을 가중시켰다. 은행들은 상대적으로 자본지출을 줄이고 상대적으로 높은 경영 효율성을 추구할 필요에 직면해 있는 것이다. 이를 달성할 방법을 찾는 일은 이제 시급한 과제가 되었다. 반면에 소매금융 부문은 상대적으로 낮은 자기자본비율이라는 혜택을 누릴 수 있고 위험은 더 크게 분산되어 이윤 마진을 확대할 수 있다. 이러한 특징들로 인해 소매금융 부문의 강력한 성장세는 규제환경이 정한 자본제약을 적극적으로 준수하고자 하는 중국 상업은행들의 합리적 선택임에 틀림없다.

❖ 도전과 기회

현재 중국은 소매금융 부문을 발전시키기에 유리한 여건을 향유하고 있고, 당분간은 이러한 상황은 계속될 것이다. 그러나 국내 경제 및 금융환경 전반의 변화가 진행되고 있는 상황에서, 금융산업은 심각한 도전에 직면해 있다. 국내 은행들은 다음의 세 가지 도전에 대해 특별한 주의를 기울이고 적절히 대응해야 한다.

국제경쟁

중국 은행산업이 완전히 개방됨에 따라, 중국 은행들과 외국 은행들 간 경쟁의 핵심에는 소매금융을 둘러싼 전쟁이 자리잡고 있다. 중국 내 소매금융 시장에서 글로벌적 성격은 연일 더욱 강화되고 있는 것이다. 한편 중국의 은행들은 우수한 네트워크, 고객자원, 모든 종류의 신용카드의 고밀도 분포, 그리고 이러한 네트워크에 대한 서비스(개인 대출, 부 관리, 새로운 상품과 서비스 등)와 같은 분야에서 경쟁우위를 점하고 있다. 반면에 외국 은행들은 시스템 효율성과 우수한 관리기술에서 유리하다. 외국 은행들의 중국진출은 중국 은행들에 대한 지분참여, 은행 영업망의 구축, 대량의 순자산을 유치하는 부 관리 센터의 설립, 자금관리 신상품 발행, 프라이빗 뱅킹 부문과 기타 방식으로의 분할 등에 의해 가능해졌다. 외국 은행들이 고급의 소매금융 시장에 진출하는 것이 허용되고 중 · 저급 시장으로 점차 영역을 확대할 수 있게 된 것도 이들의 중국진출에 도움이 되었다.

2007년 말, 은감위는 "중국 금융산업의 대외개방에 관한 보고서"를 발간했다. 이 보고서에 따르면, 당시 중국 내에는 312개의 외국 금융기업이 존재하며 1,033억 달러의 외국통화 표시 자산을 보유하여 중국 은행 및 금융기관 총자산의 1.8%를 차지하고 있었다. 이 중에는 예금액이 397억 달러, 대출이 616억 달러가 포함되어 있다. 2006년 말까지, 상하이 소재 외국 은행의 총자산은 5,900억 위안으로 전년대비 51% 증가했다. 2006년 12월 26일, 외국 은행들의 국내통화 개인 서비스가 허용되었다. 2007년 1~9월 동안, 외국 은행들의 위안화 저축성 예금은 42억 위안, 외화예금은 4.47억 달러가 각각 증가했다. 반면 중국 금융기관들의 외화예금액은 11억 달러 감소했다.

외국 은행에 대한 위안화 저축이 빠른 속도로 계속 증가하고 있다. 외국 은행들의 강점인 브랜드 이름, 높은 서비스 기준과 혁신적인 신상품 개발능력은 중국의 은행들이 단기간 내에 외국 은행들과 같은 정도의 성과를 달성하는 것을 어렵게 만든다. 외국 은행들 외에도 자산관리회사, 전자 금융기관, 기타 비은행금융기관들도 빠르게 중국 은행산업으로 파고들어 중국 소매금융 산업을 엄격하게 시험하고 있다.

영업위험의 증가

중국의 경제와 금융이 작동하는데 영향을 미치는 수많은 불확정적 요인들이 지속적으로 증가하고 있다. 경영환경이 매우 복잡하다. 경영위험, 정책위험, 산업관련 위험, 금리와 환율위험 등이 모두 증가하고 있다. 규제를 준수하면서 영업하는다는 것은 매우 심각한 도전에 직면하고 있음을 의미한다. 자금의 불법적 이체를 비롯한 직원들의 일상적인 비윤리적 행태의 가능성이 이러한 사회적 환경을 구성하고 있다. 최근, 특히 지난 2년간의 주식시장 활황으로 인해 일부 계층의 개인적 부가 크게 증가했던 일은 은행 직원들의 사고방식에도 영향을 미쳤다. 그 결과 "윤리적 위험"이 더욱 커졌다. 이와 동시에, 대출 포트폴리오는 모든 수준에서 자금조달 수요가 증가함에 따라 급격히 증가하고 있다. 은행의 내부통제가 적절하지 못하고 자금이 필요한 시기에 유용할 수 없게 된다면 심각한 결과가 초래될 수 있다.

두 번째 위험요소는 소매 대출과 관련된 것이다. 소매 대출에 대한 담보는 세계 부동산 가격의 조정과 맞물려 하향추세에 직면할 수도 있는 가격설정에 기초하고 있지만, 그러한 담보물의 가격이 안정될 것으로 기대된다. 이는 필연적으로 은행의 소매대출 부문의 불확실성을 낳을 수 있다. 미국의 서브프라임 위기(Sub-prime crisis)는 우리에게 매우 뼈아픈 교훈이 되었다. 우리는 안정적이고 보수적인 기초에 근거하여 경영하고 적절한 대비책을 마련해야만 한다. 우리 은행들의 개인 대출 위험수준이 통제되어야만 한다. 이와 더불어, 신용카드 사용이 급속히 증가함에 따라, 그에 상응하여 신용카드 결제 불능의 위험 또한 증가한다. 우리는 신용카드 관리를 개선하고 이 부문이 야기하는 성과의 질을 높이려는 노력을 늦추어서는 안된다. 또 다른 위험부문은 여러 유형의 부 관리 상품에 대한 정확한 위험수준 평가이다. 고객 계정 관리자는 잠재적인 문제를 확실히 파악해야 한다. 이러한 상품들의 확장에는 주식시장, 통화거래와 관련되어 있으므로, 소비자들이 그러한 위험구조를 완전히 이해하기는 어려울 수 있다. 부정적 금융사건의 충격 하에서, 부실한 위험관리는 고객에게 심각한 손실을 입힐 수 있다. 네 번째 위험은 중국에서 "역압"(counter pressure)으로 알려진 서비스를 필요로 하는 사람들의 압력을 처리하는 문제이다. 경제발전과 함께 금융 서비스의 질과 다양성에 대한 고객의 요구는 증가하고 있다. 역압이 증가함에 따라, 고객이 번호표를 뽑고 줄을 서서 순서를 기다리는 시스템이 이미 일반화되어 있지만, 이러한 시스템은 부정적 피드백을 야기했다. 소매금융은 고객을 수용하고 고객 만족의 증대를 요구하지만, 이 또한 은행 경영에 많은 어려움을 야기시킨다. 마지막으로, 정책적 위험이 증가하고 있다. 새로운 투자관리 상품은 은행들에게 모든 위험들에 대한 새로운 "방화벽(firewalls)"의 구축을 요구하면서 계속 개발되고 있다. 그 중 한 가지 예는 돈세탁의 위험인데, 투자관리형 상품은 이러한 종류의 큰 위험을 배양하기 때문이다. 우리가 많은 순자산을 보유한 고객들의 금융적 필요를 만족시켜 주려 할 때, 우리는 이것이 지뢰밭을 항해하는 것과 같음을 분명히 인식하고 있어야 한다.

내부 문제

외적인 경쟁과 위험 요인과는 별도로, 중국 은행들에 내재한 요인들이 점증적으로 중국 상업은행 부문의 발전을 억압하고 있다. 중국 내 금융상품들의 유사성, 혁신 역량의 상대적 취약성, 창의성의 부족이 그 첫 번째 요인들이다. 핵심적 경쟁력의 1차적 편익은 자산 및 위험관리 사업형태의 혁신부족으로 인해 종종 상실되곤 한다.

둘째, 중국 내의 부족한 "서비스 의식"과 소매금융에 대한 시장의 수요에 부합하는 판매능력의 부재 등도 요인이다. 모든 종류의 업무절차와 판매 체계는 배분채널에서 소비자 관계, 판매시점에 이르기까지, 전반적으로 재편될 필요가 있다.

셋째, 중국에서 서비스를 제공하는 것과 관련한 기술적 후진성이 또 하나의 문제이다. 하드웨어와 소프트웨어를 포함한 전산화 시스템이 충분하지 않다. 자동화 수준조차 상대적으로 낮다.

넷째, 예금을 주요 지표로 이용하는 은행의 성과 측정 시스템은 시대에 뒤떨어진 것이다. 이것이 중국 소매금융의 전반적인 발전을 저해하고 있다.

다섯째, 상품 및 소비자 관리자가 극도로 부족한 상황에서 소매금융과 관련된 인적 자원이 충분히 발전하지 못하고 있다. 은행들의 관리자 훈련 프로그램이 충분히 갖춰져 있지 못하다. 판매방법, 전문성 등 많은 측면에서 이는 매우 중요하다. 훈련 프로그램의 결핍으로 인해 수많은 중요 고객들을 효과적으로 관리하지 못하고 있는 것이다.

국제경쟁력 제고

중국의 소매금융 부문은 10여 년이라는 단기간 내에 매우 빠른 성장을 달성하며 역사적 도약을 이루었다. 하지만 선진국과 비교할 때 이는 아직도 소규모로 운영되고 있다. 소매금융 부문의 이익과 사업비중은 아직 전체 상업은행에 비해서 낮은 상태이다. 중국의 소매금융 산업은 방대한 시장 잠재력을 지니고 있는 동시에, 거대한 도전들과 격렬한 경쟁에 직면해 있다. 국제경쟁력을 제고하고 성장의 도약을 달성하기 위해서는, 중국 은행들은 현대적 상업은행업의 원리들을 이해하고 확실히 파악해야 한다. 중국 상업들은 또한 국제 은행들의 경험을 적극적으로 활용하고, 개혁을 가속적으로 진행하며, 모든 부문에서 성장역량을 강화해야 한다.

"위대한 소매금융의 성장"이라는 구절을 지침으로 삼아, 중국의 은행들은 소매금융 부문에 대한 새로운 시스템을 만들어야 한다. 이 개념에는 함축적 의미와 파문들이 가득 담겨있다. 일반적으로 이는 상품 라인간의 벽을 무너뜨리고 고객가치에 대한 인식을 높이며 자원구조를 재구성하는 것을 의미한다. 중국 은행들은 "예금, 대출 그리고 외환업무"라는 오래된 상자에서 과감히 벗어나야 한다. "결과"를 핵심 목표로 삼아야 한다. 시장을 정교하게 분할함으로써, 목표로 삼는 고객유형에 따라 책임을 정할 필요가 있다. 이후, 부동산 계획, 조세 계획, 자산관리 또는 기타 서비스 등의 상품들을 관련 사안에 따라 적절하게 구성할 수 있다. 만약 이러한 것들이 주요 기업에 이익이 된다면, 서비스로 제공할 수 있다.

은행들은 현재의 수익구조나, 집단에 대한 평가방식을 파괴할 필요가 있다. 고객에 대한 충성이 핵심 목적이여 하며, 이를 통해 시스템은 고객에게 가치를 창조해 준다는 목표에 부합할 수 있다. 하나의 소매금융 시스템은 모든 상품의 상품들을 제공할 수 있어야 하는데, 그러한 상품들은 종종 다른 사업 라인과 수익 센터로부터 만들어진 것들이다. 현재 중국의 국내 은행들은 아직 상품 또는 사업라인을 수평화하지 못하고 있기 때문에, 다양한 부서들이 효과적으로 자신의 구조를 재구조화할 때에야 비로소 금융 서비스는 소비자들에게 만족을 줄 수 있을 것이다. 어느 부서에서 만들어진 것인지와 상관없이, 그 상품은 같은 은행에서 만들어진 것이다. 만일 해당 부서가 분할된 수익 구조를 혁파할 수 없다면, 고객들은 최고의 가치를 제공받지 못하게 될 것이다. 또한 은행은 네트워크상의 전통적인 채널을 깨야 한다. 상품 자체를 매개체로 삼음으로써, 은행들은 자원구조를 완전히 재편해야 한다. 기술이란 이런 측면에서 유용하다. 전화와 인터넷 채널은 매일 점점 더 유용해 지고 있다. 고도로 발달된 소매금융 서비스 시스템은 우수한 기능의 고급 정보 네트워크와 분리될 수 없다. UBS, 크레디트 스위스, 도이치 분데스방크, 시티은행, HSBC 등, 이들 모두는 자신들의 성장경험을 통해 이를 충분히 입증했다. 은행이 물리적 네트워크라는 전통적 방식에서 벗어날 때에만이 은행 내의 모든 부서, 모든 자원, 모든 채널들은 적합한 서비스 시스템으로 통합될 수 있다. 그 다음에야 비로소 소매금융은 빠르고 안정적인 성장을 실현할 수 있다.

중국 은행들은 소매금융 부문을 새로운 전문 서비스 수준으로 육성해야 한다. 소매금융 부문은 사회에 대해 금융, 결제, 정보, 위험관리 등을 제공하는 서비스 산업이며, 따라서 은행 간 경쟁은 사실상 서비스 수준의 경쟁이다. 서비스의 질과 효율성은 그 은행의 생존과 성장 역량을 측정하는 중요한 지표이다. 현재 중국 내 소매금융 시장은 고도로 다양화되고 경쟁이 더욱 치열해지고 있다. 서비스 질의 개선만으로도 전체적인 사회와 경제발전에 참여할 수 있고, 국제경쟁을 벌일 수 있는 더 큰 가능성을 얻게 된다.

우리의 첫 번째 임무는 상품 개발에 혁신적으로 되어야 한다는 것이다. 1980년대 말, 국제 은행 산업은 전서비스를 제공하는 은행 시스템으로 점진적으로 이행했다. 소비자의 필요에 따라 금융상품은 다양화되지만, 이들은 또한 은행 전체의 구조 내에서 통합된다. 중국의 최근 역사와 실제 경험의 한계로 인해, 국내 은행들은 고객의 필요를 아직 수용하지 못하고 있다. 가능한 한 빨리 이러한 상황을 전환함으로써 보다 높은 질의 서비스를 고객에게 제공할 수 있다.

두 번째 임무는, 예컨대, 전화와 인터넷을 통해 금융 서비스의 채널을 열거나 그 메커니즘을 제공하는 것이다. 통계에 의하면, 인터넷이 비용을 88% 낮출 수 있는 데 반해, 텔레뱅킹은 전통적 뱅킹 서비스에 비해 50%의 비용을 낮출 수 있다. 비용을 낮추는 첨단 방안은 은행들로 하여금 많은 고객들에게 다양한 서비스를 제공할 수 있도록 해 준다. 국내 은행들은 지속적으로 물리적 네트워크를 확장하는 한편, 서비스 제공 구조의 다양화를 가속화하고 전화, 휴대폰, 그리고 온라인 뱅킹 서비스를 확장하는데 발을 내디뎌야 한다.

세 번째 임무는 네트워크를 개혁하는 일이다. 이는 네트워크 위치의 비즈니스 모델을 재설계하여, 위치를 "은행 텔러"가 아니라 "컨설턴드"를 갖춘 이윤 센터, 상품 판매 센터로 전환함으로써 단순 예금수취와 결제대금 지불 기능이라는 전통적 시스템을 변환하는 것을 의미한다.

중국 은행들은 "팀"을 개선해야만 한다. 고객들은 은행들에게 훨씬 높은 수준을 요구하고 금융상품들은 더 복잡해졌다. 은행 직원들의 질 특히, 고객관리자는 이에 상응하는 더 높은 수준을 유지할 필요가 있다. 국내 은행들에 대한 모든 훈련이 강화되어야 하고, 직원들의 전문성을 향상시켜, 상품 관리자팀과 전문 투자자문팀을 적극적으로 육성해야 한다.

관리는 은행들의 성장에서 가장 중요한 요소이다. 전향적 사고와 효과적 관리가 시작되지 않으면 중국 소매금융의 발전에 대해 이야기 하는 것이 무의미해진다. 현대적 국제 은행들의 경험은 보다 나은 관리에 대한 강조를 통해서만 지속적인 성장으로 나아갈 수 있는 추진력을 얻을 수 있음을 보여주고 있다. 국내 은행들은 적극적으로 국제 은행들의 수준에 맞는 계획을 세워야 한다. 국내 은행들은 또한 자신들의 단점에 초점을 맞추어야 하며, 조직, 메커니즘, 기술 등에 대한 국내 차원에서부터 출발해야 한다. 그런 연후에야 은행들의 국제화를 더욱 강력하게 밀고 나갈 수 있다.

은행들은 조직적 구조를 개혁해야 한다. 은행의 조직적 구조는 은행의 임무에 맞도록 조정되어야 한다. 은행이 시장의 포지셔닝을 변경하면, 그에 상응하여 조직적 구조의 변화에도 영향을 주어야 한다. 어떤 은행이 금융중개에 주로 복무한다면, 가장 기본적인 사업은 예금을 유치하고 대출을 발행하는 것일 것이고, 여기서 관리의 기본은 자산과 부채가 균형을 유지하도록 하는 일이다. 은행의 조직적 구조는 자산-부채의 안전적 비율, 효율성, 유동성에 달려있다. 은행이 부 관리 서비스를 판매하는 금융 중개자가 된 이후에는, 관리는 자산-부채 비율 이상의 것에 관심을 두어야 한다. 이러한 변화에 따라 새로이 등장하는 질문은, 은행들은 어떻게 투자형 상품을 개발하고, 구매하고 판매할 것인가이다. 이러한 과정은 이전과는 다른 것으로 자산과 부채의 균형을 유지하는 데 필요한 것과는 다른 조직적 구조를 필요로 한다. 즉, 조직적 구조의 재편을 요구한다. 소매금융을 성장시키기 위해서는 예컨대, VIP 룸, 부 관리 센터, 프라이빗 뱅킹 서비스 등과 같은 새로운 형식을 필요로 하며, 이 모든 것은 새로운 종류의 수요에 대응하여 마련되어야 하는 것들다.

은행들은 일련의 대응적 관리 메커니즘들을 마련해 두어야 한다. 이러한 메카니즘을 평가하는 과정에 있어서 국내 은행들은 그 핵심에 새로운 자산배분 시스템을 도입하여, 단기적 수익수준과 장기적 수익 가능성을 통합하고, 품질관리와 운영규모를 통합관리하며, 수입과 위험의 개념을 결합하고, 점차 위험에 대해 조정된 자본수익의 개념을 평가 시스템의 핵심으로 채택해야 한다. 은행들은 관리자들로 하여금 단지 단기적 영업확장이 아니라 장기적이고 안정적인 투자수익의 기초에 대한 의사결정을 내리도록 장려하는 시스템을 구축해야 한다. 은행들은 또한 새로운 환경을 조성해야 하는데, 그러한 환경이란 창조성에 바람직하고, 전 과정에서의 혁신을 허용하며, 혁신에 대한 보상체계를 강화하며, 적극적인 질적 혁신을 전적으로 촉진하고 지원할 수 있는 환경이어야 한다.

은행들은 새로운 고객관계 시스템을 창조해야 한다. 소매금융의 성장은 서비스 흐름에 대한 새로운 요구를 부과하고 있고, 새로운 고객관계 시스템을 구축하는 일은 이미 시급한 임무가 되었다. 저축성 예금의 수취가 은행의 주요 업무였던 과거에는 고객들 사이의 부의 차이는 중요하지 않았다. 투자자문에 대한 필요도 크지 않았고, 수용 가능한 위험수준도 주요 고려대상이 아니었다. 중국 중산층의 성장으로, 소비자의 필요가 다양해졌다. 현재의 고객관계 시스템은 고객이 영업의 중심이라는 사실을 반영하는 방식으로 조정되어야 한다. 모든 고객을 동일하게 대우하는 단일 시스템으로부터 고객을 세분화하고 모든 고객이 개별화된 서비스를 받도록 보장하는 전문적이고 다층적인 시스템 개발이 필요하다. 은행이 더 이상 단순 필요를 수용하는 수동적 기관일 수는 없다. 이는 여러 고객들과 그들의 필요에 대해 평생에 걸친 단속적 서비스를 제공할 수 있어야 하고, 각 접촉 시점마다 고객에게 모든 종류의 투자상품과 관련된 종합적 서비스를 제공해야만 한다.

은행들은 관리에 적용되는 기술수준을 높여야 한다. 현대적 소매금융은 발전된 수단과 분리될 수 없다. 기술이 사업을 뒷받침하는 일차적 요소이기 때문이다. 국내 은행들은 가장 최신의 기술을 철저히 이해해야만 한다. 은행들은 고점으로터 시작하여 자산과 부채를 관리하는 도구들, 자금의 내부 흐름의 가격을 책정하기 위한 수단들, 고객관계 관리의 수단들, 효과적인 회계시스템을 위한 도구들 등을 도입하고 더욱 발전시켜야 한다.

이 모든 다양한 정보시스템은 통합되어야 한다. 현대적 시스템에 의한 강력하고 효과적인 지원이 있어야만 은행들은 이익, 위험, 사업규모 사이의 복잡한 수량적 관계를 정확히 산출할 수 있다. 그런 연후에야 비로소 서로 다른 위험을 수량화하고 구분하여 정확성과 관리정책의 과학적 성격을 강화할 수도 있다. 또한 그 이후에야 이것을 통해 은행 관리자들의 경영수준이 제고될 수 있다.

Part 3

자본시장

13 | 상하이 증권거래소: 역사와 전망

14 | 중국의 증권사들: 성장과 전망

15 | 부상하는 중국 금융시장 : 도전과 글로벌 영향

16 | 중국의 자본시장

17 | 중국의 채권시장: 개혁, 개방 그리고 성장

18 | 중국의 자산관리산업

19 | 중국의 벤쳐캐피탈/프라이빗이쿼티

13 | 상하이 증권거래소: 역사와 전망

저우 신에
상하이 증권거래소 부사장

상하이 증권거래소의 창설은 심한 논란의 대상이었다. 1985년 여름, 노벨 경제학상 수상자인 제임스 토빈(James Tobin)은 중국의 경제정책에 대한 어느 국제회의에서 다음과 같이 선언했다. "중국은 향후 20년 내 증권시장을 설립해서는 안 된다." 이 견해는 당시 많은 전문가의 공감을 얻었다. 5년 후, 1990년 12월 19일 중국은 공식적으로 상하이 증권거래소를 설립했다. 그러나 이것은 증권시장 설립의 문제에 대한 국민의 의견이 통일되었다는 것을 의미하지는 않았다. 한 동안 외국의 경제학자들뿐만 아니라 다수의 중국 경제학자들도 다음과 같은 확고한 생각을 가지고 있었다. "중국이 지금 필요한 것은 뉴욕 증권거래소나 시카고 증권거래소와 같은 조직이 아니다." 그러나 최근 수년간 사람들은 실제 경험을 통해 점차 증권시장이 중국경제에서 수행하는 중요한 역할을 제대로 평가하기 시작했다.

1990년 상하이 증권거래소 설립으로 상징되는 중국 증권시장에 대한 공식적인 구상은 의심의 여지없이 신중국 수립 이후 금융계에서의 가장 큰 혁명 중 하나였다. 과거 17년간 상하이 증권거래소는 여러 장애요인들이 있었지만 꾸준한 진전을 이루었다. 2007년 9월 30일 기준으로 856개의 기업이 상장되어 있으며, 시가총액이 3.2476조 달러로 아시아에서 2위, 전 세계에서 6위를 차지했다. 그리고 총 거래규모는 3.0198조 달러로 아시아 2위, 세계 7위를 기록했다. 상하이 증권거래소는 세계에서 가장 큰 신흥시장이자 가장 활발한 시장 중 하나가 되었다. 상하이 증권거래소는 자금조달원에 대한 필요성을 줄이고, 자원배분의 개선, 기업의 체계적 변화 증대, 전체적인 금융시스템의 개혁 등 중국 사회주의 시장경제의 필수적 구성부분이 되었다. 이는 또한 국가경제의 빠르고 건실한 성장을 촉진할 수 있는 정도의 매우 중요한 역할을 수행했다.

하지만 이 증권거래소는 많은 논란 속에서 설립되었고, 논란이 계속 이어지는 상황에서 성장을 계속했다. 전반적 경제 이행과정에서, 중국 금융의 심화과정에서 중요한 역할을 수행했다. 과거 일어난 일을 정리하고, 현재의 관점에서 미래를 내다보는 것은 가치 있는 일이다.

❖ 상하이 증권거래소의 역사

상하이 증권거래소는 중국 역사상 매우 독특한 시기에 실행된 개혁의 산물이었다. 증권시장에 대한 이해와 평가가 개선되면서, 이 증권거래소의 발전이 계속되었다. 이 증권거래소 창설의 전제조건은 사고의 전환과 정부의 적극적 지도력에 의존하는 주요 이론으로부터 탈피하는 것이었다. 이 시기는 바로 고도의 중앙집중적 계획경제 시스템이 사회주의 시장경제로 이행하는 시기였다. 전체적인 관점에서 전략적으로 살펴보면, 중국 공산당 전국인민대회에서의 많은 논의와 정부가 통과시킨 핵심 문건은 중국의 자본시장 창설에 대한 다양한 사회적 우려들을 진화하는 역할을 했다. 이는 또한 주식시장 통합에 관한 이해를 통일하고 상하이 증권거래소 창설이 전진할 수 있는 기본적인 정치적 · 체제적 환경을 조성했다.

중국 공산당 제13차 전국인민대회는 1987년에 개최되었으며, 이 대회는 무엇보다도 주식 및 채권 시장이 시장화 개혁에 필요하다는 점을 분명히 했다. 이 전국인민대회는 특정 국유기업의 구조조정을 위한 시험 지역의 설정을 허용하고 권장했다. 이 대회는 또한 중국이 주식회사 또는 주식보유 시스템을 도입해야 하는지, 또 주식보유 시스템은 기업개혁과정의 중요한 부분인지 등에 대한 논쟁을 종식시켰다. 이 과정에서 중국의 증권시장 개설에 대한 이론적 근거 내지 사고가 마련되었다. 이를 배경으로, 점두 장외거래(off-board over the counter trading; OTC)가 장려되었고, 1990년 12월에는 상하이 OTC 시장에서 30여 가지의 주식이 거래되고 있었다. 거래액이 4억 달러를 넘어서 상하이 OTC 시장은 중국 최대의 거래시장이 되었다. 1990년 12월 19일, 상하이 증권거래소가 마침내 공식적으로 설립되었다. 처음에는 단지 80개의 기업만이 상장되었지만, 이들 상장회사들의 규모와 주식거래량은 미비했다. 더구나 이 시장에 상장된 기업들의 소재지나 투자자들은 전형적인 지역시장의 특성을 나타냈다.

1992년에 열린 제14차 중국 공산당 전국인민대회에서는 사회주의 시장경제체제를 구축하려는 개혁목표가 제시되었다. 1994년에 열린 제14차 대회의 3차 전체회의에서는 증권시장의 개설이 사회주의 시장경제 체제 구축에서 중요한 역할을 했음을 확인하고 국유기업 개혁의 핵심이 자산 구조조정을 통한 현대적 기업 시스템의 구축임을 분명히 했다. 따라서 주식시장이 폐쇄되어야 하는가에 대한 논쟁이 마감되었다. 또한 정책 및 시스템 측면에서 주식시장의 지속적 발전을 위한 긍정적 환경이 조성되었다. 상하이 증권거래소의 상장사 수는 그 후 빠르게 증가했고 시장규모도 확대되었다. 이 기간 중 상하이 증권거래소는 전국 다른 성(省) 소재 기업들의 상장이 이루어지기 시작했고 투자자도 폭넓게 분포되어 전국적 시장으로 통합되기 시작했다.

1997년에 열린 제15차 대회에서는 자본시장의 발전이 사회주의 시장경제 체제의 육성과 강화에 유익하다고 명확히 언급되었다. 이 대회의 제14차 전체회의는 국가가 "상대적으로 완전한 현대적 기업시스템을 갖춘 기업에 대해 완전한 전략적 구조조정을 기본적으로 완성"해야 한다고 강조했다. 국유기업의 개혁은 "현대적 기업 시스템"과 "국유자산에 대한 전략적 구조조정"의 아이디어를 통합한 단계로 심화되었다. 이와 동시에, 국유자산의 전략적 구조조정의 주된 방식으로 "자본시장을 무대로 이용하고 기업들의 상장을 핵심으로 활용"하기로 결정되었다. 이를 배경으로 "증권법"이 1999년 7월 1일에 공식 시행되어, 마침내 법적으로 중국 시장경제 시스템에서 증권시장의 입지를 공고히 하게 되었다.

2002년의 제16차 대회가 열려, "자본시장의 개혁 · 개방을 더욱 밀고 나가고, 자본시장의 안정적 발전을 더욱 추구"할 것을 요구했다. 2003년 이 대회의 제3차 전체회의가 "자본시장 및 기타 요소시장의 역동적 발전"을 위해 소집되었다. 국무원은

2004년 소위, "자본시장의 개혁 · 개방과 이에 대한 안정적 발전에 관한 여러 의견"이라 불리는 "의견서"를 발행했으며, 바람직한 방향과 목표를 보다 구체적으로 언급했다. 그때까지 중국의 자본시장은 이미 국가경제의 전략적 부분의 지위로 올라섰다. 이는 사회의 큰 부분에서 "대중적 지식"(public knowledge)에서 "대중적 계획"(public plan)으로 개념적 도약을 낳았다. 상하이 증권거래소는 그 후 "지분 전환 개혁"으로 가장 잘 표현되는 일련의 근본적인 체계적 발의들을 동원할 수 있게 되었다. 적격외국인투자자와 적격내국인투자자, 그리고 기타 체계적인 "개방" 조치들이 실시되기 시작했다.

제17차 중국 공산당 전국인민대회가 2007년에 열려 금융규제의 강화와 발전, 자본시장 구조의 발전, 다양한 채널을 통한 직접자금조달 비율의 제고, 그리고 증권산업 경쟁력 제고방안을 제시했다. 이 대회는 더 나아가 이후 시장구조의 개선과 증권산업의 국제 경쟁력 강화가 중국 자본시장의 주된 과제임을 선언했다. 창의성과 역량들이 이러한 노력에 투입되었다. 이러한 새로운 시대에 상하이 증권거래소 앞에 놓인 과제는 개념적 혁신, 체계적 혁신, 금융수단의 혁신 등이다. 개념적 혁신과 관련된 핵심 요소는 중국경제의 발전 과정에서 상하이 증권거래소의 지위와 역할, 중국의 미래 금융시스템에서 그것의 역할, 국제 자본시장에서 그것의 역할에 대해 새로운 이해를 정립하는 것이다. 상하이 증권거래소가 국제 자본시장의 주요 구성부분이 되는 것이 목표이다. 개념적 혁신이 앞서 이루어지고, 시스템 및 수단의 혁신과 지속적으로 조화를 이루며 나아가야 한다. 시스템과 수단의 창조는 신설된 주식시장이 구체적으로 자신을 선언하는 것이다. 그러한 것들은 중국 주식시장의 시장화와 국제화를 이루기 위한 단계들이다.

❖ 현재의 상하이 증권거래소

과거 17년간 상하이 증권거래소는 상향식과 하향식 변화 모두를 아우르는 경로를 거쳐 왔다. 정부주도의 시장화 개혁은 자생적 발의와 함께 작동하며, 상하이 증권거래소가 거래비용을 낮추고 시장 효율성을 높이는데 집중하도록 여건을 조성해 주었다.

표 13.1 | 상하이 증권거래소 관련 통계 데이터

	1990.12.31	1992.12.31	1994.12.31	2000.12.31	2005.12.31	2007(to 9/.30)
상장기업 수	8	29	162	548	824	856
시가총액 (억 달러)	3.70	98.61	380.80	3,625.07	3,298.93	32,476.00
유통주가치 (억 달러)	1.26	10.04	60.76	1,052.13	859.20	7,195.07
투자자의 수(만 명)	11	111	574	2,958	3,856	4,873
총발행액 (억 주)	1.76	13.5	16.6	85.2	9.63	251.8
총자금조달액 (억 달러)	0.35	31.81	4.79	80.03	3.80	362.93
거래량 (억 주)	–	6.39	340.6	2,105	3,800	19,693
거래액 (억 달러)	–	14.59	412.67	3,644.67	2,453.20	30,198.4

주: 매년 12월 31일 기준
출처: 2상하이 증권거래소 월간 통계보고

개혁과 혁신과정을 통해 상하이 증권거래소는 역사적인 문제와 부정적 인상의 문제를 해결할 수 있었다. 개혁을 통해 상하이 거래소는 효율적이고, 투명하며, 개방적인 잠재성을 가진 시장 형태를 구축했고, 이에 따라 지속적인 성장을 위한 좋은 토대가 마련되었다. 상하이 증권거래소의 가장 중요한 과제는 중국의 중심적인 시장을 설립하고 육성하며 성장시키는 것이다. 핵심 부분은 중국 경제의 중심부를 대표하는 블루칩(blue chip; 우량주) 시장을 형성하는 것이다. 하지만 2006년 이전의 상하이 증권거래소의 전체 시장거래는 1,000억 달러에도 미치지 못했다. 미국의 제너럴 일렉트릭(General Electric) 한 기업의 시가총액만도 3,774억 달러였다. 소규모의 증권시장은 성장하는 중국경제의 필요를 충족시켜주지 못할 것이 분명했다. 상하이 증권거래소의 규모의 열쇠는 국제적 범위에서 경쟁할 수도 없었다. 예컨대, 핵심 국가 기업들과 일정 수준의 독점력을 보유한 기업들(예컨대, 중국생명, 세미컨턱터 매뉴팩춰링 인터

내셔널, 차이나 파워 등) 조차도 해외에 상장하기로 결정할 정도였다.

경쟁력 강화에 대한 시급한 필요성에 직면하여 상하이 증권거래소는 관계 정부당국과 협력하여 지분 전환 개혁, 배분시스템 개혁, 시장 주도적 인수합병, 구조조정 등을 적극적으로 추진했다. 또한 경영진에 대한 지분 인센티브를 도입하고 기관 투자자들을 열성적으로 유치하고자 했다. 이러한 개혁과 노력을 통해 상하이 증권거래소는 암묵적 상장 비용과 상장 후 운영비용을 크게 낮출 수 있었다.

그 이후 중국공상은행, 중국항공, 차이나 센후아, 그리고 기타 고가의 블루칩 대기업들이 상하이 증권거래소 상장을 추진했다. 이는 상하이 시장의 규모를 확장시켰을 뿐만 아니라 이 시장에 대한 투자가치를 크게 제고했음을 의미했다. 이를 통해 일반 투자자에게 생기를 불어넣고, 저축성 예금에서 투자로 자금이 이동하게 만들었다. 1990년에서 2007년까지의 기간 동안의 전진에 대한 요약에 대해서는 표 13.1을 볼 것.

새로운 금융상품

상하이 증권거래소에서 활용 가능한 금융수단은 아직 매우 제한적이다. 주식과 정부채 외에 상장지수펀드(ETF: Exchange Trades Fund), 전환사채, 그리고 기타 신상품이 있지만, 선택 가능한 투자상품은 기본적으로 늘어나지 않았고, 많지 않은 금융수단은 간접적으로 투자자에게 거래위험과 거래비용를 증가시켰다. 중국시장과 국제시장 간의 뚜렷한 격차를 고려할 때, 상하이 증권거래소 상품은 아직까지도 중국의 실정에 맞게 조정된 국제시장에 이미 존재하는 국제상품에 주로 의존하고 있다. 이러한 상황에서 벗어나기 위해서, 상하이 거래소는 상장지수펀드와 인수권부채권을 도입하여 성공을 거두었다.

상하이 증권거래소는 공식적으로 2004년에 ETF 상품을 출시했고, 현재 50 ETF, 배당금 ETF와 180 ETF가 이미 존재한다. 2007년 이후 9월 30일까지 ETF 거래액은 109.96억 달러로 세계 14위를 차지했다. 상하이 증권거래소는 2005년 인수권부채권 거래를 시작해서 빠른 성장을 보였다. 2007년만도 9월30일 기준으로 거래규모가 총 5,649.95억 달러였다.

규제대책, 시장 투명성

상하이 증권거래소를 괴롭혀 온 세 가지 문제는 상장사의 분식회계, 자사계정을 이용하여 고객들의 마진 계정 자금을 빼돌린 증권회사, 시장가격 조작 등이다. 2006년 이전까지 국가경제 전체가 약 9%의 성장을 지속해 왔지만, 주가지수는 계속 떨어졌다. 그 주요 원인 중 하나는 이러한 문제들 때문이었다. 투자자들은 합당한 거래를 찾고, 기회주의적 행태를 피하기 위해 불필요한 시간과 에너지를 낭비했다. 이 때문에 거래비용이 증가해서 많은 투자자들이 증권시장을 떠나고 말았다.

이러한 이유로 인해 상하이 증권거래소는 정보공개라는 핵심 이슈, 불명확하고 불충분하게 구체적이거나 의심스러운 정보를 어떻게 처리할 것인가, 그리고 상장기업이 저지르는 불쾌하고 불법적이기까지 한 행태를 어떻게 적시에 처리할 것인가 등에 초점을 맞춰왔다. 그 결과 상장사에 대한 정보공개에 EBRL(expandable business report language)을 성공적으로 적용함으로써 정보의 투명성을 높였다.

상하이 증권거래소는 상장사들이 기업 지배구조를 개선하도록 강제하기 위해 시장을 활용했다. 그 결과 상장사의 질이 개선되었고, 증권사와 전체적인 지배구조에 대한 연례 심사가 강화되었으며 월간보고 체계 등도 개선되었다. 전체적으로 볼 때, 증권사를 관리하는 금융위험 규제 방안이 개선되었다. 상하이 증권거래소는 분석수단에 대한 실시간 감독체제를 연구하고 구축했으며, 경보체계도 개발했다. 이는 내부자거래, 주가조작, 그리고 기타 불법행위를 적발하고 처리하기 위해 유통시장의 일선 감독자들에게 기술적 지원을 제공했다. 그 결과 시장질서가 실질적으로 개선되었다.

대외개방

성장하는 중국 증권시장이 세계무대에서 높은 위치에 포지셔닝하기 위해서는 세계화를 향한 전략적 관점을 가져야 한다. 상하이 증권거래소의 "대외개방"은 중국 금융시스템 중 가장 중요한 부분이다. 하지만 세계화는 반드시 전국적인 금융시스템이 구축될 경우에만 진전될 수 있다. "점진적인 방식으로 중국 자본계정을 신중히 개방한다"는 원칙은 상하이 증권거래소 또한 점진적 개방 절차를 따라야만 한다는 것을 의미한다.

2001년 11월, 상하이 증권거래소는 상하이 증권거래소 상장 요건을 충족한 외국투자자가 지분을 보유한 주식회사를 허용했다. 2002년, 거래소는 "해외 회원사 중 특별회원권에 대한 임시 규칙"을 발표했다. 이는 외국인 투자 증권기관의 대표 사무소가 상하이 증권거래소의 특별 회원사가 되도록 허용한 것이었다. 2002년 12월, 상하이 증권거래소는 적격외국인 기관투자자 제도를 시행했으며, NASDAQ, 런던, 홍콩 등 27개 해외 증권 거래소들과 양해각서를 체결했다. 2006년 10월 16일에는 상하이 증권거래소가 세계거래소 연합 제46차 연례회의에서 이사회 회원으로 선정되었다.

❖ 향후전망

중국 경제의 빠른 성장은 개혁과 개방이 시작된 이래 30년간의 높은 투자에 의존해왔음에도 불구하고, 금융 시스템은 아직까지 그러한 투자에 주도적인 역할을 수행하지 못하고 있다. 1973년 초, 스탠포드 대학의 두 경제학 교수인 맥킨논(Ronald I. McKinnon)과 쇼(E. S. Show)는 개발도상국에 대한 성장 촉진정책으로 "금융 자유화와 금융심화"를 제시했다. 그들은 "금융 억압"이 성공적인 경제개발에 있어서 큰 장벽이라 지적했다. 전반적인 경제적 배경과 관련하여, 중국은 중앙계획경제 모델에서 시장경제 모델로 이행하고 있다. 이는 중국의 금융 시스템이 "심화과정(deepening)"이라 불리는 이행기적 특징을 지속하고 있음을 함축한다. 맥키논(McKinnon)과 여러 경제학자들이 지적했듯이, 세련된 금융제도를 구축하는 일은 단순히 투자를 많이 하는 것보다 경제성장에 더 결정적이다.

현재 중국에서는 주요 자금원으로 은행들이 활용되고 있다. 이러한 상대적으로 전통적인 금융방식은 누적된 금융위험을 숨기며, 금융자본과 산업자본의 상승효과를 가져오는 결합을 심각하게 방해한다. 그 결과 중국 산업에 대한 구조조정 작업이 훨씬 어려워졌다. 기본적으로 중국의 금융구조를 발전시키기 위해서는 증권시장의 발전을 가속화할 필요가 있다. 금융을 "심화"시키는 일은 이미 가장 중요한 문제 중 하나가 되었으며, 증권시장의 "심화"는 그것의 전진 과정에서 관심을 기울여야 할 시급한 주제이다. 시장심화 없이는 성숙과 성장을 이룰 수 없다. 충분한 규모로 발전된 증권시장은 중국경제의 건강하고 지속적인 성장을 추동하는 강력한 수단이 될 것이다.

이러한 목적으로 상하이 증권거래소는 세계적 수준의 우수한 중국기업을 육성할 수 있는 국제시장으로의 점진적 발전을 의도하고 있다. 향후의 개혁은 경제적 생산을 업그레이드하고 지속 가능한 성장을 도모하는 전략적 목표로부터 시작될 것이다. 거래비용의 축소와 시장 효율성의 제고가 그 출발점일 것이다.

❖ 세계적 기업에 대한 금융

세계경제 발전사는, 두각을 나타내는 기업은 느리게 증가하는 자체적인 자본축적에 의존하지 않고, 인수합병(Mergers and Acquisitions: M&As)을 통해 실현됨을 명확히 보여주고 있다. 증권시장은 이 과정에서 필수적인 플랫폼이다.

중국은행, 시노펙, 중국생명 등 다수의 블루칩들은 이미 상하이 증권거래소에서 거래되고 있지만, 일반적으로 말하자면, 대형 블루칩은 드물고 해당 산업 전체를 충분히 대표하지도 못하고 있다. 그 결과 국가경제의 추세를 제대로 반영하지도 못한다. 우리는, 3~5년 내에 상대적으로 전망이 밝은 우량기업들과 산업들이 상하이 증권거래소로부터 풍부한 자금을 공급받을 수 있을 것으로 믿고 있다. 이것은 기업의 구조조정과 기존 기업들과의 인수합병에 있어서의 시장 메커니즘의 개선과 병행하여 이루어질 것이다. 이에 따라 개선된 자원배분 메커니즘의 형성이 촉진될 것이다. 자원배분의 거래비용이 크게 떨어져야 한다. 자본이 합리적으로 흐를 수 있도록 허용함으로써, 우량기업들이 세계적 기업이 될 수 있어야 한다. 이것은 구체적으로 다음의 사정에 달려 있다.

첫째, 그것은 시장 주도적 금융 시스템의 설립에 달려있다. 현재 행정적 통제가 금융 연결망의 너무나 많은 지점에 개입하고 있다. 신청과 승인 과정이 지나치게 복잡하여, 자금조달을 위한 거래비용을 크게 증가시킨다. 다음 단계에서는 중개기관과 전문 기관투자자와 같은 기관들을 더욱 발전시킬 필요가 있다. 이러한 것들은 증권발행을 원하는 기업에 대한 심사기능을 수행하여 효율성 증대에 기여할 것이다.

둘째, 그것은 상장폐지 메커니즘의 개선에 달려있다. 2001년 상하이 증권거래소는 상장폐지 제도를 정립했다. 현재의 규정 하에서는 임시 거래중지, 거래재개, 완전 상장 폐지 등을 정하는 기준은 손익 계산서 상의 이익과 관련되어 있다. 이는 상장폐지 위험에 처한 기업에게 분식회계를 할 강력한 동기를 제공한다. 다음 기(期)에는 상장폐지될 수 있는 조건의 범위를 넓히고 그 정해진 기준을 철저히 따르도록 할 필요가 있다.

셋째, 그것은 M&A 시장의 발전에 달려있다. M&A를 실행하려는 상장사들을 위해 표준화된 시장을 설립함으로써, 우량한 중국기업들이 성장을 위해 외국의 소유권을 끌어들일 필요가 없도록 할 것이다. 상장기업들의 자원배분 거래비용 축소, 상장사의 장기적 성장에 유익한 방식으로 구조조정과 인수합병 권장, 구조조정 완료, 산업에 대한 업그레이드 등이 그 실현 메커니즘이다. 그 목적은 강화된 시장경쟁과 자금조달의 제약에 직면하고 있는 중국의 기업들로 하여금 외국인의 인수에 보다 쉽게 대항할 수 있도록 하려는 것이다.

넷째, 그것은 상장사의 투명성 제고에 달려 있다. 상하이 증권거래소가 규정하고 있는 정보공개 의무의 유효성과 권위는 이미 크게 개선되었다. 다음 단계에서는 정보공개를 위한 전자식 플랫폼, 정보공개의 시각표(timeline), 기업지배 구조 지수, 상장사가 활용하는 "내부 메커니즘"의 표준화 등을 개선하고, 기회주의적 행위에 이용되는 "감추어진 정보"와 "감추어진 행위"를 축소해야 한다. 이것의 목표는 투자자가 유의한 정보를 얻기 위해 투입하는 시간과 노력을 줄이고, 시장 전체적으로 기회주의적 행위를 감소시키며, 시장 효율성을 위한 더 나은 환경의 조성하는 것이다.

❖ 채권시장

현재 상하이 증권거래소에서는 주로 주식이 거래된다. 채권시장은 비교적 정체상태이며 거래 채권은 정부채가 대부분이다. 회사채는 드물다. 이러한 불균형 구조는 상하이 증권거래소의 발전에 도움이 되지 않으며, 화폐시장 등 다른 시장의 성장을 가져올 수도 없다. 향후 약 5년 내에, 채권 발행제도의 개혁과 발전, 채권의 중요성에 대한 정부의 인식 강화로 채권 거래비용이 크게 줄고, 상하이 증권거래소의 채권시장 부분이 크게 성장할 것으로 믿는다. 이에 따라 채권시장은 주식시장과 균형을 이루게 될 것이다. 상하이 증권거래소는 이러한 목적을 달성하기 위해 다음의 3가지 측면에서 노력을 기울일 계획이다.

첫째, 벤치마크 수익률 곡선을 만든다. 이러한 곡선은 이자율 변화를 분석하고 자본시장의 가격을 결정하는 도구이다. 중국의 채권시장은 적절한 수익률 곡선을 만들기에 충분히 통합되지 못한 상태이며, 유동성이 매우 낮다. 거래소 장외의 거래가격은 진정한 시장을 구성하지 못하고 있으며, 장기상품은 수요 공급이 불균형 상태이다. 이 모든 상황으로 인해 수익률 곡선이 시장가격을 결정하는 데 도움이 되지 못한다. 다음 단계에서는 상하이 증권거래소가 가격결정 메커니즘의 표준으로서 정부채를 육성하여 진정한 벤치마크 수익률 곡선의 구성을 시작할 것이다.

둘째, 회사채 시장의 발전에 좀 더 무게를 둘 것이다. 상하이 증권거래소에는 단지 몇 개의 전환사채가 있을 뿐이다. 2007년 9월 30일까지 진정한 회사채로 간주될 수 있는 회사채를 통한 자금조달의 규모는 3.88억 달러였다. 기타 채권시장은 이보다도 작고, 선진국의 채권을 통한 자금조달에 비하면 극단적으로 작다. 다음 단계에서는 회사채 시장의 발전을 위해 시간과 노력을 투입할 것이다. 그 과정에서 중요한 것은 시장 주도적인 채권발행 방법을 개발하는 것일 것이다.

셋째, 선물과 기타 상품을 거래하는 것이다. 상하이 증권거래소는 이미 실험수준의 전환사채를 도입했다. 조건이 적당해지면, 다음단계에서는 재정증권 선물과 기타의 채권선물을 출시하고 그 다음으로 채권옵션 상품을 내놓을 것이다. 중장기 옵션과 채권선물이 강조될 것이다. 이와 관련하여, 투자자들을 위한 위험헷지와 시장 내 거래비용 감소를 위해 파생 채권 상품들의 기간구조와 다양성을 개선하는 것이 그 목적이다.

❖ 국제화

외국인 투자 중국 기업들이 이미 상하이 증권거래소에 상장되어 있고, 합작투자 증권사들과 적격외국인 기관투자자가 존재하고는 있지만, 일반적으로 상하이 증권거래소는 아직 상대적으로 폐쇄적인 시장이다. 적격외국인 기관투자자와 적격내국인 기관투자자 제도가 행정 신청과 승인을 거치게 하고 IMF의 8개국(Line Eight Countries)이 결정한 범위 내에 있지만, 중국에 자회사를 설립한 외국의 금융기관은 WTO 규정상의 "서비스 구성요소"와 관련되어 있다. 지금까지 "시장개방"에 국제결제에서의 자본계정 개방을 포함한 경우는 없었다. 그럼에도, 더 걸릴지도 모르지만, 5~10년 내에 상하이 증권거래소는 국제 자본시장과 더 높은 수준의 통합을 이룰 것이며, 국제자본시장과의 경쟁에 적극적으로 참여할 것이다. 이것은 중국 내 금리자유화, 외환관리 개혁, 국제결제에서의 자본계정 개방과 일치하는 것이다.

현재 상하이 증권거래소는 외국 기업의 상장을 허가할 수 없다. 이것은 상장하는 가장 우수한 중국 기업들의 자원을 "빼앗기 위해" 중국에 외환이 유입되는 방식과는 극명한 대조를 이룬다. 향후에는 국제결제 자본계정이 개방되면 상하이 증권거래소는 적극적으로 외국기업의 상장신청을 받아들일 수 있는 여건을 조성할 것이다. 우리 거래소는 서서히 전 세계 기업에 대해 개방될 것이다.

상하이 증권거래소는 더 많은 상장기업을 필요로 하며, 다양한 투자자 특히, 해외투자자를 필요로 한다. 도쿄 증권거래소는 거대한 시가총액을 보유하고 있지만, 상장기업과 투자자의 상대적 균등성 때문에 뉴욕, 런던과 같은 부류로 분류될 수 없다. 이 때문에 금융시장이 허용하는 조건 하에서, 상하이 증권거래소는 더 많은 외국자본이 유입되도록 비용인하 조치를 취하여, 전체 시장의 폭과 깊이를 제고할 것이다.

향후에 위안화가 자본계정에서 자유로운 환전이 가능하고 국제화되면, 적절한 시기에 상하이 증권거래소는 위안화 표시 해외채권의 발행을 고려할 것이다. 이와 같은 조치는 자금제공을 찾고 있는 해외의 기관들에게 중국의 국내 채권시장을 개방하고, 상하이를 역외 증권시장으로 육성하기 위한 방편으로 실행될 것이다.

14 | 중국의 증권사들: 성장과 전망

왕 동밍

중국국제투자신탁공사(CITIC) 회장

과거 20년 동안 자본시장의 성장으로 중국의 증권사들은 현재 앞으로 성장을 추진할 수 있는 기관으로 발전해 있다. 중국 경제무대에 증권사가 최초로 등장했다는 표시로 선전 특별 경제구역 증권사(Shenzhen Special Economic Zone Securities Company)가 1985년 설립되었다. 2007년 말 기준으로 108개의 증권사들이 중국 내에 존재했다. 2008년 1월 말, 47개 증권사들의 연차 보고서에 따르면, 이들의 순자산은 1,435억 위안이고 순이익은 807억 위안이었다. 이 산업은, 증권시장의 빠른 성장과 더불어, 단기간 동안 무에서 상당한 규모로 성장했던 것이다.

중국의 증권 산업의 발전은 3단계, 즉 초기의 빠른 성장기, 구조조정 및 "정상화"의 시기, 마지막으로 효과적 시스템을 창조하고 있는 현재의 시기로 구분된다.

❖ 초기의 빠른 성장기

배아적 자본시장의 등장과 초기의 급속한 성장은 1985부터 1996년까지 지속되었다. 1980년대 초, 투자신탁회사와 증권사 등 수많은 증권 금융기관들이 중국에 등장하기 시작했다. 초기에는 엄격한 시장진입에 대한 규제가 없었고, 다른 기관들도 앞 다투어 경쟁에 참여했다. 그 출발부터 중국국제투자신탁공사(CITIC)와 중국은행 등과 같은 회사들이 "증권시장"의 역할을 수행했다. 1990년대 초 상하이 증권거래소와 선전 증권거래소의 설립과 함께 증권시장이 정식으로 개설된 이후부터 증권사들이 빠르게 확산되기 시작했다.

산업구조 측면에서, 증권업은 당시 다음의 세 가지 상이한 층위로 구성되어 있었다. 전국적 증권사들, 지역 증권사들, (당시에는 비은행 금융 서비스를 취급했지만 현재에는 증권업무를 통합하고 있는) 비은행 금융기관들의 증권부. 전국적 증권사로는 후아시아, 난팡, 구오타이, 하이통, 그리고 기타의 대기업들이 있었다. 지역 증권사들은 중국인민은행과 재정부의 성(省) 및 자치시 분점 아래에 두어졌는데, 이들은 증권을 매매하기 위해 특별히 설립되었다. 마지막 부류에는 투자신탁회사와 리스회사 등 비은행 금융기관들의 증권부가 포함된다.

이 발전 단계에서는 적합한 법적 틀과 시스템의 부족으로 인해 이 산업은 불규칙적인 관행에 시달리고 있었다. 회사법(Company Law)과 같은 법률은 자본시장의 빠른 발전에 적합하지 않기 때문에 증권사들과 상장사의 위반행위가 모호한 법적 근거로 인해 기소될 수 없었다. 증권사들과 상장사들은 내부자 거래 외에도 주가조작에 공모했고, 시장에는 기회주의적이고 불법적인 요소들이 많았다.

1996년 말 기준, 430여 증권사와 증권거래 기관이 존재하고 있었는데, 이들의 네트워크에는 2,600개 이상의 지점이 활동하고 있었다. 이들의 총 자산규모는 1,600억 위안으로, 평균 3.72억 위안의 자산을 보유했다. 이들의 평균 순자산은 5,000만 위안에 미치지 못했고, 평균 자본액은 겨우 2,000만 위안에 불과했다.

❖ 구조조정

1997년에서 2004년까지의 기간 중 중국의 증권시장은 구조조정을 거쳐 "정상화"되었다. 1996년 은행과 증권부문의 분리로 전문운영 모델이 선택되기 시작하면서 증권업은 크게 재편되었다. 상업은행 지점 직속의 많은 "투자신탁회사"들이 폐쇄되었다. 은행 중에서는 네 개의 국유은행 본부 관할의 투자신탁회사만이 증권을 매매할 수 있었다. 일부 증권사들은 과거 투자신탁회사의 증권부를 재조직하고 병합함으로써 빠르게 성장할 수 있었다. 그 결과 현재에는 증권만을 취급하는 증권사, 투자신탁회사, 파이낸스회사, 그리고 증권업무를 일부분으로 보유하고 있는 리스회사가 포함되기 시작했다.

1999년 증권법(Securities Law)이 공포되어 시행되기 시작했다. 이 법으로 인해 증권업은 대규모의 구조조정과 표준화를 추진하게 되었다. 이 증권법은 중개업무를 수행하는 증권사와 "종합" 금융기관의 한 부분으로서의 증권사를 구분하기 위한 명확한 규칙을 제정했다. 그 결과 증권사들은 적극적으로 주식발행을 통해 자산을 확충하려 했다. 그 결과 몇몇의 거대 증권사가 탄생했는데, 애초에 이들은 재조직된 투자신탁회사들이었다. "인혜 증권(Yin He Securities)"은 당시 네 개의 대형 국유은행 산하에 있었던 증권사들과 인민보험 산하 다섯 개의 투자신탁회사를 합병함으로써 최대의 증권사가 되었다. 구조조정 이후 증권업은 지역적으로나 산업적으로 통합되기 시작했다.

1999년 말 기준, 증권업만을 취급하는 증권사 96개, 투자신탁회사 2,440개, 파이낸싱회사 69개, 파이낸싱 및 리스 회사 16개 등 증권취급소의 수는 총 2,440개에 달했다. 여러 종류의 기관들은 규모 면에서 큰 차이를 보였다. 소규모 기관의 경우 등록자본이 겨우 1,000만 위안에 불과했지만, 전국적 증권사들의 등록자본은 10억 위안이 넘었다. 지방의 신탁투자회사와 파이낸싱회사들은 대부분 소규모이고 겨우 몇 개의 판매소를 운영하고 있었다. 전국 단위의 증권사들은 각 대도시에 자회사를 보유하고 있었으며, 그들의 네트워크는 전국에 분포되었다. 중소 증권사들은 주로 자신의 소재지와 본부 직속 관할 도시에 네크워크를 보유했다. 가장 밀도가 높은 지역은 상하이와 선전이었다. 모든 증권사들의 사업구조는 매우 유사하게 세 가지의 전통적인 사업부문, 즉 중개(brokerage), 운용(operating as a dealer), 인수(underwriting)를 운영하여, 각 부분이 수익에서 차지하는 비중은 각각 40%, 28%, 18%로 구성되었다. 이 시스템에서 불충분한 자본과 수요와 공급의 부족은 옵션, 스왑과 같은 새로운 사업의 발전을 제약했다.

증권법이 발효된 이후, 실질적인 강점을 가진 대형 증권사들이 취약한 증권사들을 흡수함에 따라, 이 산업의 합병 및 통합이 더욱 활발해지기 시작했다. 합병되지 않은 중소기업들이 성공할 수 있었던 것은 독특한 서비스 때문일 수 있다. 전체적으로 볼 때, 점진적인 통합이 증권업에서 시작되었다. 1998년 기준, 최상위 6대 기업이 인수시장의 52%를, 중개시장의 50%를 차지했다. 2002년 이 비율은 76%와 56%로 증가했다.

법적 구조라는 지지대가 이제 이 산업을 떠받치고 있지만, 이 시장이 억압적 상태를 벗어난 것은 아니었다. 받아들여 질 수 있는 재무회계 기준을 벗어나 영업하는 등 널리 행해지고 있으며 시장을 혼란시키는 관행들로 인해 전국의 투자신탁회사들은 수없이 "구조조정"을 거쳤고, 많은 회사들이 사업을 할 수 없어 문을 닫아야 했다. 증권사들의 관리와 운영은, 특히 혼합펀드의 경우, 매우 "변칙적"이었다. 2001년부터 중국은 3년간의 시장불황을 겪었고, 이 기간 중 일부 증권사들의 불법 활동이 드러났다. 예컨대, 증권사들은 고객들의 마진 계정의 자금을 증권사 자신이 유용하기도 했다. 증권업 전체는 대중의 신뢰를 잃고 그에 따라 심각한 금융적 손실을 입었다.

❖ 도태기 (2005년부터)

중국 금융시장의 중요한 체계적 변화는 2005년에 일어났다. 이 변화는 주식 전환 개혁(share conversion reform)이라 불렸다. 과거에는 국가가 보유한 주식은 거래될 수 없었다. 상장기업의 주식은 매매가능한 주식과 매매될 수 없는 주식, 두 유형으로 나뉘었다. 이는 상장회사의 지배구조에 문제를 야기했는데, 동일한 지분에 대해 동일한 권리가 주어지지 않았기 때문이었다. 이 개혁을 성공적으로 실행함으로써 오랫동안 A-주 시장의 성장을 방해한 문제가 해결되었다. 이로써 중국 증권시장은 완전히 새로운 발전단계에 진입할 수 있게 되었다.

개혁은 서서히 진행되었다. 2004년 감독당국은 새로이 재조직된 혁신형 증권사들의 설립을 허용했다. 2005년에는 정상화형 증권사에 대한 요건과 이들의 사업 범위가 확정되었다. 다양한 유형의 증권사들을 분류하고 이들 각각에 대한 규제가 이때부터 시작되었다. 2005년 7월, 중국의 증권감독관리위원회(이하 증감위)는 "증권사들에 대한 종합관리 대책"을 통과시킴으로써, 증권사들의 운영방식에 대한 개념적 틀이 제시되었다. 증권업의 위험을 완화하는 과정에서 당국은 유형별 규제를 실시하고, 우수한 증권사들에 대해 지원할 수 있게 되었다. 2005년 후반에서 2006년 전반까지, 증권 딜러, 정부환매채 매수자, 인수자, 그리고 기타 중요 업무에 대한 일련의 새로운 법률들이 통과되었다. 증권사들의 위험통제, 위험관리, 순자산 산출 등과 관련된 규칙과 규제가 더욱 빠르게 제정되었다.

두 유형의 증권사들(혁신형과 정상화형)에 대한 검토와 조사에서 이루어진 전반적인 진전과 함께, 혁신과 구조조정이 이제 증권업이 직면한 중대한 문제로 되었다. 증권사간의 세분화된 경쟁은 훨씬 더 격렬해졌다. "혁신형" 증권사들은 모든 혁신상품을 적극적으로 홍보했다. "정상화형" 증권사들은 막대한 역사적 부담을 지게 되었으며, 심각한 곤경 속에서 구조조정에 집중했다. 중앙은행과 증감위는 "지앙윈투자공사"(Jian Yin Investment Company)를 설립하고, 증감위는 투자자 보호기금 공사(Investor' s Preservation Fund Company)와 함께 윈헤증권, CITIC, 그리고 기타 대형증권사들에 대한 구조조정을 시작했다. 구조조정이 완료되자, 이 기관들은 완전히 다른 모습으로 시장에 다시 등장했다. CITIC, 차이나 머천트 증권 등의 혁신형 증권사들은 비교적 허약한 증권사들을 병합하여 규모를 키웠다. 이러한 구조조정은 직접적으로 증권 산업의 통합을 더욱 촉진하는 결과를 가져왔다. 2007년 말 기준, 상위 10개 증권사가 차지하는 중개 및 인수 시장 점유율은 각각 60%와 90%에 가까웠다. 이들 상위 10개 증권사들은 또한 기본적으로 모든 자산관리 시장을 통제하고 있었다.

이러한 조치로 인해 증권업 전체적으로 자산의 질과 수익성이 크게 개선되었다. 2006년 증권업에 종사하는 105개 증권사의 총수입, 순이익, 그리고 순수익률이 각각 681억 위안, 258억 위안, 42%였다. 순자산수익률 또한 4.39%였다. 자본적정성과 관련하여 살펴보면, 2006년 순자본의 총합이 933억 위안으로 크게 증가했다.

중개, 인수, 딜러 업무가 증권사들의 주요 수입원이었다. 2007년도 중개 서비스를 통한 수입이 전체 수입의 60%를 차지했다. 주식 전환 개혁 후, 기업공개, 구주 분매, 주식배정 등의 인수업이 다시 시작되었고, 단기 금융채의 인수 또한 점차 증가했다. 그 결과 인수수입의 비중이 전체 수입의 13%로 상승했다. 증권사들의 혁신상품이 빠르게 증가했으며, 통합된 부(富) 관리상품, 자산 증권화, 단기 금융채 등과 같은 새로운 사업부문도 빠른 발전을 보였다. 새로운 혁신형 증권사들은 결과적으로 공격적 전략으로부터 큰 이익을 누릴 수 있었다. 2005년 3월 증권사들은 최초의 종합적 자산관리 프로젝트를 출시했고, 2007년까지 관리자산이 총 470억 위안에 달하는 26개의 종합자산관리 프로젝트가 출시되어 있었다.

❖ 난제들

12년 이상의 기간이 경과하면서 중국의 증권업은 빠른 진보를 달성했지만 다음과 같은 큰 어려움에 직면해 있다.

첫째, 기업간 경쟁이 부족하고 규모가 지나치게 작다. 국제적 투자은행들에 비해 중국의 증권사들은 자산과 자본 면에서 상대적으로 소규모이다. 그들과 외국기관 사이에 현격한 차이가 존재하는 것이다. 2006년 말, 메릴린치(Merril Lynch)는 처음으로 390억 달러의 순자산을 보유한 10대 해외 투자은행 중 하나가 되었다. 중국의 혁신형 증권사들의 평균 순자산은 153억 위안으로 메릴린치의 약 3.9%에 불과했다. 동시에 메릴린치의 자본은 1,121억 달러임에 비해 중국의 혁신형 증권사들의 평균 자본은 겨우 21억 위안에 지나지 않았다. 중국 최대 증권사인 CITIC 증권은 겨우 105억 위안의 자본을 보유하고 있을 뿐이다.

둘째, 비즈니스 모델이 지나치게 획일적이다. 중국의 증권업은 지나치게 획일적이며 차별성이 부족한 비즈니스 모델을 이용하고 있다. 현재의 국제적 투자은행들은 증권 배정과 인수, 주식 거래 및 중개와 같은 전통적인 사업에서 벗어나 인수·합병, 프로젝트 파이낸싱, 벤처투자, 기업금융, 투자자문, 자산 및 펀드 관리, 자산 증권화, 금융혁신 등의 사업부문으로 분화시켜, 이들을 투자은행의 핵심 사업으로 삼고 있다. 1960년대 미국 투자은행들에게 중개 수수료는 수입의 74%를 차지했지만 2006년까지 그것은 11%로 감소했다. 대신에 펀드[판매], 자산관리, 자본운용과 같은 사업으로부터의 수입은 전체 수익의 15%에서 56%로 증가했다. 과거 35년간 미국 투자은행들의 매출액은 31배 증가했지만, 그 증가는 전통적인 인수나 중개로부터가 아니라 자산관리, 직접투자와 증권투자, 그리고 자신이 직접 참여하는 기타의 사업으로부터 나온 것이었다.

반면에, 중국의 증권사들은 전통적인 주식인수와 중개, 그리고 매매에 집중하고 있다. 중개업무를 통한 수입이 전체 수입의 60% 이상을 차지하고 있는 것이다. 대부분의 증권사들의 수익원(源), 사업구조, 조직구조가 기본적으로 서로 유사하고, 투자자문, M&A 등 혁신부문의 수입기여도는 매우 낮다. 유통시장에 의존해 생존해 가는 것은 이들을 시장변동성에 취약하게 만든다. 외국 증권사들에 비해 비즈니스 모델의 안전성도 부족하다.

셋째, 위험관리가 충분하지 못하다. 증권사들은 위험관리 금융기관으로서 위험관리는 이들 기관의 기본적인 사업이다. 외국의 증권사들은 이미 표준적 운영절차의 기초가 되는 위험관리와 조정방안에 대한 훌륭한 기틀을 마련해 두고 있다. 이러한 것들은 운영개념과 관리방법에 있어서 본질적인 것들이다. 미국 증권사들의 위험관리는 시스템 공학적이다. 효과적인 시스템 제약을 통해, 대부분은 수학적 모형과 추정에 의해 위험을 관리할 수 있다. 또한 위험의 헷지 및 이전을 위해 모든 파생상품을 활용함으로써 위험을 예측할 수 있다. 아울러 다양한 사업을 통해 위험을 분산시킬 수 있다. 2007년 8월 미국에서 발생한 서브프라임 모기지 위기가 그 한 예이다. 이 위기 중 투자은행인 골드만삭스는 우수한 위험관리와 위험조정, 그리고 수량화된 관리 지표 등을 통해 기대이익을 유지할 수 있었다. 이러한 시스템을 적용함으로써 위기가 발생하기 전에 기업의 내재적 위험관리 메커니즘이 경고신호를 보내 막대한 손실을 피할 수 있도록 했다.

중국의 국내 증권사들의 경우, 위험관리에 더 많은 주의가 기울여 지고 있다. 그러나 중국의 투자은행들과 외국의 투자은행들 사이에는 아직 관리 효율성과 통제 면에서 큰 격차가 존재한다. 중국의 증권사들은 현대적 위험을 측정하는 데 경험이 부족하고, 위험관리를 위한 전자식 기술과 도구도 부족하다. 특히, 그들에게는 현대적 금융위험 관리에 익숙한 전문가가 부족하고, 그에 따라 중국의 위험관리 수준은 외국의 증권업에 훨씬 미치지 못하고 있다.

넷째, 중국 회사들은 중국 내외로부터의 경쟁심화에 직면해 있다. 중국 자본시장이 성숙해 감에 따라 국내 증권사들은 현재 다른 금융 서비스업과 거대 국제금융기업으로부터의 이중적 도전에 직면하고 있는 것이다.

국내 금융시장에서는 CITIC증권이 2003년 성공적으로 상장된 후, 다른 많은 국내 증권사들은 "껍데기 회사를 임차"하여 상장 절차를 마쳤다. 증권업의 순자산은 빠르게 증가했지만, 증권사들 모두가 직면하고 있는 상업은행들과 보험회사들로부터의 경쟁은 계속 강화되고 있다. 현재 은행산업이 중국의 금융산업 총자산의 94% 이상을 차지하고 있으며, 보험회사는 4%, 증권사들은 2%에도 못 미친다. 종합 또는 통합 관리의 추세로 인해 상업은행들과 보험회사들은 증권업으로 진출하기 위해 새로운 기관을 설립하거나 인수하는 등 모든 방법을 동원하고 있다. 중국의 핑안보험은 오래 전에 이미 필요한 모든 면허를 갖춘 종합 금융 서비스 그룹이 되었다. 은행들과 보험회사들은 훨씬 큰 자본력, 지점에 기반한 폭넓은 네트워크, 그리고 더 거대한 고객기반을 보유하고 있기 때문에, 비교적 부실하게 자본화된 증권사들에 비해 절대적 경쟁우위를 갖추고 있다.

반면, 국제적 투자은행들이 점차 중국에 뿌리를 내리고 이미 고급 고객과 사업에 진출해 있다. 이는 중국이 금융서비스 산업을 대외의 참여에 개방한 결과였다. 예를 들어, 2007년 UBS는 중국석유화학공사(China Petroleum and Chemical Corporation), 중국철강공사(China Steel Corporation) 등과 같은 기업들에 대한 대형 파이낸싱 프로젝트에 빈번히 등장하는 이름이 되었다. 거대 국제 투자은행들은 국제 기관투자자 서비스, 국제 파이낸싱과 M&A, 파생상품의 판매와 개발 등의 영역에서 상당한 경험을 축적하고 있다. 이러한 기업들은 반드시 강력한 적수가 될 것이다. 중국의 증권업은 엄격한 허가제를 통해 관리되고 있기 때문에, 중국의 증권사들은 당분간 여유를 가질 수 있을지 모른다. 하지만 조만간 생사를 건 도전을 벌여야 할 때가 올 것이다.

❖ 중국의 증권업: 전망

어려운 도전일수록 무제한의 기회가 주어지는 경우가 자주 있다. 체계적 개혁과 대외

개방의 큰 그림 속에서, 중국의 증권업은 또한 전례 없는 성장의 기회를 맞이하고 있는 것이다.

새 증권법과 회사법의 시행, 주식 전환 개혁, 그리고 여러 시장에서의 근본적인 구조조정과 함께 큰 발전이 이미 이루어졌다. 이러한 것들은 자본시장의 개혁과 계속 중인 성장이 확고한 토대를 가지고 있음을 확인 해 주는 것이다. 시장의 가격 발견(price discovering) 메커니즘이 점진적으로 발전하고 있으며, 비유통주의 문제 또한 모든 주주에게 유익한 방식으로 해법을 찾아가고 있다. 불행한 역사적 잔재들은 상당한 정도로 이미 해결되었다. 새로운 위험은 그 원천에서부터 억제되고 있다. 이 모든 내적 요인들이 시장구조를 개선시켰고, 시장의 질과 효율성을 높였으며, 자본시장이 기능을 수행할 수 있게 했다. 2006년 12월, "중화인민공화국 내의 외국투자은행에 대한 관리규칙"이 공식적으로 발효되고, WTO가입 당시 산업별 의무조항에 따라 중국의 은행업은 해외투자에 완전히 개방되었다. 보험업과 은행업의 개방으로 중국의 증권업과 자본시장의 개방은 이미 계획에 포함되어 있다. 국제자본에 대한 중국 증권업의 개방은 격심한 국제경쟁을 유발하게 될 것이지만, 이는 동시에 현대적 관리법, 우수 전문인력 양성, 가장 우수한 증권사의 선별 능력, 그리고 세계 자본시장으로의 진입 속도의 가속화 등의 긍정적 효과도 가져다 줄 것이다.

미래를 전망함에 있어서 중국 증권업의 성장은 주로 다음의 세 영역에서 살펴 볼 수 있을 것이다: 산업간 혼합 또는 "종합 서비스"의 제공, 시장화, 그리고 국제화.

세계 금융산업이 통합된 하나로 단일화되고 "자유화"가 계속됨에 따라, 종합서비스화가 이 산업의 가장 중요한 추세가 되었다. 미국, 유럽, 일본을 비롯한 세계 대부분의 국가들은 글로벌 차원에서 혼합된 산업 관리 하에서 운영되고 있다. 중국의 금융산업은 별도의 산업부문에서 탈피하여 혼합모델로 이행해 가고 있다. 이것은 역사적으로 중국을 위해 필요한 선택이며, 중국 금융산업의 구조개혁에서 마지막 결정이 될 것이다. CITIC증권 등 중국의 거대 증권사 일부는 이미 혼합 산업의 형식으로 운영하여 공격적 전략의 이점을 확보하고 있다. 주요 사업은 증권이지만, CITIC는 또한 펀드회사(후아시아 펀드)와 선물회사(진뉘 선물회사)를 거느린 지주회사이기도 하다. 그리고 CITIC는 사업의 범위 또한 넓혀, 위험을 효과적으로 분산시키고 혼합형 운영 모델을 시작했다.

중국 증권사들의 시장화는 주로 두 가지 측면에서 드러난다. 하나는 경영의 시장화로써, 발행되는 주식의 모집 가격과 규모에 대해 스스로 결정할 수 있는 기업의 능력이 이에 해당한다. 두 번째는 누가 시장에 남고 누가 퇴출될 것인가를 시장이 결정하도록 하는 것이다. 중국의 자본시장은 아직도 이상적인 법률과 규제에는 한참이나 모자라는 예비적 양식 하에서 운영되고 있기 때문에, 이 산업에서는 시장이 주도하기보다는 정책에 의해 주도되는 행태가 두드러지게 나타나고 있다. 규제환경이 점진적으로 발전하고 운영의 표준화가 진전됨에 따라 필연적으로 시장이 주도하는 힘이 어떤 이슈들을 해결하는 핵심 수단으로 될 것이다.

글로벌 자본시장의 통합으로 증권사들의 국제화는 이제 피할 수 없는 일이 되었다. 세계의 모든 개별 우량 금융기관들은 “글로벌” 전략에 가장 우선적으로 주의를 기울여 왔다. 미국의 4대 최고 투자은행들을 예로 들자면, 이들은 미국 내에서 상대적으로 안정된 경쟁 환경의 이점을 누리면서도, 각 투자은행은 유럽과 아시아에서 사업을 확장하기 위해 모든 가능한 방법들(합병, 인수, 합작 투자 협력, 직접투자 등)을 서둘러 채택하고 있다. 글로벌 차원에서, 모든 국제 및 지역 금융센터에 비즈니스 네트워크와 지점 조직이 구축되고 있다. 글로벌 관점에서 사업을 바라보는 일은 사업규모를 빠르게 확장하도록 하고, 해외사업을 투자은행들의 중요한 이익원(源)으로 만든다. 중국 자본시장의 개방으로 중국의 증권사들은 메릴린치, 모건스탠리 등과 같은 국제 투자은행들과 필연적으로 경쟁하게 될 것이다. 이러한 사실이 중국의 증권사들이 인수 · 합병과 자산 구조조정의 속도를 높여야 하는 이유이다. 시장은 합리적 산업구조를 형성하는 추동력이기 때문에, 우량기업은 이기고 열등기업은 빛을 잃게 될 것이다. 국제시장에서 CITIC 증권과 기타 중국의 거대 증권사들과 같이 실질적인 능력을 지닌 국내 증권사들은 이미 홍콩에 자회사와 지점을 설립하고, “해외진출”이라는 물줄기를 시험하기 시작했다. 해외시장의 빠른 성장 잠재력이 중국 증권사들의 새로운 이익원(源)이 될 것으로 예상할 수 있다.

❖ 미래의 도전에 맞서기

끊임없이 개선되고 있는 국내 환경이 중국 증권업의 성장을 가능하게 하는 발판을 마련했다. 하지만 머지않은 미래에도 이 산업은 여전히 난관들을 극복하고 앞에 놓인 도전들에 대처하기 위해 진지하고 견고한 노력을 기울이고 있을 것이다. 이러한 노력에는 규제당국의 의식적인 지도뿐만 아니라 자기 주도적 개혁과 기업 스스로의 노력이 해당된다.

21세기에 중국의 증권사들은 매우 독특한 시기를 맞이하고 있다. 상황을 분명하게 파악하고, 경계심을 갖고 문제들을 대하며, 열린 마음으로 연구하고, 과감하게 혁신하고 새로운 영역으로 진출함으로써, 중국의 증권업은 밝은 미래를 맞이할 수 있을 것이다.

15 | 부상하는 중국 금융시장 : 도전과 글로벌 영향

케반 와츠[1]
DSP 메릴린치 사장
메릴린치 인터내셔널 전(前) 회장

덩샤오핑이 중국을 시장에 기반하는 경제로 방향을 틀면서 하나의 혁명이 시작되었다. 변화는 대단히 빠른 속도로 진행되었고, 변화에 따른 이익도 두드러졌다. 마찬가지의 변화가 자본시장에서도 전개되었다. 그러나 앞으로의 도전들이 만만치 않고, 개혁의 방법이 변화될 필요가 있다. 특히 다음 단계에서는 신중한 인프라 건설뿐만 아니라 거시적 환경을 다지는 더 대담한 발걸음이 요구될 것이다. 중국의 증권시장이 더 빠르게 성숙할수록, 중국은 더 효율적으로 경제 성장을 지속할 것이란 점은 분명하다.

❖ 혁명적인 목표

중국 자본시장의 발전에 대한 논의는 이 모험의 규모에 대한 이해로부터 출발해야 한다. 세계 선진 자본시장의 발전은 발행인과 투자자들의 필요와 기술의 변화에 조응하면서 수십 년에 걸쳐 진화했기에, 그것은 확립된 법체계와 포괄적인 경제 및 금융시스템 안에 배태되어 있다. 중국의 정책 결정자들은 포괄적인 경제개혁이라는 맥락 속에서 증권시장을 창조하기 시작했는데, 그러한 개혁은 이질적인 지역들로 구성되고 최다 인구를 보유한 국가를 통치해야 한다는 현실적인 제약 하에서 진행되었다. 여기에 더해 정책결정자들은 중국의 성장에 참여하기를 열렬히 바라는 참을성 없는 외국인들과 조우해 왔으며, 글로벌 자본시장의 폭발적 성장으로 크게 고무되기도 했다. 국제적인 자본이동으로 특징지어지는 급속한 혁신은 중국 자본시장의 수준과 기대를 높였고, 각 개혁단계의 실행을 더욱 어렵게 만들었다.

혁신과정은 많은 측면에서 전례 없는 것이었다. 첫째, 정책 결정자들은 처음에는 물적 인프라(hard infrastructure)를 가지고 있지 못했고, 더욱 중요한 소프트 인프라(soft infrastructure)도 거의 갖추고 있지 못했다. 중국이 지나온 역사로 인해 발행자와 투자자가 교환 가능한 증권과 동시에 창출되어야 했으며, 그것은 경험이 거의 없는 미숙한 사람들과 미숙한 법제라는 조건에서 그래야만 했다. 연속적으로 시행 가능한 개혁을 추진하는 일은 매우 어려웠다. 과거 10년 동안 금융서비스에서 매우 중요했던 추동력이 되었던 정보기술 혁명은 그러한 개혁과정에 도움이 되기도 했지만, 반대로 저해요인으로 작용하기도 했다. 한편으로 효과적인 시장을 위해 필요한 물리적 기반시설은 빠르게 건설될 수 있었다. 다른 한편으로 부분적으로만 구축된 시스템이 가진 결함 또한 신속히 채워질 수 있었다.

선진적인 자본시장은 잘 경영되는 기업, 경험이 풍부한 투자자, 지속적 성공을 추구하는 신중한 중개기관 등에 의존하는데, 이 모든 것은 분쟁을 해결하기 위한 실효성 있는 법제와 모든 참여자의 의사결정을 안내할 수 있는 회계절차의 구축으로 뒷받침되는 것들이다. 이 모든 구성요소들의 발전을 가속화하는 것은 동시에 매우 어려운 도전을 의미한다. 이러한 도전에 직면하여 중국의 정책결정자들이 취한 조치들에 대해 비평하려 하는 사람은 겸손한 자세로 임해야 할 것이다.

❖ 지금까지의 진전

이러한 배경에 기대어 볼 때, 지금까지의 진전은 놀라운 것이었다. 약 15년간 중국의 증권시장의 시가총액은 35~40조 위안, 약 5조 달러로 늘어났다. 상하이와 선전 증권거래소에 상장된 회사는 1,600여 개(1,501개의 A-주 발행회사와 109개의 B-주 발행

표 15.1 | 국제시장의 평균 1일 거래액, 1995~2007년

	1일 평균 거래액(10억 달러)				
	1995	2000	2005	2007 연간증가율	1995-2007 연간증가율
A-주	0.18	2.73	1.48	22.18	49%
홍콩	0.43	1.58	2.35	10.45	30%
일본	3.01	8.99	17.28	27.54	20%
런던	4.55	17.42	14.16	33.57	18%
NYSE	11.74	42.05	8.20	13.58	1%
Nasdaq	9.09	75.00	8.20	13.80	4%

출처: 블룸버그 및 메릴린치 연구

회사)에 이른다. 2006년 말에는 증권회사가 100여 개였으며, 2007년 10월 말 기준으로 개인들의 소매계좌 수가 1억500만 개에 달했다. 2007년 11월 중순, 7개의 중국 기업들이 시가총액 기준으로 세계 20위권 안에, 글로벌 10위권에는 4개의 회사가 포함되었다. 페트로차이나(PetroChina)는 2007년 1조 달러가 넘는 시가총액을 기록하여 시장가치로는 세계 최대의 회사가 되었다.

거래액 기준으로 중국 기업들의 평균 1일 거래량은 현재 세계 최고 수준이다(표 15.1 참조). 이러한 빠른 A-주 시장의 발전에 발맞추어 중국증권감독관리위원회(China Securities Regulatory Commission: CSRC, 이하 증감위)가 설립되었으며, 이 기구는 몇 년 만에 1,800여 명의 직원을 고용할 정도로 성장했다. 현재 증감위는 웹사이트에 규제 계획안을 정기적으로 공표하고 있으며, 그 임원들은 관련 사안에 대해 세계 곳곳에서 개최되는 세미나와 산업 이슈에 관한 컨퍼런스에 적극적으로 참석하여 설명하고 있다. 규제당국은 경험이 풍부한 직원을 확보하기 위해 시장 참가자들과 전 세계적인 차원에서 경쟁해야만 했다. 중국에서 이러한 일은 아무런 준비도 없이 처음부터 시작해야 했기 때문이다.

중국 내에서의 빠른 성장은 홍콩에도 영향을 미쳤는데, 중국의 기업들이 H-주를 상장함에 따라 홍콩 증권거래소의 시가총액이 급격히 증가했기 때문이었다. 2006년 홍콩 증권시장은 세계 기업공개 부문을 주도했다. 보다 최근에는 중국의 정책결정자

가 국내에서의 자본조달을 강조하게 됨에 따라, 베이징이 외국인 투자에 대한 규제를 완화하리라는 기대가 형성되어 홍콩시장의 발전은 더욱 강력히 지지를 얻게 되었다. 그렇게 되면 중국 투자자들은 동일 기업의 A-주 보다 크게 할인된 가격으로 홍콩에서 주식을 구매할 수 있는 기회를 얻게 될 것이다.

물론 글로벌 시장과 특정 국가에서 시장의 여건은 빠르게 변화될 수 있다. 이 글을 쓰고 있던 2007년 11월에도 세계시장은 주택저당채권담보부증권(MBS) 시장과 부채담보부증권(CDO) 시장의 악화 여파로 크게 감소한 유동성이라는 여건에 적응해 가고 있었다. 이러한 악화는 미국 서브프라임 모기지 시장에서 발생된 문제로부터 야기됐다. 상하이 종합주가지수는 2007년 11월 약 18% 하락하여, 1994년 6월 이후 월간 최대 하락폭을 기록했다. 하지만 이 지수는 2007년 전체적으로는 80% 이상 상승한 수준이었다. 글로벌 유동성 문제가 중국 자본시장의 단기적 성과에 정확히 어떤 함의를 갖는지를 판단하는 것은 쉬운 일이 아니다. 자본규제로 인해 중국의 자본시장은 매일매일의 자본흐름으로부터 격리되어 있지만, 중국은 무역을 통해 글로벌 경제와 통합되어 있다. 금융시장이 미국과 여러 나라들의 실물경제에 영향을 미치고 있기 때문에, 오늘날의 중국 자본시장이 중국 외부의 사건과 어떻게 연관되어 있는지는 지켜볼 일이다.

❖ 지금까지의 과정

뒤돌아보면, 지금까지 추진되어온 수많은 개혁과정의 주요 특징들을 규정하는 것이 가능하다. 중국의 시장은 발행자와 투자자의 니즈에 직면하여 상향식으로 진화했다기 보다는, 규제당국 주도의 하향식으로 형성되었다. 당국은 시장 메커니즘을 창조하려 노력했음에도 불구하고, 금융 사건에 대한 통제를 유지하는데 중점을 둬 왔다. 이들은 점증적인 방식으로 변화를 도입하는 방법을 취함으로써, 조정과 재평가를 위한 시간을 벌수 있도록 했던 것이다.

이러한 접근법은 무엇보다도 책임감 있는 관료들의 행태에 따른 결과였다. 둘째, 이는 중국이 공공부문이 지배하는 단일 경제체제로부터 보다 다원적인 시장 중심적인 체제로 이행하는 과정에서 발생하는 사회적 압력을 최소화하기 위해서는 변화를 신중히 관리해야 한다는 정치적 필요를 반영한 것이기도 했다.

일부 부분적인 조치로 인해 그로부터 새로운 문제가 야기된 것은 불가피한 일이었다. 비유통주를 만든 것이 좋은 예이다. 이 정책으로 정부가 직접 국유기업들의 주식을 과도하게 보유하지 않으면서도, 국유기업들의 자본구조 가운데 일부가 시장을 통해 개선될 수 있었다. 좀 더 정확히 말하자면, 투자자들은 비유통주는 언제나 정부가 통제할 것이라 가정했기 때문에 주식 과잉현상은 발생하지 않았다. 이러한 구조가 중국식 특성을 가진 자본주의라고 볼 수 있다. 하지만 시간이 지나면서 그러한 주식들은 국유기업들의 자본구조의 영원한 특징이 아닐 것이라는 관점이 대두되었다. 비유통주들의 유통주 전환 시기와 방법에 대해 투자자들이 의문을 제기하자, 주가는 큰 하향조정압력을 받았다. 이때부터 A-주 시장은 2001년부터 시작된 장기적인 하강국면에 진입했고, 경제성장이 빠르고 기업부문 또한 이례적으로 발전하고 있었음에도, 주가는 하락했다. 반면 중국 당국은 홍콩 증시에 레드칩으로 상장하거나 H-주 공모를 통해 역외시장에서의 자본조달을 금지하고 있었다. 점차 신규 중국기업에 대해 투자하는 것에 대한 외국인 투자자들의 신뢰가 증가함에 따라, 역외시장에서의 가치평가가 상승했고, 비교가능한 비중국계 기업에 대한 가치평가와의 격차가 좁혀지게 되었다.

증감위가 비유통주 주식을 보유한 모든 기업들에게 유통주 전환 계획을 수립하도록 요구함으로써 새로운 균형으로 재조정되었다. 이는 각 기업들로 하여금 대중 소액주주들의 이해와 다양한 비유통주 보유자들 사이의 균형을 맞출 수 있도록 각자의 계획을 수립하도록 한 것이었다. 또한 H-주 모집보다는 A-주 모집을 권장하는 방향으로 정책이 전환되었다. 2006년 가을, 중국공상은행이 최초로 A-주와 H-주 동시 공모를 했다. 그 후 기업공개와 이미 상장된 회사의 증자를 위한 A-주 모집에 정책적 관심이 모아졌다. 비유통주 잉여분의 해소는 중국 유동성의 급격한 증가와 결합되면서, A-주 시장의 시가를 폭발적으로 증가시켰다. 이렇게 빠른 회복으로 인해 투기적 소액투자가 만연하게 되었다.

변화를 점증적으로 도입함과 동시에, 중국 당국은 전 과정에 걸쳐서 모든 증권시장 참여자들을 관리하고자 했다. 애초에 비유통주는 국유 상장기업의 소유권을 유지하기 위한 장치였다. 중개기관(증권사)에 대한 외국인 투자는 엄격하게 통제되었다. 선도 투자은행인 중국국제자본공사(China International Capital Corporation: CICC)는 외국, 특히 모건스탠리의 자본과 전문성을 바탕으로 설립되었다. 하지만 CICC에 대한 모건스탠리의 적극적인 경영참여는 해가 거듭될수록 축소되었고, 증감위는 국내외 투자은행간의 새로운 합작을 승인하는데 소극적이었다.

상장기업들에 대한 통제에는 거대 국유기업들에 대한 지배 소유권으로 한정되지 않고 다양한 기법이 동원되었다. 결정적으로 증감위는 어떤 기업이 언제 주식을 발행할 수 있는지를 통제했다. 이는 규제당국이 보통 심사하고 상장 폐지를 결정하기도 하지만, 주식발행의 시기와 그 주체까지 관리하려 하지는 않는 선진 시장의 관행과는 크게 대비된다. 이러한 결정을 내림에 있어서 규제당국이 직면하는 도전은, 이해 당사자들로부터의 불가피한 압력이 없다 하더라도, 그러한 결정이 중대한 경제적 결과를 초래할 수 있는 경우, 분명해진다.

마지막으로, 개혁과정은 증감위, 은감위(China Banking Regulatory Commission, 중국은행감독관리위원회), 보감위(China Insurance Regulatory Commission, 중국보험감독관리위원회), NDRC(National Development and Reform Commission, 국가발전개혁위원회), 그리고 중국인민은행 등 복수의 규제기관을 통해 관리되었다. 복수의 규제기관은 많은 선진 시장의 특징이었고, 세계 최대의 시장인 미국도 여전히 복수의 규제기관으로부터 규제되고 있다. 하지만 이러한 접근법은 상이한 시장들과 개별 금융서비스 기업들이 수행하는 다중의 역할들 사이의 연관성을 인식하지 못한다는 점이 오늘날 대체로 동의되고 있다. 중국의 경우에도 마찬가지로 각 부분별로 이루어지는 점증적 개혁과정이 시장 전체에 걸쳐 완전히 조정될 수 있는지의 문제가 공개적으로 제기되었다.

외국인 참여의 문제에 있어서는 은감위와 증감위의 접근법이 극명히 대비되었다. 은감위는 중국 은행들이 상장되기 전에 외국계 은행들에게 상당히 많은 주식을 보유하게 하여 은행경영의 전문성을 들여와 주길 적극 권장했다. 이와는 달리, 증감위는 외국계 증권사들의 중국 은행들에 대한 소유권과 경영 참여를 허용하는 것을 꺼려했다. 이러한 상이한 입장은 정치적 요인으로 설명된다. 왜냐하면 중국은 WTO 가입 협상에서 증권업의 개방과 관련하여 제한적으로만 약속했기 때문이었다. 더욱이, 은감위는, 증감위가 증권사들에 대해서 그럴 수 있는 것보다, 은행을 개방하는 데 있어서 훨씬 더 많은 영향력을 발휘할 여지를 가지고 있다. 뱅킹 시스템은 증권시장에 비해 비교가 되지 않을 정도로 규모가 크다. 현재 은행업의 시가총액은 1.4조 달러에 이르고, 몇몇의 은행들은 시장가치 기준으로 세계 최대 은행들 중 하나가 되었다. 중국의 은행들은 여전히 금융 흐름을 지배하고 있다. 그 결과 외국인이 보유하는 지분의 한도를 정하기만 하면, 은감위는 통제 상실에 대한 두려움 없이 은행들을 외국인의 참여에 개방할 수 있다.

반면 증권사들은 최근의 국내 증권시장의 빠른 확장에 힘입어 급속히 성장하고는 있지만, 그 규모는 은행업에 비해 훨씬 작다. 이들의 시가총액은 현재 850억 달러 수준이다. 보다 더 중요한 사실은 최근 A-주 시장이 회복되기까지, 대다수의 국내 증권사들은 손실을 기록하고 있었다는 점이다. 상품 및 서비스가 제한되어 있고, 직원들의 숙련도가 떨어지며, 주주들은 하루 빨리 고수익을 올리려 하는 상황에서, 하락장에서 증권사를 운영하기란 매우 어려운 일이다. 결과 최근까지도 증감위는 통제권을 잃지 않으면서 외국인의 참여를 허용하는 데에는 한계가 있음을 깊이 인식하고 있었음에 틀림없다. 다국적 투자은행들은 전 세계를 종횡으로 누비는 일에 익숙해져 있으며, 새로운 시장으로 진출하기 위해 공격적으로 움직이고 있다. 중국 증권시장의 맥락에서 생각할 때, 증감위는 외국계 기업들이 중국 증권사들에 대해 상당한 정도의 소유권을 갖게 될 경우, 증권업에 대한 중국의 통제권을 잃지 않을까 두려워해 왔음이 분명하다.

두 기관의 접근법의 차이에 대한 이러한 그럴듯한 설명에도 불구하고, 이러한 차이가 중국 당국 내부의 정책적 차이를 반영하는 것이라는 추정도 종종 제기된다. 변화를 관리하는 어떤 정부도 변화의 속도에 대해 내부적으로 상이한 의견이 있을 수 있다. 일부는 더 빠른 변화를 주장하는 반면, 다른 한편에서는 천천히 변화하길 주장할 수 있는 것이다.

복수의 규제기관이란 사정은 뜻하지 않은 결과들을 낳았다. 채권시장(fixed income markets)에 대한 책임이 중국인민은행, 증감위, 그리고 기타 기관들 사이에 분할됨에 따라, 이 시장의 발전이 더뎌졌다. 2007년 이전에는 비금융기업들을 위한 회사채 시장은 NDRC가 통제했고, 발행자 또한 국가개발계획 아래에서 승인된 프로젝트를 수행하는 거대 국유기업들로 한정되어 있었다. NDRC는 1년에 한 차례만 발행을 승인해 줄 수 있고 거대 국유은행의 보증을 요구하는 등 그 절차 또한 번거로웠다.

하지만 2007년 1월 열린 중앙금융공작회의에서 회사채 발행에 대한 권한을 NDRC에서 증감위로 이관하기로 합의했다. 보다 구체적인 변경 사항은 NDRC가 상장기업들의 채권발행에 대한 감독을 증감위로 위임한 8월에 더욱 분명해졌다. 그 직후, 양쯔전력이 상하이 증권거래소에 상장된 기업으로서는 최초로 증감위의 감독 하에서 채권을 발행했다.

이러한 변화는 회사채 시장을 관리하는 규제 장치에 있어서 중요한 발전으로 대부분이 환영했다. NDRC는 활발히 작동하는 증권시장을 규제하기 위해 설립된 기구가 아니다. 그것은 국가경제계획을 개발하고 시행하기 위해 설립된 기구였다. 이 기구는 규제 임무를 수행함에 있어 할당제를 주로 하고 발행허가 신청건들에 대한 개별적 심사를 보조수단으로 이용하는 접근법을 취했다는 것은 놀라운 일이 아니었다. NDRC는 "회사채", 즉 계획기구 자신이 승인한 특별 프로젝트를 위해 비상장 국유기업들이 발행하는 채권들에 대한 규제를 지속할 것이다.

채권거래를 관리하는 규제 장치에 대한 추가적인 개혁이 필요할 것이다. 현재로서는 은행간 채권시장에서 상업은행들의 채권거래는 중국인민은행만이 허가할 수 있고, 증감위가 감독하는 증권 거래소에서 상업은행들 사이의 채권거래는 금지되어 있다. 중국 채권의 대부분은 상업은행들이 보유하고 있기 때문에, 이들이 증권거래소 거래에서 배제되는 것은 유동성 거래의 플랫폼을 고갈시켰고, 어디서 채권이 거래될 수 있을 것인지에 대한 불확실성을 증가시키는 결과를 낳았다. 2007년 9월 중국인민은행은 기업들에게 은행간 시장에서 증감위가 규제하는 채권을 발행할 수 있도록 허용했다. 이 조치는 아마도 회사채 시장의 합리화를 진전시키기 위한 중간단계가 될 것이다.

복수의 규제기관이란 사실은 파생상품 자본시장과 상품시장의 발전을 저해하기도 했다. 널리 인정되듯, 당국의 열정은 1990년대 중반 재정부채권 선물에 대한 실험의 실패를 경험하면서 누그러졌다. 베이징은 복수의 규제기관이 존재함으로써 발생되는 잠재적 문제를 정확히 인식하고 있으며, 그 문제는 2007년 중앙금융공작회의에서 활발한 논쟁의 대상이 되었다. 여타의 시장구조처럼, 감독 장치 그 자체는 설립되어 발전해가고 있는 것이다.

따라서 지금에 이르는 개혁과정은 복수의 규제기관과 정부기구들에 의해 위로부터 엄격히 관리된 점증적인 변화를 수반했다. 당국은 점차 지식이 많은 시장 참가자와 외국의 감독기관들의 조언을 더욱 경청했지만, 안정성과 변화의 균형을 맞추도록 스스로 결정을 내렸다. 당국은 의도적으로 물적 인프라 구축을 추진하는 한편, 소프트 인프라(특히 전문성과 전문인력) 개발에 가능한 한 많은 시간을 할애하게 했다. 타협의 결과가 의도한 바와 다르게 나타났을 때, 새로운 환경에 적응하기 위해 과거의 구조를 적극적으로 변화시켰다. 이러한 방식의 개혁은 자본시장뿐 아니라 더 넓은 범위의 금융 시스템, 특히 은행 시스템에서 명백히 성공을 거두었다. 하지만 이것이 중국의 금융 시스템이 21세기에 적합한 수준에 이르렀다는 말은 아니다. 아직도 많은 난제들과 비효율성, 미완의 개혁들이 남아 있는 것이다.

❖ 미래의 도전들

위로부터 통제되는 점증적 변화과정이 지금까지는 일반적으로 성공적이긴 했지만, 이러한 개혁 방식이 미래에도 성공할 것인지는 다소 불투명하다. 지금까지의 개혁 성공 자체가 10년이나 20년 전에 비해 중국의 금융 시스템은 훨씬 복잡하게 만들었다. 시장 참가자와 전문가가 훨씬 많아졌고, 이 모든 관계자들의 기대 또한 크게 변했다.

그 첫 번째 결과는 의도하지 않은 결과가 발생할 위험이 전례 없이 커졌다는 것이다. 전 세계의 모든 규제기관들과 시장에게 가장 어려운 문제는 항상 바로 이것이다. 미국의 사베인즈–옥슬리법(Sarbanes–Oxley legislation)이 끼친 영향을 보라. 하지만 중국의 경우에는 당국이 자본시장과 금융서비스 일반을 위한 인프라를 건설함에 따라, 당국은 지속적으로 변화를 명령하도록 강제한다. 선진시장에서는 일반적으로, 비록 정보기술의 빠른 변화가 잘 정립된 시스템에 대해서조차 상당한 정도의 규제적 변화를 주도했을지라도, 변화는 보다 서서히 관리될 수 있다.

하지만 여기서 집중 조명된 리스크 그 자체가 지금까지의 개혁과정의 핵심적 특징의 변화 필요성을 제안하기에 충분한 이유는 되지 못한다. 그것은 오히려 점증적 변화가 낳을 수 있는 영향에 대한 신중한 분석을 요구한다. 이는 다양한 금융서비스 부문들이 더 잘 조정될 수 있도록 복수의 감독기관을 통합하라는 주장을 강화하는 것일 수 있다. 예상되지 못한 변화가 증가시킬 리스크란, 만약 그런 것이 있다며, 지금까지의 점증적 개혁과정을 더욱 강화해야 한다는 주장을 뒷받침할 뿐이다.

개혁과정이 성공적으로 변화될 가능성은 오히려 앞에 놓여 있는 도전들과 그로부터 발생하는 정책적 처방에서 나온다. 몇몇 핵심 부문에서는 조심성만으로는 건널 수 없는 간극으로 접근하는 우리를 발견하게 된다. 믿음의 거대한 도약이 필요해질 것이다.

보통 주장되듯, 오늘날 중국 자본시장의 발전이 직면한 가장 큰 도전은 중국 내의 거대한 유동성이다. 특히, A-주 시장에 투기적 버블이 발달되었는지에 대한 논의가 매일같이 제기되었다. 그린스펀의 시기 동안 중국의 규제 당국은 자산가격이 자신들과는 무관한 일이라고 주장하고 싶었겠지만, 항상 논쟁의 대상이었듯이, 그러한 주장은 이제 미국의 서브프라임 모기지 사태에 뒤이어 유동성에 대한 신뢰가 상실된 상황에서는 근거가 약해졌다. 실제로 오늘날 중국 정책결정자들의 주된 관심을 살펴보면, 그들은 자산가격을 우려하고 있음을 알 수 있다. 그들은 2007년도 일 년 동안 시장 리스크에 대해 투자자들에게 여러 번에 걸쳐 경고했고, 중국인민은행은 공격적으로 중국의 유동성을 축소했다.

증감위 자체는 A-주 시장에 상장기업 수가 많아지길 장려하고 있고, 특히 크고 우량한 기업들이 상장되어 신주를 발행하길 적극적으로 권장하고 있다. 메릴린치 연구소의 연구에 따르면, 1990년대에 상장된 기업들의 2006년도 (가중)평균 자본수익률이 8%에 불과해, 2000년과 2005년 사이 상장된 기업의 수익률 13.3%, 그리고 최근 상장사의 수익률 18.1%에 비해 작았다. 이러한 사실은 상장사의 질이 실질적으로 향상되고 있음을 의미한다. 해외투자를 위한 적격내국인 기관투자자(Qualified Domestic Institutional Investor : QDII) 제도의 발전, 그리고 보다 최근에는 홍콩시장으로의 "직행"에 관한 논의를 통해, 국내의 유동성 압박을 줄이기 위해 몇 가지 조치들도 취해졌다. 이 두 정책 분야는 해외로의 진출이 제한되어 있는 대규모 유동성이 낳은 중국의 주식투자 열풍에 대한 대응으로 등장한 것이었다.

개인들이 선택할 수 있는 대안이란 것이 저금리로 규제되는 은행에 저축으로 묻어두어야 하는 상황에서, 주식투자에 매력을 느끼는 것은 당연한 일이다. 유통되는 A-주의 공급에 비해 상대적으로 큰 금융자산이 존재하는 상황에서, 최근 A-주 시장 투자의 신속한 회복은 A-주에 대한 상당한 수요를 낳고 있다. 이것은 후진타오 등장 이후 잘 인식된 경향이다.

하지만 현재까지 고려된 정책방안은 자금흐름에 비추어 크게 불충분해 보인다. 이러한 흐름은 유동성에 영향을 미칠 수 있는 주요 거시적 재조정에 의해서만 축소될 것이다. 미국경제의 심각한 경기침체는 현재 중국경제의 추동력인 투자와 수출을 교란하고, 신뢰에 영향을 미칠 만큼 GDP 성장이 크게 낮아질 수 있다. 또는 예상하지 못했던 산업적 사건들로 인해 유동성에 대한 신뢰가 손상될 지도 모른다. 중국에서는 레버리지 효과가 작동하는 경로로써 운영에서의 성공 못지않게 주식시장으로부터 수익을 창출해내는 기업의 성향 또한 중요하다. 2007년 첫 3분기 동안 전체 A-주 상장기업의 세전 이익의 약 22%가 투자이익이었고, 이 가운데 상당부분이 주식시장에서의 수익으로부터 창출되었다.

정책결정자로서는 주식시장 붕괴와 재조정이 가져올 부정적인 충격을 우려해야 하겠지만, 그러한 위기가 증권시장의 발전이 경로를 이탈할 것이라 상정할 이유는 없다. 선진시장의 역사는 1929년의 붕괴나 2000년의 인터넷 버블 등과 같은 조정들로 얼룩져 있다. 중국의 투자자들 스스로가 2005년의 비유통주 개혁으로 강세장을 만들어 낼 때까지 오랫동안 약세장을 견뎌왔다. 하지만 심각한 시장조정이 단기적으로 광범위한 피해를 낳고, 중국에서 소액 투자자들의 중요성을 고려할 때 그것의 정치적 결과가 엄중할 것이란 점을 부정할 수는 없을 것이다.

인도네시아와 멕시코 등 여타 이머징 마켓에서의 경험은 적절한 관리 없이 실시되는 금융시장 규제철폐는 위험하다는 것을 보여주고 있지만, 상황에 맞게 변화하지 않으면 고통이 뒤따르게 된다. 대만 증권거래소의 주가지수는 1985년 약 600포인트에서 1990년 1월 약 12,000포인트로 상승했다. 그 후, 1990년 9월에는 2,000 포인트로 폭락한 후 결코 다시는 회복되지 못했다. 현재 중국의 시장 여건은 이 시기의 대만과 유사한 특징들을 보이고 있다. 소액 투자자가 다수 존재하고, 통화가치가 절상되고, 자본계정은 개방되지 않아 있으며, 이자율이 상승하는 환경에 처해 있다는 점 등이 그런 것들이다.

그렇다면 지금보다 몇 배나 심각한 미래의 조정위험에 대한 관리를 위해서는 어떤 정책수단이 고려되어야 하는가? 2007년 11월의 조정에도 불구하고 중국의 증권거래는 올해 거래액 기준으로 급격히 증가했다. 하지만 내년 또는 후년에도 이와 유사한 회복이 지속되리라 가정하긴 어려우며, 그렇게 되면 그에 따른 실망감으로 인해 투자자들의 태도와 심리 상태가 변할 것이다. 현재의 위치로부터 중국 자본시장의 발전을 지속하는데 등장하는 난관들을 해결할 수 있는 단순한 만병통치약 같은 것은 존재하지 않는다. 하지만 다수의 대응책이 있을 수 있으며, 그 중 몇 가지는 당국이 더 많은 통제를 포기하고, 미래의 변화는 위로부터 뿐만 아니라 아래로부터도 일어날 수 있음을 인정하는 것일 것이다. 중국 입장에서 이러한 것들은 다음의 장애물들을 넘는데 필요한 신뢰의 거대한 도약인 것이다.

❖ 기관투자자

중국의 기관투자자들을 적극적으로 독려하는 일이 무엇보다도 중요하다. 성공적인 발전을 이룩한 자본시장의 경우, 기관 투자자의 비중이 압도적이다. 이들은 시장의 효율성과 견실성이라는 측면에서 중요한 장점들을 전수한다. 첫째, 그들의 투자는 분위기에 의한 것이 아니고 분석에 기초한다. 따라서 시장이 조정받은 이후 신속한 재투자를 촉진할 뿐만 아니라 비정상적인 가치평가가 발생되는 일을 최소화 하는데 기여한다. 둘째, 많은 기관 투자자들, 특히 연기금들은 보다 장기적 관점에서 투자하고, 그에 따라 시장의 조정 후 재투자를 자극할 것이다. 셋째, 기관투자자들은 다양한 자산들 사이에서 균형 잡힌 포트폴리오 구성을 손쉽게 할 수 있어서, 특정 부문 또는 개별 기업들에 대한 과잉투자의 위험을 완화한다. 물론 이러한 기관투자자 행위에 대한 이론적 묘사는 이들이 항상 개인들의 저축을 끌어모으기 위해 경쟁하는 세계를 이상화한 것일 수 있다. 하지만 이러한 행태는 적립식 기업연금제도(funded corporate pension plan)가 장기수익을 제공하는 경우에서 가장 분명하게 나타난다. 연금제도는 그것이 확정기여형(defined contribution scheme; 사용자(회사)의 기여금 수준이 사전에 결정되고, 근로자가 받을 연금 급여액은 적립금 운용 실적에 따라 변동되는 연금제도–역자)이라 하더라도, 개인 투자자들의 직접 투자 습관보다 매일매일의 시장변화로부터 멀리 떨어져 있다. 현대적 자산관리 산업에 대해 가장 회의적인 사람조차도, 비쌀 때 사고 쌀 때 파는 일은 개인 투자자들보다는 연기금에게 훨씬 덜하다는 사실을 인정하고 있는 것 같다.

메릴린치 연구소의 추정에 따르면, A-주 시장의 프리 플로우트(free float) 중 거의 절반은 개인 소액(retails) 투자자가 소유하고 있다(표 15.2를 볼 것).

사실, 뮤추얼펀드는 보통 기관계정으로 분류되지만, 오늘날 중국에서 그것은 소매(retails)로 분류되어야 한다. 뮤추얼펀드는 투자자들로부터 조기에 고수익을 올리라는 압박을 받고 있으며, 그렇지 않을 경우 펀드가 인출될 위험에 처해 있기 때문이다. 이러한 사정을 고려하여 분류하면, 비기관투자자가 보유하는 프리 플로우트는 거

표 15.2 | 기관 별 A–주 프리 플로우트 비율

	A-주 프리 플로우트 비율
기관	
뮤추얼펀드	23
기업	5
외국인 적격투자자	3
보험사	3
사회안전기금	1
미매출 비유통주	15
기타 브로커, 신착회사 등	2
소매	
개인적으로 조성된 기금	10
소매	38
합계	100

출처: 메릴린치 추정치(2007년 10월 현재)

의 3/4까지 확대될 것이다. 반면에 더 안정적인 투자자들(보험사 및 연금펀드)이 A-주 시장의 프리 플로우트에서 차지하는 비중은 5% 미만에 지나지 않는다. 미국에서는 기업연기금과 공공연기금이 전체 미국 주식시장의 약 15%를 차지한다.

따라서 중점을 두어야 할 정책은 중장기적 연금을 제공하는 중국의 투자기관들을 설립하는 것이다. 중국에서 연기금 산업의 발전은 주식시장의 장기적 건전성은 물론이거니와 중국의 노령화에 따른 사회적 안정과 중국 경제성장의 장기적 지속 가능성에 있어서도 매우 중요한 일이다. 저축률이 세계 다른 나라들의 보편적인 수준 이하로 떨어지기 전에, 중국의 저축자들에게 효율적인 저축수단을 제공하여 노령자를 위한 믿을 만한 안전망을 구축할 필요가 있는 것이다.

일본과 미국 등 다수의 선전국들과 마찬가지로 중국의 연금 기여는 강제적 납부와 자발적 납부가 혼합되어 있다. 현재까지는 이 제도가 잘 작동해 왔다고 할 수는 없다. 1997년의 연금체계 개혁 이후 10년이 지났지만, 의무 연금체계는 중국 도시 근로자의 약 절반에만 적용되고 있고, 농촌인구의 10%에도 미치지 못한다. 많은 고용자(회사)들이 연금납부를 거부하거나 지연시키고 있다. 그 결과 이코노미스트(The Economist)지의 추정에 의하면, 20세기 후반기의 중국 역사를 생각해 볼 때, 중국의 연기금이 2006년 말 기준 6,410억 위안, 즉 850억 달러에 지나지 않는다는 점은 놀라운 일이 아니었다. 이러한 연기금 부족에 대처하는 정책처방은 기업연금 제도의 확립을 장려하는 것, 특히 개인과 기업에 대한 과세에 관하여 새로운 전략을 수립하는 것이어야 한다. 이는 또한 현재 매우 낮은 수준에 머물고 있는 임금과 복지의 비중을 제고하는 것이 필요할 것이다.

자본시장 자체의 영역에서는, 규제당국은 연금펀드 및 보험회사들의 포트폴리오 구성에 대한 모든 규제를 재검토해야 한다. 기업 및 개인의 연기금이 늘어남에 따라, 이에 대한 금융서비스 기업들의 관심이 증가할 것이다. 기본적으로, 연기금들은 보다 합리적이고 방어적인 가치평가, 그리고 경기순환에 민감하게 반응하지 않는 투자 패턴의 유지라는 측면에서 중요한 역할을 담당할 것이다. 이 부문이 튼튼할수록 중국의 증권시장은 약세장으로부터 보다 신속히 회복될 가능성이 있다. 그리고 이를 통해 자산가격의 고점이 상대적으로 낮은 수준에서 형성되어 보다 빠른 회복을 촉진하게 되길 희망한다.

적격외국인 기관투자자(QFII) 제도의 확대 또한 중국에서 기관투자자들의 기반을 확대하는데 도움이 된다. 중국의 규제당국은 이 제도의 규모에 대해 신중한 자세를 보이고 있는데, 이러한 태도는 이익에 급급한 외국인 투자자들의 단기적인 유출에 따른 피해를 우려한 까닭이다. 사실 외국인 투자자들은 한국, 인도, 대만, 태국 등의 시장에서 수 년간 중요한 투자자들이었다. 이머징 마켓, 특히 아시아 시장으로 향하는 투자세가 지속되고 있다. 중국의 QFII 제도는 단기 외국인 포트폴리오 투자자 때문이 아니라, 포트폴리오 배분의 목적이 변화했기에 지지를 받지 못했다.

QFII 프로그램은 가치평가와 포트폴리오 관리에 대한 새로운 접근법, 즉 국내 투자자에게 상이한 관점을 소개했다. 외국인 투자자들(만일 존재한다면)은 전 세계 다른 지역의 투자기회와 대비하여 시장지표를 검토할 것이기 때문에, 시장을 안정화시키고 균형을 달성하게 하는데 기여할 것이다. QFII 쿼터의 규모가 작기 때문에 이러한 경기순환과 반대되는 유형의 투자가 중국에 미치는 영향은 제한적이다. QFII 쿼터의 대폭 증가는 매우 이로운 결과를 가져올 것이다. 사실 많은 외국인 투자자들이 현재의 가치평가에 대해 비교적 관심이 적은 시점에서 쿼터 비중을 한꺼번에 높이는 것이 최선책일 것이다. 흔히 쿼터의 상향조정 요구가 없을 때 그것을 올리는 것이 제일 좋다. 여러 중개기관들이 타이밍에 대해 각자 다른 판단을 내리고 있기 때문에, 이러한 방식의 쿼터 증가는 시간이 지나면서 시장 활동에 영향을 미친다.

❖ 신규발행의 선별

다음으로 중시해야 할 것은 신규 발행을 허가하는 과정에서 증감위의 역할을 줄이거나 철폐하는 것이다. 증감위의 중심 업무는 정보공개에 대한 일이지, 신규 발행 일정을 선정하거나 관리하는 일이 아니다. 이는 기관 투자가들로 하여금 신규 발행 일정에 더 큰 영향력을 발휘하도록 하여, 시작부터 더 나은 선별이 이루어지도록 하는데 도움이 될 것이다. 기관 투자자의 발전이 장려된다면, 중개기관들은 다양한 기업들과 다양한 발행 조건들에 대한 비공식 투자자들의 견해를 더 정확히 측정하기 위해 잘 정립되어 있는 발행 전(前) 절차를 활용할 수 있게 된다. 최근 중국에서는 지나치게 많은 모집 청약이 줄을 잇고 있다는 특징을 보여 왔다. 그러나 이러한 현상은 시장의 유동성을 반영하는 것으로 보아야 한다. 시장 상황이 상대적으로 좋지 않을 때에는 어떤 증권이 어떤 조건으로 발행되어야 할지를 결정하는데 지식이 풍부한 기관 투자자의 참여가 필요할 것이다.

실제로 현재 A-주 시장의 부문별 구성은 불균형이 심한 상태이다. 석유회사들과 거대 금융회사들이 시가총액의 60% 이상을 차지하고 있다. 이 기업들은 국유기업들로써 그 수익 대부분은 순이자마진과 국내 석유제품 가격에 대한 통제와 같은 정부정책에 의해 결정된다. 페트로차이나(Petro China)와 시노펙(Sinopec)은 2007년 1월부터 9개월까지 상장사가 얻은 총 이익의 거의 1/5이나 차지했다. 거대 금융기업들을 포함하면 같은 기간 중 총 시장 수익의 50% 이상을 이들이 차지했다.

다른 한편, 어떤 추정에 의하면, 중국은 현재 GDP의 3/4이 완전한 민간기업들에 의해 생산되고 있다. 이러한 상황은 주식시장의 구성에는 명확히 드러나지 않는다. 따라서 어떤 비판적인 투자자들은 A-주 시장을 큰 잠재력을 가진 기업의 성장에 필요한 자금조달 시장이라기보다는, 당국에 의한 사유화 수단에 더 가까운 것으로 간주하기도 한다.

개혁을 순서대로 진행하는 것은 여전히 계속되고 있는 도전이고, 증감위가 신규발행에 대한 승인에서 자신의 역할이 축소되는 것을 가까운 장래에 받아들일 것 같지는 않다. 투자자 기반의 미성숙과 개인투자자들에 대한 과도한 의존이라는 두 가지 사실이 왜 증감위가 강력한 통제권을 유지해야 하는지에 대한 합당한 이유일 수 있다. 하지만 증감위는 올바른 결정을 내릴 수 있는 진짜 능력에 있어서 자신이 가진 실무적 한계를 항상 염두에 두어야 한다. 전문성을 가진 관리는 자신이 활용할 수 있는 정보에 기초해서만 판단할 수 있을 뿐이지만, 오늘날처럼 복잡하고 빠르게 변화하는 세계에서 올바른 결정을 내리는데 있어서 이는 종종 매우 불완전하고 부적절하다. 중국의 투자자들보다 진정으로 더 잘 선별할 수 있는지에 대해 증감위는 항상 스스로에게 자문해 보아야 한다. 이러한 통제권을 포기하는 일은 쉽지 않겠지만, 그렇게 함으로써 증감위는 더 강력한 입지, 즉 투자자들의 틀린 결정에 대한 결과를 투자자 스스로 책임지도록 강제할 수 있는 위치에 놓이게 될 것이다.

❖ 해외투자 기회의 확대

또 하나 우선적으로 중시해야 할 부분은 기관 투자자들의 역량, 특히 중국 외부의 지역에 대한 투자역량을 확충하는 것이다. 베이징의 정책 결정자들은, 국내의 과잉 유동성을 축소하고 기관투자자 자체의 투자 노하우(know-how)를 제고하는데 있어서 해외투자의 중요성을 이해하고, 일련의 실험을 시작했다. 지금까지 취해진 조치들은 매우 온건한 것으로, 위안화의 추가적인 평가절상 기대가 실제 해외투자 흐름을 누그러뜨렸다는 주장까지 제기되고 있다. 그러나 중국의 기관들은 해외투자를 원하든 원하지 않든, 그렇게 할 수 있는 역량은 크게 제고시킬 필요가 있다.

선진시장의 경우 기관 투자자들의 성장은 흔히 국외시장에 대한 투자와 결합되어 왔다. 해외에서 투자해 본 경험은 이들 투자자들에게 국내에서 투자선택의 질이 얼마나 중요한지에 대한 이해를 높였다. 중국의 경우, 기관 투자자들의 해외투자에 대해 상당한 융통성을 부여하는데 걱정할 이유가 없다. 중국만한 장기 성장 잠재력을 가진 시장은 거의 존재하지 않기 때문이다. 투자결정에서 심각한 실수를 범하지 않는 이상, 사려 깊기로 유명한 중국의 투자자들은 단기적으로 국내에 머물거나, 어쩌면 해외에서 보다 더 정확하게 선별적으로만 투자할 것이다. 지금이 바로 정책을 최대한 완화해야 할 시점이다. 억압된 해외투자 수요에 직면해서 정책을 대폭 완화하게 되면 통화흐름을 불안정하게 만들 수 있다. 수요가 제한된 상황에서 정책을 대폭 완화하게 되면 이러한 위험이 없을 것이고, 더 중요한 점은, 그렇게 함으로써 기관투자자 시장이 다양한 관점을 차차 발전시킬 수 있는 위치에 놓이게 될 것이다.

❖ 국내투자 기회의 확대

또 다른 관련 정책은 국내 투자 선택의 범위를 확장하는 일이다. 반복하건대, 이는 이미 중국 정책결정자들이 생각하고 있는 바이긴 하지만, 너무 오랫 동안 미뤄져온 결정적인 조치는 금리에 대한 규제를 폐지하는 것이다. 당국이 대출 및 예금 금리를 제한함으로써 은행 시스템의 수익을 적극적으로 보호해 왔다는 것은 잘 알려진 사실이다. 이러한 보호조치는 허약한 은행을 보호하고, 독점적 가격결정은 여전히 순금리마진에 크게 의존하고 있는 은행 시스템에게 일정 정도의 수익마진을 보장해 줬다. 이러한 급진적 정책이 취해질 수 있을 만큼 은감위 개혁이 충분히 이루어져 왔는지, 외부자 중에는 그 누구도 제대로 알지 못한다. 하지만 그 어떤 관료주의라도 그러한 정책적 변화를 극도로 꺼려할 것이라 짐작해 보는 것은 무리가 아니다. 관료주의는 개입과 통제를 선호한다. 내 경험으로는, 중국의 관료들은 교육 수준이 높고, 사려 깊으며, 합리적 주장에 개방적이다. 이들은 또한 단일의 중앙집권적 정부라는 역사의 산물이기도 하다. 이것은 절대 쉬운 과정이 아닐 것이다. 그것은 신뢰에 있어서의 거대한 도약이지만, 논의와 숙고, 실행이 빠를수록, 더 나은 결과를 얻을 수 있을 것이다.

금리 규제 체제는 높은 자산가격과 비공식적 대부기관이라는 의도하지 않는 결과를 낳았다. 리스크에 따라 각각 다른 금리를 부과할 수 있는 능력이 없다면, 은행들은 재산과 기타 고정자산과 같은 우량 자산을 담보로 제공하는 차입자에게 더 많은 여신을 제공하는 경향이 있다. 중국에서 이는 간접적으로 물적 자산(hard asset)에 대한 매력을 고조시킨다. 은행의 직원들 또한 민간부문에 대한 대출을 제공할 때, 부실 대출의 가능성을 우려하기 때문에 신중한 자세를 취하는 경우가 흔하다. 이것이 현재의 상황, 즉 국유은행 부문의 유동성은 풍부하지만, 민간기업들의 대출은 빈번히도 지하은행에 의존하게 되고 월 20%의 이자를 지불하는 결과를 낳은 것이다.

국내 투자기회를 확장하는 또 다른 방법은 외국 기업의 상장을 허용하는 것이다. 자본이 통제되는 상황에서 그러한 상장은 중국 내에 자금의 확장에만 활용될 수 있고, 따라서 중국에서 사업을 운영하고 있는 기업만이 상하이나 선선 거래소에 상장하는 일에 관심을 갖게 될 가능성이 크다.

❖ 해외의 전문성을 증권사들에 도입하기

고려되어야 할 급진적인 정책적 변화 가운데 마지막은 외국 증권사가 A-주 시장에 참여하는 문제에 대한 증감위의 태도변화이다. 앞서 논의한 것처럼, 외국 기업들이 중국 증권사의 지분을 인수하거나 새로운 합자사를 설립하는 것을 허용하는 문제에 있어서 증감위는 은감위보다 훨씬 더 꺼려해 왔다. 이러한 경향은 정치적 고려에 그 원인이 있는 것 같다. 중국의 WTO 가입은 증권시장 개방을 의무화하지 않았기 때문이다. 은행보다 훨씬 규모가 작고 외국인 주주들의 통제에 훨씬 더 취약한 상황에서, 증권회사에 대한 통제를 유지하기를 바라는 증감위의 바램이 영향을 미쳤을 수도 있다. 증감위는 때때로 자신의 통제가 외국 기업들이 손실을 보지 않도록 보호해왔고, 국내 산업이 자본 재조정이 되지 않도록 보호해 왔다고 주장하기도 했다.

이러한 마지막 주장은 믿기 어려운 것이다. 금융서비스 분야에 대한 외국인 투자는 세계적으로 민감한 주제이다. 그러나 투자를 허용하기 가장 좋은 시기는 국내기업이 자본과 도움이 명백히 필요한 때이다. 따라서 시장의 추세를 반영하며 수익성이 크게 개선된 지난 약 18개월은 외국인 투자를 더 민감하게 만들었을 수 있다.

어쨌든 증감위는 외국 기업이 전수해 줄 수 있는 기술과 전문성에 큰 의미를 두고 있지는 않은 것 같다. 실제로, 외국 기업에게 증권시장을 개방하는 것은 중국 자본시장이 필요로 하는 소프트 인프라의 발전을 획기적으로 가속화할 것이다. 일단 유수의 국제적 기업들이 국내 기업의 경영에 광범위하게 참여하게 되면, 중국 현지의 전문가들 스스로의 학습과정이 개선되고 가속될 것이다. 더구나 이러한 방식의 개방은 모든 중–외 합작투자(Sino-foreign joint venture)의 경우와 같은 제한적 개방에 비해 더 투명할 것이다.

증감위는 또한 외국 기업이 중국으로부터 산업에 대한 소유권을 빼앗아 갈 수 있는 능력을 과대평가하고 있다. 증권업의 규모가 은행산업에 비해 훨씬 작고, 그 인프라가 아직 발전 중이라는 것은 사실이다. 그러나 세계의 주요 다국적 기업들은 규제적 차원에서 지원을 받는다 해도 중국에서의 사업 확장이 쉬울 것이란 환상을 가지고 있지 않다. 수많은 영국의 머천트 은행들과 중개기관들이 1980년대와 1990년대에 특히 미국기업 등 외국 기업들에 의해 인수되었고, 현재 영국의 이 산업은 비영국계 기업들이 지배하고 있다. 중국에서의 투자는 이와는 매우 다를 것이다. 외국 기업들은 인프라를 구축하고 직원들을 훈련시키며, 올바른 문화를 창출하는데 노력해야 한다. 더구나 이러한 과정들은 중국어를 구사하는 전문가의 확보가 어렵다는 현실적인 제약으로 인해 더욱 지난한 일이 될 것이다. 기업들 스스로가 소매금융 지향성, 과도한 다양성 등과 같은 중국 시장이 갖는 특성들로 인해 기존 중개기관이 겪는 어려움과 동일한 어려움에 처하게 될 것이다. 이는 빠르게 전진해 갈 수 있는 환경이 아니다. 다국적 기업들은 시스템을 구축하는 일을 돕게 될 것이지, 그것을 단지 사들이지는 않을 것이다. 사실 나는 다국적 기업들이 중국 내의 증권시장에 참여하여 단기적으로 획기적인 이익을 낼 것으로 볼 것인가 하는 점에 대해 다소 회의적이다. 중국 시장은 매우 경쟁적이고 어려운 시장이고, 소프트 인프라는 아직 발전되어 있지 않다. 외국 증권사들의 큰 관심은 오히려 미래의 잠재력과 진정한 글로벌 기업이라면 이 시장에 진입해 있어야 한다는 인식을 반영하고 있다.

❖ 결론

이제까지의 획기적인 발전에도 불구하고, 중국의 자본시장을 발전시키기 위해서는 해야 할 일들이 많이 남아 있다. 글로벌 시장 환경은 급속한 발전을 거듭하며, 매 순간 목표치를 수정하고 있다. 현재 요구되는 몇 가지 주요 정책처방들은 중국의 정책당국으로써는 수용하기 매우 어려운 것들일 것이다. 이러한 정책들은, 국내기관의 투자 포트폴리오에 대한 것이건 아니면 중개기관의 관리에 대한 것이건, 더 많은 통제권을 포기할 것을 요구할 것이다. 어쩌면 변화하고 그 변화에 따른 리스크를 수용할 더 적극적인 자세를 요구할 수도 있을 것이다. 하지만 그 대가는 매우 클 것이다. 오늘날 자본시장은 빠르게 변화하고 복잡하며 즉시 활용 가능한 정보에 기초하여 리스크에 대한 가격을 매김으로써 글로벌 차원에서 자본을 배분하는데 결정적으로 중요한 역할을 수행하고 있다. 시장이 항상 옳다고 주장하는 사람은 아무도 없을 것이다. 그렇지만 시장은 중앙집중적 시스템 보다 효율적으로 자원을 배분할 수 있는 동태적 조정 메커니즘을 제공한다. 따라서 중국 자본시장을 더욱 발전시키는 것이 여러 면에서 중국의 미래에 매우 중요하다. 중국은 환경에 대한 부정적 영향을 줄이면서 보다 효율적으로 성장하는 방법을 배워야 한다. 자본시장 개혁에 대한 신뢰의 도약이 절실하다 할 것이다.

미주

1 이 글은 메릴린치 연구소 몇몇 연구원들에게 빚지고 있다. 이들, 특히 데이빗 큐(David Cui)와 팅 루(Ting Lu)는 이 글을 읽고 논평해 주었고 통계자료를 제공해 주었다. 하지만 여기 제시된 견해는 나의 견해이며, 내가 속한 기관이나 이 기관의 다른 멤버의 견해를 반영하는 것은 아니다.

16 | 중국의 자본시장

치 빈
중국증권감독관리위원회 리서치센터 주임

1970년대 후반에 시작된 개혁과 자유화로 중국은 중앙계획경제에서 시장중심경제로의 이행이라는 큰 변화를 겪었다. 중국의 자본시장은 이러한 변화를 배경으로 등장했다. 자본시장은 여러 중요한 경제적, 사회적 개혁에 강력한 추동력이 되었다. 돌이켜 보면, 중국의 자본시장은 지금까지 다음의 3 단계를 거쳐왔다.

자본시장의 등장, 1978~92년

1978년 제11차 공산당 전국인민대회 3차 전체회의(3중전회)에서 중앙정부는 국가경제 활성화를 위한 장기 경제개발 프로그램을 시작했다. 이 프로그램 중 핵심은 경제의 개혁 · 개방이었다. 경제개혁의 시작이 의미한 바는, 기업들이 최초로 자금조달 채널의 다각화가 필요해졌으며, 이에 따라 자본시장의 등장을 요구하게 되었다는 점이었다.

주식보유제(혹은 기업의 소유권) 개혁 초기 단계에서는 규제와 감독이 부재한 상태에서 기업들이 다양한 주식발행 수단들을 발전시켰다.

1992년 초, "남순(Southern Tour)" 중 덩샤오핑의 연설은 개혁에 있어서, 그리고 외부 세계로의 개방에 있어서 새 시대를 여는 것이었다. 홍콩에 인접해 있는 선전 특별경제구역을 방문하던 와중에 덩샤오핑은 증권시장에 대해 다음과 같이 말했다. "증권시장과 주식시장이 선인가, 악인가? 위험한 것인가 아니면 안전한 것인가? 자본주의 고유의 것인가 아니면 사회주의에도 적용될 수 있는 것인가? 일단 시도해 보고 살펴보도록 하자. 1~2년 동안 시도해 보자. 만약 괜찮은 것이면 규제를 풀 수 있다. 그 반대이면 시정을 하거나 시장을 폐쇄할 수 있다. 우리가 그것을 폐쇄해야만 한다 하더라도, 우리는 신속히, 또는 천천히, 또는 부분적으로 그렇게 할 수 있다. 우리는 무엇을 두려워하고 있나? 만약 우리가 이러한 태도를 유지한다면, 우리는 큰 실수를 저지르지는 않을 것이다." 같은 해 중국은 "사회주의 시장경제의 건설"을 경제개혁의 핵심 목표로 정했다. 이를 위한 핵심 전략은 국유기업들을 합작기업으로 전환하고, 증권시장을 통해 자금을 조달할 수 있도록 하는 것이었다. 그 다음해 상하이와 선전에서 시범적으로 시행된 주식발행이 전국적으로 확대되어 중국 자본시장의 역사에 새로운 장을 열었다.

초기 자본시장의 발전, 1993~98년

1992년 10월, 중국 국무원은 증권위원회(SCSC)를 설립하고 그 산하에 증권감독관리위원회(CSRC, 이하 증감위)를 설치했다. 이는 중요한 이정표적 계기였는데, 이를 계기로 중국의 자본시장은 최초로 단일의 집중화된 규제틀의 감독을 받게 되었기 때문이었다. 이를 통해 자본시장은 발전의 새 단계로 추동되었던 것이다. 1997년 11월 은행업, 증권업, 보험업에서 운영과 감독 기능을 분리함으로써 중국의 금융 시스템은 더욱 더 개혁되었다. 1998년 4월에 증감위는 SCSC와 중국인민은행의 감독기능을 통합함으로써, 증권시장과 선물시장에 대한 전국적인 감독기관이 되었다. 집중화된 감독체계의 틀이 마련된 것이다.

증감위는 그 설립의 시작부터 증권시장에 대한 수많은 법규와 규칙, 규정들의 제정을 추진하여, 중국 자본시장의 획기적인 확장을 촉진했다. 이것들은 또한 관련 규정들과 규제들을 더욱 개선하기 위한 토대가 되기도 했다.

시장이 발전함에 따라, 상장기업의 수, 시가총액, 유통주식 시가총액, 주식발행 절차, 투자계정의 수, 그리고 총 거래량 등이 꾸준히 증가했다. 여기에 더해 위안화로 표시되지만 외국인 투자자가 미국 또는 홍콩 달러로 매입하고 거래하는(한참 뒤에는 중국국민도 외환을 구입할 수 있게 되었다) B-주가 발행되었다. 중국 기업들은 홍콩,

뉴욕, 런던 등 해외시장에 상장하기 시작했다. 이 기간 동안 선물시장을 발전시키기 위한 몇 가지 예비적 시도도 시행되었다.

규제와 추가적인 발전, 1999~2007년

1998년 12월에 채택되어 1999년 8월에 발효된 증권법(Securities Law)은 자본시장의 중요성을 재확인하고, 중국 최초로 법적 지위를 공식화했다. 그 후 증권법은 2005년 11월에 수정되었다. 이러한 이정표적 사건들은 자본시장 법제의 발전에 심오한 영향을 끼쳤다.

이 기간 중 풍요로운 사회로 발전하기 위한 사회주의 시장경제 체제에 대한 개혁이 계속되었다. 경제개혁이 진행됨에 따라, 합작회사, 국유기업 및 민간기업 모두 점증적으로 자본시장을 통한 자금조달을 증가시켜 나갔다. 자본시장의 범위가 넓어지고 심화되는 가는 가운데, 금융부문의 개혁도 계속되었다. 하지만 자본시장의 발전에도 불구하고, 어떤 문제들은 여전히 뿌리 깊게 남아 있었다. 이러한 문제점들은 시스템적, 구조적 한계와 함께 해결되지 못한 채 더욱 악화되어갈 뿐이었다. 2001년, 시장은 4년간의 조정과정에 들어갔다. 주가지수는 침체에 빠졌고, 기업들은 기업공개를 위해 분투하고 있었으며, 상장회사들 역시 지속적인 자금조달에 큰 어려움을 겪게 되었다. 증권사들은 생존을 위해 분투했으며, 증권업은 2005년까지도 손실을 기록했다.

국무원은 이러한 문제들을 인식하고, 2004년 1월 "자본시장의 개혁, 개방, 그리고 지속적인 성장 촉진에 대한 국무원 의견"을 발표했다. 이를 계기로 비유통주 개혁, 상장회사들의 질 제고, 증권사들의 구조조정, 기관 투자자 발전 증진, 그리고 기업공개 과정의 개혁 등을 비롯한 자본시장에 대한 새로운 개혁이 시작되었다. 이러한 개혁은 투자자들의 신뢰를 크게 개선시켜, 시장의 심리와 성과를 반전시켰다.

❖ 경제에서 자본시장의 역할

중국 자본시장의 발전은 중국의 경제 및 금융에 대한 개혁에 힘입어 가능했을 뿐만 아니라, 역으로 그러한 개혁을 다시 촉진하는 역할을 하기도 했다. 그 결과 기업부문과 중국의 경제 및 사회 전체의 발전과정에 대한 자본시장의 영향은 지속적으로 커져 갔다.

자본시장은 경제와 기업의 발전을 촉진한다. 중국 개혁의 초기부터 자본시장은 자금조달과 자원배분에 있어서 중요한 역할을 수행하기 시작하여, 기업부문의 성장을 촉진했다. 상장기업의 수에 대해서는 그림 16.1을 보라. 2007년 말 기준 상장기업들은 주식발행을 통해 2,459억 달러, 채권발행을 통해 1,600억 달러의 자금을 조달했다. 이들은 중국 경제의 광범위한 산업부문들을 대표하기 시작했다. 자본시장으로 인해 중국의 기업들은 자신들의 시장가치가 갖는 의미를 이해하고 그것을 지속적으로 재평가할 수 있게 되었다. 이와 동시에, 자본시장은 기업지배구조와 국유기업 및 국유자산에 대한 관리에서 근본적인 변화를 유도하기도 했다. 2007년 말 상장기업들의 시가총액은 4.5조 달러로 당시 중국 GDP의 약 132.6%에 달했다 (그림 16.2를 볼 것). 상장회사들은 중국 경제체제에 있어서 중요한 구성부분이 되었다. 뿐만 아니라 자본시장은 외국 자본을 유치할 수 있는 새로운 채널을 제공하여, 중국경제와 세계경제의 통합을 촉진했다.

자본시장은 또한 금융시스템 개혁의 원동력이 되었다. 자본시장은 금융산업 전체의 구조를 재편했고, 금융기관들의 수익성을 개선시켰다. 한편 자본시장은 사회발전에 점차 큰 영향을 끼쳤다. 자본시장의 등장으로 투자의 범위가 은행예금에서 주식, 국채, 회사채, 전환사채, 증권투자펀드, 인수권부, 선물 등으로 확대되어, 중국 국민들이 활용할 수 있는 투자의 채널이 다양화되었다. 그 결과 중국의 개인들은 자본시장에 투자하고 중국의 경제성장을 공유하면서(그림 16.3 참조), 상장사들의 성과와 거시경제적 발전에 대한 관심이 고조되었다. 주식시장에 의한 부(富)의 효과는 국내소비의 증가와 관련 서비스산업의 성장을 통해 뚜렷이 나타났다.

자본시장은 또한 보험회사들과 국가사회보장기금(NSSF: National Social Security Fund)에게 다양한 투자기회를 제공하여, 간접적으로 사회보장 제도를 뒷받침했다. 중국 자본시장의 발전으로 투자은행, 증권중개 및 자산관리 등 새로운 분야에서 많은 금융전문가를 양성한 증권, 펀드관리, 선물회사들이 등장하게 되었다.

그림 16.1 | 상장회사의 수

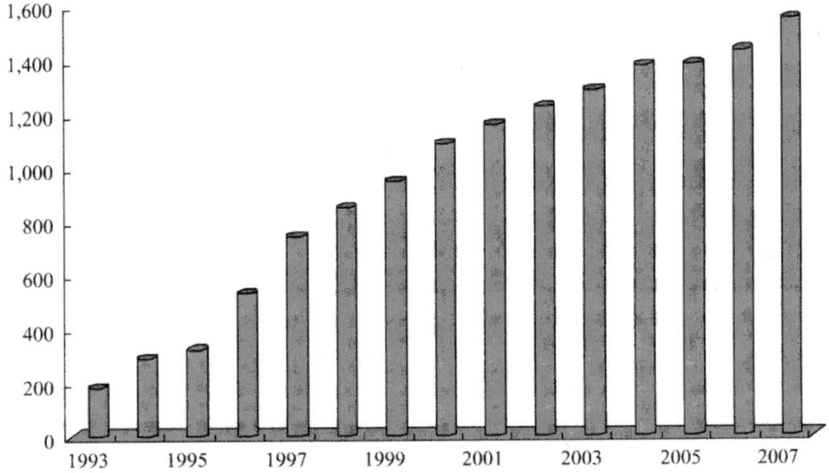

출처: 중국증권감독관리위원회

그림 16.2 | 시가총액과 핵심 상장기업의 영업소득의 GDP대비 비율

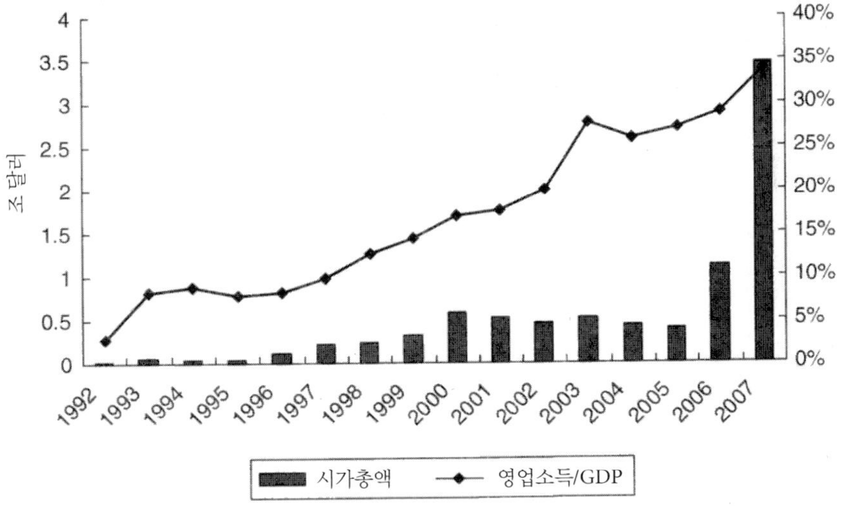

주: 2007년 3분기 상장사 보고서 데이터

출처: 중국증권감독관리위원회 및 중국 증권 및 선물 통계연보, 2007년

그림 16.3 | 투자계정의 수, 1993~2007년

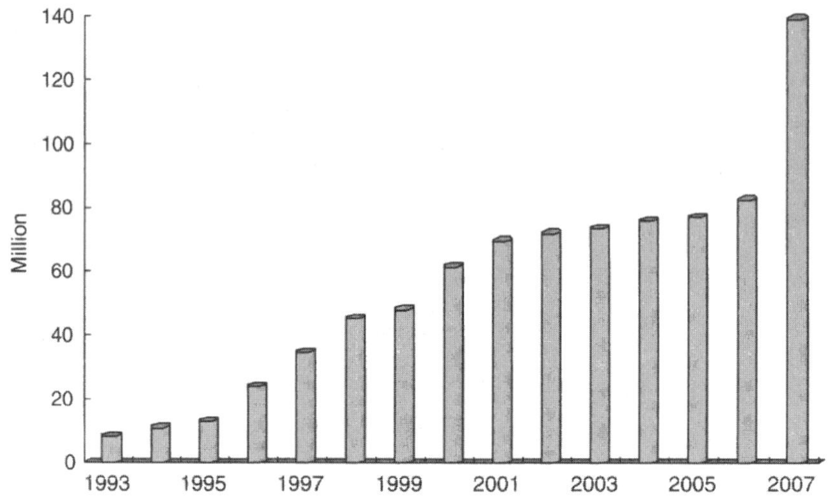

출처: 중국증권감독관리위원회 및 중국 증권 및 선물 통계 연보, *2007*년

❖ 최근의 정책과 개혁

중국의 자본시장은 매우 빠르게 발전했다. 그러나 효과적인 시장의 기능을 지속적으로 제한하는 근본적이며 구조적인 문제가 여전히 남아있고, 이는 미래에 시장의 확장을 제한할 것이다. 중국의 자본시장은 "이행기 경제로부터 부상하고 있는 시장"으로 묘사하는 것이 가장 적절할 것이다. 이러한 문제들과 이슈들은 발전과정에서 등장한 문제들로 추가적인 개혁으로 해결되어야 한다. 최근 증감위는 시장 인프라와 기능을 개선하기 위한 일련의 개혁을 단행했다. 이러한 조치들은 중국 자본시장에 심오한 변화를 가져왔다.

국무원의 "의견"

국무원은 2004년 "자본시장의 개혁 · 개방과 지속적인 성장을 촉진하는 것에 대한 국무원 의견"(이하 "의견"이라 칭함)을 공표했다(그림16.4 참조). 이 의견은 실질적으로 자본시장의 추가적인 개혁과 발전을 위한 지침이 되었고, 중국의 자본시장 발전

그림 16.4 | 의견의 주요 내용

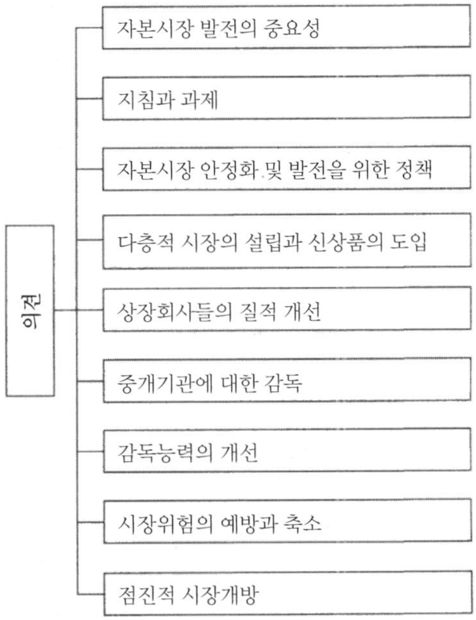

을 전국적, 전략적 수준으로 끌어올렸다.

이 의견은 자본시장 발전의 중요성에 대한 정부의 이해, 정책지침과 달성되어야 하는 핵심 과제, 그리고 이를 실행하기 위해 취해져야 하는 구체적 대책 등을 종합적으로 묘사하고 있는 중국정부 최초의 선언이었다. 이 의견은 중국 자본시장의 위상이 국가 전략적 수준으로 격상되었음을 의미했다. 국무원의 이러한 움직임은 역사적인 의미를 가지며, 향후 중국 자본시장 발전에 대한 지침을 제공한다.

비유통주 개혁

비유통주의 문제는 경제개혁 초기에 주식보유제도에 대한 합의의 부족, 증권시장의 역할과 기능에 대한 명확한 이해의 부족, 자본시장을 통한 국가자산 관리방법에 대한 인식부족 등으로부터 파생되었다. 이러한 시스템에 내재한 결함이 중국 주식시장과 국유자산 관리의 발전을 저해했다. 신규 주식 발행의 증가와 함께 소위 비유통주의 "과잉"이 자본시장의 발전과 성장에 미친 영향은 최근 더욱 명확해지고 있다.

비유통주 문제는 완전히 다른 주식보유구조로 전환될 때에만 비로소 실효성 있게 해결될 수 있을 것이다. 그러한 시스템은 위안화로 매입되고 거래되는 다양한 형태의 주식들 사이의 차이를 제거할 필요가 있다. 이는 각각의 이슈들을 협상을 통해 해소하여 비유통주와 유통주 보유자들 사이에서 이해의 균형을 달성하는 것이다.

최종적으로 실행된 프로그램에서는 비유통주를 유통주로 전환하면서 유통주의 가치가 하락했는데, 유통주 보유자에게는 이에 대한 보상이 이루어졌다. 이러한 보상은 비유통주 보유자들이 유통주 보유자들에게 상호 동의한 가격으로 비유통주의 일정부분을 양도하는 방식으로 이루어졌다. 최종적인 주식개혁 고려사항들은 "공정협상, 상호신뢰, 독립적 의사결정"이라는 원칙에 따라 전체 주식보유자들이 모인 회의를 통해 결정되었는데, 이는 각 상장사의 구체적 상황을 반영했다. 여기에는 정부의 간섭이 배제되었고, 표준적인 가격 결정 등과 같은 규칙이 적용되지 않았다. 어떠한 구체적 안이라도 최소한 주주총회 참가 주주의 2/3, 그리고 유통주 보유자(대개 외국인 유통주 보유자는 제외)의 2/3가 승인해야만 채택될 수 있었다. 후자의 요건은 협상과정에서 소액투자자를 보호하려는 조치였다.

비유통주 개혁은 국유주, 법인주, 유통주 등의 유동화 권리가 상이하여 각각의 주식에 따라 가격 또한 상이했던 중국 주식시장의 해묵은 문제를 해소하는데 도움이 되었다. 주식개혁 이후 각각의 주식에 있어서 유동성의 정도와 가격결정이 통합되었고, 유통시장은 상장사의 가치를 더욱 정확히 반영하기 시작했다. 이러한 개혁으로 중국 자본시장의 효율적인 자원배분 기능이 크게 개선되었고, 근본적인 시장 메커니즘이라는 측면에서 국제시장과의 격차를 줄일 수 있게 되었다.

상장회사들은 자본시장의 기초다. 국무원의 의견 발표 이후 최근 증감위는 상장사의 질을 높이고, 투자자의 권리와 이해를 보호하며, 자본시장의 지속적이고 견실한 발전을 촉진하기 위한 일련의 개혁을 시작했다.

❖ 상장회사에 대한 규제

2004년 증감위는 지방 사무소에게 일선 감독을 위임하여 분권화했는데, 이는 상장기업 감독에 대한 이정표적 개혁이다. 새로운 감독구조는 지방 사무소에게 감독의 권한과 책임을 위임하고, 사무소간의 협력을 강화하여 증감위 지방 사무소가 관할 내 상장회사에 대한 감독에서 적극적인 역할을 하도록 요구했다. 이러한 새로운 접근법은 증감위가 지방 사무소에게 더 많은 권한과 책임을 부여하여 감독의 효율성과 효과를 개선하고, 감독자원을 극대화하며, 시스템 리스크에 집중하도록 했다. 감독자원은 통합 · 체계화되었고, 감독범위와 효과 또한 제고되었다.

최근 증감위는 공기업들의 지배구조 개선을 위한 규제와 규칙을 제정하여 상장회사 지배구조의 틀과 원칙의 확립을 촉진했고, 지배구조 실천방안을 표준화했다. 독립적인 감독체계 또한 도입되었다.

많은 상장기업들에서 벌어지는 대주주나 관계인들에 의한 자금의 부정한 유용의 문제는 그러한 상장기업들의 건전한 성장을 심각하게 저해했다. 이러한 문제를 해결하기 위해 지방정부 및 관련 부서가 협력하여 부정하게 유용된 자금을 환수하기 위한 종합적인 조치가 취해졌다. 2006년 말까지 지배주주 또는 사실상의 지배주주에 의한 부정한 회사자금 유용의 문제는 대부분 해결되었다.

2006년 1월 증감위는 "상장회사에 의한 주식 인센티브에 대한 행정 조치(임시 관리조치)"를 발표했다. 이 행정조치는 상장회사들의 건전한 인센티브 및 감독 메커니즘 정립과 발전을 촉진하는 것을 목적으로 하며, 주식 인센티브는 제한적인(즉, 비유동적인) 주식과 스톡옵션의 형식이어야 한다고 규정했다. 이 조치는 또한 그러한 주식 인센티브 프로그램에 대한 시행절차와 정보공개에 대한 규칙을 제정했다.

❖ 증권회사에 대한 종합적인 구조조정

2004년 초 과거 몇 년 동안의 위험하고 때로는 불법적인 투자, 그리고 적절한 감독의 부재로 인해 증권산업 전체가 파산 직전에 처해졌다. 이에 대응하여 증감위는 국무원의 승인 하에 문제가 있는 증권사들을 개선하기 위한 종합적인 구조조정을 시작했다. 문제의 현상과 근본적인 원인 모두를 해결하기 위해 세 가지의 핵심 전략, 즉 파산기업의 청산 및 구조조정, 더 엄격한 감독 및 산업 역량 확충, 그리고 종합적인 증권회사 구조조정 등이 시행되었다.

2004년부터 증감위는 리스크 노출 수준에 따라 증권사들을 분류하고 각각에 대해 상이한 정책과 감독 조치를 도입했다. 증감위는 또한 증권사들의 운영을 평가하기 위한 표준을 제정했다. "혁신적" 또는 "표준적"이라 평가된 기업들에게는 잠재적 운영리스크가 수용 · 관리 가능하다는 조건 하에 사업확장에 대한 지원이 제공되었다. 증감위는 당시 증권사들의 리스크 노출 수준에 대한 조사를 실시하고, 고객예금, 채권 또는 기밀비의 도용, 주주 또는 기타 관계자에 의한 회사자산의 도용 및 불법적인 부외운영 등 불법영업 및 고위험 활동 등을 조사하여 처벌했다. 증감위는 시장과 사회의 안정을 최우선으로 하면서, 고위험 운영을 시정하지 않거나, 철저한 조사를 통해 법과 규정을 심각하게 어긴 31개 기업에 대해서 제재를 가했다. 증감위는 관련 기업에 대한 구조조정과 합병을 위한 다양한 모델을 활용했고, 법에 따라 책임자를 처벌했으며, 고객자산의 제3자 관리(custody)를 의무화했다. 또한 정부채의 재매입 시스템, 자산관리와 자기계정 거래(proprietary trading) 시스템이 재편되었다. 순자본 원칙에 기초하여 증권사들의 기본적인 재무정보 공개 정책이 수립되었다. 고위 관리자와 증권사의 주주 및 이들의 영업활동에 대한 감독이 강화되었다. 국제적 경험으로부터의 교훈을 바탕으로, 중국 증권투자자 보호기금공사(Chinese Securities Investor Protection Fund Co. Ltd)가 설립되어 투자자 보호가 제고되었고 증권사들의 퇴출과 청산을 용이하게 했다. 아울러 잠재적 운영 리스크가 측정 가능하고 관리 가능하며

그림 16.5 | 증권사 순이익, 2001~07년

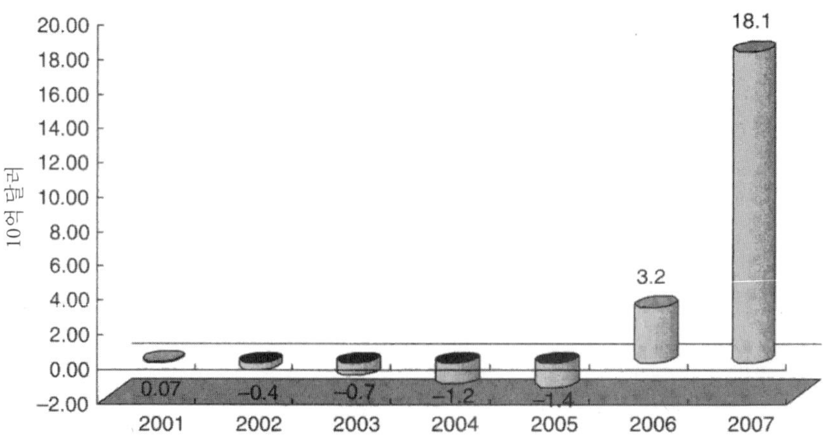

출처: 중국증권감독관리위원회

수용될 수 있는 경우, 증감위는 적격 증권사들을 대상으로 "시행착오"에 기초한 상품과 비즈니스 모델의 혁신을 허용하기 시작했다. 다른 기업들이 모방할 수 있는 성공적인 실험 모델들도 창출되었다. 2007년 7월 증감위는 리스크 관리에 따라 증권사들을 분류했다. 2007년 8월 말, 증감위는 증권사에 대한 종합적인 구조조정이 완료되었고, 기대했던 목표를 달성했다고 선언했다(그림 16.5 참조).

❖ 증권발행 시스템의 개혁

중국 자본시장이 발전하기 시작하던 1990년에서 2000년 사이에 주식의 공개모집은 국가당국의 행정적 심사 대상이었다. 2001년 3월, 증감위는 사전적 심의 및 승인이라는 새로운 공개모집 시스템을 도입했다. 뒤이어, 공모에 있어서 점차 시장 주도적 가격결정 메커니즘이 정부 주도적 메커니즘을 대체해갔다. 비교적 관점에서 보자면, 선진시장의 공모는 증권감독 당국에 등록하기만 하면 되고, 주식발행 절차는 단순화·표준화되는 경향이 있다. 발행가격은 시장이 결정한다. 시장의 효율성은 지속적으로 제고되어야 하며, 이를 위해서 중국의 증권발행 시스템은 발전되어야할 여지가 많이 남아 있다.

2004년 2월, 증감위는 "증권의 발행 및 상장 보증제도에 관한 임시조치"를 시행하고, 당시까지의 주인수자 추천제도(인수자 별 쿼터제도도 함께)를 보증시스템으로 대체했다. 2004년 말에는 "공모 심사 위원회에 관한 임시조치"가 실행되었다. 이 조치의 실행으로 위원회 위원들의 신분을 비밀로 하는 원칙이 폐지되었고, 무기명 투표제를 위원회 위원들의 기명 투표제로 대체했다. 이 조치는 또한 증권발행을 위한 검증 및 승인제도 하의 모든 이해당사자들의 법적 책임과 리스크를 분담하도록 함으로써, 시장 중심적 발행 시스템으로 가기 위한 첫 발을 내디뎠다.

증감위는 2006년 "상장기업들의 증권발행에 관한 행정조치," "기업공개에 관한 행정조치", "증권발행 및 인수에 관한 행정조치", 그리고 기타 관련 규제들을 제정했다. 이러한 규제와 보조를 맞추어 시행된 새로운 시스템은 기업공개 시스템에 대한 시장규율과 효율성을 개선했다.

그림 16.6 | 발행제도의 반전

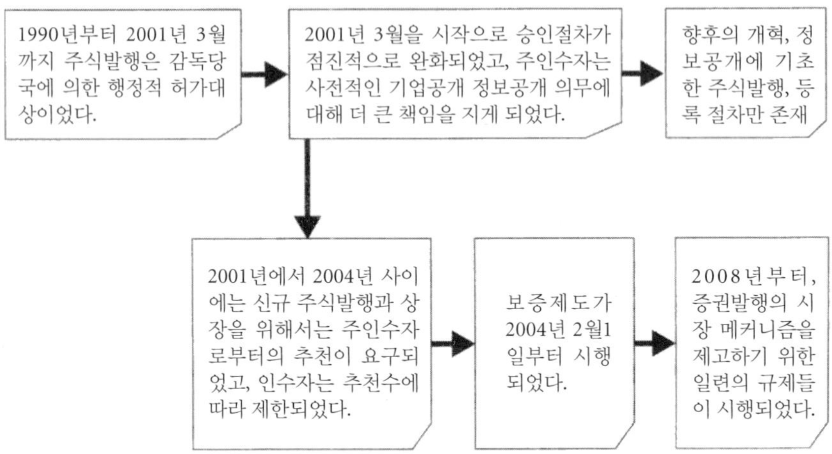

출처: TX 투자 컨설팅 주식회사

기관투자가들의 가격결정에 대한 영향력이 커지면서, 증감위는 2004년 말 발행주식의 가격결정에 대한 승인제도를 중단하고 북–빌딩(book-building: 주간사가 기업공개 시 공모가격을 결정하는 제도–역자) 제도로 대체하였는데, 이는 주식발행에 대한 시장의 감독기능을 확대한 것이었다. 2006년 9월 공표된 "증권발행 및 인수에 대한 행정조치"는 몇 가지 목표를 달성했다. 즉, 여기에는 북–빌딩 절차, 가격결정, 기업공개 과정에서 주식배분에 관한 핵심적 규제를 도입하고, 북–빌딩 절차를 개선하는 것, 그리고 발행자, 증권사, 기타 중개기관과 주식발행 단계별 투자자들에 대한 감독을 강화하는 것 등이 포함되었다. 중국의 발행제도 발전에 대한 요약에 대해서는 그림 16.6을 볼 것.

❖ 펀드관리 산업: 기관 투자자의 성장

초기부터 중국의 자본시장은 개인투자자들에 의해 지배되어 왔고, 이는 자본시장의 장기적 발전에 불리한 여건을 조성했다. 국제적 경험에 기초하여, 증감위는 소위 "구 편

그림 16.7 | 총 펀드규모와 상하이 종합주가지수, 2000~2007년

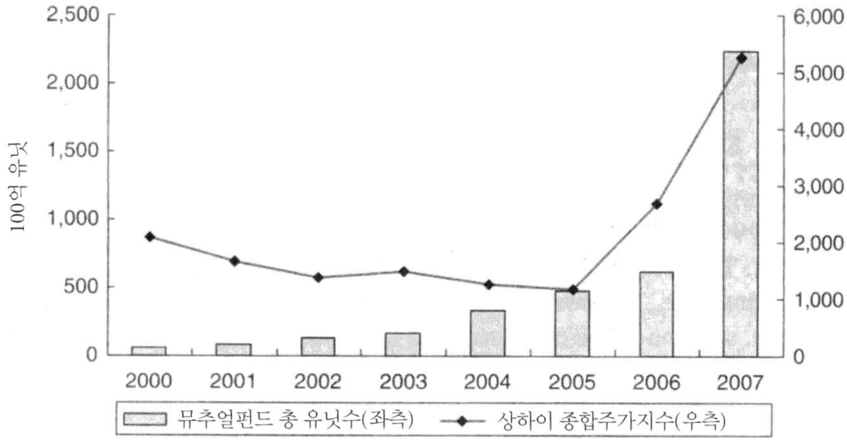

출처: 중국증권감독관리위원회

드"(Old Fund)를 청산하고 1998년부터 펀드관리 산업을 발전시키기 위한 개혁을 시작했다. 발전의 초기 동안 펀드산업은 경험부족에 따른 운영의 비효율성으로 고충을 겪었고, 이 문제는 매우 빈번한 투기와 불규칙적인 거래와 결합되어 문제를 가중시켰다. 수많은 "펀드 스캔들"은 이 산업에 큰 악영향을 미쳤다. 이에 대응하여 증감위는 펀드관리 산업에 대한 조사를 실시하여 관계자들를 처벌했다. 2000년부터 증감위는 기관 투자자들의 발전을 자본시장의 투자자 구조를 개선시킬 수 있는 핵심적 조치로 인식하고, 이들에 대한 공격적인 발전전략을 시행했다.

2002년에는 펀드 승인 시스템의 점진적인 자유화가 증감위에 의해 개시되었다. 승인절차가 단순화되었고, 전문가 심의제도가 도입되어 펀드상품에 대한 승인과정이 보다 체계적이고, 투명하며, 전문성 있게 표준화되었다.

2002년 초부터 2005년 말까지 이러한 개혁은 시장의 전반적인 침체에도 불구하고 펀드산업의 잠재력이 발현될 수 있도록 했다(그림 16.7 참조). 전체 순펀드가치는 100억 달러에서 570억 달러 이상으로 증가했다. 증권투자펀드가 보유한 유통주의 시가 또한 전체 유통주 시가의 5%에서 약 20%로 증가했다. 2006년에는 초기 시장가치 505억 규모의 신규 펀드가 펀드시장에서 조성되었다. 이 규모는 이전 8년 동안 조달

된 총액과 거의 비슷한 수준이다. 2007년이 되면 펀드관리 기업이 관리하는 펀드는 4,485억에 달했다. 한편 이러한 개혁과정을 통해 도입된 시장 경쟁은 펀드판매 회사의 혁신능력과 서비스 품질의 획기적인 개선을 가져왔다. 2002년 이후 중국의 펀드 산업에는 성숙된 시장들에서 발견되는 거의 모든 종류의 펀드상품들이 도입되어, 투자자들의 투자 선택의 폭을 넓혔다.

시장개방과 경쟁을 촉진시키기 위해 2002년 7월에는 "합작투자 펀드관리회사 설립에 관한 규칙"이 발효되었고, 2007년 말까지 59개의 펀드관리 회사 중 28개가 합작투자 펀드관리회사였다. 국내기업, 합작투자회사, 외국인적격 기관투자자 제도(QFII) 사이의 실질적인 경쟁으로 인해 펀드상품이 다양해졌고 이 산업에서의 규정 준수 정도와 경영 효율성이 향상되었으며, 이 산업에 참여하는 기업들에게 학습의 기회가 되었다. 국내 펀드관리회사들의 국제 경쟁력도 제고되었다.

아울러, 자본시장의 발전과 함께, 보험회사, 기업연기금, 국가사회보장기금(National Social Security Fund: NSSF) 등 기관투자자들이 서서히 자본시장에 진입했다. 그 결과 자본시장 전체의 투자자 구조가 개선되기 시작했고, 과거 불균형적인 기관투자가들의 구성이 시정되었다.

❖ 법제

회사법(1994년 발효)과 증권법(1999년부터 발효)는 자본시장 규제를 목적으로 하는 두 가지 중요한 법률들이다. 이 법률들은 투자자들의 권리와 이해를 보호하고, 중국 자본시장의 건전한 발전을 지원하며, 경제와 공익을 보호하고, 사회주의 시장경제의 성장을 촉진했다.

급속한 경제발전과 결합된 경제 · 금융 개혁의 심화는 중국 자본시장의 성격에 있어서 수많은 근본적 변화를 초래했다. 그러한 변화들의 결과 새로운 이슈들과 도전들이 등장했고, 결국 이 두 법률에 대한 지속적인 개정이 필요해졌다. 2005년 10월, 중화인민공화국 전국인민대회 상임위원회는 회사법과 증권법을 수정하고, 수정된 법률은 2006년 1월 1일에 발효되었다.

2006년 이래로 중국 자본시장에서의 많은 법적 문제들이 해소되었고, 법제가 점진적으로 다듬어지면서 일련의 심오한 변화가 발생했다. 자본시장이 2006년과 2007년 빠르게 확장되어, 2007년 말에는 상하이와 선전 증권거래소에 4.5조 달러 규모의 1,550개 기업이 상장되어 있었는데, 이는 중국 GDP의 132.6%에 해당하는 시가총액으로 이머징 시장 중 최고의 수준을 기록했다. 2007년 기업공개를 통한 자금조달액은 629억 달러로 세계 1위를 기록했다. 중국 자본시장의 일일 거래량도 평균 261억 달러로 세계에서 가장 활발한 시장이 되었다. 감독 시스템뿐만 아니라 청산 및 결제 시스템 역시 기하급수적으로 증가하는 거래량과 시장확대의 시기에 시험의 대상이 되었지만, 그 안정성이 입증되었다.

❖ 자본시장: 해결되어야 할 문제들

중국 경제를 더욱 현대화해야 할 필요가 있긴 하지만, 중국경제에 대한 긍정적인 전망은 중국 자본시장이 더욱 발전할 수 있는 역사적인 기회를 제공하고 있다. 그렇지만 중국경제의 성장에 따른 미래수요와 기타 이머징 시장 및 선진 시장들의 발전들과 비교할 때, 중국의 자본시장은 많은 부문에서 더 발전해야한다.

시장의 규모가 훨씬 더 커질 필요가 있다. 2006년 말 기준, 총 증권자산의 가치는 중국의 총 금융자산의 22%에 불과했다. 2007년 9월말에는 이것이 37%로 상승했지만, 이 비율은 여전히 상대적으로 낮은 것이고, 중국 자본시장의 전체적인 규모도 아직 작다. 2001년에서 2007년 사이, 중국자본시장으로부터 조달된 자금의 은행대출 증가분 대비 비율은 각각 9.5%, 4.1%, 3.0%, 4.5%, 2.1%, 8.4%, 22.0%였다. 이 비율은 수년 동안 증가해 왔지만, 비교적 낮은 수준에 머물러 있다. 2007년 말, 중국 채권시장의 총 잔액은 주식시장 시가총액의 26.7%에 불과했다. 이러한 수치는 미국과 같이 성숙된 시장, 그리고 한국, 인도 등 다른 이머징 시장의 경우와 극명하게 대조되는 것이다. (그림 16.8 참조).

주식시장의 상장액 또한 제한적이다. 시가총액이 큰 기업의 경우에는 이 상장액 비율이 훨씬 더 낮다. 한편, 상하이와 선전 증권거래소의 주거래시장(main board)이

그림 16.8 | 중국과 여러 나라들의 금융자산 구성

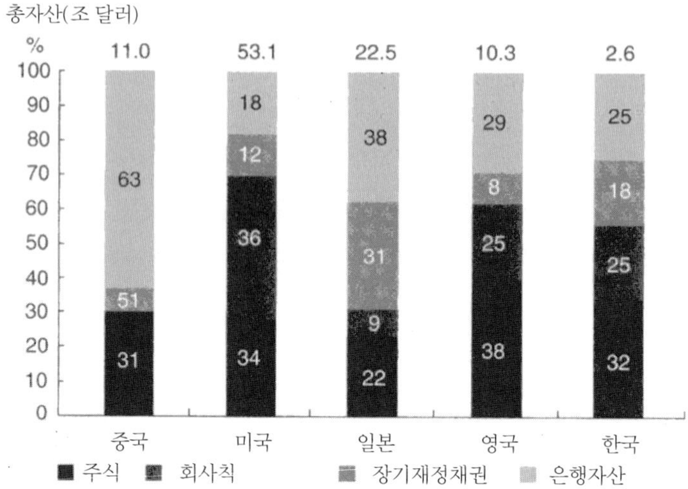

주: 중국 데이터는 2007년 9월 말 현재 기준이며, 기타 국가에 대한 데이터는 2006년 말 기준이다.
출처: CSRC, CBRC, www.chinabond.com.cn, 세계은행

여전히 상대적으로 작다. 선전 증권거래소의 중소기업판[중소기업들의 주식이 거래되는 시장–역자]은 아직 규모와 포괄 산업의 범위가 제한되어 있는 발전의 초기 단계에 있고, 주식 양도 시스템 역시 개선이 필요하다.

주식거래소의 핵심적 경쟁력이 향상되어야 한다. 현재에는 매우 제한된 범위의 상품들만이 중국 증권거래소에서 거래되고 있다. 거래 시스템이 더욱 최적화될 필요가 있다. 증권거래의 수익구조 또한 아직 다변화되어 있지 못하다.

채권시장, 특히 회사채 시장의 발전이 부진하다. 2007년 말 채권시장의 총 잔액은 1.2조 달러로 같은 해 GDP의 35.3%에 불과했다. 이 금액은 해외의 성숙된 시장들에 훨씬 미치지 못하는 것이다. 한편 채권시장의 구조가 최적상태가 아니다. 회사채 시장이 크게 뒤쳐져 있고, 중국 국내시장에서는 단기 기업어음, 전환사채, 그리고 이미 상장되어 있는 회사들의 회사채만이 진정한 의미의 회사채라고 할 수 있다. 2007년 말 이러한 채권들이 총 채권시장의 4.2%를 차지했을 뿐이었다. 아울러 채권시장은 불균형적인 투자자 기반를 갖고 있고, 그에 따라 분할되어 있다.

주식발행과 상장절차에 대한 추가적인 개혁이 절실하다. 첫째, 현재의 시스템은 지나치게 많은 행정규제와 복잡한 승인절차로 채워져 있다. 한편으로 현재의 시스템은 여전히 상장과정에서 행정적 영향을 크게 받는 성과중심제(merit-based)이다. 상장기업의 신용도, 주식발행 규모, 상장 시기에 대한 관리는 대부분 규제당국이 담당한다. 하지만 외국의 성숙된 시장 대부분은 주식발행 등록 시스템을 채택하고 있다. 이 시스템은 가격결정 과정이 전적으로 시장에 의존하므로 발행자 입장에서 편리하고 효율적이다. 다른 한편으로 현행 시스템은 가격결정 과정에서 중개기관과 전문 기관투자자들이 유의한 역할을 수행할 여지가 충분치 않다. 둘째, 채권발행 시스템도 통합되어 있지 못하며, 여러 규제당국에 의한 규제가 매우 다양하여 여러 유형의 채권에 대해 상이한 발행기준이 만들어진다. 또한 회사채 발행과정이 아직 할당제이고 행정적 영향을 많이 받고 있다. 이러한 모든 문제들은 채권시장의 건전한 발전을 저해해 왔다.

더욱이 재정채권의 유동성이 부족하여 모든 부채수단들에 대한 수익률 곡선이 매우 완전하다. 이는 채권 발행과 유통시장에서 벤치마크 이자율의 부재를 낳고, 그 결과 시장의 가격결정 효율성을 약화시킨다.

공매의 부재로 인해 주식시장에서의 효과적인 재정거래 메커니즘(arbitrage mechanism)의 발전이 오랫동안 지체되고 있다. 이는 가격결정 과정이 완전히 작동하지 못하게 하여 전반적인 운영의 효율성을 낮추는 요인이 되고 있다. 현재 중국의 주식거래비용(평균 50 베이시스포인트)는 더 성숙된 시장들의 비해 높다.

중국의 주식시장은 현재 국내에 A-주와 B-주 시장, 홍콩시장의 레드칩과 H-주 시장으로 구성되어 있다. 채권시장은 은행간 시장, 외환시장, 그리고 은행 장외시장으로 구성되어 있다. 시장의 분할은 재정거래 메커니즘의 부재와 결합되어 중국 자본시장의 효율성을 약화시키고 있다.

기업지배구조도 크게 개선되어야 한다. 중국 상장기업들의 지배구조가 두드러지게 개선되어 왔지만, 몇 가지 역사적이고 시스템적인 제약으로 인해 문제들이 여전히 남아있다. 일부 상장기업들의 지배주주들이 상장된 자매회사의 일상적 비즈니스에 직접적으로 개입하기도 한다. 일부 상장회사에서는 지배구조, 즉 주주총회, 이사회,

감사회 등이 문서로만 존재할 뿐 실제에서는 존재하지 않는 형식적인 것에 불과한 경우도 있다. 일부 국유 상장기업의 경우, 소유구조가 불명확하고, 내부 경영자들이 장악하고 있기도 하다. 일부 상장기업 고위 경영진의 진실성도 만족스럽지 못하다.

시장이 주도하는 심의 메커니즘도 개선이 필요하다. 첫째, 상장폐지 과정이 그러하다. 현행의 상장폐지 절차는 충분히 신축적이지 못하다. 그러면서도 현재의 상장폐지 기준은 지나치게 단순하여 대상에 따라 다양한 기준으로 차별화되어 있지 못하다. 이 점은 중국의 다층적 시장제도의 발전에 도움이 되지 못한다. 둘째, 시장이 주도하는 인수합병(M&A) 메커니즘은 국가가 통제하는 상장기업을 비롯한 일부 M&A 거래에 있어서 여전히 행정적 영향을 받고 있으며, 어떤 경우에는 행정기조가 큰 영향을 미치기도 한다. 시장 참가자의 규칙 준수와 성실도 역시 상대적으로 낮으며, 불법과 위반도 여전히 종종 일어나고 있다. 잘 작동하는 시장에 기초하는 M&A 메커니즘 혹은 기업에 대한 통제 시장의 결핍은 상장기업의 기업지배구조를 약화시키고, 자본시장의 자원배분 능력을 저해했다. 다른 한편, 외국인에 대한 자본시장 개방이 점진적으로 확대됨에 따라 외국인의 M&A 시장 참여가 빠르게 증가했다. 이러한 상황에서 시장 규제당국이 직면한 도전은 "개방되고, 공정하며, 공평한" M&A 시장 환경을 조성하고, 내부자 거래와 시장조작을 효과적으로 척결하고, 시장 중심적 M&A 메커니즘을 지속적으로 최적화하며, 국가간 거래에서 발생하는 법적, 정책적 문제를 해결하는 일이다.

경쟁력

국제적인 관점에서 비교할 때, 중국 증권사들은 아직 상대적으로 규모가 작으며, 따라서 핵심 경쟁력을 더 발전시킬 필요가 있다. 주요 국제 경쟁자들과 비교할 때, 주주들의 지분을 제외하고는 중국의 증권사들은 총자산과 관리하고 있는 자산 면에서 여전히 상대적으로 소규모이다.

중국의 증권사들은 비즈니스 모델에 있어서 차별성이 부족하다. 현재 중국의 증권사들의 이익 대부분은 중개업무로부터 나오고 있다. 직접투자와 M&A 자문 서비스 등 고부가가치 서비스는 순수입 중 작은 부분만을 차지하고 있다. 이들 대부분 기업들의 비즈니스 모델은 단순하며 서로 유사하다.

중국 증권사들의 지배구조 및 내부통제가 취약하다. 첫째, 현재 증권산업의 소유구조는 최적이 아니어서, 지배구조를 개선하려는 노력에 장애가 되고 있다. 두 가지 극단적인 상황이 존재한다. 어떤 증권사의 경우에는 주식소유가 하나의 주주로 고도로 집중되어 있다. 이러한 경우 경영팀이 이 지배주주의 통제를 받게 되는 것이 보통이다. 또 다른 경우에는 주주가 수많은 소액 투자자들로 분산되어 있어, 주주총회와 이사회의 경영에 대한 감독기능을 약화시키고, 기업의 내부자 통제(insider control)와 경영자 참소(managerial entrenchment)에 취약한 구조를 갖기도 한다.

증권사들의 현행 지배구조는 여전히 개선될 필요가 있다. 일부의 경우, 주주총회, 이사회, 감사회 등의 기구들이 법률과 규제가 정한 역할을 수행하지 못하고 있고, 그 결과 고위 경영자들이 통제권을 전유하기 쉬운 구조가 되어 있다. 어떤 증권사의 경우 내부통제는 단지 형식에 불과하고 매우 취약하다. 그 결과 그런 증권사들의 경우, 사업 단위간 그리고 본부와 지점간 내부적 견제와 균형 절차가 부족하다. 게다가 대부분의 증권사들은 효과적인 인센티브 및 징계 메커니즘을 구축하고 있지 못한 상태이다. 이로 인해 이들 증권사들의 경영진은 단기적인 결과를 중시한다. 이것이 증권산업 전체의 경쟁력—이는 인적자본의 배치에 크게 의존한다—을 제고하는 것을 매우 어렵게 만들고 있다.

혁신역량 또한 더욱 강화될 필요가 있다. 현재로써는 증권사들이 새로운 상품, 새로운 비즈니스, 새로운 형태의 조직 등을 발전시키는데 너무나 많은 제약조건들이 작동하고 있어, 산업 전체의 혁신역량이 제한되고 있다.

상하이와 선전 증권거래소의 통계에 따르면, 중국의 주식시장은 아직 장기투자가 부족한 상태이고, 단기투자가 주를 이루고 있다는 점이 특징이다(개인 투자자가 지배하는 상황에 대해서는 그림 16.9 참조). 더 성숙된 시장의 투자자들과 비교할 때, 중국 증권시장의 평균 거래회전율(turnover rate)이 높다. 투자행위의 관점에서 보면, 개인 투자자, 특히 중소규모의 개인 투자자들의 투자성향은 소자본이고, 저가이며, 경영이 부실하고 높은 주당이익(PE)의 주식을 보유하고 거래한다. 또한 기관투자자들과는 반대로, 이들은 주식보유 기간이 짧고, 상대적으로 빈번히 거래한다.

중국의 기관투자자들 또한 국제 기관투자자들에 비해 주식을 더 짧은 기간 동안

그림 16.9 | 2007년 말 중국 주식시장의 여러 투자자 유형별 시장점유

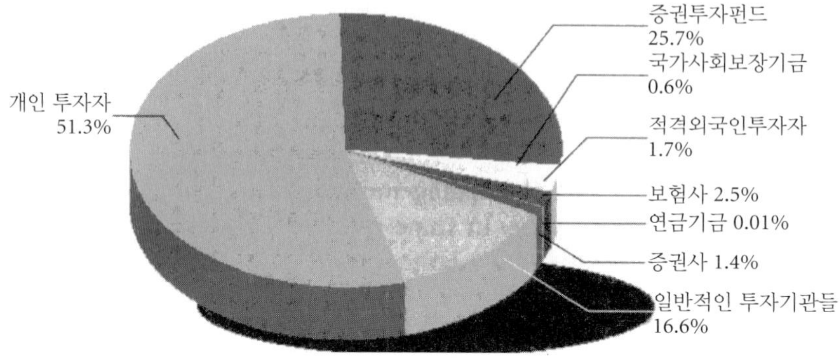

출처: 중국증권감독관리위원회

만 보유하는 경향이 있고, 더 빈번히 거래하며, 단기 투자 이익에 대한 욕구가 강한 경향을 보이고 있다. 아울러 현재의 기관투자자들은 투자전략과 투자대상에 있어서 지나치게 동질적이어서, 중국 주식시장의 장기적 발전에 악영향을 끼칠 수 있다.

펀드관리회사들의 비즈니스 모델들도 단순하고 차별화되어 있지 않으며, 펀드상품들의 범위 또한 제한되어 있다. 빠른 발전에도 불구하고, 중국의 펀드관리회사들은 불균형적인 자산과 상품 구조를 갖는 경향을 띤다. 펀드관리회사들의 주주구조가 불균형이고 장기 인센티브 메커니즘이 존재하는 않는다는 사실은 이 산업의 향후 발전에 중대한 장애물이 되었다. 아울러 중국 펀드관리 산업의 대대적인 확장으로 자격을 갖춘 펀드 매니저가 시급히 필요해 졌다. 이러한 재능의 부재로 인해 이 산업의 발전이 지체되고 있는 것이다.

증권투자펀드와 비교할 때, 기타 기관투자자의 자본시장 진출은 아직 저조하고 영향력도 제한적이다. 첫째, 중국의 사회보장 시스템이 국가 전체의 경제발전에 비해 낙후된 상태이다. 둘째, 보험회사들의 자본시장 투자는 절대적으로나, 보험산업 전체의 총자산 대비 상대적으로도 소규모이다. 이들 기관들의 낮은 자본시장 참여도뿐만 아니라 상대적으로 부진한 발전으로 인해 중국 자본시장에는 장기투자가 부족해지는 현상이 발생했다.

중국의 사모펀드 관리 산업도 저발전되어 있다. 해외시장에서는 사모펀드가 잘 발달되어 있어 여기에 참여하는 투자자의 수도 많다. 반면 부실한 관리와 퇴출 전략의 부재로 인해 국내 사모펀드는 그 중요성이 비교적 미미하고, 발전도 더디다. 당연히 이들의 시장 영향력도 제한적이다. 그 결과 중국에서는 외국의 벤쳐 자본과 사모펀드가 주도적 역할을 담당하고 있다.

법제적 환경

다른 어떤 이행경제의 이머징 시장처럼 중국 자본시장의 발전은 여전히 여러 구조적, 제도적 문제로 인해 제약되고 있고, 이는 법제의 점진적인 개선을 통해서만 해결될 수 있을 것이다. 또한 최근 자본시장의 빠른 발전과 함께 기존의 법률, 규정, 규제에 대한 조정, 개정, 그리고 개선이 필요할 것이다.

규제와 감독 틀의 발전이 시장의 발전에 뒤쳐져 있고, 감독역량 또한 더욱 제고될 필요가 있다. 여기에 더해, 관료주의 체제와 그와 관련된 요인에 의한 제약으로 인해 규제 전문가들의 전반적인 전문성이 만족스런 수준에 달하지 못하고 있고, 규제와 감독의 전반적인 효율성이 최적상태에 도달하지 못하고 있다.

규제 시행의 효율성도 더욱 개선되어야 한다. 규제 및 감독 기관들 사이의 더욱 효율적인 공조가 필요하다. 여기에 더해, 자기 규율적인 조직들이 완전히 기능하지 못하고 있을 뿐만 아니라, 감독기관들로부터 독립적으로 기능할 능력이 여전히 부족하다. 튼튼한 주식문화의 구축은 계속 진행 중인 것이다.

❖ 전략과 전망

첫째, 중국의 자본시장은 지속적인 경제발전에 대해 전폭적인 금융적 지원을 제공할 것으로 기대된다. 둘째, 중국 산업구조의 전환과 미래 경제발전 패턴의 개선을 위해서는 자본시장을 통한 효율적인 자원배분을 요구할 것이다. 셋째, 은행부문에 집중되어 있는 금융 리스크를 분산하는 것은 자본시장이 활력적이고 유연한 경우에만 달성될 수 있는 일이다. 넷째, 자본시장은 연금제도, 의료보험제도, 그리고 농촌경제의 개혁과 관리를 촉진할 수 있는 금융서비스와 금융상품을 제공함으로써, "조화로운 사회"의 건설에 기여할 것으로 기대된다. 다섯째, 금융시장의 글로벌화로 전 세계 자본시장과 금융센터들 사이의 경쟁이 더욱 치열해지고 있다. 자본시장의 경쟁력은 국가경쟁력의 중요한 부분이 되었다.

이러한 모든 기회와 도전이 존재하는 상황에서, 중국 자본시장의 발전 역사를 검토하고 그로부터 교훈을 배우며, 시장발전의 추세를 이해하고, 적절한 전략과 전술을 세우며, 지속 가능한 중국 자본시장 발전을 확립하는 것은 매우 유의한 일일 것이다. 중국은 자본시장의 미래 발전에 있어서 커다란 도전과 동시에 기회에 직면하고 있는 것이다.

중국 자본시장의 전략적 목표는 공정하고, 투명하며, 효율적인 시장을 건설하여 더 높은 자원배분의 효율성을 달성하는 것이다. 추가적으로, 중국은 세계 금융 시스템에서 더욱 개방적이고 중요한 지위를 갖게 되기를 희망하고 있다. 이러한 목표를 달성하기 위해, 중국은 "자본시장의 개혁 · 개방과 지속적인 성장을 촉진하는 것에 대한 국무원 의견"을 견지하면서, 다음과 같은 다섯 가지의 근본 원칙을 채택하고 있다.

- 자본시장을 국가발전 전략의 일부분으로 격상하고 그 중요성에 대한 대중의 인식 제고
- 자본시장을 국민경제로 통합하고, 그 발전을 경제 및 사회적 목표와 조정
- 시장 참여자들에 대한 인센티브 제공을 통해 자유화의 진전에 매진
- 법적 규정의 실행과 시장 규제의 강화
- 중국의 글로벌 경쟁력 강화를 위해 점진적으로 시장을 개방

중국 자본시장에 대한 전망(2020)

과거 20년간 중국의 자본시장은 1990년에는 거의 예상하지 못했던 방식으로 발전했다. 그러한 경험을 토대로, 또 세계적으로 우수한 경험을 빌려, 나는 중국이 자신의 시장 잠재력을 완전히 실현할 수 있는 자본시장 발전 전략을 수립할 것이라고 확신한다. 이 과정을 통해 중국의 자본시장은 성장하고 번성하여, 경제에 크게 이바지할 것이다.

2020년까지 중국의 법적 · 규제적 틀은 보다 정교해지고 완벽해 져서, 보다 공정하고, 투명하며, 효율적인 시장 시스템을 뒷받침하게 될 것이다. 중국은 또한 채권, 주식, 상품, 그리고 금융파생상품 등에 대한 시장의 깊이와 폭을 크게 확장하여, 더욱 풍부한 금융상품들과 다양한 거래 플랫폼을 제공함으로써 중국 기업들이 금융 경쟁력을 확보하는데 도움이 될 것이다.

중국의 자본시장이 2020년 성숙된 시장에 도달하는 시점까지, 증권사, 펀드관리사, 선물회사 등은 더 높은 수준의 경영, 건전한 지배구조, 효과적인 인센티브 제도, 그리고 정교한 위험관리 구조를 구축하게 될 것이다. 세계적 지역적 지식을 갖춘 수많은 금융 전문가들이 중국 금융시장에 봉사하기 위해 합류하게 될 것이다.

2020년까지 중국의 자본시장은 이행경제의 이머징 시장에서 보다 성숙한 시장으로 발전할 것이다. 완전히 기능하는 이러한 시장들은 조화로운 사회에서 핵심 요소로 기능하여, 성장하는 중국경제의 필요를 충족시켜 줄 것이다.

17 | 중국의 채권시장: 개혁, 개방 그리고 성장

린 이시앙
티안시앙 투자 컨설팅

중국의 채권시장은 1949년 중화인민공화국 건국 이래로 1950년대 초반 짧은 기간 동안 존재했었다. 하지만 1969년에서 1980년 사이 채택된 이른바 "대내외 무(無)부채" 정책으로 인해 채권시장은 더 이상 존재하기 않게 되었다. 1981년 중국은 정부채 발행을 재개하여 중국 채권시장의 새로운 시장을 열었다.

❖ 정부채

중국 정부채 시장의 발전은 초기(1981~87년), 재정적자 충당기(1988~94년), 그리고 1994년 이후의 정부채 시장 성장기 등 3단계로 구분된다. 이 과정의 시작은 1981~87년이었다. 중국의 "개혁 및 대외개방" 정책은 정부에 의한 국민소득의 재분배를 요구하는 것이었는데, 이는 결국 1979년과 1980년 정부의 재정적자를 의미했다. 재정충당을 위해, 국무원은 "중화인민공화국 재정증권에 관한 규제"를 공표하고, 재정부는 정부채 발행을 시작했다. 이것은 공식적인 채권시장의 시작을 의미하는 것이었다. 그러나 그 발행규모는 연간 총 100억 위안으로 매우 작았다.

1988년부터 1994년까지 정부채 발행은 그 규모 면에서는 다소 증가했지만, 재정채권(증권)은 재정부가 정부에 재정을 지원하기 위해 중앙은행으로부터 차입하고자

그림 17.1 | 유동성 재정증권과 GDP대비 비율에 의한 발행액의 비교

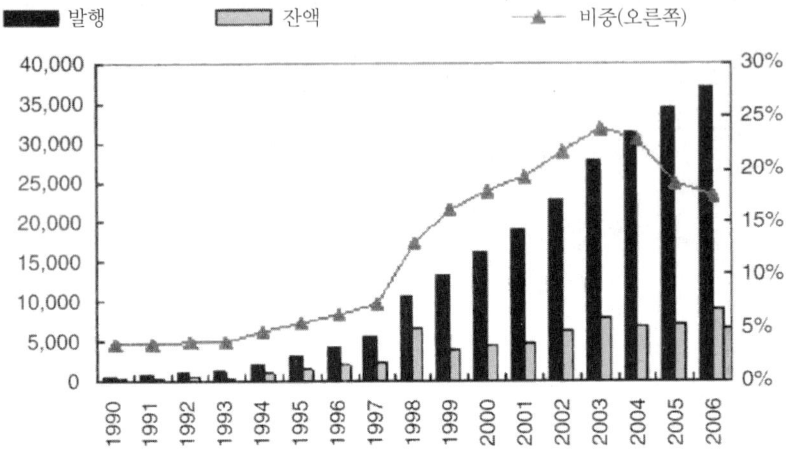

출처: TX 투자 컨설팅 주식회사

할 때, 중앙은행이 제공한 재정부 당좌대월(overdraft)로부터 발생한 재정 부족분을 메꾸는데 주로 활용되었다. 그 결과 정부채 시장에서 작동하는 내적 힘은 아직 원시적인 수준에 머물러 있었다. 1994년 이후, 국무원은 재정부가 더 이상 중앙은행으로부터 당좌대월 대출을 받을 수 없도록 하는 규정을 마련했다. 이에 따라 정부채 발행은 국가 재정적자를 보전하고 정부부채에 대한 이자를 지불할 수 있는 유일한 방안이 되었다. 그 결과 정부채 시장이 활발하게 확장되었다. 1990년에서 2006년까지의 정부채 발행 및 잔액에 대해서는 그림 17.1의 그래프를 볼 것. 1995년에는 중국에서는 최초로 정부채의 발행이 벤치마크 1,000억 위안을 초과했다.

1997년 이후, 중국은 아시아 금융위기에 대응하고 국내수요 진작을 위해 선제적인 금융개혁 정책을 실시했다. 정부채 발행은 2006년 6,500억 위안에 도달할 때까지 빠르게 증가했다. 최근에는 정부채의 이상적인 수익률 곡선을 확립하기 위해 재정부는 1, 2, 5, 7, 10년 만기 채권을 고르게 발행했다(그림17.2 참조). 이와 동시에 단기채를 상대적으로 더 많이 발행하여 국가부채의 만기구조를 좀 더 합리적인 방향으로 조정하는 등, 정부채에 대한 대차대조표 관리가 개선되었다.

❖ 회사채

중국에서 회사채의 발전에서 결정적으로 중요한 이정표적 년도는 1987년, 1993년, 2007년이었다. 1987년 이전에는 채권과 유사하고 감독이나 어떠한 법적 혹은 규제적 기초 없이 기업들이 발행한 상품들로 시장이 번창했다. 회사채 시장에 대한 통일적 관리는 1987년에야 시작됐다. 1993년 이후에는 법률에 따라 발행된 회사채가 크게 성장했다. 2007년 이후부터는 정부와 시장 규제 당국이 중국의 회사채 시장의 발전을 촉진하기 위한 수많은 조치들을 수립하고 실행했다.

1987년 이전에는 중국의 기업들은 회사채와 유사한 방식을 통해 자금을 조달했다. 차입자들은 일반 투자자를 대상으로 내부적인 채널을 통해 이러한 금융수단들을 발행했다. 1986년 말 기준 총 100억 위안의 어음이 발행된 것으로 추정되었다. 이러한 행위에 대한 아무런 중앙의 통제 또는 감독도 존재하지 않았기 때문에, 시장은 기본적으로 "자생적 발생"의 단계에 머물러 있었다. 1987년 국무원은 "회사채 관리에 관한 임시조치"를 공표하고 채권발행 절차에 대한 통일된 관리를 수행하기 시작했다. 같은 해, 국무원은 회사채 발행 계획안도 수립했다.

그림 17.2 | 2000년 이후 재정증권 발행의 만기구조

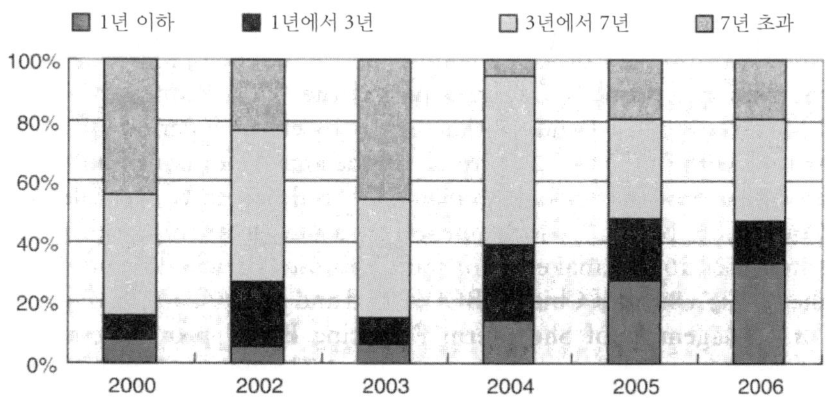

출처: TX 투자 컨설팅 주식회사

그림 17.3 | 중국 회사채, 전환사채, 기업어음의 연도별 발행액(1992-2006)(단위: 억 위안)

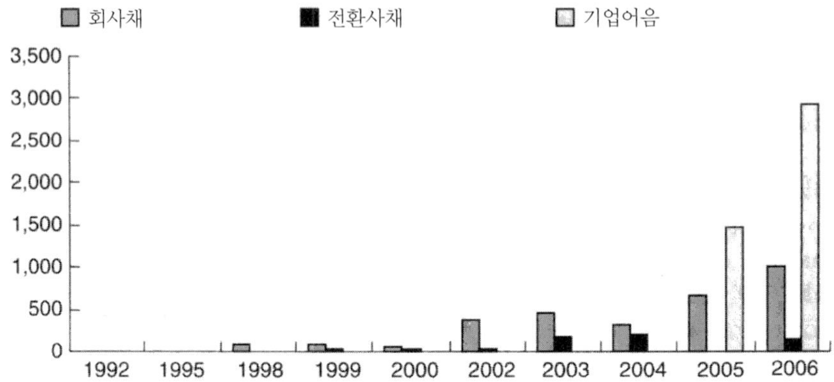

출처: TX 투자 컨설팅 주식회사

1993년 8월, 국무원은 "회사채 관리 조치"를 공표했고, 같은 해 말 전국인민대회에서는 "중화인민공화국 회사법"을 통과시켰다. 중국의 회사채 시장은 매년 발행채권이 증가하는 등 안정적인 성장기를 구가하기 시작했다. 2005년 5월에는 중국인민은행이 "단기 금융채 관리 조치"를 공표하여, 기업어음에 대한 법적 근거를 마련했다. 이 조치는 2005년 5월 25일 발효되어 단기 및 운전 자본 조달을 위한 새로운 채널을 제공했다(그림 17.3 참조).

원자바오 총리가 금융공작회의에서 정부는 채권시장 발전을 촉진하고 회사채의 발행 규모를 늘려야 하며, 전체적으로는 직접금융에서 회사채의 활용을 확대해야 한다고 상기시킨 2007년 중국의 회사채 시장의 성장은 새로운 단계로 진입했다. 2007년 6월 1일에는 "중화인민공화국 기업 파산법"이 발효되었다. 새로운 기업 파산법은 부채로서의 회사채에 대한 법적 틀을 획기적으로 개선했을 뿐만 아니라 채권자 보호를 강화하고 채권자에 대한 우선권을 확정했다. 2007년 8월 14일, 중국증권감독관리위원회(CSRC, 이하 증감위)는 공식적으로 "회사채 발행을 위한 시범조치"를 공표하여 이전의 "회사채 관리조치"에 비해 발행 대상자의 범위를 크게 넓히고, 절차를 간소화하여 발행 효율성을 높였으며, 행정 및 계획 절차에 크게 좌우되는 심의제도를 폐지했다. 이는 또한 회계감사 시스템을 실시하고, 동일한 기업 채무자의 복수발행에 대해 동시 승인 제도를 채택했다. 이러한 새로운 조치들에 발맞춰, 발행금리가 점차 시장에서 결정되어 가게 되었다. 의무보증제도는 폐지되었다. 이용할 수 있는 발행절차도 확대되었다. 증감위의 회사채에 대한 감독 및 규제권한이 보다 명확하게 규정되었고 확정되었다. 불필요하게 여러 단계를 거치던 규제절차도 체계화되었다. 중개기관의 책임이 강화되었고, 수탁책임도 제도화되었으며, 채권소유자의 권리는 강화되었다. 현재 중국의 회사채 시장은 가속적인 발전과정에 있다.

❖ 금융채

중화인민공화국 상업은행들의 금융채 발행은 1985년에 허용되었다. 1988년에는 비은행금융기관들의 금융채 발행이 허용되었고, 1994년에는 정책은행들(즉, 비상업은행들, 비은행금융기관들)이 설립되어 금융채의 주요 발행기관이 되었다.

1985년 금융자산 다양화를 촉진하고 금융기관의 자본 확충을 위해 중국공상은행과 중국농업은행이 금융채를 발행하기 시작했다. 그 후, 뒤이어 다른 금융기관들도 1987년까지 약 95억 위안의 채권을 발행했다. 1988년에는 특정 비은행금융기관의 채권발행이 공개적으로 허용되었다. 1994년 정책은행이 설립되어 상업은행으로부터

그림 17.4 | 연도별 금융채 발행액, 1998-2007년 (단위 : 억 위안)

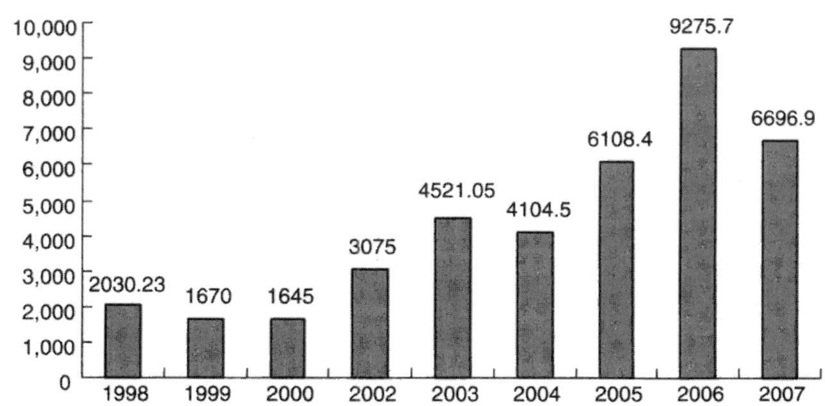

출처: TX 투자 컨설팅 주식회사

분리된 후, 정책성 금융채가 발행되기 시작했다. 이러한 금융채는 사실상 정부 신용으로 뒷받침되었기 때문에, 그 발행이 상대적으로 유연하게 이루어졌다. 이러한 정책성 금융채의 발행규모는 매년 증가하여 2006년에는 총 액면가액이 약 1조 위안에 달했다(그림 17.4 참조).

❖ 자산유동화증권

중국에서의 자산 증권화는 1992년에 처음으로 시험적으로 시행되었다. 중국발전은행과 중국건설은행은 자산유동화증권(ABS: Asset Backed Security)과 모기지담보부증권(MBS: mortgage-backed security) 발행의 시범기관으로 기능했다.

중국은 비교적 뒤늦게 자산 증권화를 시작했다. 하지만 금융기관들의 적극적 참여와 규제당국의 강력한 권유로 원점에서 출발한 이 분야에서 수많은 발전의 계기가 마련되었고, 빠른 성장을 이룩하기 시작했다. 1992년 하이난 프로젝트는 "부동산 투자증권"을 발행한 첫 번째 사례로서, 자산 증권화를 학습할 수 있는 계기가 되었다. 1996년부터 2002년까지 중국의 발행기관들은 일련의 역외 증권화 상품들을 발행했으며, 2003년과 2004년에는 몇몇 국내 증권화 상품이 승인되었다. 2005년 3월에는 중국발전은행과 중국건설은행이 증권화 신용자산 및 MBS 발행 시범기관으로 승인되어 중국 내에서의 ABS 발행이 공식적으로 개시되었다. 2005년 말, 중국발전은행은 41.77억 위안을 발행하는데 성공했고, 중국건설은행은 은행간 시장에서 30.19억 위안 규모의 주택모기지담보부증권을 발행했다. 이것은 공식적인 정책적 승인에 의한 대규모 ABS 발행의 첫 사례였다. 이 두 가지 시범사업의 결과는 중국 자산증권화 산업에서 이정표적 성취였다. 아울러, 두 가지 다른 ABS 상품이 2005년에 출시되었다. 중국은 자산 증권화의 이론적 단계에서 실천단계로의 중요한 이행단계를 통과함으로써, 2005년은 중국에서 자산 증권화 "원년"으로 기록되었다.

중국의 증권화 자산은 이후 2005년 171.34억 위안에서 2006년 471.51 위안으로 한 해 동안 175.2% 증가했다. 2006년에는 상하이 및 선전 거래소에서 상장사들이 발행한 증권화 상품규모는 164.05억 달러로 "원년"의 99.4억 위안 대비 65.04% 증가했다. 은행간 시장에서 거래된 자산 증권화 상품의 총 가치는 123.80억 위안으로, 2005년의 71.77억 위안 대비 72.49% 증가했다. 2006년 12월 말 기준, 중국의 증권화 상품의 총 액면가는 471.51억 위안에 달했다.

하지만 중국의 ABS 상품 시장은 현재 소규모이며 투자자의 부족으로 인해 시장 유동성이 실제적으로 제한적이다. 기업공개에 있어서의 적극성에 비해, 유통시장은 여전히 가라앉아 있다. 증권화 자산에 관한 법률과 규제는 아직 구속력이 약하고 신용평가 기관의 공신력도 미흡하다. 증권화에 활용될 수 있는 기초자산 시장이 아직 완전히 발전하지 않아 중국에서 증권화 상품이 발전할 수 있는 속도에 영향을 미치고 있다.

❖ 시장 시스템

중국의 채권 유통시장은 1987년 장외거래 시스템으로부터 출발했다. 1990년 상하이 증권거래소의 설립으로 채권시장은 장외거래와 거래소 시스템 두 가지가 함께 발전했다. 1997년에는 모든 은행들이 거래소에서 철수하고 은행간 시장을 형성했다. 그 이후, 이 은행간 시장은 중국 채권에 대한 주 시장이 되었다.

1987년 이전에는 정부채가 유통시장 없이 발생시장에서만 거래될 수 있었다. 1987년 1월 5일, 중국인민은행의 상하이 지점이 "장외 증권거래에 대한 임시규칙"을 발표하여 허가된 금융기관에 한하여 정부채, 금융채, 회사채의 장외거래를 승인했다. 1988년 초 중국은 7개 자치 시범 지역에서 정부채 "거래 프로그램"을 시행했는데, 이는 정부채 시장의 탄생을 의미했다. 1990년에서 1991년까지 상하이와 선전 증권거래소가 정부채 거래를 허용하기 시작했다. 이 정부채 시장은 장외거래와 함께 추진되었다. 거래소 시장은 "신고양식 작성"을 통한 거래 시스템을 채택했다. 중앙은행은 1997년에 상업은행 신용이 주식시장으로 빠져나가는 것을 막기 위해 모든 상업은행들을 주식시장으로부터 철수시켰다. 이와 함께, 상업은행들만의 채권거래 시장인 국가 은행간 채권시장(National Interbank Bond Market)이 설립되었다. 이 은행간 시장에서는 실시간 호가에 의한 채권이 거래되는 시스템이 채택되었다. 그 이후, 중앙은행은 보험사, 증권사, 뮤추얼 펀드, 대부회사, 신탁회사 등 기본적으로 모든 중국 금융기관들이 은행간 채권시장에 진출하여 거래할 수 있도록 하는데 성공했다.

최근 수년간, 은행간 채권시장은 예탁금 기준으로 중국 최대의 채권시장으로 성장했다. 현재 중국의 채권시장은 내부시장(상하이와 선전 증권거래소)과 외부시장(은행간 시장과 장외거래 시장)으로 구성되어 있다. 거래소 내부시장에서의 거래는 상하이 증권거래소에 집중되어 있고, 은행 외에도 모든 종류의 일반 대중 투자자들이 참여하고 있다. 거래소는 소매시장을 제공하고, 단일가매매(aggregate auction) 혹은 동시호가매매(call auction) 원리에 기초하여 시장 조성자의 역할을 수행한다. 여기서는 순거래양이 결제(settlement)된다. 거래소 밖에 존재하는 외부시장에서 가장 큰 부분은 은행간 시장에 집중되어 있는데, 이 시장에는 모든 종류의 기관투자자들이 참여하고 있다. 이 시장은 도매시장이다. 거래를 하고자 하는 양 당사자가 협상을 하고, 결제는 수량별로 이루어진다. 이러한 은행간 시장은 전체 채권보유 및 거래의 약 90%를 차지하면서 채권시장의 주를 이루고 있다(그림 17.5 참조).

그림 17.5 | 거래소와 은행간 채권시장의 거래량 비교(단위: 억 위안)

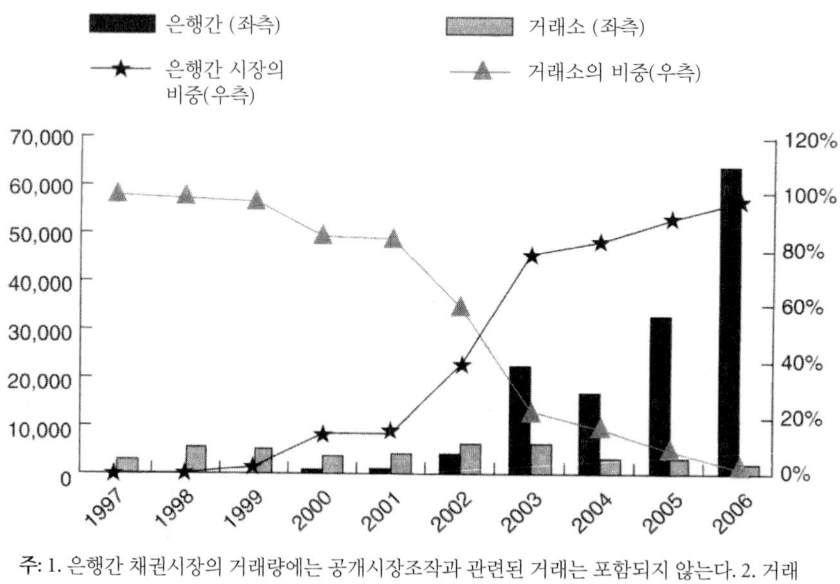

주: 1. 은행간 채권시장의 거래량에는 공개시장조작과 관련된 거래는 포함되지 않는다. 2. 거래소에서의 채권거래에는 거래소 채권시장에서 거래되는 재정증권, 회사채, 전환사채 등이 포함된다.

출처: TX 투자 컨설팅 주식회사

채권 거래수단의 진화

현물 거래수단들에 더하여, 중국의 채권시장은 환매시장, 선도시장, 금리스왑, 정부채 선물, 양방향 고시제(two-way quotation system: 유가증권가격 고시(告示)에서 매입율(bid rate)과 매도율(offer rate) 두 가격 모두 고시하는 제도–역자) 등을 점진적으로 도입했다.

환매(Repo) 시장의 발전

중국의 정부채 "환매"거래는 1991년에 시작되었다. 1991년, 상하이 증권 거래소에 증권 자동 시세 시스템(STAQ: Securities Trading Automated Quotation System)이 구축된 후 얼마 지나지 않아 정부채 환매업무의 개시가 발표되었다. 1993년 후반 상하이 증권거래소는 국채 환매상품을 출시했다. 중국 주식시장의 빠른 성장과 함께, 정부채 발행과 채권 현물거래의 증가로 자본에 대한 대규모 수요가 나타났다. 정부채를 주요 수단으로 한 환매금융은 빠르게 확대되었다. 하지만 엄격한 시장통제나 규제, 그리고 통합적 채권관리와 결제 시스템이 존재하지 않았던 탓에, 시장은 곧 불안정해졌다. 위조 또는 허위거래가 광범위하게 발생하여 막대한 위험을 키우기도 했다.

중국인민은행은 1995년에 재정부 및 증감위와 공동으로 환매시장 정화계획을 실행했다. 2004년에는 국채 단순매입(Outright Purchase) 거래에 대한 결제와 보증을 위한 증권관리 시스템, 즉 중국에서는 "매입 환매(Buyout Repo)"라 불리는 시스템이 은행간 채권시장에 도입되었다. 2006년에는 중국 증권산업협회가 담보부채권 환매 인증계약에 대한 지침을 발행하고, 2006년 5월8일부터 실행하기 시작했다. 이 문건은 담보부채권 환매업무와 관련된 투자자와 증권사의 권리와 의무를 구체화하고 양측의 법적 관계를 규정하고 있다. 아울러 이 지침은 양측의 업무를 표준화하여 점차 중국의 환매시장을 정성궤도에 올려놓는 데 기여했다. 그 이후 얼마 지나지 않아 은행간 시장에서의 업무가 단기간 내에 크게 증가했다. 지금은 환매업무량이 현물 거래에 비해 훨씬 많은 실정이다.

채권선도(bond forward) 거래의 발전

금리의 시장화(자유화)와 현물시장의 유동성 증진을 위해 "매입 환매"가 2005년 5월 시작된 이후, 중국인민은행은 "은행간 국채시장의 채권 선도거래 관리에 관한 규칙"을 발표했다. 이 규칙은 2005년 6월 15일부터 시행되었다. 얼마 후 중국인민은행은 이에 따른 관련 규정들을 마련했다. 2005년 6월 13일에는 중앙청산공사(Central Clearance Company)가 "은행간 국채시장 선도거래에 관한 규칙"과 "채권거래 청산에서의 마진과 관련된 관리방안 세부규칙"을 발간했다. 하지만 이러한 규칙들에 따르면, 선도거래 기간은 365일을 초과할 수 없기 때문에 헤지와 가격 결정 등 선도거래의 이점들을 완전한 누릴 수는 없었다. 동시에, 선도시장 참여자들의 구성도 불균형적이었다. 즉, 상업은행이 주도했던 것이다. 그 결과 선도시장이 처음 도입되었을 때, 이 시장이 사실상 매우 활발하게 작동한 것은 아니었다(표 17.1 참조).

금리스왑의 발전

2006년 1월 24일, 중국인민은행은 "위안화 금리스왑 발전을 위한 시범사업과 관련된 사항에 관한 통지"를 공표했다. 이 통지는 위안화 금리스왑 거래를 시험할 기관의 설립을 허용하는 것이 주요 내용이다. 현재 금리스왑 거래에서 변동 기준금리는 시장금리와 관리금리 2가지 유형으로 분류된다. 시장금리는 주로 7일물 환매 이자율(R007)을 기준금리로 이용한다. 반면, 관리 기준금리는 주로 인민은행이 공표하는 1년 정기 예금금리를 이용한다. 추가적으로 6개월 정기 예금금리와 3년 만기 대출금리 등이 있다.

시장금리 시스템—단기자금시장 금리를 핵심으로 하고 그것이 단기자금시장 상품들의 시장가격 결정에 지침이 되는—을 구축하고, 상하이 은행간 매도율(SHI-

표 17.1 | 거래 건수 및 금액별 채권 선도거래 2005~07년

년도	거래건수	거래액(억 위안)
2005	108	177.99
2006	398	664.46
2007년, 1분기	253	357.19
2007년, 2분기	291	648.95
합계	1,050	1,848.59

출처: 2007년 2분기 중국 통화정책 보고서

표 17.2 | 거래건수 및 명목가치 별 금리 스왑거래 2006~07년

년도	거래건수	명목원금(억 위안)
2006	103	355.70
2007년 1분기	276	393.64
2007년 2분기	636	639.02
합계	1,015	1,388.36

출처: 중국 통화정책 2분기 보고서, 2007

BOR)을 더욱 육성하며, 단기자금시장과 파생상품시장의 발전을 촉지하기 위해, 국가 은행간 매도센터(National Interbank Offering Center)는 SHIBOR에 기초한 금리스왑 가격결정 정보 게시를 위해 인터넷 기반 네트워크(www.shibor.org)의 개발을 승인했다. 이 금리정보는 2007년 7월 4일 인터넷에 게시되었다. 하지만 현재 금리스왑 거래의 90% 이상이 R007을 기준금리로 사용하고 있다. 이는 R007 금리가 현재 시장에서 가장 중요한 단기금리이고, 영향력도 상당히 크며, 동시에 이것이 실제 거래에 기초한 금리이기 때문이다. 기관 가운데 소수만이 다양한 만기의 SHIBOR를 이용하고 있다.

규제상 현재로써는 금리스왑 시장에 대한 참여를 일정 요건을 갖춘 시장 참가자만으로 한정하고 있다. 그 결과 대부분의 금융기관이 금리스왑 거래에서 배제되고 있다. 이러한 금융기관들로는 시범기관으로 지정되지 않은 비은행금융기관들과 양질의 자산을 보유한 중소 상업은행들도 포함된다. 이 때문에 금리스왑 시장의 깊이가 일천하고, 따라서 시장 유동성에도 영향을 받는다. 비록 2007년 이후 스왑시장에서의 거래가 빠르게 증가하긴 했지만, 거래건수와 규모 면에서 이 시장은 전반적으로 아직 초기 단계에 머물러 있다(표 17.2 참조).

정부채 선물시장의 발전

중국 정부채 선물시장 거래는 1992년 12월 28일에 시작되었다. 이와 동시에, 상하이 증권거래소가 자신의 계정을 보유한 딜러들에게만 동일한 선물거래를 할 수 있도록

했지만, 매매는 매우 더뎠다. 1993년 10월 25일에는 상하이 증권거래소가 정부채 선물거래를 일반 대중에게 공개했다. 이와 동시에, 베이징 상품거래소에 설치된 선물거래소가 정부채 선물거래의 시작에 있어서 선도적 역할을 했다. 1994년부터 1995년 춘절까지, 정부채 선물거래는 매우 빠르게 성장했다.

시장의 규제적 측면이 미완인 상태로 남아 있다. 상품들이 충분히 제공되지 못하고 있고, 리스크 관리가 대체로 무시되고 있어, 시장에는 과도한 기회주의와 무모한 행태가 나타나기도 했다. 이것은 매우 부정적인 결과들을 초래했고, 1995년 5월 증감위는 관련사업을 중단했다. "전국의 모든 정부채 선물거래 시범사업의 일시 중단에 관한 임시 통지"를 공표하여 정부채 선물의 거래를 중단시켰던 것이다. 오늘날까지도 정부채 선물시장은 재개되지 않고 있다.

양방향 고시의 제도화

1997년 은행간 채권시장이 공식적으로 출범한 이후, 거래가 충분히 활발하게 이루어지지 않았고, 시장에서의 유동성도 불충분했다. 시장 유동성을 개선하기 위해 중앙은행은 2000년 4월에 "국가 은행간 국채 시장에서의 거래에 관한 관리 조치"를 공표했다. 이는 승인절차를 통과한 금융기관이 양방향 고시제(two-way quotation system)에 기초한 채권거래를 가능하게 한 것이었다. 2001년 중국인민은행은 "은행간 채권시장 양방향 고시 사업의 범위 및 지원과 관련된 문제에 대한 중국인민은행 통지"을 공표하여, 이 업무에 종사하는 딜러들이 준수해야 할 조건들뿐만 아니라 이들의 권리와 의무를 규정하는 규칙을 발표했다. 이는 딜러들 사이의 양방향 고시제에 대한 기본적인 틀을 확정하는 것이었다. 이 제도가 시행된 후, 채권시장의 유동성은 어느 정도 개선되었다(그림 17.6).

❖ 예탁 및 결제 시스템

중국의 채권시장이 처음 시작할 때는 종이로 된 채권을 거래했다. 현재의 거래에서는 거래기록이 전자로 보존되므로 종이가 필요 없는 방식이다. 1996년에 중앙증권등기

그림 17.6 | 은행간 채권시장의 연간 채권회전율의 비교

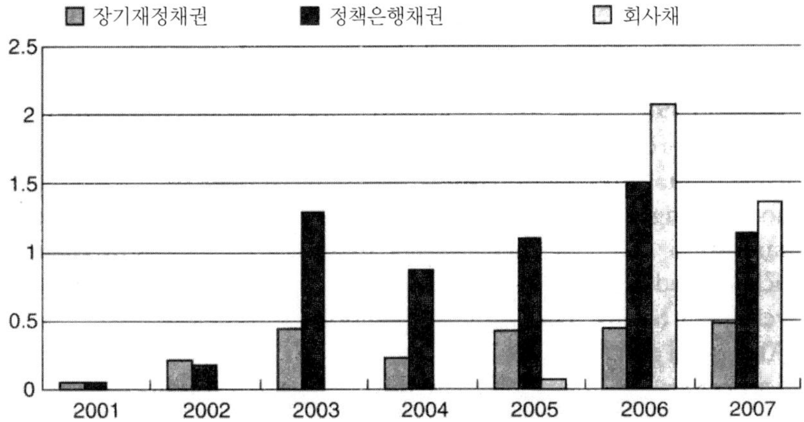

주 : 회전율 = 연간 거래량/[(전년 말 잔액 + 당해 년 말 잔액)/2]
출처: TX 투자 컨설팅 주식회사

(약자로 CSD로 알려짐)라는 형태로 청산기관이 설립되었다. 채권청산기관은 "중국국채등기결산공사"(China Government Securities Depository Trust & Clearing Co. Ltd), 약자로 CDC라 불렸다. 이것은 중국 채권시장의 발전과정에서 중요한 사건이었다.

정부채가 무기명의 종이를 사용하던 1996년 이전에는 통합된 예탁기관이나 관리기관이 없었다. 채권들이 발행되기 시작한 이후에는 보관대행 전문기관이 채권들을 보관했다. 중앙 관리기관의 부족으로, 이러한 보관대행 전문기관 중 일부는 "대리등기증(Proxy Depository Slips)"을 사용했는데, 그 결과 "공(空) 채권" 또는 존재하지 않는 정부채의 과도한 발행을 유발하여 심각한 시장 리스크를 나았다.

1996년 말, 국무원 승인을 받아 중국국채등기결산공사, 즉 CDC가 공식적으로 설립되었다. 같은 해 CDC는 독립적으로 채권의 기록을 보존하는 시스템을 개발했다. 아울러 중국인민은행의 지도하에 채권 배분 시스템과 공개시장조작 시스템이 구축되었다. 1997년 은행간 국채시장이 형성되기 시작했으며, 인민은행은 CDC를 채권 거래의 기록, 예탁, 결제 시스템을 담당하는 기관으로 지정했다. 1999년에는 CDC의 중앙채권업무 시스템이 운영되기 시작함으로써, 은행간 채권시장의 기초가 크게 개

선되었다. CDC는 2004년에 채권거래에 대한 상환절차(redemption process)에 들어갔다. 2005년 10월, CDC는 "STP"(Straight-Through Procesing)이라는 은행간 채권거래 청산 시스템에 첫발을 내딛었다. 현재 거래 및 장부기록 시스템에서는 STP가, 그리고 지급결제 시스템에서는 동시결제 시스템(Delivery versus Payment : DVP)이 은행간 채권시장의 거래 및 결제에 안전하고 효율적인 플랫폼을 제공하고 있다.

CDC는 중국 채권시장 전체에 대한 예탁기관으로 은행간 채권시장 참여자들이 거래하는 채권자산에 대한 직접적인 관리를 담당했다. 중국 증권시장에 대해서도 동일 기관의 지점이 예탁기관으로서의 역할을 하며, 시장 참여자들의 채권자산을 비롯한 거래소에서 거래되는 증권들을 보유하고 있다. 4대 국유상업은행들은 채권시장에서 유통시장 및 장외시장 참여자에 대한 예탁기관으로 기능하고 있다.

❖ 중국 채권시장의 개방

중국 채권시장에 대한 "대외진출' 정책, 즉 해외시장으로의 채권시장 확대 정책 있어서 중요 요소는 국제시장에서의 채권발행이었다. 1980년대에 중국은 일본, 독일, 홍콩 등에서 채권발행을 통한 자금조달에 성공했다. 1996년, 중국 정부는 미국 시장에서 100년 만기 양키본드(Yankkee bond)를 성공적으로 발행했다. 2007년 6월, 인민은행은 중국 국가발전개혁위원회와 공동으로 "홍콩 특별행정구역에서 국내 금융기관의 위안화 표시 채권발행을 위한 임시 방편"이라는 통지를 공표했다. 이것은 홍콩 특별행정구역 외부에 존재하는 금융기관들이 홍콩에서 위안화 표시 채권을 발행할

표 17.3 | 2006년 국제 채권잔액 비교 (단위: 100억 달러)

	장기재정채권	정책은행채권	회사채
선진국 평균	51.97	640.50	75.69
개도국 평균	16.61	15.12	6.08
중국	5.60	23.00	2.30

출처: BIS

수 있도록 하는 인가였다. 그럼에도 불구하고 중국이 조달한 자본총액은 다른 국가들에 비해 낮은 수준이다. 선진국에 대비해서는 크게 적은 수준이고, 일반적으로도 국제 자본시장에서 개발도상국들이 조달한 자본의 규모보다도 작다(표 17.3).

최근에는 중국의 외환보유고 증가에 따라, "대외진출" 정책의 또 다른 중요한 부분은 중국 기관투자자들에게 해외투자를 권장하는 것이었다. 2006년 4월 14일 인민은행은 은행, 펀드, 보험산업의 해외시장 투자에 대한 제약을 완화하는 "통지 5호(2006)"을 발표했다. 중국은 또한 2007년 8월 적격내국인 기관투자자(QDII) 정책을 실시하기 시작했다. 비록 그 초기에는 실제로 "대외로 진출"한 기관들이 주로 고정소득을 얻을 수 있는 분야에 주로 투자하긴 했지만, 이 조치는 중국 금융산업의 "대외진출"에서 전기를 여는 것이었다.

외국 기관투자자들의 중국시장에 대한 투자를 허용함에 따라, 2005년에는 "환야(Fanya)"(PAIF)와 야자이(Yazhai) 차이나 펀드(ETF)가 중국 은행간 채권시장 진출 허가를 얻었다. 2006년 9월 중국은 공식적으로 적격외국인 기관투자자(QFII) 제도를 제한적으로나마 시행하기 시작하여 외국인 투자자의 국내 증권(주식)시장에 대한 투자를 허용했다. 2007년 6월말까지 52개의 외국기관들이 적격외국인기관투자자 지위를 획득했으며, 승인된 99.95억 달러의 투자 설정액이 승인되었다. 하지만 현재 적격외국인기관투자자들에게는 거래소 채권거래만이 허용되어 있고, 은행간 채권시장 진행은 허용되지 않고 있다.

외국 채권의 중국 내 발행을 허용하는 문제와 관련해, 2005년 아시아 개발은행과 국제금융공사에게 최초로 중국 은행간 채권시장에서 위안화 표시 채권발행이 허가되었다. 2007년 6월, 이들 두 기관은 총 3억 위안 규모의 위안화 표시 채권을 발행했다.

마지막으로, 국내 금융기관들은 중국 내에서 달러화 표시 채권을 발행할 수 있는 허가를 받았다. 중국발전은행은 2003년에 중국 은행간 채권시장에서 오로지 달러화로만 표시된 채권을 중국 최초로 발행했다. 2006년 말까지 중국발전은행과 중국수출입은행이 발행한 달러화 표시 채권의 누적발행액은 약 26.3억 달러에 달했다.

❖ 중국 채권시장의 불균형 구조

위안화 표시 자산이 외환으로 완전히 자유롭게 전환될 수 없다는 점(채권 발행자든, 투자자든, 또는 표시된 통화든 관계없이)에서, 중국의 채권시장은 아직도 상대적으로 폐쇄적이라고 말할 수밖에 없다.

2006년 말 기준, 중국의 국내 정부채 예탁금액은 총 1.18조 달러로 중국 GDP의 46.34%에 해당했다. 중앙은행이 시장 내 과잉 유동성을 축소하기 위해 이용한 중앙은행 단기채를 차감하면, 이 비율은 약 30% 수준으로 떨어진다. 이 규모는 미국, 일본 및 독일 등 선진국 수준에 훨씬 못 미칠 뿐만 아니라, 인도 등 개발도상국 보다도 낮아 중국 채권시장은 아직 국가경제에서 수행해야 할 역할을 제대로 수행하지 못하고 있음을 나타냈다. 중국 정부채 시장도 상대적으로 저발전 상태이다. 그리고 회사채 시장의 저발전은 훨씬 더 심각하다. 2006년 중국에서 회사채를 통한 자금조달은 GDP의 2.76% 수준에 불과하여, 미국 등 성숙된 시장의 그것에 훨씬 미치지 못했다(표 17.4와 17.5 참조).

매년 중국기업들이 회사채 발행을 통해 조달한 자금은 주식시장을 통한 자금조달액의 약74%에 해당한다. 이는 자금조달에서 주식시장에 대한 편향을 분명히 보여주

표 17.4 | 2006년 여러 나라들의 GDP 대비 국내 채권잔액

국가	GDP(10억 달러)	국내채권(10억 달러)	비율(%)
독일	2,860.47	2,247.7	78.58
영국	2,357.58	1,237.6	52.49
일본	4,463.59	8,401.2	188.22
미국	13,262.074	22,315.5	168.27
캐나다	1,273.144	983.9	77.28
프랑스	2,227.33	2,244.5	100.77
아탈리아	1,841.042	2,576.8	139.9
중국	2,554.2	1,183.6	46.34
인도	854.482	325.7	38.12

출처: BIS, 불룸버그, TX 투자 컨설팅 주식회사

표 17.5 | 2006년 여러 나라별 회사채 잔액 국제비교

국가	회사채 발행	GDP대비 비율(%)
중국	70.416	2.76
독일	143.238	5.01
캐나다	117.859	9.26
프랑스	265.222	11.91
일본	672.614	15.07
이탈리아	296.392	16.10
미국	2,790.63	21.04

출처: BIS 및 블룸버그 데이터베이스와 TX 투자 컨설팅 주식회사

는 지표이다. 선진국에서는 기업들이 최적재무이론(optimal finance theory)에 따라 여러 다양한 기업금융 메커니즘들이 활용된다. 예를 들면, 미국에서 채권시장을 통한 기업금융은 주식시장을 통한 것보다 4.6배 더 크다. 또 영국에서는 이 비율이 4.9배이다(표 17.6).

중국 회사채 발행시장의 성장이 부진한 이유는 주로 정부간섭에 기인한다. 첫째, 회사채 발행자는 매우 엄격한 회사채 발행 승인과정을 거쳐야 한다. 이러한 승인과정을 통해 채권 발행 여부뿐만 아니라 발행량과 금리, 그리고 조달한 자금의 사용처의 적절성까지 심의된다. 둘째, 여러 단계의 통제과정은 승인과 발행 절차를 극도로 복잡하게 하여 기업금융 메커니즘으로서 채권발행의 효율성을 저하시킨다. 셋째, 회사채 의무보증 제도는 실제로 신용평가에 있어서 반(反)생산적이다. 발행자와 발행자의 채

표 17.6 | 상장기업의 부채성 금융과 주식금융 간의 국제적 비율 비교

국가	2001	2002	2003	2004	2005	평균
중국	0.19	0.46	0.55	0.50	1.97	0.74
미국	6.11	5.06	7.27	3.62	3.65	4.46
영국	3.93	3.63	6.28	6.94	4.98	4.90
일본	5.14	5.67	2.61	2.54	N/A	4.14

출처: 중국 통계연보 요약 2006, NYSE 웹사이트 및 산출목적의 기타 자료 원

그림 17.7 | 잔액 별 중국 채권시장의 구조 (2006년)

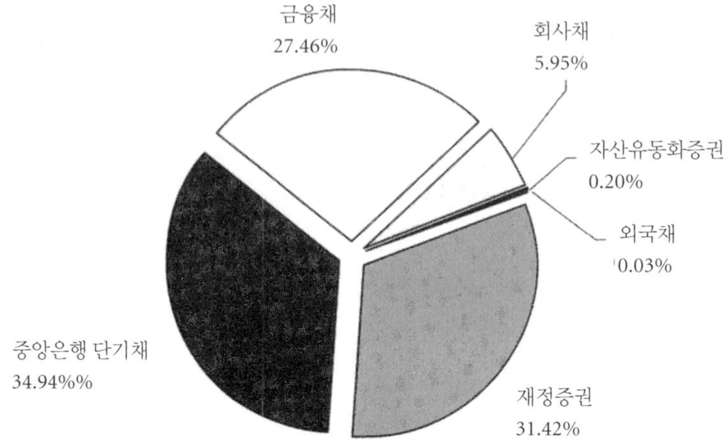

출처: www.chinabond.com.cn

무상환 능력의 객관적 평가는 시장이 판단할 문제인 것이다. 넷째, 채권을 발행할 수 있는 주체가 제약되어 있다. 기본적으로 채권 발행자는 국유기업들로 제한되어 있다. 민간기업들은 여전히 회사채 발행에 많은 어려움에 직면해 있기 때문이다. 마지막으로, 신뢰할 수 있고 시장화된 신용평가기관이 부족하다.

그럼에도 불구하고, 최근 "회사채 발행 방법을 시험하기 위한 시범사업"의 등장으로 이 모든 현상들이 변하기 시작할 것이라는 희망이 생겼다. 하지만 현행의 기업 시스템과 신용 시스템이 개선되지 않고서는, 중국에서 자금조달을 위한 회사채 발행은 여전히 어려울 것이다.

채권시장에서 활용 가능한 상품들의 구조라는 측면에서 보면, 중국의 부채 금융수단은 아직 상대적으로 선진국에 비해 미약하다(그림 17.7 참조). 실질적으로 대부분의 채권은 정부기관이나 정부지원을 받는 기관들이 발행하고 있다. 채권상품의 구조 또한 합리적이지 않다. 중앙은행의 부채 수단을 제외하고는, 중국의 채권상품들 대부분이 정부채와 금융채인 것이다.

❖ 중국 채권시장 투자자 구성의 불균형

채권에 대한 투자를 놓고 볼 때, 포트폴리오에서 차지하는 채권의 양을 기준으로 상업은행들이 압도적으로 많은 채권을 보유하고 있다. 그 다음에는 보험기관과 펀드들이 뒤따르고 있다(그림 17.8). 전국적 상업은행들은 총 채권 잔액의 70%를 보유하고 있고, 상업은행 전체로 하면 전체의 81%를 차지하고 있다. 이렇게 획일적인 투자자로 인해 시장에서는 채권의 유동성이 부족해진다. 연금펀드, 뮤추얼 펀드, 외국 기관투자자 등 기타 기관투자자들은 채권시장에서 상대적으로 소수그룹이며, 유동성 부족을 유발할 뿐만 아니라 채권의 규범적 가격결정 메커니즘을 제약하기도 한다.

중국 회사채 시장도 기본적으로 동일한 문제에 직면하고 있다. 2007년 7월, 중국의 회사채 보유 구조는 다음과 같다. 개인 투자자 0.03%, 보험회사 51.2%, 상업은행 19.2%, 신용기관 6%, 그리고 펀드 6.6%. 보험사가 훨씬 지배적인 지위를 차지하고 있었다. 미국의 투자자 비중은 매우 다르다. 2007년 1분기 미국에서는 가계의 회사채 소유가 11.4%, 기관투자자 중 생명보험사가 18.5%, 개인연금펀드가 3%, 뮤추얼 펀

그림 17.8 | 중국 채권시장의 투자자 참여구조(2007)

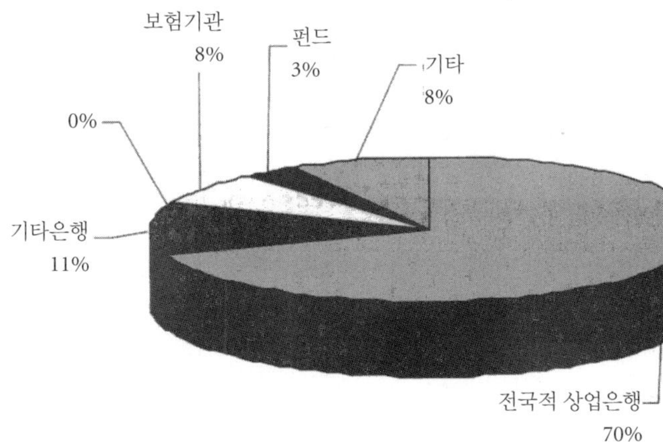

출처: www.chinabond.com.cn

드가 8.5%, 정부지원 연구소가 4.93% 등을 차지하고 있었다. 미국에서는 기관 투자자들의 보유 비중이 상대적으로 월등히 균등한 것이다.

❖ 중국 채권시장의 성장을 제약하는 기타 요인들

채권시장에 대한 다른 제약요인은 발행인, 투자자, 중개기관, 그리고 규제환경을 비롯한 기본적인 시장 인프라와 관련되어 있다.

중국에서는 여전히 현대적인 기업지배구조를 구축하는 일이 필요하다. 즉, 독립적인 이사회를 설치하고, 감독 및 관리자에 대한 동기부여와 관련하여 이들이 수행하여야 할 역할을 존중하는 구조가 구축되어야 하는 것이다. 중국의 수많은 기업들이 회사채 발행을 희망한다 하더라도, 국유기업과 대형금융기관들을 제외한 수많은 기업들은 자신의 신용과 상환의무 이행능력을 개선하지 않으면 안 된다. 투자자와 관련하여, 기관투자자들이 여전히 좀 더 강해질 필요가 있고, 시장 유동성이 개선되어야 하며, 투자자에 대한 제한이 여전히 존재하고 있다. 예컨대, 생명보험회사는 무보증 채권을 매입하지 않을 수 있다. 중개기관을 살펴보면, 신용평가기관은 아직 권위가 확립되어 있지 않고, 회계법인의 공적 신뢰가 개선되어야 하고, 법무법인의 의견이 일정한 기능을 할 수 있도록 해야 하고, 시장을 조성하는 딜러들도 여전히 운영을 발전시켜야 한다.

기본적인 시장 인프라와 관련하여, 현행 법률과 규정이 적절하지 않다. 채권시장은 분절되어 있고, 통일되게 상호작용하는 예탁 및 결제 시스템을 완비하지 못한 상태이다. 감독측면에서, 정보공개 및 채권투자자 권리보호 메커니즘이 여전히 강화될 필요가 있다. 아울러, 이 산업에서 자기 규제 메커니즘이 중요한 역할을 해야 하는 건 맞지만, 시장에는 중복된 기능을 수행하는 여러 규제기관이 활동하고 있는 것도 사실이다.

중국은 아직 경제구조가 변화하는 과정에 있다. 국가 금융제도는 완전하지 못하다. 금리는 아직 완전히 시장화 되지 못하여 온전히 시장 주도적으로 결정되지도 않고 있다. 금융파생상품들은 아직 유아기이다. 채권현물시장과 관련된 상품들이란 간단한 채권선도와 금리스왑 상품 정도이다. 옵션, 스왑계약, 그리고 기타 파생상품들이 아직 부족하다. 이러한 불완전한 금융 시스템은 리스크 관리를 위한 투자자들의 니즈를 만족시키기 어렵게 만든다. 이러한 상황은 전체적으로 금융 리스크를 줄이고 보호하는데 도움이 되지 않으며, 중국의 채권 현물시장을 제약하는 핵심 요인이다.

❖ 전망

중국경제와 향후 20년간 계속될 개혁 · 개방 과정에 대한 낙관적 평가를 기초로 생각해 볼 때, 중국의 채권시장은 큰 성장을 이루어 국제 채권시장이 될 것으로 우리는 믿고 있다.

중국의 채권시장은 아직 미미하여 선진국 수준에 크게 미치지 못하지만, 이것은 정확히 중국의 성장 잠재력이 왜 거대한지에 대한 이유이기도 하다. 2007년 7월 기준, 중국의 채권 발행잔액은 GDP와 주식 시가총액 합계의 약 50% 수준이었다. 과잉 유동성을 제거하기 위해 활용된 중앙은행 단기채를 제외하면, 이 비율은 약 30%로 떨어진다. 과거 16년간 선진국의 경우 GDP 대한 채권시장이 최소한 두 배로 증가했다. 예를 들어, 1991년 GDP 대비 102%였던 미국의 채권시장의 규모는 2007년 1분기에는 약 207%였다. 일본의 그것은 1991년 71%에서 현재 약 150%로 증가했다. 또한 영국의 그것은 27%에서 170%가 넘는 수준으로 증가했다.

중국이 상업은행에 대한 의존을 줄이고 직접금융의 성장을 가속화할 필요성에 대해 인식이 중국 정부와 학자들 사이에 공통적으로 널리 퍼져 있음을 고려할 때, 중국 채권시장의 발전 가능성은 엄청나다. 필자는 중국 기업의 지배구조가 발전하고, 사회적인 신용 시스템이 확립되고 적절한 법률과 규제의 기초가 놓임에 따라, 향후 10~20년 내에 중국 채권시장의 규모(중앙은행 단기채 제외)는 GDP 대비 100% 이상으로 될 것임을 확신한다. 동시에, 향후 20년 안에 중국 회사채 시장이 크게 성장하여 GDP 대비 약 40%~50%를 차지할 것이다.

채권상품이 다양화되고, 고위험 정크본드(Junk Bond) 조차도 특정 투자자들의 투자 필요를 충족시킬 수 있다. 아울러 중국의 자산 유동화증권 시장의 잠재력이 매우 크고, 이는 장차 점증적으로 현실화될 것이다.

채권시장 국제화의 진전

중국 국내의 채권시장의 국제화 정도가 2020년까지 크게 증가할 것으로 예상된다. 첫째, 외국인 투자자들이 중국 채권시장의 중요한 참여자가 될 것이고, 중국 정부채는 다른 나라 중앙은행들의 외환보유고의 일부분이 될 것이며, 중국의 정부채와 회사채는 대형 국제금융기관들의 글로벌 자산구성에 편입될 것이다.

둘째, 위안화 "해외채권" 시장이 중요한 시장으로 될 것이다. 즉, 외국의 정부 및 국제적 기업군이 중국 내에서 위안화 표시 채권을 발행하게 될 것이다. 셋째, 위안화의 국제화로 인해 2020년까지 대규모 위안화 "유로채"(Eurobond) 시장이 해외에 등장하게 될 것이다. 상하이가 위안화 "유로채" 거래를 위한 역외시장 서비스를 제공하는 한편, 홍콩은 가장 중요한 위안화 "유로채" 시장이 될 것으로 우리는 생각한다.

미래를 좀 더 자세히 살펴보면, 중국 채권시장이 갈 길은 멀지만, 이 시장은 분명 국내 및 글로벌 자본시장의 중요한 구성부분이 될 것이라 우리는 믿는다. 중국의 채권시장은 국내 및 해외 자본시장의 발전과 성장에 중요한 기능을 담당할 것임은 확실하다.

18 | 중국의 자산관리산업

판 용홍
후아시아 펀드관리회사 이사회 의장

지속적인 급성장은 개혁 · 개방이 시작된 이후 중국경제의 특징이었다. 중국의 GDP는 2006년까지 21.09조 위안에 달하여 세계 4위의 경제대국이 되었다. 중국경제가 글로벌 경제시스템과 통합되면서, 후자는 중국의 경제에 점점 더 큰 영향을 미치게 되었다.

중국의 자본시장은 글로벌 체제에서 비교적 뒤늦게 작동하기 시작했지만, 중국 경제성장의 원동력으로 작용하면서 선진국에서는 수십 년 걸린 과정을 단시간 내에 완료했다. 2006년 이후 주식 재분배 시스템의 개혁이 크게 성공하여 자본시장을 새로운 수준으로 발전시켰다. 2007년 말, 중국의 시가총액은 2.3조 위안을 돌파하여 증권화 비율(GDP대비 시가총액의 비율)이 100%를 초과하여, 중국은 세계 최대의 신흥시장이 되었다.

자산관리 산업은 안정화 역할을 담당하는 핵심 동력으로서 자본시장에서 어느 정도 성숙된 모습을 보이고 있다. 중국의 자산관리 산업은 비정규 산업에서 기회주의적 매매보다는 합리적 투자자 중심인 정규산업으로 이행하는 과정에서 매우 주목할 만한 성과를 보였다. 자산규모, 상품유형, 투자자 수 또는 법 제정의 정도 등 그 판단기준의 종류를 막론하고 중국의 자산관리 산업은 놀라울 정도로 빠른 성장을 이루었다. 또한 주식투자 펀드의 등장은 특히 자본시장의 발전에 대해 매우 긍정적인 효과를 가진다. 중국의 자산관리 산업은 그 규모가 현재 3조 위안을 넘어서면서 중국 A-주 시장의 약 40%를 차지한다. 투자자 수가 9천만 명을 넘음으로써, 자산관리 산업은 그야말로 중국시장의 가장 중요한 기관투자가가 되었다.

❖ 중국에서 펀드의 시작

서구에서 자산관리 산업의 발전은 100년 이상 거슬러 올라간다. 이 산업의 성장은 사회 내의 막대한 유휴자본을 동반했다. 이는 프라이빗 뱅킹(private banking)이라는 전통적 부문에서 시작되었지만, 독립적 산업으로서 자산관리 사업의 발전은 서구에서 조차 새로운 것이고, 중국인들은 이제서야 이 부문에 친숙해지고 있다.

개념적으로, 자산관리란 금전 및 비금전 자산들의 가치를 보존하고 더 큰 가치를 창조하기 위해 효과적인 관리 수단을 이용하는 것을 의미한다. 일반적으로 좁은 의미에서의 자산관리란 기관투자자들이 자산을 한데 모으고(pooling) 적극적으로 자본시장에 투자하는 과정을 의미한다. 반면, 구체적 의미로서의 자산관리는 투자자(개인 또는 기관)가 자산 관리자에게 금융업무의 일환으로 금전적인 펀드나 기타 증권자산을 관리, 매입, 매각하는 과정에서서 대리인 역할을 하도록 권한을 위임하는 것으로 이해될 수 있다. 이러한 사업의 핵심은 투자행위에 있어서의 수탁책임(fiduciary responsibility)이다.

자산관리가 중국에게는 새로운 개념이기 때문에, 당국은 이 새로운 산업부문이 부상한 이래로 오랫동안 구조화되지 않고 불규칙적인 행태들을 방관했다. 이는 중국의 시장환경이 완전하지 못하다는 사실에 부분적으로 기인한다. "차이나 이스턴" (China Eastern)이라 불린 펀드가 1985년에 중국에서 자산관리 사업을 시작했다. 차이나 이스턴 투자사는 홍콩에서 설립되어, 이후 물밀 듯이 성장하는 중국의 투자펀드 사업의 시작이 되었다.

얼마 지나지 않아, 정부가 출연한 수많은 펀드들이 조직되어, 외국인 투자자를 대상으로 하여 중국 무역, 중국 지역 경제개발 프로젝트, 첨단기술 향진기업(Town and Village Enterprises : TVEs) 등과 같은 중국관련 활동에 투자했다. 1992년 말까지 20

개 이상의 이러한 정부출연 펀드들이 홍콩에 설립되었다. 중국 내에서 운영되는 이러한 펀드들은 국제 경영 및 산업에 관한 지식뿐만 아니라 투자의 개념을 전국적으로 확산시키는데 기여했다. 이러한 과정은 중국 고유의 투자펀드가 태동하고 급격히 성장하도록 했다.

빠른 경제성장과 선전 및 상하이 증권거래소 개설, 그리고 기업개혁과 주식 배분개혁의 가속화로 1991이후 미시경제적 업체들의 금융 서비스에 대한 수요가 빠르게 늘어났다. 신용 확장에 대한 제한과 기타 규제 및 정책적 제약으로 인해 상업은행들은 수요의 증가에 적절히 대응할 수 없었다. 따라서 특정 성(省)과 자치도시들에게는 중국인민은행 지점이 관할하는 승인절차를 거친 후 "증권펀드"나 이와 유사한 금융기법의 시범적 프로젝트들이 허가되었다. 중국 내에서 최초의 펀드가 1991년 7월에 성공적으로 설립되었다. "펄 신탁펀드(Pearl Trust Fund)"라는 이 펀드의 설정규모는 693억 위안이었다. 우한 증권투자 펀드(Wuhan Securities Investment Fund)와 난샨 벤처투자 펀드(Nanshan Venture Investment Fund)는 같은 해 10월에 설립되었다. 1993년 9월까지 중국인민은행의 심사와 승인을 얻어 총 78개의 기타 투자펀드들이 설립되어, 관리되는 전체 펀드의 가치가 76억 위안에 달했다. 업계에서는 "증권투자펀드의 관리에 관한 임시조치"가 공포되기 전에 설정된 이들 펀드들을 "구 펀드"(Old Funds)라 관행적으로 불렀다.

구 펀드들의 번창에 힘입어 중국 자본시장에는 증권회사 수가 증가했다. 이러한 배경 하에서 증권회사들은 자산관리 사업 서비스의 대리기관으로서 그 가능성을 살피기 시작했다. 현재의 출중한 자산관리 산업은 구 펀드와 이에 대해 "대리인" 서비스를 제공하던 증권회사, 이 양자의 이런 초기 노력으로부터 성장했다.

하지만 불행하게도, 전체 부 관리(wealth management) 시스템의 신뢰를 구축하는데 필수적인 규제 시스템은 충분하지 않았다. 투자자들은 미심쩍어 했고, 이러한 불신은 증권사들의 투자자문 서비스뿐만 아니라 금융시스템 전체로 확산되었다. 구 펀드에서 일어난 일들은 좋은 사례였다. 통합된 법규와 규제가 부재함에 따라 구 펀드의 지배구조는 수탁책임이라는 기본 원칙과도 일치하지 않았다. 매니저, 커스터디안(custodian), 펀드 프로모터들의 구분이 불명확한 경우도 적지 않았다. 펀드는 주로 대형은행, 보험회사, 거대 기업집단 등의 보호를 받는 투자회사와 증권회사에서 시작되었다. 명확한 책임의 경계는 존재하지 않았다. 펀드의 규모는 소규모가 일반적이었으며 분배 채널은 표준화되지 않았었다. 투자의 포트폴리오 구성은 매우 비과학적이며 투자효율성은 낮고, 위험회피를 위한 내적 능력이 부족했다. 수많은 구 펀드들은 유동성을 고갈시켜 버리는 부동산 프로젝트 또는 기타 물적(物的) 플랜트 사업에 집중적으로 투자했다. 1990년대 중반 부동산 부문이 얼어붙었을 때, 이런 펀드들의 자산가치가 축소되면서, 펀드 투자자들은 막대한 손실을 입었다.

그럼에도 불구하고, 이러한 구 펀드의 등장은 사람들의 마음속에 오랫동안 잠자고 있던 자산관리에 대한 의식을 깨어나게 한 것 같았다. 이 펀드들은 곧 자산관리 산업이 등장하리라는 징후 역할을 했다. 사람들은 투자과정에서 온갖 무모한 행태들을 실험했지만, 그 과정에서 새로운 펀드관리 시스템을 지배할 좀 더 표준적인 법제와 규제 체계의 제정에 도움이 될 만한 소중한 교훈들을 축적해 갔다.

❖ 중국 자산관리 산업의 표준화

1990년대 중후반, 해외 자산관리 산업은 붐을 이루기 시작했다. 1998년 말, 전 세계에 투자된 자산은 7조 달러를 넘어섰다. 이 규모는 상업은행들의 자산규모를 초과하여 금융산업에서 가장 큰 부분이 되었다. 20년간의 경제성장과 누적된 저축에 힘입어 같은 해 도시와 농촌 주민들 저축을 모두 합하면 저축 총액은 대략 5.34조 위안에 달했다. 보험기금과 모든 종류의 연금 및 사회보장기금도 수천억 위안이었다. 부 관리에 대한 시급한 필요성으로 인해, 일반인들도 새롭게 탄생하고 있는 펀드산업에 대해 더 많은 관심을 갖게 되었다.

폐쇄형 펀드(Closed-end Funds)

1990년대 후반 자본시장은 아직 국유기업의 개혁과 구조조정이 낳은 부담과 분투하고 있었다. 여건이 이상적이지는 않았지만, 자본시장은 여전히 연평균 30%로 성장하여, 중국 펀드 산업의 성장을 위한 훌륭한 토대를 마련하고 있었다. 수년간 구 펀드의 실험과 전진을 감지하고 나서, 사람들은 펀드산업의 실질적 가치가 증권시장에 대한 "수혈"일 뿐만 아니라 합리적인 투자개념을 형성하도록 해서 시장 전체가 안정적 성장의 길을 따라 갈 수 있도록 해 준다는 점에 있다는 사실을 깨닫기 시작했다. 정부의 강력한 정책적 지원으로 폐쇄형 펀드에 대한 시범사업이 큰 희망과 기대 속에서 개시되었다.

이 시범사업들은 1997년 11월에 국무원이 공포한 "증권투자펀드 관리를 위한 임시조치"에 의해 공식적으로 시행되었다. 이 임시조치로 펀드설립, 펀드모집과 매매, 커스터디안과 경영자의 책임, 이를 보유한 사람들의 권리와 의무 등에 관한 구체적인 규제가 마련되었는데, 중국펀드에게 있어서 이것은 준수되어야 할 규정이 정립됨과 동시에 보다 표준화된 성장경로로의 진입을 의미하는 것이었다. 1998년 후반, 중국증권감독관리위원회(이하 증감위)는 진타이, 카이유안, 싱후아, 안신, 유양 등 5개의 신규펀드를 승인했다. 동 위원회는 5개 상업은행을 커스터디안으로 승인하고, 5개의 펀드관리회사의 설립도 승인했다.

폐쇄형 펀드는 구 펀드로부터 얻은 교훈들을 흡수했고, 이을 통해 내규에서 시작해 펀드관리, 상품혁신, 내부통제 등의 문제에 대한 돌파구를 법적 구조 및 규제의 틀 안에서 마련할 수 있었다. 그 규모와 수가 급속히 늘어나고 관리기준이 신속히 개선되어, 펀드산업의 성장을 위한 기초를 다지는 데 성공했다. 이에 따라 1998에서 2002년 사이에 중국의 폐쇄형 펀드는 107.42억 위안에서 717.08억 위안으로 연평균 60.74%의 속도로 성장했다.

개방형 펀드 (Open-ended Funds)

2000년 10월 증감위는 공식적으로 "개방형 증권투자 펀드를 위한 시범조치"를 공포했다. 이후 이 조치는 개방형 펀드 산업을 지배하는 규칙이자 규제가 되었다. 국제적으로 개방형 펀드가 투자펀드의 주류를 이루는 것이 일반적이다. 미국, 영국, 홍콩, 대만 등의 펀드 중 90% 이상이 개방형이다. 그러나 1998년 당시 중국의 시장 환경이 잘 갖추어져 있던 것은 아니었고 자산시장 또한 매우 초보적인 단계에 머물러 있었기 때문에, 폐쇄형 펀드로 시작하는 것이 필요했다. 그러나 시장이 발전하고 개방되어 보다 투명해짐에 따라 사람들은 언제든지 환매가 가능한 개방형 시스템에 집중하기 시작했다.

2001년에는 세 개의 회사가 개방형 펀드 발행 승인을 받았으며, 이로써 중국의 펀드산업은 새로운 시대에 들어섰다. 이 세 회사는 후아안 펀드관리사(Hua An Fund Management Company), 난팡 펀드관리사(Nan Fang Fund Management Company), 후아시아 펀드관리사(Huaxia Fund Management Company) 등이었다. 폐쇄형 펀드와는 달리, 개방형 펀드의 "시장화" 정도는 훨씬 높은 수준이었다. 펀드의 지분은 언제라도 매입이나 환매가 가능하고, 따라서 이는 펀드 매니저의 동기를 유발하기도 하고 제약으로 작용하기도 했다. 펀드 매니저에게는 관리능력을 향상시키고 투자자에게 고수익을 제공할 인센티브를 제공했다. 더구나 개방형 펀드는 펀드 지분의 순자산가치에 기초하여 거래를 행하는데, 이는 폐쇄형 펀드에서 발견되는 불연속성 문제를 제거한다. 동시에 개방형 펀드는 더 많은 정보공개를 통해 투명한 방식으로 운영되기 때문에 평균적인 투자자들의 신뢰를 얻었다. 2001년 개방형 펀드로 관리되는 자산이 118억 위안에 달했다.

많은 사람들이 큰 위험으로부터 보호되는 개방형 펀드에 만족했지만, 그 후 5년간 전체 펀드산업은 "좁은 길목에서 약세장(bear market)을 만나게 되었"음을 인식하게 되었다. 중국의 A-주 시장은 2001년에서 2005년 사이 시장지수가 거의 50% 하락하면서 침체에 빠졌다. 심각한 어려움에 직면한 중국 펀드산업은 채권펀드, 자본유지펀드(잔액유지 펀드) 대량 개발, 통화펀드, 상장지수펀드(ETF : Exchange Traded Funds) 등 다양한 저 위험 상품들을 내놓으면서 새로운 상품혁신을 가속하고 있던 현대적인 국제 경영활동들을 차용하기 시작했다. 투자자들의 니즈를 충족시켜주기 위해 사회보장펀드와 기업연금 등도 적극적으로 내놓았다. 동시에 소비자에 대한 서비스, 마케팅과 판매 면에서도 발전이 이루어졌다. 2003년 "증권투자 펀드에 관한 법"이 통과되어 예전의 "임시조치"와 함께 법적 환경이 새로운 수준으로 개선되었으며, 지금은 개방형 펀드가 빠르게 성장하고 있다. 2001~2006년 기간 중, 개방형 펀드 자산은 118.01억 위안에서 6,945.19억 위안으로 증가하여 연평균 125.92%의 성장률을 기록했다. 개방형 펀드는 총 펀드자산의 81.05%를 차지하여 중국 자산관리 산업에서 가장 중요한 금융수단으로 부각되었다.

중국 최대의 기관투자자로서 자산관리

2006년 주식배분에 대한 개혁이 원활히 진행되고 "회사법"과 "증권법"이 크게 개정됨으로써 중국의 자본시장은 전환점을 맞이했다. 2007년 9월, 상하이 주가지수는 역사적인 5552로 상승해 2005년 6월 998이었던 2년 전에 비해 456%나 상승했다. 상하이와 선전 거래소를 합한 총 시가총액은 현재 2.3조 위안을 넘어섰다. 중국의 자본시장은 과거의 경기 역행적 순환에서 탈피하고, 중국의 경제여건을 가장 잘 반영하는 진정한 바로미터가 되었다.

이렇게 유리한 시장환경은 펀드산업에게 역사적 기회를 제공했다. 자산가치가 상승하고 소비자의 수 또한 어마어마하게 증가했다. 2007년 9월, 관리되고 있는 자산의 규모는 3조 위안으로, 규모면에서 총 8,565억 위안이었던 2006년 말 수준에 비해 250% 증가했다. 주식펀드, 채권펀드, 혼합형 펀드, 통화펀드, ETF 등을 비롯한 모든 표준적인 국제시장 펀드상품들이 시장에 등장했다. 수없이 다양한 투자유형과 니즈, 즉 성장, 가치, 소득, 시장 지수화 등의 니즈를 충족시켜주고 광범위한 투자자들을 수용하기 위해, 이 펀드들은 여러 투자목표들을 통해 관리되고 다양한 투자개념이 펀드에 의해 통합되었다. 이러한 측면에서 성공을 거둔 펀드들은 현재 중국 자본시장의 최대 기관 투자자에 해당될 정도로 크게 성장했다.

❖ 교훈

중국 자산관리산업의 발전과정을 뒤돌아보면, 그것은 일정 수준으로 성장한 시장경제의 필연적인 결과였음을 알 수 있다. 이 산업의 성장의 배경에는 사람들 사이에서 부 관리에 대한 니즈가 증대했다는 점과 자본시장이 점진적으로 강화되었다는 사실이 있었다. 그렇다 하더라도 그 발전의 속도는 놀랄만한 것이었다. 지금까지 이는 다양한 기관투자자펀드, 보험펀드, 사회보장펀드, 딜러들, 적격외국인기관투자자를 비롯한 다원화된 산업으로 발전했다. 펀드는 중국 자본시장에서 가장 대표적인 기관 투자자가 되었으며, 이들의 경험은 중국 자산관리산업의 발전과정을 크게 반영하고 있다. 펀드들의 이러한 성공적인 경험들을 종합해 보면, 다음과 같은 주요 측면들을 확인하게 된다.

정부의 지도와 시장화 개혁

많은 성숙된 시장들이 기나긴 "자기진화"(self-evolution)의 과정을 거치면서 성장했던 것과는 달리, 중국의 자산관리산업은 일관되게 정부에 의해 촉진되고 지도되어 왔다. 하지만 정부의 지도는 자기진화 및 시장화 개혁과 조화를 이루며 진행되었다.

중국의 펀드산업은 매우 열악한 시장조건에서 시작되었다. 이 산업은 처음에는 국내 발행주식의 약 5%만을 보유하는 데 그쳤지만, 현재 그것은 36% 수준으로 늘어났다. 참고로, 미국의 펀드산업이 이 같은 수준에 이르기까지는 25년이나 걸렸다. 대만은 20년 걸렸다. 중국의 펀드산업이 그처럼 빠른 성장을 달성할 수 있었던 이유는 주로 정부규제와 시장의 "자기진화" (또는 순수한 시장의 힘) 사이의 관계가 적절히 관리되었기 때문이었다. 규제 당국으로서 정부는 성장과 상품혁신 과정에서 산업을 이끌고 지원하는 법령을 통과시켰다. 동시에 정부는 시장화 개혁을 주도했는데, 이는 시장이 작동하도록 하고 인센티브를 제공함으로써 시장의 잠재력을 발휘하도록 하기 위함이었다. 정부역할의 두 번째 측면은 2001~2006년 사이 개방형 펀드시장의 발전과정에서 특히 두드러졌다.

첫 번째 개방형 펀드들은 2001년에 설정되었다. 이로써 펀드시장의 경쟁이 심화되고 시장화 개혁 과정이 시작되었다. 2002년부터 증감위의 지도아래, 당국은 심사와 승인절차를 간소화하고 표준화하여, 좀 더 투명하고 전문적인 시스템으로 전환시켰다. 2003년 이후에는 이 시스템에 대한 보다 광범위한 참여를 허용했고, 정부는 한 걸음 더 나아가 권한을 하부 기관으로 위임하는 조치를 취했다. 지금까지의 기업들 그 자체와 이들의 판매채널 및 관리조직 등의 측면에서 보면 중국의 펀드산업은 매우 치열한 경쟁상태가 되었고, 중국 자본시장에서 가장 역동적이며 시장화된 부문이 되었다.

수탁시스템(fiduciary system)의 구축

고대로부터, 중국의 금융산업은 신뢰(trustworthiness)를 바탕으로 움직였는데, 샨시성(당시의 "진")의 "진상인"의 활동이 좋은 예이다. [초기 은행이었던 피아오하오(票

號)는 중국의 청조에 샨시성에 집중되어 있었다] 해외 금융산업들의 문화와 정신 또한 "수탁책임"을 근본으로 삼았다. 하지만, 상대적으로 말하자면, 중국에서 부 관리 산업은 특정 문제에 직면해 왔고, 이러한 문제들의 근본적인 원인은 대부분의 투자자들이 금융서비스 산업에 대해 불신하고 있었다는 점에서 찾아질 수 있다. 이는 구 펀드가 서서히 실패했던 과정과 증권사들이 자산관리의 "대리기관"으로 활동했던 시기가 매우 짧았던 점에서도 발견된다.

폐쇄형 펀드로 출발한 중국의 금융산업은 외국에서 적용되는 현대적 국제관행, 그리고 수탁책임 위에 구축되었다. 중국은 펀드 보유자, 펀드 매니저, 펀드 커스터디안 등의 권리와 의무를 명문화하는 법안을 통과시켰는데, 이는 이들 세 집단이 상호 의존적이고 상호간에 규율하도록 하려는 것이다. 이 법안은 지배구조에 대한 과학적 기초를 제공함으로써, 펀드산업의 운영환경이 확립된 시스템에 의존할 수 있도록 했다. "펀드법"(Fund Law) 상의 규정에 따르면, 펀드 보유자는 펀드자산에 대한 실제 소유자이다. 그리고 펀드의 커스터디안은 펀드자산을 보호할 책임을 지는 법적, 경제적 실체이므로, 자산에 대한 "명의만의 소유자"이다. 중요한 것은 펀드자산이 펀드 매니저와 커스터디안 모두로부터 독립되어 있다는 것이다. 동시에 규정은 모든 펀드 관리회사는 정보공개의무를 엄격히 지켜야 한다고 규정하고 있다. 각 펀드기관은 준법감시인을 임명하고, 펀드운영을 감독하고 투자자의 이해를 최대한 보호할 책임을 지는 독립적인 이사회를 구성해야 한다.

경험이 보여준 것처럼, 제3자 커스터디안 시스템을 구축하는 것, 정기적으로 구체적인 정보공개를 의무화하는 것, 그리고 운영을 투명하게 하는 것 등은 투자자의 신뢰를 강화할 뿐만 아니라 펀드산업 전체가 과거 10년간 대형 스캔들을 피할 수 있도록 했다. 사실, 부 관리 산업은 금융부문 중 가장 "전망이 밝거나" "공개적"인 부문으로 호평을 받아 왔다.

혁신을 통해 성장을 자극하기

중국 펀드시장의 성장은 상품혁신이 주도하여 왔다. 전반적으로, 이 산업은 분명히 후발 시장의 이익을 누리고 있다. 국제적 경험에 기초하여 세워진 중국의 펀드산업은 폐쇄형 펀드에서 개방형 펀드, 상장지수펀드(ETF)의 혁신, 주식펀드, 채권펀드, 자본보전펀드(capital-conservation fund), 통화펀드 등으로 급속히 발전했다. 다른 말로 하면, 중국의 펀드산업은 다원화된 상품 기반을 갖추게 되었으며, 이 모든 것이 8년도 채 안되는 짧은 기간 동안 이룩되었다. 이 모든 상품 중에서 통화펀드와 상장지수펀드의 발행이 대표적인 진전으로 꼽을 수 있을 것이다.

2001에서 2005년까지 중국 주식시장은 침체에 빠졌고, 투자자들은 자본가치의 증대보다는 보존에 훨씬 더 집중하고 있었다. 따라서 투자자 시장은 저위험펀드를 필요로 했다. 동시에 일반인들의 소득과 저축의 증가와 함께 저축예금에 대한 대안으로 저위험 상품에 대한 필요성은 더욱 확연해 졌다. 머니마켓펀드(MMF)는 2003년 12월에 탄생되게 되었다. 단순 은행예금에 대한 대체재로서 이 펀드는 저위험 상품수요에 부합하는 것이었고, 진입비용이 낮고 진입과 탈퇴가 쉬워서 상대적으로 높은 유동성이라는 투자자들의 니즈를 충족시켰다. 이러한 초기의 공개모집에서부터 머니마켓펀드는 빠르게 성장했고, 주식시장이 침체에 빠져 있을 때 중국 금융산업을 지탱하는 중요한 요소가 되었다.

상장지수펀드(ETF)는 최근 국제자본시장에서 새로운 혁신 상품 중 하나로, 최초로 도입된 후 큰 성장을 이루었다. 하지만 중국의 거래 시스템과 법적 규제구조를 비롯하여 해외의 자본시장과 중국 자본시장의 틀 사이에는 아직 큰 격차가 있다. 따라서 중국이 자국의 상황에 맞는 상장지수펀드 상품을 출시할 수 있을 것인가에 대해서는 좀 더 지켜보아야 한다. 그럼에도 그동안의 발전 가운데 일부분은 상장지수펀드의 중국 진입에 긍정적인 빛을 보내고 있다. 증감위의 지도 하에서 상하이 증권거래소가 실현한 기술적 변화가 한 예이다. 상하이 증권거래소의 "50 ETF"가 2004년 12월에 성공적으로 도입되어 펀드의 기능이 목표대비 기대를 뛰어넘는 수준으로까지 확대되었던 것이다. 그리고, 마침내, 투자자들의 인정을 받아 펀드의 규모와 시장영향력도 확대되었다. 이러한 상장지수펀드의 성공은 중국 펀드산업의 혁신을 새로운 수준으로 도약시켜, 국제적 경쟁에서의 격차를 크게 축소시켰다.

중국의 펀드산업은 위험 정도, 수익, 다원화 요구 등 투자자들의 폭넓은 필요를 만족시킬 수 있는 상품의 개발을 강조해 왔다. 이 산업에서 각각의 혁신은 또 다른 발전을 촉진하여, 산업 전체적으로 선진시장이 성취하는 데 수십 년 걸렸던 과정을 신속히 뛰어넘을 수 있게 했다. 혁신은 가장 강력한 동기부여 요인이 되었다. 적기에 적합한 상품을 시장에 내놓는 것은 중국 펀드산업에서 성공의 핵심적 요인인 된 것이다.

중국 자산관리산업의 미래

중국의 자산관리산업은 계속해서 왕성한 활력을 과시하고 있다. 투자펀드는 중국에서 가장 큰 기관투자자 유형이다. 자본시장에 진입한 보험펀드는 투자제한이 완화되자 두 배의 규모가 되었다. 적격외국인기관투자자(QFII) 승인이 확대되었고 투자자들의 열기는 하루가 다르게 고조되었다. 행정적 또는 "지배" 구조조정 이후 증권사의 확산이 두드러지고 있다. 개인의 거래 주문도 그 어느 때보다 투명해졌다. 미래를 전망해 보면, 중국의 자산관리산업은 현재까지 경험한 시기 중 최고의 시기를 향해 나아가고 있다고 할 수 있다.

❖ 부 관리

지속적인 경제성장과 이에 따른 자본시장의 성장은 자산관리 산업을 위한 튼튼한 기초를 제공했다. 중국의 GDP는 2006년 21.09조 위안에 달하여 세계 4위의 경제가 되었다. 외환보유고는 1.3조 위안으로 세계 최고 수준이 되었다. 총 저축액은 16.16조 위안으로 1998년도의 3 배를 기록했다. 일반인들의 부 관리에 대한 니즈는 자산관리 산업의 성장을 위한 거대한 가능성을 제공하고 있다. 동시에 투자를 저축으로 전환하는 효과적인 방법으로서 자산관리를 활용하는 것은 자본시장을 변동이 심한 "붐"에서 안정적인 "성숙"으로 옮겨가도록 만듦으로써, 중국경제의 전반적 성장에 동력을 제공하는 것이기도 하다.

❖ 국제화

자산관리는 일종의 "해외 발명품"이다. 시범용 개방형 펀드로 시작된 중국의 자산관리산업은 외국인 파트너를 초빙하여 기술적 협력에 가담하도록 유도하고, 동시에 해외펀드의 교훈을 연구하고 받아들였다. 2001년 중국이 WTO에 가입하자, 중국의 자본시장 개방속도는 급상승하여 국제화가 더욱 가속화되었다. 2003년 이래로 점점 더 많은 적격외국인기관투자자들이 중국 시장에 진출했다. 경쟁이 심해졌지만, 외국인 투자자들은 중국의 자체적인 자산관리산업의 성장에 강력한 추인이 되었다.

현재 증감위는 3개의 펀드회사를 적격내국인기관투자자(Qualified Domestic Institutional Investors, QDII)로 공식적으로 승인했다. 후아시아(Huaxia)와 난팡(Nanfang), 그리고 지아쉬(Jiashi)가 여기에 해당되는데, 이들 기관들에게는 해외 증권투자관리가 허용되었다. 이러한 펀드 시스템의 적격내국인기관투자자 상품들은 곧 글로벌 증권시장에서 국제적 경쟁자들과 경쟁하게 될 것이다. 향후 중국의 펀드관리 담당자들은 해외지점조직을 구성하여 다른 시장에서 판매활동을 수행할 것이다. 전략적 사고의 중심이 "중국으로의 수입"으로부터 "해외로의 진출"로 바뀌고 있다. 기회와 도전은 공존하지만, 중국의 자산관리산업은 국제시장들과 "동행"에 점점 더 다가서고 있다.

❖ 새로운 금융수단

중국의 대외개방도가 계속 높아져 감에 따라, 중국의 파생금융상품 시장을 구축하고 발전시키는 일이 절대적으로 필요하다. 주식선물, 금융 단기채, 옵션 및 금리 스왑과 같은 자금조달 방법들을 더욱 발전시키는 일은 금융시장 전체의 가격 효율성을 향상시킬 수 있는 방안이기도 하다. 자산관리산업과 관련하여, 다양한 위험 수준과 수익 특성을 가진 일련의 상품들이 보다 많은 투자자들의 니즈를 충족시키는 금융수단들을 기반으로 해서 개발될 수 있다. 기존의 상품들(상장지수펀드, 지수펀드, 자본보전펀드 등)에 대한 개선도 긍정적인 영향을 미치게 될 것이다. 아울러 곧 개방될 주가지수 선물에도 자산관리산업의 폭넓은 참여가 예상된다.

❖ 투자자들에 대한 교육

중국의 투자자들이 맹목적인 기회주의적 매매에서 벗어나 합리적인 투자로 이행해 가고, 전반적인 세련도가 높아지고는 있지만, 해외 투자자들에 비해서는 투자행위가 여전히 성숙되어 있지 못하다. 다수의 투자자들은 투자에 대한 기본적 지식이 부족하여, 위험, 상품별 차이, 자본배분과 기타 기본적인 개념을 잘 이해하지 못하고 있다. 이러한 사실은 중국 투자자들을 대상으로 하는 지금까지의 위험인식에 관한 교육노력이 부족하다는 것을 의미한다. 또한 국내 투자자들의 상이한 상품들에 대한 이해에 있어서 큰 차이가 존재한다는 것을 보여주는 것이기도 하다. 국제적 경험에 비추어 보면, 교육이 잘 된 투자자라는 기반은 자산관리산업에 있어서 건전한 성장의 기초이자 보장임이 분명하다. 금융수단의 복잡성이 증가하고, 해외투자자들이 투자자들을 전혀 새로운 시장과 접하게 만들면서, 교육의 필요성도 커지고 있다. 합리적으로 투자를 운영하는 투자인구의 육성은 중국 자산관리산업 성장에 있어서 중요한 문제가 될 것이다.

중국은 가치 중심의 투자개념 정립, 주식시장의 합리적 가격결정 유도, 상장기업의 기업지배구조 개선, 투자자들을 대상으로 하는 부 관리 상품의 확대 등 여러 측면에서 대단한 진전을 이룩했다. 이것은 단순한 시작에 불과하다. 우리는 머지않아 중국의 자산관리부문이 "붐"에서 "성숙"으로 이행하고, 국제자본시장의 중요한 구성원이 되기를 희망한다. 우리는 또한, 글로벌 자본시장에서 더 중요하고 적극적인 역할을 수행하기를 희망하고 있다.

19 | 중국의 벤쳐캐피탈/프라이빗이쿼티[1]

존 S. 워즈워드 Jr., 세유안 벤처스 회장
우 샨지, *CDH 인베스먼트 회장*

❖ 1990년부터 1998년까지 초기에 얻은 교훈[2]

1990년대에 이르러 중국은 이미 인기 있는 외국인직접투자(FDI) 지역이 되었다. 외국인직접투자는 1980년 0.57억 달러 수준에서 1991년 연간 40억 달러 규모로 확대되었다. 그러나 거의 모든 투자는 외국의 다국적 기업과 전략적 투자자에 의해 이루어졌는데, 이들은 풍부하고 저렴한 노동력, 저렴한 토지비용, 낮은 세율이 적용되는 신(新)자유무역지대의 설치, 그리고 개방 이후에 무려 13억에 이르는 중국 소비자가 가져올 미래의 이점을 이용하려는 목적을 갖고 있었다. 실패와 어려움을 겪으면서도 중국이 지속적이고 점진적적으로 외국인의 재산권 보호정책을 변화시키고 전략적 투자자들 사이에도 낙관주의가 확산되자, 1990년대 초 외국인 금융 투자자들의 관심이 고조되고, 이와 함께 프라이빗이쿼티(private equity)/벤처캐피탈(venture capital) 펀드들의 투자도 크게 움직이기 시작했다.

그러나 기술적으로 말하자면, 중앙정부가 발전이 지연되고 있는 과학기술부문에 대한 전반적 개혁의 한 부분으로서 현지의 벤처캐피탈 펀드를 지원하기로 결정한 시기인 1980년 대 중반에 중국의 프라이빗이쿼티/벤처캐피탈 산업이 시작되었다고 할 수 있다. 이러한 계획의 발의로 정부가 재정을 지원한 수많은 벤처캐피탈들이 설립되었는데, 여기에는 전직 지방정부 관리들과 전직 국유기업 경영자들이 참여했다. 이러한 정부 재정지원 기업들은 관료제와 정부계획으로 방해를 받긴 했지만, 이들은 벤처캐피탈 투자에 대한 사전적인 경험도 없이 중국의 시장에 적극적으로 진출했다. 중국정부가 장려한 벤처캐피탈은 변화에 대응하는데 요구되는 자본을 적절히 배분하는 수단으로서 보다는, 기술의 혁신과 상업화를 촉진함으로써 정부의 경제성장 전략을 추진하는 메커니즘으로 기능하게 하려는 것이었다. 따라서 정부 재정지원을 받은 벤처캐피탈 기업들은 실리콘 밸리나 다른 선진시장에서의 성공적인 벤처투자의 기초가 되는 기본 투자원칙을 따른 것이 아니라, 정책적 관점을 기초로 한 투자를 추구했다. 경험부족으로 인해 대부분의 투자가 실패로 돌아갔고, 1990년대 중반까지 대부분의 기업이 재무적 어려움에 처해지거나 폐쇄되었다. 그 대표적인 예가 1985년에 설립된 중국 신기술 벤처투자(China New Technology Venture Investment Co.)의 몰락이었다.

최초의 실질적인 상업성 프라이빗이퀴티/벤처캐피탈 펀드 붐은 외국 기업들이 중국에 대한 투자를 위해 특별 자금을 모으던 1990년대 초에 일어났다. 대부분의 관측통들은 인터내셔널 데이터 그룹(IDG : International Data Group)을 중국에서 운영된 첫 외국 벤처펀드로 평가한다. 이 기간 동안 모집된 펀드 중 외국펀드의 비중이 95%나 됐다. 이 기간 중 펀드모집의 증가하는 현상은 바라던 바였지만, 중국의 벤처캐피탈 산업은 서구 및 홍콩의 벤처캐피탈/프라이빗이퀴티 시장에 비해 상대적으로 불투명했다.

왜 1990년대 초에 국제 벤처캐피탈 투자가 처음으로 본격적으로 시작되었을까? 당시 중국의 수많은 개혁정책으로 중국경제는 전체적으로 근본적 변화를 맞이하기 시작했다. 중국의 시장 지향적 개혁은 1978년에 시작되어, 농업의 사유화, 점진적인 국유기업의 자율화, 민간 소기업에 대한 법적 허용 등의 조치가 취해졌다. 상하이와 선전의 증권거래소는 1990년 12월과 1991년 4월에 각각 공식적으로 개설되었다. 1992년 덩샤오핑은 다음과 같은 유명한 선언을 통해 시장경제에 대한 전통적인 이데올로기적 거부감을 공식적으로 부정했다: “검은 고양이건 흰 고양이건 쥐만 잘 잡는다면, 좋은 고양이다.” 수개월 후 제14차 중국공산당 전국인민대회는 공식적으로 국유기업들에게 더 큰 자율권을 부여하고, 가격개혁과 중국경제의 대외개방을 추진하

표 19.1 | 모집된 펀드액(백만 달러) 및 신규펀드의 수

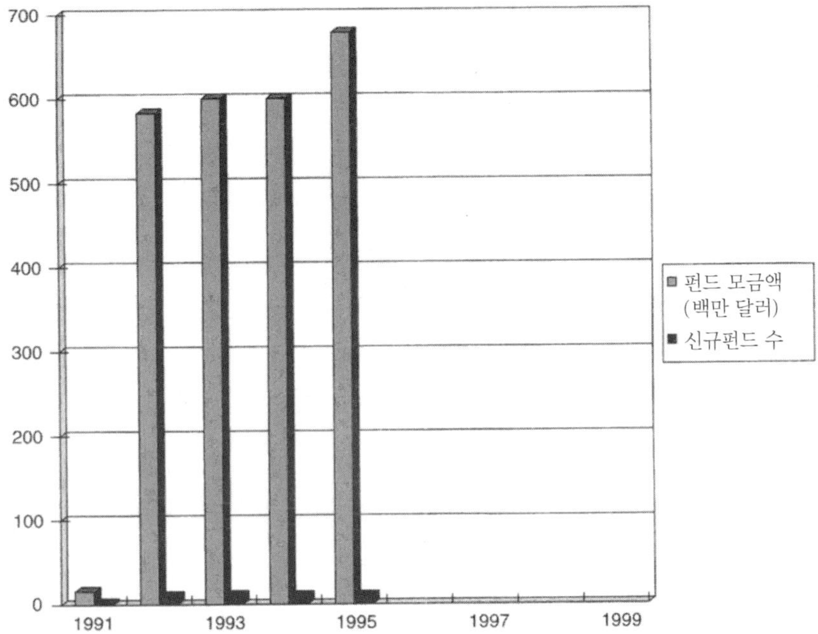

여 "사회주의 시장경제"를 구축할 것을 지지했다. 여러 면세 및 감세 계획도 벤처 기업가를 비롯한 외국인 투자자들에게 적용되었다. 이러한 모든 개혁을 통해 1990년대의 중국 금융시장 붐의 기초가 다져졌고, 경제는 활성화되어 1991에서 1994년까지 연평균 11%의 성장을 기록했다.

개혁과 함께 급속한 경제성장은 국제 투자자의 상상력을 자극했다. 일반적으로 외국인 투자자들은 중국 투자에 대해 거의 알지 못하고 있었지만, 많은 사람들이 자신들이 갖고 있는 자본시장에 대한 지식을 활용하여, 계획경제에서 시장경제로 이행하고 있는 중국으로부터 큰 이익을 얻을 수 있을 것이라 낙관했다. 더욱이, 중국기업들이 해외에 상장하기 시작했다. 1992년 10월에 브릴리언스 오토모티브(국유기업들 중 하나)는 뉴욕 증시에 상장된 최초의 중국 기업이 되었으며, 다음 해 홍콩시장에서 9건의 기업공개가 이루어졌다.

중국 투자자의 적극성을 가장 잘 보여주는 예는 미국의 관록 있는 은행가인 잭 퍼코브스키(Jack Perkowski)가 설립한 첫 번째 벤처캐피탈 기업인 아시아 전략적 투자운용사(Asian Strategic Investment Management Company :ASIMCO)이다. 퍼코브스키는 1993년 추수감사절 후 투자자금 모집을 시작하여 성탄절까지 7500만 달러를 조달했다. "중국 진출"에 대한 수요가 매우 강했기 때문에 1995년에 별다른 성과 없이도, 단지 중국의 자동차 부품산업과 맥주산업을 통합한다는 꿈만으로, 1.6억 달러를 추가로 모집하기도 했다.[3] 중국의 꿈을 좇은 것은 ASIMCO만이 아니었다. 다른 수많은 펀드가 당시 큰 열의를 가지고 조성되었지만, 중국시장에 대한 투자의 어려움에 대한 실제적 이해는 아직 부족한 상황이었다.

이러한 펀드들 대부분의 성과가 저조한 것은 중국의 사업 환경에 대한 이해부족이 원인인 것으로 뒤늦게 인정되었다. 특히, 경험이 부족한 펀드 매니저는 다음과 같은 어려움을 과소평가한 것 같다:

- 투자펀드의 설정과 "기업회생 전략"(turnaround strategy)의 실행 모두에 있어서 국유기업과의 이해 조정하기
- "법인지분"의 유동성 부족에 대응하여 중국 자본시장에서 퇴장하는 방법 만들어 내기
- 중국 사업 경영자의 능력 평가하기, 그리고 중국경제 전반에서 발생하던 빠른 변화의 국면에서 중국 비즈니스 모델의 지속 가능성 평가하기

아시아 밴처캐피탈 저널(AVCJ)에 따르면 1990년대 초 대다수(67%)의 프라이빗이퀴티/벤처캐피탈 펀드는 합작펀드였다.[4] 이러한 초기 투자자들은 국유기업들과의 합작투자를 창출함으로써, 거래의 창출 및 규제 문제 등을 비롯한 중국 투자과정에서의 수많은 어려움들을 극복하기 위한 제휴를 얻게 될 것으로 믿었다.

새로운 중국 투자자들에게 거래창출의 어려움은 수익성 있는 투자를 창출하는데 있어서 실질적인 장애물이었다. 선진 자본시장에서 프라이빗이퀴티/벤처캐피탈 투자자들은 그들의 명성, 자기거래 네트워크, 투자은행, 회계기업, 법률회사 등 잠재적 거래를 발생시켜줄 시장 중개기관에 의존했다. 그러나 중국에서 이러한 기반구조는

1990년대 초가 되어서야 발전하기 시작했을 뿐이고, 외국인 투자자들에게는 의존할 수 있는 기존의 거래구조가 없었다. 명성을 쌓고 자기거래 네트워크를 개발하는 프라이빗이쿼티/벤처 기업에게 지름길은 없지만, 이러한 초기 진입자들은 국유기업과의 관계를 적극 활용함으로써 투자를 가속화하려 했던 것이다.

새로운 외국 펀드들은 또한 중국의 규제당국을 경험한 적이 없었다. 숙련된 중국 투자전문가의 부족과 더불어 경험부족으로 인해, 대부분의 투자자들은 중국의 규제위험을 다루는데 아무런 효과도 없는 수많은 전략들을 남발했다. 정부의 영향력이 큰 중앙 계획경제에서 시장경제로 급진적이며 불규칙적으로 이행해 가는 과정에서 적용되던 취약한 법적 규제환경도 이러한 위험요소 중 하나였다. 일부 외국 투자자들은 또한 중국 정부에게 국제 벤처캐피탈 투자가 이용당할 수도 있다는 실질적 위험도 존재한다고 믿고 있었다. 따라서 국제 투자자들은 관리들과 돈독한 관계를 갖고 있는 국유기업들과의 연계가 관료들의 전횡에 대한 정치적 완충장치가 될 것으로 기대했기에, 합작투자 기업을 세울 국유기업 파트너를 찾는 경우가 많았다. 과도기적 경제 및 법제라는 맥락에서, 이러한 외국 투자자들은 강력한 중국 파트너가 자신을 중국의 의사결정 집단으로 들어갈 수 있도록 해주고, 그에 따라 자신의 투자회사와 연관된 정부 정책에 영향을 미칠 수 있을 것으로 기대했다. 하지만 불행하게도 국유기업 파트너의 목적은 외국 투자자의 그것과 달랐고, 대부분의 이러한 파트너십은 긍정적인 결과를 가져오지 못했다.

목표로 했던 거래라는 측면을 놓고 볼 때, 초기 외국 투자자들은 거의 배타적으로 중국의 국유기업들에 투자했다. 국유기업들은 취약한 지배구조를 갖고 있고 기업의 성장을 추구할 인센티브가 부족하다는 점을 잘 알고 있었으면서도, 그렇게 했다. 1990년대 초, 모든 벤처기업의 약 90%가 국유기업이었다.[5] 이러한 상황은 중국 내에 민간기업이 부족했다는 사실로는 설명될 수 없었다. 민간기업은 1980년대 말 이후로 허용되었고, 1992년까지 그 수가 6백만 개를 넘어섰기 때문이다.

1990년대 초에 외국인 투자자들이 왜 국유기업에 투자를 집중했었는지는 다음의 몇 가지 원인들로 설명될 수 있다. 첫째, 국유기업은 자본, 인적자원, 원재료 등을 중국 정부로부터 저가 또는 무상으로 조달할 수 있었다. 둘째, 국유기업은 여러 주요 부문에서 독점 또는 시장에서 유리한 지위를 차지하고 있었다. 셋째, 국내 또는 해외에서의 모든 기업공개는 정부 규제당국의 승인을 받아야 했고, 국유기업에게는 유리한 쿼터가 배정되어 있었다. 국유기업이 구비하고 있던 이러한 유리한 조건들로 인해 미숙한 중국 투자자에게는 성과가 부진한 국유기업이 매력적인 투자처로 보였던 것 같다.

선진 자본시장에서 프라이빗이퀴티 기업들의 성공에 기초하고 있던 투자자들은 중국에서 그와 유사한 "기업회생 전략"을 실행하는데 있어서의 어려움을 잘못 판단했다. 이러한 투자자들은 중국 경영팀과 함께 일해 본 경험이 없었기 때문에, 그들의 이해와 일치하는 투자구조를 구축할 수 없었다. 성장 그리고/또는 "기업회생" 기회를 지원하는 프라이빗이퀴티 투자자들은, 선진시장에서와 마찬가지로, 금융 투자자가 투자 대상 회사(portfolio company)를 "지배"할 수 있는 대주주의 지위를 확보할 필요가 있다고 믿었지만, 이는 중국에서는 달성하기 어려운 일이었다. 이러한 초기 투자자들은 또한 "통제권"을 얻기 위해 법적 계약에 크게 의존하려 했는데, 이는 투자자들의 목표 및 기대와 국유기업 주주들과 해당 투자 대상 회사의 경영팀 사이의 불일치를 극명히 보여주는 것이었다. 선진 자본시장에서는 효과적이었던 표준적인 투자전략이 안정성과 기능성을 충분히 갖추고 있는 "영미법"에 기초한 법률제도가 없던 중국에서는 성공을 거두지 못했던 것이다. 그러나 더욱 중요한 것은 국유기업의 문화를 계획경제적 사고구조로부터 시장에 의해 주도되고 이윤에 기초하는 사고구조로 변화시키는 일이 매우 복잡하며 어렵다는 점을 투자자가 완전히 이해하지 못했기 때문에 이러한 전략이 실패했다는 점이다. 경영자들에게 여타의 확고히 보존된 목적들(예컨대, 고용, 규모, 정치적 목적)이 아니라 주주가치를 창출하는 방식으로 경영할 동기를 부여해야 하는 현실적 어려움에 비하면, 소유권의 비율과 이사회 참여 비중 등의 문제는 사소한 것이었다.

법률구조의 문제에 더하여, 초기의 중국 투자자들은 자신의 투자를 회수하는데 있어서 심각한 도전에 부딪혔다. 이 기간 동안 많은 국제 투자자들은 중국 증권법이 부과하는 회수에 대한 장애물들이 "단기적"인 문제일 것으로 예상했다. 그러나 오랫동안 기대된 정책변화—합작투자기업(예를들면, 외국인 벤처캐피탈의 지원을 받는 국유기업)의 중국 증권시장 상장 허용—는 금세기를 맞이한 2000년이 지나서도 실현되지 않았다.

아마도 "퇴장"의 문제는 투자자들이 중국에서 수익성 있는 투자를 창출하기 위해 해결되어야 할 가장 결정적인 문제였다. 계획경제에서 시장이 주도하는 경제로의 이행에 있어서 민감한 문제들, 그리고 공공 소유권과 민간 소유권에 대한 의문이 제기되는 상황에서, 초기의 증권 규제는 시장에서 신주 거래를 제한했다. 기존의 주주가 기업공개 전 보유하고 있던 주식은 여러 가지로 분류되었지만, 모두 "법인주"로 취급되었다. 중국 기업의 "법인주"는 그 소유자가 누구건 간에 시장에서의 거래가 금지되었다. 중국기업이 H-주로 홍콩에서, S-주로 싱가폴에서 또는 N-주로 뉴욕증시에서 상장되었지만, 관련 기업들은 지속적으로 중국 규제체제의 규제를 받았다. 이러한 사실은 "법인주"가 공개시장에서 거래될 수 없었음을 의미한다. 투자자들은 자신이 투자한 국유기업의 "법인주"를 보유하고 있었기 때문에, 해외시장에서 기업공개가 성공한다 하더라도, 투자자들은 자신의 투자를 퇴장시키기는 데 공개시장을 활용할 수 없었다.

초기에는 대부분의 투자자가 이러한 문제들을 완전한 이해하지 못한 채, 다음과 같은 효과 없는 전략들을 시도했다.

- 많은 투자자들은 "법인주"에 관한 신비스럽기까지 한 규정들이 자신의 투자기간 중에는 변화될 것으로 예상했다. 따라서 단순히 합작투자 파트너로서 중국기업에 직접 투자했다. 2004년 이전에는 이러한 "법인주"의 자유거래가 허용되지 않았기 때문에, 많은 투자자들은 얼마 지나지 않아 실망했고, 자신들의 투자를 회수할 수 없게 될지도 모른다는 압박감으로 인해 잘 경영되고 수익성도 높던 기업에서조차 운영상의 문제가 야기되기도 했다.
- 일부 투자자들은 역외 지주회사—중국 현지에서 영업하고 있는 기업에 대한 과반수 소유권을 보유한—를 통해 투자를 재구조화하여 이 문제를 해결하려 했다. 전형적인 방식으로, 금융 투자자들은 역외에서 소유권을 보유한 반면, 중국의 경영팀은 역내에서 영업하고 있는 회사에 대한 지분(그런 것이 있다면)을 소유했다. 이러한 단순한 구조에서 역외 지주회사는 상장수단이 될 것으로, 그에 따라 퇴장문제가 해결된 것처럼 보였다. 하지만 투자자와 경영자는 이러한 구조에

서는 중국의 경영팀에게 수익성을 중심으로 회사를 운영하도록 유도할 인센티브가 확보될 수 없음을 곧 깨닫게 되었다. 취약한 법률제도, 그리고 시장 주도적 경제에서 기업의 기능에 대한 이해와 경험의 결여로 인해, 수많은 기업들이 퇴장에 실패하거나 성공했다 하더라도 투자자들을 실망시켰다.

- 몇 가지 기발한 구조가 활용되기도 했다. 그 한 가지 방법은 금융 투자자의 지분이 다국적기업에게 매각될 것으로 기대하면서 다국적 기업과 공동으로 투자하는 것이었다. 이러한 방안은 즉각적인 "퇴장"의 문제는 "해결"했지만, 금융 투자자의 가치를 높여주는 사업구조를 만들어내는 데에는 실패했다. 그 결과 금융 투자자의 협상력은 여전히 취약한 상태에 놓이는 것이 보통이었다. 이러한 기발한 구조가 금융 투자자에게 매력적인 수익을 제공하는 경우는 매우 드물었다.

금융 투자자에게 예측 가능한 퇴장을 허용하는 적절한 방안을 마련하는데 있어서의 어려움에 더해, 그 당시에는 시장에서 적극적으로 활동하는 숙련된 투자자도 거의 없었다. 선진국에서는 당연시 되는 비즈니스 모델 분석, 심도 있는 사전실사(due diligence), 경영팀의 능력에 대한 평가 등 사모펀드 투자의 기초적인 기술도 존재하지 않았다. 중국의 불투명한 시장과 불편한 경영환경은 외국 투자자가 투자기회를 정확히 조사하고 평가할 수 없게 만들었다. 중국이 최근에야 시장 주도적 경제로의 변화를 시작했다는 점을 고려하면, 당시 경영팀의 능력에 대한 표준적 평가는 선진 시장에서의 그것과는 크게 달랐다. 투자기회의 평가에 있어서 이러한 "질적"(soft) 측면은 중국에 대한 투자를 어렵게 만들었다.

1990년대 초중반 벤처캐피탈 기업들의 성과를 보여주는 정확한 증거를 찾기는 어렵지만, 몇 가지 대리변수를 통해 이들의 성과가 형편없었음을 알 수 있다. 이들의 성과를 보여주는 첫 번째 대리변수는 1차 중국투자펀드를 모집한 기업이 2차로 펀드를 모집할 수 있었는지의 여부이다. 1차 투자자를 만족시키지 못하면 2차 펀드를 모집하지 못하는 것이 보통이다. 1991년에서 1997년 사이에 모집된 33개의 국제펀드 가운데 단 하나의 벤처펀드만이 1997년 이후에 중국투자를 위한 후속펀드를 모집할 수 있었다.[6]

성과를 보여주는 두 번째 대리변수는 상장된 벤처캐피탈 기업의 성과이다. 중국

정부로부터 기업공개 승인을 받기가 어려웠기 때문에, 일부 벤처캐피탈 기업은 투자자들에게 유동성을 제공하기 위해 스스로 상장했다. 이들 대부분이 1992년에서 1994년 사이에 상장되었다. 아시아 벤처 캐피탈 저널(*AVCJ*)이 이들 펀드들의 성과를 추적해 본 결과, 1998년에 평균적으로 펀드의 주가가 기업공개 공모가격의 48%에 불과한 것으로 확인되었다.

세 번째 대리변수는 프라이빗이퀴티/벤처캐피탈이 투자한 기업들(대부분이 국유기업)의 성과이다. AVCJ에 따르면 외국 벤처캐피탈들은 1991년에서 2001년 사이에 벤처 지원을 받는 18개 기업의 기업공개에 투자했다. 하지만 이 가운데 한 개의 기업을 제외하고는 모든 회사의 가치가 상장 공모가에 비해 하락했다.

1997년에 중국국제자본공사(CICC)는 직접투자 부서를 설치하고 이글 브랜드 홀딩스(Eagle Brand Holdings)에 4천만 달러를 투자했다. 이 회사는 당시 중국 최대의 세라믹 타일 및 위생기구 제조사 중 하나였다. 여타의 외국 투자자들에게는 국유기업이 가진 정치적 연계를 고려하여 중국 내 사업 확장을 위해 단독 혹은 아메리칸 스탠다드(American Standard) 등 다국적기업들과 공동으로 국유기업에 투자하는 것이 훨씬 더 편리했다. 반면에 이러한 현지 중국기업에 대한 투자는 프라이빗이퀴티 투자자들이 현지의 경영팀과 협력하고 해당 기업의 유기적 성장을 통해 이익을 얻을 수 있다는 점을 입증했다. 상기한 회수전략의 단점을 피하기 위해, 투자자들은 차이나 텔레콤과 차이나 모바일 등과 같은 "레드칩(red chip)" 상장사들과 유사한 방식으로 기업을 구조조정했다. 이전에 실패했던 투자회수 전략과 이 전략의 결정적으로 중요한 차이는 이글 브랜드에 대한 투자가 갖는 구조에서 찾아진다. 즉, 이 투자에서는 중국 경영팀이 역외 지주회사의 소유권을 금융 투자자들과 공동으로 보유하도록 함으로써, 모든 주주들의 이해가 주주가치 증대를 향하도록 조정되었다. 1999년 싱가폴 증권거래소에 상장된 이글 브랜드는 기업공개 공모가를 통해 경영진, 정부, 금융 투자자를 비롯한 모든 주주에게 큰 이익을 제공했다. 중국 프라이빗이퀴티/벤쳐 시장의 수많은 관찰자들은 이 케이스를 프라이빗이퀴티 투자구조 설정에 활용된 최초의 "레드칩 구조로의 조정" 중 하나로 인식했고, 결국 중국에서의 프라이빗이퀴티 투자 양식을 변화시켰다.

❖ 1998~2003년: 전환점

1990년대 말 인터넷 붐과 미국 주식시장의 번창은 중국 벤처 캐피탈 산업의 발전에 결정적으로 중요한 역할을 했다. 일부 인터넷 및 관련 기업들의 상장이 성공함으로써, 금융 투자자들은 마침내 중국투자의 위험에 대해 파트너들이 기대했던 수익을 창출할 수 있게 되었다. 이것은 중국의 프라이빗이퀴티/벤처캐피탈 산업에서 일어날 극적인 변화의 시작이었다.

1990년대 말, 미국의 투자자들은 중국 일반에 대해, 그리고 특히 중국 인터넷 시장의 성장 전망에 열광했다. 중국 인터넷 네트워크 정보센터(China Internet Network Information Center :CNNIC)가 수집한 통계(인터넷 관련 정보에 대한 중국정부의 공식적 자료원)에 따르면, 1992년 250명에 불과하던 중국 인터넷 사용자의 수가 1999년 말에는 약 6백만 명으로 증가했다. 대부분의 해외 분석가들은 CNNIC 보고가 중국의 인터넷 사용자 수를 과소평가했다고 믿고 있었고, 니콜라스 네그로폰테(Nicholas Negroponte) 등 전문가들은 2000년까지 그 숫자가 1천만 명을 기록할 것으로 전망했다. 후에 이러한 전망치가 실제와 크게 벗어난 것은 아니라는 사실이 밝혀졌다. 중국은 2002년 말 약 5천만 명의 사용자를 가진 세계에서 두 번째로 큰 인터넷 시장이 되었다.

이러한 통계와 기타 매력적인 인구통계에 기초하여, 외국의 홍보담당 임원들도 중국 웹사이트 인터넷 광고 수익이 미래에 성장하리라 낙관했다. 이러한 낙관적 전망은 투자자의 상상력을 자극했고, 중국 투자의 경험이 있든 없든 태동하는 중국의 인터넷 사업에 벤처캐피탈 투자를 하려는 유인을 제공했다.

이러한 중국에 대한 투자 붐을 둘러싸고 있는 복잡성의 한 가지 예는 SINA.com의 이야기이다. 지나고 나서 보건대, SINA는 당시에 추구되던 한 가지 투자전략에 대한 실제 테스트를 대표하고 있었다. 외국 벤처캐피탈 사업가들을 중국 시장으로 이끈 핵심 동인 중 하나는 한 가지 믿음이었다. 즉, 그들은 실리콘 밸리에서 개발된 신기술 및 혁신적 비즈니스 모델(x)을 중국의 기업가들(y)—중국의 발전하는 시장경제에서 성공적인 비즈니스를 창출하는데 그러한 비즈니스 모델을 도입해 줄 수 있을 것으로 여겨진—과 결합함으로써, "가치를 끌어낼" 수 있다고 믿고 있었던 것이다.

SINA.com은 가장 큰 두 개의 중국어 웹사이트(미국 캘리포니아 서니베일(Sunnyvale)에 위치한 Sinanet.com과 중국 베이징에 위치한 Stone Rich Sight Information Technology Company Ltd.(SRS))를 합병하여 1998년 12월에 탄생했다. SRS는 1993년 Stone Group이 설립한 소프트웨어 회사로, 1994년 4월에 출시되어 시판된 리치윈(Richwin)으로 가장 잘 알려져 있었다. 이 소프트웨어는 사용자가 중국어 컨텐츠를 볼 수도 있고, 운영 시스템과 무관하게 영어와 중국어를 자유롭게 전환할 수 있도록 한 등록 소프트웨어 제품이었다. SRS는 1996년 첫 웹사이트를 시작했다. Sinanet.com은 1995년에 설립된, 해외 중국인을 타겟으로 하는 선도적인 웹사이트였다. 이 회사는 중국어 사용자가 중국어 소프트웨어를 설치하지 않고도 Sinanet의 웹사이트에 접속해 컨텐츠를 볼 수 있도록 해 주는 소프트웨어를 개발하기도 했다.

이 합병을 위한 자금은 Walden International Investment Group("Walden")가 주도한 1차 투자모금으로 조달되었다. 이 합병은 성사가 쉽지 않았거나, 결론 없이 끝났을 수도 있었다. 1999년 5월부터 2001년 기업공개가 이루어지기까지 Sina.com은 당시 중국에서 왕성하게 활동하던 "Who's Who"에 등재된 투자자들로부터 약 850만 달러를 조달했다. 여기에 참여한 투자자들에는 골드만삭스의 자기계정 벤처그룹, 로버트슨 스테픈스(Robertson Stephens), 체이스 캐피탈 파트너스(Chase Capital Partners), 크로스링크 테크놀로지 파트너스(Crosslink Technology Partners), 크리스탈 인터넷 벤처펀드(Crystal Internet Venture Fund), 싱가폴 경제발전위원회, 델 컴퓨터, 크리에이티브 테크놀로지(Creative Technology Ltd.), 퍼시픽 센추리 사이버웍스(Pacific Century CyberWorks Limited), 소프트뱅크(Softbank Corp.), IDG, 워버그 핀쿠스(Warburg Pincus), 수미토모(Sumitomo Corporation), 트렌드 마이크로(Trend Micro), 싱가폴 유나이티드 오버시스 뱅크(United Overseas Bank of Singapore), CICC 등의 프라이빗이쿼티 그룹들이 포함된다. 이 가운데 일부는 중국 투자경험이 있었지만, 대부분의 투자자들은 중국의 벤처캐피탈 환경에 익숙하지 않은 새로운 참가자들이었다. 실리콘 밸리적 아이디어와 위에서 강조한 중국 투자현실을 결합하는데 있어서의 위험에 더해, 중국 정부는 SINA의 사업 운영을 관리하기 위한 광범위한 규제체계를 제정했다. 중국의 규제에 따르기 위해서 SINA는 "중(中)–중(中)–외(外)(중국–중국–외국 또는 "CCF")" 투자구조라 불리는 복잡한 법률 체계를 적용했다. 이러한 법률 구조는 유한책임 외국인 파트너 투자자들이 중국 통신산업을 구축하는데 투자할 수 있도록 하기 위해, 해외의 법률가들이 개발한 것이었다. 금융투자자와 중국의 벤처캐피탈/프라이빗이퀴티 산업에게는 다행스럽게도, SINA는 역외 증권거래소에서 성공적인 기업공개를 위해 금융기관 투자자들이 지원한 최초의 CCF 구조를 가진 투자 중 하나가 되었다.

기업공개 당시 SINA는 선도적인 온라인 매체 기업으로, 중국과 글로벌 중국인 사회에 부가가치 정보 서비스를 제공한 사업자 중 하나였다. 2000년에는 1500만 달러에도 미치지 못하는 매출을 올렸지만, 2001년에는 약 2500만 달러의 매출이 예상되었다. 이 회사는 수익성이 없었지만, "차이나 드림"이 인터넷과 관련된 모든 부문에서의 번창과 결합되면서 기업공개를 성공적으로 마칠 수 있었다. 기업공개 이후에 이 회사는 온라인 광고에 거의 배타적으로 의존하는 순수한 인터넷 포털 업체에서 다변화되고 지속적인 매출을 창출할 수 있는 기업으로 탈바꿈했으며, 지금은 중국을 대표하는 선도적인 인터넷 기업 중 하나로 남아있다.

이 시기 동안 프라이빗이퀴티/벤처캐피탈 투자의 또 다른 성공 사례로는 다음의 기업을 들 수 있다.

중국의 선도적 인터넷 기업 중 하나인 Sohu.com(Nasdaq: SOHU)은 MIT 교수 그룹(에드워드 로버츠(Edward Roberts), 니콜라스 네그로폰테(Nicholas Negroponte), 브랜트 바인더(Brant Binder))으로부터 받은 225,000 달러의 초기 투자금으로 델라웨어에 등록된 미국의 지주회사로 1996년 8월에 설립되었다.

- 1997년 2월, 이 회사는 자기 고유의 컨텐츠 사이트를 출시했고, 1998년 초에는 최초의 대중적인 중국어 검색 디렉토리를 창조하기 위해 Yahoo.com의 검색 디렉토리와 유사한 비즈니스 모델로 탈바꿈했다. 같은 기간 동안 Sohu는 인텔(Intel Semiconductor Ltd : Intel), 다우존스 앤 컴퍼니(Dow Jones & Company : Dow Jones), 모닝사이드(Morningside), 퍼시픽 테크놀로지 벤처 펀드(Pacific

Technology Venture Fund : IDG)으로부터 첫 번째 투자를 유치했다.

- 기업을 공개하던 시점에 Sohu는 중국에서 가장 인기 있는 인터넷 포탈 중 하나가 되어 있었다.
- 기업공개 이후에는 온라인 광고에 배타적으로 의존하는 순수 인터넷 포털 업체에서 다변화된 지속 가능한 수입을 창출할 수 있는 기업으로 탈바꿈했으며, 지금은 중국의 대표적인 선도적 인터넷 기업 중 하나로 남아있다.

아시아인포 홀딩스(AsiaInfo Holdings, Inc.)(Nasdaq : Asia)는 중국에서 통신망의 통합과 관리 솔루션을 공급하는 선두 주자다. 이 회사의 소프트웨어 제품과 네트워크 서비스는 고객들로 하여금 인터넷과 통신 인프라의 구축, 유지, 운영, 관리, 향상할 수 있도록 해준다.

- 아시아인포는 에드워드 티안(Edward Tian)과 제임스 딩(James Ding)에 의해 1993년 텍사스에서 설립되었다. 아시아인포는 중국의 국가 통신체계의 골격을 만들겠다는 꿈을 가지고 시작했다. 이러한 꿈을 바탕으로 국내 부동산 회사인 반톤 인더스트리 그룹(Vantone Industry Group)으로부터 창업 투자자금을 지원받았다. 이 투자는 왕공콴이란 인물이 주도했으며, 그는 반톤의 창업 파트너였으며 벤처투자를 배우기 위해 실리콘 밸리로 이주해 있었다. 새로 조달된 자본과 왕의 지원으로 아시아인포는 1995년에 텍사스에서 중국으로 사업장을 옮겼다.
- 아시아인포는 1996년 네트워크 솔루션 부문에서, 1998년에는 소프트웨어 솔루션에서 수익을 내기 시작했다. 이 발전 단계에서, 워버그-핀쿠스 벤처스(Warburg-Pincus Ventures)의 창썬씨(Mr. Chang Sun)가 이 단계의 투자를 주도하고, 창업자들이 빠른 성장을 도모할 수 있도록 지원하기 위해 폭넓은 지원을 적극적으로 제공했다.
- 2000년의 기업공개 이전에, 아시아인포는 중국의 중추를 구축했을 뿐 아니라, 차이나 텔레콤, 차이나 모바일, 차이나 유니콤, 차이나 네트컴을 비롯한 모든 중국의 핵심 통신 사업자들을 위한 지역 네트워크 체계를 구축하기도 했다.

- 기업공개 이후에는 중심 사업을 인터넷 인프라 구축에서 통신 소프트웨어 솔루션으로 전환하였으며, 이 산업부문에서 여전히 선두 기업의 위치를 지키고 있다.

그러나 2001년에서 2003년 초까지 미국의 경기침체로 밴처캐피탈이 퇴장할 수 있는 기회가 급격히 감소했다. 그 결과 수많은 벤처캐피탈 기업들이 중국의 투자활동 규모를 축소하여, 투자액이 2001년 5.18억 달러에서 2002년 4.19억 달러로 감소했다.

❖ 성장국면: 2004~2007년

2004년은 중국 프라이빗이퀴티에게 전환점이었고, 이어진 다음 해에는 이 산업 전체에 걸쳐서 인상적인 성장을 기록했다. 속도와 규모는 당시 중국에서 활동 중이던 대부분의 프라이빗이퀴티 전문가들이 예상한 수준을 능가했다.

2004년 국제 증권거래소에서 몇몇의 우수 프라이빗이퀴티 및 벤처캐피탈이 지원하는 기업공개가 이루어지면서 프라이빗이퀴티 투자자들에게 커다란 수익을 안겨주었다. 이러한 과정에는 샨다(Shanda), 바이두(Baidu), 포커스 미디어(Focus Media) 등의 성공적인 벤처뿐만 아니라 멩니우(Mengniu), 리닝(Li Ning), 고메(Gome), 유룬(Yurun) 등과 같은 전통적인 기업들도 참여했다. 그때부터 프라이빗이퀴티/벤처캐피탈이 지원하는 기업들의 성공적 퇴장이 지속되어 왔다. 결과적으로 중국에서 프라이빗이퀴티/벤처캐피탈 투자는 수익성 높은 투자자산으로 인식되게 되었다. 이러한 환경이 1990년대 후반부터 2003년까지 모집된 몇몇의 선도적 펀드들로 하여금 매우 매력적인 수익을 낳을 수 있도록 했다. 예외적 소수의 거래만이 성공했던 것이 아니라, 이 시기에는 대부분의 펀드들이 투자자들의 기대를 능가하는 수익을 올렸던 것이다.

기관투자자들이 이를 주목했다는 점은 분명했다. 2004년 이전에는 대부분의 기관투자가들이 중국을 배우기 위해 중국에 들어왔지만, 실제 투자는 미미했다. 한 예로 CDH의 현재 관리자산은 30억 달러 이상이고, 2002년 한 해 동안 거의 1억 달러를 모집했다. 이 펀드는 GIC 특별투자, 알프인베스트 파트너스(AlpInvest Partners Limited), 국제금융공사(International Finance Corporation)와 같은 개발기관 등 일부 초기의 선경지명이 있는 투자자들이 지원한 것이었다.

2004년 이후에는 투자분위기가 극적으로 변했다. 2005년 CDH는 몇 달 동안 적극적으로 2차 펀드를 모집했는데, 여기에는 미국의 주요 재단(endowments), 모태펀드(fund of funds), 거대 가족자산관리 서비스(Family Offices), 보험사 등 주류 파트너들의 참여로 너무 많은 투자계약이 몰리기도 했다. 2006년 말 CDH가 3차 프라이빗이쿼티 펀드를 모집하기까지, 전 세계 60여개의 파트너로부터 16억 달러 규모의 펀드 투자 계약이 체결되었다.

국제 파트너들의 관심 고조와 함께, 이 시기에는 중국 프라이빗이쿼티/벤처캐피탈 및 펀드 매니저들이 급격히 성장했다. 2005년에는 수많은 "국내에서 성장한" 사모펀드들이 조성되었으며, 특히 CDH는 2차 펀드 모집에서 3억 달러의 펀드 계약을 체결했고, SAIF는 6억 달러 규모의 2차 펀드 계약을 체결했다. 당시에 이러한 펀드는 단일국가 펀드로는 매우 큰 것이었다.

같은 기간 중 수많은 기타 중국팀들이 자체적으로 상당량의 자금(특히 벤처펀드)을 조달했는데, Accel과 함께 2.5억 달러를 모집한 IDG 벤처가 대표적이었다. 2004년에는 세유안 벤처(Ceyuan Venture)가 국제 파트너들로부터 1.2억 달러의 1차 펀드를 모집했다. 이 시기에 모집된 펀드로는 세쿠오이아 캐피탈(Sequoia Capital), 캐피탈 투데이(Capital Today), 소프트 뱅크 차이나(Softbank China), TDF 등이 있었다.

2007년에는 SAIF와 CDH가 10억 달러에 달하는 펀드 계약을 체결했다. 당시로는 이 펀드규모가 매우 큰 것 같았으나, 수많은 신규 펀드들이 이 정도의 규모 혹은 그 이상의 규모로 시장에 진출했다. 테마섹(Temasek)과 골드만삭스(Goldman Sachs)를 핵심 투자자(anchor investors)로 하고 펭레이 팡(Fenglei Fang)이 운용하는 펀드인 호푸(Hopu)가 대표적인데, 이 펀드는 1차 펀드 모집에서 25억 달러의 투자계약을 체결한 것으로 알려졌다. 호니 캐피탈(Hony Capital), 블루 릿지 캐피탈(Blue Ridge Capital)과 CITIC 캐피탈 등은 모두 최근에 10억 달러를 초과하는 펀드를 모집했다. 중국 경제 및 기업들의 성장과 이러한 선도자들의 투자속도를 고려할 때, 중국 프라이빗이퀴티 시장은 성장을 지속할 가능성이 크다.

"국내에서 조성된" 이러한 펀드들이 모집되고 확대됨과 동시에, 글로벌 기업들도 중국에서의 입지를 확대해 갔다. 2004년 이전에는 워버그 핀쿠스(Warburg Pincus), 모르간스탠리(Morgan Stanley), 골드만삭스(Goldman Sachs), 칼라일(Carlyle), GIC, 테마섹(Temasek) 등 소수의 글로벌 기업들만이 중국에서 활동하고 있었다. 2004년부터는 KKR, 브랙스톤그룹(Blackstone Group), 베인 캐피탈(Bain Capital), APAX, 3i 등이 중국 전담팀을 구성하고 중국에 진출했고, 현재에는 훨씬 더 많은 기업들이 중국 시장에 진출해 있다. 이들은 중국 사무소를 설립하고 인력을 충원하는데 여념이 없다.

이러한 모든 중국 진출 기업들의 총 펀드계약액이 2004년 이전 대비 극적으로 증가했지만, 이는 선진 시장의 그것과 중국경제의 규모 및 성장률과 대비해서는 아직 소규모이다. 그렇지만 이는 가장 유리한 트레이드와 능력있는 전문인력을 확보하려는 경쟁이 크게 강화되었음을 의미한다.

글로벌 기업들은 독보적인 경험들, 특히 부가가치 접근법과 그들의 글로벌 네트워크를 중국의 프라이빗이퀴티 시장으로 들여왔다. 그 결과, 기업간 경쟁이 증가했고, 모든 기업들이 중국의 변화하는 기업 환경과 자신이 갖는 경쟁적 강점에 가장 적합한 전략을 찾으려 안간힘을 쓰고 있다. 글로벌 인수기업들은 규모와 인지도 면에서 기대했던 것에 못 미치는 기업들이 많다는 사실을 알아차리게 되면서 소규모 투자를 추구하는 전략으로 수정해야 했다. 더 큰 규모의 펀드로 무장한 중국 "국내에서 성장한" CDH와 Hony와 같은 사모펀드 관리자들은 대규모 거래를 시작했는데, 성장 유망 기업 투자와 인수투자 모두를 대상으로 했다.

전체적으로 중국 시장에는 펀드 규모 1억 달러 이상의 벤처캐피탈 100개 정도가 존재한다. 이 중 일부는 여전히 순수 벤처거래에 집중하고 있다. 하지만 세쿠오이아(Sequoia)와 IDG와 같은 선도기업들은 핵심적인 벤처 사업을 유지하면서도 유망기업 지원 자본을 모집하고 있다. CDH와 CITIC 캐피탈은 동일한 기관 구조 하에서 부동산과 헤지펀드를 포함한 다중의 대안적 자산관리 사업을 구축하기 위한 노력을 시작했다. 레전드(Legend)도 이와 유사한 플랫폼을 구축하고 있는데, 호니 캐피탈, 레전드 벤처, 그리고 이들의 부동산 투자회사는 동일한 집단구조 하에서 운영된다.

중국 프라이빗이쿼티 및 벤처캐피탈 시장의 성장으로, 국제 투자자들은 이제 CDH와 세이유안 등과 같이 현지의 투자 전문가 및 현지 투자 위원회가 관리하는 "국내에서 성장한" 기업들과 글로벌 펀드의 현지 자회사인 KKR, 세쿠오이아 캐피탈(Sequoia Capital) 등 국제적으로 지원받고 있는 펀드 가운데 하나를 선택할 수 있게 되었다. 벤처캐피탈과 프라이빗이쿼티 모두 투자과정의 모든 측면에서 사람이 가장 중요한 현지에서의 사업이기 때문에, 벤처캐피탈과 프라이빗이쿼티 시장 투자에 있어서 이 가운데 어떤 비즈니스 모델이 가장 큰 수익을 가져다 줄 것인지에 대한 판단은 아직 유보되어 있다.

❖ 전망: 2008년과 그 이후

최근 중국의 프라이빗이쿼티 산업에는 수많은 중요한 발전과 도전들이 등장했다. 퇴장구조(exit structure)와 위안화 표시 펀드들의 성장에 영향을 미칠 수 있는 규제의 변화가 그것이다.

퇴장구조(*exit structure*)의 변화: 2007년 9월 공표된 규제에 따라, 외국인 프라이빗이쿼티 투자자들은 과거처럼 퇴장을 원활히 하기 위해 국제 증권거래소에서의 "레드칩" 구조에 의존할 수 없을 것이다. 조만간 중국 내 A-주 시장의 개혁이 완료되면, 차차 법인주의 거래가 완전히 허용될 것이다. 이러한 변화의 결과, 외국인 프라이빗이쿼티 투자자들은 이제 자신의 투자를 회수하기 위한 주요 통로로 A-주 시장에 상장하는 방법을 모색해야만 할 것이다. 이는 조세 및 법적 변화뿐만 아니라 외국인 프라이빗이쿼티 투자자들의 경쟁적 입지(현지 통화를 사용하는 투자자들 대비)에 중요한 함의를 갖는 것이다. 하지만 A-주 시장의 고평가와 고유동성은 프라이빗이쿼티 투자자들에게 매력적인 퇴장방법을 제공하기에 충분한 이점을 제공할 것으로 보인다. 균형된 시각에서 볼 때, 비록 퇴장의 채널이 변화했지만, 프라이빗이쿼티 투자자가 활용할 수 있는 퇴로는 여전히 개방되어 있고 이용 가능하다.

위안화 표시 프라이빗이퀴티: 중국 정부와 프라이빗이퀴티 관련 산업 참여자들의 프라이빗이퀴티에 대한 관심이 증가하고 있다. 2007년 6월에 중국의 규제당국은 합작법을 개정하여 국내 유한책임 파트너십의 설립을 허용했다. 그 이후 국무원은 국가발전개혁위원회에 지시하여 현지 통화에 기초한 프라이빗이퀴티 산업을 발전시키기 위한 규제 틀을 마련하도록 했다. 정부는 몇몇의 국가지원 산업펀드들을 승인했다. 그 첫 번째 펀드 중 하나가 보하이 산업투자 펀드(Bohai Industrial Investment Fund)로, 이는 정부로부터 승인된 첫 번째 펀드로 이미 운영되고 있다. 이러한 벤처의 궁극적 성공 혹은 실패 여부를 예측하기는 아직 이르지만, 추가적으로 몇 개의 펀드가 이미 승인되었다는 점을 지적하는 것도 유의할 것이다.

국무원은 또한 중국의 연기금인 국가사회보장기금(State Social Security Fund)을 승인하고, 이 기금의 자산 중 최대 10%까지 프라이빗이퀴티 관련 펀드에 투자할 수 있도록 했다. 이는 500억 위안에 해당하는 투자규모이다. 이러한 발전을 근거로 예측해 볼 때, 가까운 장래에는 보험회사와 기타 금융기관들에게도 프라이빗이퀴티 관련 자산에 대한 투자가 허용될 것으로 보인다.

중국 무역수지 흑자와 외국인 직접투자의 증가에 따른 외환보유고 확대에 따라, 중국 정부의 정책방향은 외국인 투자의 질을 개선하고 미래 외국인직접투자의 전체 규모를 제한하는 방향으로 전환되었다. 그 결과 전보다 많은 산업부문이 외국인 투자 제한 또는 금지대상이 될 것으로 기대된다. 프라이빗이퀴티 투자자들은 이러한 난제를 극복하기 위해 노력해야 할 것이고, 중국 선도 기업들에 대한 투자기회를 확보하기 위해 중국 정부의 관료들과 대중들에게 자신의 이미지를 개선하는데 더 노력해야 할 것이다. 이러한 장애물에도 불구하고, 외국인의 프라이빗이퀴티 투자규모는 크게 증가해 왔고, 이러한 투자는 벤처기업 및 성장 유망 기업들에 대한 자금지원 뿐 아니라 합병 및 제휴 활동에서 중요한 역할을 계속할 것으로 기대되고 있다.

미래에 기대할 수 있는 변화들 가운데 일부를 소개하면 다음과 같다.

1. 외국통화 기반의 프라이빗이퀴티 투자는 인수, 유망 기업, 벤처, 부동산 분야에서 지속적으로 증가할 것이다. 투자 규모는 지속적으로 증가하겠지만, 이들의 시장 점유율은 향후 수년간 현재의 80~90%에서 50~60%로 감소할 것이다. 국

제 유한책임 파트너들의 강력한 지원으로, 외국통화에 기반하는 프라이빗이쿼티 기업들(글로벌 참여자와 "국내에서 성장한" 기업 모두를 모함하여)은 중국에 기반하는 기업들에 대한 프라이빗이쿼티와 벤처캐피탈 금융에서 중요한 역할을 지속적으로 수행해 갈 것이다.

2. 더 많은 위안화 사모펀드가 설립될 것이다. 국가가 승인한 산업펀드에 더하여, 기관투자자 및 고자산 개인들이 참여하는 시장 지향적 펀드들이 많아질 것이다. 현지의 보험회사와 신탁회사들도 중요한 자본원천이 될 것이다. 이러한 위안화 펀드들은 현재 외국통화 기반의 프라이빗이쿼티 기업이 차지하고 있는 시장을 잠식하여 시장점유율을 크게 확대해 나갈 것이다. 하지만 이러한 과정은 점진적으로 진행될 것이고, 새로운 국내 투자자 집단이 이러한 자산들에 대한 투자를 통해 이익을 올릴 수 있음을 이해하게 되기까지는 시간이 필요할 것이다.
3. 경쟁이 긍정적인 발전을 가져올 것이다. 프라이빗이쿼티 기업들은 투자기업들에게 더 많은 부가가치 서비스를 제공할 것이다. "손쉬운 이익"이 사라지게 됨에 따라 기업들의 투자전략, 집중분야, 전문화에 따라 기업들이 더욱 분명히 차별화 될 것이다. 인수, 성장 유망 자본에서부터 벤처와 부동산에 이르기까지 거의 모든 자산부문에서 선도자가 등장할 것으로 기대된다. 하지만 이와 동시에 외국인과 현지인 매니저 중 일부는 투자자를 실망시키게 될 것이다. 또한 시장이 자연스럽게 분화되어 예외적으로 높은 성과를 보이는 최고의 매니저가 있는가 하면, 나머지들은 시장 평균 정도의 수익만을 창출하게 될 것이다. 중국이라는 대안적 투자 부문도 선진 시장의 경험에서 예외는 아닐 것이다.
4. 정부가 프라이빗이쿼티 산업의 발전을 지원하겠지만, 프라이빗이쿼티 투자자가 시장에 제공하는 가치가 정확히 무엇인지에 대한 이해부족은 여전히 계속될 것이다. 많은 경우, 이 사업의 이미지는 여전히 좋지 않은 상태이다. 프라이빗이쿼티와 벤처캐피탈 투자자들은 투자 대상 기업들과, 특히 사회 전체에 대해 자신들이 어떠한 기여를 하는지에 대해 규제당국과 일반들에게 알리는 한편, 정부가 지원할 수 있는 환경을 만드는데 도움이 될 수 있는 일들을 많이 할 필요가 있다.

5. 벤처캐피탈은 특히 구경제와 신경제에 수많은 새로운 일자리를 창출한다. 지난 20년간 미국 노동시장이 성장한 것은 새로운 기업들이 많이 설립되었기 때문이라는 사실은 이미 잘 알려져 있다. 규모가 크고 오래된 기업들이 비용을 줄이고 고용을 줄이는 과정에서 신설 기업들이 그 공백을 메우고 있다. 벤처가 지원하는 기업들은 이러한 과정에서 중요한 역할을 한다.
6. 벤처가 지원하는 기업공개는 벤처 기업의 지원을 받지 않는 기업공개에 비해 시장에서 더 잘 받아들여진다는 것도 정설이다. 물론 중국에서도 이것이 사실이라고 말하기에는 아직 이르지만, 다가오는 미래에는 기업공개 시장에서 벤처기업들의 중요성과 탁월성이 굳건히 자리잡게 될 것임에는 의심의 여지가 없다.

미주

[1] 편집자들은 본 사업을 지원해 주고, 이 장이 완성되기까지 검토해 준 스튜어트 숀버거(Stuart Schonberger)에게 감사드린다.

[2] 이 장의 일부 정보들은 웬디 웨이 쑤(Wendy Wei Xu)가 2006년 4월 28에 "중국의 벤처캐피탈: 시장 및 투자과정 분석"이란 제목으로 프린스턴대학교 경제학과에 제출한 학사학위 논문으로부터 인용되었다.

[3] Studwell, Joseph. 2002. The China Dream: The Quest for the Last Great Untapped Market on Earth, *Atlantic Monthly Press.*

[4] *Asian Venture Capital Journal,* January 1995, Hong Kong. 더 자세한 내용은 www.avcj.com 참조

[5] *Asia Venture Capital Journal,* January 2002.

[6] Asia Venture Capital Journal, January 2002.

Part 4

보험

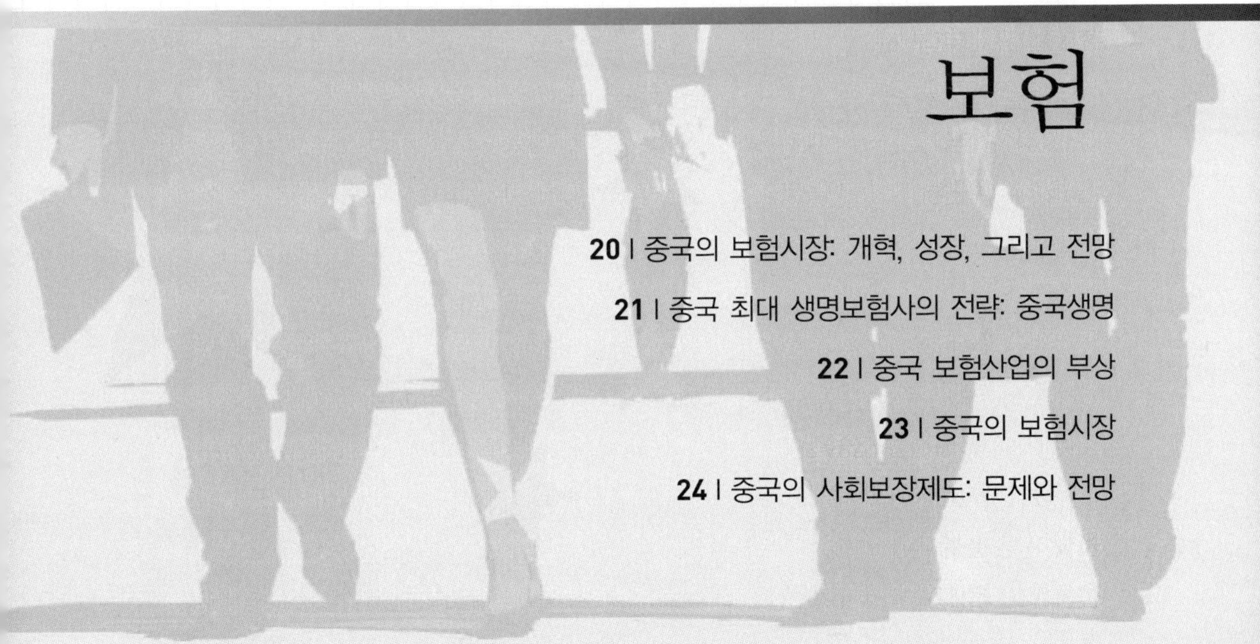

20 | 중국의 보험시장: 개혁, 성장, 그리고 전망

21 | 중국 최대 생명보험사의 전략: 중국생명

22 | 중국 보험산업의 부상

23 | 중국의 보험시장

24 | 중국의 사회보장제도: 문제와 전망

20 | 중국의 보험시장: 개혁, 성장, 그리고 전망

유안 리

중국보험감독관리위원회 주석보

보험산업은 금융 시스템의 3대 기둥 중 하나이다. 중국의 보험산업은 경제 전체가 그렇듯이 독특한 발전과정을 거쳐 국가경제의 주요 부분이 되었다. 1949년 신(新) 중국이 세워진 후 보험업을 영위하기 시작했고, 중국 인민보험공사가 설립되어 모든 유형의 보험을 취급했다. 1959년에서 1979년까지의 시기 동안의 지도 방향은 보험이 불필요하다는 것이었다. 따라서 중국의 보험업은 20년간 중단되었다. 1980년 국내 보험업이 부활되었고, 국가경제 전체와 함께 성장을 시작했다. 개혁 · 개방 이후, 이 산업은 크게 다음과 같은 3단계를 거치면서 발전했다. 1986-91년은 하나의 산업으로서 새로이 회복된 시기, 1986-91년은 안정적 성장기, 그리고 1992년 이후로는 고도 성장기로 구분된다.

2002년 개최된 중국 공산당 제16차 전국인민대회 이후 보험산업은 본 장에서 설명되는 단계들을 거침으로써 국가 정책적 목표를 실현하기 위해 매우 열심히 노력했다.

그 후 중국의 보험산업은 연간 18.2%의 성장을 유지했다. 2007년에는 보험 프리미엄 수입이 7035.8억 위안이 되어 2002년 그것의 2.3배에 달했다. 2007년 말, 보험산업에는 110개의 보험사가 존재하여 2002년에 비해 68개가 늘어났다. 총 자산은 2.9조 위안으로 2002년의 4.5배에 달했다. 총 보험 프리미엄을 기준으로 하면, 2002년 세계 16위에서 세계 9위로 올라섰다. 2002년 이후, 개혁이 진전되고, 성장률이 상승했으며, 성장의 질적 개선이 이루짐과 동시에 서비스의 영역과 사회에 대한 영향력이 확대되었다. 보험산업은 효율성, 과학적 접근법, 위험회피 등의 측면에서 발전을 이룩했다. 또한 이 산업은 중국 내외 모두에서 성장했고, 미래의 성장을 위한 안정적 기반도 구축했다.

"시장화"

구조조정 이전에는 중국 보험사의 70% 이상이 어려움을 겪고 있었다. 자본확충이 부족했고, 지급청구에 대한 지급능력도 부족했다. 당시 보험사들은 또한 부실자산의 청산에 어려움을 겪고 있었고, 역사적으로 물려받은 부담이 무거웠을 뿐만 아니라 기본적인 경영이 부실했다. 그러한 병목현상으로 인해 이 산업 전체가 후퇴했다. 사회주의 시장경제 체제 구축의 필요성과 국무원의 권장에 조응하는 구조조정은 보험사들의 중요한 책무였다. 중국보험감독관리위원회(이하, 보감위)가 이 과정을 지도했다. 국유기업에서 주식회사로의 전환은 경영을 변화시키고, 새로운 사업 메커니즘을 형성하며, 이 산업에 새로운 활력을 불어 넣는데 기여했다. 시스템 개혁과 보험사의 상장은 성공적으로 무리 없이 실행되었다. 2003년 11월, 중국 인민보험은 홍콩에 상장되어 중국본토 외부의 지역에 상장된 첫 금융회사가 되었다. 2003년 12월에는 중국생명보험(China Life Insurance)이 뉴욕과 홍콩에 상장되어 국제자본시장에서의 기업공개 중 최대 규모를 기록하기도 했다. 2004년 6월, 홍콩에 상장된 중국의 핑안보험(집단)(Ping An Insurance (Group))은 기업집단 기업으로서는 최초로 해외에 상장된 기업이 되었다. 2007년에는 중국생명보험과 핑안보험이 A-주 시장에 성공적으로 복귀하는 한편, 차이나 퍼시픽 보험 그룹(China Pacific Insurance Group)은 성공적으로 A-주 시장에 상장되어 보험업의 모태적 기업이 되었다. 현재 중국 내외에 6개의 중국 보험회사가 상장되어 있다. 대부분의 보험회사들은 비교적 표준적 기업지배구조를 구축하고 있고, 현대적 보험기업 시스템을 위한 기본적 여건을 마련했다.

상장과 시장개혁은 보험사의 겉으로 드러난 문제와는 다른 문제, 즉 본질이 아닌 형식의 문제를 해결해 주었다. 이렇게 해결된 문제들이란, 지속적으로 기업 지배구조를 개선하는 문제, 전략적 투자자를 유치하는 문제, 주식소유 구조를 개선하는 문제,

주주에 대한 규제를 강화하는 문제, 기업의 성장에 대한 주주의 관심을 유도하는 문제, 이사회와 경영진을 전문화하는 문제, 그리고 주주, 의사결정자, 감독자 및 경영진 사이의 적절한 지배구조 정립을 통한 효과적인 메커니즘의 균형을 맞추는 문제 등을 지칭한다. 기업 내부감시자의 역할 강화를 포함한 모든 시스템적 변화는 규제당국으로 하여금 국내의 법률과 기업이 상장된 해당 시장의 상장기업에 대한 법률을 준수하게 하고, 산업표준, 경영혁신에 있어서 도움이 되도록 해야 한다.

개혁은 보험사들의 경쟁력을 높였다. 상장된 보험사들은 국내외 투자자들에 의해 인정되고 그것이 주가에 반영되는 방식으로 보상되었다. 중국생명이 국내 A-주 시장에 상장되던 첫 날, 시가총액이 1조 위안을 넘김으로써 시가총액 기준으로 세계 최대의 상장 보험사가 되었다. 중국 보험사의 국제적 영향력이 증가하고 있다. 중국생명은 2006년도 포춘 500(Fortune 500) 기업 중 192위에 랭크되어 2003년 보다 98계단 상승했다. 중국생명은 또한 세계 최고 브랜드 500대 기업 중 309위를 기록했다. 핑안보험은 중국의 전체 기업들과 아시아의 보험사 가운데 경영 측면에서 최고로 꼽혔다. 전체적으로 평가할 때 이 보험사는 또한 아시아 지역 전체 기업들 중 5위를 기록했다. 공신력이 큰 아시아의 금융저널인 Wealth지는 2007년 4월 핑안보험을 국제화, 개방도, 투명성, 그리고 엄격한 규제의 면에서 최고의 지배구조를 가진 기업으로 꼽았다.

"국제화"

중국이 WTO에 가입하면서 내건 약속에 따라, 중국 보험업 시장은 금융부문의 다른 시장보다 다소 일찍 대외에 개방되었다. 완전개방으로 이행하기 위한 기간도 더 짧았다. WTO 가입을 위한 3년간의 이행기간은 2004년 10월 11일 종료되었는데, 그 이후 중국의 보험시장은 대외에 완전히 개방된 시대에 들어섰다. 그 이후, 중국의 보험산업은 "국제화"의 효과를 드러내기 시작했다.

첫째, 중국의 보험회사에 대한 국제적 참여가 허용되었다. 경제적 세계화와 금융통합으로 중국 보험시장과 국제시장간의 관계는 날로 밀접해지고 있다. 보험산업이 잘 발달한 나라들의 보험회사들과 주요 다국적 보험그룹들이 중국에 진출했다. 2007년 말, 15개 나라와 지역으로부터 진출한 43개 외국인투자 보험회사들이 중국에 134

개의 사업체를 설립했다. 이와 동시에, 중국정부의 "대외 진출" 전략이라는 자극에 힘입어, 보험회사들은 자발적으로 국제금융시장의 경험을 학습했고, 이 가운데 일부는 해외 증권시장에 상장되거나 해외 사업에 참여함으로써 이미 국제화된 대중적 기업이 되어 있었다.

둘째, 중국의 여러 사업부문이 국제적 참여에 개방되었다. 현재 기준, 외국인투자 보험사가 영업할 수 있는 영역은 기본적으로 이미 개방되어 있다. 외국인투자 생명보험사들은 단체 보험 및 연금보험 서비스뿐만 아니라 중국 국민과 외국인들을 대상으로 건강보험 서비스를 제공할 수 있다. 이들의 사업 영역은 중국에서 운영되는 중국 생명보험사들과 정확히 똑같아졌다. 외국인투자 비(非)생명보험사들은 법정 보험을 제외한 모든 업무를 제공할 수 있다. 아울러 중국의 재보험업(reinsurance business)은 국제시장에서 위험의 분산 및 이전을 항시 강조해 왔고, 이 사업의 국제화 정도는 높은 수준을 유지해 왔다. 중국은 WTO에 가입하면서 완전한 외국인 자회사 또는 합작투자 기업을 통한 외국 재보험회사들의 생명보험 및 비(非)생명보험 재보험 업무를 허용하기로 약속했다.

셋째, 중국 보험시장의 여러 부분들도 국제적 참여에 개방되었다. 이러한 개방은 지속적으로 확대되고 있다. 중국 시장에서 영업하고 있는 외국인투자 보험회사들에 대한 지역적 제약은 이미 철폐되었다. WTO에 가입하기 이전에는, 중국의 5개 도시만이 외국 보험회사들에게 개방되어 있었다. 하지만 WTO 가입 이후에는, 개방된 도시의 수가 15개로 늘어났다. 2004년 12월11일 현재, 외국인투자 보험회사들은 중국 어느 지역에서라도 보험 서비스를 제공할 수 있다. 이러한 외국인투자 보험사들은 사업범위를 지속적으로 확대해 왔으며, 이에 따라 이들의 시장에 대한 영향력도 점차 확대되면서 중국 보험산업의 성장에 대한 새로운 활력이 되었다. 2007년 말 기준, 외국인투자 보험사는 중국 보험시장 전체에서 5.97%를 차지하고 있는 것으로 나타났다.

넷째, 중국의 규제기관이 글로벌 시스템과 결합되어 있다. 중국의 보감위는 국제보험감독협회(International Association of Insurance Supervisors)와 국제연금감독기구(International Organization of Pension Supervisors) 모두에 가입했다. 2006년에 보감위는 전 세계 94개국으로부터 약 700명의 대표들이 참가한 제13차 연례회의를 개최했다. 이것은 당시까지 개최된 연례회의 중 가장 많은 참가국과 대표들이 참석한 최대 규모의 회의였다. 보험감독을 위한 중(中)-미(美)와 중-유럽 사이에 양자간 및 다자간 협력을 강화하고, 아시아 보험규제기관들과의 협력 메커니즘을 구축하며, 국제 보험규제 체제에 적극적으로 참여하기 위해, 중국 보험산업은 국제 보험 포럼에서 더 많은 목소리를 내고 있다.

"표준화"

"3대 축"과 관련된 현대적 감독의 틀은 최근에 초보적 수준에 올라섰다. 중국의 보험규제는 이전에는 존재하지 않았지만 이제 도입된 것이다. 이는 구분되는 세 주요 단계를 통해 꾸준히 개선된 결과이다. 첫 번째는 시장행위에 대한 규제에 중점을 두었다. 중국 보험산업의 초기 단계에서는 소수의 시장 참여자들만이 존재하고 있었고, 완전 국유 보험회사들이 절대적 지배력을 향유하고 있었다. 반면에, 대부분의 보험규제는 주로 시장행위에 관한 것이었다. 당시 지불능력 규제에 대한 개념이 인식되고 있기는 했지만, 아직 효력이 발휘되지는 못하고 있었다. 시장 참여자들이 지속적으로 늘어나고 시장경쟁이 가열됨에 따라, 위험회피와 시장의 안정성을 보장하는 일이 보험규제의 주요 과제가 되었던 것이다. 2003년 초에 보감위는 "보험회사의 지불능력 한계와 감독지수에 관한 규칙"을 공표했다. 이는 부채 지불능력 규제와 관련하여 매우 커다란 진전이었다. 세 번째 단계는 3대 축의 완성을 위한 규제 틀을 구축하는 것이었다. 중국은 2006년에 국제보험감독협회의 핵심 감독원칙에 기초하여 "보험회사의 지배구조 표준화에 관한 지침"을 공표했다. 이를 통해 보험회사의 지배구조, 지불능력에 대한 요건, 그리고 시장행위 등을 보험감독 시스템에 통합하게 됨으로써, 현대적 보험 규제 틀의 3대 축이 기초적인 수준에서나마 형성되게 되었다.

보험산업에 대한 규제시스템은 지속적으로 개선되고 있다. 규제업무를 위한 기초를 현실화하고 규제활동의 근거가 되는 표준적이고 체계적인 법제를 제도화하기 위해, 우리는 이제 다음과 같은 조치를 강구해야만 할 것이다.

첫째, 우리는 보험법에 따른 규제활동을 지속적으로 강화해야 한다. 우리는 보험법을 개정하여 정책형 농업보험과 관련된 조항을 도입했다. 우리는 행정적 승인절차에 대한 개혁을 적극적으로 추진하고 있다. 2002년 이래로 보감위는 행정절차를 구체화하는 일련의 규정들뿐만 아니라 행정부서 수준의 기관과 관련된 36개 규칙을 입안하고 통과시켰지만, 아직 훨씬 더 많은 조치가 취해질 필요가 있다.

둘째, 우리는 업무 규제시스템의 개선과 함께 업무혁신을 장려해 왔다. 상품 감독에 있어서는 표준적이고 친숙한 용어를 사용하여 보험정책을 제도화하는 진전을 이룩했다. 이의 영향으로 보험상품들은 시장과 소비자들의 니즈를 밀접히 충족시켜 줄 수 있도록 설계되었다. 판매와 배분에 있어서 우리는 표준화된 보험상품을 개발하고 새로운 생명보험 상품의 판매관리를 증진하기 위해 은행과 보험회사 사이의 긴밀한 협력을 촉진해 왔다.

셋째, 인적자원 개발에 대한 필요성에 부응하여 우리는 보험회사 고위 경영진들의 자격요건 기준에 대한 심사와 감독을 제고해 왔다.

넷째, 규제의 현대화 필요성을 충족하기 위해, 우리는 정보 및 통계 시스템의 구축을 강화해 왔다. 보험 통계정보 시스템이 구축되었고, 데이터를 집중화하고 운영 시스템 통합하기 위해 더 많은 보험 정보시스템이 현재에도 구축되어 가고 있다.

마지막으로, 우리는 보험산업 규제의 "5단계 방어선"을 설정함으로써 위험관리를 개선시켰다. 이 체계에서는 내부적 기업통제를 기초로, 지불능력 적정성 감독을 핵심으로, 현장점검을 규정준수를 위한 주요 수단으로, 펀드 운용에 대한 감독을 이 과정의 핵심 링크로, 보험 안전기금을 최후 보호막으로 활용된다. 위험의 예방, 통제, 회복 등의 절차는 위험을 포괄적이고 체계적인 방식으로 관리함으로써 손실이 발생하더라도 보험 안전기금이 보험 가입자에게 필요한 보험을 지불할 수 있도록 설계되어 있다. 우리는 피보험자의 이해를 최대한 보호하고, 일반적인 차원에서는 미지급이 사회에 미치는 부정적 영향을 최소한으로 완화시켜야 한다.

❖ 새로운 출발점

보험산업은 발전과정에서 새로운 출발점에 서 있다. 이 기간 동안 보험업은 이례적인 성장기회와 함께 어려운 문제에도 직면하게 될 것이다. 일반적으로 기회가 도전보다 많다.

새로운 기회들

중국 경제는 비교적 장기간에 걸쳐 빠른 성장을 지속해 왔고, 개인과 사회에는 부가 축적되어 왔다. 이에 따라 장기적 연료원이 보험산업에 주입되었을 뿐만 아니라 사회의 보험 대상 자산이 크게 증가했다. 중국의 1인당 GDP는 이미 연간 2000달러를 돌파했다. 국제적 경험에 따르면, 프리미엄 수입은 경제성장보다 빠르게 성장했는데, 이는 중국의 보험산업이 빠른 속도로 계속 성장할 것이라는 것을 의미한다. 경제발전으로 인해 국민들의 생활수준이 향상됨에 따라, 의료, 노령자 보호, 교육, 주택, 자동차 등의 소비가 증가했다. 보험에 대한 니즈도 이에 발맞추어 증가한다. 중산층 비율이 증가하고, 안정과 안전에 대한 수요도 크게 증가했다. 그 결과 보험소비는 현대 소비자 수요의 가장 중요한 구성요소가 되었다.

중국의 현대적 금융 시스템의 발전은 보험산업의 성장을 필연적으로 가속화할 것이다. 선진국에서는 보험자산의 비율이 20% 이상에 달하고 있지만, 중국의 이 비율은 현재 금융자산의 약 4% 수준에 머물러 있다. 중국 보험산업의 잠재력은 매우 크다. 중국 국민의 저축은 약 17.3조 위안이다. 이 가운데 대부분은 노령화와 의료 니즈와 관련한 미래의 개인적인 니즈에 대비하려는 것이다. 보험산업의 수준이 향상되어 감에 따라, 그러한 잠재력은 점차 현실화될 것이다. 금융에 대한 종합적 관리와 금융의 글로벌화는 보험산업의 전망을 확대시킬 것이다. 한편으로, 이는 은행업 및 다른 금융기관과의 협력을 이끌어 내는 데 도움이 될 것이다. 더 깊고 넓은 차원에서 이는 자원이 집중되고 재구성되도록 할 것이다. 다른 한편으로 종합적인 관리는 또한 보험산업에도 이익을 가져다 줄 것이다. 왜냐하면 보험산업이 국제 금융산업과 국제 보험산업뿐만 아니라 여타 금융기관들의 경험을 도입하기 때문이다. 중국의 보험산업은 이제 "시장에 뒤늦게 진입함으로써 이익을 얻는" 입장에 서 있는 것이다.

중국은 빠르게 노령화 사회가 되어가고 있다. 60세 이상의 인구가 약 1.5억 명에 달해, 총 인구의 11%를 차지하고 있다. 이는 2014년까지 2억 명, 2026년까지 3억 명에 이를 것으로 추정된다. 사회가 노령화되어 감에 따라 사회보장에 대한 수요가 증가하고, 그러한 사회보장 시스템을 구축하라는 정부에 대한 압력은 더욱 커져가고 있다. 보험산업은 이러한 과정의 수혜자가 될 것이다. 하지만 전체 사회적 위험은 산업화, "정보화", 도시화, 시장화, 국제화를 비롯한 중국의 변화와 함께 증가하고 있다. 이 모든 것이 경제구조, 사회구조, 편익구조에 큰 변화를 가져온다. 이런 것들은 또한 사고방식에도 커다란 변화를 요구한다. 위험구조가 점점 복잡해지고 있다. 보험산업이 발전함에 따라 사회 위험관리 시스템의 개선이 시급히 요구되고 있다. 보험은 시장경제에서 위험관리를 위한 가장 기본적인 방책이다. 보험회사들은 사회적 위험을 완화하는데 있어서 반드시 일정 책임을 져야 한다.

보험은 사회의 위험을 이전하는 일종의 시장화된 방법으로, 사회적으로 상호부조 메커니즘이며 사회적 관리 메커니즘이다. 사회주의 시장경제 제도에서 정부의 기능이 변화하면서, 정부는 자원배분의 효율성을 높이고 사회적 문제를 해결하기 위해 더 많은 시장 메커니즘을 활용하고 있다. 정부기능이 변했기 때문에, 보험산업은 시장경제의 운영에서 더 큰 역할을 할 것이다. 둘째, 사회적 위험과 보험의 역할에 대한 인식이 유례없이 증가하고 있다. 미래에는 점점 더 많은 사람들이 보험을 이해하게 되고, 개인의 부와 위험을 관리하는 중요한 방법으로 보험에 가입하게 될 것이다.

새로운 도전들

중국의 보험산업은 놀라운 성취를 이룩했지만, 중요한 장애물들이 미래의 발전을 가로막고 있다. 중국의 보험산업은 다소 늦게 시작되었다. 이 산업의 기초는 매우 취약하며, "경제적 사회"의 발전에 적합하도록 아직 발전되지도 않고 있다. GDP 대비 보험 프리미엄의 비율로 나타내지는 보험의 침투율(insurance penetration)를 볼 때, 중국은 2.85%로, 세계 평균 8%에 미치지 못하고 있다. 보험밀도(Insurance Density), 즉 1인당 프리미엄의 경우, 중국은 73달러, 세계 평균은 512달러이다. 중국의 보험 침투율과 밀도는 선진국에 비해 뒤쳐져 있을 뿐만 아니라 수많은 개발도상국과 비교해서도 저조한 편이다. 중국에서 보험의 보장범위(coverage rate) 또한 상대적으로 낮아, 보험업은 사회적 구조와 사회적 조화에 대한 영향력을 확대할 필요가 있을 것이다. 재난적 손실에 대한 보상률은 세계 평균이 30% 이상임에 반해, 중국의 그것은 5%에도 미치지 못하고 있다.

중국에서 보험업을 위시한 외적 환경은 매우 복잡하고, 이 산업은 경제 전체와 그 어느 때보다도 밀접하게 결합되어 있다. 거시경제적 변화, 통화정책의 조정, 이자율 변화, 환율, 자본시장 등 이 모두가 보험산업에 직 · 간접적인 영향을 미친다. 이 산업의 영업 영역과 투자채널이 확대되면서, 보험과 자본, 통화, 외환시장 사이의 공생관계가 깊어지고 있다. 보험업이 직면한 위험요인들이 지속적으로 증가하고 시장간 그리고 산업간에 위험이 이전될 가능성도 그 어느 때보다 커졌다.

보업업의 성장에 대한 과학적 접근법을 촉진하기 위한 현재의 제도와 메커니즘은 이상적이지 않다. 어떤 행위는 과학적 관점과 일치하지 않고, 시스템의 측면에서 효과적으로 제약될 수도 없다. 규제제도와 내부적 기업지배 시스템을 실행하는 것만으로는 충분하지 않다. 혁신적 메커니즘과 보호 시스템은 답보상태에 있고, 이 산업의 과학적 발전이 개선될 필요가 있다.

❖ 미래의 발전

다가오는 시기에는, 산업개혁의 전체적 목표는 고도의 국제적 경쟁력과 자기 혁신능력을 가진 대형 보험(금융)그룹과 전문 보험회사를 구축하는 것이다. 효과적인 시장제도, 광범위한 서비스, 표준화된 운영 신뢰성, 충분한 지불능력, 강력한 전반적 경쟁력, 서로 타협하지 않은 품질과 경영결과 등을 갖춘 현대적 보험산업을 구축하는 것 또한 개혁의 목표이다.

2010년 이전에 보험 프리미엄 수입을 2005년 수준의 두 배로 늘리는 것이 우리의 목표이다. 우리는 보험 프리미엄 수입이 1조 위안을 돌파하고, 보험산업이 관리하는 총 자산이 5조 위안을 초과하기를 고대하고 있다. "중산층 사회"를 건설한다는 국가 목표가 이룩될 때까지 우리는 중국의 보험산업이 세계의 선도적 시장으로 랭크되기를 원하는 것이다. 그렇게 되면 세계 중진국 수준의 보험 프리미엄 수입과 일인당 프리미엄 수입에 도달하게 될 것이다.

이를 위해서는 폭넓은 서비스를 제공하고 완전히 기능하는 보험을 필요로 할 것이다. 보험은 모든 산업, 모든 사회부문, 국민생활의 모든 측면으로 확대되어야 한다. 국가의 총 부 대비 보험액의 비율과 총 사회적 재난 및 "재난적 손실" 대비 보험 보상금의 비율은 보험의 사회적 기여를 나타내는 지표로서 크게 증가해야 한다. 국가 재난관리 시스템을 구축하는 과정에서 보험산업은 사회보장제도의 발전과 사회적 위험관리의 강화에 있어서 중요한 역할을 수행하여야 한다.

이를 실행하기 위해, 우리는 국가 경제의 발전과 국민의 생활을 지원하는 모든 발전전략과 정책에 보험이 포함되도록 보장할 필요가 있다. 우리는 보험산업의 성장을 지원하는 모든 정책이 강화되고 실행되길 바라고 있다. 보험의 이점에 대한 대중적 인식을 제고하기 위해, 초등 및 중등학교 교과과정에 보험 관련 교육이 포함되어야만 한다.

21 중국 최대 생명보험사의 전략: 중국생명

양 차오
중국생명보험(그룹) 회장

중국의 금융개혁은 새로운 시기를 맞고 있다. 금융산업은 이제 중요한 접점에 있으며, 대단하고도 새로운 성장을 경험하고 있다. 금융 시스템의 주요 구성요소로서 보험산업은 이러한 변화과정에서 도전과 기회에 직면하게 될 것이다. 중국생명은 중국 최대의 종합 서비스 보험회사이다. 따라서 중국생명은 보험산업의 리더로 큰 책임을 짊어지고 있다. 다가오는 변화의 물결에 맞서서 도전에 대응하고 앞으로 나아가는 길을 열어야 한다.

❖ 금융시스템의 구조적 변화

중국의 금융산업은 최근 수 년간 맹렬히 성장했다. 금융부문이 점증적으로 대외에 개방되고, 금융 시스템이 전체적으로 기능을 발휘하고, 규제와 법률 구조가 강화됨에 따라, 개혁의 결과는 좀 더 분명해 졌다. 금융산업 전체는 역사적 변화를 겪었으며, 지금은 중국 경제의 성장을 지원하고 촉진하는데 점점 더 큰 역할을 담당하고 있다. 개혁의 진행에 조응하여, 중국의 금융시스템은 구조적 변화의 한가운데에 서 있다.

첫째, 중국의 금융 시스템은 지역시장 중심에서 국제시장 중심으로 이행하고 있다. 이미 대외적으로 개방되어 있고 외국 금융기관들은 중국 금융시스템의 모든 다양한 연결고리들에 파고들면서 중국시장에 진출해 있거나 진출할 준비를 하고 있다. 중국의 빠른 경제성장으로 막대한 규모의 국제자본이 유치되었고, 적격외국인기관투자자 제도를 통해 외국인 투자자본들이 중국시장에 유입될 수 있는 통로를 열었다. 중국의 금융시장은 이미 글로벌 금융시장의 주요 구성요소가 되었고, 실제로도 국제금융시장에 점점 더 큰 직접적인 영향을 발휘하고 있다. 중국의 이자율, 환율, 그리고 증권시장의 변동은 전 세계적으로 상이한 수준의 영향을 미칠 수 있다.

둘째, 중국의 금융 시스템은 단속적 산업구조를 갖는 분절된 성격에서 통일된 종합적 모델로 이행해 가고 있다. 금융시장의 성장으로 인해 사업적 이해의 통합과 중복이 빠르게 진행되어 왔다. 상품과 서비스에 있어서 혁신적 조치들과 종합적인 운영방식은 이제 대부분의 금융기관이 채택하고 있는 원리가 되고 있다. 이는 국가정책을 통해 적극적으로 지원되었는데, 이는 금융 산업 전체에 걸쳐 종합적 운영을 적극적으로 추동했다. 2006년의 11차 5개년 계획은 금융산업이 종합적으로 통합된 운영을 수행하는 시범적 사례가 되어줄 것을 규정하기도 했다. 이는 중요한 신호였다. 이 산업의 종합적 운영에는 국가정책의 수혜가 주어질 것이고, 잔존하는 장애물들이 점차 제거될 것임을 의미했기 때문이다.

셋째, 시장 시스템의 구조가 초기단계에서 성숙단계로 이행하고 있다. 금융상품, 가격결정, 판매, 거래 등의 발전은 이미 시장화를 향해 이동하고 있다. 금융규제가 행정적 통제에서 벗어나 시장이 지도하는 방향으로 전환되는 한편, 금융정책, 금융조치, 금융 시스템도 시장화되고 있다. 전체 시스템의 전환이 진행되어 감에 따라, 금융 시스템의 3대 축—은행, 증권, 보험—모두 집약적으로 변화하는 보습을 보였다.

보험산업이 이 점을 잘 보여준다. 이 산업의 규모와 영향력이 크게 증가했다. 2006년 보험 프리미엄 수입은 5,641억 위안으로 2002년의 1.8배로 증가했다. 총 자본도 2,000억 위안으로 2000년의 6배로 성장했다. 1980년에 보험산업이 복원된 후 처음으로 자산규모 1조 위안을 보유하기까지 24년이 걸렸다. 그 이후, 두 번째 1조 위안을 축적하기까지는 단 3년이 걸렸을 뿐이었다. 보험산업의 경영 효율성이 꾸준히 증가하였고, 보험산업 수익 수준도 매년 증가했으며, 부실자산의 비율도 1% 미만으로 떨어졌다. 국제 보험시장의 영향 하에서 중국의 전체 보험산업은 끊임없이 개선되어 왔다.

보험산업의 체계적 개혁이 꾸준한 진전되어 왔다. 중국생명보험, 중국인민보험공사, 핑안보험 등은 이미 주식시장에 성공적으로 상장되어 있다. 중국재보험, 차이나퍼시픽, 그리고 기타의 보험회사들도 적극적으로 상장을 추진하고 있다. 보험회사들에서 현대적 기업시스템을 제도화한 것이 이 산업의 건강한 성장을 위한 기초를 놓은 것이었다.

보험상품은 하루가 다르게 점점 더 다양화되고 있다. 부(富) 관리에 대한 새로운 니즈와 함께, 전통적 보증형 상품을 기초로 한 새로운 상품들이 일반대중에게 제공되었는데, 이는 중국 자본시장의 빠른 성장과도 일치하는 것이었다. 여기에는 배당금 보험, 투자연계 보험, 통합 보험 등 투자 및 부(富) 관리 상품이 포함되어 있다. 10년도 안되는 기간 동안, 중국의 보험산업은 선진경제가 여러 해에 걸쳐 지나온 길을 통과했다.

이제 자본이 보다 효과적으로 활용되고 있음은 명백해졌다. 보험산업은 국무원 문서 #23으로 알려진 정책 각서에 대해 적극 대응했고, 은행, 증권, 그리고 기타 주요 분야에서 주식 보유를 늘렸다. 중국생명은 광동발전은행과 CITIC증권의 주주이다. 중국핑안보험은 선전상업은행을 매입했고, 많은 보험회사들이 전략적 금융투자자로서 주요 국유상업은행의 상장에 참여했다. 여러 가지 예들 가운데, 보험회사들은 중국은행과 공상은행의 A-주에 188.9억 위안과 H-주에 125.1억 홍콩달러를 각각 투자했다. 보험회사들은 이제 중국은행 A-주의 23.2%와 중국공상은행 A-주의 30.5%, H-주의 6.8%를 보유하고 있다.

금융산업의 구조적 변화는 중국의 금융 환경에 큰 변화를 가져왔다. 과거 5년간, 중국 보험산업의 총 자산은 연평균 34.8%로 증가했다. 이러한 연평균 성장률은 은행형 금융기관들의 성장률보다 훨씬 높은 것이다. 중국의 산업 전체에서 보험산업이 차지하는 자산의 비중은 2001년 2%에서 2005년 3.8%로 상승했다. 보험산업은 이제 중국에서 금융자원의 배분을 결정하는데 필수적인 부분이 되었다.

❖ 도전과 기회: 생명보험

중국 금융시스템에서 이러한 구조적 전환기는 전략적 기회의 시기이기도 하다. 따라서 중국인 모두가 중산층의 생활을 영위하는 경제를 건설한다는 국가 정책적 목표를 달성하는데 있어서도 결정적으로 중요한 시점이다. 보험산업이 그러한 국가 정책에서 중요한 역할을 수행하기 때문이다.

중국의 보험산업은 이제 인수 · 합병(M&A)를 통해 성장의 다양한 측면을 성취할 수 있다. 국제적 경험이 보여주고 있는 것처럼, M&A은 성장을 추진하는 중요한 방법 중 하나이고, 실제로도 수많은 프리미어 국제 금융보험그룹들이 이러한 방법을 통해 형성되었다. 중국의 국가정책은 국제적 경쟁력을 갖춘 금융보험그룹이 되기 위해 일정한 기준을 충족하는 보험회사를 지원하고 있다. 구조조정 이후에 성장의 방식으로 M&A를 선택할 수 있는 것이다.

보험산업은 자본투입을 통해 증권, 펀드, 은행 산업에 파고들 수 있는 능력을 구비하게 되었다. 2006년 말, 중국 보험회사들의 총 자산이 2조 위안을 돌파했다. 보험기관들은 중국 자본시장에서 이미 가장 중요한 기관투자자가 되었다. 2006년에는 상업은행과 증권회사들이 상장하는데 수많은 보험회사들이 전략적 금융 투자자의 역할을 담당하기도 했다. 이들 회사들은 광동발전은행, CITIC증권, 선전도시상업은행의 주식을 매입하는 방식으로 투자했다.

투자확대를 통해 보험회사들은 수익원(源)을 크게 확장할 수 있다. 중국 금융규제 정책의 변화로 보험펀드가 투자할 수 있는 채널이 크게 확대되었고, 투자환경도 계속 개선되고 있다. 보험회사들은 이제 투자 이익을 증가시킬 수 있는 많은 방안을 가지고 있다. 그들은 자본배분을 강화하고, 자본이익을 증대시키며, 투자구조를 개선할 수 있다. 당초의 투자 채널과 함께, 주식투자에 있어서의 추가적인 개방, 기본적 인프라에 대한 투자, 외환펀드 활용, 적격내국인기관투자자(QDII) 제도의 확대 등으로 말미암아, 보험회사가 투자이익률(ROI)을 높일 수 있는 유리한 여건이 조성된 것이다. 여러 투자 대상 가운데 기초 인프라 건설에 대한 투자가 대표적이다. 보험산업은 철로, 고속도로, 급증하고 있는 도심개발사업 등에 적극적으로 참여하고 있다. 보험산업은 또한 국가가 지원하는 주요 산업과 지역 경제건설에 금융지원을 통해 참여를 확대하는 단계에 있다. 이는 대규모 펀드 풀링(pooling)이 수행할 수 있는 기능을 철저히 활용할 수 있게 해 준다. 예를 들면, 보하이 산업 투자펀드에 투자한 것, 차이나

서던 파워 그리드(China Southern Power Grid) 인수, 베이징–상하이 고속철도 시스템 건설 참여, 후베이, 샨시, 신장 등에서 기초 인프라 건설 사업에 참여한 것 등이 그러한 프로젝트들이다. 이 모든 프로젝트들은 국가 인프라 건설에 매우 중요한 기여임과 동시에, 보험산업은 이러한 투자로부터 안정적인 수입을 확보할 수 있게 되었다.

연기금 시장은 생명보험 산업의 지속적 성장을 위한 새로운 채널이 될 것이다. 보험업은 이 시장의 발전에 적합한 유일한 산업인 것이다. 중국의 인구는 그 규모가 거대할 뿐만 아니라 다른 어떤 나라보다 많은 노령인구를 갖고 있다. 중국은 이미 인구가 빠르게 노령화되는 단계에 들어서 있다. 이 추세가 확대되고, 은퇴자가 늘어남에 따라, 이들을 돌봐야 하는 사회적 요구는 기업연금의 필요성이 지대함을 의미한다. 이 분야의 전문가들은 2010년까지 기업연금시장의 규모가 1조 위안에 달할 것으로 추정한다. 2030년까지는 중국 연기금 자산의 총액이 1.8조 달러에 달하여, 중국은 세계 3위의 연기금 시장이 될 것이다. 보험회사들은 이 영역을 선점하고 있고, 이는 생명보험 산업의 지속적 성장의 1차적 동인이 될 것임에 틀림없다.

우리는 성장의 기회들을 목도하는 한편으로, 맞이할 도전들 또한 분명히 인식해야 한다. 중국 금융시스템의 전환과 관련된 도전은 대체로 두 가지 관점에서 찾아볼 수 있다.

첫째, 금리를 자유화하는 문제에 관한 개혁은 생명보험산업의 운영과 경영에 큰 영향을 미칠 것이다. 중국의 경제성장은 지속적이었던 반면, 인플레이션 압력이 축적되고 있다. 견고한 통화정책은 거시경제 정책수단 중 가장 중요한 수단 중 하나이다. 중국은 이미 금리의 상승기에 들어섰다. 수요와 공급에 의한 화폐가격 결정은 사회주의 시장경제 발전을 위한 중요 단계일 것이다. 시장 시스템이 서서히 조정되어 가고 거시경제적 대책을 이해하게 됨에 따라, 중국에서 금리 자유화가 가속화될 것이다. 금리는 다른 금융상품들의 가격결정에 중요한 기초가 된다. 금리 자유화와 함께, 보험 프리미엄률을 자유화하는 개혁이 불가피하다. 이는 가격을 결정하고, 투자를 시행하며, 위험을 관리하는 등에 있어서 보험사들의 역량을 강화할 필요성을 야기할 것이다.

우리가 직면한 두 번째 도전은 시장경쟁이 날로 치열해지고 있다는 점이다. 중국에는 100여개의 보험사가 존재하고 있다. 국내외 보험사들이 시장에 몰려들고 있다.

프리미어(premier) 국제 금융보험그룹들의 중국 진출로 인해, 현지 보험사들의 경쟁력을 강화하고 보험시장의 구조를 개선할 필요성이 제기되고 있다. 이와 동시에, 중국 내에서 여러 금융기관들 사이에 사업의 경계가 불분명해지면서, 보험회사들은 은행, 증권회사, 펀드 등의 금융기관으로부터 경쟁압력에 놓이게 되었다. 은행 시스템이 펀드 운용회사를 설립한 일은 중국 펀드산업에서 경쟁의 환경과 이 산업 비즈니스 모델을 근본적으로 변화시켰다. 기업연금펀드 사업의 성장으로 인해 은행, 보험, 펀드 모두가 연금부문에서 경쟁하기 시작했다. 한편, 대형 상업은행들이 적극적으로 생명보험업 진출을 준비하고 있으며, 곧 보험시장에서 함께 경쟁하게 될 것이다. 이러한 경쟁 증가와 함께, 경쟁의 양식도 전통적 가격 경쟁에서 종합적 서비스 제공 능력에서의 경쟁으로 전환되기 시작했다.

❖ 생명보험: 전략적 기회

우리의 산업[보험업–역자]이 성장할 수 있는 기회를 활용하는 것은 우리에게 이득일 뿐만 아니라 "사회주의적 조화로운 사회"의 건설이라는 국가정책에도 기여하는 것이다. 여기서 도전은 현실적이고 실현 가능한 성장전략을 마련하는 것이다.

첫째, 우리는 미래의 성장 방향에 관해 우리의 명확한 입장을 정해야 한다. 보험업과 증권, 그리고 은행업 사이의 가장 큰 차이는 보험이 위험을 다룬다는 점이다. 보험업은 위험을 관리하는 산업이고, 위험관리는 생명보험 영업의 핵심이다. 우리는 경제적 보상 기능, 자본조달 및 금융의 기능, 그리고 사회적 관리의 기능 등을 철저히 부여잡고 있어야 한다. 우리는 또한 보험의 보장범위를 확대하고, 잠자고 있는 시장 잠재력을 발견해 내고, 사람들의 다양한 니즈의 충족을 위해 우리의 핵심 사업이 빠르고 건강하게 성장할 수 있도록 해야 한다.

둘째, 우리는 저축자원이 보험자원으로 전환되는 메커니즘을 탐구하고 구축해야 한다. 현재로써는 중국 인민의 저축률이 오랫동안 비교적 높은 수준을 유지해 왔다. 2006년 말 기준, 중국의 저축액은 16.2조 위안으로 2000년에 비해 1.5배로 증가했다.

이러한 저축규모는 보험산업의 지속 가능한 성장을 위한 기반으로 고려될 수 있다. 이러한 자원을 보험자원으로 전환하는 과정에서, 우리는 "메커니즘"이라는 개념으로부터 시작해야 한다. 우리는 정부정책의 전반적인 지원이 필요하다. 그 다음 필요한 것은 특별히 조세정책의 지원이다. 그리고 나서 우리는 보험시장의 혁신을 가속화해야 한다. 마지막으로 우리는 은행업의 영역으로 보험업의 침투를 확대해야 한다.

셋째, 우리는 자원을 재구성함으로써 금융보험그룹(financial insurance group)의 형성을 가속화해야 한다. 공유되는 자원을 갖고 각 부분이 서로 보조하는 금융보험그룹을 설립하는 일은 보험산업의 종합적 관리가 지향하는 궁극적 목적이다. 현재로서는, 중국에는 9개의 보험그룹이 존재하고 있고, 보험사와 기타 금융회사 사이의 합병이 진행되고 있는 중이다. 금융 시스템 모델의 전체적 형태가 변화되고 있는 상황에서, 보험업의 국제 경쟁력을 개선하는 한 가지 방법은 금융보험그룹 설립을 가속화하는 것이다.

넷째, 우리는 합리적이고 신뢰할 수 있으며 개방적인 생명보험시장을 구축해야 한다. 합리적 시장이 되려면 관련 금융기관들이 무질서한 악의적 가격경쟁을 피해야 한다. 신뢰할 만한 시장은 각 기관이 정직하게 운영되고, 표준적인 규칙을 준수하면서 성장하며, 의무사항을 존중할 것을 요구한다. 개방적 시장이 되려면 시장장벽과 독점이 공정한 경쟁과 시장 효율성 제고를 목표로 무너져야 한다.

다섯째, 우리는 자본의 레버리지 기능을 활용하여 생명보험 산업의 체력을 강화해야 한다. 생명보험 산업은 안정적인 장기자금 조달의 원천으로서 유리한 이점을 가지고 있다. 자본을 유동화하고 적절히 활용함으로써, 우리는 성장을 가속화하기 위해서 M&A를 활용할 수도 있을 것이다. 증권, 펀드, 은행산업에 대한 투자를 통해, 우리는 보험업의 수익성을 개선시킬 수 있다. 우리는 특정 산업 및 지역과 전략적으로 협력하고, 핵심 프로젝트에 참여함으로써, 우리의 보유자원 전체를 확장할 수 있다. 생명보험의 성장이 의존하는 기초는 위험에 대한 보증을 제공하는 일만이 아니라 고객에게 더 큰 투자이익을 제공하는 것이다. 우리는 투자수익을 높이고 자본의 레버리지 기능을 향상시킴으로써 이를 가능하게 할 수 있다.

❖ 중국생명의 계획

새로운 모델로 이행해 가고 있는 금융 시스템이라는 배경 하에서, 중국생명은 다음과 같은 사명에 부응하는 전략적 성장 계획을 입안했다.

- 성장에 대한 과학적 태도를 견지함
- 자원을 합리적으로 활용하는 현대적인 대형 금융보험그룹의 설립을 위해 모든 노력을 다함
- 뚜렷하고 종합적인 강점, 그리고 적절한 정도의 다변화를 적용하는 강력한 핵심 사업을 갖춤
- 사회와 세계로부터 존경받고, 큰 내재가치를 가지며, 강력한 핵심 경쟁력과 지속적인 성장을 유지하기에 충분한 체력을 갖추고 있으며, 진정으로 크고, 강하고, 우량한 기업 창조

"국제화의 관리, 운영의 시장화, 시스템의 표준화, 정책결정의 과학화, 인적자원의 전문화"라는 필요에 따라, 이제 우리는 "깊이 있고 실질적인 당닌함, 진보적인 지배구조, 건강한 시스템, 엄격한 내부통제, 발전된 기술, 일류 경영, 우수한 서비스, 빼어난 브랜드, 조화로운 성장" 등을 갖춘 프리미어급 국제적 금융보험그룹의 설립이라는 목표를 달성하기 위해 한 걸음 더 나가야 할 때이다.

이러한 전략적 임무 하에서, 중국생명의 "그룹" 형성 과정은 안정적으로 추진되어 분명한 결과를 낳아야 한다. 2007년 상반기, 중국생명의 총 보험 프리미엄 수입이 1,331억 위안이었고, 총 자산은 1.0731조 위안이었다. 이 회사는 중국 보험산업 전체 자산의 42%를 차지했으며, 중국 내에서 자산규모 1조 위안을 초과한 유일한 보험그룹이 되었다. 글로벌 포춘 500대 기업에서 중국생명은 192위에 올라 처음으로 상위 200대 기업에 포함되게 되었다. 더욱이, 중국생명은 중국의 11개의 기타 유명한 브랜드들과 함께 세계 상위 500대 브랜드에 올라 있다. 그 브랜드 가치는 588억 위안에 달한다. 이와 동시에, 자신의 기치 아래 상장된 이 회사는 주식거래소에 공개된 전 세계 생명보험사 가운데 시가총액 기준 1위를 차지하고 있다. 이 회사의 자산관리회사는

이미 중국 자본시장의 최대 기관투자자 중 하나가 되었다. 또한 이 회사의 금융자산 보험회사는 좋은 출발을 보였고, 이 회사의 연금보험회사는 튼튼한 자본을 갖추고 있으며, 시장의 성장 전망도 밝다.

중국생명의 전략에서 핵심은 "적절히 다각화된 초강력 핵심 사업"의 구축이다. 현재 이 핵심 사업에는 개인보험, 재산보험, 연금보험, 자산관리 등이 포함된다. 우리 그룹의 기반은 어떤 경우라도 흔들릴 수 없다. 이 그룹은 강인함에 초점을 맞추고 성장의 강도를 끌어 올려야만 한다. 또는 이 그룹은 핵심 사업의 시장을 확대할 수 있는 역량을 보장해야 하고, 수익성, 지속 가능성, 경영 역량 등을 확보해야 하며, 산업 선도자로서의 역량, "경제적 문화"에 기여할 수 있는 역량도 갖추어야 한다. 이러한 모든 방식을 통해, 중국생명 내 핵심 경쟁력을 창출하고, 다른 산업을 이끌어 가야 한다. "적당한 다각화"란 핵심 사업의 성장을 지원하고 제고하는 실무적 원리에 충실해야 함을 의미한다. 그러한 지원은 우선 기업의 투자수익 향상에 기여해야 한다. 두 번째로, 그것은 핵심 사업의 성장에 기여해야 한다. 또한, 세 번째로, 그것은 그에 상응하는 인적 자원과 기술에 의해 뒷받침되어야 한다. 이러한 전략적 실행에 있어서, 조건이 성숙해 감에 따라, 은행업과 증권업 또한 중국생명의 핵심 사업으로 될 것이다.

이러한 우리의 전체적 전략적 목표들에 부응하여 중국생명은 성장을 위해 다음과 같은 실현 가능하고 효과적인 대책을 수립했다.

- 경쟁력 향상을 위해 자원을 재구성한다. 여기서 가장 중요한 목표는 그룹의 강인함을 지원하고 제고하는 것이다.
- 지속 가능한 성장을 제고하기 위해 구조조정을 실시한다.
- 도시와 농촌 사이에 존재하는 보험의 불균형을 시정한다. 농촌지역에서의 사업을 강화하는 동시에 도시에서의 지도력을 강화한다.
- 상품의 다양화를 통한 소비자의 니즈를 충족시켜주기 위해 혁신을 촉진한다.
- 가능한 한 빨리 성장하기 위해 자본을 레버리지 한다.

기업을 앞으로 밀고 나아가는 두 바퀴는 사업의 진전과 자본을 레버리지하는 것이다. 2006년에 중국생명은 일련의 주요 투자를 발의했다. 이러한 투자들은 비교적 수익성이 좋았으며, 자본시장에서 뿐만 아니라 보험시장에서도 선도적 위치를 강화했다. 이를 통해 우리는 국내외의 투자자들로부터 호평을 받을 수 있었다. 보험 사업과 자본 사업의 조화를 위해 전략적 지분투자가 행해지기도 했다.

"적절히 다각화된 초강력 핵심 사업"이라는 중국생명의 발전전략은 보험산업의 성장뿐만 아니라 중국 금융시스템 모델의 변화라는 필요를 충족시키는 전략이다. 이것은 현존하는 보험산업의 조건에 부합하는 것으로, 중국생명이 강력한 리더십을 발휘하게 했다. 중국 금융시스템이 움직이는 방식을 전환하는 과정에서, 중국생명은 적극적으로 개혁을 추진하고, 발전을 가속화하며, 경영의 강화 및 그룹형성의 전략적 목표를 꾸준히 추진함으로써, 항상 자신이 속한 보험산업과 사회에 대한 책임을 다할 것이다.

22 | 중국 보험산업의 부상

우 얀
중국 인민보험공사(그룹) 회장

❖ 전진의 모색

1980년에서 2000년까지 20여 년간 중국의 보험산업은 보험기관의 시장화와 감독체계의 구축을 통해 점진적으로 형성되었다. 1990년 이후, 중국은 최종목표 달성을 위한 수많은 단계들을 밟아 왔다. 보험법 공표와 중국 보험감독관리위원회(이하 보감위)의 설립으로 보험규제 시스템이 구축되었다. 핑안보험, 중국생명 등과 같은 주식보유 보험회사를 설립할 수 있도록 하고, AIG와 마누라이프(Manulife) 등 외국 보험회사들을 유치함으로써, 보험시장 시스템도 구축되었다. 또한 보험기관 규준을 채택하고, 손해보험과 생명보험에 전문화된 사업라인을 장려했으며, 일반적으로는 보험산업의 체계적 기초가 형성되었다.

2000년 이래로 보험산업이 경제적 니즈 또는 국민의 보험수요를 충족시켜 줄 만큼 충분히 빠르게 발전하지 못하다고 있다는 인식을 바탕으로, 정부는 초기의 주요 과제로 경제적 보상과 금융제공에 기초하여 기능하는 산업으로부터 사회적 관리를 위해 기능하는 산업으로의 이행을 가속화하는 것으로 정했다. 이와 함께, 대외개방의 가속화를 동시적인 목표로 설정했다. 2007년 말 기준, 15개 국가 및 지역으로부터 43개의 보험사가 중국의 보험시장에 진출하여, 외국인투자기관은 5.97%의 시장점유를 기록했다. 가장 먼저 외국인의 참여를 개방한 상하이에서는 2007년 3분기에 외국인투자 보험회사의 시장점유율은 26%였다. 중국 토종의 보험산업도 계속 강화되어, 2007년 말에는 110개의 중국계 보험사가 존재하게 되었는데, 이는 2002년에 비해 68개가 증가한 숫자였다. 이러한 신설 기업들에게 있어 주요 자금원천은 민간자본이었다.

구조조정을 통해 국유 보험사를 주식회사로 전환한 것은 이러한 전체 과정에서 내디딘 첫 번째 주요 단계였다. 2003년 11월, 중국 인민보험그룹 산하의 중국 인민손해보험과 인민상해보험이 성공적으로 홍콩 증권거래소에 상장되어, 최초로 해외에 상장된 중국의 금융기업이 되었다. 중국의 다른 보험회사들의 구조조정과 상장도 현재 계속 이어지고 있다. 곧이어 홍콩, 뉴욕, 상하이에 상장된 중국생명은 시가총액 기준으로 세계 최대의 보험회사 중 하나가 되었다. 이 후 중국재보험그룹 또한 2007년 10월에 주식회사로 전환을 완료했고, 등록 자본 기준 아시아 최대, 세계 5위의 기업이 되었다.

이 이행기 동안 중국의 보험산업 또한 지속적으로 자산관리 모델에 대한 계속적인 개혁을 추진했다. 그 과정에서 자본 활용의 수익이 효과적으로 향상되었다 (그림 22.1 참조). 이 개혁은 보험펀드의 전문화와 집중을 강화했다. 2003년 7월에 중국 인민자산관리공사가 설립되어, 중국 보험펀드 관리를 위한 최초의 자산관리회사가 되었다. 그

그림 22.1 | 보험의 자본수익률, 2001~07년

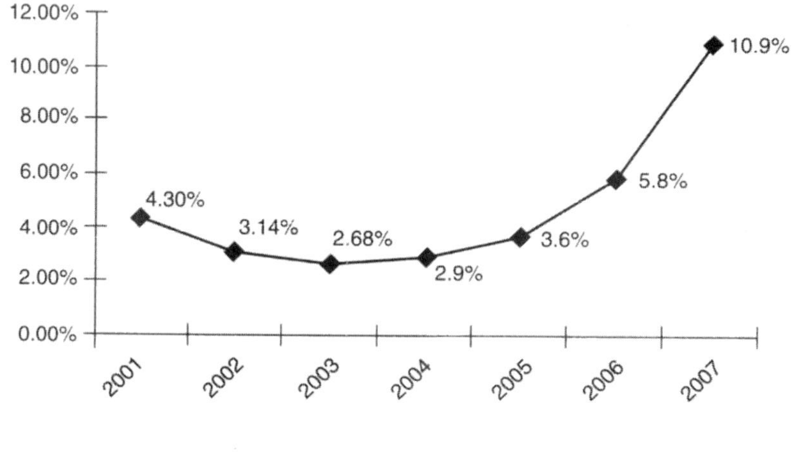

후, 중국의 모든 주요 국내 보험회사들은 보험펀드의 취급에 관한 승인을 획득한 전문 자산관리회사를 설립했다. 중국은 현재 9개의 보험자산관리회사와 1개의 자산관리센터를 갖추고 있다. 이들은 제3자 보험자산뿐만 아니라 각 그룹 또는 기관의 내부 보험펀드를 운용할 수 있는 권한을 허가받았다.

보험산업은 또한 일반적으로 보험펀드나 보험자본이 투자되는 채널을 확장했다. 2000년 이후, 정부는 해외투자 외에도 회사채, 후순위채, 상업은행의 금융채, 단기금융수단, 국제개발기관의 채권, 주식, 인프라 건설에 대한 투자 등을 할 수 있도록 했다. 이로써, 투자수단의 융통성이 확대되고, 이 산업의 자본이익이 증가했다. 기본적으로 보험기관이 투자한 자본이 다양해지고(그림 22.2 참조), 이들 기관의 자산구조는 계속적으로 개선되고 있다.

2000년 이후에는 이 사업에 참여하는 다양한 기관들이 설립됨으로써, 보험산업의 다양한 연결망이 개선되었다. 보험그룹, 전문 보험회사, 다양한 금융중개기관 등이 여기에 해당된다. 거대 보험그룹 내에서 사업들을 종합적으로 결합되도록 하는 것이

그림 22.2 | 2000년 11월과 2007년 10월의 보험펀드의 투자항목 비교해 보면, 은행예금의 비중은 49%에서 27.9%로 하락한 반면, 주식과 투자 비중은 5%에서 26%로 상승했음을 볼 수 있다.

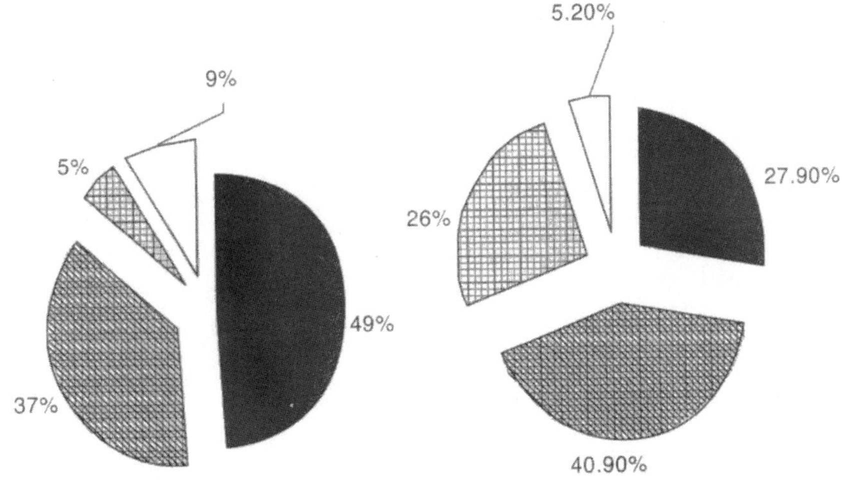

한 가지 과제였다. 손해 및 상해보험 사업의 전문화라는 원칙에 따라, 2000년에는 핑안보험과 차이나 퍼시픽 보험은 현재의 "그룹" 형식을 갖춘 경영구조를 구축했다. 그룹을 형성하는 추세에 부응하여, 2003년 이후에는 중국인민보험, 중국생명, 중국재보험 등이 그룹을 구축하고, 모든 사업부문에서 자산의 재배치를 완료했다. 현재 중국에는 8개의 보험그룹이 존재하고 있다. 그 가운데, 중국인민보험, 중국생명, 핑안보험 등 일부의 보험사는 자신이 지배주식을 보유하는 금융기관을 적극적으로 설립했다. 이에 따라 이들은 금융과 보험을 취급하는 전문 자회사를 가지게 되었다. 이러한 보험그룹 형성의 목적은 상호 도움이 되는 사업연계를 통해 강화되는 빼어난 핵심 사업부문을 보유하려는 것이다.

그 두 번째 과제는 특정 유형의 사업을 취급하는 전문 보험회사를 개발하는 것이었다. 중국은 2003년 이후 그러한 기업들을 수없이 많이 설립했다. 그 가운데 중국 인민건강보험, 자동차 보험회사인 티안핑 자동차보험, 손해 및 책임 보험회사인 창안보험, 상하이안신을 포함한 4개의 농업보험회사, 그리고 타이핑 연금보험을 비롯한 5개의 연금보험사 등을 들 수 있다. 농업보험과 연금보험 모두 이러한 전문화된 기업의 설립으로 크게 발전되었다(그림 22.3 참조).

세 번째 과제는 보험 중개시장을 성장시키는 것이었다. 2000년에 중국은 최초의 보험 중개기관인 장타이 보험 에이전시의 설립을 승인했다. 2007년 말까지 322개의

그림 22.3 | 농업보험 프리미엄 수입, 2004-07년 (단위 : 억 위안)

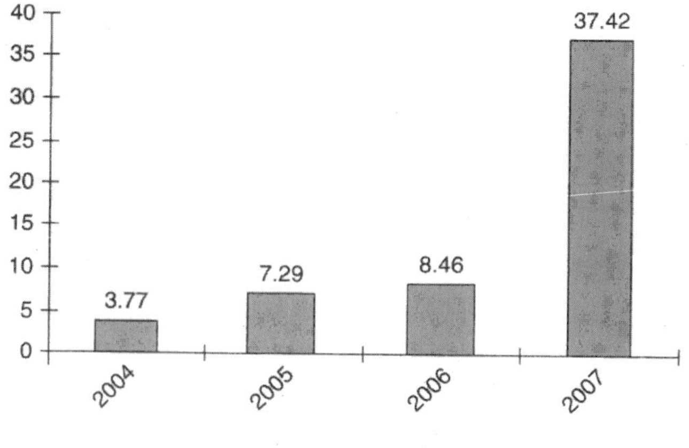

그림 22.4 | 2001년도 은행을 거친 개인보험 프리미엄의 비중

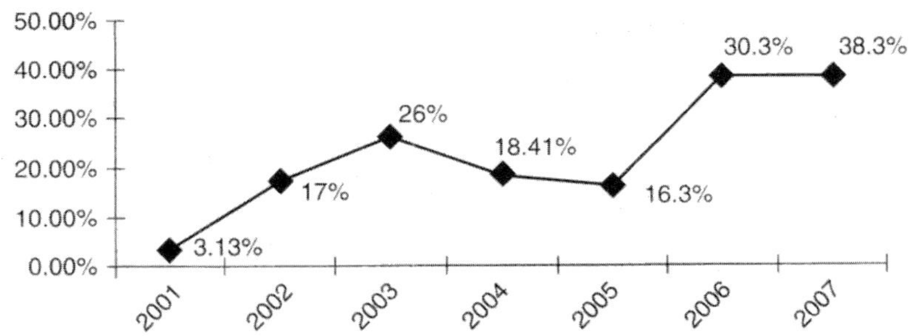

보험 중개 또는 대리(brokering or agenting) 기업들이 생겨났다. 이 기업들은 2007년에 166.88억 위안의 프리미엄 수입을 실현하였는데, 이는 총 보험 프리미엄 수입의 6.78%에 해당하는 규모였다. 이 산업에서 사업영역을 넘나드는 중개기관들이 빠르게 성장했으며, 특히 중국 보험산업의 주요 채널 중 하나가 된 은행부문의 보험중개의 성장이 가장 두드러졌다(그림 22.4 참조).

보험산업의 성장을 촉진하고 경제성장에 대한 지원 서비스를 제공한다는 임무를 지침으로 하여, 이 기간 중에 중국의 보험산업을 관리하는 현대적 규제 시스템이 발전했다. 중국 보감위는 현대적 시스템의 3가지 주요 구성요소로 구성된 구조를 구축했다. 이들은 지불능력, 시장행위, 지배구조를 감독한다. 보감위는 보험산업을 규율함에 있어서 5가지의 주요 보호 원리를 도입하여 규제입법의 효과를 크게 개선했다. 내부적 기업통제가 기초적인 역할을 하고, 지불능력에 대한 감독이 핵심을 이루며, 현장 감독은 규칙 준수를 강제하기 위한 기본수단이다. 여기서 펀드 매니저에 대한 감독이 이 과정에서 핵심 연결고리이다. 보험안전기금은 최종적인 보호막으로 기능한다.

중국의 보험산업은 독특한 중국식 특징이 있는 경로를 거치면서, 괄목할 만한 성과를 이룩했다. 2000년 이후 이 산업의 성장은 프리미엄 수입 기준 세계 9위로 올랐다(그림 22.5 참조). 2001년 2,112.3억 위안이었던 프리미엄 수입은 2006년에 5,641억 위안, 2007년에는 7,035.8 위안(약 960억 달러)로 증가했다. 보험산업의 자산 또한 연평균 16%로 성장했다. 2004년 말 기준, 이 산업의 총 자산은 1.1854조 위안이

그림 22.5 | 보험 프리미엄 수입 1980-2007년 (단위 : 억 위안)

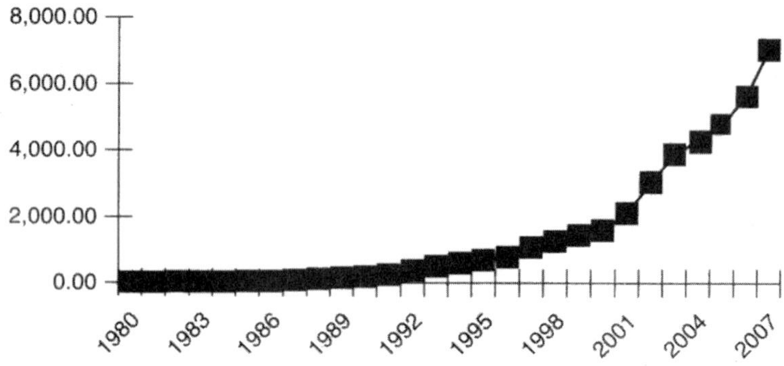

그림 22.6 | 보험산업의 총자산, 2002~07 (단위: 조 위안)

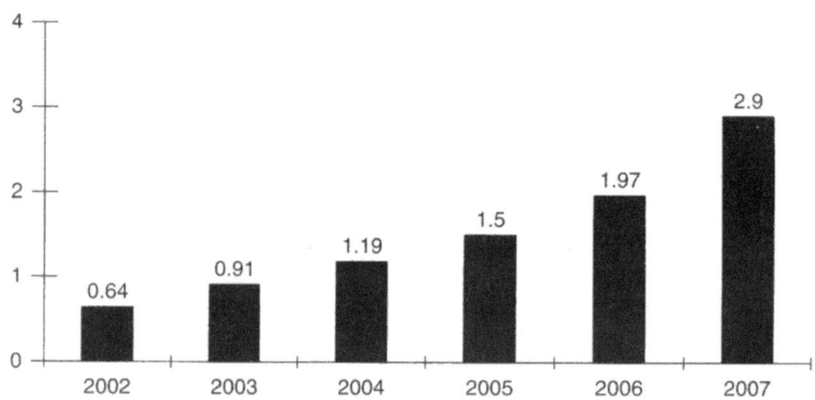

었고, 2007년 말에는 2.9조 위안에 이르렀다(그림 22.6 참조).

중국의 보험시장은 수년간 독점시장으로 운영되었다. 하지만 현재에는 다양한 조직적 구조가 공존하고, 다양한 자본형식과 제도가 공존할 정도로 다변화되어 있다. 이에 따라 경쟁이 강화되고 공정한 경쟁이 이루어지게 되었고, 그 기능을 보다 완전히 수행하고 보다 합리적인 분업구조가 형성되게 되었다. 중국 보험산업이 앞으로 나아갈 수 있게 하는 시장구조가 형성된 것이다.

중국 보험산업의 침투율(penetration rate)이 증가했다. 그림 22.7이 보여주는 것

그림 22.7 | 보험 침투율 또는 "심도"(depth), 1980~2006년

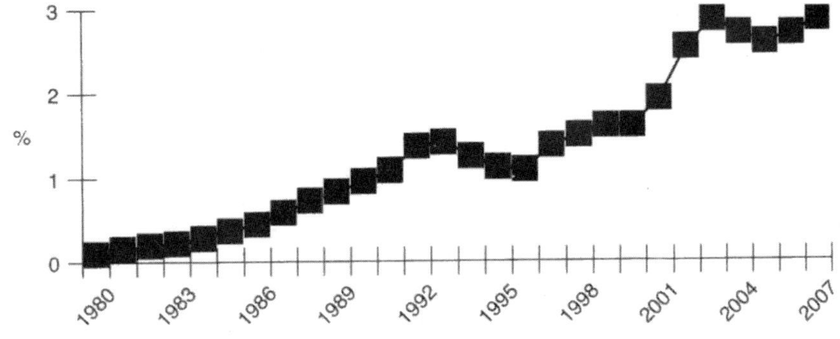

그림 22.8 | 보험산업의 총 자산, 2002~07년 (단위: 조 위안)

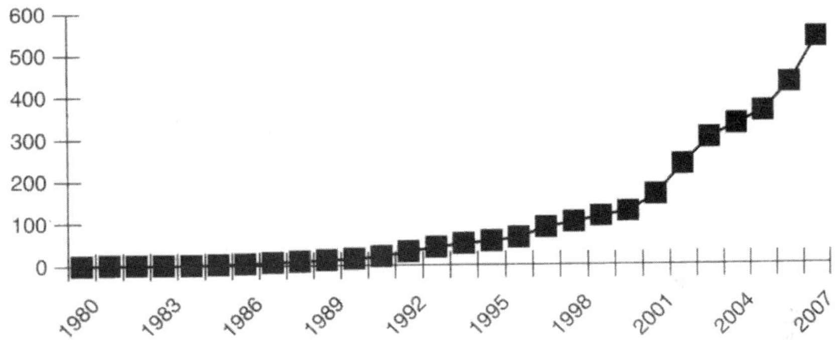

처럼, 1980년 0.1%에 불과하던 이 비율은 2000년에 1.79%, 2006년에는 2.8%로 상승했다. 그림 22.8이 보여주고 있듯, 1인당 보험액[밀도]은 1980년 0.47 위안에서 2000년 126.85 위안, 2006년에는 431.3 위안으로 상승했다.

중국 최대의 비생명보험회사인 중국 인민손해 및 상해보험 공사가 2006년에 위험을 떠안고 있는 채무액은 31.5조 위안으로, 동년 GDP의 1.5배에 해당하는 규모였다. 2006년 전체 보험산업의 보상액은 1,438.5억 위안으로, 2000년 지불액의 3배였다. 2003년에서 2007년까지 5년간, 보험산업의 누적 총 보상액은 6,800억 위안을 넘어섰다. 보험산업은 효과적인 보증을 제공하고 위험을 완화해 온 것이다.

❖ 성장의 새로운 황금기

중국의 보험산업은 현재 전략적 기회의 시점에 서 있다. 국가 전체의 경제성장은 지속적으로 미래 전망을 밝게 하는 매우 훌륭한 기초를 제공한다. 경제가 성장함에 따라, 국민들은 금융자산의 구성을 계속해서 조정하고 개선하고 있다. 이를 보여주는 가장 두드러진 지표는 국민들이 보유한 보험자산의 비중과 금융시장이 더 다양해진 자산관리 상품을 활용해 이를 관리하는 방식이다. 2001년에는 중국의 개인 금융자산 가운데 83%가 현금과 저축예금이었고, 13.5%는 주식이고, 보험은 1.7%에 불과했다. 2005년 말에는 이 비율이 현금과 저축예금이 81.8%, 주식 8.7%, 보험 8.9%, 기타 금융자산 1%로 변화되었다. 빠른 경제성장과 국민소득의 증가, 그리고 보험상품에 대한 지출의 증가로 인해, 보험회사의 자원이 증가한 것이다. 보통 1인당 GDP가 2000달러를 돌파하는 시점에서, 소비에서 서비스 산업에 대한 지출의 비중이 급격히 증가하는 것으로 알려져 있다. 중국에서 보험산업은 이른바 소비지출 구성에 있어서 "황금기"를 맞이하고 있다. 이미 도시 거주민 사이에서는 보험정보에 대한 요가가 크게 증가했다. 2002년에는 도시 거주민의 1/3 미만이 보험정보에 대한 관심을 보였다. 하지만 2006년에 이 수치는 60%로 상승했다.

중국의 인구는 연령분포에서 구조적 변화가 일어나고 있다. 급격한 노령화 또한 특정 유형의 보험에 대한 수요증가를 가져왔다. 2005년 60세 초과 연령층이 이미 1.44억 명을 넘어섰다. 이 숫자는 20세기 중반 인구통계적 변화 때문에 빠르게 증가하고 있다. 중국 인구는 노령화되고 있을 뿐만 아니라 노령인구 증가곡선의 기울기가 증가하고 있다. 2003년에는 중국 노령인구 수의 정점을 기록했다. 중국의 인구통계적 요소는 보험산업에게 사회보장제도 참여할 수 있는 큰 기회를 제공했다.

보험펀드를 활용하기 위한 투자 환경을 살펴보면, 현재 산업에 대한 직접투자와 금융투자를 통한 간접투자 모두 가능하도록 투자기회의 범위가 확장되고 있다. 채권 및 기타 채무수단에 대한 투자, 지분투자 등이 국내외의 모든 투자자에게 가능하다. 투자가 이루어지는 채널 또한 지속적으로 확대되고 있으며, 보험회사의 자산관리 기능도 계속 개선될 것이다.

간단히 말해, 중국의 보험산업은 앞에 놓인 기회를 잡아야 한다. 이 산업은 다음과 같은 전략적 방안들을 실현하여 개혁을 지속하고 대외에 개방될 것을 요구 받고 있다.

첫째, 보험산업은 감독시스템을 지속적으로 개선해 나가야 한다. 여기에는 지불능력, 지불능력에 대한 평가, 집행의 강화 등에 대한 감독이 포함된다. 아울러 보험업을 핵심사업으로 보유하고 있는 금융그룹들의 효과적인 지배구조도 개선되어야 한다. 여기서 중심적인 것은 관련 거래와 적정 자본비율에 대한 감독, 집중화된 위험관리, 기업정보의 공개, 그리고 고위 위 경영진의 지위에 걸맞는 자격조건 등이다. 기존의 기업연금펀드에 더해 상업보험 서비스를 확장하는 것, 그리고 건강보험과 책임보험, 그리고 소위 "3대 농업"보험—이는 농촌인구의 다양한 계층에 보험이 적용되어야 함을 의미한다—과의 협력도 제고되어야 한다.

둘째, 의무보험제도가 광업 등의 분야에서 실시되어야 한다. 보험회사들은 도시로 전환되어가고 있는 농촌지역과 협력을 강화하는 방법, 특히 건강보험과 관련된 협력을 강화할 수 있는 수단을 지속적으로 강구해 나가야 할 것이다. 그리고 모든 지역에서 상업보험이 보장하는 지리적 범위가 점차 확대되어야 한다. 이러한 보험사들은 시장에 대한 규제를 강화하고 개선하며, 불공정 경쟁과 불법행위에 대해 엄격히 규율하고, 시장경쟁의 표준화와 질서유지를 위한 신뢰 및 현명한 영업 개념을 강화해 나가야 한다.

셋째, 보험회사들은 자산관리라는 새로운 영역을 발굴하고, 보험(금융)그룹의 자산규모를 늘려야 한다. 산업 분석가들의 예상에 따르면, 중국의 금융자산 관리산업은 2015년까지 현재의 3,000억 달러에서 2조 달러로 6배 이상 증가할 것으로 기대되고 있다. 중국은 미국에 이어 세계 제2위의 부(富) 관리시장이 될 것이다. 보험사들은 기업연기금과 개인들의 부(富) 관리 등과 같은 제3자의 자산을 관리할 수 있는 역량을 서둘러 갖추어야 한다. 자산관리 역량의 강화를 통해 가능한 한 가장 신속히 새로운 성장영역을 형성하고 투자구조 및 투자수익을 개선해야 한다.

넷째, 기업과 보험산업 전체적으로 도시와 농촌지역으로의 침투를 확대하고, 특히 현재 보험 서비스 제공이 미진한 새로운 지역으로 확장해 들어가야 한다. 보험사들은 도시지역에서의 발전을 심화하는데 집중해야 한다. 이웃 및 거주민 사회를 중심으로 형성된 도시의 행정단위와 어떻게 협력할 것인지, 그들의 재산관리회사들과 어떻게 공동으로 협력할 것인지, 상이한 형태로 전화되고 있는 지역사회들에게 가장 적합한 운영모델을 어떻게 발굴할 것인지 등의 문제가 강조되어야 한다. 보험회사들은 농촌지역에서의 사업을 위한 노력을 확대하면서도 도시지역 사업에서의 선도적 지위를 유지하여야 한다. 이들은 또한 농촌 행정기관들과의 우호적 관계를 증진하고 정책성 농업보험, 새로운 협동조합 건강보험 계획에 적극 참여하며, 실업자와 일자리를 찾아 타지를 떠돌고 있는 농민들 모두에게 필수적인 보험을 제공해야 한다. 보험회사들은 비즈니스의 모든 측면들, 즉 생산, 배분, 서비스 등에서 농촌 사람들에게 종합적인 서비스 제공하는데 집중해야 한다.

다섯 째, 보험회사들은 모든 가능한 수단과 채널을 통해, 농촌지역에서의 판매 및 서비스 망을 발전시켜야 하고, 지역의 환경에 적절한 운영모델을 강구해야 한다. 농촌지역의 소비변화를 분석하여 지역의 소비패턴을 표적으로 하고 농촌지역에 새로운 보험개념을 도입하는데 용이할 수 있는 저급의(low-end) 비즈니스 모델도 개발되어야 한다.

마지막으로, 보험산업은 인구의 큰 부분을 위한 사회보장 서비스를 구축하고 있으므로, 새로운 상품영역으로 발전해가야 한다. 책임보험의 성장을 촉진하고, 연기금 시장을 발전시키며, 사회보장제도의 구축에 적극적으로 참여하고, 기업연금의 성장 잠재력을 발전시켜야 한다. 건강보험에서 공인된 건강보험 관리 서비스의 개발을 위한 건강보험 시스템의 개혁으로 인해 제공되는 기회를 최대한 활용해야 하며, 농촌과 도시 지역 모두에서 기초 건강보험 등과 같은 사회보험 서비스에 적극적으로 참여해야 한다.

❖ 전망

빠르지만 안정적인 경제성장은 중국 보험산업이 빠른 성장을 유지할 수 있는 기초이다. 중국정부의 최근 경제성장 계획에 따르면, 2020년까지 1인당 GDP가 2000년 고정 환율로 3,500달러, 시장환율로는 약 7,200달러에 이를 것으로 예상된다. 이것이 실

표 22.1 | 2010년과 2020년의 중국 보험시장 규모 전망

년도	GDP (위안)	환율 (달러: 위안)	보험 심도	보험액 (위안)	프리미엄 수입(달러)	세계 랭킹
2010	30.7조	1:6	4%	1.288조	204.7억	6
2020	66.28조	1:4	7.5%	4.971조	1.243조	3

현될 경우, 중국의 GDP는 세계 중상위 소득국가의 반열에 들어설 것이다. 2010년 기준, 중국 보험산업의 프리미엄 수입은 1조 위안을 초과할 것으로 전망되고 있다. 표 22.1에가 보여주고 있듯이, 보험침투도는 4%, 1인당 보험(보험밀도)도 750위안에 이를 것이다. 2020년까지는 이 보험침투율은 현재의 세계수준인 7.5%에 이를 것으로 전망된다. 이렇게 되면 보험 프리미엄을 통한 총 수입이 1조 달러를 초과하여, 중국은 세계 3대 보험시장 중 하나가 될 것이다.

2001년 이후의 보험 프리미엄 증가에 대한 수입 탄력성이 지속적으로 증가하고 있다. 이 계산에 에 따르면 2010년과 2020년의 보험 프리미엄 수입은 2010년에 1.2조, 2020년에는 5조 위안에 달하게 된다. 보험산업 전체의 총 자산도 각각 5조, 20조 위안 정도가 될 것이다.

미래에 중국의 보험시장에서는 다양한 시장들이 상호 보완적 기능을 하게 될 것이다. 대형 및 중소형 보험회사들이 동반성장을 달성할 수 있을 것이다. 대형 보험사들은 종합적인 운영으로 규모의 이점을 이용하여 중국시장에서 안정적인 운영을 영위하여 해외로의 확장을 모색할 것이다. 이와 함께 중소 보험사들은 틈새 성장을 위해 특정 지역에 집중하는 전문화 영업의 이점을 활용해야 한다. 중국의 보험산업은 산업구조 면에서 개인보험, 손해보험 중심에서 책임보험, 신용보험 중심으로 빠르게 전환될 것으로 예상된다.

2010년에서 2020년의 기간 중, 비생명보험 부문의 총 수입은 안정적으로 증가할 것으로 기대되며, 총 보험수입에서 차지하는 비중의 세계적 수준인 42%에 이를 것으로 예상된다. 상품 구조에 있어서도, 중국 국민의 높은 저축률로 인해 저축성 예금과 유사한 성격의 투자 상품이 가장 높은 성장 잠재력을 갖게 될 것이고, 비생명보험 사

그림 22.9 | 1999~2004년 세계 주요 경제의 평균 성장률(GDP 기준)과 보험수입의 평균성장률

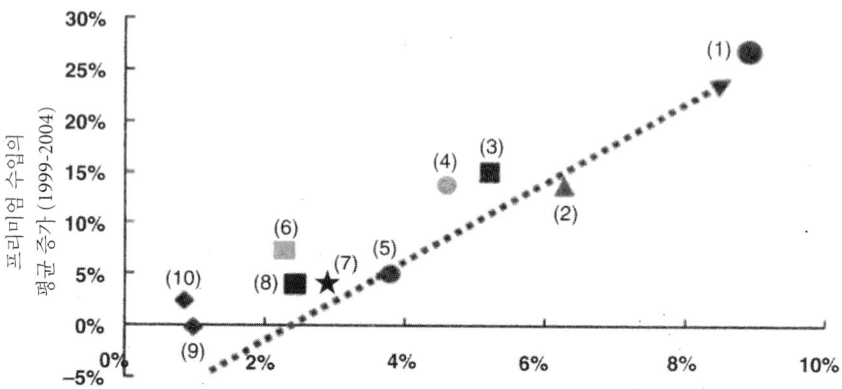

GDP 성장률 (1999-2004)

1. 중국; 2. 러시아; 3. 태국; 4. 인도; 5. 터키; 6. 브라질; 7. 폴란드; 8. 미국; 9. 일본; 10. 독일

출처: Sigma

표 22.2 | 1995~2020년 생명 및 비생명 보험사업 전망(단위: 억 위안)

	1995	2000	2005	2006	2007	2010E	2020E
비생명보험(1)	292	598	1,281.11	1,580.35	2,086.48	4,500.00	20,000
생명보험(2)	161	998	3,646.23	4,061.09	4,948.97	8,400.00	30,000
(1):(2)	6.4:3.6	3.7:6.3	2.6:7.4	2.8:7.2	3.0:7.0	3.5:6.5	4.0:6.0

출처: 중국 보험감독관리위원회 웹사이트, 중국통계연감 1996년, 2001년

업의 성장에서 새로운 동력이 될 것이다. 아울러, 농촌 전역에 걸쳐 "신농업"의 발전과 함께, 사회보장제도의 개혁, 다층적 사회보장제도, 책임보험, 건강보험, 연금보험, 농업보험 등이 거대한 역사적인 기회를 맞게 될 것이다. 비생명보험 중 책임보험의 비율도 2020년까지 세계적 수준에 접근할 것이 분명하다(표 22.2 참조).

중국의 보험회사들은 국제화의 전체 과정에서 보다 적극적인 자세를 견지할 것이다. 첫째, 국내에서 국내시장이 개방되게 될 것이다. 연금, 건강, 책임, 농업 보험 등의 다양한 분야에서 전문화된 보험기업의 등장이 강조될 것이다. 특히, 중국 내륙으로의 외국인투자를 유도하는 일이 강조될 것이다. 둘째, 점점 더 많은 중국 기업들이 해외

에서의 비즈니스를 개발하고, 상호호혜와 윈-윈 전략을 강조하고, 지분 소유권 취득, M&A, 새로운 영업점 설치 등에 적극적으로 참여하여 시장을 개방할 것이다. "안으로의 유인"과 "밖으로의 진출" 사이의 불균형적인 상태는 보험 영업이 진정으로 세계화되면서 반드시 변화될 것이다. 국제 비즈니스가 중국 보험회사의 큰 부분을 차지할 것이다. 셋째, 자산배분이 더욱 국제화되고, 국내 보험자산의 빠른 축적과 함께 국내 보험회사들은 필연적으로 국제시장과 글로벌 자원을 활용하게 될 것이다.

개혁이 더욱 진전되는 과정에서 중국의 보험산업은 자신의 경쟁력을 높여가고 있다. 주요 보험회사들 또는 그룹들의 소유구조는 그 어느 때보다 효율적이 되고, 책임성과 기업 지배구조가 개선되고, 상품 혁신능력이 강화될 것이다. 위험관리가 제고되고, 자본 및 금융적 역량이 더욱 견고해질 것이다. 지불능력과 수익성이 더욱 개선되어, 자원을 통제하고 지속 가능성을 보장할 수 있는 더 큰 역량이 형성되고 있다. 중국인민보험그룹, 중국생명그룹, 핑안그룹, 차이나 퍼시픽 그룹을 비롯한 대기업들은 시장 포지셔닝(positioning)과 발전에 대한 니즈에 따라 내적인 구조조정과 전문화된 자회사를 설립하여 강력한 핵심사업을 보유하고 상호보완적인 자회사들을 거느린 종합 국제금융그룹이 될 것이다. 더 많은 세계적인 거대 보험기업들이 2010년에서 2020년 사이에 중국에서 형성될 것으로 기대되고, 중국생명의 사례로부터 감안할 때, 포춘 500대 기업의 대열에 들어설 것으로 기대된다.

중국 보험시장의 다각화가 지속되고 비즈니스가 성장함에 따라, M&A와 재조직화가 당분간의 특징이 될 것이다. 보험산업 내에서 소기업들—경영기술이 부족하거나 자본 기반이 빈약한, 시장점유율이 낮거나 규모의 경제를 달성할 수 있는 역량이 부족한—의 통합이 이루어져야 한다. M&A는 거대 금융그룹들에게 보험산업 외부에서의 경쟁력을 확보할 수 있도록 해줄 것이다. 보험, 은행업, 자산관련 회사들 사이의 상호진출과 M&A는, 훨씬 규모가 큰 기관들조차도 합병하거나 소유권의 구조조정에 나설 만큼 보다 더 일반적이 될 것이다. 대규모 M&A와 구조조정은 보험자본 전체, 나아가 시장 자원에 대한 전반적인 구조조정을 촉진하게 되어, 중국 보험산업의 국제경쟁력과 지속가능성을 개선시키는데 일조하게 될 것이다.

최근의 역사를 살펴보면, 중국의 보험산업은 주목할 만한 성과를 달성했고, 상당한 경험을 축적했다. 21세기에 들어서 첫 20년은 중국의 사회 및 경제 발전에 있어서 중요한 전략적 기회를 의미하고, 이는 중국보험산업에 대해서도 유사한 전략적 기회가 될 것이다. 역사의 새로운 시작점에 서 있는 중국의 보험산업은 보다 밝은 미래로 성큼성큼 걸어 나갈 것으로 기대되고 있다.

23 중국의 보험시장

쟈크 켐프

아시아 & 퍼시픽 ING CEO

중국의 광대하지만 아직 개척되지 않은 보험시장은 과거 15년간 다국적 보험회사들에게는 중요한 시장 확장의 대상 중 하나였다. 글로벌 보험회사들에 대한 매력은 명백하다. 즉 규모와 낮은 보험 침투도, 강력한 경제적 성장 동력 등이 결합되어, 이 시장은 자신의 위치를 공고히 할 수 있는 기업에게 수익성 좋은 새로운 성장을 약속하는 시장이다.

중국이 점진적으로 글로벌 시장으로 재통합되고 세계무역기구(WTO)로 진입함에 따라, 외국 보험회사들의 중국 진출은 해가 다르게 진행되고 있다. 현재로서는 국내 100개의 인가된 보험사 중 40여개의 보험사가 해외자금과의 합작투자 또는 독자적인 외국기업이다. 시장접근성이 커지면서 이러한 외국 보험사들은 해를 거듭하며 강력한 성장세를 보였다. 하지만 중국 보험사들처럼 전국적 영업망이 구축되지 않은 상황에서, 외국인 합작투자 기업의 시장점유율은 아직 작은 상태에 머물러 있고, 상하이와 광조우 등 주요 연안시장에 집중하여 성공을 거두고 있는 정도이다.

시장이 점차 포화상태가 되어 감에 따라, 중국시장에 뒤늦게 진출한 일부 외국 보험회사들은 중국 보험회사들에 대한 전략적 투자를 통해 중국시장에 모습을 드러내는 것을 선호했다. 아울러 주요 연안지역 시장들이 포화점에 다다르면서, 점점 더 많은 외국의 벤처 보험사들이 내륙에서 자신의 영토를 확보해 가고 있다.

이 장은 중국시장으로 진출하기 위한 다양한 접근법들의 장단점을 고찰하고, 최근 외국기업들이 경험한 성과와 도전들을 평가하고자 한다. 본 장은 또한 정책당국과 시장참가자들이 이 산업의 발달을 추진한다는 공통된 목적에 기초해 어떻게 함께 활동하고 있는지 살펴보고, 경쟁적이고 효율적인 시장을 창조하는데 자유시장의 원리가 갖는 중요성에 대해서도 논의한다. 마지막으로, 본 장은 중국 보험산업의 미래 발전경로와 외국 보험회사들이 중국 보험산업의 지속적인 발전을 위한 촉매로서 기여할 수 있는 역할에 대해 논의한다.

❖ 200년의 역사

과거 10년에 걸쳐 중국의 보험시장으로 진입하기 위한 각고(刻苦)와 익숙하지 않은 환경과 문화 아래서 영업해야 한다는 난제들 속에서, 외국 보험회사들이 중국과 비즈니스를 했던 200년 전까지 거슬러 올라가는 역사가 있다는 사실은 잊혀지기 쉽다.

사실, 중국의 첫 보험회사들은 19세기 초 청조(淸朝)의 해상무역에 보험을 제공했던 유럽 사업가들에 의해 설립되었고, 중국 내에서 이들의 존재는 다음 세기에도 꾸준히 위상을 높여갔다. 2차 세계대전 중 일본이 중국을 점령하자 외국 보험사들이 철수할 때까지 외국인들의 보험시장 지배는 계속되었다. 그 이후 계획경제 체제의 등장으로 보험사의 필요성이 일소되었다.

외국 보험사들의 활동이 중단된 지 40년이 흐른 뒤, 중국이 점차 글로벌 시장과 다시금 관계를 확대해 나감에 따라, 1990년대 초에 외국 보험사들도 조심스럽지만 꾸준히 중국으로 돌아오기 시작했다.

AIG는 1992년에 완전한 외국인 소유의 상하이 지점을 통해 생명 및 비생명 보험사업에 대한 영업권을 획득하고, 중국에서의 비즈니스를 시작한 최초의 외국 보험사가 되었다. AIG를 뒤이어, 토키오 마린 & 니치도(Tokio Marine & Nichido)화재가 1994년에 상하이에서 지점을 운영할 수 있는 허가를 얻은 두 번째 외국 보험사가 되었다. 이 회사는 주로 중국에서 활동하는 일본기업들에게 보험 서비스를 제공했다.

윈터더 스위스 보험(Winterthur Swiss insurance)은 1996년에 상하이에 사무소를 개설한 세 번째 외국 보험회사가 되었고, 손해보험을 제공한 첫 번째 외국기업이었다. 같은 해, 매뉴라이프 보험(Manulife Issurance)은 시노켐 그룹(Sinochem group)의 자회사인 중국 해외경제 및 무역 신탁투자공사(China Foreign Economic and Trade Trust Investment Company)와 파트너십을 체결하고 중-외 합작보험사를 설립한 최초의 외국 보험사가 되었다.

2년 후 인 1998년에 중국은 추가로 2개의 외국 보험사에게 합작투자 보험사 설립을 허용했다. 알리안츠(Allianz)는 중국의 다종(Dazhong)과 협력하여 1998년 1월에 합작투자 보험사를 설립하는 한편, 10개월 후에는 애트나(Aetna)가 중국 퍼시픽보험(China Pacific Insurance: CPIC)과 협력관계를 구축했다. 2000년 7월에 ING가 애트나의 미국 금융 서비스 사업부와 국제 생명보험 사업부를 인수함으로써, 애트나의 합작투자사인 퍼시픽 안타이 생명보험(Pacific Antai Life Insurance)의 지분 상당량이 ING에게 양도되었다. 이로써 ING는 중국에서 두 개의 합작투자 보험사를 보유한 첫 번째 외국 보험회사가 되었다.

그러한 초기의 변화에 뒤이어, 외국 보험사들은 중국보험감독관리위원회(이하 보감위)가 허용하는 범위 내에서 가능한 한 신속히 중국시장으로 진출해 들어갔다. 2007년 6월 말 현재, 15개국으로부터 진출한 45개의 외국 보험사들이 중국 영업 허가권을 취득하고 있었고, 이들은 총 128개의 영업기구을 설치하고 있었다.[1]

❖ 중국의 WTO 가입조건

오늘날 중국에서 외국 보험회사들의 사업 환경을 이해하기 위해서는 중국이 WTO에 가입하는 과정에서 약속한 시장개방에 대한 청사진을 검토하는 것이 유용하다.

경제발전과 거침없는 거대한 성장 잠재력에 대해 보험산업이 갖는 전략적 중요성으로 인해, 이는 중국의 WTO 가입협상 과정에서 가장 쟁점이 되었던 분야 중 하나가 되었다. 이러한 이유로 중국이 WTO 회원국들과의 무역협상 막바지에 이르렀을 때 보험산업이 마지막으로 넘어야 할 장애물이 되었던 것으로 전해졌다.

결국 중국 보험시장 개방에 관한 협정은 다음의 네 가지 분야에 집중되었다. 즉,

그것은 인가 절차의 명확화, 지리적 제한의 폐지, 취급 상품범위의 확대, 소유권 기준의 결정 등이었다.[2]

중국은 국가별 허가의 수에 제한을 두지 않고 외국 파트너 보험사에 대한 객관적이고 투명한 허가 과정을 채택하기로 합의했다. 기본적인 허가 신청 조건으로는, 총자산 규모가 50억 달러 이상이어야 할 것, WTO 회원국 내에서 30년의 영업 경험이 있어야 할 것, 그리고 2년 연속으로 중국에 대표사무소를 운영해야 할 것 등이 포함되었다.

지리적 제한과 관련하여, 중국은 외국 보험사 및 보험 중개기관에게 허용되는 도시를 2003년 말까지 상하이, 광조우, 다리안, 선전, 포샨 등에서 베이징, 쳉두(청도), 종킹, 푸조우, 수조우, 시아멘, 닝보, 센양, 우한, 텐진 등으로 확장하고, 2004년 말에는 모든 지리적 제한을 폐지하기로 합의했다.

사업범위와 관련하여 중국이 WTO에 가입하게 되면 외국 생명보험사들에게는 일단 단체보험을 제외한 개인보험 사업을 허용하고, 2004년까지 건강보험, 단체보험, 연금보험으로 영업범위를 확대해 주기로 합의했다. 한편, WTO 가입 즉시 외국 비생명보험사들에게는 해외에서 활동하는 중국기업에 대한 보험뿐만 아니라, 일괄보험(master policy)과 대규모 상업보험 영업을 할 수 있도록 했고, 손해보험과 이와 관련된 책임보험, 그리고 외국인 투자 기업들에 대한 신용보험 등을 제공할 수 있도록 했으며, 2003년까지는 모든 비생명보험 사업을 영위할 수 있도록 허용하기로 했다.

소유권 제한과 관련해서, 중국이 WTO와 합의하는 시점에서 외국 비생명보험사가 지점을 설치하거나 합작투자사를 설립하고 운영의 51% 이하를 소유할 수 있도록 했으며, 2003년까지 완전히 외국인 소유인 벤처 기업을 설립할 수 있도록 한다는데 중국이 동의했다. 외국 생명보험사는 중국 내 합작투자사의 지분을 최대 50%까지 소유할 수 있으며, 중국이 WTO에 가입하게 되면 독자적으로 파트너를 선택할 수 있도록 했다.

중국은 또한 외국보험사와 금융 서비스 회사들에게 중국 보험사의 전략적 지분취득을 허용했다. 1999년 이래로 중국 보험회사들은 자신의 지분을 개별 외국회사에게는 최대 5%, 전체적으로는 25% 범위 내에서 외국 회사들에게 매도할 수 있었다.

이 규정이 최근 개정되어 외국 소유권의 상한은 25%로 그대로 두었지만, 단일 외국 회사가 보유할 수 있는 지분의 상한을 최대 20%까지 확대했다. 전략적 투자가 승인되기 위해서는 투자자는 총 20억 달러 이상의 자산, 연속 3년 동안의 수익기록, "A" 등급 이상의 신용등급이 요구된다.

❖ 진입전략: 중-외 합작투자사

대다수 외국 보험사들은 중국에 진출하기 위해 합작투자를 선택해 왔고, 이 가운데 상당수는 중국내 제휴 기업이 보험사가 아니었다. 이러한 모델이 외국 보험사들에게 매력적이었던 이유는, 중국의 파트너 비보험사들이 보통 수동적이어서 외국 보험사가 합작투자사에 대한 완전한 경영 통제권을 장악할 수 있었기 때문이었다. 이러한 방식으로 외국 보험사들은 사업을 형성하고 전반적인 전략을 결정하는데 더 커다란 자유를 누렸던 것이다.

규제당국이 외국기업에게 중국 보험사에 대한 완전한 소유권을 허용하게 되면, 중국 비보험 파트너와 팀을 이룬 외국 보험사들은 또한, 이론적으로는, 자신의 파트너의 지분 매입을 위한 협상에서 유리한 위치에 있게 된다. 아울러, 중국의 비보험 파트너는 외국 보험사에게 합작투자사를 건설하고 판매 인력을 양성하는데 있어서, 매우 상이한 기업문화와 규준들 하에서 이미 활동해 온 기존의 보험요원 집단을 재교육하려 하기 보다는, 백지상태로부터 출발할 수 있도록 해 주었다. 그렇긴 하지만, 급속히 팽창하는 중국의 보험산업에서 숙련된 노동력의 심각한 부족으로 인해, 척박한 환경에서 보험 판매 인력을 양성하는 일은 점점 더 난감한 도전이 되었다.

현대 비즈니스의 역사를 통해 수많은 예들이 입증하고 있듯이, 합작투자사들은 허약할 수 있고, 특히 이질적 문화 사이의 연합인 경우에는 더욱 그러할 수 있다. 장기적으로 성공을 거두기 위해서는 중-외 보험 합작투자사는 비젼의 공유를 바탕으로 건설될 필요가 있다. 이는 외국 파트너의 경험, 기술적 전문성, 경영활동과 현지 파트너의 현지시장에 대한 지식, 연계, 입지적 강점을 결합하는 것이다.

하지만 합작투자 파트너십이 번창하도록 하는데 요구되는 의견일치와 이해는 그것을 토론하기는 쉬워도 달성하기는 어려운 법이다. 어느 산업에서건 중-외 합작투자에 참여했던 기업들이 하나같이 증언하듯, 문화적 차이는 효과적인 의사소통과 갈등해소에 대한 중대한 장애요소가 될 수 있다.

학계의 연구가 공통적으로 보여주고 있는 바에 따르면, 중국과 외국 파트너 사이의 효과적인 의사소통에 대한 주요 장애요인은 가치 체계에서 유래한다. 중국인들은 집단주의적 가치를 더 강조하므로 관계에서 가치의 조화를 중시하고 동료의 사회적 체면을 보호하려 한다. 그 결과 중국인들은 차이의 문제를 처리하는데 있어 공격적인 방법을 피하는 경향이 있다. 반면, 서구문화에 익숙한 사람들은 좀 더 개인주의적 가치에 따라 행동하고, 차이점으로 인해 발생하는 문제에 좀 더 직접적으로 부딪히려는 경향이 있다.[3]

이러한 문화적 격차를 극복하기 위해 많은 외국 보험사들은 홍콩과 대만 출신의 중국인 고위 임원들—서구의 경영 규준에 대한 사전적 이해가 충부하고, 이를 중국의 문화적 배경과 결합하는데 있어서 경험이 많은—이 잘 닦아 놓은 방식을 좇았다.

중국이 국제적 비즈니스 사회에 점점 더 많이 노출되어감에 따라, 문화적 차이에 대한 중-외 합작투자사의 이해와 존중이 나아질 것으로 기대되고 있다. 이는 긴밀한 협력과 목표설정 및 보상구조의 구축에서 문화적으로 보다 민감한 시스템으로 가는 길을 열 것이다. 의사소통의 효율성은 일반 실무자들을 지도하기 위해서 뿐만 아니라 합작투자 파트너들 사이의 기대의 불일치 문제를 피하기 위해서라도, 경영진 수준에서도 매우 중요하다.

확장속도에 따라 달라지긴 하겠지만, 신흥 생명보험사가 수지균형을 이루는 데는 무려 7년이나 걸릴 것으로 보인다. 몇몇의 보험사들에게 있어서는 중국 파트너의 인내심이 그리 길지 않기 때문에 이러한 수익성이 나길 기다리는 일은 긴장을 유발하는 원천이 되었다. 투자가 좀 더 짧은 기간 내에 이익을 실현하는 제조업과 같은 다른 산업에서의 경험이 있는 중국 파트너의 경우에 특히 이러한 문제가 발생되기 쉽다. 양측의 기대가 서로 분명히 이해되고 관리될 필요가 있는 것이다.

중국에서 합작투자 보험사가 이익을 내기까지 여러 해가 걸리고 사업이 확장되면서 자본이 고갈될 수도 있기 때문에, 외국 보험사들은 현금이 풍부한 중국측 파트너를 물색해 왔다. 규제당국이 정한 새로운 지점을 개설하기 위한 건전성 요건이 매우 엄격한 상황을 고려하면, 이는 결정적으로 중요한 사항이다. 합작투자 보험사의 설립을 위한 최소 등록자본 규모는 2억 위안이지만, 총 등록자본이 5억 위안이 될 때까지는 새로운 지점을 설립할 때마다 2,000만 위안을 추가해야 한다. 확장에 대한 이러한 금융적 부담은 규제가 바뀌고 점점 더 자본 집약적인 상품들이 출시됨에 따라 더욱 더 무거워질 가능성이 크다.

그런 의미로 외국 보험사들은 합작투자 보험사에 대한 투자가 그 기업 전체 투자의 작은 부분만을 차지할 만큼 자금이 충분한 파트너 기업을 선호해 왔다. 아울러, 일부 외국 보험사들은 시작부터 10개의 지점을 개설하기에 충분한 자금력을 가진 벤처를 설립함으로써 미래의 자본 요건을 미연에 방지하기도 했다.

합작투자사의 자본이 아무리 충분하더라도, 비보험 기업들과 한 팀을 이루기 위해 설립된 외국 보험사들에게 그들의 파트너가 성공적으로 보험 합작투자사를 설립하는데 필요한 자본투입과 시간에 대해 구체적으로 이해하도록 하는 일은 매우 중요했다. 중국측 파트너로 하여금 이러한 긴 여정에 충분히 대비하도록 하는데 실패한 외국 보험사들은 빈번히도 일을 그르칠 수 있는 분쟁에 빠지곤 했다.

자본문제를 제외하더라도, 외국 보험사들은 또한 중국의 합작투자 파트너를 선정함에 있어서 그들의 브랜드 파워를 강조했다. 그 이유는, 오늘날 가장 잘 알려진 글로벌 보험기업들 조차도 중국 내에서는 아직 자신의 브랜드에 대한 인지도를 구축하지 못하고 있고, 그로 인해 브랜드의 신뢰성을 구축하기 위해서는 중국측 파트너의 이름에 의존해야만 했기 때문이다.

❖ 진입 전략: 전략적 투자

합작투자사의 설립에 대한 하나의 대안으로, 일부 외국 보험사와 금융기관들은 국내 보험사에 대한 전략적 투자를 통해 중국 보험시장에 진출하려 했다. 중국 제2위의 핑안보험은 1994년에 골드만삭스, 모건스탠리와 7,000만 달러 규모의 지분 15%를 매각하여, 외국의 전략적 투자자에게 지분을 매각한 첫 번째 중국 보험사가 되었다.

2002년에 이 회사는 추가로 10%의 지분을 6억 달러에 HSBC에 매각했다.

2000년에는 중국 제4위의 대형 국가 보험사인 뉴차이나보험이 쮜리히보험, 국제금융공사, 메이지 생명보험, 홀랜드 금융 서비스 등 5개 외국 투자자들에게 1.169억 달러에 지분의 24.9%를 매각했다.

같은 해 중국 제5위의 생명보험사인 타이캉보험은 윈터더 생명 · 연금, 싱가폴 정부 투자공사, 소프트뱅크로 구성된 외국 컨소시엄에게 1.45억 달러를 받고 지분의 24.9%를 매각할 수 있는 승인을 받았다.

2005년 12월에는 사모펀드 칼라일 그룹과 프루덴셜 파이낸셜로 구성된 투자자 그룹이 4.1억 달러를 투입해 중국 제3위의 생명보험사인 차이나 퍼시픽 보험(그룹)의 지분 24.98%를 취득했다. 같은 해 5월 보감위는 칼라일과 프루덴셜이 취득한 차이나 퍼시픽 생명보험의 지분을 그 모기업인 차이나 퍼시픽 보험(그룹) 지분의 19.9%와 교환할 수 있도록 승인했다.

전략적 투자는 일반적으로 합작투자보다 더 큰 초기 자본투입을 필요로 하지만, 외국 보험사에게는 중국시장으로 진출하기 위한 더 빠른 경로가 된다. 합작투자가 전국적 단위의 기업으로 성장하기 위해서는 15년이 필요하지만, 외국 보험사는 전략적 투자를 통해 즉시 광범위한 시장에 진출할 수 있게 되는 것이다.

이 방법은 특히 중국에 뒤늦게 진출한 외국 보험사에게 매력적인 것이었다. 시장이 더욱 더 포화상태가 되어감에 따라, 최근 경쟁 상황이 극적으로 변했다. 이로 인해 새로운 진입자가 중국에서 애송이 합작투자사를 통해 성공한다는 것은 그 어느 때보다 어려워졌다.

그러나 전략적 투자는 합작투자사를 통해 중국시장으로 진출하기 위한 획기적인 발판을 이미 마련하고 있는 외국 보험사들에게도 매력적인 것이었다. 왜냐하면 전략적 투자는 시너지 효과를 낳을 수 있기 때문이다. 예를 들어, AIG는 2003년에 PICC 손해상해보험의 지분 9.9%를 매입하여, 이 중국 보험사의 전국적 배분 네트워크를 통해 중국의 개인 사고 및 건강보험 사업을 인수하기 위해 전략적 관계를 활용했다.[4]

전략적 투자는 대부분의 외국 보험사들이 좋아할 만한 수준의 경영 및 이사회 통제권을 제공할 수는 없다는 점이 이 전략의 부정적인 측면이다. 외국 보험사가 보유할 수 있는 국내 보험사의 지분은 규제에 의해 25%로 제한되어 있다. 중국 보험사의 외국인 소유가 25%를 넘어서면 당국은 그 기업을 외국기업으로 재분류한다. 따라서 전략적 투자를 하는 외국 보험사는 이러한 입지에서 어떠한 리더십도 발휘할 수 없는 것은 아니지만, 중국 보험사 내에서 의사결정자보다는 컨설턴트로서의 역할에 만족해야 한다. 국내 보험사의 경우, 전략적 투자로 두 가지 중요한 편익, 즉 자본유입과 국제경영의 경험에 접근할 수 있는 기회와 위험관리의 전문성을 도입할 수 있는 기회를 얻게 된다. 외국 보험사에 대한 전략적 지분 매각은 국내 보험사가 조직적 변화를 수용하겠다는 약속을 나타낸다. 이러한 변화에는 경영에서의 구조조정, 새로운 사업방향, 국제적인 모범경영 도입, 기업의 지배구조 개선, 위험관리 기법의 개발 등이 해당된다. 외국의 전략적 투자자들은 글로벌 자원을 중국 보험사가 활용할 수 있도록 하고, 이러한 전환을 촉진하는데 기여할 것이며, 여기에는 해외로부터 경험이 풍부한 고위 임원을 영입하는 문제도 포함된다.

❖ 시장점유율 확대

중국의 WTO 가입 이후 외국 보험사들의 중국시장 진출이 점진적으로 증가함에 따라, 이들의 프리미엄 수입은 상대적으로 작았지만, 사업은 크게 성장했다. 2007년 6월 말 현재, 외국자본과의 합작투자사들이 올린 총 프리미엄 수입은 162.8억 위안으로 4.38%의 시장 점유율을 나타냈다.

외국 생명보험사들은 149.9억 위안의 프리미엄 수입을 창출하여 5.9%(2000년에는 1.85%)의 시장을 차지하며 이러한 경향에 크게 기여했다. 외국 비생명보험도 프리미엄 수입 128억 위안을 창출하여 시장 점유율 1.13%(2000년에는 0.54%)를 차지했다.[5]

이러한 시장점유율은 중국시장 전체에서 국내 보험사들의 비중이 매우 크다는 것을 나타낸다. 외국 보험사들은 시장 점유율과 관련하여 중국의 경쟁자들과 경쟁하기 위해 자신의 판매망을 가지고 중국 전역에서 경쟁하기 보다는 베이징, 달리안, 광조우, 상하이, 선전, 수조우, 텐진 등 중국경제에서 큰 비중을 차지하고 있는 주요 연안

그림 23.1 | 보험 프리미엄 수입의 성장

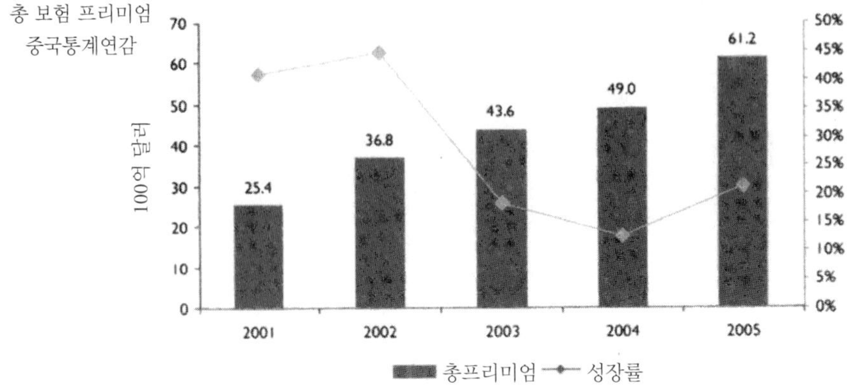

도시에 집중했다.

외국 보험사들은 이렇게 지리적으로 한정된 지역에 집중하여 대단히 큰 성공을 거두었다. 상하이에서 외국 보험사들의 시장점유율은 2003년 14%에서 2007년 중반 22%, 2007년 9월에는 26%로 극적으로 증가했다.[6] 이 논문을 쓰고 있는 현재 총 81개 보험사가 도시 시장에서의 영업허가를 받아 포화점에 이르게 되자, 중국에 뒤늦게 진출하는 기업들은 내륙시장을 개발하는 전략을 택하고 있다.

프랑스의 최대 보험회사인 그루파마(Groupama)가 2004년에 비생명보험 부문의 영업을 개시했을 때, 쓰촨성의 성도인 청두에 본부를 두기로 결정했다. 이보다 최근에는 싱가폴의 그레이트 이스턴 라이프 보험(Great Eastern Life Assurance)이 쓰촨성의 충칭시에 합작투자 생명보험 기업을 설립하기도 했다.

다른 한편, 전국의 보험시장이 놀라운 속도로 성장을 계속하고 있다. 2001년부터 2006년 말까지 중국의 보험 프리미엄 수입은 연평균 25% 이상으로 성장하여, 2001년 초에 1,430.3억 위안에서 2006년 5,641.4억 위안으로 증가했다(2005년까지의 프리미엄 수입의 성장에 대해서는 그림 23.1 참조). 2007년 상반기, 프리미엄 수입은 전년도 같은 기간보다 20% 이상 증가한 3718억 위안을 기록했다.

보험산업의 총 자산은 이보다도 더 강력히 성장하여, 2000년 3174.1억 위안에서 2006년 1.97조 위안으로 연평균 35.6%의 성장률을 기록했다.[7]

보감위의 예측에 따르면, 보험시장이 완만하게 성장한다 하더라도, 중국의 보험 프리미엄은 2010년까지 2배가 되어 1조 위안에 달할 것으로 예상된다. 이는 싱가폴의 경제규모와 같은 크기이다. 이는 경제적 풍요의 증가에 의해 주도될 것이다. 왜냐하면 노령인구의 증가에 더해, 사람들이 더 풍요로워짐에 따라 자동차, 주택, 여행 등의 소비에 더 많이 지출하고, 그에 따라 의료보험과 저축 플랜에 대한 수요가 증가할 것이기 때문이다.

❖ 인적자원 문제에 대한 대응

경제학자들에 따르면, 중국은 경제의 급속한 성장으로 인해 노동력의 부족이라는 험로에 들어서고 있다. 맥킨지 글로벌 연구소(McKinsey Global Institute)의 2005년 보고서는 중국의 대학들이 2003년에서 2008년까지 세계적 수준의 기업에서 일할 수 있는 자격을 갖춘 약 120만 명의 졸업생을 배출할 것으로 전망했다. 하지만 외국기업과 외국자본과의 합작투자의 수요만도 이들 중 60%를 흡수할 수 있다. 같은 보고서에 따르면, 2015년이 되면 중국은 세계적 차원의 기업활동을 주도할 국제적 경험이 있는 관리자 75,000명이 필요할 것이다. 하지만 2005년 현재, 이러한 능력을 가진 관리자는 겨우 3,000~5,000명에 불과하다(그림 23.2 참조).[8]

분석가들이 규정한 숙련 노동력을 공급하는데 있어서 난점 중 하나는 교육의 질이다. 중국이 놀라운 속도로 졸업생들을 배출하고 있지만, 세계적 기업에서 역할을 수행하는데 필요한 표준적이고 적절한 교육을 받은 졸업생의 비중은 아직 상대적으로 미미한 실정이다. 중국은 장기적으로 대학 졸업생들의 질을 개선하기 위한 교육시스템을 철저히 분석할 필요가 있다. 이는 고등교육 재정조달의 구조를 조정하고, 산업의 니즈를 충족시킬 수 있는 커리큘럼을 개조하고, 영어교육의 질을 개선하는 일 등이 필요함을 의미한다.

중국 사회과학원에 따르면, 2010년이 되면 중국은 숙련 노동력의 부족을 느끼기 시작할 것이다.[9] 보험산업이 목이 부러질 정도의 속도로 빠르게 성장하는 시점에서 이미 보험회사들은 국내에서 숙련 노동력의 부족 문제가 대두되었다. 직원 채용과 훈련

그림 23.2 | 중국 숙련 노동력의 부족

적합한 인재의 부족

예상되는 중국 대학 졸업생[1], 2003-2008(백만명)

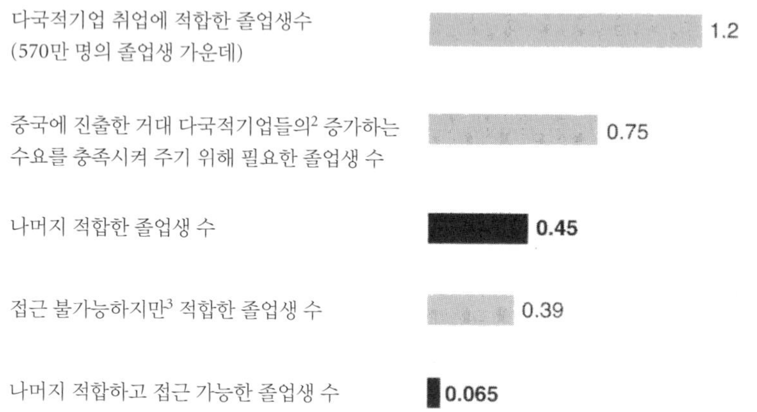

1. 의대 졸업생을 제외한 모든 학사 취측자를 포함. 반올림으로 인해 총합이 일치하지 않음.
2. 2002년 기준 매출액이 604,000달러를 초과하고 1,000명 이상의 상근직 상당(full-time equivalent)을 고용하고 있는 기업들의 경우 그 모회사가 홍콩, 마카오, 대만에 있는 기업들의 고용은 제외했음.
3. 이러한 접근 불가능성은 지리적으로 분산되어 있고 유동성이 부족하기 때문. 접근성이 2005년의 51%에서 2008년 83%[인도의 2006년 수준]로 크게 증가한다고 가정함.

출처: 맥킨지 글로벌 연구소 노동공급 데이터베이스

이 시장 참가자 모두에게 가장 큰 도전이 되었다. 시장에 대한 연구들과 보고서들에는 보험산업 전체에 걸쳐 모든 직위—판매요원에서부터 이사, 보험설계사, 증권 인수인, 내부 회계감사, 특별 감사 책임자, 그리고 기타 후선 부서 직원들까지—에서 적합한 사람이 부족하다는 외국 합작투자사들의 우려의 목소리를 접할 수 있다. 많은 외국 보험사들이 목표로 하는 팽창속도를 유지하기 위해서는 향후 3년 동안 인원을 133% 확대해야 할 것으로 예상하고 있는 상황에서, 이러한 문제가 지속될 가능성이 크다.

외국자본이 투자한 보험사들의 임원을 대상으로 한 최근의 조사에 따르면, 능력있는 직원을 채용하고 훈련시키는 일, 보험 배분채널에서 활동하는 인원들을 채용하고 훈련시키는 일이 중국에서 활동하는 외국 보험사 임원들을 가장 괴롭히는 두 가지 문

제로 지적되었다.[10]

직원의 질은 배분채널의 효율성에 큰 영향을 미친다. 필요한 훈련이 이루어지지 않으면 판매직원은 단지 제한된 범위의 상품을 판매하기 위한 지식만을 갖게 된다. 예를 들어, 보험사들이 생명보험 시장에서 약 20%의 프리미엄을 창출하는 것으로 추산되고 있는 방카슈랑스 채널(bancassurance channel: 은행이나 보험사가 다른 금융부문의 판매채널을 이용하여 자사상품을 판매하는 마케팅 전략-역자)을 통해 판매하는 대부분의 상품들은 저마진의 단일 프리미엄 상품(single premium product)에 국한되어 있는데, 이는 은행의 판매직원들이 좀 더 복잡한 상품들을 판매할 수 있을 만큼 충분히 훈련되어 있지 않기 때문이다. 단일 프리미엄 상품은 정규 프리미엄 상품에 비해 1/10의 가치밖에 창출하지 못한다.

여기에 더해, 경력이 있고, 자격요건을 갖춘 전문 인력이 부족한 와중에 직원들의 이직률도 경종을 울릴만한 수준으로 상승했다. 일부 기관에서는 이직률이 40%에 달하는 경우도 있다.[11] 당연히 이들에 대한 임금도 크게 올랐다. 지난 5년 동안 보험부문의 급여는 연평균 약 25% 증가했다.

경력이 풍부한 직원을 붙잡아 두기 위해서 보험사들은 급여를 꾸준히 올려야 했다. 하지만 직원들에 대한 어떤 조사 결과에 따르면, 중국인 직원들은 경력을 쌓을 수 있는 기회나 업무환경과 같은 비금전적 요인에 의해서도 금전적 보상만큼이나 크게 동기부여를 받는다. 직원들을 잘 유지하고 있는 기업들에서는 직원들에게 더 많은 경력개발 및 교육 기회를 부여하는 일을 중시하고, 이러한 교육기회를 급여인상으로 연계시킨다.

어떤 조직 내에서 분명하게 정의된 성과에 기초한 경력개발 경로와 직무순환을 제공할 수 있는 역량이 직원유지를 제고하기 위한 고전적인 전략이다. 직원들 또한 사회적 모임, 기업연수, 사람들 사이의 의사소통과 대화를 위한 견실한 플랫폼 등을 통해 조직의 공동체 정신을 구축하는데 큰 노력을 기울이는 기업에 호응한다. 교육, 경력개발, 훈련 등에 큰 가치를 부여하는 중국의 문화에서 지속적인 전문성 개발은 직원을 유지하기 위한 전투에서 또 하나의 결정적으로 중요한 영역이다.

수많은 합작투자 보험사들은 직원들이 새로운 전문자격을 취득하기 위한 학습에 재정적 지원을 제공하고 있다. 기업은 수료 후 일정 기간 동안 재직한다는 조건으로 직원들의 MBA 프로그램 이수를 보조해 줄 수 있다. 일부 외–중 합작투자 보험사는 직원들의 경쟁력과 지식수준을 끌어올릴 목적으로 정규적인 직원교육을 활성화하기 위한 사내 비즈니스 스쿨 및 교육 프로그램을 구축하기도 했다.

외국자본이 투자된 합작사와 외국 보험사와 전략적 연계가 있는 국내 보험사들은 직원유지를 제고하는데 글로벌 자원을 활용할 수 있다는 이점을 가지고 있다. 보험경영의 글로벌 네트워크를 활용할 수 있는 이러한 기업들은 현지 직원들에게 선진시장의 사업 규준과 선진시장 접근법에 대한 더 깊이 이해할 수 있도록 하기 위해 1년 정도의 해외근무 기회를 제공하거나, 현장에서 현지 직원의 전문화 교육을 수행하기 위해 해외의 전문가를 중국으로 데려올 수 있다.

마지막으로, 보상체계도 직원유지를 제고할 수 있는 구조로 만들어 질 수 있다. 보너스나 퇴직금 플랜 등 투명하고 성과 중심 인센티브 구조가 도입될 수 있을 것이다. 이와 더불어 보상 패키지와 인상은 성과와 직능 개발 모두와 연계시키고, 보상이 직능 개발의 기회와 어떻게 연계되어 있는지를 직원들이 분명히 이해하게 해야 한다.

❖ 공통의 의제

능력있는 인력의 부족과 더불어, 외국 보험사가 가장 관심을 보이는 사항 중 하나는 외국자본이 투자한 보험 합작사의 중국 시장 접근 범위를 확대해 주는 문제다. 조사와 보고서들에 따르면, 외국 보험사들 사이에는 시장 자유화가 중국이 WTO에 가입하면서 동의한 속도록 실행되지 않아 왔다는 공통된 인식이 폭넓게 존재한다.

주요 쟁점 중 하나는 지점 신설에 대한 규제 절차이다. 국내 보험사들은 한꺼번에 복수의 지점 개설을 신청할 수 있지만 외국 보험사의 경우는 한 건씩 순차적으로 해야 하는 등 지점 신설에 대한 승인 절차가 외국 기업에 차별적이라고 주장되고 있다. 아울러 투자관리 규제도 대형 국내보험사에게 유리하게 되어있는 것 같다. 예를 들어, 보험자산관리회사의 설립을 위한 건전성 요건이 지나치게 높게 설정되어 있어서, 중국의 거대 보험사를 제외하고는 모든 보험사들이 내부 투자관리를 할 수 없도록 되어 있다.

이러한 이슈들을 해소하는 일은, 보험 및 금융 서비스 산업을 위한 효과적이고 유효한 규제환경을 만들어가는 과정에서 중국이 직면하는 보다 폭넓은 도전의 일부분으로 보아야 할 것이다. 이를 극복하기 위해서는 규제당국과 시장 참여자가 함께 협력할 필요가 있다.

국제금융연구소(Institute of International Finance)—글로벌 금융 서비스 산업의 위험관리와 최선의 규준 및 기준의 개발을 증진하기 위해 설립된 세계적인 협회—에 따르면, 건전한 금융감독 시스템의 발전은 금융 서비스 기업과 규제당국이 공동의 목적을 기초로 함께 협력해야 이룰 수 있다고 한다. 이러한 공동의 목표란 경제성장과 경쟁, 금융제도의 안정성과 안전, 소비자 보호, 고객서비스 등이다. 이러한 근본적 공감대에 기초한다면, 중국의 보험산업과 넓게는 금융서비스 부문이 규제의 효율성을 높일 수 있도록 하기 위한 틀을 제공할 수 있는 지침적 원리에 대한 포괄적인 의견일치가 발전될 수 있다.

중국의 규제환경이 금융서비스 기업의 글로벌 확장과 금융시장의 점증적인 통합으로부터 야기되는 이슈들을 처리하기 위해서는 국제적 공조가 요구된다. 규제당국은 표준화와 상호 인정 등과 같은 해법을 통해 다중적 관할지역에 걸쳐서 운영되고 있는 기관들에 대한 규제상의 차이와 중복을 줄일 수 있다.

시장 참여자와 규제당국 사이의 정기적인 공개 대화는 규제적 필요를 더욱 분명히 할 수 있고 공공정책의 질과 효율성을 개선한다. 규율되고 조직적인 상담 절차—규칙변화를 형성하는데 있어서 가능한 한 가장 빠른 시기에 해당 산업과 기타 이해관계자들이 참여하는—가 이러한 대화의 중추를 이루고, 규제의 효과를 크게 향상시켰음이 입증되었다.

입법이 대응적인 방식이 아니라 순응적인 정책 목표에 기초할 때, 규제당국과 산업 모두에게 상호 이익이 되기도 한다. 규제는 또한 원리적으로 표현되어야 하고, 일반 대중에게 명확해야 하며, 그 목적을 달성하는데 필요한 최소한의 규칙만을 포함해야 한다. 규제당국은 또한 과도한 규제를 피해야 한다. 입법상의 변화는 산업 스스로가 정책적 목표를 달성할 수 없거나 문제를 해결할 수 없을 것이라 합리적으로 판단될 때에만 제한적으로 활용되어야 한다. 역사적으로 보면 산업의 자체감독을 권장하는 접근방식이 보다 효율적인 규제였음이 증명되었다.

이와 유사한 정신에서, 시장 참가자들에게는 이들의 행위가 원칙 또는 규칙의 목적에 부합하는 한, 원칙 혹은 규칙을 해석하는데 최대한의 자율성이 부여되어야 한다. 이러한 원리는 시장의 혁신과 효율성을 제고하여, 궁극적으로는 소비자들에게 그 혜택이 돌아가도록 하는데 결정적으로 중요하다.

견제와 균형 과정의 일부분으로서, 산업에 대한 규제의 변화가 부과하는 부담이 풀고자 하는 문제에 합당하도록 하기 위해, 영향 평가가 필요하다. 추가적으로, 주기적 검토는 규제상 조정의 본래 목적이 달성되는 것을 보장하고 동일한 목표를 달성하기 위한 더 효과적이면서 효율적인 다른 방법이 존재하는지를 판단하는 데 도움이 된다.

마지막으로, 규제당국은 시장 참가자에 대해 규제적 요건을 강제하기 전에, 그것을 공정하게 공지할 필요가 있다. 규제는 위반의 정도에 적합한 벌칙을 부과해야 한다.

❖ 시장 자유화에 대한 지지

국제 보험감독기관 협의회(International Association of Insurance Supervisor : IAIS)가 작성한 이머징 시장에서 보험감독에 관한 안내 보고서에 따르면, "건전성 기준이 충족되고 시장이 국제적 환경에서 경쟁적이고 전문적이며 투명하게 운영될 때"에만 이머징 보험시장의 안정성이 달성될 수 있다.[12]

다른 이머징 시장에서 경쟁이 허용됨으로써 외국 시장 참가자들이 서비스의 질을 개선하고 상품혁신을 불러오며, 기술적 지식과 최선의 경영 규준을 이전시킬 수 있음이 입증되었다. 경쟁의 강화는 또한 경쟁적 우위를 발전시키고자 하는 보험사들의 서비스 전문화로 이어진다. 그 결과 서비스가 개선되고 시장의 효율성이 제고된다.

자유화가 이머징 보험산업을 강화시키는 정도에 따라, 이는 이론적으로 경제 전체에 다양하고 폭넓은 편익을 가져다 줄 것이다.[13] 중국의 경우, 이는 국가 기반시설 건설과 교육사업 등 경제발전에 자금을 조달해 주는데 도움을 주기 위해 국내 은행계정에서 잠자고 있는 대규모 국민저축을 동원하는 것을 의미한다. 외국 보험사들은 수십 년 동안의 국제투자 경험을 바탕으로, 이러한 자본을 보다 효율적으로 배분하는데, 그리고 국내 보험사들이 벤치마크를 설정하는데 도움이 될 것이다.

둘째, 더 튼튼한 보험시장은 국제무역과 외국인 직접투자를 촉진할 것이다. 중국에서 영업점을 설치하고자 하는 외국 기업들에게 신뢰할 만한 보험 서비스의 가용성은 핵심적 고려사항이다. 셋째, 외국 시장 참가자들이 더 큰 금융적 역량과 위험관리 능력을 도입하도록 하는 자유화된 보험산업은 보험 가입자들의 금융적 안전을 증진시켜 줄 것이다. 그리고 어쩌면 중국에게는 가장 중요한 것으로, 튼튼하고 효율적인 보험시장은 사회보장체계를 국가가 기금을 지원하는 연금체계에서 다면적 복지체계로의 전환을 촉진할 것이고, 이는 빠르게 노령화되는 인구의 재정적 부담을 덜어줄 수 있을 것이다.

❖ 외국인 참여에 대한 우려를 해소하기

수많은 이머징 국가의 정부들은 몇 가지 이유를 들어, 견실한 국내 보험기관의 발전을 자기 나라의 경제적, 정치적 독립성의 핵심적 요소로 보고 있다. 하지만 그러한 견실한 현지 기업들이 보호주의적 환경에서 성장할 수 있을 것인지에 대해서는 의문의 여지가 있다. 역사가 보여주고 있는 것처럼, 외국인 참가자가 활동하는 개방된 시장으로부터 나오는 아이디어와 혁신의 자유로운 흐름 없이는, 국내의 산업은 성장하기보다는 정체상태에 빠질 수 있다.

보호주의가 유치산업의 이점으로 작용하는지와 상관없이, 어떤 관찰자들은 이머징 시장의 국내 보험사가 진공 속에서 20~30년간 운영되면서도, 경쟁적 환경에서도 살아남기 위한 규모의 경제를 이룩할 수 없었다면, 앞으로도 그러할 가능성은 거의 없다고 봐야 한다고 믿고 있다.[14] 다른 한편으로, 외국 보험사에 대한 지나친 의존은 국가의 안전을 볼모로 협상하게 할 수 있다는 주장도 다소간의 역사적 근거가 있는 주장이다. 갈등관계에 있는 경쟁국이 자국의 무역을 무력화시키기 위해 경쟁국 내부에서 통제가 가능한 보험사의 철수를 승인할 수도 있다. 하지만 그러한 위험을 최소화하기 위한 규제과정을 통해 외국 보험사에 대한 노출이 다변화될 수 있다는 점도 사실이다.

자유화의 또 다른 약점은 수익이 본국으로 송금됨에 따라 자금이 유출되는 잠재적 위험이 있다는 점이다. 하지만 자유화를 통해 건강한 보험산업이 육성되면 외국인 직접투자의 유입이 증가해 자금 유출분을 상쇄할 수 있을 것이다. 공정하게 말해, 건전한 규제적 틀이 자유화에 동반된다면, 보험시장의 개방으로 얻는 이익이 잃는 것보다 더 크다.

❖ 시장을 교육시키기

교육은 중국 보험시장의 발전에서 결정적으로 중요한 역할을 담당한다. 중앙계획적 사회주의 하에서 통제되던 20년 동안 보험의 필요성이 사라졌기 때문에, 보험과 그 가치에 대한 중국 소비자들의 인식과 이해는 상대적으로 발전하지 못했다. 대다수 소비자들은 여전히 보험을 불필요한 것으로 보고 있다. 대중 매체들이 보험에 대한 태도를 변화시키는데 효과적인 채널이 될 수 있지만, 중국의 규모와 매우 다양한 소비자 계층의 니즈를 고려해 교육이 특정 집단에 맞춤형으로 조직되어야 한다.[15]

도시 지역에서는 생명보험 상품에 가입할 수 있는 경제적 능력을 갖춘 부유층 대중 소비자들에 대한 교육에 집중해야 한다. 정부는 이러한 목표 집단에게 연례 성명을 발송하여, 사회보장제도의 혜택을 요약해주고, 보장의 잠재적인 미비점을 지적하며, 보험이 그러한 문제를 해소하는데 어떻게 도움이 되는지를 설명해 주어야 한다.

생명보험의 기본적인 기능에 대한 이해가 부족한 촌락지역에서 의사소통의 문제가 훨씬 더 심각하다. 번창하는 지역의 농촌 주민들과 향진기업에 고용되어 있는 사람들처럼 생명보험에 가입할 가능성이 큰 소비자들이 노력의 출발점이 되어야 한다. 여러 관측통과 산업 참가자들이 오랫동안 제안해 온 것처럼, 생명보험의 기초를 가르치고 이를 납득시키기 위한 교육은 초등학교 수준에서부터 조기에 시작되어야 한다.

❖ 시장의 진화를 추동하기

중국의 생명보험 산업이 성숙해 감에 따라, 상품 제공에 있어서 선진시장과 비슷한 발전경로를 따라갈 것으로 기대되고 있다. 이것은 단순한 생명보험 및 저축수단으로부터 뮤추얼펀드와 정교한 퇴직 솔루션으로, 금융자문, 정보, 상품, 서비스 등의 포괄적 결합을 제공하는 맞춤형 부(富) 관리 솔루션으로의 진화과정을 의미한다.

이와 동시에, 배분채널이 보다 다양해 질 것이다. 생명보험사들은 현재 자체의 네트워크와 판매요원에 의존하고 있다. 그러나 소비자들이 보다 고급화되는 시점에서 인터넷 기반의 채널을 추가하기 전까지는, 금융 설계사, 은행, 독립적인 금융 자문사 등 독립적인 중개기관을 통한 배분체제로 점차 이행해 갈 것이다.

외국 보험사들은 중국의 보험산업에 상품혁신과 새로운 비즈니스 접근법을 전달해주는 핵심적 시장참가자가 될 가능성이 크다. 이미 선진시장에서 시험을 거친 새로

그림 23.3 | 핵심사업 확장을 위한 전략적 성장 방안

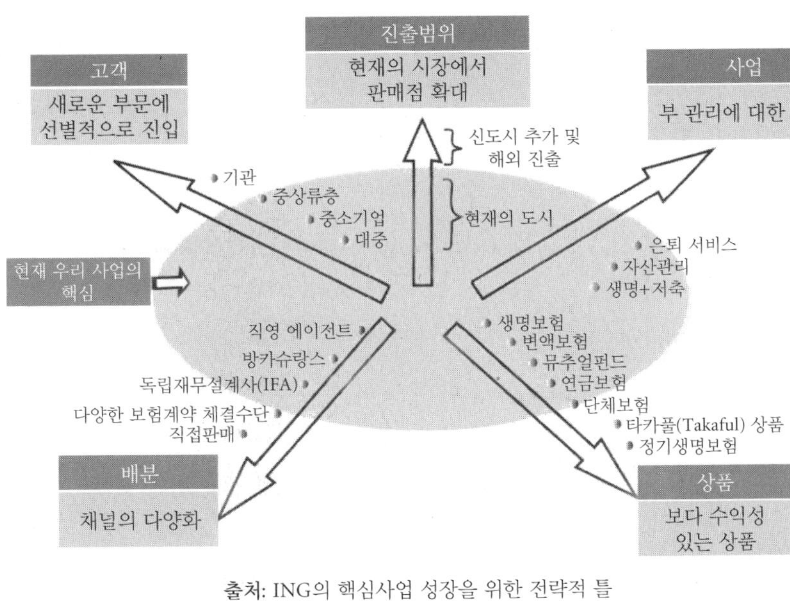

출처: ING의 핵심사업 성장을 위한 전략적 틀

운 혁신적 신상품, 마케팅 접근법, 배분법 등을 도입함으로써 외국 보험사들은 중국 보험산업의 발전을 주도하고 국내 보험사들이 효율적 비즈니스 모델을 선택하는 일을 가속화할 수 있다.

국내 및 외국 보험사들은 그림 23.3이 보여 주고 있는 것처럼, 기존의 핵심 사업을 확장함으로써 자신의 사업을 신장시키는데 채택할 수 있는 기본적인 5가지 전략적 방안을 가지고 있다.

한편, 더 많은 외국 보험사들이 중국으로 진입하게 되면서, 국내 보험사들은 자신들의 영역을 확장하기 시작할 것으로 기대되는 바, 우선 중국인들의 부가 일정 최저 수준에 도달해 있는 성(省)과 시(市)에서 충분한 입지를 점유하려 할 것이다. 그 기간 동안, 일부 대형 보험사들은 국제 시장으로 진출할 것이다. 중국공상은행이 최근 뉴욕과 모스크바에 지점을 설립한 것처럼, 이는 금융 서비스의 다른 부문에는 이미 일어나고 있는 현상이다. 이 중국의 최대 은행은 또한 사우스 아프리칸 은행(South African Bank)의 지분 매입을 비롯한 전략적 해외투자를 진행하고 있다.

❖ 결론

중국의 보험시장은 짧은 시간 동안 먼 길을 달려왔다. 단 20년 동안 시장감독의 완전한 틀이 구축되었고, 대규모의 국내 자생적 보험부문이 육성되었으며, 외국인 참여에 대해 개방하기 위한 획기적인 절차를 진행해 왔다. 이 산업을 더욱 밀고 나아가기 위해서는, 경제성장을 추동하고, 금융부문 안정성을 지탱하며, 소비자 보호를 보장한다는 공통된 목표를 기반으로 규제당국과 보험산업이 변화에 대한 통일된 영향력을 발휘할 필요가 있다. 보험사와 규제당국이 함께 노력하는 방식의 지도 원리로는 규제당국과 시장 참가자, 그리고 기타 이해관계자들 사이의 정규적이고 공개적인 대화가 포함된다. 이는 규제의 질과 효과성을 개선하고, 정책목적을 명확화하며, 이를 달성하기 위해 필요한 최소한의 규칙만을 도입하기 위한 것이다. 여기에 추가하여, 정책목적은 학교교육과 기타 채널을 통해 일반대중들로 하여금 보험의 필요성을 인지하도록 하는데 더 큰 노력을 기울일 수 있는 내용을 포함해야 한다.

보험산업이 발전해 가면서, 이 산업은 중국의 중요한 경제적, 사회적 목적을 달성하는데 기여한다. 보험사들은 대중의 저축이 자본시장으로 흘러가게 하고 그 자본이 효과적으로 분배되게 하여, 지속가능한 경제성장을 추진하는데 도움을 주는 중요한 채널로서 봉사한다. 보험산업은 또한 중국 노령인구의 재정적 안전을 위한 새로운 연금시스템을 구축하는 과정에서 결정적으로 중요한 역할을 수행하기도 한다.

외국 보험사들은 보험산업이 이러한 목적을 달성하는데 필요한 변화의 가속화에 도움이 될 수 있다. 상품혁신, 지배구조, 사업 규준 등에서 리더십을 발휘함으로써 외국 보험사들은 중국 보험산업의 효율성 제고, 더 나은 고객 서비스, 소비자 보호 등을 위한 촉매제가 될 수 있을 것이다.

미주

1 신화통신, 2007년 7월

2 Stephen P. D' Arcy and Hui Xia, Insurance and China' s Entry into the WTO, University of Illinois at Urbana-Champaign, 2002

3 Collectivist Values and Chinese Employees' Trust of their Japanese Leaders, Dean Tjosvold and May Wong, Lingnan University, and Chunhong Liu, Helen, Dong Hua University.

4 Foreign Investment in Chinese Banks presentation, Nick Hope, Stanford University, and Fred Hu, Goldman Sachs and Tsinghua University, October 2005.

5 Xinhua, May 2007.

6 Xinhua, October 2007.

7 China Insurance Market 2007, *China Knowledge Press.*

8 China' s Looming Talent Shortage, Diana Farrell and Andrew J. Grant, *McKinsey Quarterly*, 2005. Xinhua, May 2007.

9 Xinhua, May 2007.

10 Foreign Insurance Companies in China, Pricewaterhouse Coopers, September 2007.

11 Foreign Insurance Companies in China, Pricewaterhouse Coopers, September 2007.

12 Guidance on Insurance Regulation and Supervision for Emerging Market Economics Report, IA IS Emerging Market: Issues Committee, September 1997.

[13] Foreign Insurers in Emerging Markets: Issues and Concerns, Harold D. Skipper, Jr, PhD 1997.

[14] Foreign Insurers in Emerging Markets: Issues and Concerns, Harold D. Skipper, Jr, PhD 1997.

[15] A Life Insurance Policy for China, Stephan H, Binder, Heidi Z. Hu, and Peter B. Walker, March 2006.

24 | 중국의 사회보장제도: 문제와 전망

가오 시칭

전(前) 국가사회보장기금위원회 부주석

중국투자공사 사장 겸 수석 투자역

모든 국가는 국민의 사회보장에 대한 니즈를 충족시켜줘야 하는 어려운 문제에 직면해 있다. 최다 인구 국가이며 시장경제로의 이행과정에 있는 중국은 국유기업 중심의 사회주의 시장경제 구조를 구축하는 과정에서 사회보장제도 개혁을 시작했다. 중국은 빠르게 노령화되어 가는 인구구조에 직면하여 개혁 노력을 시작했다. 개혁이 시작된지 15년이 지난 지금, 우리는 앞으로 전진하고 있음을 느끼며, 독특한 중국식 제도가 시작되고 있음을 목도하게 되어 기쁘다. 이와 동시에, 우리는 우리가 당면한 문제와 매우 심각한 도전들을 무시할 수 없음도 잘 알고 있다.

❖ 중국 사회보장제도 개혁의 역사

개혁 · 개방 정책이 시행되기 이전에는 중국의 농촌주민들은 가족이 노인들을 돌보는 부담을 떠안는 전통을 유지하고 있었다. 국가에 고용되어 있던 도시의 주민들은 계획경제 시스템을 활용하고 국유기업에 의존하여 평생보장을 받았다. 개혁 · 개방 이후 경제제도의 변화는 사회보장 문제가 보다 부각되었음을 의미했다. 이 분야의 전문가들은 그러한 개혁의 필요성을 잘 인지하고 정부에게 모든 종류의 제안을 제시하기도 했다. 제14차 공산당 전국인민대회 3차 총회는 전체적 경제개혁에 대한 정부결정의 중요한 부분을 담고 있는 1993년의 "결정"을 통과시켰다. 이는 "사회주의 시장경제의 구축과 관련된 다양한 문제에 대한 결정"이란 제목이 붙어 있었지만, 이하에서는 줄여 "결정"으로 지칭하기로 한다. 이 결정을 통해 사회보장 개혁에 관한 분명한 목표와 원칙이 최초로 명확화되었다. 1993년부터 15년간의 사회보장 개혁 과정은 크게 세 개의 주요 단계로 구분된다.

첫 단계는 1993년의 결정으로 시작되었다. 이 결정은 전국적 영업망을 갖춘 노령보험 체계가 구축되도록 규정했다. 이는 통합된 전국적 시스템으로, 국가 기금과 개인계정의 통합이 강조되었다. 결정은 제도 구축에 관한 사회보장 개혁의 3가지 원칙을 확인했다. 첫째는 모든 행정수준을 통합하는 체계로, 전국적 성격을 갖춰야 한다는 것이었다. 둘째, 도시 피고용자의 개인 "연금보험"이 적립되어야 하며, 고용자와 피고용자 모두 이 체계에 적립금을 부담해야 한다. 셋째 원칙은 사회보장기금의 규제와 실제 관리가 기능상 분리되어야 한다는 것이었다. 1995년 국무원은 전국적 사회보장제도의 개혁을 시작했다. 이러한 목적을 달성하기 위해 개혁에 대한 두 가지 실행 방안을 제안하고, 지방정부가 자발적으로 이 중 하나를 선택할 수 있도록 제안했다. 아울러, 지방정부들이 현지 상황에 따라 창조적으로 시행할 수 있도록 했다. 두 번째 단계는 아래에서 약칭 "26호 문건"이라 불리는 1997년 국무원이 공표한 결정으로 시작되었다. 그 제목은 "기업 피고용자들을 위한 통합된 노령 보험체계 구축에 관한 결정"으로 되어 있었다. 이 결정이 강조한 것은 기업 피고용자를 위한 기본적 노령보험 체계를 표준화하는 것이었다.

제도 마련에 있어서, 26호 문건은 우선 지난 4년 동안의 교훈과 경험을 "모든 계정을 통합하고, 혼합계정을 관리하라"로 요약했다. 문건은 또한 "아직 이 프로그램이 '시범' 단계에 있으므로 해결해야 할 많은 문제들이 존재한다. 기본적인 노령보험 체계는 아직 표준화되어 있지 않고, 기업의 부담이 매우 크며, 전반적인 기금 적립 수준이 미비하고, 관리 시스템은 완전하지 못하다"라고 지적했다. 이에 따라, 문건은 전국의 모든 기업 피고용자들이 기초적인 노령보험과 관련된 표준화 계획을 실행하기 위한 계획을 제안했다. 여기에는 "다섯 가지의 표준화;" 즉, 기업의 부담 비율, 개인의 부담 비율, 개인계정의 규모, 연금지급, 중개기관을 통한 연금지급의 임시적 방법 등의 표준화가 포함된다.

세 번째 단계는 2001년 국무원이 리아오닝 성(省)의 사회보장제도의 시범적 시행에 관한 정책 성명서로 발간된 문건으로부터 시작되었다. 이 문건의 제목은 "리아오닝 성 도시와 농촌지역에서 사회보장제도의 시범적 시행에 관한 조치"였다(이하에서는 "리아오닝 정책"으로 지칭함). 이 정책은 개인계정은 반드시 "현실화"되거나 기금이 적립되어야 한다는 점을 강조했다. 이것은 중국의 사회보장체계가 제도적으로 "그 실행에 있어서 준적립방식 체계(semi-funded system)로 나아가고 있음"을 나타내는 것이었다. 그 이전에는, 개인계정이 사회적으로 적립된 기금과 별도로 관리될 필요가 없었다. 그 결과 관리되는 기금이 곧 손실을 입게 되었고, 연금지급의 의무를 다하지 못하게 되었다. 재정부와 같은 외부의 기금 보조가 없었기 때문에, 부과방식(pay-as-you-go) 체계에서 수입이 지급을 충당할 수 없었다. 개인계정 펀드의 오용 또는 도용도 피할 수 없었다. 다년간 "혼합계정"(mixed account)을 운영한 결과 2005년 말에는 800억 위안 이상에 해당하는 규모의 공(空)계정이 존재하게 되었다.

여기서 문제는 기업, 피고용자, 그리고 재정부에 과도한 부담을 주지 않으면서도 점진적으로 "현실화" 혹은 개인계정의 기금을 조달하는 것이었다. 이러한 목표는 개인계정이 점차 필요한 기능을 수행하게 하는 것이었다. 정부는 부담이 분산되는 체계하에서 개인계정이 보충적 재정부 기금을 수령하는 것을 허용하는 조치를 도입했다. 기금에 대한 기여의 비중 면에서 보면, 기업의 기여는 더 이상 개인계정으로 들어가지 않고, 전적으로 사회적 공용 기금에 포함되었다. 피고용자의 부담은 임금의 8%로 정해져, 모두 개인계정으로 들어갔다. 2001년 라이오닝성은 이러한 새 정책의 시범지역으로 선정되었고, 개인계정 보험료율은 8%로 시작되었다. 2004년에는 시범 지역이 지린성, 헤이룽장성 등로 확장되었고, 개인계정 보험료율도 5%로 낮췄다. 2005년에는 시범지역이 8개의 성과 자치시 및 지역으로 더욱 확대되었고, 보험료율도 3%로 더욱 낮춰졌다. 성의 재정이 부담금을 제공하기 어려울 때, 중앙의 재정부는 그 비용을 75%/25%로 지방정부와 분담했다.

중국의 사회보장제도의 세 번째 발전 단계는 보장범위(coverage rate)가 가장 빠르게 상승한 시기였다. 한편으로, 이는 징세기관과 사회보장 당국이 공동으로 노력하여 사회보장제도 가입과 보험금 납부를 증가시킨 결과였다. 다른 한편으로, 이것은 지방 및 중앙정부 수입의 급격한 증가 때문이기도 했다. 이 체계는 도시와 농촌 모두에서 지속적으로 개선되어 왔다. 여건이 허락되는 성, 자치시, 그리고 농촌에서, 사회보장 네트워크의 보장범위를 크게 확장하는 사회보장제도가 점진적으로 구축되었던 것이다.

❖ 도전

15년이란 시간 동안 중국의 사회보장개혁은 무(無)에서 출발하여 존경할만한 결과를 만들어냈다. 동시에, 이 체계가 직면한 도전들 또한 점점 더 심각해지고 있다. 이는 부분적으로 다음과 같은 요인들에 기인한다.

중국사회는 빠르게 노령화되고 있다. 1970년대부터 가족계획을 제도화하고 한 가구 한 자녀 정책을 권장해 왔다. 그 결과 이 기간에 걸쳐 인구 출생률(population birthrate)이 크게 하락한 후, 상대적으로 낮은 수준에서 균형을 이루고 있다(그림 24.1 참고). 좌축(左軸)은 "인구 출생률"을 나타낸다. 1964년에 최고의 출생률을 기록한 후, 1990년대 중반에 1.8로 하락한 후 계속해서 그 수준을 유지하고 있음을 알 수 있다.

그림 24.1 | 중국의 출생률(1949~2002)

출처: 국가 인구 및 가족계획 위원회 (2004)

동시에, 생활수준의 전반적인 상승과 공중보건의 향상으로 기대수명이 빠르게 상승했다. 그 결과 전체 인구에서 노령인구의 비중이 크게 증가했다. 2000년 60세 초과 및 65세 초과 인구의 비율이 각각 10%와 7%였다. 중국은 이미 "노령화 사회"에 진입해 있다. 2003년에 중국인구연구센터는 2050년 이전 중국의 노령화 속도와 노령인구 비율을 그림 24.2와 같이 예측했다.

이 연구에 따르면, 지금부터 2035년까지 60세/65세를 초과하는 인구비율이 2000년에서 2005년 기간의 2.18%와 2.64%보다 훨씬 높은 각각 3.35%와 3.73%로 성장할 것이다. 2035년 이후에는 이러한 노령인구 증가율이 다소 완화되겠지만, 노령인구의 비중과 절대적 수는 지속적으로 증가할 것이다. 2050년까지 60세/65세 초과인구는 각각 4.5억 명과 3.36억 명이 되어, 전체인구의 32.7%와 24.4%를 차지할 것이다. 따라서 2050년까지 중국 인구 3명당 1명이 60세가 넘고, 인구 4명당 1명이 64세 이상일 것이다. 65세를 초과하는 인구 약 3.36억 명은 현재 유럽 15개국의 인구와 거의 같다.

중국의 노령화율은 전 세계 평균을 크게 앞지르고 있다(그림 24.3 참조). 2000년에는 중국과 세계 모두에서 60세가 넘는 인구비율이 약 10%로 유사하다. 하지만 2030년까지 세계의 이 비율은 16%로 상승하겠지만, 중국은 24.5%에 이를 것이다.

그림 24.2 | 향후 30년간 노령인구 증가의 가속화

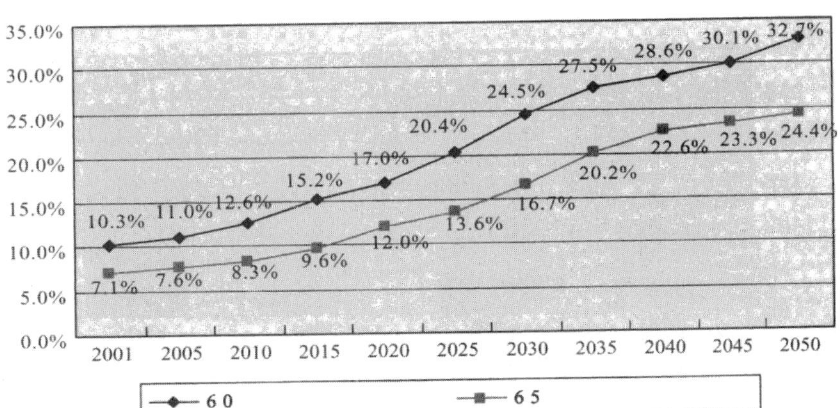

주: 윗쪽의 선은 60세 초과 인구의 비중을, 아래의 선은 65세 초과 인구의 비중을 나타낸다.

출처: 중국인구연구센터, 2003

그림 24.3 | 전체 인구에서 60세 초과 인구비율에 대한 중국과 세계의 개략적 비교(2000-30)

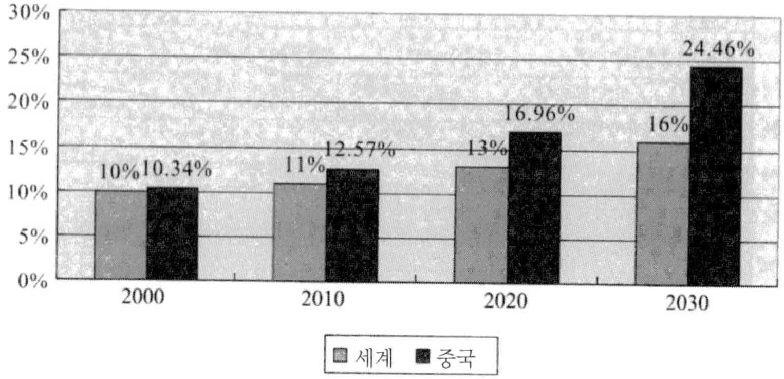

출처: World Bank (2004)

이것은 중국인구의 노령화 속도를 나타내는 것이다. 이는 향후 오랜 기간 동안 돌봐야 하는 노령인구가 많이 늘어났음을 의미할 뿐만 아니라 젊은 층에 비해 상대적으로 노인인구가 증가함을 의미하는 것이다. 노년층 대비 아직 고용상태에 있어 노년층을 위한 보호 기금을 보전해야 하는 인구 사이의 비율이 더욱 빠르게 증가할 것이다. 이러한 급증을 유발하는 향후의 요인들은 지금 형성단계에 있는 사회보장제도에 대한 커다란 도전이 될 것이다.

두 번째 도전은 동일한 보장범위를 제공하는 문제이다. 사회보장제도는 사실상 수많은 체계적 원인으로 인해 분할되어 있다. 이러한 분할의 첫 번째 형태는 혜택을 받는 자와 그렇지 못한 자 사이의 분리이다. 현재와 같이 고용과 연계되어 조성되고 적립된 노령연금은 단지 도시와 지방 소도시의 피고용자들에게만 혜택을 줄 수 있다. 다음의 세 집단은 연금의 혜택이 전혀 주어지지 않거나 부분적으로만 주어진다. 첫 번째 집단은 전체 인구 중 가장 큰 부문을 차지하는 농촌지역의 인구이다. 두 번째 집단은 농촌에서 유입되어 현재 도시에 거주하는 인구이다. 세 번째는 국가 조직과 기관에 종사하는 인구이다.

두 번째 분할의 형태는 개인계정에 얼마만큼 기여했는지의 차이로부터 발생된다. 일정한 지역만이 기금지원을 받아 시범 프로그램을 시행했다. 대부분의 성(省)은 전혀 그러한 프로그램을 실행하지 않았다. 시범사업을 수행한 성에서는 다른 보험료율을 적용한다. 게다가 현재의 정책에 따르면, 개별 가입자들이 직장을 따라 다른 성으로 여행할 때, 그들의 개인계정과 누적기금도 함께 따라갈 수 있다. 하지만 실무적 문제에서, 누군가 정말로 지역적 경계를 넘어 이주하거나 직장을 옮기게 될 때, 그의 계정도 그와 함께 이동하게 될지의 여부에 대해서는 매우 의심스럽다. 누군가의 적립된 기금을 여러 지역에서 유지하는 일이 사실상 불가능하고, 개인계정이 사실상 이전될 수 없기 때문에, 이는 "보장" 집단의 이탈로 결과한다.

현재의 사회보장제도가 과도하게 "분할" 되어 있고, 그 적용의 차이가 존재한다는 것을 부정할 수는 없다. 이는 노동자로 하여금 한 지역에서 다른 지역으로 이주할 동기를 억제할 뿐만 아니라, 사회보장 개혁에 부정적인 영향을 미치기도 한다. 할당된 기금이 불공평하게 분배되어 있기 때문이다. 충칭을 예로 들어보자. 충칭에서 농부가 사회보장의 혜택을 받을 수 있는 비율은 2%도 되지 않고, 어떤 지역에서 그것은 1%도 되지 않는다.

세 번째 도전은 성정부 및 중앙정부 수입의 빠른 증가가 오랫동안 유지되기 어렵다는 것이다. 지난 15년간의 개혁을 통해 우리가 확인한 것은 정부수입의 수준이 사회보장의 개혁 방향에 영향을 미친다는 사실이다. 그것이 시작되던 시점에서 '결정'은 적립된(pooled) 기금과 개인계정의 결합을 권장했다. 당시 정부수입이 제한되어 있었고 전체 개혁 비용이 부담스러웠기 때문에, 사회보장에 대한 재정적 투자는 빠듯할 수밖에 없었다. 이것은 기업과 개인이 대부분의 부담을 졌음을 나타낸다. 부분적인 적립방식(partially funded) 시스템을 구축하는 것을 의도했지만, 사실상 이 시스템은 낡은 부과방식(pay-as-you-go)을 유지했다. 최근 정부수입이 연간 30% 이상 성장했고, 정부의 사회보장 투자도 크게 증가했다. 정부는 "실현된"(realized) 또는 "적립된"(funded) 개인계정에 대해 커다란 지원을 제공했고, 이로 인해 부분적인 적립방식 사회보장 시스템이 구축될 수 있었다. 정부의 지원은 도시와 농촌지역을 막론하고 결정적으로 중요한 역할을 했던 것이다.

그러한 지원이 오랫동안 지속가능할 수 있을지는 의문이다. 현 수준의 유지가 불가능한 경우, 진행 중인 개혁에 어떠한 영향을 미칠까? 가장 중요한 문제로, 부과방식에서 적립방식 체계로의 이행비용을 누가 부담할 것인가? 이 이행이 완료될 때까지는, 현재 고용되어 있는 사람들이 퇴직하여 지급 대상자가 될 때, 개인계정에는 갭이 존재할 것이다. 1995년에서 2000년 사이에, 중국 내외의 많은 연구소들이 시스템 전환에 소요되는 비용을 산출했는데, 가정에 따라 결과가 달랐지만, 가장 보수적인 추정의 경우에도 이러한 제도 변화의 비용은 2조 위안 수준이 될 것으로 예측하고 있다. 궁극적으로 제도변화의 부담을 감수하는 것은 정부일 것이다. 이러한 것들이 사회보장제도의 미래 개혁에 대한 정책수립 시 정책결정자가 고려해야 할 모든 요인들이다.

사회보장체계의 관리

사회보장체계 개혁의 성공은 두 가지 핵심 영역에서의 요인들에 달려있다. 하나는 시스템 디자인이다. 여기에는 그 체계가 미래지향적 고려사항들을 포함하고 있는지, 계획의 모든 측면들이 고려되었는지, 모든 행정수준의 적극적 참여를 활성화할 수 있는지 등의 문제가 포함된다. 다음으로 중요한 영역은 시스템 관리의 질이다. 관리를 개선하는 것은 체계의 모든 연결부분—불입금 수급, 기금의 투자 등등—에서의 효율성을 개선하고 비용을 줄일 수 있을 뿐만 아니라, 보다 중요하게는 이 체계에 대한 가입자의 신뢰 수준을 높일 수도 있다. 이것은 이 체계가 사회적 네트워크 전체에 걸쳐 하나의 전체로 기능하게 하고, 궁극적인 편익을 창출한다.

부과방식 체계에서는 사실상 기금이 축적되지 않기 때문에, 시스템에 대한 관리 수준이 그다지 높을 필요는 없다. 하지만 개인계정에 기금이 적립되면, 이 기금을 어떻게 관리할 것인가, 그리고 축적된 기금을 가장 잘 활용하는 방법은 무엇인가의 문제는 사회보장제도 개혁의 다음 단계에 영향을 미치는 매우 중요한 요인들이다.

과거 15년에 걸쳐, 중국의 사회보장체계의 개혁은 일정정도 긍정적인 경험을 축적할 수 있었지만, 이 과정은 또한 여러 가지 새로운 의문들에 부딪혔다. 노령화 사회라는 점점 더 커져가는 도전에 직면한 중국의 사회보장 개혁은 다음의 4가지 핵심 문제를 중심으로 진행될 것이라 믿어진다.

부분적 적립방식 사회보장체계의 발전

이 분야의 전문가들은 어떠한 사회보장체계가 가장 이상적인지를 두고 논쟁을 계속하고 있다. 여기에는 부과방식 체계, 완전 적립방식 체계, 개인계정을 중심으로 하고 "여러 층위로 나뉘어진"(layered) 체계, 그리고 보통의 개인계정 체계 등 4가지 대안이 제시되어 있다. 어떤 안이 선택될 것인가는 그 나라의 구체적인 상황에 달려있다. 중국 인구구조와 노령화 속도, 그리고 현재의 경제성장을 고려할 때, 부분적 적립방식이 올바른 해법이다. 이는 공동으로 출자된(pooled) 국가기금과 개인계정을 통합하는 체계이다. 많은 전문가들은 중국이 부분적 적립방식의 사회보장체계를 갖추는 것에 대해 우려를 표하고 있다. 이러한 우려는 두 가지 측면에 집중되어 있다. 하나는 부분적 적립방식 체계의 투자가 상당한 위험을 포함할 수 있을 것이란 점이다. 두 번째는 부분적 적립방식 체계의 투자가 만족할 만한 수준의 수익을 실현하기 어려울 수 있다는 점이다.

일부 학자들은 중국처럼 금융시장이 초보적인 발전 단계에 있는 나라에서 의무연금체계는 위험한 실험이 될 가능성이 있고, 수많은 사람들의 퇴직급여를 위험에 처하게 할 수 있을 것이라 지적한다. 그 어떤 실수라도 기금손실로 이어질 수 있을 뿐만 아니라, 금융시장 개혁을 역전시킬 수 있다. 우리는 축적된 기금을 투자하는데 일정 수준의 위험이 동반된다는 점에 대해 동의한다. 하지만 우리는 이러한 투자위험을 보다 동태적인 관점에서 분석해야 할 것이다.

첫째, 객관적으로 시장위험은 이미 존재하고 있다는 점을 우리는 인식해야 할 것이다. 이와 동시에, 의무적 적립식 체계가 아니더라도, 사람들은 미래 노년기의 니즈에 대비하여 저축의 일부를 이미 자본시장에 투자하고 있다는 점을 우리는 냉정하게 인식할 필요가 있다. 노령인구의 필요를 충족시켜 주어야 하는 객관적 현실과 자본시장의 현재의 상황은 학자들이 느끼는 "고위험 가능성"을 이미 내포하고 있는 것이다. 따라서 정부가 우선 현존하는 위험을 적절히 이해하는 한에서만, 효과적인 규범을 통한 지침을 제시할 수 있을 것이다.

둘째, 정치적 위험은 시장위험보다도 더 우려스런 부분이다. 사실상 사회보장체계는 모든 종류의 위험에 직면해 있다. 시장위험은 투자과정에서 발생되지만, 이 전체 체계가 지속적으로 운영될 수 있을지의 여부에 대한 정치적 의문도 존재한다. 후자와 같은 위험이 더 크다는 점은 의심의 여지가 없다. 부과방식 체계를 시행하는 많은 나라들이 무거운 연금비용을 감당할 수 없게 되면서 중간에 사회보장체계를 수정하고 있다. 이 나라들은 보험료율은 높이고 지급률은 낮추거나 수급대상 연령을 높였다. 이 모든 것은 현재 연금을 납부하고 있고 향후에 연금지급을 기대하고 있는 사람들에게는 하나의 충격이다. 이는 궁극적으로 정치적 불균형을 야기하고 사회적 불안을 초래한다. 부분적 적립방식 체계를 갖추는 것은 정부와 개인이 모두 각자의 위험과 책임을 분담하는 것으로, 사회보장체계의 정치적 위험을 줄일 수 있다.

투자수익의 차이에 대해 말하자면, 위험에 대해 조정된 투자수익을 비교하는 것이 가장 좋은 방법이다. 이론상 또는 실제 역사적 경험에 따르면 고위험 투자수단이 저위험 수단에 비해 높은 수익을 실현할 가능성이 높은 것은 명백하지만, 저위험 수단은 정의상 낮은 위험만을 동반한다. 장기적 투자모델을 이용하면, 나쁜 상황에서의 손실을 보전하기 위해 상황이 좋을 때의 이익을 사용하고, 고수익 수단과 저수익 수단을 적절히 활용하여 수익의 변동을 평준화할 수 있다.

사회보장체계 포괄범위의 확대

정부의 가장 중요한 책임 중 하나는 대중에게 공정한 사회보장 혜택을 제공하는 것이다. 경제구조가 변화하고 있는 나라와 빠르게 성장하고 있는 나라에서, 공정하고 광범위한 사회보장체계를 마련하는 일의 중요성은 훨씬 크다. 중국은 경제적 변화과정에 있다. 어떤 전반적인 경제개혁은 반드시 특정 인구층에 더 큰 영향을 미치고, 그 결과 소득이나 혜택에 불공평한 방식으로 영향을 미치게 된다. 광범위한 사회보장체계가 경제개혁에 따른 상이한 영향을 완충시키고 전체적으로 체계의 안정성을 보장하는 역할을 수행할 수 있다. 중국경제가 구조적 변화 과정을 거치면서 높은 경제성장을 경험하고 있다. 그러한 빠른 경제성장은 종종 사회 각 층 사이의 갭을 확대한다. 광범위한 보장범위를 갖는 사회보장체계는 소득격차의 일부를 개선시킬 수 있다.

폭넓은 보장범위를 제공하는 사회보장체계는 다음의 세 인구 집단을 위해 개혁을 실행할 수 있도록 한다. 첫째, 농촌지역의 거대한 인구를 이 체계 안으로 끌어들일 것이다. 농민들이 고령이 되었을 때 토지라는 일종의 사회안전망을 보유하고 있다는 점을 감안하면, 사회보장이 포괄하는 농촌의 범위는 가능한 한 넓혀야 하지만, 그 보장의 수준은 낮은 수준이어도 될 것이다. 이는 지역주의 타파를 목표로 질서있고 순차적인 방식으로 진전되어야 한다. 둘째, 사회보장제도는 예전에는 농민이었지만 현재에는 임금으로 살아가는 사람들을 포괄하게 될 것이다. "농민 노동자"들이 많은 지역의 인구 유동성이 매우 높다는 점, 그리고 이들의 직업이 계절에 크게 영향을 받는다는 점을 이해하면, 연금납부와 수급에서 초지역적, 초산업적, 초시간적인 유연한 체계가 설립될 필요가 있다. 우리는 또한 이러한 농민 노동자들이 사회보장체계에 참여하도록 적극적으로 독려해야 한다.

셋째는 정부와 국가기관 종사자들을 참여시키는 것이다. 정부와 국가기관에 종사하는 사람들의 수는 상당하며 그들을 이 제도 안에 수용하는 것이 시급하다. 이러한 집단을 위한 사회보장 기금은 재정부로부터 나온다. 이러한 상황에서 내재해 있는 수많은 문제들이 존재한다. 현재의 연금 납입금이 효과적으로 축적되어 오지 못했을 뿐만 아니라 퇴직 후 연금지급에서도 큰 어려움이 존재하는 등, 이 체계는 지속 불가능한 수준이다. 정부예산이 투명해지고, 책임제 메커니즘이 형성되며, 기업 퇴직자들과 정부기관 퇴직자 사이의 소득 격차가 점차 커져가면서, 이 체계는 이미 상당한 사회적 관심의 대상이 되었다. 정부와 정부기관 사이에서 제기되는 사회보장 개혁에 대한 요구가 증가하고 있다. 정부기관 종사자들을 위한 주택 및 의료보험 개혁이 완료되면, 최대한 빠른 시일 내에 사회보장 개혁이 추진되어야 하며, 그 부담을 떠안는 문제와 관련된 재정 메커니즘도 가능한 한 빨리 정립되어야 할 것이다.

사회보장체계 전환비용 문제 해결

현재의 연금수입으로 연금 대상자에게 지급하는 부과방식에 비해 적립방식 제도가 훨씬 더 지속 가능하다는 점을 확인하는 것은 어렵지 않다. 핵심 요인은 적립방식의 혜택에 있는 것이 아니라, 이 체계로의 전환비용을 누가 부담할 것인가라는 실무적 문제를 어떻게 해결할 것인가에 있다.

우리는 이 문제를 처리하는데 있어서 신중하고 낙관적인 태도를 견지해야만 한다고 생각한다. 정부는 이러한 비용의 크기와 책임에 대해 신중을 기해야 하지만, 문제를 회피하려는 태도를 취해서는 안 된다. 체계 전환비용을 해결하는 일은 사회보장

체계를 전환하려는 정부라면 어느 정부라도 받아들이는 정부의 책임이다. 추정된 비용은 추정 기관에 따라 다양하다. 우리는 인구 노령화 모델을 적용하여 그 비용을 신중하게 추정해야 하며, 이때 미래의 사회보장 니즈와 같은 요인들이 포함되어야 한다. 우리는 미래의 혜택에 대해 지나치게 높은 기대가 형성되도록 해서는 안 된다.

체계의 변화에 수반되는 비용은 크겠지만, 바로 지금이 중국이 이를 해결하기 위한 최적의 상황임을 우리는 인식해야 한다. 향후 수년간 정부 수입은 현재의 튼튼한 기초에 더해, 높은 성장률을 유지할 것이다. 아울러, 중국정부는 막대한 국유자산을 보유하고 있다. 무선 주파수, 3G 라이센스, 천연자원세(稅), 토지 양도세 등과 같은 국유 공공 자원들과 활동하고 있는 국유자산 및 이들의 이윤 등이 그것이다. 우리가 조기에 기회를 잘 포착하고, 적립방식 사회보장 체계를 지원하지 않는다면, 이러한 자원들은 자연스럽게 현재의 지출로 낭비되고 말 것이다.

사회보장체계 관리의 개선

1993년의 결정으로 기본적 사회보장 체계가 구축되고 실험적 "개인계정"이 부분적 적립방식 체계로 나아가는 계기가 되었다. 중국 사회보장체계의 틀은 이미 갖추어졌다. 이를 점진적으로 개선하는 것이 차기의 과제가 될 것이지만, 여기에 더해 이를 관리하는 보다 구체적인 문제를 개선하데 더 큰 강조점이 두어져야 한다. 원칙적으로 사회보장의 관리활동은 안전하고 고도로 효과적인 체계를 성취기 위해 모든 관련 부문의 적극적인 참여를 동원하는 효과를 낼 수 있는 것이어야 한다.

이를 위해 정부는 사회보장 체계의 관리에 포함되어 있는 조직들의 책임과 기능을 분리하고, 적당한 단계에 가서는 전반적인 감독기능을 전문적인 관리로부터 분리해야 한다. 예를 들어, 2000년 말에 우리는 국가사회보장기금위원회를 구성했다. 이 기구는 7년 동안 활동한 후, 전문적 경험을 가진 연기금 매니저가 되었다. 비록 이 기구가 사회보장이라는 임무를 지고 있었지만, 운영에 있어서는 기금을 관리하는 기관이 된 것이다.

정책의 투명성을 제고하고 모든 사람에게 큰 관심사인 사회보장제도가 매우 커다란 공공 안전을 제공하도록 하기 위해서는, 보다 공적으로 책임감 있는 조직이 도입되어야 한다. 전문적인 관리와 관련하여 기금의 안전한 기능을 보장하고 자본의 효율성을 개선하기 위해 모든 종류의 시장화된 도구들을 활용하기 위해, 우리는 시장화된 기관들에 의존해야 한다. 현재의 수익을 높임으로써 우리는 미래의 부담을 줄일 수 있다.

우리는 사람들을 사회보장체계로 끌어들이고 사회보장비를 납부하도록 할 수 있는 통일되고 투명한 사회보장체계 관리 시스템을 구축해야만 한다. 현재 일반적 펀딩의 수준을 높이기 위한 한 단계 더 나아간 조치를 취해야 하는지를 두고 논쟁이 진행 중이다. 우리의 생각으로는, 펀딩의 수준을 높이는 문제는 사회보장과 관련된 정부의 책임을 분명히 하는 문제와 연결되어야 한다. 더 간단히 말하면, 펀딩의 책임은 어떤 정부든 정부에게 부과되어야 하며, 모든 수준의 정부에게 사회보장의 궁극적 책임이 있다. 사회보장은 장기간 유지되는 관리를 필요로 하는 메커니즘이다. 따라서 이는 책임을 권리 또는 권한과 일치시키는 관리방법에 적합하다.

정부의 어느 수준에서 사회보장 재원을 조달해 주던지, 가입자가 다른 지역으로 이주할 경우 사회보장기금의 관리자가 자유로운 노동의 이동을 방해하도록 해서는 안된다. 더구나 기금의 투자는 본질적으로 기금이 발생된 현지에 "발목이 잡혀" 편견을 갖는 관리 또는 투자 방식을 고집해서는 안된다. 그와는 달리, 기금의 투자는 일반적인 투자원리에 따라 관리가능한 수준의 위험을 감수하면서 균형있게 배분되어야 한다.

중국은 13억 인구의 사회보장이라는 문제를 해결해야할 필요에 직면해 있는데, 이는 기념비적인 임무이다. 빠르게 진행되고 있는 노령화 인구를 보호해야 한다는 부담에 대응하기 위해, 우리는 1993년에 천명된 "공동으로 출자된 국가기금과 개인계정이 통합된 시스템"이라는 원칙을 확고히 고수하고, 그 어떠한 시스템의 분할 혹은 협소한 보장범위도 거부해야 한다. 우리는 점진적으로 개인계정의 기금을 적립해야 하고, 안정적이고 효율적이며, 통일되고 투명하며 지속 가능한 사회보장체계를 수립하기 위해 관리의 질을 개선하는 일도 계속해야만 할 것이다.

Part 5

통화정책

25 I 중국의 통화정책: 금융 세계화의 도전

26 I 위안화 표시 자본계정의 태환: 과정과 경험

27 I 중국의 단기자금시장, 채권시장, 그리고 외환시장

28 I 중국의 금융선물시장

29 I 중국의 신(新)통화체제와 역내 외환시장

25 | 중국의 통화정책: 금융 세계화의 도전

우 씨아오링
전(前) 중국인민은행 부총재

2005년 2월 23일, 국제통화기금(International Monetary Fund : IMF)의 상무이사 로드리고 드 라도(Rodrigo de Rato)는 "글로벌 불균형의 시정: 상호비방 게임 피하기"라는 제목의 연설에서 "글로벌 불균형"이라는 용어를 사용했다. 그는 이 연설에서 경제 불균형의 질서있는 조정을 위해서는 모두가 각자의 책임을 져야 한다고 주장했다. 중국은 이러한 노력에 동참해서 무엇을 할 수 있을 것인가? 이론과 실제 모두가 우리에게 말하고 있는 것은 우리 자신의 일들에 현명하게 대처하고, 무역에 있어서 상호호혜와 평등의 원칙을 준수하며, 국제 경제관계의 건전한 원칙들에 충실하는 것이 세계의 안정과 안정적 성장에 유익하다는 사실이다. 본 장은 경제 및 금융의 세계화라는 배경 하에서, 중국이 통화정책을 실행하는 데 있어서 직면하고 있는 도전들을 논의한다.

❖ 통화정책수단의 선정

개혁 · 개방이 시작된 이후, 중국의 통화정책은 점차 장기목표와 중간목표, 그리고 운영수단과 지도 메커니즘 모두를 포괄하는 체계적 틀을 점진적으로 마련해 왔다. 이론적으로, 정책수단의 결정에 있어서 중앙은행이 가장 중심적으로 고려해야 하는 점은

그림 25.1 | 외환 보유고 및 본원통화 공급의 증가, 2000-2007년 사이 반기별

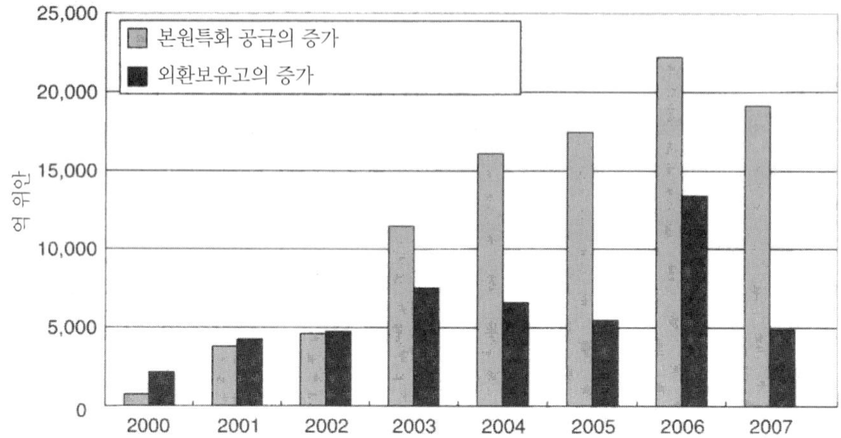

출처: 중국 금융통계 연보

경제 내에 인플레이션(또는 디플레이션) 추세가 존재하는지의 여부이다. 하지만 2002년 이후 중국인민은행이 직면하게 된 도전은 잠재적인 인플레에션 압력이 존재하는 상황에서 환율의 안정성을 유지하는 일, 또 그러한 안정성을 달성하기 위해 적당한 헤지 운영방법을 선택하는 일이었다(그림 25.1 참조). 따라서 최근 중국 통화정책의 실행에서 정책수단의 선택, 적절한 대응 수준과 시의성이 중요한 이슈로 등장하게 되었다.

공개시장조작의 도구로서 중앙은행채

재할인율, 단기자금 금리, 공개시장조작, 창구지도 등의 통화정책 도구들은 중앙은행들이 공통적으로 인식하는 것들이다. 특히, 공개시장조작은 투명성의 이점 때문에 시장경제 국가에서 폭넓게 이용되었다. 중국인민은행은 1996년에 공개시장조작을 적용하기 시작하여 1998년에서 1999년의 기간 동안 여러 차례 활용했지만, 2000년에서 2002년 사이에는 막대한 외환보유의 유통과 중국인민은행 보유의 정부채 감소로 기본적으로 중단되었다. 2003년 4월, 상업은행들의 유동성을 축소할 필요성으로 인해 중국인민은행은 중앙은행채(central bank bill, 3개월에서 3년 만기의 중앙은행 어음(central bank note)으로도 불림)을 발행하기 시작했다. 2007년 9월 기준 총 발행액은 3.9조 위안에 이르렀다.

중앙은행채는 중국인민은행이 개발한 것은 아니었다. 1997년의 경제조정 과정에서, 인민은행은 과거에 중앙은행 금융채를 발행했던 한국 중앙은행의 경험을 차용했다. 2003년 중국인민은행은 중국의 독특한 외환보유고 체계에 따른 과도한 외환보유고 증가에 대응하여 이에 대한 헤지 수단으로 중앙은행 채권을 발행했다.

한 국가의 외환보유고는 재정부나 중앙은행이 보유할 수 있다. 재정부가 보유하는 경우에는 외환을 확보하기 위해 재정부의 잉여자금을 활용할 수 있으며, 이것이 외환보유고가 되는 것이다. 이 시점에서 외환보유고의 증가는 중앙은행 예금의 증가 또는 감소를 통해 은행 및 통화정책 운영에 영향을 미칠 수 있다.

외환 매입을 위한 재정부의 잉여자금이 없다면, 재정부는 국가의 책임기관으로서 외환 매입을 위해 정부채를 발행해야 한다. 이것은 시장의 자금구조에 영향을 미치며 결과적으로 은행의 신용과 통화정책에도 영향을 미친다. 일반적으로, 재정부가 외환 매입을 위해 정부채를 발행하기로 결정하면, 중앙은행이 세부적인 행동 또는 운영을 담당한다. 중앙은행은 공개시장에서 채권을 발행 또는 매입하기 위해 공공 금융 대리기관을 거치며, 상업은행 시스템의 유동성(초과 지급준비금 혹은 통화공급량)을 조정할 수 있다.

중앙은행이 외환보유고를 보유할 경우, 외환보유고의 증가는 동일 규모의 "본원통화"의 공급을 의미한다. 이렇게 공급된 통화가 경제가 필요로 하는 정상적인 통화공급량을 초과할 경우, 중앙은행은 초과 유동성을 흡수하기 위한 헤지 수단을 운영해야 한다. 중앙은행의 대차대조표에 매각이 가능한 유가증권이 없다면, 중앙은행은 단순히 어음(note)을 발행하거나 단기기금의 금리를 올리거나, 혹은 중앙은행채로 불리는 중앙은행의 부채수단을 발행하게 된다. 재정부의 공적 기금은 중앙은행에 주로 예치되기 때문에, 정부채 혹은 중앙은행채가 발행되면 시중에 유통되는 통화량은 감소한다. 이 두 가지 방식 모두 상업은행의 유동성을 축소하려는 목적에 봉사할 것이고, 그 결과 단기자금시장의 금리에도 영향을 줄 것이다.

위의 분석을 통해 우리가 알 수 있는 것은, 외환보유고가 증가할 때, 정부채가 발행되든 중앙은행채가 발행되든 거시경제적 관점에서 그 효과는 동일하다는 점이다. 어떤 방식이 선택될 것인지는 외환보유고 시스템에 달려있다.

단기자금시장 금리를 조정함에 있어서 중국인민은행은 중앙은행채 발행을 위한 두 가지의 상이한 방법을 선택할 수 있다. 하나는 "가격입찰"이고 또 다른 하나는 "수량입찰"이다. 대부분의 상황에서, 중앙은행채의 발행은 가격입찰 방식을 채택하지만, 시장금리가 중국인민은행이 목표로 한 수준을 벗어날 경우, 중국인민은행은 시장금리를 유도하기 위해 수량입찰 방식을 선택할 것이다. 2003년 11월부터 2006년 8월까지 중국인민은행은 단기자금시장 금리를 낮추기 위해 수량입찰 방식을 적용했다.

중앙은행채는 일반적으로 3개월, 1년, 3년 만기채로 발행된다. 재정부가 정부채를 발행할 때, 우선 만기의 상충이 일어나지 않도록 중국인민은행과 협의해야 한다. 위험이 없는 수익률 곡선을 구성하기 위해 상호 보완적 만기구조[그리고 가격결정]를 갖도록 하는 것을 목적으로 한다.

"지급준비율"

법정 지급준비율은 중앙은행의 전통적 정책도구 중 하나이다. 1984년 중국인민은행이 오직 중앙은행으로서만 운영되면서, 예금유형에 따라 지급준비율을 차별적으로 적용했다. 기업예금은 20%, 농업 집체는 25%, 저축성 예금에 대해서는 40%의 지급준비율이 적용되었다. 1985년에 이 모든 지급준비율이 10%의 단일율로 통일되었다. 1987년부터 1988년까지 중국은 심각한 인플레이션을 경험했고, 이에 대응하여 1987년과 1988년에 중국인민은행은 지급준비율을 12%와 13%로 각각 조정했으며, 모든 은행에게 5%미만으로 떨어지지 않도록 요구했다. 지급준비금 관리의 표준화를 위해 중국인민은행은 여러 가지 지급준비율에서 벗어나, 상업은행들에게 법정 지급준비율을 적용하도록 했다. 그리고 1999년에는 이를 13%에서 8%로 내렸다. 그 후 디플레이션을 차단하고 상업은행으로 하여금 대출을 늘리도록 하기 위해 다시 6%로 내렸다.

2003년 8월 23일 중국인민은행은 지나치게 빨리 증가하고 있던 상업은행의 신용팽창을 늦추기 위해 9월 21일자로 법정 지급준비율을 6%에서 7%로 1% 포인트 인상할 것이라고 발표했다. 그러나 농업과 농업신용시스템 개혁을 지원하기 위해 농업신용협동조합의 지급준비율은 6% 수준을 유지했다.

2004년 4월부터 2007년 10월까지 중국인민은행은 추가로 12차례 지급준비율을 조정했고, 이것이 13%에 이를 때까지 매번 0.5% 포인트씩 인상했다. 동시에, 2004년

4월부터는 적정 자기자본비율이 8%미만이고, 자산의 질이 좋지 않거나, 신용이 너무 빠르게 증가하는 기관에 대해서는 차등적인 지급준비율이 적용되어, 일반적인 0.5% 포인트 이상 높은 지급준비율이 적용되었다.

중국인민은행이 지급준비율을 정책수단으로 빈번히 사용하는 것에 대해 상반된 견해가 존재한다. 어떤 사람들은 이 수단을 사용하는 목적에 의문을 제기하는가 하면, 다른 사람들은 이 도구의 유효성을 의심하기도 한다. 또 어떤 사람들은 이 수단이 영향력을 발휘할 여지가 많이 남아 있는지에 대해 여전히 의구심을 갖고 있기도 하다.

우리는, 중앙은행이 본원통화 공급을 수동적으로 조작하는 동시에, 중앙은행은 또한 초과예금을 통제하고 상업은행 신용 및 대출의 급격한 팽창을 억제하기 위한 수단으로 예금 지급준비금 요건을 도입할 수 있다고 믿고 있다. 이는 단지 본원통화 공급에 대한 보충적인 효과만을 가질 뿐이며, 그 사회적 효과는 중립적이고 크지 않다. 중국인민은행은 매년 "사회"에 대해 통화공급 계획을 발표하는데, 이는 경제성장과 재화가격 조정의 필요성에 따라 이루어진다. 통화공급의 증가가 기대한 범위보다 작지 않는 한, 중국인민은행의 조작은 중립적일 수 있다. 상업은행에 대한 초과 통화공급을 흡수하기 위해 지급준비금 도구를 사용하던지, 상업은행에 공급된 통화공급을 회수하기 위해 공개시장 조작을 이용하던지, 이 양자는 모두 "중립적" 방책으로 간주될 수 있을 것이다. 중국인민은행은 단순히 단기자금시장 금리의 조정을 목표로 한다. 중국인민은행이 상업은행들의 유동성을 거둬들이기 위해 공개시장조작을 활용할 경우, 중앙은행은 수동적 위치에 있게 되는 것이다. 은행들이 중앙은행채를 인수할지 말지, 그리고 어떤 금리 수준에서 인수할 지는, 그들의 대출 의지와 자신들의 포트폴리오 금리 스프레드에 달려있다. 이러한 고려는 항상 중앙은행채 금리의 상승을 강제한다. 중국인민은행이 유동성 흡수를 위해 "지급준비율" 도구를 사용할 때, 중앙은행은 적극적 자세를 취하거나 자신의 본래 취지에 따라 행동하며, 지급준비율 수준을 유지할 수 있다. 이러한 중앙은행 운영은 이윤을 목표로 하지 않으며 따라서 비용도 고려사항이 아니다. 기본적인 행동논리는 단기자금시장 금리 수준의 조정이다.

중국의 준비금에는 이자가 부과되고, 1.89%의 이자율이 상업은행 예금을 보유하는 것에 대한 비용이 된다. 금융 활동이라는 측면에서 보면, 헤지 수단으로서의 준비금 수단 또한 상업은행과 관련해서 크게 제한적인 정책수단이 아니다. 이렇게 볼 때, 중국은 준비금 수단을 활용해 정책을 펼 수 있는 여지가 아직 남아 있다.

금리수단의 활용

중국인민은행은 지속적으로 금리의 시장화(자유화), 즉 간접적인 거시경제 금융수단으로의 이행을 위해 금리가 시장에서 결정되도록 노력해왔다. 중국에서 금리를 시장화하는데 있어서 전반적인 생각은 그것을 순차적으로 실시한다는 것이다. 즉, 대출 포트폴리오 금리의 시장화에 앞서 단기자금시장 금리와 채권 금리를 우선 시장화하고, 위안화 금리의 시장화에 앞서 외환 금리의 시장화를 먼저 시행하며, 소액 금리의 시장화 이전에 대규모 예금금리의 시장화를 먼저 추진하는 식이다. 중국의 금리 시장화는 아직 완료되지 못한 네 가지 임무가 남아있다. 첫째, 중국인민은행은 상하이 은행간 매도금리(SHIBOR)를 단기자금시장(money market)의 기준금리로 삼는 절차에 이제 막 착수한 상태다. 둘째, 단기자금시장에는 아직 완전한 무위험 수익률 곡선이 존재하지 않는다. 셋째, 여러 만기구조를 갖는 대출들에 대한 벤치마크 금리는 아직도 중앙은행이 정하고 있다. 넷째, 금융기관들의 예금 및 대출에 대한 금리들 중에서 중국인민은행의 할인율 및 재할인율이 소비자들과 상업은행 모두에게 상호 이익이 되는 메커니즘으로 아직 정착되지 못하고 있다. 중국인민은행이 상업은행의 예금금리 상한과 대출금리 하한을 통제하고 있기 때문에, 단기자금시장 금리가 고객에 적용되는 금리를 유도하기 어렵다. 공개시장조작을 통해 단기자금시장 금리를 원하는 수준으로 유도하고자 하는 중국 중앙은행의 의도는 사회 전체에 효과적으로 전달되지 못하고 있다. 즉, 신용경로가 제대로 작동하지 못하고 있는 것이다. 따라서 현 시점에서 이 수단은 중앙은행 통화정책 수단에 있어서 "약한 근육(weak muscle)"에 불과하다. 이러한 상황을 개선하는 것이 단기자금시장 금리의 시장화가 다음 단계에서 지향하는 주요 개혁방향이다.

미국의 연방준비제도가 통화정책을 수행할 때에는, 주로 연방기금[federal fund: 상업은행의 법정 준비금 중앙은행 예탁 의무에 따라, 미국의 연방준비제도 가맹은행들이 연방준비제도에 예탁하여 보유하는 자금 전액–역자]에 대한 목표 금리를 설정하고, 이 목표금리를 달성하기 위해 공개시장조작을 활용해 단기자금시장 금리 조정을 실시한다. 연방기금 금리는 연방정부채 수익률 곡선의 변화를 야기함으로써 간접적으로 금융시장의 금리에 영향을 미치고, 그에 따라 시장의 기대를 유도한다. 중국의 경우, 단기자금시장 금리와 은행의 대고객 금리는 서로 별개이기 때문에, 중국인민은행이 금리에 영향을 미치고자 하는 경우, 이 두 개의 서로 다른 층위에 적용되는 정책수단들을 고려해야만 하는 것이다. 즉, 하나는 단기자금시장 금리를 유도하는 것이어야 하고, 다른 하나는 은행들의 대고객 금리 수준과 관련된 것이어야 한다.

2003년에 중국경제는 과열양상을 보였다. 과열된 경기를 진정시키기 위해 중국인민은행은 은행의 예금 및 대출 금리를 높이는 한편, 동시에 단기자금시장 금리를 상향조정했다. 인민은행은 또한 시장의 기대를 변화시키기 위해 수요억제를 시도했다. 하지만 2002년 7월부터 2004년 11월까지 미국의 1년 만기 CD 금리가 중국의 1년 만기 예금금리 수준을 밑돌았는데(그림 25.2 참조), 이는 인민은행이 금리수단을 도입할 수 있는 능력에 제약이 되었다. 위안화 가치가 평가절상될 것이란 일반적 기대가 형성되자, 엄청난 양의 국제 자본이 위안화로 몰려 중국으로 유입되었다. 정확히 국제자금의 흐름에 대한 바로 그 우려로 인해 중국인민은행은 금리 수단의 사용에 극단적으로 신중한 자세를 보였다. 2003에서 2006년의 기간 중 인민은행은 은행 대출금리를 3회, 예금금리를 2회 조정했을 뿐이었다. 더구나 매 조정마다 그 조정폭은 겨우 0.27% 포인트로, 1988년에서 1989년의 시기와 1993년에 이루어진 금리 조정폭보다 훨씬 작았다.

그림 25.2 | 중국과 미국의 저축성 예금 금리의 비교, 1996–2005년

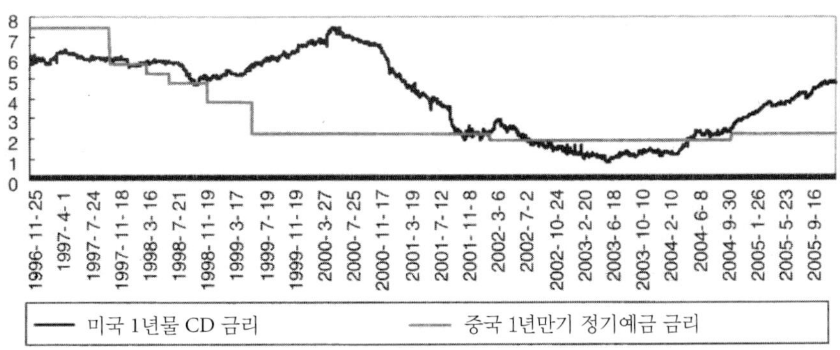

중국의 자산가격이 2007년 이래로 빠르게 상승했다. 중국인민은행은 국제자본의 중국 유입의 요인이 중국과 미국간의 금리 차 뿐만 아니라 중국 자산가격 상승에 따른 막대한 이익 때문이라고 인식했다. 동시에 2007년부터 중국의 인플레이션 추세가 점점 더 뚜렷해져 갔다. 이러한 상황에서 중국인민은행은 예금 및 대출 금리를 5차례 인상하여, 벤치마크 예금 및 대출 금리가 6.12%에서 7.29%로 상승되었다.

❖ 환율조정

2007년 6월15일, IMF 집행이사회는 "회원국들의 환율정책 상호감시에 관한 결정"을 채택했다. 그 핵심 조항은, IMF는 어떤 국가가 의도적으로 환율을 "조작"한다는 점을 증명할 필요가 없으며, 다만 그 나라의 정책이 "근본적인 환율 불균형"을 유발하는 것으로 "귀결되었다"는 점만을 보이면 된다는 조항이었다. 이는 사전적 의도를 입증할 필요가 없으며, "장기적이고 대규모의 경상수지 흑자 또는 적자"라는 결과만 입증하면 된다는 것이었다. 만일 그렇다고 판단될 경우, IMF는 그 국가가 환율을 "조작했다"고 판정할 수 있고 그에 따른 조치를 취할 수 있다. 2005년부터 미국 의회는 위안화 환율과 관련된 해결책을 반복적으로 요구하며, 미국의 대중 무역수지 적자를 개선하기 위해 위안화 환율이 절상되어야 한다고 요구해 왔다.

우리는, 미국과 중국의 양자간 무역불균형이 환율과 부분적으로는 관계가 있지만, 이것의 더 근본적인 원인은 각국의 경제구조에 있다고 생각한다. 세계의 모든 나라들에서와 마찬가지로, 무역불균형은 각국의 경제적 조건에 의해 결정되는 것이다. 변동환율제는 이 문제를 축소하는데 도움이 될 수는 있겠지만, 근본적인 해결책은 아니다. 일본의 엔화와 독일의 마르크화는 각각 1980년대와 1960년대에 미국 달러화에 대해 크게 절상되었지만, 이들과 미국의 무역불균형은 줄어들지 않았었다 (그림 25.3와 25.4 참조).

미국의 무역수지를 적자로 만드는 요인에는 미국 제조업의 대규모 해외이전, 미국의 낮은 저축률, 그리고 달러화가 회계적 계상에 있어서 글로벌 통화라는 사실 등을 포함시킬 수 있다. 미국 무역적자의 절대적 규모 및 GDP 대비 비율이 매년 증가하고

그림 25.3 | 위안화 7일물 은행간 금리와 달러화 7일물 LIBOR 비교

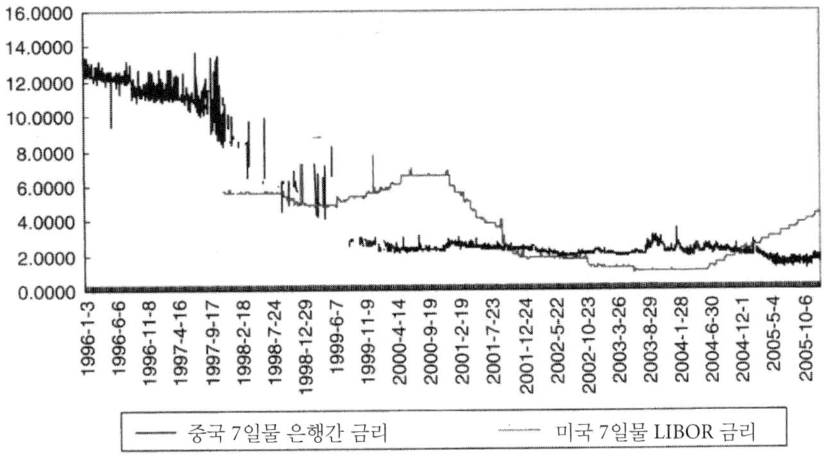

출처: 중국 금융통계 연보와 IFS

그림 25.4 | 미국 달러화 대비 독일 마르크화 환율 및 독일의 무역수지, 1971~2006년

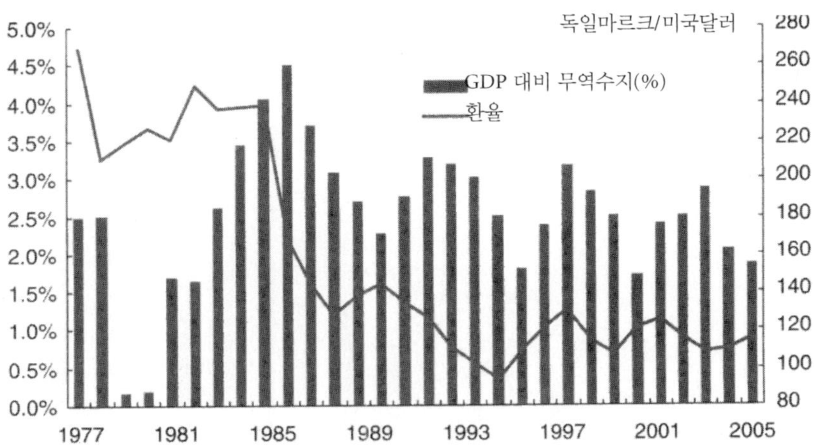

출처: CEIC 및 Datastream

있는 점은 걱정거리가 아닐 수 없다(그림 25.5 참조). 미국의 대중 무역적자의 원인으로, 미국의 대중 무역적자에 대한 측정 혹은 계상 방법의 차이 외에도, 과거 아시아 국가들과의 적자를 지적할 수 있다. 즉, 이제는 후자가 대중 무역적자로 전환되고 있는

그림 25.5 | 미국 달러화 대비 일본 엔화 환율 및 일본의 GDP 대비 무역수지 비율, 1977~2005

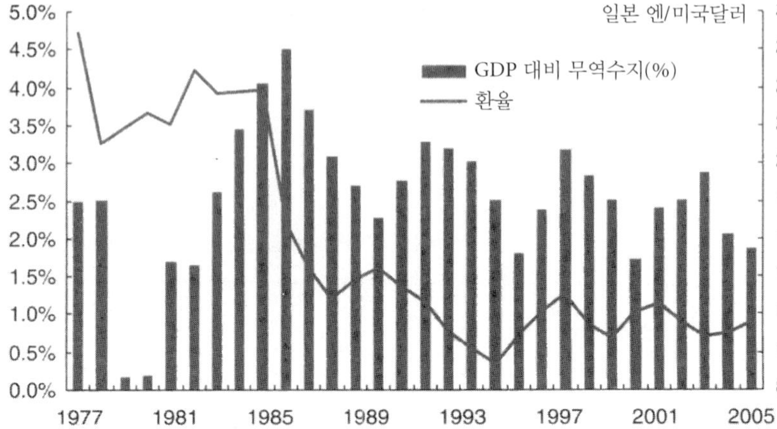

출처: CEIC and Datastream

그림 25.6 | 중국의 대동아시아 무역수지 및 경상수지 적자, 대미 무역수지 및 경상수지 흑자, 1990~2006년

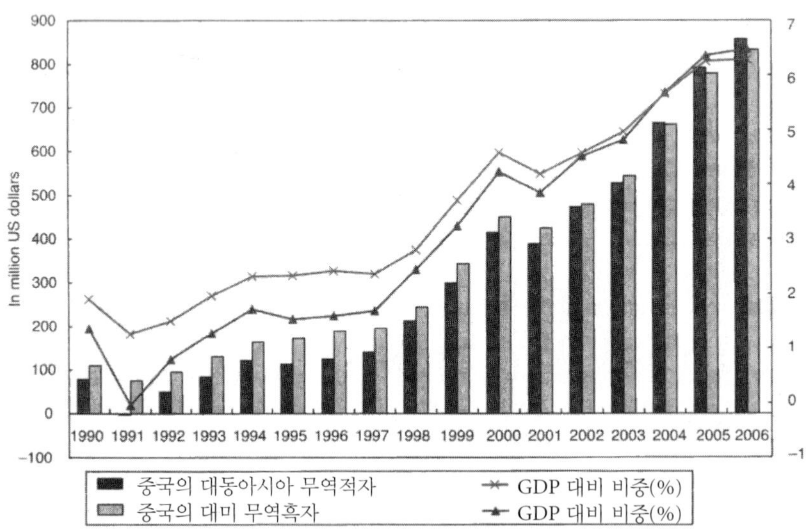

것일 뿐이다(그림 25.6 및 25.7 참조).

중국의 고저축률, 저소비율, 그리고 지속 불가능할 정도로 높은 투자율 등은 중국

그림 25.7 | 기타 국가와의 미국 무역불균형, 1998년과 2005년 기준

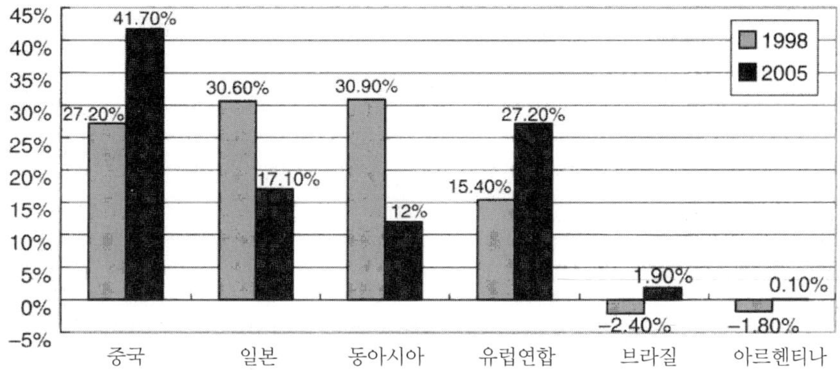

출처: CEIC and IFC.

경제의 높은 수출의존성을 유발했다. 중국의 빠른 경제성장은 많은 국가로부터 투자를 유인했다. 개혁 · 개방 이후 중국의 대외무역 정책, 즉 구체적으로는 "수출촉진과 수입억제"라는 중국식 정책은 외환보유고의 축적이라는 결과를 가져왔다. "수입대체"와 제조업의 "격차 해소", 그리고 "외환유입에는 느슨하고, 유출에 대해서는 엄격"하도록 한 외환정책 등은 외환유출을 억제하는 효과를 낳았다. 이러한 정책으로 인해 중국에 유리한 무역수지가 지속될 수 있었다. 이러한 경제정책에 대한 근본적인 변화 없이는, 그리고 중국경제의 구조적 조정이 없는 환율 조정만으로는 하나의 경제적 객체로서 중국에 해만 끼치게 될 것이다.

중국은 이미 세계 경제성장의 중요한 추동력이 되어 있고, 따라서 중국경제에 대한 손상은 세계경제의 발전에 악영향을 미칠 것이다. 이는 정확히 중국정부가 위안화 환율에 대한 개혁정책을 취함에 있어서 자발적 조치, 점진적 진전, 통제 가능한 조치라는 원칙에 기초하고 있다는 사실 때문이다. 이것은 "환율을 조작"하는 것이 아니라, 오히려 주요 국가로서 그 정책의 효과를 인식하고 있는 책임감 있는 태도이다.

외환보유고 증가에 대한 중국인민은행의 헤징 활동은 경제의 구조적 조정에 필요한 시간을 확보하는 방식으로 취해졌다. 그러한 헤징이 제한적이긴 하지만, 우리는

그 절박성에 대한 인식을 유지하고 있어야 한다. 2007년 이후로, 중국경제의 구조적 조정에 대한 이러한 절박한 요구가 더욱 강화되었고, 중국 통화정책의 자발적 성격을 강화하기 위한 유리한 조건이 형성되었다. 중국정부의 안정적이고 일관적인 정책결정은 경제의 구조적 조정을 가속화하는 한편, 환율의 변동성 증대를 통해 그것에 보완적 역할을 할 것이다.

❖ 정책의 세계적 영향

개혁 · 개방 정책의 지난 30년을 거치면서, 중국경제는 점차 계획경제에서 시장경제 체제로 이행했다. 중국의 거시경제정책은 이러한 변화와 함께 조화롭게 성숙해가고 있다. 1980년대에는 "경제적" 조정이 계획과 행정규제에 주로 의존하고 있었지만, 1990년대부터는 시장에 기반한 "경제적" 조정의 역할이 크게 증가했다. 1993~94년에 중국은 개혁 · 개방 이후 최악의 인플레이션을 경험했다. 소비자물가지수(CPI)는 이 두 해 동안 각각 14.7%와 24.1%를 기록했다. 산업생산물의 공장도 가격도 각각 24%와 25.1% 상승했고, M2(하나의 통화공급량 지표로서, 인플레션을 예측하는 핵심 지표 가운데 하나이다)는 각각 31.3%, 37.3% 증가했다. 걷잡을 수 없는 상황에 직면하여, 중국정부는 개혁을 심화시키는 대책을 마련했고, 일련의 경제조정을 실행했다. 주룽지 전(前)총리의 지도하에 물가, 조세, 재정, 금융, 외환제도 부문에서 종합적인 개혁이 실행되었던 것이다. 이러한 조치로 지방세와 국세를 분리하여 관리하는 재정제도의 기반이 확립되었다. 중앙정부와 지방정부 사이의 관계를 표준화함으로써, 중앙은행의 거시경제적 감시가 가능하고, 상업은행들에 대해서는 시장의 규제가 부과되는 금융체계를 강화할 수 있게 되었다. 일부 상품에 대해서는 고정가격이, 기타 상품에 대해서는 시장가격이 적용되던 과거의 이중가격제와는 상반되는 가격제도, 즉 시장의 공급과 수요에 기초한 가격체계가 점진적으로 제도화되었다. 중국은 외환관리 체계도 개혁했다. 중국의 외환관리 체계는 강제적으로 통제되는 외환제도, 시장환율과 공식환율이 공존하는 이중가격체계, 수요와 공급에 기초하는 관리변동체계 등의 순서로 발전해 왔다. 이러한 개혁과정을 지나오면서, 시장구조가 재조직되었고,

표 25.1 | 1980년 이후 거시경제 지표(GDP, CPI, 대출, M_2): 세 기간의 "표준"(standard)으로부터의 분산과 실제치

	GDP 증가율	CPI 증가율	대출증가율	M_2 증가율
실제치	3.75	7.45	21.43	24.54
표준으로부터의 분산	3.47	6.32	7.87	6.83
실제치	9.99	7.77	22.06	26.15
표준으로부터의 분산	3.24	8.35	6.65	7.74
실제치	9.54	1.24	14.94	16.48
표준으로부터의 분산	0.94	1.45	3.04	2.36

1980년 이후 중국의 거시경제 지표들(실제치 및 3기에 대한 표준으로부터의 분산)

시장규제가 강화되었으며, 투자와 소비의 과도한 성장이 억제되었고, 1997년 중국경제의 "연착륙"이 달성되었다. 1992년 14.1%에 달하던 GDP 성장률이 1997년에는 8.8%로 떨어졌고, 소비자물가지수는 같은 기간 중 24.1%에서 2.8%로 하락했다. 이러한 개혁과 거시경제 정책으로 인해 중국은 1997년 아시아 통화위기를 견딜 수 있었다. 1993년의 개혁 이후 통화정책과 중국인민은행의 정책시행 모두가 "시장화"되었고, 중국경제의 변동은 1980년대 보다 훨씬 축소되었다(표 25.1 참조).

2007년에 들어서, 중국경제는 비교적 강한 인플레이션 압력에 직면하게 되었는데, 이는 수년간 축적된 "모순" 또는 미해결 문제로 인한 것이었다. 한 가지 문제는 2003년 이후에 중국경제가 높은 성장률을 유지하고 수요가 급등했다는 점이었다:

- 에너지 및 원재료 가격의 상승. 수년간 축적된 압력이 최종 소비자의 제품에서 느껴지기 시작했다.
- 농촌 거주자와 도시 거주자 사이의 소득격차 증가. 제조업 부문의 임금 증가로 양질의 노동이 고임금을 의미하게 되었지만, 농민의 임금은 수년간 변화가 없었다.
- 생산비용과 부산물 가격의 상승. 이로써 추가적인 일부 공산품의 가격상승이 초래되었다.
- 중국경제의 국제화 진전으로 국제 에너지 · 원재료 · 농산품 물가가 중국 상품의 가격에 잠재적 압력으로 작용했다.

- 인위적으로 과도하게 통제된 저가의 에너지 및 자원에 크게 의존한 경제부분이 광범위하게 성장. 자원중심 가격결정은 당연히도 물가상승 압력을 가져왔다.
- 중국 자산가격의 상승. 위안화로 표시된 자산의 가격이 결정된다 함은 가격이 상대적으로 낮게 유지되었음을 의미했다. 경제의 세계화를 배경으로 자산가격 상승이라는 금융적 반응은 국내의 수요를 증대시키고, 인플레이션 압력으로 나타났다.

정책적 측면에서 거시경제 정책에 대해 의견 일치를 도출하는 것이 어려웠기에 통화정책이 적기에 실행으로 옮겨지지 못했다.

이와 동시에, 은행개혁과 자본시장의 작동에 대한 전반적인 재고가 필요했으며, 이는 수많은 고려사항을 내포하고 있었다. 통화공급과 관련하여 중국인민은행이 취한 조치의 결과는 이상적이지만은 않았다. 통화공급량은 목표치를 초과했고, 인플레이션의 가능성을 증가시키기도 했다.

이상의 분석을 통해 우리가 확인할 수 있는 것은 작금 중국의 인플레이션 압력이 비용압박으로부터 발생되고 있다는 점이다. 수용 가능한 범위 내에서 인플레이션을 유지하는 것이 중국정부의 가장 중요한 의무 중 하나이다. 향후의 통화정책은 이러한 목표를 달성할 준비가 되어 있어야 할 것이다.

중국경제의 상대적 중요성과 그에 따른 영향력이 증가해 왔지만, 중국의 대규모 인구 때문에 1인당 GDP는 아직 세계 69위에 머물고 있다. 하루 1인당 1달러 수준의 빈곤기준을 적용할 때, 1.35억 명의 인구가 아직 빈곤수준 이하에서 생활하고 있다. 따라서 중국의 경제정책은 우선적으로 이러한 국민들의 생활수준 문제를 해결해 주어야 하는 것이다. 국내 수요를 증가시키고 생활수준을 개선하는 것은 국가의 1차적 의무이다. 그러므로 중국정부는 더 이상 외환보유고 증가만을 추구할 수는 없다. 진정으로 적정한 위안화 환율 수준은 국내시장이 충분히 발전 된 후 수요와 공급에 의한 결정되는 수준이다. 비교적 안정적이면서도 탄력적인 위안화 환율 메커니즘은 중국의 경제적 구조조정에 유익하며, 세계 다른 나라들과의 경제적 조화를 이루는데 도움이 되기도 한다.

위안화는 아직 완전한 태환성이 보장되는 통화가 아니기에, 중국의 통화정책은 세계적 금융 불균형에 영향을 주는 매우 효과적인 메커니즘을 결여하고 있다. 2003년 이후 중국의 환율정책은 국제적 관심의 대상이었다. 중국의 통화정책이 발표될 때 마다, 국제 금융시장은 일정정도의 반응을 보였지만, 그 영향 대부분은 중국경제에 대한 기대 수준에서 그치곤 했다. 국제적 금융의 흐름에 실제로 얼마만큼의 영향을 미치는지는 연구가 필요한 부분이다.

중국의 경제 및 금융제도가 세계적으로 통합되어 감에 따라, 중국의 통화정책은 반드시 더 큰 국제적 영향력을 갖게 될 것이다. 중국의 통화정책에 대한 국제적 요인들의 영향 또한 증가할 것이다. 이러한 연계성은 필연적으로 중국인민은행의 통화정책 형성과 실행에 강력한 도전을 부과할 것이다. 통화정책위원회 위원들의 전문성을 높이고 중앙은행 직원의 질 또한 전반적으로 제고하는 일은 시급한 중요 과제이다. 당연히도 통화정책 시스템에서 위원회의 역할을 제고하는 일 또한 긴급한 중요 사항이다.

26 위안화 표시 자본계정의 태환: 과정과 경험

후 샤오리안
중국인민은행 부총재
국가외환관리국 국장

위안화의 태환을 달성하는 일은 중국에서 현재 진행되고 있는 개혁 · 개방 정책에 있어서, 그리고 금융체계의 개혁에 있어서 핵심이다. 당국이 1993년에 "중국 외환개혁의 장기적 목표는 위안화의 태환을 실현하는 것이다. 이 목표를 달성하기 위해 우리는 적절한 과정을 통해 서서히 움직여야 하며 국가의 여건과 능력에 따라 추진하여야 한다. 현 단계에서는 우선, 위안화 표시 경상계정 거래의 태환을 달성해야 한다"라고 언급했을 때, 정책방향은 이미 명확했다. 1996년에 이 초기의 목적은 성공적으로 달성되었다. 2003년 중국은 효과적인 위험관리라는 조건에 따라 단계적으로 국가간 자본거래에 대한 규제를 완화하는데 한 걸음 더 나아갔다. 2007년에 중국은 "자본계정 태환의 점진적인 달성을 통해 위안화 환율체계를 개선"한다는 목표를 재확인했다.

개혁 · 개방의 시작 이후 중국의 외환체계 개혁은 3단계를 거치면서 실시되었다. 그 과정은 점진적이고도 신중한 자본계정의 "개방" 또는 "자유화" 과정 중 하나였다.

첫 단계는 1978에서 1993년까지의 기간이다. 이 시기의 목표는 안정적인 장기 직접투자를 유인하고 외국 정부와 국제금융기구들로부터 유리한 대출금리를 활용하는 것이었다. 이 시기 증권투자는 매우 엄격히 규제되었다. 1978년 첫 외국인투자기업이 설립되었고, 1979년에는 첫 외국은행 대표사무소가 설치되었으며, 1982년에는 중국

기업의 엔화표시 채권이 처음으로 해외에서 발행되었다. 1991년에는 첫 외환으로 표시되는 특수 범주의 주식, 즉 B-주가 발행되었다. 1993년 중국의 기업이 처음으로 H-주를 해외에서 발행했다.

제2단계는 1994년부터 2000년대 초반까지의 기간이다. 이 기간 동안 중국은 이중환율제도를 통합하고, 시장의 수요와 공급을 기초로 통합된 관리변동환율제를 시작했다. 중국은 또한 전국적으로 통합된 은행간 외환시장을 개설했고, 1996년 말에는 위안화 표시 경상계정의 태환을 확립했다. 당시로서는 외환부족이 중국경제의 발전에 있어서 장애요인이었다. 이 때문에 중국은 외국인 투자를 자본계정 개방의 주요 요인으로 적극적으로 활용했다. 중국의 정책은 역외 차입과 이윤의 외환교환 및 반출을 허용함으로써 외국자본의 대중국 투자를 용이하게 만들었다. 아울러, 충분히 우량한 국유 대기업과 중기업들이 국제자본시장 상장을 위해 선별되었다. 중국은 적절한 수준에서 해외자금을 조달하고 외국의 대출을 활용했던 것이다.

금융위험과 외채위험으로부터 보호하기 위해 중국은 외채에 대한 통계적 모니터링을 강화 · 발전시키는 한편, 외채의 규모와 구조를 관리했다. 모든 주변국을 위협한 급작스런 재난이었던 1997년 아시아 금융위기의 시기 동안 중국정부는 위안화를 평가절하하지 않을 것이라고 선언한 사실을 지적하는 것은 의미있는 일이다. 중국은 자본유출에 대한 통제를 강화하고, 위기의 확산을 피하며, 중국과 다른 나라들의 경제와 금융체계의 안정성을 지원했다.

제3단계는 2000년대 초부터 현재까지의 기간이다. 이 기간 동안 중국은 세계무역기구(World Trade Organization: WTO)에 가입했으며, 경제구조의 개혁을 지속적으로 시행했다. 개혁 · 개방이 새로운 단계에 진입하면서 중국의 시장경제 체제가 발전되었고, 중국의 외환구조는 점차 근본적인 변화를 일으키기 시작했다. 극단적인 외환부족의 문제는 이제 지나치게 빠른 외환보유고 증가 및 과다한 무역수지 흑자 문제로 전환되었다. 자본계정 관련 정책은 중국 자본의 해외진출을 장려하기 시작했고, 이에 따라 새로운 양방향 "개방"에 기여했다. 중국은 일정한 요건을 갖춘 중국기업이 해외지점 조직을 구축하고 현지에 투자하도록 독려하고 지원하는 "대외진출" 전략에 집중하기 시작했다. 국내에서는 질서정연한 방식으로 해외 증권투자의 확대가 장려되었다. 이와 동시에, 중국은 국내 금융체계와 자본시장의 "대외개방"을 촉진했다. 여러 단계를 거쳐 이는 금융서비스 제공의 장소와 범위를 확대했고, 증권투자, 해외 전략적 투자자 등을 불러들이고자 했다. 이 모든 것이 중국 금융시장의 건강한 발전에 기여했다.

최근 수년간, 우리는 자본계정의 태환을 촉진함에 있어서 다음과 같은 뚜렷한 진전을 이룩했다. 첫째, 우리는 "대외진출", 즉 해외영업을 추구하는 기업에 대해 강력한 외환정책적 지원을 제공해 왔다. 2002년부터는 중국의 일부 성과 시가 해외투자를 위한 외환관리 개혁의 시범 지역으로 기능했다. 이 지역에서 기업들은 일정한 한도 내에서 주어진 조건에 따라 외환을 매입할 수 있었다. 우리는 외환 해외투자 위험에 대한 검사 및 조사, 그리고 적정 수익성 보장 등을 위한 요건을 폐지했다. 우리는 또한 관련된 감사절차도 간소화했다. 2005년 5월, 우리는 시범대상을 전국으로 확대하고 해외투자를 위해 매입할 수 있는 외환의 한도도 늘렸다. 외환 출처의 허가에 대한 제약이 완화되었다. 2006년에는 해외투자용 외환매입량의 제한이 완전히 철폐되어, 해외투자에 대한 은행들의 자금제공 편의성이 더욱 높아졌다. 5년 만에 해외직접투자를 위한 환전량이 216억 달러로 늘어났다. 이 중 108억 달러는 2007년에 발생한 것으로, 이는 전년 대비 32% 증가한 규모였다.

둘째, 해외투자의 채널도 확장되었다. 2006년 4월 중국은 적격내국인기관투자자(QDII: Qualified Domestic Institutional Investor) 제도를 실시했다. 국내 상업은행, 보험기관, 해외 증권투자를 관리하는 기관들, 신탁자금 관리회사들이 여기에 참여했다. 2007년 중국은 더 나아가 상업은행의 해외주식, 주식펀드, 기타 유사 상품에 대한 투자를 허용했다. 적격 신탁회사들에게는 해외 신탁자금관리 수탁업무가 허용되었다. 해외투자 보험사들에 대한 규제도 완화되었다. 적격 펀드관리 회사 및 기타 기관들에게는 중국 내 기관 및 개인으로부터 모집되어 해외주식에 투자된 펀드들을 통합할 수 있도록 허용했다. 2008년 3월 말 현재 53개의 국내 상업은행, 펀드관리회사, 보험회사는 적격내국인기관투자자 요건을 만족하여 적격투자자로 승인되었으며, 이들의 총 해외투자 자본의 규모는 400.9억 달러에 이르렀다. QDII 제도는 중국인들의 투자기회를 확대하고 국내 금융기관들의 해외투자 역량을 강화했다.

셋째, 우리는 안정적인 방식으로 중국 국내 증권시장의 개방을 확대했다. 2002년 11월, 우리는 요건을 만족하는 해외기관을 대상으로 적격외국인기관투자자(QFII) 제도를 도입했다. QFII 프로그램 참여의 장벽이 낮추어졌고, 투자자가 중국에서 자금을 유지해야만 하는 의무기간도 짧아졌다. 2007년 말에는 QFII 총 할당량이 100억 달러에서 300억 달러로 증액되었다. 2008년 4월 말 기준으로 52개의 외국 기관투자자들이 103.95억 달러를 투자했고, 총 자본유입 액은 100.3억 달러였다. QFII제도는 선진적인 투자개념을 도입하고 국내 자본시장의 건전한 발전을 촉진한다는 측면에서 중국에서 매우 긍정적인 기능을 수행했다. 2005년 10월에는 아시아개발은행과 국제금융공사에게 중국 내에서 위안화 표시 채권의 발행이 허용되었는데, 이 조치로 중국 채권시장의 단계적 개방이 시작되었다고 할 수 있다.

중국의 개혁과 대외개방이 확대되고 자본계정에 포함된 항목들과 관련된 위안화의 태환이 확대됨에 따라, 자본계정에는 다음과 같은 변화들이 일어났다.

자본 및 금융 거래의 규모와 영향이 계속해서 증가했다. 현재, 사업 활동이 여전히 중국의 무역수지에 영향을 미치는 주요 요인이며, 무역수지 흑자는 주로 경상계정 거래의 결과이다. 그러나 자본 및 금융 거래가 매우 빠르게 증가하고 있다. 2002년에서 2007년의 기간 동안 중국의 국제수지 가운데 자본 및 금융 항목은 연평균 51.9%씩 증가했다. 같은 기간 동안 경상계정 거래는 연평균 24%의 속도로 증가했을 뿐이다. 2007년도 전체 자본 및 금융 항목 거래량은 1.77조 달러에 이르러, 2,200억 달러였던 2002년도의 8배를 기록했다. 국제수지에서 자본 및 금융 항목이 차지하는 비중은 40.8%로 2002년 이후 17.5% 증가했다.

자본유입은 주로 직접투자를 통해 이루어졌으나, 주식과 부채성 금융의 비율도 증가했다. 개혁 · 개방 초기, 중국으로의 자본유입은 주로 외국기업에 의한 직접투자의 형태로 이루어졌다. 하지만 최근 금융개혁의 진전과 자본, 주식, 채권 등의 확대로 간접투자 형식의 자본유입이 증가했다. 국제투자 포지션 통계에 의하면, 중국 내 직접투자에 의한 중국의 외채비율은 56% 수준이었지만, 주식 및 채권에 대한 투자는 2004년 8.9%에서 2006년 12.5%로 증가했다.

자본유출의 경로 또한 끊임없이 개선되어 보다 바람직한 양방향 이동이 이루어지기 시작했다. 과거에는 외환이 부족한 상황에서 중국은 자본유출을 방지하기 위한 여러 제한조치를 적용했고, 오랫동안 순자본유입국의 위치를 유지했다. 최근에는 지속적인 경제발전으로 외환보유고가 계속적으로 축적되고 해외투자여건이 개선되면서, 해외 민간 및 정부 투자가 지속적으로 증가했다. 2003년을 시작으로 중국은 해외 순채무국에서 순채권국으로 전환되었다. 2006년 말, 순해외자산 규모는 6,621억 달러에 이르러 전년대비 57% 증가했다. 중국은 세계경제 및 국제금융시장과 더욱 밀접한 관계로 발전해 가고 있다.

❖ 위안화 표시 자본계정의 태환

일반적으로 자본의 자유로운 유출입은 생산성, 저축, 그리고 기술진보에 유익하다고 알려져 있다. 이는 전 세계적으로 자원배분의 효율성을 높이고 기술과 전문경영 기술의 이전을 가속화하며, 글로벌 시장에서 투자위험을 분산하는 데 도움이 된다. 따라서 경제성장과 금융시장의 발전을 가져온다. 그러한 이유에서 개도국의 전략적 목표는 자신들 통화의 자본계정 태환성을 확보하는 것이다.

하지만 개발도상국들은 일반적으로 발전이 제대로 이루어지지 않은 금융시스템을 가지고 있으며, 위험대처 능력이 부족하고 환율 또한 충분히 신축적이지 못하다. 선진국과 개발도상국 사이에는 경제발전의 수준과 금융시스템의 위상 면에서 큰 격차가 존재하는 것이다. 개발도상국들의 단계적 개방이 적절치 못하고, 개혁이 위험에 대한 방어수단과 균형을 이루지 못한다면, 국가 금융시스템의 구조적 결함이 전면에 대두되기 쉽다. 이러한 상황은 은행위기와 통화위기라는 위험성을 증가시키고, 경기하락과 사회적 후생의 손실을 초래할 수 있다. IMF의 연구에 따르면 IMF 회원국 중 2/3이 넘는 국가들이 자본계정의 개방 이후 여러 문제점들을 드러냈으며, 그 중 일부는 위기의 수준이었다. 국가는 자본계정을 어떻게 개방할 것인가에 대해 잘 이해하고 있어야 하며, 자유로운 자본이동이 국가에 미칠 위험에 대해 경계해야 한다.

국제적 경험과 중국의 조건을 감안하여, 중국의 위안화 표시 자본계정의 태환에 대해 우리는 다음과 같이 이해하고 있다. 첫째, 개혁 · 개방은 “중국적 특성을 갖는 사회주의"의 발전 이면에 존재하는 강력한 엔진이다. 개혁 · 개방 과정에는 이러한 목표의 점진적인 달성이 포함되어 있다. 이러한 발전 추세에 맞지 않는 제도적 메커니즘은 변화되어야 하고, 이러한 발전에 도움이 되지 않는 정책, 규정, 방해물들은 제거되어야 한다. 자본계정의 태환을 확대함에 있어서 우리의 사고를 계속 자유롭게 하고, 길을 열면서 개혁을 심화시켜야 한다. 태환을 통해 우리는 대외부문의 개혁 · 개방을 촉진해나갈 수 있을 것이다.

둘째, 태환을 점진적으로 실현하는 일은 중국의 조건에 확고한 기초를 두고 중국 고유의 특성을 수용하는 것이어야 한다. 이러한 과정이 취하게 될 형식과 그것이 진행되는 환경은 매우 복잡하다. 우리나라의 국가적 조건은 사회주의 초기 단계에 머물러 있다는 사실이다. 사회주의 시장경제의 초기 단계를 구축하는 일은 지속적인 대외개방, 종합적인 국력의 강화, 이 나라 기업들의 경쟁력 및 시장력의 개선이 요구된다. 하지만 중국의 인구는 거대하며 산업화와 도시화 과정에서 고용수준을 유지해야만 하는 압력이 매우 크다. 중국의 금융시장은 아직 잘 발달되어 있지 못하고, 거시경제적 수단이 부족하며, 외부충격에 대한 금융시스템의 대처능력이 강화되어야 한다. 전세계적으로, 금융시장과 자본이동의 규모가 하루가 다르게 증가하고 있으며, 그 다양성과 복잡성도 더욱 커지고 있다.

많은 나라들이 이미 자국통화의 태환을 달성하고 자신들의 경험을 제공하고 있지만, 중국은 아직 개발도상국이며 계획경제 체제로부터 벗어나고 있는 과정에 있다는 것을 인식하여야 한다. 중국이 손쉽게 의존할 수 있는 정선된 모델은 존재하지 않는다. 우리는 국가적 여건에 대한 인식을 글로벌 관점과 매치시킬 필요가 있다. 다시 말해, 우리는 무엇이 유용한 것인지를 학습하는 동시에, 실제 여건으로부터 전진해 나가야 한다.

셋째, 태환의 달성을 위해서는 전체적인 계획이 필요하고, 점증적인 방식으로 순차적으로 실행할 필요가 있다. "우리는 진행과정을 관리가 가능한 여러 단계로 나누고 우선 가장 손쉬운 것부터 점차 어려운 것을 실행해 나가야 한다." 우리는 개혁 · 개방이 진행되면서 발생되는 환경의 변화에 맞추어 태환성을 높여나가야 한다. 일반적으로 말해, 우리는 진행의 순서에 있어서 "유출보다는 유입이 우선하고, 단기보다 장기가 우선하며, 개인보다는 기관이 우선"하는 방식을 따라야 한다. "유입 우선"이란 이전의 외환부족 상황을 지칭하는 것으로, 이는 자본유출은 억제하고 자본유입은 촉진할 것을 필요로 했다. 외환 자원이 증가함에 따라, 질서 정연한 외한의 유출이 장려되고 있다. "단기보다 장기 우선"이란 갑작스런 대규모 단기 자본 유출입의 위험을 줄이기 위해 장기적이고 안정적인 자본운동을 장려함을 지칭한다. 중국의 금융시장이 발전하고 투자자들의 경험이 축적되며, 우리의 투자위험 관리능력이 증대됨에 따라, 우리는 점차적으로 증권 등 고(高)유동성 부문에 대한 투자를 허용하고 있다. "개인보다 기관 우선"이라 함은 투자위험을 최소화하기 위해 기업과 금융기관들이 우선 자신의 투자능력을 개선하도록 독려하는 것을 의미한다. 상대적으로 말하면, 기관투자자들의 투자가 집중되어 있고, 위험대처 능력이 강화되었고, 이들은 하나의 집단으로 보다 쉽게 규제될 수 있다. 개인들의 부가 증가하고, 투자위험에 대한 인식과 함께 투자 능력과 필요성이 늘어남에 따라, 우리는 점진적으로 개인들의 투자를 확대할 것이다.

실행방법과 관련하여, 우리는 주로 "우선 시험적으로 실시한 후 전파한다"라는 접근법을 채택하고 있다. 우리는 우선 시범사업 또는 실험을 실시하여 경험을 축적하고, 이를 점차 널리 확산한다. 해외에서의 직접투자와 증권분야의 투자 등이 이러한 접근법의 예가 될 것이다. 진행 속도의 측면에서, 적당한 시기에 기회를 잡고 돌파구를 마련할 수 있지만, 필요성, 조건, 능력, 상황 등의 요소를 평가하고 질서있고 안정적인 방식으로 추진해 나가야 한다.

넷째, 위안화의 태환을 달성하는 일은 모든 다양한 부분들을 전체로 통합할 것을 요구하며, 정책실행에 있어서 신중한 조화를 의미한다. 이 정책을 실행하는 일은 시스템 공학의 한 형태이다. 구성부분이 그 자체로 하나의 시스템이다. 성공을 위해 우리는 금융시장을 발전시키고, 금융규제 제도를 개선하며, 금융기관에 대한 개혁을 가속화하고, 금융정책 수단을 강화해야 한다. 이 과정에서 금융시스템 내의 모든 연계와 연결망 사이의 조화를 도모해야 한다. 처음부터 끝까지, 중국은 모든 시스템 구성부분에 대한 개혁을 진행하면서 위험억제와 관련된 대책을 강화하여야 한다.

많은 일들이 완료되었다. 금융시장의 발전이라는 측면에서, 최근 중국은 빠르게 자본시장 인프라를 구축했고, 주식전환 개혁을 기본적으로 마쳤으며, 주식시장은 활발한 성장세를 보이고 있다. 2007년 120개 기업이 중국 증권시장에서 기업공개를 단행하여 총 4,470억 위안을 조달했다. 은행대출에 의존하는 자금조달과는 대조적으로, 직접금융의 비중이 뚜렷한 증가세를 나타내고 있다. 통화시장, 외환시장, 금시장, 파생상품 시장 등의 기능을 개선하기 위해 중국은 전폭적인 노력을 기울였다. **금융규제**의 발전이란 측면에서 보면, 중국은 최근 금융규제를 강화하고 발전시켰고, 감독을 위한 법적 틀을 마련하기 위한 첫 단계를 통과했다. 이로써, 금융기관들의 신용위험, 시장위험, 운영위험 등에 대한 전반적인 규제가 강화되었다. 위험을 감당할 수 있는 금융시스템의 능력이 크게 향상되었다. **금융기업** 개혁과 관련하여, 중국은 2003년 이후 수많은 수단들을 통합했다. 그 결과 전략적 투자자를 유치하고 자본을 투입하며 상장 시스템의 구조를 조정하고 국유 상업은행의 개혁을 가속화하기 위한 기타 조치들이 실행되었다. 또한 은행 내부의 기업지배구조를 가속화하고 개선했으며, 증권회사에 대한 종합적인 관리를 강화하여 시장 경쟁력과 위험에 대한 대처능력이 크게 개선되었다.

2007년 말, 주요 상업은행들의 부실채권 비율이 6.72%로 떨어졌고, 자기자본 비율이 8% 이상인 은행의 수도 161개에 달했고, 전체 은행 중 79%가 자산에 대한 질적 기준을 충족했다. **금융수단**과 관련하여 금리의 시장화가 2003년 이래로 크게 진전되었다. 기준금리로 역할하는 단기자금시장 금리가 처음으로 마련되었고, 시장의 수요와 공급이 중요한 역할을 했다. 중앙은행은 금리체계의 관리를 위해 시장에 의해 주도되는 정책수단을 적용하고 있다. 2005년 7월 위안화 환율 메커니즘에 대한 개혁을 실시했다. 그 결과 위안화 환율의 유연성이 확실히 개선되었다. 과잉 유동성 상황에서 중앙은행은 예금 지급준비율 인상, 환율, 공개시장조작, 금리, 창구지도 등 거시적 금융 환경의 안정성을 유지하기 위한 다양하고 종합적인 통화정책 수단들을 활용했다.

다섯째, 태환은 규제 메커니즘과 위험관리 수단의 개선을 필요로 한다. 세계화되고 있는 경제와 유기적으로 통합되어가고 있는 금융시장에서, 국경을 넘나드는 자본이동에 배태되어 있는 위험은 갑작스럽게 전염성이 클 수 있다. 1990년대 이후 아시아 금융위기, 남미의 통화위기, 미국의 서브프라임 모기지 위기, 그리고 기타 금융교란이 계속해서 발생해 왔다. 금융 세계화 아래서 이러한 현상은 신속성과 파급성을 지니고 있다. 국제자본이동은 복잡하고 변화 가능성이 크며 어느 한 국가의 "개방"은 외부충격의 가능성을 증가시킨다. 자본계정이 태환되도록 하는 과정에서 위험을 회피하는 일이 가장 중요하다. 개혁을 전체적으로 도입하는 과정에서 우리는 경제발전 단계, 시장의 성숙도, 기업의 유연성, 금융감독기관의 적응 능력 등을 고려해야 한다. 이를 통해 현실적이고, 신중하며, 효과적인 규제방안이 강화되고 개선되어야 한다. 우리는 자본진입의 조건을 조정하고, 자본량을 통제하며, 자본의 국제적 이동을 모니터링하고 분석하여 국제자본의 흐름과 관련된 충격에 대비해야 한다. 우리는 또한 보다 탄력적인 경제와 적응능력이 좋은 참가주체들, 넓고 깊은 시장, 효과적인 거시경제적 수단 등과 같은 위험에 대한 대처 및 해소 능력을 향상시켜야 한다. 이것이 우리가 더욱 더 힘을 쏟아야 부분이다.

미래를 전망해 보건대, 세계적 경제통합의 추세는 거스를 수 없는 추세이다. 금융시장은 더욱 더 서로 얽히고 얽혀 갈 따름이다. 중국과 세계와의 관계는 더욱 밀접하게 통합되어 갈 것이다. 우리는 강력하고 확고하게 개혁·개방의 길을 추구하려고 한다. 이 과정에서 우리는 자본계정 태환이란 목표를 향해 더욱 나아갈 것이다. 물론 우리는 항상 중국의 국가적 조건과 국가발전의 필요성이 이와 조화를 이루며 나아가도록 할 것이다.

27 | 중국의 단기자금시장, 채권시장, 그리고 외환시장

시에 두오
중국 외환거래소 소장

단기자금시장(money market), 채권시장, 그리고 외환시장의 개혁은 중국 금융개혁에 있어서 항상 중요한 부분이었다. 그리고 개혁과정은 금융기관의 운영방식 변화, 환율 및 금리의 시장화, 자본계정 개방, 재정정책 및 금융정책 실행 등에 있어서도 매우 획기적인 결과를 낳았다. 1994년 이래로 중국에서 이 세 가지 주요 시장의 발전은 거시경제정책을 실행하기 위한 중요하고도 기본적인 조건을 조성했다. 중국경제와 금융부문의 개방이 진전됨에 따라 이들 세 시장의 발전은 국내 경제와 금융 외에도 전 세계의 금융시장에 점차 큰 영향력을 발휘하고 있다.

이 장은 단기자금시장, 채권시장, 외환시장의 설립, 개혁, 개방, 그리고 발전과정을 이 세 시장들 사이의 관계, 그리고 개별 시장의 틀을 중심으로 간단히 검토한다. 지면의 제약으로 본 장에서는 이 세 시장의 주요 부분인 은행간 시장을 자세히 다룰 것이다. 이들 세 시장이 현재 직면하고 있는 새로운 도전들을 통화관리 및 거시적 조정이라는 관점에서 논의하기도 할 것이다.

❖ 단기자금시장

단기자금시장(money market)은 금융기관들이 단기금융 및 유동성 관리를 위해 단기 금융수단들을 거래하는 시장을 말한다. 이 시장은 어느 금융체계에서든 여러 금융시장들을 연결시켜주는 역할을 한다. 현재 중국의 단기자금시장은 주로 은행간 자금시장과 채권 환매시장으로 이루어져있다.

은행간 자금시장

이 시장은 중국 단기자금시장의 핵심부분이다. 펀딩(funding)이란 상업은행 등의 금융기관들이 은행간 시장에서 무보증으로 이루어지는 금융거래를 의미한다. 현대적 은행 시스템에서 예금수취기관은 법정 지급준비금을 별도로 적립해야 한다.[1] 거액의 임시적 지불로 인해 지급준비금이 부족해질 수 있고, 이에 따라 금융기관들 사이에 단기자금 수요가 발생하게 된다. 이 거래에는 아무런 보증도 필요로 하지 않으므로, 자금은 보통 중국인민은행에 개설되어 있는 두 거래 당사자 사이의 지급준비금 계정에서 이체된다. 따라서 펀딩은 가장 효율적인 단기금융 방식이다.[2]

중국의 펀딩 시장은 1980년대에 개설되었다. 중국의 금융시장이 개설된 이후, 단기자금시장과 자본시장에서 사용될 수 있는 수단들이 부족했기에 중국인민은행은 금융기관의 대출규모를 엄격히 통제했다. 당시 수많은 금융기관들이 금융규제에 대응하고 중장기 자금을 확보하기 위한 수단으로 이 시장을 이용했다. 처음으로 대외에 개방된 연안지역에서는 이 지역의 자금부족을 메우기 위해 거액의 자금이 유입되었다. 그러한 자금조달 형식은 항상 장기성 거래였고, 단기자금 본래의 의미가 퇴색되었다. 1993년경부터 금융기관들은 빈번히 서로 자금을 조달해 주었다. 투자신탁회사 등 비은행금융기관들이 이러한 거래의 주를 이루고 있었는데, 이들은 상업은행으로부터 자금을 차입하여 이러한 단기자금을 증권에 투자하고 장기적으로는 부동산 시장에 투자하기도 했다. 이러한 방식으로 펀딩은 당시의 인플레이션과 자산가격 거품의 주요 자금원이 되었고, 그 결과 1993년 중앙정부의 거시적 조정 및 금융규제의 주요 대상이 되었다.

1996년 1월부터 중국인민은행은 전국적으로 통합된 은행간 자금거래 시장을 개설하는 것을 시작으로, 단기자금시장에 대한 개혁을 공표했다. 이 개혁 이전과 비교할 때, 새로운 시장의 틀은 두 가지 특징을 가지고 있다. 첫째, 자금시장에서 거래할 수 있는 자격을 갖춘 금융기관이 정해졌다. 이 새로운 시스템 하에서 이 시장에 참여하는 금융기관들은 크게 두 가지 유형, 즉 은행간 자금시장의 회원기관과 일반 참가자로 구분되었다. 전국적인 은행간 자금시장의 회원에는 상업은행의 본부와 허가된 지점, 도시지역의 상업은행들과 금융회사, 그리고 일부 증권회사가 포함되었다. 다른 금융기관들은 일반 참가자들이었다. 자금시장의 회원들은 국가 은행간 자금센터(National Interbank Funding Center: NIFC)의 전자거래 시스템을 통해 자금을 거래해야 한다. 기타 금융기관들은 직접 거래하고 그 기록을 중국인민은행의 지방 지점에 보관할 수 있다. 둘째, 중국인민은행은 모든 유형의 금융기관의 자금거래의 만기 및 할당량을 제한했다. 상업은행의 자금조달 만기는 최대 4개월로 제한되었고,[3] 예금잔액 대비 비율에 따라 할당량이 정해졌다. 비은행금융기관의 경우, 만기는 7일 이내여야 하고, 조달액 상한은 각 기관의 자본량을 고려해 결정되었다. 만기 및 할달량에 대한 통제는 초과 자금조달 또는 단기차입금을 장기자금으로 전환시키지 못하도록 하기 위한 방안으로 실시되었다. 다른 개발도상국에서도 이와 유사한 관리가 실행되었다.

NIFC 거래 시스템을 통해 거래하는 모든 회원기관들을 관리하는 것은 거시적 관리에서 큰 의미가 있다는 점을 지적할 필요가 있다. 첫째, 이 시장의 회원들은 이 거래 시스템을 통해 거래계약을 체결한다. 따라서 거래 효율성이 증가하고 전국적으로 통합된 시장을 형성하는데 도움이 된다. 둘째, 이 거래 시스템을 통해 중국인민은행은 효과적으로 자금의 만기와 할당량을 통제할 수 있다. 따라서 금융기관들의 초과 자금의 발생과 단기자금을 장기로 전용하는 행위를 방지할 수 있게 된다. 셋째, 그러한 관리를 통해 중국인민은행은 금융 시스템의 유동성 변동을 잘 파악할 수 있게 된다. 중국이 점차 자본계정을 개방함에 따라, 이 거래 시스템의 기능은 점점 더 중요해질 것이다. 금융시장에서 통화에 대한 투기가 발생할 때, 이 시스템은 중국인민은행이 통화 투기의 자금원과 규모를 신속히 파악하고 이에 따라 투기에 대응하기 위한 적절한 통화정책을 취하는 데 도움이 될 것이다.[4] 중국이 금융기관 개혁을 심화시키고 금융기관들은 내부의 위험관리 능력을 강화하면서, 중국인민은행은 "은행간 자금에 대한 행정조치"를 2007년 8월에 변경했다. 이 조치로 시장접근, 만기 및 할달량에 대한 규

그림 27.1 | 7일물 및 1년물 SHIBOR 2007년 1월~10월

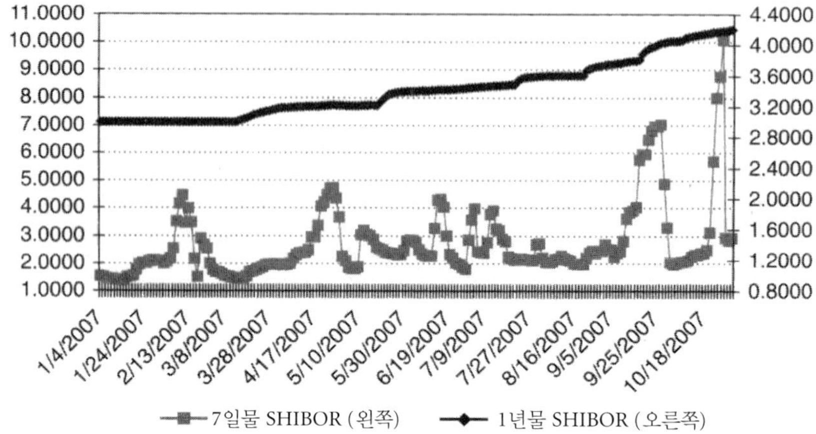

출처: www.chinamoney.com.cn

제가 추가적으로 완화되어 자금시장의 발전을 촉진했다. 하지만 기본적인 관리의 정신은 변함이 없었다.

자금시장은 금리의 결정을 시장의 힘에 맡기기로 결정하게 한 중요한 이유이기도 하다. 1996년 6월 중국인민은행은 금융기관들이 시장의 수요 및 공급에 따라 금리를 결정하도록 허용하고, 은행간 자금시장 금리에 대한 정기적인 공표를 시작했다. 선진국 경제에서는 은행간 자금시장 금리가 다른 금융상품에 대한 금리를 결정하는 기준 중 하나가 되는 경우가 자주 있다. 2003년 이후 중국인민은행은 이자율에 대한 개혁을 가속화하고 상대적으로 낮은 예금금리 하한과 대출금리 상한에 대한 제한을 점진적으로 철폐했다. 금리의 시장화를 촉진하고 시장 시스템에서 기준금리 지표로서 단기자금시장의 기능을 강화하기 위해 중국인민은행은 2007년 1월에 상하이 은행간 매도금리(Shanghai Interbank Offered Rate: SHIBOR)를 도입했다. SHIBOR는 16개 은행을 정하고 이들이 제시한 은행간 자금시장의 일별 평균 이자율로 산출된다. SHIBOR는 단일 도매 무보증 금리이다. 현재 NIFC가 발표하는 SHIBOR에는 1일, 1주, 2주, 1개월, 3개월, 6개월, 9개월, 1년 만기 금리가 포함되어 있다. 수많은 금융기관들이 SHIBOR를 여러 금융수단 거래를 위한 기준금리로 택하고 있다. 중국인민은행이 향후 예금금리와 대출금리에 대한 규제를 철폐할 가능성이 크기 때문에, SHIBOR

표 27.1 | 은행간 자금시장의 거래량 (단위: 10억 위안)

년도	신용대출
1996	587.2
1997	409.8
1998	99.0
1999	329.2
2000	672.8
2001	808.2
2002	1,210.7
2003	2,411.3
2004	1,455.6
2005	1,278.3
2006	2,150.3
2007년 1월~10월	7,426.7

출처: www.chinamoney.com.cn

는 다양한 형태의 금융상품들에 대한 기준금리로서의 역할이 더 커질 것이다.

그림 27.1은 1년 만기 금리와 통화정책 사이에 일관된 경향성이 존재하고 있음을 보여주고 있다. 7일 만기 금리는 최근 시장 포지션의 움직임을 반영하고 있다. 근래의 몇 년 동안, 거래량 면에서 자금시장 거래는 더욱 더 활발해져 왔다(표 27.1 참조). 2006년 은행간 자금시장의 거래액은 2조 1,503억 위안으로 전년대비 68% 증가했다. 같은 해 1월에서 10월 사이에 이러한 증가가 가속화되었다. 하지만 그러한 자금규모는 중국 금융 시스템의 규모에 비해 여전히 작은 수준이다.

현재 은행간 자금시장은 두 가지 난제에 직면하고 있다. 첫째, 중국 자금시장의 규모가 작은 탓에 그 영향력이 미미하다. 이러한 자금시장의 발전을 위해서는 중국 금융 시스템의 추가적인 개혁, 즉 신용 시스템을 강화하고 중국인민은행의 지불 시스템의 효율성을 제고가 필요하다. 두 번째 문제는 비은행금융기관의 펀딩(funding)을 어떻게 정의할 것인가의 문제이다. 특히, 증권회사들이 상업은행으로부터 단기로 차입할 때, 이를 펀딩사업으로 볼 수 있을 것인가에 대한 것이다. 증권시장의 발전을 고려하면, 증권회사의 단기자금 수요는 객관적으로 존재가 확인된다. 하지만 그러한 수요가 펀딩사업으로 연결될 경우, 단기자금시장 금리는 예금기관의 지급준비금에 대한 수요와 공급뿐만이 아니라 자본시장의 변동을 반영하게 될 것이다. 이는 중국인민은행이 단기자금 금리를 공개시장조작의 목표금리로 채택할 가능성을 제한하고, 따라서 통화정책 운영의 효과를 약화시킬 것이다. 그 결과 상업은행의 고객으로서 증권회사는 상업은행에 대출조건에 합당한 단기대출을 요청할 수 있다는 것이 합리적인 선택이다. 금융기관들 사이의 신용 시스템이 미비하다는 사실이 자금시장의 발전을 지연시켜, 금융기관들의 유동성 관리에 대한 요구가 만족되지 못하는 상황에 처해지게 되었다. 따라서 중국인민은행은 1997년부터 은행간 채권환매(bond repo)시장의 발전에 혼신의 힘을 기울여 왔다.

채권환매시장

채권환매란 A측이 B측에 채권을 매각하고 향후 특정일에 사전적으로 결정된 가격으로 그 채권을 재매입하기로 합의하는 거래이다. 환매거래에서 거래 당사자들은 채권의 매입 또는 매각이 아니라 단기적인 자금조달을 위해 거래한다.[5] 신용위험에 관하여 채권환매는 단기자금 거래에 비해 더 안전하면서도 효과적이다.

1990년 이전에는 은행간 펀딩이 중국의 단기자금시장을 지배하고 있었다. 1991년에 채권환매가 도입되었다. 초기의 환매는 주로 증권거래소(우한 증권거래센터, 텐진 증권거래센터, 증권거래 자동 쿼테이션 시스템(STAQ))에서 이루어졌다. 불행히도, 이 모든 거래시장들이 커스터디(custody)와 거래에 있어서 심각한 결함을 지니고 있었고, 신용 및 지불에 고위험을 경주하고 있어, 당국은 이들을 순차적으로 폐쇄했다. 이러한 과정에서 환매거래는 비은행금융기관들이 상업은행으로부터 자금을 조달하는 주요 수단이 되었다. 이 거래는 주식시장과 밀접히 관련되어 있었던 것이다. 1997년 초 은행자금의 주식시장 유입을 방지하기 위해 국무원은 상업은행의 환매시장 거래를 금지하고 은행간 채권시장이 환매거래를 도입할 것이라고 발표했다. 그 후 은행간 시장은 장외거래(OTC: Over-The-Counter) 시장 방식에 적합한 일련의 커스토디, 매매, 결제 등의 인프라를 정비했다. 이를 통해 채권환매의 안정적 운영이 보장되고 상업은행 자금이 환매를 통한 주식시장으로 유입되는 것을 막는데 성공했다. 다

표 27.2 | 은행간 채권환매 거래량 (단위: 10억 위안)

년도	담보부 환매	무조건부 환매	합계
1996	–	–	–
1997	31.0	–	31.0
1998	102.2	–	102.2
1999	395.6	–	395.6
2000	1,578.2	–	1,578.2
2001	4,013.3	–	4,013.3
2002	10,188.5	–	10,188.5
2003	11,720.3	–	11,720.3
2004	9,310.5	126.3	9,436.8
2005	15,678.4	222.3	15,900.7
2006	26,302.1	289.2	26,591.3
2007/01-10월	35,142.4	595.0	35,737.4

출처: www.chinamoney.com.cn

른 한편으로 은행간 채권환매 시장의 발전은 중국인민은행에게 공개시장조작을 위한 시장기반을 제공해 주었다.

현재 은행간 채권환매 시장에는[6] 국내 상업은행과 이들의 승인된 지점들, 외국인 투자은행의 지점들, 국내외 보험회사, 증권 · 펀드회사, 농촌신용협동조합을 비롯한 1,400여 개의 금융기관 회원들이 참여하고 있다. 이 외에도 수천 개의 기업이 결제 중개회사 시스템의 도움으로 채권환매시장에 참여하고 있다. 따라서 은행간 시장은 전형적인 기관투자자 시장이 되었다. 환매시장이 단기자금시장보다 더 다양한 회원을 가지게 되고 환매 위험이 신용 여신보다 낮기 때문에 환매는 펀딩보다 더 활발히 거래되고 있고, 환매이자율은 더 안정적이어서 금융시장의 실제 유동성 상황을 더 잘 보여준다. 표 27.2은 환매시장의 거래량이 1997년 이후 폭발적으로 증가했음을 보여주고 있다. 채권환매시장은 현재 중국에서 가장 활발한 거래가 이루어지는 금융시장이다. 환매거래는 유동성 관리에 대한 금융기관의 수요를 만족시켜 줬다. 거래규정에 정해져 있듯, 대부분의 거래는 7일 이내에 완료되지만, 최장 만기는 1년이다. 2007년 10월 7일 이내의 담보부 환매(pledged repo)는 거래량 기준으로 총 담보부 환매의

89%를 차지하고 있었다. 이는 금융기관이 주로 환매를 통해 단기자금을 관리하고 있음을 보여준다.

이러한 커다란 진전에도 불구하고 중국의 환매시장은 특히 선진국과 비교할 때, 발전의 여지가 크다. 첫째, 은행간 환매거래는 대부분 포지션을 조정하려는 금융기관에 의해 이루어진다. 환매 수요는 선진국에 비해 훨씬 작다. 단기자금시장을 활성화하고 통화정책의 파급효과를 강화하기 위해 비금융기관의 환매거래 참여를 유인하기 위한 효과적인 조치가 취해져야 할 것이다. 셋째, 환매의 형식이 지나치게 제한적이다. 현재 무조건부 환매(outright repo), 채권대부, 채권선도거래 등의 운영에 기초하고 있는 은행간 시장에서 채권환매 시장을 더욱 활성화하기 위해서는, 보다 새로운 비즈니스가 도입될 필요가 있다.

❖ 채권시장

과거 10년간 중국의 채권시장은 커다란 진전을 이루었다. 그러나 큰 틀에서 보면 직접금융은 간접금융에 비해 낙후되어 있었다. 직접금융의 경우, 채권시장의 발전은 주식시장에 비해 발전이 부진하다. 채권시장에서 회사채 시장은 재정증권과 금융채 시장에 뒤떨어져 있다. 다음 단계의 금융개혁에서 채권시장은 중국 금융시장의 중심이 될 것이다.

은행간 채권시장: 설립과 발전

지금 중국의 채권시장은 은행간 시장, 거래시장, 은행–고객(소매) 시장으로 구성되어 있다. 1997년까지는 거래시장과 은행–고객 시장이 채권시장을 지배했다. 1997년 6월 은행간 채권시장이 설립되었다.[7] 이후 10년 동안 발전을 거듭하여 이 시장은 더욱 심화되고 범위가 확대되는 변화를 경험했고, 결국 중국 채권시장의 가장 중요한 부분이 되었다. 표 27.3이 보여주고 있듯, 다양한 유형의 채권이 발행되어 주로 은행간 시장에서 거래되고 있다.

표 27.3 | 채권시장의 구조 (단위: 10억 위안)

	합계	은행간	비중(%)	거래	소매	기타
채권발행 (2007/01~10)	5643.3	5626.2	99.7	13.4	3.7	–
채권발행 잔액 (2007/10 말)	10984.6	9753.6	88.8	351.0	43.6	836.6

출처: www.chinamoney.com.cn and www.chinabond.com.cn

1997년 이후 은행간 채권시장에서 채권발행에 대한 개혁이 시작되었다. 처음에는 중국인민은행이 채권발행의 시장화를 추진했다. 1998년 이전에는 정책성 금융채—그 양과 금리는 중앙은행이 정했다—가 지정된 상업은행에게 발행되었다. 이 경우 각 은행이 인수하는 채권의 양은 인민은행이 산출한 해당 은행의 신규 예금액에 대한 비율을 기준으로 결정되었다. 1998년 중국인민은행은 채권발행의 메커니즘에 대한 개혁을 시작했다. 그 후, 중국발전은행이 공개입찰과 유사한 시장 주도적 방식으로 정책성 금융채를 발행하게 되었다. 1998년 8월에 이 은행은 은행간 채권시장에서 최초로 이 새로운 방식으로 채권을 발행했다. 그 후, 중국수출입은행과 중국농업발전은행이 입찰방식으로 채권을 발행했다. 1999년 10월에는 재정부도 마찬가지의 방식으로 재정증권을 발행하기 시작했다. 2000년에는 모든 재정증권이 입찰방식으로 은행간 시장에서 발행되었다. 이로써 겨우 3년 만에 은행간 채권시장은 무리 없이 시장에 기초한 발행을 실현하여, 중국의 채권시장에 커다란 전환을 이루게 되었다.

중국의 은행개혁이 심화됨에 따라 은행간 시장은 표 27.4와 표 27.5에서 보듯이 신종 채권들을 도입했다. 이러한 새로운 유형의 채권들이 하나씩 발행되기 시작했는데, 여기에는 은행자본의 보충을 위해 추가된 후순위채, 자산의 증권화 추세에 따라 발행된 주택대출증권 및 대출자산 담보부증권, 그리고 기업금융의 구조를 개선하기 위한 단기 회사채 등이 포함된다. 최근 수년간 중국인민은행은 대규모 중앙은행채를 발행하여 외환유입에 따른 위안화 증가에 대처하고 통화공급의 안정성을 달성했다. 이제 중앙은행채가 은행간 채권시장에서 가장 큰 부분을 차지하게 되었다.

표 27.4 | 은행간 시장에서 채권잔액의 구조(단위: 10억 위안)

채권 유형	잔고 (2007년 10월말)	비중(%)
재정증권	3088.7	31.668
중앙은행채	3171.1	32.512
정책 금융채	2595.1	26.607
후순위채권	191.9	1.967
단기금융채	316.6	3.246
일반적인 금융채	96.6	0.991
회사채	266.4	2.731
국제개발기구들의 채권	3.0	0.031
하이브리드 채권	12.3	0.126
자산유동화 증권	11.9	0.122
합계	9753.6	100.000

출처: www.chinamoney.com.cn

표 27.5 | 은행간 시장에서 현금채권(cash bond) 거래 (단위: 10억 위안)

	재정증권	정책금융채	회사채	중앙은행채	기타	합계
1997	1.0	–	–	–	–	1.0
1998	3.3	–	–	–	–	3.3
1999	3.5	4.2	–	–	–	7.7
2000	46.8	21.5	–	–	–	68.3
2001	50.5	33.4	–	–	–	84.0
2002	279.2	157.1	4.8	–	–	441.2
2003	812.3	1,349.7	16.8	906.0	–	3,084.8
2004	474.0	1,008.1	6.5	1,012.0	3.6	2,504.1
2005	1,034.5	1,561.0	22.6	2,892.8	502.5	6,013.3
2006	1,207.6	2,574.5	429.1	4,239.6	1,805.7	10,256.4
2007/1~10	1,364.8	2,048.0	346.3	6,902.5	1,128.8	11,790.4
합계	5,277.5	8,757.4	826.0	15,952.9	3,440.6	34,254.4
비중(%)	15.4	25.6	2.4	46.6	10.0	100.0

출처: www.chinamoney.com.cn

은행간 채권시장에서 발행금리 및 거래가격은 시장에서 결정된다. 채권 발생시장에 대한 개혁을 통해 채권 매매시장의 개혁을 위한 여건이 조성되었다. 은행간 시장에는 52개의 중국인민은행 공개시장 딜러들이 채권인수의 핵심을 형성하고 있고, 16개의 금융기관들이 채권시장의 시장 형성자로 승인을 받아 양방향 시세(two-way quotation)를 제시하며 채권시장의 유동성을 높이고 있다. 은행간 채권시장은 종이 없는 채권, 그리고 통합된 커스토디 및 거래 플랫폼을 도입했다. 앞서 설명한 인프라를 통해 은행간 채권시장은 현대적 장외거래 시장의 기틀을 구축했고, 은행간 시장에서 채권의 유동성이 크게 향상되었다.

은행간 채권시장의 발전은 중앙은행의 통화정책 실행뿐만 아니라 금융기관의 운영에 영향을 미치기 시작했다. 첫째, 은행간 채권시장의 발전으로 상업은행은 자산구성을 조정하고 중국인민은행에 예치하는 초과 지급준비금을 줄일 수 있게 되었다. 1997년 채권자산은 상업은행 총자산의 5%를 차지했는데, 2006년 말에는 그것이 29%로 상승했다. 채권자산의 비율이 증가하면서 예금/대출 비율이 낮아지고, 상업은행은 자산의 질을 개선할 수 있게 되었다. 또한 채권자산 비율이 상승함으로써 상업은행은 초과 지급준비금을 줄이고 채권환매 거래를 통해 유동성을 시장의 변화에 따라 관리할 수 있게 되었다.

둘째, 채권발행과 유통에서 시장의 역할이 커지면서, 은행간 채권시장은 시장에서 결정된 종합적인 채권 수익률의 기간별 구조(term structure of bond yields)를 형성하기 시작했다(그림 27.2를 볼 것). 이는 이자율을 시장에 맡기려는 중국의 개혁에 긍정적인 영향을 미치게 되었다. 은행간 채권시장에서 수익률의 기간별 구조는 중국인민은행이 미래의 인플레이션 움직임을 판단하는데 있어서 중요한 참고자료의 역할을 한다. 이는 또한 기타 금융상품의 가격결정을 위한 주요 기초이기도 하다.

셋째, 높은 채권자산 비율과 단기자금시장의 발전으로 상업은행과 여타 금융기관들은 중국인민은행의 정책운영에 좀 더 민감해졌고, 따라서 중국인민은행이 공개시장조작에 더 강력한 노력을 쏟을 수 있는 조건이 마련되었다.

그림 27.2 | 은행간 채권시장의 수익률 곡선

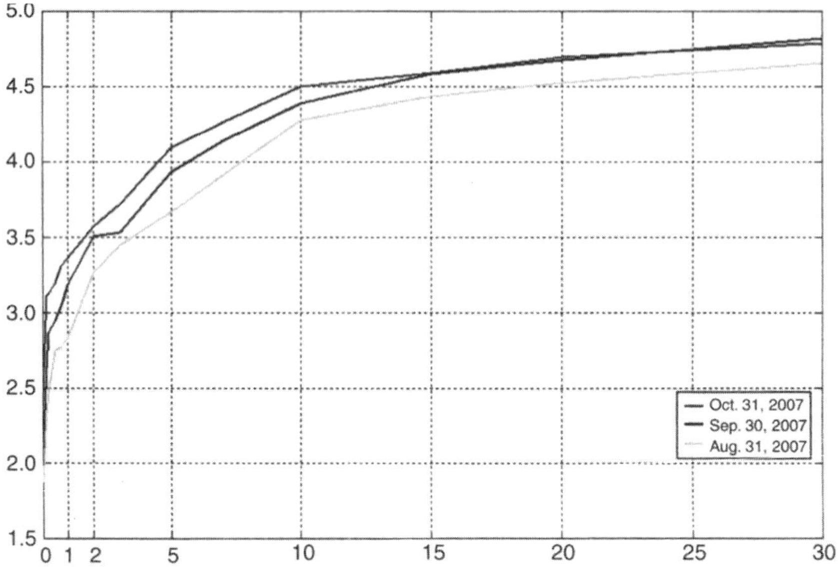

출처: TX 투자 컨설팅 주식회사

중국의 채권시장: 도전과 전망

첫째, 은행간 채권시장에서 투자자의 규모가 확대되어야 한다. 현재 이 시장의 회원들은 여타의 비금융기관 및 개인 투자자들과 밀접한 관계를 형성하고 있지 못하여 시장의 효율성과 유동성의 개선에 한계를 나타내고 있다. 은행간 시장은 모든 형태의 비금융기관들에 대해 서서히 개방되고 있고, 은행-고객 거래를 통해 도매 채권시장이 개인투자자와 기관투자자가 참여하는 소매시장과 연결되어가고 있다. 하지만 비금융기관들은 여전히 소극적인 투자자에 불과하다. 도매시장과 소매시장의 연결이 느슨하고, 시장 효율성의 개선은 뚜렷이 나타나지 않고 있다. 은행간 시장과 거래시장 사이의 관계는 향후 중국 채권시장의 발전에서 해결되어야 할 필요가 있는 중요한 문제이다. 시장 효율성의 개선과 유동성 증가도 필요하다. 본질적으로 은행간 시장과 거래시장을 어떻게 연결할 것인가의 문제는 기관투자자 시장과 소매투자자 시장 사이의 관계를 어떻게 처리할 것인가의 문제이다.

둘째, 채권의 다양성이 아직 부족하고 채권수요가 공급과 균형을 이루어야 한다. 한편으로 중국 금융시장의 종합적인 발전은 중국인들에게 투자할 수 있는 금융수단에 대한 선택의 폭을 넓혀주고 상업은행에 대한 단기예금의 비중을 상승시킨다. 다른 한편으로 상업은행도 개인주택 모기지 등 장기자산을 늘리고 있다. 이러한 상황에서 상업은행은 점차 자산–부채 구조에서 기간별 불일치라는 점차 심각한 문제에 직면하고 있다. 따라서 유동성 관리를 위한 채권자산이 필요하다. 그 동안 상업은행은 자산의 듀레이션을 줄이고 이자율 위험을 관리하기 위해 주택 모기지와 같은 자산의 증권화가 필요하다. 현재 중국의 채권시장은 주택 모기지 증권화와 대출자산 증권화를 위한 초기적 시도를 하고 있다. 그러나 이 두 가지 형태의 증권화를 추진하는 데에는 많은 법적 · 금융적 문제가 해결되어야 한다.

셋째, 회사채 시장의 발전을 위한 더 많은 노력이 기울여져야 한다. 회사채 시장을 어떻게 발전시킬 것인가의 문제는 항상 중국 금융시장의 주요 문제이자 어려운 문제였다. 중국공산당 중앙위원회의 금융공작회의의 정신에 따라 다음 단계의 금융개혁은 회사채 발전을 위해 많은 노력이 기울여질 것이다. 회사채의 발행에 있어서 핵심 논점은 이 채권의 신용위험을 어떻게 다룰 것인가의 문제이다. 이와 관련해, 다음과 같은 세 가지 선택이 가능하다. (1)발행규모의 제한, (2)은행보증제도를 이용하여 기업의 지불위험 축소, (3)적극적인 기관투자자 시장의 육성과 기업지배구조, 정보공개, 기관투자자의 위험식별 및 위험감내 능력의 강화. 과거 10년 동안 지배적인 방식이었던 처음의 두 가지 방법은 현재의 경제적, 금융적 발전이 요구하는 것을 만족시켜 줄 수 없다. 따라서 은행간 채권시장은 세 번째 방법을 추구해야 한다.

❖ 단기자금시장, 채권시장, 그리고 공개시장조작

1998년에 중국인민은행은 대출규모 관리를 통한 직접적인 조정방식을 중단했다. 그 대신 중국인민은행은 더 많은 경우에 있어서, 시장에 기초한 간접적인 조정방식을 적용했다. 단기자금시장의 거래규모가 증가함에 따라 중국인민은행은 1998년 이래로 단기자금시장에서의 공개시장조작을 강화해 왔다. 현재 중국인민은행은 공개시장

프라이머리 딜러(open market primary dealer) 시스템을 구축해 두고 있다.[8] 통화정책의 목표가 추구하는 바에 따라, 중국인민은행은 해당 주(week)의 운영전략을 결정하고 프라이머리 딜러들과 매매거래를 수행할 것이다. 매매형식에는 현금채권(cash bond) 거래, 재정증권 및 정책성 금융채 환매, 그리고 중앙은행채의 발행 등이 있다. 공개시장조작을 통해 중국인민은행은 본원통화 증가를 조정하고 통화공급 목표를 실현하며 단기자금시장의 금리를 안정화하기 위해 노력한다. 통화공급을 중간목표로 삼는 정책의 틀 안에서 본원통화는 중국인민은행의 주요 운영목표이다. 외환의 유입으로 인한 위안화의 과도한 증가, 경제적 구조의 불균형, 그리고 위안화 환율체제 등의 상황에서, 공개시장 사업은 이제 본원통화의 증가를 안정화하고 통화공급 목표를 달성하기 위한 불태화 정책에 있어서 중요한 도구가 되었다. 2003년부터 중국의 외환시장은 수급의 불균형이 악화되는 추세가 지배해 왔다. 따라서 중국인민은행은 지나치게 빠르게 증가하는 유동성을 불태화하기 위해 은행간 채권시장에서 대규모 중앙은행채를 발행해 왔다. 2007년까지의 통화정책 운영은 "주로 단기자금시장 조작을 통해 통화정책 목표를 실현"하기 위한 활동이었고, 이는 중국인민은행에게는 유의한 경험이었다.

중국인민은행의 공개시장조작과 이자율 사이의 상관성 강화(그림 27.3)을 통해, 단기자금시장 금리는 중국인민은행이 공개시장조작을 통해 조정하는 핵심 정책적 목표 가운데 하나로 부상했다. 하지만 상업은행의 예금 및 대출 금리가 여전히 중국인민은행에 의해 통제되고 있고, 단기자금시장 도구들이 상업은행의 자산에서 차지하는 비중이 낮은 상황에서, 단기자금시장 금리의 변동은 상업은행의 예금 및 대출 금리 또는 기타 금융자산의 수익률에 직접적인 영향을 미치지 못하고 있다. 그 결과 중국인민은행은 단기자금시장에서의 공개시장조작을 통해 통화공급과 같은 목적을 효과적으로 달성할 수 없다.

금융기관들 사이의 자금조달 금리는 신용수준에 따라 매우 큰 차이를 보인다. 국유 상업은행과 합작주식제상업은행 등 조직화된 기관은 비교적 안정적인 금리로 은행간 자금시장을 활용할 수 있지만, 자산의 질이 좋지 않은 소규모 금융기관에 대한 금리는 시장평균보다 높은 경우가 흔하고 변동성이 크다. 비교적 관점에서 볼 때, 채

그림 27.3 | 27.3 2007년 SHIBOR 및 1년 만기 중앙은행채 금리

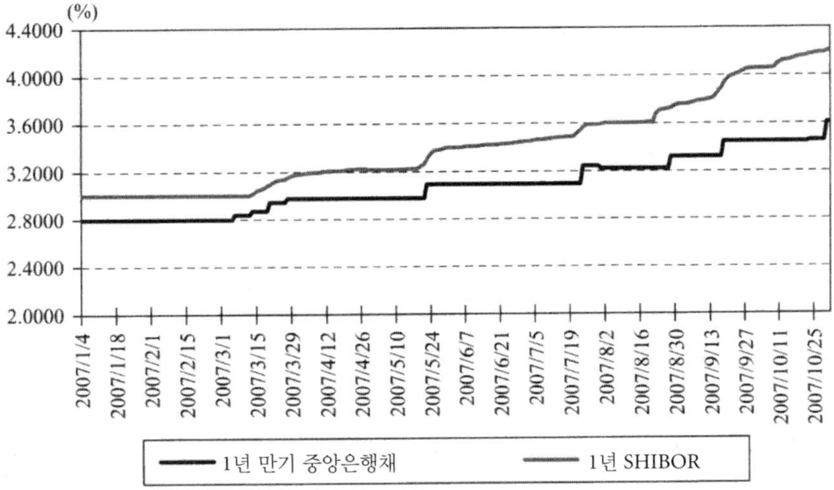

출처: www.chinamoney.com.cn

권을 담보로 하는 자금조달 방식 중 하나인 채권환매는 은행간 자금시장보다 훨씬 낮은 위험이 따르기 때문에, 상이한 형태의 금융기관들에 부과되는 채권환매 이자율의 차이는 그렇게 뚜렷하지 않다.

❖ 외환시장

금융 및 외환거래 시스템을 개혁하고 인플레이션을 억제하기 위해 중국은 1994년 외환관리 제도에 대한 중요한 개혁을 시작했다. 이 개혁을 통해 중국은 외환의 매매 체계를 도입하고 은행간 외환시장을 통합했으며, 위안화 환율에 대해 관리변동환율제를 실시했다. 은행간 외환시장과 관리변동환율제도가 시작됨으로써 중국경제의 지속적이고 빠른 발전이 효과적으로 촉진되었다. 2005년 7월에는 국내외의 주요 경제 및 금융환경이 변화함에 따라, 중국은 외환 시장에서의 또 다른 중요한 개혁을 실시했다. 이 개혁은 위안화 환율의 유연성을 개선하고, 외환의 수요와 공급을 조정하는 데 있어서 시장이 더 중요한 역할을 하도록 하기 위한 것이었다. 또한 이 개혁으로 자

그림 27.4 | 외환 매매에 있어서 포지션의 구성과 관리

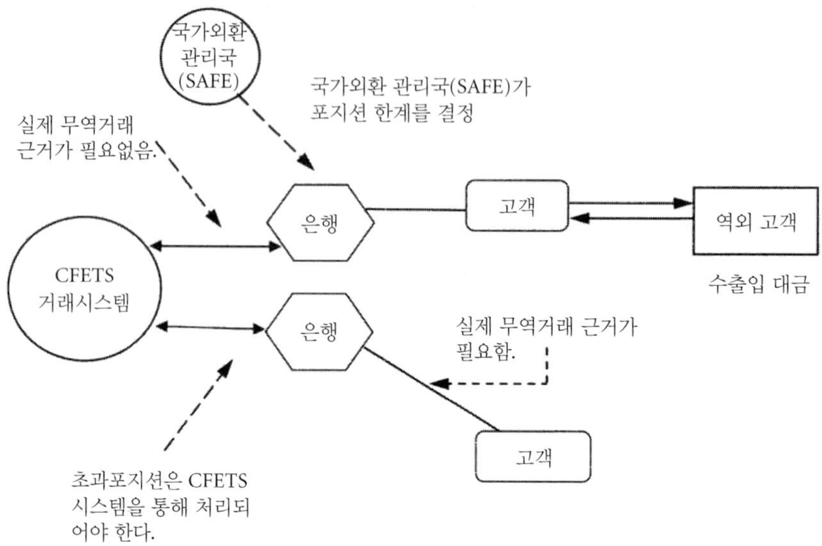

본계정과 금융계정의 위안화 태환을 위한 조건이 조성될 것으로 기대되었다.

현재 중국의 외환시장은 소매시장과 은행간 시장으로 구성되어 있다(그림 27.4 참조). 소매시장에서는 기업과 개인이 '외환 매매에 대한 행정적 규칙과 정책'이 정한 바에 따라, 지정된 외환은행에서[9] 외환을 매매할 수 있다. 은행간 외환시장은 지정된 외환은행, 적격의 비은행금융기관 및 비금융회사로 구성된다. 지정된 외환은행은 소매시장과 은행간 시장을 연계하는 주요 기관이다. 중국의 외환거래시스템(CFETS)은 거래 플랫폼, 청산, 은행간 시장에 대한 정보 제공 서비스를 담당한다.

중국의 국제수지와 거시경제가 변화함에 따라, 개인과 기업의 외환보유 규제의 철폐가 가속화되고 있다. 수출업자는 점점 더 많은 외환 수입을 자신의 계정에 보유할 수 있고, 기업의 경상계정에 유보하는 수입에 대한 규제는 2007년에 철폐되었다. 개인이 구매할 수 있는 외환 한도액이 2007년 5만 달러로 상향조정되었다. 내국인적격기관투자자에게는 해외투자를 위한 외환매입 경로가 제공되고 있다. 자본 및 금융계정의 태환성도 크게 가속화되었다.

지정된 외환은행의 포지션 관리 시스템은 중국의 외환시장 관리의 핵심 시스템 중

하나이다(그림 27.4 참조). 2005년 7월의 환율결정 메커니즘 개혁 이전에는 은행간 외환시장 참가자는 자동 가격매칭에 의해서만 외환 거래를 했다. 시장의 수요와 공급이 불일치할 경우, 상업은행에 부과된 포지션 할당량으로 인해 이러한 불일치가 자동적으로 해결될 수 없었다. 대신 중국인민은행이 이러한 불균형을 조정해야만 했다. 따라서 시장의 자기조정 능력이 약했다. 새로운 체계 하에서는 상업은행은 두 가지 방식, 즉 자동가격 매칭과 장외거래[10] 가운데 하나를 선택할 수 있다. 통화당국은 외환시장 형성자들의 포지션 할당량을 증가시켰고, 중국인민은행은 외환시장의 일상적 거래에 직접적으로 참여하지 않기로 했다. 그 대신 지금 중국인민은행은 프라이머리 외환 딜러를 통한 간접적인 조정을 실시하고 있다. 이렇듯 상업은행은 시장의 수요와 공급에 점차 큰 영향력을 발휘하고 있으며, 위안화 환율의 결정에 시장의 힘이 점점 더 큰 역할을 수행하고 있다. 다른 한편으로, 상업은행은 음(–)의 포지션을 유지할 수 없고, 외환거래는 관련 규정에 따라 통합된 거래 플랫폼을 통해 이루어져야 한다. 따라서 어느 한 상업은행이 시장을 조작하여 현물 또는 선물환 환율에 영향을 미칠 수 없게 되었다.

시장요인들이 위안화 기준환율(central parity)을 결정하고(그림 27.5 참조), 위안화의 변동폭(floating band)이 분명 넓어지고 있다. 현재의 시장 틀 안에서 CFETS는

그림 27.5 | 은행간 외환시장의 거래양식

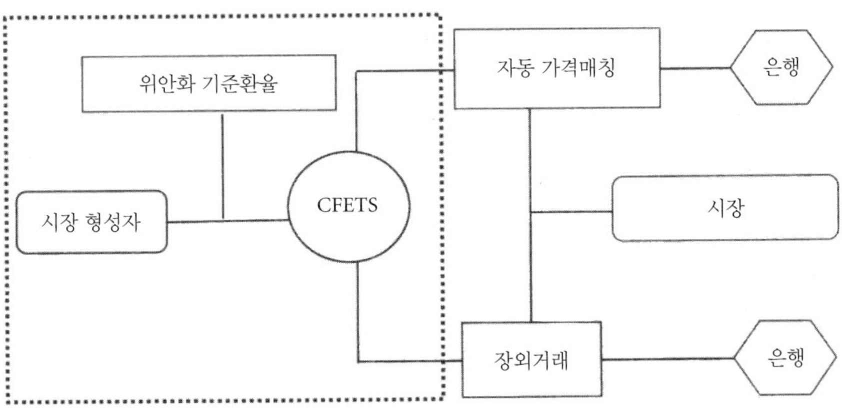

시장 형성자:
(1) 두 양식 하에서 거래: 수요-공급을 조정하고 유통성을 공급
(2) 위안화 기준환율 형성에 참여.

표 27.6 | 달러 대비 위안화 환율의 변동폭[1](단위: 베이시스 포인트)

년도	Q1	Q2	Q3	Q4
2005	38	67	1,905[2]	229
2006	548	405	1,115	1,170
2007	945	1,248	1,100	680[3]

출처: www.chinamoney.com.cn

[1] 변동폭은 한 분기 거래가격의 최대치와 최소치 사이의 스프레드를 의미한다.

[2] 2005년 7월 21일 위안화는 2% 평가절상되었다.

[3] 2007년 10월말 현재.

매일 모든 외환시장 형성자들에게 외환시장이 열리기 전에 달러화 대비 위안화 환율 가격을 요청한다. 이 가격 샘플을 기초로, CFETS는 최고치와 최저치를 제외한 나머지의 가격들을 가중평균하여 기준환율을 산출한다. 이렇게 산출된 기준환율은 매일 여러 매체와 www.chinamoney.com.cn을 통해 즉시 발표된다. 가중치는 가격을 제시하는 기관의 거래량과 은행간 외환시장의 환율을 참고하여 CFEFTS가 결정한다. 현재 외환시장에는 9개의 외국인투자은행을 비롯하여 22개의 시장 형성자들이 있다. 은행간 시장에서 달러화 대비 위안화 현물환율의 1일 변동폭은 기준환율을 중심으로 상하 5%이다. 기타 통화 대비 위안화 현물환율의 1일 변동폭은 각 환율에 대한 기준환율의 3%이다. 이때 전일 기준환율과 당일 기준환율 사이의 차이에는 제한이 없다. 또한 선물 및 스왑 환율에 대해서는 아무런 행정적 규제도 부과되지 않는다. 이러한 사실은 시장요인이 위안화 환율의 결정에서 점점 더 중요한 역할을 수행하고 있음을 보여주는 것이다. 새로운 환율제도 하에서 위안화 환율의 변동폭이 크게 확대된 것이다(표 27.6 참조)

위안화 환율의 변동폭 확대를 배경으로, 은행간 외환 시장은 기업 및 금융기관의 위안화 환율 위험 헤지 수요를 충족하기 위해 위안화 환율 파생상품을 도입했다. 2005년 8월에 위안화 선물이 도입되었다. 2006년 4월에는 위안화/외환 스왑이 도입되었다. 2007년 8월에는 위안화/외환 통화스왑 거래가 시작되었다. 환율위험과 유동성 관리라는 이중적인 기능으로 인해, 외환스왑은 거래량의 폭발적인 증가가 보여주듯이, 금융기관들 사이에 더 인기가 있다(그림 27.6 참조).

그림 27.6 | 위안화/외환 선물 및 스왑거래

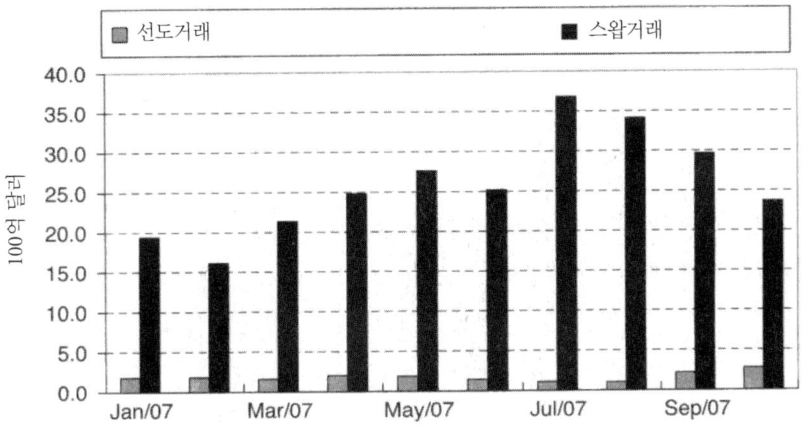

출처: www.chinamoney.com.cn

환율제 개혁 이후 비정상적이었던 2년의 상황이란 맥락에서 보면, 현재의 위안화 환율 결정 메커니즘은 다음과 같은 특징을 보인다. 첫째, 위안화 환율은 양방향 변동폭과 변동이 확대되었지만, 상대적으로 안정되었다. 둘째, 장외거래가 지배적인 거래 방식이 되고 있다. 셋째, 외환시장 형성자로서 상업은행들이 이전보다 더 중요한 역할을 수행하고 있다. 중국인민은행의 직접적인 개입이 축소되고 있고, 위안화 환율의 결정에 시장의 영향이 명백히 커지고 있다. 개혁 이후 나타난 이러한 새로운 변화들은 점증적으로 관리변동환율제의 특징을 나타내고 있다.

현재 중국 외환시장의 주요 도전은 국제수지의 장기적 불균형으로 인해 위안화 환율이 한쪽 방향으로만 움직일 것이란 기대감이다. 그러한 기대가 시장의 유연한 조정기능을 방해해 왔다. 점진적인 자본계정 및 금융계정의 개방으로 자본이동이 외환시장의 수요와 공급에 미치는 영향이 커지고, 위안화 환율의 유연성이 확대될 것이다. 시장 수급의 변화가 커지고 위안화 환율의 유연성이 늘어난 상황에서, 환율위험을 회피할 수 있는 파생상품을 어떻게 발전시킬 것인가, 그리고 깊고 넓은 외환시장을 어떻게 건설할 것인가의 문제는 위안화 환율의 유연성을 더욱 확대하기 위해 풀어야 할 중요한 전제조건이 되었다. 따라서 외환시장의 구축을 서두르는 것이 시급하다 할 것이다.

❖ 결론

중국의 단기자금시장, 채권시장, 그리고 외환시장은 지난 10여년 동안 빠른 성장을 실현했다. 이들 시장에서 거래의 다변화로 인해 중국의 은행간 시장에는 세계시장에서 거래되는 대부분의 주요 현금상품들이 거래되고 있다. 이는 시장 참가자들의 수요를 충족시켜 주었을 뿐만 아니라, 거래규모의 빠른 증가에도 기여했다. 이러한 과정에서, 시장 참가자의 수와 범위가 지속적으로 확대되었고, 시장구조가 개선되었으며, 시장의 깊이와 폭이 확장되었다.

단기자금시장은 중국 내 여러 금융시장을 연결하는 역할을 하게 되었다. 단기자금 매매 규모가 빠르게 증가했다. 환매와 대출 등 단기자금시장 수단들이 등장했고, 이것들은 펀드 포지션과 유동성을 관리하기 위한 금융기관들의 주요 수단이 되었다. 단기자금시장 금리는 현재 여러 금융상품들에 대한 기준금리이자 중앙은행의 공개시장조작의 주요 목표 중 하나가 되었다. 채권시장에서는 모든 채권이 시장화된 방식으로 발행되고 있으며, 따라서 채권시장은 정부와 기업이 자금을 조달하는 주요 자금원이자, 중앙은행이 유동성을 불태화하는데 있어서 중요한 부분이 되었다. 시장에서 용인되는 합리적인 채권 수익률 곡선이 현재 채권시장에 형성되어 있어서, 금융수단들의 가격을 결정하기 위한 기준을 제공하고, 금리의 시장화를 촉진하고 있다. 중국의 외환시장은 2005년 환율결정 메커니즘에 대한 개혁 이후 중대한 변화과정에 있다. 외환시장에서의 매매 메커니즘은 더욱 합리적으로 되어가고, 위안화 환율에 대한 시장요인의 영향이 지속적으로 강화되고 있으며, 위안화 환율의 변동성도 크게 증가했다. 중국의 단기자금시장, 채권시장, 그리고 외환시장의 발전을 기반으로 중국인민은행의 간접적 통화정책 조정이 더욱 효과적이게 되었다.

하지만 중국의 금융시장은 아직 발전의 초기단계에 있어 다소 분할되어 있다. 그 결과 거래에 활용될 수 있는 시장도구들이 제한되어 있고, 거래규모가 작다. 예금과 대출에 대한 이자율이 아직 통제되고 있음으로 인해, 단기자금시장 금리의 변화는 신용시장 등 기타 금융시장에 대하여 제한적인 영향밖에 미칠 수 없다. 위안화 환율의 국제수지 조정기능이 아직 본격화되어 있지 못하다. 따라서 금융시장의 발전을 위한 요건을 충족하고 이를 기초로 통화정책을 비롯한 거시정책 운영의 효율성을 높이기 위해서는 중국의 단기자금시장, 채권시장, 그리고 외환시장을 발전시키기 위한 조건들이 조성되어야만 한다.

미주

1 2007년 11월 26일 현재 법정 지급준비율(지준율)은 13.5%로 선진국보다 훨씬 높다. 캐나다, 스위스, 벨기에, 오스트레일리아 등 일부 선진국의 경우에 그것은 0%이다(Kevin Clinton, 1997). 선진국들의 0% 지준율에 반대하는 학자들은, 이 체계가 효과적인 자금시장을 유지할 수 없고, 자금시장에서 단기 기준금리에 대한 중앙은행의 영향력을 빼앗아 간다고 주장한다.

2 미국의 연방기금시장(federal fund market)은 가장 전형적인 자금시장으로, 이 시장의 금리는 현재 FED(연방준비은행제도)의 가장 중요한 목표금리이다. 그러나 전자거래 기술의 발전과 종이 없이 등록되는 채권의 발전으로 환매(repo)가 단가자금보다 안전하면서도 그만큼이나 효율적이다. 현재 환매는 또한 중요한 단기금융 방식이 되었다(Moorad Choudhry, 2006). 환매시장을 다루는 다음 절에서 중국의 단기자금시장에서 환매의 발전에 대해 논의한다.

3 2007년 8월 중국인민은행은 일부 기관의 자금 만기가 1년 정도 장기일 수 있다고 규정한 "은행간 자금에 대한 행정조치"를 발표했다.

4 국제 통화 투기꾼들이 1997년 태국의 상업은행들로부터 태국 바트화를 차입했을 때, 태국 중앙은행은 정확한 자금 흐름과 규모를 측정할 수 없어서 외환시장에 개입하는데 치명적인 판단오류를 범했다. 따라서 자금흐름에 대한 중앙은행의 지식은 자본 및 금융 계정 개방에 있어서 선결조건이라 할 수 있다. 태국 중앙은행의 위기 기간 중 자금운영에 대한 자세한 내용에 대해서는 Xie Duo(1997)을 볼 것.

5 환매는 무조건부 환매(outright repo)와 담보부 환매(pledged repo)로 구분된다. 중국의 채권시장은 처음에는 무조건부 환매를 거래했으나, 거래세로 인해 담보부 환매로 전환되었다

6 국제 금융시장에서 은행간 시장은 금융기관들 사이의 시장으로 지칭되는 경우가 자주 있다. 이 시장의 참여자는 상업은행으로 제한되지 않는다.

7 상업은행의 재정증권 보유는 논란이 되는 문제이다. 1997년 초 관계당국은 상업은행이 신용자금을 통해 중앙은행의 재정증권을 매입하지 못하도록 해야 한다고 요구했다. 그러나 중국이 적극적인 재정정책으로 선회한 1998년 이래로, 상업은행은 재정증권에 대한 투자를 확대해 왔다.

8 공개시장의 프라이머리 딜러에는 국내외 상업은행, 증권회사, 보험회사, 펀드회사를 비롯한 52개의 금융기관이 해당된다.

[9] 어떤 은행이 지정 외환은행이 되기 위해서는 국가외환관리국의 승인을 얻어야 한다. 지정 외환은행은 CFETS가 제공하는 거래 플랫폼을 통해 구체적인 거래를 한다. 현재의 규정에 따르면, 지정 외환은행의 외환 포지션은 마이너스가 되어서는 안 된다.

[10] 2006년 1월부터 장외거래는 중국의 은행간 외환시장에서 주요 매매방식이 되었다.

참고문헌

Choudhry, M. The Repo Handbook, Elsevier, 2006.

Clinton, K. *Implementation of Monetary Policy in a Regime with Zero Reserve Requirement*, Bank of Canada Working Paper, 1997.

Cook, T.Q. and RMBK. LaRoche, Instruments of the Money Market, 7th Edition, Federal Reserve Bank of Richmond, 1993.

European Central Bank, *Euro Money Market Study 2006*, 2007.

Fabozzi, F. *The Handbook of Mortgage-backed Securities*, McGraw-Hill, 2006.

Garbuck, F.D. *The Evolution of Repo Contracting Conventions in the 1980*, FRBY Economic Policy Review, 2006.

Kuroda, I. *Towards More Effective Monetary Policy*, Palgrave MacMillan, 1997.

Martellini, L., P. Priaulet, and S. Priaulet, Fixed-Income Securities, John Wiley & Sons, 2003.

Michie, RMBC. *The Global Securities Market: A History*, Oxford University Press, 2006.

Mundell, RMBA. *Monetary Stability and Economic Growth*, Edward Elgar, 2003.

People' s Bank of China (PBC), *China Monetary Policy Report*, All series.

People' s Bank of China (PBC) *Measures for the Administration on Interbank Lending*, 2007.

People' s Bank of China (PBC) *Provisions Governing the Forward Transactions of Bonds in the National Inter-bank Bond Market*, 2000.

State Administration of Foreign Exchange, *Circular of the State Administration of Foreign Exchange on Further Improving the Administration of Foreign Exchange Collection and Settlement in Trade*, November 1, 2006.

State Administration of Foreign Exchange. *Detailed Rules for Implementing the Measures for the Administration on Individual Foreign Exchange*, February 1, 2007.

28 | 중국의 금융선물시장

주 위천
중국 선물거래소 사장

끊임없는 혁신은 모든 금융시장 발전의 원동력이다. 새로운 개념들이 전 세계 금융시장의 지속적 성장 이면에 있는 무궁무진한 힘이다. 1970년대 가장 중요한 개념은 금융 파생상품이었다. 1986년부터 2005년까지 20년간 금융파생상품의 명목가치가 폭발적으로 증가하여 전 세계적으로 183배나 증가했다. BIS(국제결제은행; Bank for International Settlements)에 따르면, 2006년도 전 세계 파생상품의 명목가치는 600조 달러였다. 이것은 전 세계 GDP의 12배, 주식 거래액의 13배에 해당하는 양이다. 파생상품 시장의 발전에 적극적으로 접근하는 태도는 금융시장 구조의 발전과 금융 세계화를 위한 방법으로서 다수 국가의 전략적 목표가 되었다. 2006년 9월 8일 중국은 공식적으로 금융선물시장을 설립하여 그 실험을 시작했다. 중국 금융선물거래소 "하나를 출범시킨 것"이 그 시작을 알렸다.

❖ 배경: 중국의 금융선물

중국 자본시장은 중국경제가 다년간의 개혁과 대외 "개방" 정책을 실시한 이후 지속적이고 견고하며 안정적인 성장을 이루던 시점에서, 성장을 위한 중요한 기회를 갖게 되는 행운을 누렸다. 2004년 국무원이 "자본시장의 개혁 · 개방 촉진과 안정적 발전에 관한 다양한 의견들"이라는 "의견서"를 발표했을 때, 자본시장은 중대한 전환점을 맞이했으며 이에 따른 개혁이 시작되었다. 시장의 기초적 인프라는 거래규모가 증가하면서 계속적으로 개선되었고, 매매도 활발해졌으며, 투자자의 계좌수도 크게 늘어났다. 2007년 11월 초 상하이와 선전의 두 주식시장에 상장된 기업은 1,610개로 시가총액이 GDP의 약 120%인 33조 위안이었다. 두 시장을 합하면 이미 세계 4위에 해당했다. 이들 시장이 점차 중국경제의 지표 역할을 하게 되었다. 거래량의 급격한 증가와 뚜렷한 "시장화"의 진전으로 성장을 위한 확고한 기초가 마련되었다. 거래소는 중국 국가경제의 건전한 기능에 대한 자극제 역할을 하기 시작했다.

그런데 중국의 자본시장은 독특한 특징을 나타내기 시작했으며, 그러한 특징은 중국경제가 다른 경제체제로 이행했다는 사실과 관련이 있다. 기본적인 시장체제의 구축이 상대적으로 취약하고, 시장구조는 이상과는 동떨어졌고, 내부의 균형을 유지하는 메커니즘도 부적절했다. 최근 주식거래 범위의 확장과 규모의 급속한 팽창으로 인해 주식시장의 리스크는 더 커졌다. 가격 변동성도 두드러지게 증가했고 시장운영은 잠재적 위기 가능성을 지니고 있었다. 특히 2007년 이후로 나타난 상대적으로 높은 변동성은 시장의 정상적 운영에 영향을 미친 것 같았다. 주식 회전율이 매우 높고 참여자의 투기심리가 매우 심각했다.

자본시장이 장기적으로 안정적 성장을 이루기 위해서는 양적 발전과 더 중요하게는 질적 발전이 필요하다. 이를 위해서는 빠른 운영과 발전된 메커니즘이 요구된다. 규모와 구조의 발전도 필요하다. 시장규모가 커지고 시장의 힘이 확대되면서 중국의 금융선물시장 설립을 위한 여건이 성숙되어 갔다. 먼저 주식 선물시장을 출범시키고 기타 금융수단의 선물시장은 가능한 한 빠른 시기에 출범시키는 것이 자본시장의 심화를 위해 객관적으로 필요한 일이 되었다. 모든 투자자들에게 시장의 리스크를 다루는 일이 긴급하게 되었다. 중국 금융 선물거래소의 설립과 시장의 성장은 중국의 금융부문 발전에서 중요한 전략적 "행위"다. 이것은 안정적 방식으로 적극적 선물시장의 성장, 시장기능의 향상, 자원배분의 개선, 현물시장 규모의 확대, 거래상품의 다양화, 시장구조의 개선, 시스템 개혁의 가속화, 국가경제의 위험 대처능력의 향상 면에서도 매우 중요하다.

❖ 주식선물: 중국 자본시장의 성장

주식선물은 세계적으로 주식시장 위험관리를 위한 가장 중요한 수단 중 하나가 되었다. 또한 전체 금융 파생상품 중 가장 중요한 위치를 차지하고 있다. 미국의 선물업협회에 따르면, 글로벌 주식선물, 옵션, 개인-주식선물/옵션의 총 거래량이 전 세계 파생금융상품 거래의 약 68%를 차지하고 있다. 주식선물이 시스템 리스크를 피하고 자원배분을 증진시키며 새로운 상품개발을 촉진하는데 기여하는 긍정적인 역할이 점차 시장에서 인정되고 있다. 주식선물의 도입은 향후 중국 자본시장의 창조적 성장에 큰 영향을 미칠 것이다. 그 이유는 다음과 같다.

첫째, 글로벌 경험으로 봤을 때 주식선물의 두드러진 역할이 위험의 축소라는 것을 깨닫게 될 것이다. 선물계약의 매매를 통해 주식시장의 시스템 리스크는 효과적으로 분산, 이전, 재흡수 될 수 있다. 주식선물은 시장에게 가치를 보존하고 위험을 회피하는 수단을 제공한다. 즉, 위험에 대한 탈출구이자 일별 가격 변동으로 인한 시장위험을 없애주는 역할을 한다. 또한 주식선물은 시장 전체의 탄력성과 신축성을 증대시키고 그에 따른 시장 건전성, 안정성, 지속성을 촉진하여 전반적인 재무적 균형을 유지하는 능동적 상황을 만들어낸다.

둘째, 현재의 중국 주식시장은 공매도(short selling) 메커니즘이 없다. 주가가 상승할 때 투자자는 이익을 얻을 수 있다. 그 반대의 경우, 모든 투자자들은 손실을 입어야 한다. 주식선물의 설립으로 공매도 수단을 제공하여 일방적 시스템에서 벗어나 쌍방적 균형 메커니즘을 갖추어 효과적으로 가격 급등현상을 회피할 수 있다. 이러한 것은 자동차 운전과 유사할 수 있다: 전진할 수도 있지만, 정지 및 후진 능력을 통해 안전성를 제고할 수 있는 것이다.

셋째, 주식선물이 시장에 도입되면 금융혁신을 촉진하여 금융시장의 자가 발전적인 시대를 가져오는 모델로서 기능을 할 것이다. 1970년대 미국에서 시작된 이래로 금융선물은 20여 년 이상 계속된 금융혁신의 물결을 가져왔다. 1990년 노벨상 수상 경제학자인 마코위츠(Harry M. Markowitz)는 이것을 "20세기의 가장 중요한 금융혁신"이라 설명했다. 그 이유는 주식선물이 선물시장과 주식시장을 유기적으로 연계하기 때문이다. 주식선물에는 마진체계, 쌍방향 매매, T+O 방법, 현금결제, 그리고 그 자체로 혁신이라 할 수 있는 전체 메커니즘이 이용된다. 가장 기본적인 금융 파생상품인 주식선물은 다른 파생시장의 초석이 된다. 또한 주식선물은 다른 상품이 따를 수 있는 편리한 모델을 제공한다.

넷째, 중국에서 주식선물 거래의 실행은 보다 강력한 기관투자자의 성장을 촉진할 것이다. 더 다양한 차별화된 구조를 형성함으로써 비즈니스 모델이 발전하고 전반적인 경쟁력도 점차 높아질 것이다. 다양한 상품과 여러 투자전략을 갖춘 금융 생태계는 다차원적이고 본격적인 금융산업을 가능하게 할 것이다.

다섯째, 주식 선물시장은 상품 및 금융선물시장 모두의 번영을 가져다 줄 것이다. 주식선물을 포함한 금융선물 상품의 유연한 발전을 보장하기 위해 당국은 시장구조, 비즈니스 모델, 시장진입 기준, 제도적 규칙, 투자자 보호 등에 관한 법률과 규칙들을 마련하여 승인했다. 많은 시스템 혁신을 통해 상품 선물시장에 적용되는 전체적인 규제제도가 수립되었다. 예를 들어, 위험 대처능력 제고를 위해 여러 구성원 그룹별 다층적 결제제도, 결제 문제를 위한 담보제도, 그리고 결제관련 연대보증제도 등이 수립되었다. 이로써 여러 층으로 위험이 분산되고 시장위험에 대한 인식이 강화되었으며, 시장의 전반적 안정성이 보장되었다. 동시에, 금융선물 업무에 진입하기 위한 자격을 엄격히 적용함으로써, 규칙들이 선물관련 기업의 실제 능력을 크게 향상시켰다.

❖ 시스템의 구조: 앞에 놓인 길

경제적으로 성숙된 국가들은 금융선물시장을 운영하는 데 풍부한 경험을 가지고 있다. 중국의 경우, 경험과 실제 현황 사이에 큰 격차가 존재한다. 중국의 법률 및 신용 환경은 중개기관과 규제수단의 발전에 있어서 가야 할 길이 멀다는 점을 보여준다. 따라서 선물시장의 발전은 장기간의 신중한 탐구과정이 필요하다. 중국 금융선물시장의 설치는 다음과 같은 중요한 원칙에 따라 추진되어야 한다. "높은 기준의 유지, 신중한 진행", "전체적인 계획의 수립과 여러 실행 단계의 분리", 그리고 "금융선물시장의 안정적이고 안전한 운영의 보장하기 위해 다음 단계로 나아가기 전에 이전 단계에서의 과제를 완수하기"가 그러한 원칙이다.

다른 국가의 경우, 금융선물시장은 30여 년의 역사를 가지고 있지만, 중국에는 새로운 개념이다. 중국의 국가적 여건은 "많은 준비작업, 안정된 실행, 위험회피, 규제강화, 점진적 성장" 등의 기본원칙에 기초한 점진적 접근법을 채택해야 한다는 것을 말해준다. 잠재적으로 경쟁할 수 있는 요인들 간의 관계는 신중히 다루어져야 한다. 그 중 하나는 성장과 규제간의 관계이다. 즉, 혁신의 속도는 시장의 리스크 흡수 능력과 일치하여야 한다. 둘째는 금융선물시장과 상품선물시장 사이의 관계이다. 우리는 시장 내외의 생산물에 대한 개혁 조치들을 조화롭게 실행해야 하며 그 절차를 표준화하여야 한다. 정부 부처들은 여러 시장에서 나타나는 다양한 측면들을 다루기 때문에, 이들 간의 효과적인 의사소통을 통해 규제 조치들이 서로 협력하도록 해야 한다. 성숙된 금융선물시장은 기관투자자들이 지배한다. 이러한 시장의 전문적인 특성과 고위험의 특성을 적극적으로 홍보하고, 기관투자자들을 독려하고 육성하여야 한다. 마지막으로, 우리 자신의 한계를 인식하고 국제적 경험을 끌어들이는 노력을 기울여야 한다. 또한 선물시장 고유의 위험을 완전히 파악하고 외국으로부터 교훈을 끌어내는 한편, 중국의 실제 상황을 고려해야 한다.

중국은 금융파생상품을 발전시킴에 있어서, "적절한 순서로 단계적이고 점진적으로 앞으로 나아가"는 방법을 채택할 것이다. 우리는 "서서히 시작해서 빠르게"라는 원칙을 이해해야 한다. 또한 "강을 건널 때 발로 돌다리를 두드려본다"는 정신을 가져야 한다. 이러한 정신에는 성장 초기의 속도조절, 실제 경험의 중시, 금융파생상품시장의 발전과정과 관련된 중국의 국가적 상황에 적합한 경로 탐구 등의 원칙이 포함된다.

둘째, "소수에서 다수로"의 원칙을 이해해야 한다. 선물시장 개설을 위해 기초시장의 규모, 유동성, 그리고 기타 기본적 조건들을 신중히 고려해야 한다. 우리는 기초가 마련되기 전에, 추가적인 실행에 필요한 조건이 충분히 충족되기 전에는 절대로 움직여서는 안 된다. 그리고 파생상품을 서둘러 추진해서도 안 된다.

셋째, "시장 내부와 외부의 조화로운 성장"이라는 원칙을 이해해야 한다. 미국의 서브프라임 모기지 위기는 두 시장 참가자의 요구가 서로 다르다는 것을 잘 보여준다. 중국은 시장기구의 위험관리 시스템을 강화해야 한다. 초기에는 내부 시장의 발전과 시장 "내외"의 조화로운 발전의 촉진에 중점을 두어야 한다.

넷째, 점진적이며 순차적인 시장개방 접근법을 따라야 한다는 원칙을 이해해야 한다. 국제적 경험에 의하면 적정 수준의 관리를 통해 점진적으로 외국인투자자를 유인하는 것이 국내 파생상품시장의 건전한 발전에 유익하다는 것을 보여준다. 적절한 규제 없이 지나치게 조급히 추진한 개방은 외국인 투자의 거대한 유입으로 국내 시장에 부정적 효과를 유발할 수 있다.

다섯째, 시장과 정부부처를 포함한 감독기관의 조정이 강화되어야 한다. 금융파생상품시장은 모두 금융시장과 연계되어 있다. 어떠한 사건이 발생할 때 그 충격이 다른 시장으로 전파될 것이기 때문에, 부처간, 그리고 시장간 종합적인 감독관리가 이루어져야 한다. 그럴 경우에만 위험이 효과적으로 봉쇄될 수 있다. 다른 국가들은 미국의 대통령 산하 실무그룹(President' s Working Group)과 인도의 고위 결제위원회(High Level Clearance Committee: HLCC) 등과 같이 이미 설치된 감독 조정기관을 가지고 있다. 이 기구들의 효과는 갑작스런 사태가 발생했을 때 명확해진다. 현재 중국증권감독위원회 내에 협력적인 감독 제도가 있긴 하지만, 감독기관을 조율하는 부서간 감독 조정기관을 발전시킬 필요가 있다.

금융선물시장의 발전에서 혁신

금융선물시장은 위험관리에 도움이 되지만, 그것은 위험도가 상당히 높은 시장이기도 하다. 위험의 내부화를 보장하기 위해서는 중국의 금융 선물거래 시스템을 설계할 때 다음의 네 가지 주요 부분을 구축하여야 한다. 이러한 것들은 중국 상품 선물시장에서 얻은 축적된 경험에 의한 것이며 국제시장에서의 일반적 규준을 고려한 것이기도 하다.

첫 번째는 위험의 내부화 시스템이다. 이 시스템의 주된 목적은 현물시장과 선물시장을 분리하는 것이다.

두 번째는 청산 회원제 시스템(clearance membership system)이다. 중국의 금융선물거래소는 현재 운영되고 있는 유일한 금융 선물거래소이다. 거래소 회원은 매매회원, 매매 및 청산 회원, 청산 회원, 그리고 특별 청산 회원 등의 네 부류로 나뉘어진다. 청산은 다음과 같은 순서로 이루어진다. 거래소에서 청산회원으로, 청산회원에서 매매 회원으로, 매매회원에서 고객으로. 청산회원의 자격요건을 엄격히 함으로써 매우 엄격한 자격요건을 충족하는 기관만이 청산회원이 될 자격이 보장된다. 자격이 불충분한 회원의 청산은 청산회원을 통해야만 한다. 이로써 다층적이고 위험을 분산한 피라미드형 위험관리 시스템이 구성되어 시장의 위험대응에 도움을 주게 된다.

세 번째 부분은 청산 연대보증 시스템(Clearing Co-guarantor system)이다. 선물거래소의 청산회원은 그들의 위약에 대비하여 연대보증의 기능을 하는 담보금 또는 증권을 제공하여야 한다. 이러한 제도는 금융선물시장이 기능하기 시작하는 초기에, 상당한 규모의 공동 증권(common securities) 또는 담보금을 사전에 확보해 둘 것을 보장하여, 위험에 대처할 수 있는 거래소의 금융적 능력을 강화할 것이다. 이것은 위험을 제거하는 완충 지대를 마련하는 것이다.

네 번째 부분은 선물증거금(margin fund)을 관리하는 규제제도이다. 중국증권감독관리위원회는 '안전을 최우선으로 하고 그 다음으로 결과를 고려한다' 는 전체적인 원칙에 따라 운영된다. 동 위원회는 선물증거금을 관리하기 위해 새로운 보호관리 체계를 수립했고, 이들의 운영을 관리하기 위해 중국선물증거금규제센터(China Futures Margin Regulatory Center)를 설치했다. 일단 금융선물 사업이 선물회사에 의해 전문적으로 경영되게 되면, 선물증거금은 이 규제체계 하에서 안전한 관리자의 임무로 이관될 것이다. 선물증거금을 다루는 보호관리 체계(custodial system) 하에서 선물회사가 고객의 증거금을 빼내갈 가능성은 크게 감소할 것이다.

❖ 상품선택

많은 분석과 논쟁을 거쳐, 중국은 국내 최초로 출시된 "선물" 상품을 포괄하는 지수를 작성하기 위해 300개의 상장기업을 선정했다. 이 지수에는 상하이거래소와 선전거래소의 300개 주식이 포함되었다. 이 300개의 주식은 다음의 요인을 고려하여 선정되었다 ; (1)현재 상하이거래소와 선전거래소의 300 선물지수는 두 거래소의 협력으로 만들어진 유일한 시장간 지수이다; (2)기관투자자가 투자하는 대다수의 주식이 지수를 구성하는데 포함되었는데, 이는 위험에 대처하는데 유익하다; (3)시장 커버리

지율이 높고, 유통주의 시장가치 비율이 60%를 초과하여, 사장조작에 대응할 수 있는 강력한 능력을 갖추고 있다; (4)포함된 주식의 유동성이 비교적 높고 일별 주식거래율이 높다; (5)위험과 수익 간에 적절한 관계가 성립하고, 시장을 잘 대표하고 있다; (6)지수관리는 국제적 선례를 따라고, 주식의 지명도가 높다.

상하이-선전 300 선물지수는 위험의 통제를 핵심 관심사로 삼는다는 지도 원칙을 반영하고 있다. 300 선물지수의 "계약승수"(contract multiplier)는 300이다. 현재 주가를 평균하면, 지수의 액면가치는 대략 180만 위안이다. 국제적으로도 이 액면가는 비교적 높은 것이지만, 상품의 포지셔닝은 일차적으로 기관투자자를 목표로 한다. 상품을 설계할 때, 우리는 여타 투자자들의 한계를 고려하여 기관투자자들이 주요 고객이 될 것으로 정했다. 그리고 나서 우리는 이 시장의 초기 안정성을 보장하기 위해, 비교적 높은 마진수준을 채택했다. 우리는 또한 1일 변동폭의 허용 한도를 정했다. 우리는 "융합" 메커니즘(fusing mechanism)을 채택하여, 지수가 한계점에 도달하면 "시장의 냉각" 기능이 발휘되도록 했다. 우리는 시스템 설계에 많은 주의를 기울여, 시장 조작을 방지할 수 있는 여러 요소들을 포함시켰다.

선물지수가 상장된 후, 중국은 다른 금융 파생상품들을 계속해서 개발하고 상장할 것이다. 기본적 생각은 다음과 같다. 즉, 시장 내 파생상품을 장외 상품보다 우선하고, 금리 및 통화선물보다 주식선물이 우선하며, 주식옵션보다 주식선물이 우선한다. 궁극적으로 우리는 주식선물과 옵션, 채권선물과 옵션, 외화 선물과 옵션을 망라한 전 상품을 만들게 될 것이다.

중국의 금융선물시장은 "시작 단계"에 있다고 할 수 있다. 중국은 전 세계 20대 경제국 중 금융선물시장을 갖추고 있지 않은 유일한 국가이다. 따라서 미래의 잠재력이 크고 또 적극적으로 글로벌 시장에 참여하여야 한다. 그러나 앞에 놓인 길은 험난하다. 우리가 자신감을 가지고 발전을 분석하면서 과학적인 태도를 견지한다면, 해외의 성숙한 경제들의 경험과 국내 경험을 결합한다면, 혁신과 문제해결에 대한 의지를 가진다면, 그리고 적극성을 가지면서도 순차적이며 점진적으로 앞으로 나아간다면, 국제기준에 부합하며 중국 고유의 환경을 포용하는 금융선물시장 발전의 길을 개척할 수 있을 것이다.

29 | 중국의 신(新)통화체제와 역내 외환시장

스테판 그린

스탠다드 차터드은행 선임 이코노미스트

중국 인민폐(renminbi)는 곧 전 세계 시장에서 시세가 표시되는 주요 글로벌 통화가 될 것이다. 인민폐는 아시아 대부분의 거래에서 표시되는 통화가 되고, 세계 중앙은행들의 준비자산 통화가 될 것이다. 그러나 지금은 아직 몇 가지 측면에서 이행과정—고정환율제로부터 변동환율제로, 외환시장이 존재하지 않던 통화로부터 은행과 여타 기관이 선물, 스왑, 기타 파생상품을 통해 적극적으로 거래하고 CNY(국제표준화기구가 중국 위안화에 대해 정한 4217 통화코드 약자)에 대한 포지션을 취하는 통화로, 폐쇄적 시장으로부터 자본계정이 개방된 시장으로—에 있다. 많은 일들이 진행되고 있고, 변화속도는 어지러울 정도인 경우가 적지 않다. 규제 당국이 직면한 문제도 지대하다. 신(新)상품과 규정의 변화는 필연적으로 외환제도, 금융부문, 거시경제 등의 다른 부문에 영향을 미친다. 여러 기관들이 관련되어 있어서 조정(coordination)의 문제를 발생시키고 있으며, 안타깝게도 정치화되는 통화가 있다면 그것은 바로 인민폐일 것이고, 이는 복잡성을 더할 것이다. 이 장은 지금까지의 중국 통화개혁에 대한 종합적인 분석을 제공하고, 이를 통해 위안화 시장(현물 및 선물)과 중국 자본계정에 대한 현재 진행되고 있는 개혁의 틀에 대한 통찰을 제공하고자 한다.

❖ 위안화 환율체제

1994년부터 2005년 7월까지 공식적으로는 위안화가 "수요와 공급에 기초한 관리변동환율제"를 기반으로 운영되고 있었다. 그러나 실제에 있어서 1997~98년의 아시아 금융위기 이후 중국 통화는 미국달러 1달러당 8.276위안에 고정되어 있었다. 외환거래는 이를 중심으로 0.007%의 매우 좁은 변동폭 내에서 이루어졌다. 미국의 강한 압력에도 불구하고 중국 지도부는 위안화의 대규모 평가절상을 거부했고, 2003년부터 US$ 대비 CNY 가치의 "기본적 안정 유지"라는 정책을 유지했다. 2005년에는 많은 국내 경제학자들이 큰 폭의 평가절상보다는 더 넓은 환율 변동폭을 요구하면서 논쟁이 격화되었다. 우리는 장기적으로 중국은 위안화 자유화 없이는 독립적인 통화정책을 펼 수 없으며, 지속적인 생산성 향상을 고려하면 위안화는 점차 대부분의 무역 상대국 통화에 대해 절상되어야 한다고 믿기 때문에, 이러한 요구를 지지했다. 또한 그림 29.1에서 보듯이, 통화에 대한 압력을 측정하기 위해 스탠다드 차터드은행 위안화 바로미터(barometer)를 개발했다. 우리의 판단으로는 중국은 우선 미국 달러화에 대해 +/–3%의 변동폭을 도입할 것이지만, 당국은 이러한 변동성의 한계치를 점진적으

그림 29.1 | 스탠다드 차터드 은행의 위안화 바로미터. 높은 수치일수록 절상압력이 큼.

*95.3 = 2001*년 *8*월 수준, *140.9 = 2006*년 *9*월 수준

출처: SCB Global Research and ECIC

로 시험할 것이란 것이었다. 우리는 이러한 움직임이 2005년 2~3분기에 시작될 것이라 여겼다. 우리는 통화 바스켓이 가능하리라 생각하지 않았다. 왜냐하면 통화 바스켓 체계는 그 운영에서 매우 복잡하고, 단기적으로 주요 쟁점은 US$–CNY 환율일 것이라 생각했기 때문이다.

2005년 7월 21일 중국은 위안화를 미국 달러화 대비 2.1% 절상했으며, "새로운" 통화체제를 도입했다. 이 새로운 통화체제는 공식적으로 "통화 바스켓과 관련된 시장의 수급에 기반하는 관리변동환율제"로 정의된다. 이러한 묘사는 이전의 체제와 유사하다. 하지만 실제에서 이 제도는 보다 큰 변동성을 허용한다. 전체적으로 위안화는 2007년 3월말까지 미국 달러화 대비 4.9%가 추가로 절상되었다. 하지만 2007년 3월의 경우처럼 움직임이 느렸던 달도 있었지만, 절상속도가 점차 빨라졌다. 그림 29.2는 US$–CNY 환율과 명목실효환율의 변화경로를 보여주고 있다.

공식적으로는 통화 바스켓이 위안화에 대한 "기준"(reference)으로 이용된다. 주요

그림 29.2 | US$–CNY 환율 및 명목실효환율

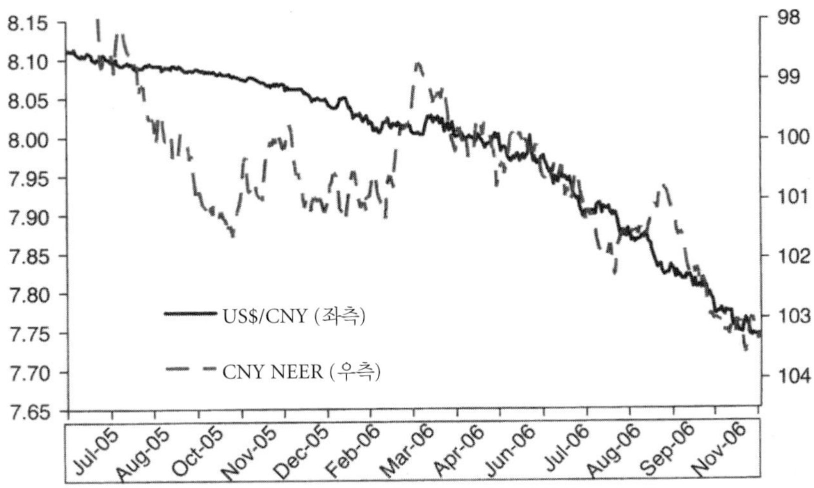

주: 위안화가 기준으로 삼는 통화 바스켓의 주요 구성통화는 공개되었지만, 구성비율은 공개되지 않고 있다. 우리의 위안화 명목실효환율은 3가지 통화, 즉 미국 달러화, 일본 엔화 및 유로화를 60:20:20의 비율로 구성한 통화 바스켓에 기초하고 있다.

출처: 블룸버그 및 SCB 글로벌 리서치

교역국가들의 통화(미국 달러화(US$), 유로화(EUR), 일본 엔화(JPY), 한국 원화(KORWON))가 포함되는 것으로 보도되었으며, 이 바스켓은 싱가폴의 경우처럼 명목실효환율로서 구조화되었다. 가중치는 공개되지 않고 있으나 주요 통화가 70%를 넘게 차지할 것으로 여겨진다. 중국인민은행 총재 저우 샤오촨에 의하면, 미국달러가 "약 50%"를 차지한다. 현재는 유로화, 엔화 또는 기타 바스켓 구성통화를 반영하기보다는 미국달러에 대해 위안화의 점진적 절상을 허용하고 있는 것 같다. 기업들이 송장을 작성할(invoicing) 때 달러화 이외의 통화를 사용하기 시작하고 있기 때문에 아마도 바스켓 제도가 중요한 역할을 하게 될 것으로 생각된다. 그러나 송장에 달러화를 사용하는 관행이 줄어들 것으로 보이지는 않는다.

어느 날이라도 위안화는 미국 달러화 대비 +/–0.3%, 기타 주요 통화에 대해 +/–3.0%만큼 변동할 수 있다(애초의 변동제한폭 +/–1.5%는 US$–CNY 환율의 변동 한계치와 상충되기 때문에 적용되기 힘든 것으로 드러났다). 하지만 이 개혁 이후, US$–CNY 환율의 1일 변동은 +/–0.15% 내에서 움직였다. 이것은 그림 29.3에서 확

그림 29.3 | US$–CNY 환율의 일일 변동성 (개장 환율의 변화, %)

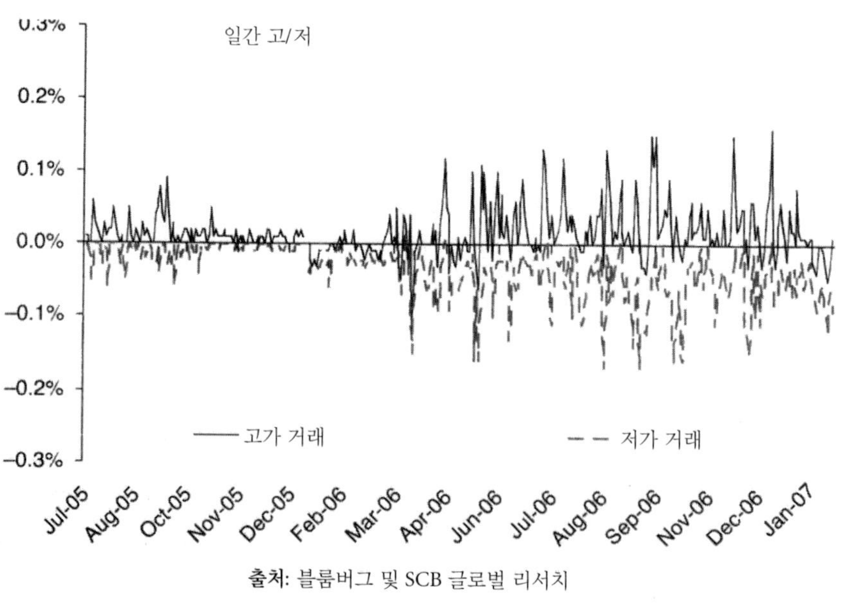

출처: 블룸버그 및 SCB 글로벌 리서치

인할 수 있다. 실제에 있어서 이는 큰 변동제한폭이다. 이론적으로 중국 위안화는 미국 달러화에 대해 매주 하루에 0.3%씩 평가절상될 수 있기 때문이다. 실제에 있어서는, 중앙은행이 절상압력을 관리하기 위해 간접적으로 개입함으로써 환율 움직임은 양방향으로 나타나고 있다.

위안화가 크게 절하되어 있고 "조작"되고 있다는 비난을 포함하여, 중국 환율에 대한 많은 비판이 생겨났다. 이러한 비판은 부분적으로 머국의 대중 무역적자에 기초하는 것으로 그림 29.4에 그 내용이 나타나 있다. 2006년 미국측 통계(여기에는 홍콩으로부터의 모든 수출이 포함되어 있기 때문에 중국의 대미 흑자규모가 과장되어 있다)에 의하면, 미국의 대중 무역적자 규모는 총 2,320억 달러 수준에 이르렀다. 이로부터 미국의 전체 무역적자 중 중국이 차지하는 비중을 확인할 수 있다. 미국의 무역적자는 변동성이 크긴 하지만, 최근 수개월간 증가했고 현재 중국이 그 적자의 약 1/3을 차지하고 있다. 물론 이것은 정치적으로 위험스런 일이다.

위안화와 관련한 논쟁은 복잡하다. 우리의 견해는 다음과 같다. 첫째, 위안화가 조작되고 있다고는 믿지 않는다. 1994년부터 2005년 8월까지 위안화는 고정된 명목 페

그림 29.4 | 미중 무역수지 적자 (단위: 100만 달러, 전체 미국 무역수지적자 중 중국의 비중 %)

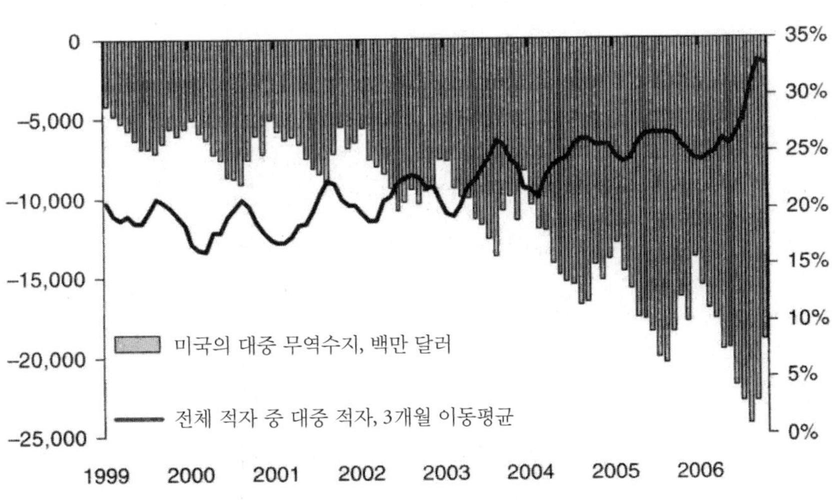

출처: CEIC, SCB 글로벌 리서치, Ahearne, BEA, IMF와 OECD

그제(fixed nominal peg)였고, 이제는 자유변동환율제로 점진적으로(지나치게 느리긴 하지만) 이행하고 있는 중이다. 빠른 경제변화에 따른 위험 때문에 변화 속도가 느리다. 점진적인 변화는 수익에 비해 비용이 증가하는 수출업자에게 조정할 수 있는 여유를 준다. 우리는 이런 변화가 재앙적인 결과 없이도 조금 빨라질 수 있을 것이라고 생각하지만, 점진주의는 수출가격 조작을 위한 사기성 전략이 아니라 보수적 정부의 당연한 자세라고 생각한다.

조작이라는 비난은 그것이 법적 의미를 갖는 것이기 때문에 중요하다. 미국 재무성은 1988년의 일괄 무역 및 경쟁 법안(Omnibus Trade and Competitiveness Act)에 의거하여 다른 국가의 환율에 대한 연간보고서를 작성하고, IMF와의 협력을 통해 "효과적인 국제수지 조정을 가로막거나 국제무역에서 불공정한 경쟁적 우위를 획득할 목적"으로 환율을 조작하는 국가가 있는지를 검토할 수 있는 권한을 위임받았다(IMF는 중국이 변동환율제로 더 나아가도록 막후에서 교육하고 고무하는 노력을 기울이고 있지만, 조작이라는 단어의 사용이나 대폭적인 평가절상 요구는 거부했다. IMF의 관점에서, 핵심은 중국 위안화의 유연성이지 평가절상이 아니다). 더욱이 이 일괄법안은 "조작국"으로 간주하기 위해서는 조작 "동기"가 중요하다는 점을 분명히 했다. 즉, 중국을 환율 조작국으로 비난하려면 중국이 효과적인 국제수지 조정을 가로막거나 불공정한 무역을 통해 이득을 얻으려 한다는 판정을 내려야 한다. 지금까지 미국 재무성은 현재의 구조가 머지않은 장래에 더 큰 유연성을 허용하기 전에 필요한 이행단계라고 주장했다(우리도 이 점에 동의한다). 그러나 미국 재무성에는 중국을 "조작국"으로 판정하고자 하는 정치적 압력이 존재하고 있다. 조작이 확인되더라도 결과는 불분명하다. 미 재무성은 중국이 환율 조정을 통한 효율적인 국제수지 조정에 나서도록 하고 불공정 무역의 이득을 해소하도록 IMF와 협의하여, 또는 IMF와 함께 중국과 협상하도록 하는 권한을, 1988년의 일괄 법안을 통해 위임받았다. 이것은 재무성이 지난 3년간 노력해온 바이다. 그런데 이 법안은 재무성에게 그러한 변화를 강제할 법적 수단을 부여하지는 않았다.

둘째, 위안화 환율은 미중 무역 불균형의 원인이 아니다. 무역 불균형은 오히려 미국 소비자와 정부의 소비성향, 글로벌 공급망의 구조조정, 중국의 노동집약적 제조업

그림 29.5 | 미국의 대아시아 및 대중국 수입 (미국 전체 수입에서 차지하는 비중 %)

출처: CEIC 및 SCB 글로벌 리서치

(중국의 노동자는 연간 약 2,000달러(여타의 복지혜택 포함)를 벌지만 미국의 노동자는 3만 달러를 번다), 중국의 우수한 인프라와 매력적인 조세체계 등에서의 비교우위가 유발한 결과인 것이다. 종전에는 대만, 한국, 일본, EU, 미국 등에서 생산하여 수출하던 기업들이 이제는 중국을 통해 그렇게 하고 있다. 이러한 공급망의 재조직화 주장을 이해하기 위해서는 그림 29.5를 보면 된다. 이 그림에 나타나 있는 것처럼, 아시아에서 미국으로의 수출 중 중국이 차지하는 비중은 약 55%로 늘어났지만 미국의 전체 수입 중 아시아가 차지하는 비중은 약 35%을 여전히 유지해 오고 있다. 달리 말하면, 중국이 아시아의 제조능력을 흡수하여 저부가가치 조립지 역할을 하고 있는 것이다. 중국이 일자리를 "빼앗는다면", 그것은 미국의 일자리가 아니라 아시아의 일자리일 것이다. 예를 들어, 중국의 섬유부문에 대한 보호주의 법안은 베트남, 인도 또는 방글라데시 등 제3세계 시장에서 일자리를 창출할 것이다.

최종 조립과 기타 가공산업의 집중은 전체 무역흑자에서 중요한 위치를 차지하고 있다. 중국은 무역대국이다. 2006년 중국의 대미무역의 규모는 1조 7,630억 달러로 GDP의 68%에 해당된다. 하지만 그것의 막대한 이점과 개방에도 불구하고 무역흑자는 비교적 새로운 현상이다. 2006년 중국의 전체 상품무역수지 흑자는 1,689억 달러로 GDP의 6.5%였지만, 대미 무역수지 흑자는 2,300억 달러로 GDP의 8%였다. 그림 29.6에 이러한 사정이 나타나 있다. 하지만 그림 29.7은 가공무역과 비가공무역 부문의 수지뿐만 아니라 중국의 전체 무역수지 흑자를 보여주고 있다. 가공무역은 최근 수년간 흑자를 낳은 주요 요인이었다. 2006년의 흑자규모는 1,875억 달러로 GDP의 7.2%였다. 2006년에 중국의 비가공무역수지는 180억 달러, GDP의 0.7% 적자였다. 하지만 가공무역수지는 흑자이며, 생산설비가 아시아 등지로부터 이전되고 있기 때문에 중국의 전체 흑자규모는 더 커질 것이다.

위안화 절상은 중국의 수출가격을 높이고 아시아에서 위안화의 구매력을 높여 원재료 또는 컴퓨터 부품을 포함하여 투입물 비용을 낮추기 때문에, 무역수지 흑자 문제 해결에 도움이 되지 않는다. 우리 은행 자체의 연구에 따르면, 위안화 20% 절상은 중국에서 가공된 재화의 평균가격을 단지 3% 미만으로 상승하는 효과를 보일 것으로 보인다. 결과적으로, 베이징의 많은 사람들은 위안화 절상은 무역흑자 문제를 해결하기 위한 복합적 접근방식들 중 일부로 간주되어야 한다고 믿고 있다. 물론 더 높은 세율과 기타 조치들도 중국에 집중되어 있는 저부가가치 가공산업을 감축하기 위해 사용될 수 있을 것이다. 이러한 대책에는 유출면에서의 자본/금융 계정의 개방과 유입면에서의 차단, 그리고 이 장의 마지막 절에서 논의하는 변화들이 포함된다. 그러나 이러한 대책들이 현재로써는 큰 차이를 창출해 낼 만큼 빠르게 실행되고 있지는 않다. 우리는 무역흑자가 적어도 2009년까지 절대액으로나 GDP 대비 비율로나 증가할 것으로 예측하고 있다.

이런 주장들은 이미 잘 알려져 있지만, 미국의 정치인들은 중국에 대한 법적 대응을 촉구하고 있다. 슈머–그래함 관세법(Schumer-Graham Tariff Bill)이 2006년에 최종적으로 상정되었다. 두 명의 상원의원이 발의하고, 중국 수입품에 대해 27.5%의 관세를 부과하려는 이 법안은 (1)비용상승을 통해 미국 소비자와 기업에게 주로 피해를 입히게 될 것이고, (2)불법으로 판정될 것이다. 국제 무역법은 세계무역기구(WTO) 회원국이 WTO 가입 당시 통지하지 않은 관세는 부과될 수 없도록 규정하고 있다. 그러나 중국에 대한 워싱턴의 억눌린 우려가 존재하는 상황에서, 실제로 적용 가능성이 더 높은 법안들이 만들어졌다. 한 가지 아이디어는 중국 수입품에 대한 반

그림 29.6 | 중국의 무역수지 흑자(단위: 100만 달러, GDP 대비 %)

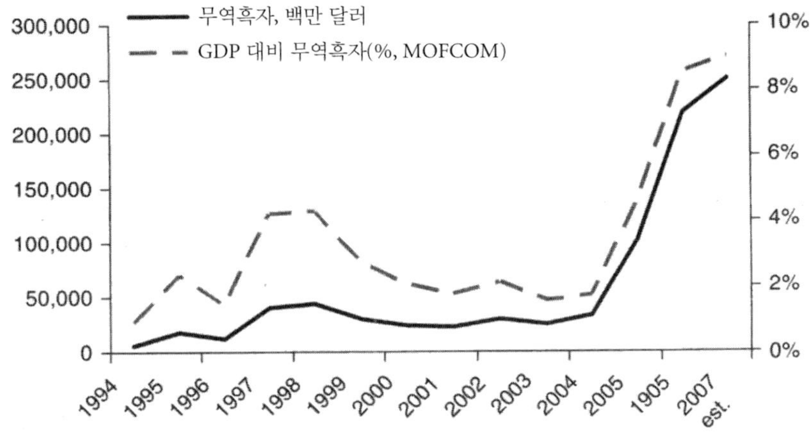

출처: SCB 글로벌 리서치 및 CEIC

덤핑관세를 좀 더 쉽게 부과할 수 있도록 하는 것이다. 우리의 세 번째 생각은, 우리의 정치 전략적 관점에서 볼 때, 미국에게 위안화는 관심을 돌리는 수단에 지나지 않는다. 베이징으로 하여금 더 빨리 움직이도록 하는 조야한 보호주의 법안(또한 국제무역법상으로도 불법일 가능성이 큰)이라는 의미 외에는, 다른 어떤 의미도 없는 것이다. 그 이외의 미국의 대중 무역적자의 근본적인 원인에 대한 분석에 의하면, 위안화가 20% 절상된다 하더라도 별 도움이 되지 않을 것 같다. 이러한 이유들을 고려할 때, 시장접근, 보조금, 지적재산권 보호 등의 문제—미국은 여기에서 도덕적 근거를 쉽게 찾을 수 있을 뿐만 아니라 조치를 취하는데 필요한 WTO 규정의 준수라는 법적 도구도 갖고 있다—에 집중하는 편이 더 유익한 정책이라고 믿는다.

넷째, 진정으로 위안화가 얼마나 저평가되어 있는지는 아무도 알지 못한다. 여러 경제모델들은 자본계정과 무역 탄력성에 대한 상이한 가정에 따라 상이한 답변을 제시하고 있다. 최근의 연구들은 위안화 저평가에 대한 추정치들이 신뢰할 수 없다는 결론을 내렸으며, 우리는 여기에 모든 연구가 역사적 데이터에 기초하고 있다는 점을 추가할 수 있을 것이다. 즉, 정치 뉴스, 매일매일의 새로운 경제 데이터, 그리고 분위기 등에 따라 외환시장이 움직인다는 사실을 덧붙일 수 있는 것이다. 균형 환율을 둘

그림 27.7 | 중국의 전체 무역수지, 가공무역수지, 비가공무역수지(GDP 대비 %)

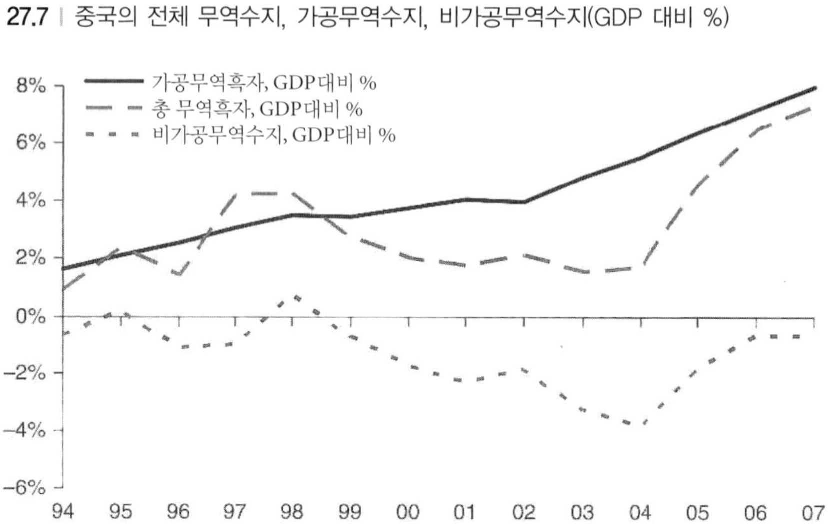

주 : SBC 2007 전망치 포함
출처 : CEIC 및 SCB 글로벌 리서치

러싼 불확실성과 가까운 장래의 미국 달러화의 운명을 고려할 때, 중국으로써는 점진적으로 움직이는 것이 신중한 행동이다. 빠르게 움직이는데 있어서 장애물은 외환시장의 인프라의 허약성, 즉 주식회사 중국으로 하여금 유연한 통화라는 새로운 위험에 대한 노출을 헤지할 수 있도록 하는 도구가 부족하다는 점이었다. 이제 그러한 인프라의 대부분이 준비되어 있으며, 이것이 우리가 주의를 돌려야 할 주제이다. 2006년에 필요한 인프라의 대부분이 갖추어져서, 2006년 3분기 이래로 다소 빠른 절상을 위한 근거를 제공했다.

❖ 트레이딩: 위안화와 역내 외환 현물

중국의 외환거래시스템(CFETS), 또는 국가 은행간 자금센터(NIFC)로도 알려진 이 시스템은 중국의 시장에서 외환 거래와 결제를 주관한다. 이 기구는 1994년 4월 중국 인민은행의 자회사로 설립되었으며 외환 문제에서는 국가외환관리국(SAFE, 국무원과 인민은행에게 직접 보고한다)과 긴밀한 협력관계를 유지하고 있다. CFETS 외환 플랫폼은 외환으로 환전이 필요한 기업 등이 현물을 거래할 수 있는 전국 "스왑" 센터들을 대체했다. CFETS는 두 가지의 현물 매매 플랫폼을 제공하고 있다. 그 중 하나는 위안화와 외환, 즉 US$/CNY, JPY/CNY, EUR/CNY, HKD/CNY, GBP/CNY 등을 주관하고, 다른 하나는 8개의 이종통화(二種通貨)(아래에 자세히 설명되는)를 지원한다. 이들 두 시장은 2007년 후반 외환 이종통화거래 플랫폼을 사용하여 통합될 것으로 보인다. 은행간 외환시장은 또 다른 3개의 은행간 시장(채권, 은행간 단기금융(CHIBOR), 상업어음)을 위한 플랫폼 등과 함께 운영된다. 이들은 또한 CFETS/NIBFC(두 기관이 다루는 영역이 같은 것 같다)에 의해 관리된다. CFETS 외환 시스템은 전국 실시간 거래 시스템을 통해 회원간 매매 방식으로 운영된다. 대다수 CFETS 회원은 은행들이지만 2005년 8월부터 비은행금융기관들과 거액의 환전이 필요한 여타의 기업들도 회원으로 가입할 수 있도록 하여, 은행을 통하지 않고도 여기에서 거래할 수 있게 되었다. 회원들은 (익명으로) 플랫폼 상에서 연속적으로 시세를 제시하고 실시간으로 주문 체결이 이루어진다. 결제기능이 통합되어 회원들에게는 집중화된 쌍방향, 순액(純額) 결제시스템이 적용된다.

위안화 현물거래를 위한 CFETS 플랫폼에 더하여 2006년 1월 4일에는 장외시장(OTC)이 설립되었으며, 지금은 5개의 통화들이 위안화와 교환되고 있다. 이 두 시장은 현재 오전 9:30부터 오후 5:30까지 열린다. CFETS는 회원들에게 집중화된 주문–매도 플랫폼을 제공하지만, 장외시장에서는 전화와 로이터(Reuters) 등을 통해 가격과 물량에 대해 동의한 양자간 거래를 기초로 한다. 하지만 여기에서도 최종적인 거래확정은 CFETS 플랫폼에서 이루어진다. 집중화된 CFETS 시장은 효율적이지만 비용이 많이 든다. CFETS 거래 시스템은 모든 회원으로부터 1일 순거래량에 따라 0.03%와 0.01%(시장형성자와 비시장형성자 각각에 대해)의 수수료를 징수한다. 그러나 CFETS 장외시장의 수수료는 양측에 대해 거래당 0.001%에 불과하여 수수료 절감효과가 크다. 높은 수수료율은 투자 인센티브를 줄이고 현물시장의 유동성을 제약한다. 결과적으로 대다수 거래—90% 정도의—는 현재 장외시장 거래로 이루어지고 있다.

과거의 CFETS 외환 시스템의 유일한 목적은 고정된 US$–CNY 환율을 보호하기 위해 초과 외환을 흡수하도록 설계되었다. 구 시스템 하에서는 수입자가 모든 외환

수입을 한 은행에 넘기고 은행은 대부분의 외환을 CFETS에 넘기도록 되어 있었다(SAFE에 의해 승인된 소액 외환 포지션을 유지하는 것은 허용됨). CFETS가 주요 거래 상대였다. 인민은행이 간접적인 거래 상대방이라는 사실은 누구나 알고 있었지만, 직접적으로 누구와 거래하고 있는지는 알지 못했다. 요약하자면, CFETS는 전혀 매매 플랫폼이 아니었다. 이 기구는 1990년대에 시장으로의 이행을 시작했지만 아직 가야 할 길이 멀다. 2006년 1월부터 인민은행은 더 이상 CFETS의 유일한 시장 형성자가 아니었다. 그 대신 허가받은 상업은행들이 위안화 현물에 대한 시장 형성자의 역할을 했다. 23개의 은행 시장 형성자들은 시장에 대해 쌍방향의 가격과 유동성을 제공하고자 했다. 중국은행이 지배적인 외환거래 은행이었기 때문에, 아직도 대다수의 외환매매를 담당하고 있다. 공식적으로 인민은행은 CFETS 시장에서 아직 적극적인 활동을 보이지 않지만, 외환 보유고가 계속 늘어나고 있기 때문에 자체 운영을 위해 시장 형성자를 대리인으로 이용하고 있다.

CFETS 거래량이 급격히 늘어났다. 2004년 공식 통계에 의하면, 년간 2,090억 달러, 1일 거래량은 8.29억 달러나 되었다. 1일 거래량은 중국으로의 외환 순유입에 대한 대리변수로 인식되었기 때문에 CFETS는 2005년 7월부터 거래량 발표를 중단했다. 이 정보는 너무 민감하여 공개할 수 없다고 판단한 것이다. 현재 거래량은 철저히 보안으로 취급되는 비밀이다. 다음의 두 가지 이유로 인해, 대부분의 외환거래는 US$–CNY 거래이다(2004년에 약 98%). (1)대부분의 중국 무역과 투자를 표시하는 통화는 달러화이고, (2)국내 은행들은 전통적으로 역외 비 US$–CNY 거래를 장부에 기재한 다음 역내 US$–CNY 거래와 연계(이는 중국 내에 비US$ 통화가 부족했기 때문이었다)시켰기 때문이었다.

매일 US$–CNY를 "고정하는"(fixing) 가격(개장가격)은 CFETS가 산정하여 거래일 오전 9: 15에 공고된다. 공식적으로 개장가격은 오전 9:00~9:15 동안 시장 형성자들이 전송한 입찰가들의 가중평균치로 산출된다. 거래자들은 글로벌 시장에서의 변동과 전일 거래를 기초로 입찰을 한다. 2007년 초에 개장가격 아래에서 거래가 시작된 일도 있었지만, 최근에는 보통은 개장가격을 중심으로 변동 한계폭 내에서 이루어진다. 그 이후로 분명해진 사실은, 개장가격을 정하는 일이 이 체제와 위안화 절상

속도에서 결정적으로 중요한 측면이 되었다는 점이다. 하지만 그 이면에 적용되는 방법은 그렇게 투명하지 않다.

필요하다면 우리는 고객에게 (T + 0)과 (T + 1)을 제공할 수도 있지만, 위안화 현물 결제 관행은 현재 (T + 2)로 되어 있다. 인민은행은 시장 형성자가 제시할 수 있는 매수가와 매도가의 차이를 시장가격의 1%로 제한하고 있다. 시장은 이 범위 내에서 움직인다. 우리가 거래할 수 있는 CFETS상의 거래 상대방이 제한되어 있으므로, 그렇지 않은 경우에 은행들은 별도로 거래 상대방과 계약(counter-party agreement)을 체결해야 한다. 집중화된 CFETS 위안화 시장(그리고 CFETS 외환시장)에 있어서, 인민은행이 모든 거래 상대방 위험(conter-party risk)을 지게 되므로, 그러한 계약서는 요구되지 않는다.

CFETS는 선호되는 플랫폼이긴 하지만, 문제가 없는 것은 아니다. CFETS 플랫폼과 기타 플랫폼, 그리고 장외거래 매매 사이의 상대적 장점들에 대해 많은 논쟁이 벌여졌다. 현재로써는 CFETS 시스템이 유일한 집중화된 플랫폼이고, 이에 기반하여 외환거래가 이루어지고 있다. 반면에 다른 외환 시장에서는 은행과 기업들은 낮은 거래비용, 엄격한 딜러 스프레드, 더 높은 투명성 등을 제공하는 전자중개서비스(EBS :Electronic Broking Service)나 로이터 등 다른 시스템을 선택할 수 있다. 현재 인민은행은 중국의 외환거래가 분산되기보다는 모니터링이 가능한 단일 플랫폼에서 이루어지길 매우 열망하고 있다. 인민은행에게 관리의 문제—거래 및 가격결정에 대한 능력—가 상대방 위험 및 효율성에 대한 행정적 문제보다 더 중요하다. 국내 은행들과 CFETS에게 조언하는 기구들은 회원 범위의 확대, 수수료 인하, CFETS의 독립성 확대를 위한 로비활동을 벌이고 있다.

중국에서는 1995년에 CNY/Yen 매매가 시작되었고, 2002년 4월에 CNY/Euro 매매가 시작되었다. 2005년 5월 18일에는 여덟 개의 새로운 이종통화(EUR/US$, AUD/US$, GBP/US$, US$/JPY, US$/CAD, US$/CHF, US$/HKD, EUR/JPY)간 거래가 새로운 로이터 기반 CFETS 플랫폼에 도입되었다. 은행들은 한 건당 최소 10만 달러를 단위로 거래한다. 이 시스템은 두 가지의 거래방식을 제공한다. (1)원클릭 거래방식(익명의 가격을 한번 클릭한 후 확인, 그리고 거래 체결), (2)시스템에 주문을 내면, 자동으로 매도가 매칭되는 방식. 매수-매도 스프레드는 장외거래에 기초하여 제시될 수 있는 큰 이론적 마진과 비교하여 크게 축소된다. 그러나 다수의 은행들은 내적 포지션과 유동성이 나은 역외 포지션 사이에 균형을 맞추려는 경향이 있다. 위안화 시장에서 각 시장 형성자는 장외시장 거래에서 상대방 위험에 직면하게 된다. 하지만 외환 이종통화간 거래에서(집중화된 CFETS 거래에서와 같이) 인민은행이 모든 상대방 위험을 부담하고 매매는 익명으로 이루어진다. 이는 모든 은행들이 시장에 참여하도록 하기 위해서이다. 즉, 많은 대형 은행들은 상대적으로 높은 위험 때문에, 중국의 수많은 도시상업은행과 협동조합에 대해 신용라인을 가지고 있지 않다. 거래에 동의하는 은행들은 위험을 극복하기 위해 큰 폭의 마진을 부과한다. CFETS 외환 이종거래 시장에서 소형 은행들은 외환 매매에 참여할 수 있을 뿐 아니라 다른 시장 참여자들과 동일한 가격을 적용받는다. 이 시스템은 인민은행에게 상대방 위험을 발생시킨다.

❖ 역내 · 역외 위안화 선물환시장

인민폐 환율이 보다 탄력적으로 되려면 이를 헤지할 수 있는 기업의 역량이 요구된다. 선도(forward)과 스왑(swap)이 가장 단순한 헤지 수단이다. 1997년 인민은행은 역내 선물환거래를 허용했고, 수요는 작지만, 일곱 개의 국내 은행들이 장외거래 기반의 선물환거래를 할 수 있게 되었다. 인민은행은 가격의 가이드라인을 제시했고, 은행 고객들이 선물환거래를 하려면 무역을 위해 헤지가 필요하다는 점을 입증해야 했다. 또한, 외국 은행들도 이론적으로는 이러한 상품들을 제공할 수 있었지만, 허가에 필요한 연간 외환 거래량 조건(200억 달러)은 충족 가능한 수준보다 훨씬 컸다. 아시아 금융위기 이후, US$-CNY 환율은 경직되었다. 이러한 상황에서 헤지를 할 이유는 거의 없었고, 그 결과 선물환거래도 계속 줄어들었다.

2005년 8월 9일, 인민은행은 위안화의 현물 및 파생상품 거래 허가를 취득한 은행에 대해, 은행간 시장에서 위안화 선물환거래를 할 수 있도록 했다. 또한 적격한 은행들은 고객들에게 선물환계약을 제공할 수 있도록 인가해 줄 것을 신청을 할 수 있었다. 6개월 동안의 거래 후, 동 규제는 동일 은행들에게 외환스왑(아래를 볼 것)거래를 허용했다. 선물환 거래는 인가를 받은 기관들 사이에, 그리고 인가 은행과 고객 사이에 허용되었는데, 후자는 그것에 기초가 되는 무역이 있거나 혹은 포지션 조정을 위한 투자가 필요한 경우로 제한되었다.

선물환계약이 어떻게 진행되는지에 대해 잘 아는 독자라면 아래 문단을 건너뛰어도 된다. 무조건부 선물환거래(forward outright transaction)가 외환 위험을 제거하는 데 도움이 되는 이유는 그 가격이 두 통화 간 이자율 차이에 의해 결정되기 때문이다. 다음의 모든 거래가 동시에 이루어지는 상황을 고려해 보자.

(a) 현물환 결제일(spot value date)로부터 1년간 이자율 5%에 100달러를 차입한다.
(b) 현물환율(spot rate), 즉 US$/JPY100로 달러를 팔고 엔화를 매입한다.
(c) 현물환 결제일로부터 1년간 이자율 3%로 이 엔화를 예금한다.
(d) 이제 1년 후에 만기가 되는 엔화 원리금에 대한 선물환을 달러로 매각한다.

시장에서 선물환 가격은, 통상 이러한 동시거래가 이익이나 손실을 발생시키지 않도록 결정된다. 국제시장에서 정상적인 거래의 경우, "무조건부 선물환"은 두 개의 상이한 거래로 구성된다. 하나는 현물 거래이고, 다른 하나는 미래 외환의 순매수 혹은 순매도가 결정되는 "선물환 스왑"이다. 어느 고객이 자신의 은행에서 12개월 후에 1,000만 유로를 달러화로 매입하고자 한다고 하자. 은행은 위험을 줄이기 위해 은행측의 거래는 두 부분으로 구성된다. 은행의 현물 창구는 오늘 현물환율로 1,000만 유로를 매각한다. 이와 동시에 은행의 선물환거래 창구는 선물환 스왑거래를 체결하여 오늘 금융시장에서 1,000만 유로를 매입하고 선물환 결제일(forward date)에 이를 되팔기로 한다. 이 거래에 의한 순 결과는 T+12 개월째에 이 고객을 위한 1,000만 유로가 남고 은행의 익스포져(exposure)는 US$와 EUR 사이의 금리 스프레드이다. 이 거래에서는 US$/EUR의 환율이 미래에 어떻게 변하든 상관없다. 그 이유는 다음과 같다. 이 은행은 현물 창구에서 EUR을 팔기 위해 US$을 차입했으며, 따라서 US$ 이자를 지불해야 하지만, 동시에 선물 창구에서는 EUR을 매입했으므로 이 EUR 예금에 대한 이자를 수취한다. 선물환 가격은 이러한 격차를 메우는 것에 마진을 더한 수준에서 결정된다. 두 거래를 결합함으로써 은행은 12개월 후에 고객에게 1,000만 유로를 순매각할 수 있다.

중국의 역내 선물환거래는 비차액결제(deliverable)나 차액결제(non-deliverable)가 가능하다. 역내 위안화 선물환은 대부분 비차액결제로 거래된다. 그러나 차액결제방식도 가능하며 오히려 이 방식이 은행간 시장에서 더 많이 사용된다. 역내 선물환의 거래 기간은, 그 기초 거래가 이 기간까지 연장되고 시장 유동성이 존재하는 한, 제한이 없다(최대 1년간). 역내 선물환시장은 법적으로 CFETS 규정에 기초하고 있지만, 스탠다드 차터드 은행을 비롯한 많은 외국 은행들은 여기에 규정된 법적 요건을 보완하기 위해 국제적 협약도 동시에 사용하고 있다. 현재 위안화 선물환은 장외 현물거래의 부기에 사용되는 것과 유사한 체계에 따라 CFETS에서 기록된다. 모든 거래는 양측에 거래량의 0.001% 수수료가 부과된다.

위안화 선물환 거래는 스탠다드 차터드 은행 등 소수의 은행이 주도하고 있다. 그러나 선물환은 예상 또는 희망했던 만큼 유동적이지 못하다. 어느 한 역내 거래자의 추정에 의하면, 2007년 1분기 중 선물환과 스왑을 합하여 총 거래액은 하루 10억 달러 정도였다. 유동성이 떨어지는 이유는 다음의 세 가지 요인으로 설명된다. 첫째, 어느 기업이 US$를 매입하고자 하는 경우, 역외 차액결제선물환(non-deliverable forwards, NDF) 시장이 더 저렴하다. 이 시장은 2006년 대부분의 기간 동안 선물환 가격이 연 4~5% 절상[위안화의 미래가치 상승–역자]을 나타낸 반면, 역내 선물환 시장에서는 금리차가 할인되어 2006년 대부분과 이 글을 쓰고 있는 2007년 3월까지도 2.5% 절상을 보이고 있었다. 둘째, 정부가 기대를 관리하는 일에 매우 민감해하는 상황에서, 대부분의 수출업자들은 위안화가 4%나 5% 절상될 것으로 기대하고 있다. 그리고 위안화 가치의 안정성에 대한 정부의 강력한 언질이 주어져 있는 상황에서 미래의 변동성이 이보다 더 클 것으로 예상하는 사람은 거의 없어서, 선물환을 구매할 유인이 거의 없다. 궁극적으로 선물환과 스왑 등은 위험을 회피하기 위한 것인데, 당국이 여전히 기업을 위해 이를 관리하고 있는 것이다. 셋째, 각각의 모든 거래는 무역 또는 투자를 위한 거래임을 증명해야 하기 때문에, 문서작성 절차 또한 선물환 거래에 있어서의 행정적 난관이 되고 있다.

역외 NDF 시장에서는 해외 기관들이 자유롭게 거래 할 수 있다. 그런데 국내 기

그림 29.8 | 12개월물 CNY 선물환의 역내, 역외 가격

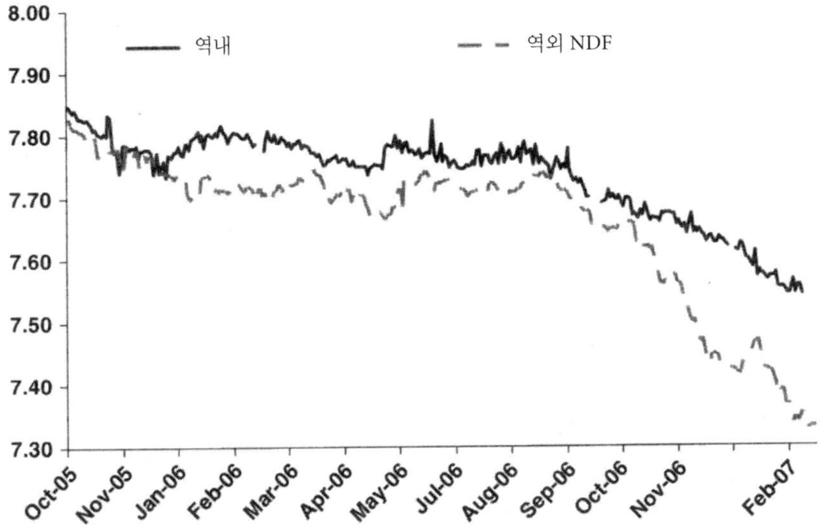

출처: 블룸버그 및 SCB 글로벌 리서치

관은 역외 거래가 불가능하며, 그 결과 이 시장은 위안화 절상에 대한 투기 및/또는 역외 기업들의 헷지를 위한 시장이다. 역내 은행은 NDF 마케팅 또는 중개를 할 수 없다. 역외 기관을 보유한 국내 기업들은 이 자회사를 통해 NDF 역외거래를 할 수 있다. 역외 위안화 NDF와 역내 위안화 선물환 사이의 스프레드는 그림 29.8에서 보여지듯, 2005년 4분기에 역내 선물환 시장이 개설 후 줄어들다가 사라졌다. 2006년 1월의 규정은 은행과 기업의 역외 헷지를 금지하고 있었지만, 시장 형성자들은 역내 선물환 거래 헷지를 위해 현물거래를 할 수 있도록 허용되었는데, 이는 종전에는 허용되지 않았던 것이었다. 이러한 조치들로 인해, 은행들은 "실제" 선물환(즉, 현물과 선물환 스왑)을 구조화함으로써 익스포저를 효과적으로 헷지할 수 있게 되었다. CFETS 시스템에 등록되어 있는 모든 은행들은 반드시 자신의 결합 재무제표(현물 및 선물환 모두)에 US$ 롱포지션을 운영해야만 한다. 이는 역외 시장에서 이자율 평형조건(interest parity)이 가격을 결정함을 의미했다. 반면, 역외 NDF 시장에서의 가격은 미래의 절상에 대한 기대에 따라 결정되었다.

역내 선물환 및 스왑 시장에서 유동성이 꾸준히 증가했다. 그러나 이러한 성장에는 아직 한계가 존재하고 있다. 우리는 거래와 유동성을 활성화하는데 기여할 수 있는 규정의 변화를 기대하고 있다. 한 예로, 이 글을 쓰고 있는 현재, 은행들은 당사자간 자유로운 거래가 가능하지만, 기업고객에 대한 외환 스왑 제공은 아직 허용되지 않고 있다. 적어도 중앙은행과 대형 상업은행 사이에서 한 차례의 외환 스왑 거래가 2005년 11월에 발생했으며, 그 후에는 더 많은 거래가 발생한 것으로 기대되고 있다. 2006년 중반, 국내은행들 사이의 외환 스왑 거래가 시작되었는데, 이는 주로 역내에 여유 위안화를 보유한 국내은행과 역외에서 외환을 차입한 국제은행 사이의 스왑거래였다. 둘째는 차입한도로, 외국 은행이 (1)역외 (외채 쿼터 한도 내에서)와 (2)은행간 시장(등록된 지점 자본의 1.5배를 한도로)으로부터 차입할 수 있는 능력에는 한도가 정해져 있다. 일단 이러한 포지션이 최대가 되면, 현물/선물환 창구는 포지션에 더 이상의 펀드를 이용할 수 없다. 이러한 한도를 완화하는 것은 선물환과 스왑의 유동성을 높이는 계기가 될 것이다.

❖ 자본계정에 대한 재(再)규제

중국의 자본계정은 점진적으로 개방되어가는 한편, 동시에 제약을 받고 있다. 1990년대 초 이후, 이 과정에는 다음과 같은 수많은 일반원칙들이 적용되었다. 외환 유출보다는 유입을 우선 개방, 단기자본보다 장기자본의 이동에 대한 규제를 우선 완화, 비거주자의 중국 내 자금조달보다는 해외 자금조달에 대한 규제 우선 완화, 비금융기관보다 금융기관에 대한 규제 우선 완화 등. 하지만 최근 위안화 절상압력으로 새로운 전체 규칙들이 자본유입 경로를 차단했다. 국제 비즈니스를 해본 사람은 알고 있겠지만, 자본계정에 대한 규제는 정기적으로 변했고 때로는 복잡해졌다. 여기서는 자본계정 자유화의 간략한 역사를 살펴보고, 현재 시점에서의 상황을 개관한다. 이 절은 두 부분으로 구성된다. 우선 외환이 인민폐로 교환되는 거래를 살펴보고, 다음으로 인민폐가 외환으로 교환되는 거래를 살펴본다.

외환의 위안화로의 교환

소매: 2007년 2월 1일까지 비거주자는 외환을 위안화로 월간 50,000달러 이내(연간 60만 달러)에서 교환할 수 있었다. 거주자는 1영업일 기준 1만 달러(연간 260만 달러)를 교환할 수 있었다. 이 거래는 은행을 통해 가능하다. 하지만 2007년 2월 1일 이후부터는 1인당 연간 50,000달러까지만 교환할 수 있게 되었다. 각 은행은 신분증이나 여권에 대해 각각의 거래를 기록하고 있는 국가외환관리국의 실시간 외환 모니터링 시스템에 접속되어 있기 때문에, 이 새로운 규칙이 감시될 수 있다. 이 규칙의 유일한 허점은, 비거주자가 부동산 매입을 목적으로 할 때 외환 자금을 위안화로 교환할 수 있도록 한 점이다. 이로 인해 부동산 매매가의 100%까지 환전이 가능하고 이렇게 환전된 위안화 자금은 부동산 판매자에게 직접 송금되어야 한다. 요구되는 서류가 매우 많아, 이를 회피하기란 쉽지 않다.

국가외환관리국과 중국은행감독관리위원회가 이렇게 큰 변화를 추진한 이유는 무엇인가? 그들은 "핫"머니가 이 경로를 통해 유입되고 있다고 믿었고, 이를 차단하고자 했던 것이다. 통계가 이러한 우려를 그대로 보여준다. 그림 29.9는 중국 금융기관에 대한 모든 가계저축 예금의 증가율을 보여주고 있는데, 최근 5년간 이는 약 15~20%의 수준을 유지하고 있었다. 또 다른 선은 가계의 외환 저축을 나타내는데, 그 성장이 급격히 줄어들었음을 알 수 있다. 외환 보유는 비용이 많이 들게 되었다. 더구나 역외로부터의 송금—우리는 종종 이 돈이 1980년에서부터 1990년대 사이에 안전한 보관을 위해 해외로 보내졌던 중국의 돈이라고 의심하곤 한다—이 커졌다.

기업: 외국인투자 기업에게는 외환계정 개설이 허용되었고, 1997년에는 적격의 국내기업들에게도 이것이 허용되었다. 1994년부터 이루어진 일곱 가지 주요 조정 덕택으로, 현재의 규정은 다음과 같다. 무역 또는 비무역을 통해 수취된 외환은 국가외환관리국의 사전승인 없이 무제한으로 위안화로 환전될 수 있다. 외환 수입액의 80% 미만을 지출하는 기업의 경우는 외환수입의 50%까지 외환을 보유하는 것이 가능하다. 그것이 80% 이상 되는 기업은 80%까지 보유할 수 있다. 신규 기업은 1차년도 사업을 통한 외환 수입 중 20만 달러까지 보유할 수 있다. 또한 국가외환관리국은 "초과" 외환이

그림 29.9 | 전체 가구의 저축 및 외환저축의 연간 증가율(%)

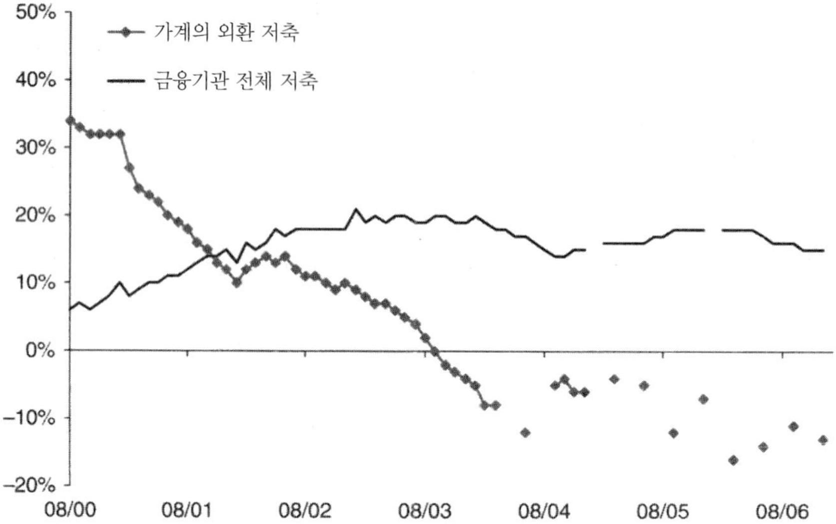

출처: SCB 글로벌 리서치 및 CEIC

보유될 수 있는 기간을 규제하는데, 최근에는 그것이 90일로 확대되었다. 이러한 조치의 목적은 기업들로 하여금 외환을 보유하도록 함으로써, 국가외환관리국과 중국 외환보유고 증가에 대한 압력을 완화시키려는 것이었다.

2005년 4월, 국가외환관리국은 20만 달러를 초과(또는 목적 불분명 송금)하는 수출대금은 수출업자에게 제공되기 전에 적절한 검증을 위해 특별계정에 우선 편입되도록 했다. 이는 수출업자가 중국으로 수출대금 이외의 외환을 들여오기 위해 수출액을 부풀리는 행위를 방지하기 위한 노력의 일환이었다. 이 계정의 자금은 국외로는 자유롭게 송금될 수 있지만, 위안화로 환전되는 경우 국가외환관리국은 환전 승인과정에서 평소보다 엄격한 증빙자료를 요구한다.

기업이 자본계정 목적(예컨대, 투자 프로젝트)으로 외환을 환전하고자 한다면, 은행이 이를 승인해야 한다. 이는 2002년 국가외환관리국이 은행에게 부여한 권한이다. 환전액이 20만 달러를 초과할 경우, 신청자는 그 지불목적을 설명해야 한다. 이때 건별로 승인이 필요한 것은 아니다.

2003년에 시작된 위안화에 대한 절상 기대가 점점 커지면서 많은 기업들이 더 많은 외환을 차입하여 위안화로 환전했다. 그 결과 국가외환관리국은 외환 환전에 대한 규제를 다시 도입했다. 2004년 6월, 국가외환관리국은 기업들이 수출계약 없이, 국내 외환대출을 위안화로 환전하는 행위를 금지했다.

포트폴리오: 2002년 중국은 적격외국인기관투자자(QFII) 제도를 도입하여 국제은행과 펀드 관리사의 자본이 중국의 주식, 채권, 단기금융시장 수단들에 투자할 수 있도록 했다. QFII에게 부여되는 쿼터는 국가외환관리국과 중국증권감독관리위원회에 신청해야 한다. 자격요건, 운영절차, 펀드의 대외송금 등에 대한 규제도 마련되었다. 초기 송금에 대한 규제가 특히 엄격했다. 예를 들어 폐쇄형 펀드 매니저는 3년 이후에나 대외로 송금할 수 있었으며, 각 송금액은 전체 펀드의 20% 미만이어야 한다. 총 QFII 쿼터는 40억 달러에서 2007년 3월 말 100억 달러로 최근 확대되었다. 그러나 이러한 확대조치는 외환 보유고 증가에 대한 우려를 일정 반영한 것이었다. 국가외환관리국 국장 후 샤오리안(Hu Xiaolian)의 2006년 2월 언급에 따르면, 국가외환관리국은 역내에 묶여 있는 기간(lock-up period)을 현재의 1년으로부터 더 짧게 단축하고자 한다. 우리는 그것이 3개월로 단축될 수 있다고 생각한다. QFII들이 규제에 대한 여러 불만들을 갖고 있기는 하지만, 유동성 문제는 대단히 중요한 문제이고, 따라서 이러한 조치는 확실히 긍정적인 것이다.

은행: 당국은 중국의 외환부채 증가를 억제해야만 했다. 2004년 6월, 국가외환관리국은 각 외국 은행이 자신의 고객들에게 대출해 주기 위해 해외로부터 차입할 수 있는 외환자금의 쿼터를 설정하는 규제를 도입했다. 이러한 차입은 단기외채로 정의된다(또한, 중장기 쿼터가 있으며, 이는 국가발전개혁위원회가 관리한다. 하지만 은행들이 이를 활용하는 데에는 여기서 다루어지지 않는 이유들로 인해 어려움이 많다). 외국 은행들은 많은 이유들로 인해 자신의 역외 지점으로부터 펀드를 들여오고자 하는 인센티브를 가지고 있었다. 그 이유 중에는 달러화 대출(loan)에 대한 수요는 크지만 역내 달러화 예금은 제한되어 있고 그 비용도 크다는 불일치 문제도 포함되어 있다. 대출만이 문제인 것은 아니다. 은행의 외채 쿼터에는 비거주자 개인 및 기업(즉, 중국 본토에서 법적 지위를 가지지 않은)의 외환 예금도 포함된다. 예를 들어, 2005년

초 국가외환관리국은 외국 은행들에게 개별 지점에 대한 쿼터가 아니라 전국적 수준에서의 단일 쿼터를 신청할 수 있도록 했다. 여기서 이 전국 단위의 쿼터는 필요에 따라 각 지역 또는 지점으로 배분될 수 있다. 둘째, 국가외환관리국은 비거주자 기업(non-resident firm)의 외환 예금이 더 이상 이 쿼터에 포함되는 것으로 간주하지 않는다고 결정할 수도 있겠지만, 이는 별도의 체제에서 그렇게 될 가능성이 있는 것으로 보인다. 이러한 조치는 외환 자금의 폭을 넓히는 것으로, 긍정적이라 할 수 있다. 하지만 실제에 있어서 상황은 외국 은행들에게 더 가혹해졌다. 즉, 2007년 3월에 국가외환관리국은 모든 은행의 단기 쿼터를 약 40% 축소하기로 결정했다.

위안화의 외국통화로의 교환

기업: 2005년에 중국 내 외국인투자기업(FIE : Foreign Investment Enterprises)의 위안화 차입은 엄격히 통제되고 있었다. 이는 외채 증가를 억제하려는 국가외환관리국의 노력의 결과이기도 했다. 국가외환관리국은 이 목적을 달성하기 위한 수단으로서 FIE 투자 "갭(gap)"이라는 것을 활용했다. 이것은 어느 기업의 "총투자액"(기업정보에 기록된 중국 내 모든 투자에 대한 희망금액)과 등록 자본 사이의 갭이다. 평균적으로 전자는 후자의 2~3배이지만 일부 기업은 이 갭이 전혀 없는 경우도 있다. 2005년 4월에 제도화된 체제에서, 차입자는 모든 역내 차입을 국가외환관리국에 등록할 의무를 진다. 그러면 외환관리국은 그 기업이 그것을 수용할 수 있는 "갭"을 가지고 있는지를 점검하게 된다. 그러고 나서 대출 은행은 기업이 이 승인을 받았는지를 확인할 의무가 있다. 2005년 12월에 새로운 규제들이 발표된 후, 이러한 규제틀도 변화되었다. 고객들은 국내 국가외환관리국의 승인을 받을 의무가 없으며 대출 은행은 국가외환관리국에게 대출금(loan)에 대해 정확히 보고하면 된다. "갭"이 대출 시점에서는 문제가 되지 않는다. 그러나 차입자가 지급불능이면 "갭"이 문제가 된다. 대출 은행은 역외 모기업에게 보증에 따른 인도를 요구할 것이다. 그러면 차입자는 국가외환관리국에 외채를 등록해야 하며, 이 시점에서 그 기업은 벌금을 내야 할 수도 있다. 그러고 나면 은행에 대한 도전이 발생한다. 즉, 은행은 역외 모기업으로부터 환전이 필요한 외환을 수령하고, 국가외환관리국은 이 환전을 허용하지 않을 수 있는 것이다.

이것이 의미하는 바는, 대출 은행의 위안화 대차대조표(부실한)에는 부실채권과 환전이 불가능한 외환으로 상환된 자산이 발생된다는 점이다. 따라서 대출 은행은 차입자에 대한 초기 신용평가에서 이 점을 염두에 두어야 한다.

포트폴리오: 현재, 중국 시민과 기업은 해외투자를 목적으로 자유롭게 환전할 수 없다. 그러나 이 규제에는 수많은 허점들이 존재한다. 소수의 대형 보험사들(예컨대 중국핑안 China Ping An)은 20억 달러의 해외투자를 허가받았지만, 아직까지 이는 단지 편성되었을 뿐이고 보험사의 무역은 아직 허용되지 않고 있다. 이들은 미국 재무성 증권과 H-주를 벗어나 투자영역을 확장할 수 있기를 고대하고 있다. 2006년 3월, 국가사회안전기금(NSSF: National Social Security Fund)이 홍콩 증권거래소에 공식 계정을 개설하고 증권 매입을 시작한 것으로 알려졌다.

소매: 중국 시민들은 현재 외환을 현금으로 보유할 수도, 은행에 외환을 매각할 수도, 또는 역내에서 외환 이종통화간 매매도 할 수 있다. 위안화를 외환으로 교환하는데 있어서 사람들에게 부과되는 규제가 완화되어, 연간 5만 달러를 한도로 자유로이 환전이 가능하다. 또한, 은행 및 증권사 감독기관들은 소매 적격내국인투자자(QDII) 제도를 승인하여, 약 20개의 기관들은 소매 펀드 제공을 통해 약 190억 달러까지 조달한 후 역외에서 고정투자 또는 증권연계 수단들에 투자할 수 있게 되었다. 이러한 규제완화에 대한 대중의 반응은 처음에는 신통치 않았다. 이는 위안화가 절상됨에 따라 어떠한 외환투자라도 그 비용이 높아질 것이라는 우려 때문이기도 하거니와, 2003년 6월에서 2007년 2월까지 규모가 3배로 커진 국내 주식시장에 대한 우려 때문이기도 했다. 하지만 스탠다드 차터드 은행이 주도하여 수많은 은행들은 위안화 절상으로부터 절상되는 상품을 QDII들에게 출시하여 인기를 끌었다. 그런데 이는 구조화된 단기채와 연계된 것이고, 후자는 다시 지분상품(equity instrument)과 연계되어 있었다.

표 29.1은 유출을 촉진하려는 노력이 가속화됨에 따라 2007~08년의 기간 중 중국으로부터 발생할 수 있었던 잠재적 유출에 대한 우리의 추정치를 나타내고 있다. 2006~07년 동안 750억 달러가 중국을 떠난 것으로 우리는 예상하고 있다.

투자: 과거에 국가외환관리국은 대외로 향하는 해외직접투자(FDI: Foreign Direct Investment)를 제한하기 위해 쿼터제를 실시했다. 그러나 이 제도는 2001년

표 29.1 | 2007~08년의 기간 중 중국의 자본유출 잠재량에 대한 스탠다드 차터스 은행의 추정치 (10억 달러)

	현재 기금액	잠재적인 유출액(시작시점)
보험사	220	44 (2006)
국가사회안전기금	32	5~10 (2006~07)
지역 연금	55	12 (2008)
적격내국인 기관투자자	12	12 (2007)
합계	319	73~78 (2006~08)

출처: SCB 글로벌 리서치 및 CEIC

부터 꾸준히 개혁되어 왔다. 2001년 10월 이후부터 저장성 소재의 기업들은 해외투자를 위해 외환을 자유롭게 매입할 수 있게 되었고, 투자에 따른 수익도 자유로이 사용할 수 있게 되었다. 이러한 정책은 다른 성으로도 점차 파급되었다. 국가외환관리국은 2006년에 대외 FDI에 대한 쿼터제를 폐지하고, 기업의 해외투자를 지원하기 위해 "대외 펀드"를 설립했다. 하지만 이와 관련된 규모나 사업범위에 대한 정보는 공표되지 않았다. 지연되고 있던 등록 시스템(거래의 사전 승인과는 반대로)은 2006년 말 현재 전국적으로 제도화되고 있다. 공식적인 외환 이동은 연간 100~150억 달러이지만, 일부 애널리스트는 이 보다 더 큰 펀드들이 비공식적으로 유출되었을 것으로 추측하고 있다.

이윤 송금: 2004년부터 국가외환관리국은 요건을 갖춘 다국적기업들의 내부에서 국가간 외환 자금조달 관리를 보다 유연하게 수행할 수 있도록 했다. 특히, 승인된 다국적기업의 국내 지점이 해외의 다른 지점에게 외환대출을 제공할 수 있도록 했는데, 이것은 중요한 혁신이었다. 2005년 10월에 국가외환관리국은 상하이와 푸동에 본부를 둔 다국적기업들을 대상으로 하나의 실험을 실시했다. 자격을 갖춘 다국적기업들이 세후 이익을 해외의 개체에게 대출해 주는데 사용하는 것이 허용된 것이다. 이것이 성공적인 것으로 판명될 경우, 이 개혁은 전국적으로 확대 실시될 것이다. 또한 다국적기업들은 해외 계정을 개설할 수도 있게 되었으며, 비무역 외환의 송금 절차도 간소화되었다.

Part 6

서비스 부문

30 | 중국의 법률제도와 금융산업: 과거 30년간의 경험

31 | 은행 및 금융 부문의 법률 서비스

32 | 중국의 회계업무: 검토와 전망

33 | 중국의 조세와 금융산업

30 | 중국의 법률제도와 금융산업: 과거 30년간의 경험

우 지판
북경대학 부총장
북경대학 금융법연구소 소장

1978년에 중국의 경제개혁이 시작된 지 30년이 흘렀다. 중국은 다른 국가의 경험을 통해 배우고 국제 제도의 전반적 흐름에 동참하면서도, 자신만의 독특한 과정을 추구했다. 그러한 탐험과 창조적 과정은 우리 선조들은 거의 상상하지 못했던 것이었다. 중국의 법제는 금융시장의 발전 속도에 맞추어 큰 발전을 이룩했다. 금융산업과 관련하여 지난 30년을 돌아보면서 중국의 경험을 정리하는 것은 우리의 제도를 이해하고자 하는 국제 공동체를 위해서 뿐만 아니라, 현재 진행 중인 법제의 개선을 촉진하려는 우리를 위해서라도 유익한 일이다.

❖ 중국 금융부문 법제도의 발전

금융산업과 관련된 중국의 법제는 개혁 및 대외 개방과 함께 단계적으로 발전했으며 주요하게는 3단계의 발전단계로 분류될 수 있다. 첫 단계는 1978년부터 1992년까지의 시기였다. 개혁 · 개방 정책은 "돌다리도 두드리며 강을 건너는" 방식으로 1978년에 시작되었다. 이러한 세속적인 설명은 "계획경제를 일차로 하고, 시장의 조정으로 보완한다"라는 글귀에 의해 더 분명해진다. 논쟁을 통해 해결할 수 없는 문제에 대해서는, 우리는 그 진행과정에는 어려움이 있을 것이라 이해하고 밀고 나아갔다. "우리는 고양이가 검은 색인지 흰 색인지 따져서는 안 된다. 쥐를 잡을 수만 있으면 된다"고 덩샤오핑이 말한 바 있다. 실제 결과를 강조하고 전진과 성장의 아이디어를 촉구하면서 과거의 제약을 깨뜨렸던 것이다.

이 기간 중 "외국인투자기업에 대한 법률", "중국-외국 지분 합작투자법", 그리고 "민사소송법(임시)" 등이 공표되었다. 이 법률들은 금융기관 관련 소송뿐 아니라 중국 내 외국 금융기관의 지점 설치에 관한 법적 근거를 제공했다.

1982년에 헌법 초안의 발표는 중국에서 중대한 사건이었다. 이 헌법은 사회주의 공유제도에 근거하여 계획경제가 운영될 것임을 규정하고, 국가경제는 계획경제를 채택하지만 적절히 "시장조정에 의해 보완되고" "전체적인 균형"을 통해 보호될 수 있다고 밝혔다. 헌법은 외국기업과 다른 경제기관 또는 개인의 중국 투자를 허용하고, 중국기업 또는 기타 경제기구와의 여러 "경제적 협력"도 허용했다. 또한 정부는 엄격한 시행과 위반사항의 교정을 보장함으로써 "준수 가능한 법 마련과 법 준수에 대한 요구를 포함한 "사회주의법 원리"를 제정했다. "사회주의적 민주주의"의 발전을 위해 사회주의 법률 체계 강화와 민주주의 "체제화" 및 "법제화"가 필요했다.

그 이후 머지않아 중국 정부는 새로운 사회주의 경제에 대한 개념을 제시했는데, 여기서 사회주의 경제란 공유제에 기반을 두는 "계획적 상품경제"이지만, "가치"법칙을 의식적으로 적용하는 경제체제였다. 이에 대응하여 중국정부는 1986년 "민법의 일반원칙"을 공포했다. 이 원칙에 따라 "기업 법인"과 "권리와 의무"에 관한 규제가 개정되었다. 1988년 헌법이 개정되었고, 개정 내용을 통해 "사적으로 경영되는 경제활동"이 사회주의 공유제도에 대해 보완적일 수 있음을 명확히 규정했다. 또한 "법령에 따라 토지 사용권이 양도될 수 있다"고 규정했다. 이제 새로 도입된 조항으로 인해 상업은행들은 금융서비스 제공 능력을 확장할 수 있는 법적 근거를 가지게 되었다. 즉, 상업은행들은 이제 단지 신용대출 뿐만 아니라 모기지 대출도 제공할 수 있게 된 것이다. 이 새로운 법규는 시민과 법인체 사이의 민사관계 및 법적 권리를 보호하고 적절히 조정할 수 있는 법적 근거를 제공했다.

중국의 2단계 법제 개혁은 1992년부터 2001년까지 이루어졌다. 1989년 이후 중국은 국제 투자 및 무역의 감소를 비롯한 경제적 정체기를 경험했다. 그러나 1992년 덩샤오핑은 "남방순례"를 돌며, 국가정책에 관한 공개적 선언을 했다. 그는 "자본주의에도 계획이 있기 때문에 계획경제는 사회주의와 다르다. 계획과 시장은 둘 다 경제적 수단이다"고 강조했다. 이러한 추론은 사회주의 시장경제의 방향을 지적한 것이었다. 이로써 우리는 오랫동안 고통의 원인이었던 관념적 제약을 내던지고 "사회주의 시장경제" 제도의 구축이라는 목표를 세울 수 있게 되었다.

이 기간 중 제14차 중국 공산당 3중전회는 "사회주의 시장경제 제도 구축과 관련한 문제에 대한 결정"을 통과시켜, 중국의 실제 경험을 중국의 이론 또는 정책수준으로 격상시켰다. 또한 중국은 1999년에 세계무역기구(WTO)에 정식으로 가입하여, 중국의 사회주의 시장경제 발전이 새로운 단계에 이르렀음을 보여주었다. 중국정부는 현재 "법에 따른 국가통치"와 "법에 의한 사회주의 국가 건설"이라는 원칙을 마련했다. 이러한 원칙은 사회주의 시장경제 시스템의 성장과 발전을 보장하기 위한 기본원칙이 되어야 한다. 그 후 수년간 공포된 법률들은 이러한 사고에 기초하여 제정되었다. 여기에는 1993년의 "회사법", 1998년에 개정(및 통합)된 "계약법", 1998년의 "불공정 경쟁에 관한 법", 1995년도의 "인민은행법", "상업은행업법", "금융수단법", "보증법" 등이 포함된다. 1988년 중국은 "증권법"을 공포하고 "형사소송법"을 개정했으며, 경제범죄와 관련된 형법조항의 일부를 개정했다.

여기서 1993년 헌법 개정을 통해 "중국은 사회주의 초급단계에 있으며, 국가는 사회주의 시장경제를 시행하고 있다"고 규정한 것을 지적할 필요가 있다. 그 이후, 1999년 헌법 개정은 한 걸음 더 나아가, 사회주의 시장경제라는 조건 하에서 국가의 기본경제체제와 자원배분 체계는 다음과 같을 것임을 명시했다. 즉, "사회주의 초급 국가에서, 국가는 공유제의 기본원칙을 고수해야 하지만, 여러 소유제도에 의해 보완되어야 한다. 양자가 함께 기본적인 경제체제를 발전시킨다. [우리는] 노동에 따른 분배라는 분배원칙을 고수해야 하지만, 동시에 여러 분배제도가 공존하도록 허용해야 한다".

헌법상의 이러한 규정은 기업의 헌법적 근거와 기업의 법적 보장을 제공함으로써, 중국의 사회주의 시장경제 구조의 구축과 성장을 위해 나아갈 길을 명시했다.

중국의 법제 발전의 3단계는 2002년부터 현재까지이다. 2003년 10월 전국인민대회 3차 총회에서 당은 "사회주의 시장경제 구조의 발전과 관련된 특정 문제에 대한 당 중앙위원회의 결정"을 통과시켰다. 이것은 중국 경제구조 개혁을 알리는 새로운 지침이 되었다. 그러나 2004년 3월에 개최된 제10차 전국인민대회 2차 총회에서의 추가적인 헌법 개정으로 사회주의 시장경제 하의 중국의 법제는 새로운 3번째 발전 단계에 진입했다. 이 단계에서, 개혁 · 개방의 진행과 중국의 사회주의 시장경제 구조의 계속적인 발전과 함께, 중국의 법제 역시 아래와 같은 진전이 이루어졌다.

2002년에서 2004년의 시기 동안 전국인민대회와 상임위원회는 금융산업과 직간접적으로 관련된 법률들을 공포했다. 이 가운데에는 2004년의 "형법"과 (모두 2004년에 개정된) "전자서명법", "경매법", "대외무역법", "재정증권법", "토지관리법", "증권법(2004년에 약간 수정)", "회사법(2004년 수정)" 등에 포함되어 있던 신용카드 관련 규칙에 대한 설명도 포함되어 있었다.

2005년에는 전국인민대회가 "개인소득세법", "회사법"과 "증권법"을 다시 한번 개정했다. 2006년 "반(反)자금횡령법", "공증법", "감사법"(2006년 개정), "은행감독법"(2006년 개정), "파트너십 기업법"(2006년 개정), "기업 파산법"(2006년 개정), "노동계약법", 그리고 "개인소득세법"에 대한 기타 개정을 공포했다. 앞서 우리는 금융산업 관련 주요 법률이 금융제도의 개혁과 성장에 중요한 역할을 했음에 주목했다.

❖ 중국 금융부문의 법제

중국 금융제도의 개혁에 대한 이해와 관련하여 몇 가지 주목할 만한 내용이 있다. 첫 번째는 중국 경제체제 전반에서 진행되고 있는 큰 변화이며, 특히 경제관리체제의 변화이다. 예를 들어, 여기에는 이전의 중앙집중적 권한의 하부 위임, 더 많은 경제활동에 영향을 주는 시장능력, 대외개방과 관련된 점진적 자유화 정책, 그리고 해외자본의 중국시장 유입—홍콩, 마카오와 대만을 포함한—등이 포함된다. 두 번째는 위험관리 및 보증의 필요성과 함께 대규모 자본의 지원을 필요로 하는 경제성장의 속도이다. 세 번째는 개혁의 목표가 효율성 제고뿐 아니라 공정성을 고려하고, 적절한 복지 및 만족감과 사회에 유익한 지속적인 성장을 가져오는 경제의 실현이다.

중국 개혁의 기초적 배경과 관련하여, 금융산업에 대하여 우리의 법제가 취하는 접근법이 다른 국가의 경우와 다르다. 중국은 독특한 법제 발전 경로를 따라 진행하면서 스스로의 성공 경험을 축적해 가고 있다.

특히, 금융에 대한 관리는 중앙 당국으로부터 하부로 위임되었다. 중국 금융제도 개혁의 주요 부분 중 하나는 과도하게 집중된 권한을 적절히 "위임"하는 일이었다. 이것은 통과된 법령을 통해 확인할 수 있다. 예를 들어, 1987년 "은행관리에 대한 임시조치"는 지방정부의 상업은행 설립을 허용하지 않았다. 이것은 머천트은행과 선전발전은행이 서코우와 선전에서 승인되었을 때 점차 변화가 일어났다. 지방 상업은행에 대한 실험이 시작된 것이었다. "상업은행법"이 공포된 1995년이 되면, 이미 지역은행 또는 지방은행 설립에 아무런 문제가 존재하지 않았고, 유일한 문제라면 얼마나 많은 등록자산을 보유해야 하는가였다. 전국적인 상업은행이 되려면 10억 위안의 등록자본이 필요하고 지점들의 운영자본은 은행자본의 60%를 초과할 수 없었다. 그 규모가 농업 촌락지역의 경우에는 5백만 위안인데 반하여, 자치시의 지방 상업은행 설립을 위해서는 1억 위안의 등록자본이 요구되었다. 지방 상업은행은 지점을 설립할 수 있고 그 지역에서만 운영이 가능하지만, 관할을 벗어나는 것은 허용되지 않았다.

인민은행에 집중되어 있던 금융, 증권 및 보험 산업에 대한 업무가 점차 세 부서로 분할되었다는 사실 또한 금융체계의 운영과 관련된 권한이 위임되었음을 보여주고 있다. 1987년 중국은 "인민은행의 은행산업 관리에 관한 규칙"을 공포했다. 1987년 은행, 증권, 신탁 및 투자회사에 대한 규제는 하나의 법제 안에서 다루어졌다. 1990년대 초 인민은행은 금융산업과 관련된 수많은 법 조항들의 초안을 작성했으며, 상하이와 선전 지점은 인민은행을 일차적 상부기관으로 삼고 있다. 인민은행과 그 지점들은 통화와 함께 증권을 책임지고 있었는데, 당시의 상황은 아직 하나를 둘로 분할한 것이 아닌 "둘을 하나로 결합"되어 있었던 것으로 묘사되었다. 1995년의 "상업은행법"과 1998년의 "증권법"이 제정되고 나서야 비로서 두 규제체제는 법적으로 분리되게 되었다.

증권, 보험, 통화, 신용시장 산업에 대한 세부적이고 독립적인 감독과 규제를 위해 중국은 세 개의 기관, 즉 중국증권감독관리위원회, 보험감독관리위원회, 은행감독관리위원회를 설립했다. 증권법, 보험법, 상업은행법이 부여하는 권한에 따라 이 세 감독기관은 각각의 산업에서의 행정과 관리를 위한 구체적 조항과 함께 모든 규정 및 규칙을 제정했다. 이러한 규칙과 규정은 앞서 언급한 법률의 적용에 대한 구체적 표현이며, 금융 법률 시행과정에서 매우 중요하고도 유익한 역할을 수행했다. 감독권의 분할은 금융산업의 발전을 증진시켰다. 이로써 네 개의 국유은행에 집중되어 있던 산업이 중국 전역에 걸쳐 수백 개의 대 · 중 · 소형 은행으로 이루어진 산업으로 변화되었으며, 각 은행은 열성적으로 능력을 발휘하면서 경쟁을 벌이게 되었다. 이로 인해 전체적인 서비스와 운영의 질도 극적으로 개선되었다.

재산권 개혁

금융기관의 "소유권"은 국유제로부터 다양화로 진행되었다. 또 다른 금융개혁의 특징은 재산권 또는 소유권 제도의 다양화이다. 이것은 금융에 관한 법률들을 통해 공식화되었다. 선전발전은행이 1990년에 증권거래소에 상장되기 전에는, 중국의 모든 상업은행이 국유형태였다. 아직 합작회사나 "주식회사" 형태의 상업은행은 존재하지 않았다. 2007년 네 개의 대형 국유상업은행 중 세 개가 국내외 증권시장에 상장되면서, 주식소유제 및 주식회사 전환 개혁이 처음으로 완료되었다.

순수 외국자본 상업은행 지점들과 중–외 합작투자 상업은행들이 현재 중국 대도시에 등장해 있다. 도시신용협동조합은 도시 "상업협동조합은행"으로 합병되었다. 예를 들어, 베이징의 99개 도시신용협동조합은 베이징 도시협동조합은행으로 합병되었고, 후에 그 명칭이 베이징상업은행으로 변경되었다. 훨씬 후에는 외국금융기관 주주들로부터 투자를 유치하고 베이징은행이라는 합작투자회사로 전환되었다. 이러한 중국 대형 상업은행 중 세 개 은행의 주식회사 전환은 "상업은행법", "회사법", "증권법"의 규정에 영향을 받았다. 중국공상은행, 중국은행, 중국건설은행 등 이들 세 은행은 체계적인 개혁을 거쳐 중국과 해외에 상장되었으며, 지금은 시가총액으로 세계 10대 은행에 진입했다.

2000년 이전, 중국의 증권회사들은 직접 상장된 예는 거의 없었고, 따라서 대부분이 자금조달에 어려움을 겪었다. 한때는 경영이 극도의 위험에 빠진 적도 있었다. 1994년에 한 신탁회사가 상하이거래소에 상장되었고, 그 다음 바로 증권회사로 전환했다. 나머지 모든 회사들은 불황기에 어려운 시기를 겪었다. 중국 증권회사들은 2006년부터 서서히 상장을 시작했다. 중국이 WTO에 가입한 후 합작투자 증권사가 2000년부터 국내에 등장하기 시작했다. 이로 인해 소유 측면에서 하나의 형태였던 국유 증권사들이 다양화되기 시작했다. 또한 보험회사 및 신탁회사들도 단일의 국유 기관으로부터 다양화된 기관으로 이행하기 시작했다. 금융회사들에게 소유구조의 다양화는 기업 활성화의 한 가지 방법이었다. 또한 전문성과 효율성이 향상되었다. 중국 금융산업은 점차 법적 기초를 근거로 운영되고 있다. 모든 중국 금융산업은 "지금은 의지할 법이 있다"고 인식하기 시작했다. 상업은행의 경영은 은행감독관리위원회와 인민은행이 공포한 모든 법령과 상업은행법을 준수해야 한다. 증권산업은 증권법과 증권감독관위원회가 정한 관련 법률들을 준수해야 한다. 보험사는 보험법을 준수해야 하고, 신탁회사와 투자펀드 또한 관련 법률을 준수해야 한다.

중국어로 "법"이라는 단어의 철자—파(*fa*, 法)—는 좁고도 넓은 의미를 가진다. "법"에 대한 제한적 해석은 기본적 "원칙"이라는 생각과 부합하며, 이것이 중국에서 인정되는 법에 대한 인식이다. 이러한 해석에 대한 변화는 10년 정도마다 일어날 수 있다. 보다 넓은 파(*fa*)의 의미에서는 많은 명령과 세칙, 그리고 특정기관 또는 경제기관이 정한 조례가 포함된다. 넓은 의미의 법에는 더 구체적이거나 세부적인 항목이 포함되고 비교적 빈번하게 조정된다. 파(*fa*)의 협의의 의미 또는 "원칙"이라는 의미가 아직 법제화되지 않은 경우, 광의가 규제가 유연한 시장기능을 보장하는 역할을 했다. 원칙이 법제화된 후 광범위한 명령과 규칙에 따른 구체적 규정, 기술적 수단에 대한 감독, 일상적 내부 규제에 대한 지도 등이 이루어진다. 예를 들어, 중국의 증권거래소는 1990년에 거래를 시작했지만, 증권법은 1998년이 되서야 공포되어 1999년에 발효되었다. 이 8년 동안, 증권시장에 대한 감독은 인민은행 본점과 상하이 및 선전 지점이 제정한 규정에 의거했다. 1993년에 증권감독관리위원회가 설립된 후에는 이 기관이 증권시장을 규제하게 되었다. 증권법이 공포되었을 때 동 위원회의 행정규칙은 해석과 시행 면에서 지속적으로 보완적 기능을 수행했다.

금융기관 운영의 표준화 및 입법화는 경영전망을 밝게 하고, 일상적 운영을 투명하게 하며, 소비자 편익의 보장을 개선하며, 시장 안정성을 제고했다.

금융시장에서 거시경제적 수단

금융시장은 국민 생활에 큰 영향을 미칠 뿐 아니라, 이 시장 자체의 특징이 위험이므로 그 시장 기능에 개입하지 않는 국가는 없다. 1929년의 시장 붕괴, 그리고 그에 따른 경제공황 기간 중 미국정부의 정책, 1945년 세계대전 이후의 유럽 국가들, 그리고 1990년 일본 금융산업에 대해 일본정부가 시행한 정책수단 등이 이러한 사실에 대한 증거이다. 1997년 아시아 금융위기가 발생했을 때 한국, 싱가폴, 중국의 홍콩 행정특구가 취한 조치는 다른 국가들이 행한 조치의 반복이며, 점진적으로 세계화되어 가는 세계경제에서 필요한 것이었다. 2007년 미국의 서브프라임 모기지 위기가 발생했을 때, 미국 연방정부는 경기부양과 추가적인 경기침체를 피하기 위해 여러 차례 이자율을 인하하고, 세금을 인하하는 등 재정수단을 이용했다.

중국이 빠르게 변화하고 경제개발을 진행하고 있는 대국이라는 것은 명백하지만, 그 과정은 반복적인 것이기도 하다. 중국의 인구는 매우 많아 1인당 자원이 상대적으로 충분치 않다. 금융시장은 아직 발전의 초기이므로 시장기능을 위한 중앙정부의 강력한 거시경제적 정책수단 적용이 절대적으로 필요하다. 예를 들어, "상업은행법"이 제정되었을 때 인민은행에게는 위안화 가치의 안정을 보장하라는 책임이 주어졌다. "안정성"이라는 용어는 통화의 급속한 절상 또는 절하를 함축하지 않으며, 다른 통화대비 가격의 대규모 상승 또는 하락을 허용하지 않음을 의미한다. 현재 중국의 위안화 환율 메커니즘은 중국 대변인의 말처럼, "시장의 변화에 반응하는 관리변동제"이다. 이러한 외환정책은 중국의 "외환관리 규칙"에 규정되어 있는 법 조항에 근거한다.

중국 금융산업에 대한 거시경제 수단 또한 법규에 따른 것이다. 전국인민대회에서 통과된 "정부의 업무보고서" 및 "재정 예산"은 GNP 성장률, 물가수준, 고용률 지표, 상대적 에너지 사용 등 모든 경제지표에 대한 목표를 설정한다. 정부가 예산을 정하면, 정부는 이러한 예산목표와 지표에 따라 법이 정한대로 일정한 범위 내에서 시장개입을 한다. 경기의 과열 또는 지나친 위축으로 인해 지표가 지정된 범위를 벗어나면 문제해결을 위해 간접적인 거시경제적 수단을 사용할 수 있다. 금융산업에 대한 수단은 "인민은행법"에 명시되어 있다. 예를 들어, 여기에는 예금 지급준비율 조정, 대출금리, 재할인율, 공개시장 조작, 단기채권 발행 등이 포함된다. 또한 정부는 기업에 대한 소득세, 예금 이자세, 인지세, 개인소득세 등의 조정을 위해 재정수단을 택할 수 있다.

중앙정부의 금융시장에 대한 거시경제적 조정은 국가경제와 일반적 사회의 안정성을 유지하며, 경제적 후생과 지속 가능성을 보장한다. 특히, 시장이 활력을 상실할 때 중앙정부의 개입이 절실해진다.

❖ 금융 시스템 및 법제의 개혁

중국은 지난 30년에 걸쳐 금융산업에 관한 완결된 법적 구조를 창조했다. 법 시행도 현재 개선되고 있다. 그 결과 중국은 상당한 관련 경험을 축적했다. 특히, 중국은 인플레이션에 대해 계속 주의를 기울이고 있다. 통화정책 및 재정정책 면에서 장기간의 인플레이션이나 적자정책을 허용하지 않아 왔다. 이러한 국내 경험이 통화정책에 관한 "인민은행법" 조항에 반영되어 있다. "증권법"과 "보험법"의 많은 규정들이 이와 동일한 주의와 보수주의를 나타내고 있다. 이 모든 것은 최근 중국의 초인플레이션 경험과도 관련이 있다.

"법은 일종의 현지 지식이다"라고들 말한다. 중국이 현지의 경험(local experience)과 여건을 중시하는 방식의 또 다른 측면은 중국이 외국의 모델을 맹목적으로 따르지 않는다는 점이다. 중국은 적절한 개혁을 수행하고 중국의 사회 · 문화적 환경에 외국의 경험을 응용하는데 능숙하다. 한 가지 예는 상업은행, 증권, 보험, 신탁산업과 관련하여 "상이한 산업의 운영을 결합"하는데 있어서의 의문들과 관련된 경우이다. 실제에 있어서 중국은 적절한 개혁수단을 채택했다. 즉, "상업은행법", "보험법", 그리고 "증권법"은 "혼합산업"(mixed-industry) 또는 종합적 경영의 미래에 대해 신중한 태도를 취했다. 금융산업의 이러한 측면을 규제하는 첫 법령이 발효된 뒤 거의 10년이 지난 2005년에야 비로소 상기의 법률들이 개정되어, 어떤 형태의 혼합 운영도 엄격히 금지하던 규제가 "조건부로 완화"되었다.

현지의 경험은 또한 중국의 법에서 이른바 적합성 조항(compatability provision)의 사용에서 명백히 드러난다. 미국과 일부 국가들은 법적 선례 시스템을 사용하는데, 여기에서는 어느 사건에 대한 동일한 사실과 증거 하에서도 여러 변호사들이 상이한 관점을 뒷받침하기 위해 상이한 사건 원리들(case principles)을 제기할 수 있다. 법원이 판결할 때에는 상이한 논리적 근거를 뒷받침하는 상이한 원칙들뿐만 아니라 다수의견과 소수의견이 동시에 제시된다. 중국에서 현지 경험(local experience)이란 법적 분쟁에서 결론을 내리는 데 도움이 되는 "적합성 조항"이라 불리는 것이 채택됨을 의미한다. 예를 들어, 중국의 "증권법" 하에서 주식시장은 회원제를 채택했으나, 거래소는 여전히 국가소유이고 거래소 사장도 증권산업의 규제당국인 증권감독관리위원회가 임명한다. 또 다른 예로, 상업은행법은 은행이 "관계인(친구)"에게 신용대출을 제공할 수 없게 규정하고 있다. 법은 정하고 있지 않지만 실제 은행의 경영과 법원의 경험을 통해서 중국인들은 누구를 "관계인(친구)"으로 생각하는지에 대해 암묵적으로 이해하고 있으므로 "관계인(친구)"의 범위를 더 설명하거나 정의할 필요는 없다. 모호한 법 조항은 사실 이러한 적합성의 아이디어를 적용하고 있는 것이다. 이 아이디어는 복잡한 문제를 단순화하고 법 제정과 집행을 훨씬 쉽게 만든다. 이 점은, "더 이상의 논쟁은 없다—앞에 놓인 길이 험난할 것이라는 점은 확실하다"라는 개혁에 대한 덩샤오핑의 조언에 함축되어 있는 원리에 대한 또 하나의 반영이다.

중국의 법 제정과 집행의 방식은 일정한 특징을 가지고 있다. 요약하면 다음과 같이 설명할 수 있다.

금융산업에 대한 입법권한은 중앙에 집중되어 있다. 일부 국가에서는 은행, 보험, 증권 산업에 대한 입법권한이 다양한 중앙 및 지방 정부에 주어져 있다. 중국에서는 금융산업에 대한 모든 입법 권한이 중앙정부의 수중에 있다. 지방기관들은 일반적으로 이 영역에서 입법권을 가지고 있지 않다. 이러한 사실은 지방경제들 사이에 편차가 심하고 인구가 많은 대국에서 통일적인 금융 입법이 가능하도록 보장한다. 이는 진 왕조가 통화, 차량의 폭, 무게와 척도 등을 통일한 이래로 2000년간 유지되어온 중국의 방식이다. 오늘날에도 마찬가지이다.

중국의 입법 및 사법 체계의 두 번째 측면은 집행 비용이 분산되어 있다는 것이다. 법제는 비용이 많이 드는 것이고, 사회가 그 비용을 부담해야 한다. 아무도 집행에 대한 비용을 지원 또는 지불하지 못한다면, 법은 단지 종이 위의 글자로 전락하게 되어 사회생활에 대한 실제 효과는 중단된다. 개발도상국 경제는 항상 잘 조직되어 있지는 않으며, 조세 수입은 제한되어 있다. 따라서 법 집행 비용은 일반적으로 중앙정부만이 부담하는 것이 아니라 사회의 지역 단위와 지역사회, 가계 또는 개인에게까지 분산된다. 예를 들어, 중국의 사법제도는 네 층위로 나뉘어져 있고, 각 층위는 각자의 수준에서 재정적 책임을 부담한다. 중국의 금융사건에서, 소송 당사자들은 일정한 소송비용을 부담해야 한다. 이러한 비용은 소송 수수료로, 총비용은 일정 비율에 따라 각 "층위"에 할당되는 비용들의 합으로 결정된다. 중국의 금융체계를 개혁하는 과정에서 기업과 개인의 세금 부담을 높이지 않기 위해, 우리는 비용을 분담하는 이런 방식을 이용하고 있다. 이 방법을 통해 우리는 금융부문에서 법의 집행을 수행할 수 있게 되었다.

중국이 법을 만들고 그 법제와 규제를 관리하는 방식의 세 번째 측면은 문화적 요소(특히 금융 관련 관리와 규제에서)를 충분히 반영하는 방식이다. 모든 대국들은 필연적으로 크고 중앙집중적인 정부를 필요로 한다. 중국은 수 세기에 걸쳐 강력한 중앙정부를 가지고 있었다. 금융규제기관의 감독은 이러한 중앙관리를 보여준다. 중국은 매년 금융규제 기관에 대해 철저한 조사를 실시한다. 운영방식이 법에 따르고 있는지부터 법규까지, 노동시장의 유연성에서부터 일자리까지, 회계에서부터 작업장까지, 경영진에서 일반 직원까지, 정치적 연구모임에서 비즈니스 훈련까지, 이 모든 것이 법에 따라야 한다. 중국의 금융 법제가 완전하지 못하며 선진국의 엄격한 기준과 완벽성에는 이르지 못하지만, 엔론(Enron) 같은 사례는 아직 중국에 나타나지 않았다. 또한 작년 미국에서 발생하여 계속적으로 글로벌 시장에 영향을 미치고 있는 서브프라임모기지 사태와 같은 위기도 아직 없었다.

이른바 완전한 법제를 가진 국가에서 이렇게 치욕적인 사태가 발생한 사실은 법적 완결성이 이러한 사태를 방지하기에 충분한 것인지 의심하게 만든다. 법적 제약이 불완전한 국가에서 이러한 사태가 발생하는 것을 찾아볼 수 없는 경우가 흔히 있다. 해답은 어느 국가의 금융문화와 관련되어 있을 수 있다. 과잉신용, 과잉 기회주의, 초과이윤 추구의 문화 속에서는 중국 속담처럼 "사람들이 돈을 벌기 위해 다른 사람들의 머리를 자를 것이다." 완전한 법제는 모두 형식이지 본질은 아니며 실제적 수단은 터무니없는 행동을 다루는 데 아무런 도움이 되지 않는다.

중국의 전통문화는 항상 여유를 유지할 것을 강조했다. 매년의 공통된 신년 소망은 필요한 것보다 약간 많이 가지는 것이다. 중국인들은 "비 오기 전에 집을 고쳐라"라는 속담을 마음속에 새기고 있다. 중국의 금융문화는 이러한 행위를 반영하고 있고, 이러한 전통은 현재의 중국정부가 금융입법과 집행에서 신중을 기하는 방식에 영향을 주었다.

❖ 향후의 발전

중국 금융법제의 미래는 연구, 흡수, 발전이라는 단어로 요약할 수 있다. 중국이 WTO에 가입한 뒤 국내 금융시장은 대외 개방이 더 진전되었고 금융체계는 국제적 규준을 준수하며 움직였다. 지금부터 2020년까지의 기간 동안에 중국의 시스템은 선진 외국으로부터 더 많은 교훈을 얻고 그들의 좋은 점과 풍부한 경험을 흡수할 필요가 있다. 이와 동시에, 우리는 우리 자신의 경험과 외국의 경험을 통합하고, 우리가 가진 더 나은 특성을 통해 외국의 특성을 흡수할 수 있도록 하며, 금융법제를 발전시킴에 있어서 외부로부터 무엇을 도입하고 중국 고유의 특징 중 무엇을 유지해야 하는지를 탐구해야 한다.

우리는 우리 제도의 결함—실제와 더 이상 일치하지 않는 측면들—을 개선해야 하고, 이에 따라 규정과 규칙을 수정해야 한다. 또한 법 제정이 질적으로 향상되어야 하고, 입법에 따른 시장비용을 보다 더 잘 관리할 수 있어야 하며, 사회가 집행비용을 부담하게 하는 일이 어떠한 결과를 낳을지를 잘 이해하고 정확히 예측해야만 한다. 궁극적으로, 공포된 법률이 발전에 대한 장애가 아닌 금융시장에 대한 긍정적인 인센티브가 되도록 해야만 한다.

1978년 이후 금융산업에 대한 법적 틀을 발전시켜 왔던 중국의 경험이 보여주는 바는, 사회주의 금융체계의 구축에 있어서 우리 자신의 독특한 길을 추구해야 한다는 사실이다. 따라서 앞으로 나아감에 있어서 우리는 경계를 늦추어서는 안된다. 성공적이었던 점은 적극 활용하고 그렇지 못했던 점은 버림으로써, 우리는 중국 금융부문의 건강하고 지속 가능한 성장에 대한 그 어느 때 보다도 더 강력한 보증을 제공할 수 있을 것이다.

31 | 은행 및 금융 부문의 법률 서비스

샤오 웨이
쥔허(Junhe) 법률사무소 메니징 파트너

❖ 개혁 · 개방 이후 중국의 법률 전문가

변화하는 신(新)중국이라는 조건 하에서 어려움들도 커져감에 따라, 중국의 법률 전문가는 이를 감내할 만큼 강해질 필요가 있었다. 문자 그대로 법 제도와 법률 전문가는 민주화 과정의 시작이라 할 수 있는 개혁 · 개방 이후에야 중국에 존재할 수 있게 되었고, 이때부터 법 제도의 강화와 시장경제의 발전이 시작되었다.

1980년 8월 26일의 전국인민대회(이하 전인대)는 신(新)중국 수립 이후 처음으로 법률가와 관련된 첫 번째 법률, 즉 "중화인민공화국 법률가에 대한 임시 규칙"을 시행하기로 결정했다. 1996년 5월 15일의 전인대는 신(新)중국이 시작된 후 처음으로 "중화인민공화국 법률가 관련 법"이라는 법률가 관련 법률을 통과시켰다. 2007년 10월 28일에 전인대는 2008년 6월 1일부터 발효되는 동 법률의 개정안을 통과시켰다. 중국의 법률가는 이 시기 동안 빠르게 증가하여 현재는 전국에 13만 명의 법률 전문가가 존재하고 있다.

법률 전문가 제도를 재개하던 초기에는 법률가의 기능이 제한적이었다. 법적 구조가 아직 시작단계에 머물고 있었기에, 경제에는 중앙계획적 요소가 두드러졌고 정부는 경제운영을 위해 행정명령에 주로 의존하고 있였다. 법률사무소들의 활동은 대부분 민사 및 소송과 관련된 것들이었다. 법률 서비스는 머지않아 해외직접투자, 대외무역, 부동산 모기지 등의 분야로 확장되기 시작했지만, 금융관련 사안은 거의 다루지 않았다. 중국에서 보험과 증권이 발전하고, 은행들도 구조조정과 상장을 진행하면서, 채권시장, 주식펀드, 산업관련 펀드 등의 발전과 함께 중국 법률가들은 금융부문에 대한 종합적인 서비스를 제공하기 시작했다.

❖ 증권산업에 대한 법률서비스 제공

법률가가 증권업에 관여하게 되면서, 이들은 보다 빈번히 금융계로 진입하기 시작했다. 1993년 전국 규모의 자본시장이 형성되고, 정부는 표준화 절차에 대한 규정들을 발표하기 시작했다. 법률가들은 법적 절차에 있어서 필수불가결한 부분이 되었고, 곧 증권업에도 관여하게 되었다.

그들의 최초 역할은 주로 주식발행과 상장에 대한 것이었다. 여기에는 레드칩 주식과 보통주(A-주), 중국 내에 상장된 외국인투자자주식(B-주), 중국 이외의 지역에 상장된 외국인투자자주식(H-주) 등이 해당된다.

1992년 10월에 중국의 증권감독관리위원회(이하 증감위)이 설립되었고, 곧이어 관련 법률, 규칙, 그리고 세칙들이 제정되기 시작했다. 1993년 6월 3일 증감위는 "상장기업들에 요구되는 정보에 관한 통지"를 제정했다. 동년 4월 22일에는 "주식발행과 매매에 관한 임시규칙"이 시행되기 시작했다. 1995년 12월 25일 정부는 "중국 내에서 주식회사로 상장된 외국인투자자주식"에 관한 규칙을 통과시켰다. 이러한 모든 규칙들은 주식발행에 대한 법적 승인을 신청하는 기업들에게 법률사무소가 발행하는 법적 의견을 첨부하도록 규정했다. 이에 따라 법률가가 증권시장의 필수불가결한 참여자가 되었으며, A-주 업무에 참여하기 시작했다.

"법률회사 및 법률가 자격 확인과 관련하여 중국 법무부 및 증감위에 대한 임시규칙"에 따르면 법무부와 증감위가 선정하고 확인한 법률가만이 일정한 활동에 참여할 수 있다. 이 활동에는 국유기업의 구조조정과 개혁, 주식회사의 설립과 증권의 발행 및 배분관련 업무 등이 포함되었다. 승인을 받은 법률회사만이 증감위 규칙에 따

라 법적 의견과 법률 업무 보고서를 제공할 수 있다.[1]

증권시장의 발전에 따라, 이와 관련된 법률가 집단이 확대되었고 질적인 개선도 이루어졌다. 법무부와 법률협회의 통계에 따르면, 1999년까지 409개의 법률회사에게 증권업무를 취급할 수 있는 자격이 주어졌다. 이들은 중국에서 증권시장의 발전을 뒷받침하는 주된 힘이 되었다. 그러나 당시 대부분의 법률회사들의 위험에 대해 인식이 매우 부적절하였는데, 이는 곧 문제를 발생시켰다. 전문성 수준이 높지 않았고 업무 활동도 다소 엉성하여, 대부분의 법률가들은 경영 측면에 대해 전반적으로 미숙했다. 이렇게 위험에 대한 부적절한 인지에 더하여, 많은 법률가들이 과거의 정부추천, 그리고 정부의 심사와 승인에 부당하게 영향을 받고 있었다. 이들은 산업표준과 업무규칙의 적용에 있어서 책임감을 가지고 엄격하게 적용하지 않았다. 조사는 본질적인 것보다는 순전히 형식적으로 이루어졌고, 그에 따라 발행인의 법적 위험이 적절히 다루어지지 못하는 경우가 자주 있었다. 어떤 법률가들은 책임을 회피하고 의도적으로 발행자와 관련된 문제들과 잠재적 위험을 덮으려고까지 했다. 명확한 법률적 의견 표명의 실패는 법률가들이 책임의 예방과 분산이라는 본연의 역할을 수행하지 않고 있었음을 의미했다.

1999년 "증권법"을 통해 증감위는 주식발행 시스템에 중요한 수정을 가했다. 증감위는 허가증을 부여하는 기업의 수를 제한하던 종전의 쿼터제를 폐지하고, 그들에게 상장을 허용했다. 또한 동 위원회는 당시까지의 행정적 추전, 심사 및 승인 제도도 폐지하고, 우선인수자(Primary Underwriter)가 주식 발행자를 심사하는 인가제도 및 추천제도를 시행하기 시작했다. 이러한 인가제도는 "각자 의무에 충실한다"는 것으로, 허가나 승인을 부여하는 사람과 승인을 얻는 사람이 동일인일 수 없었다. 이 추천 및 인가 제도는 이사회, 규제기관, 우선인수자, 법률가, 회계사, 기타 중개기관, 투자자, 증감위 등 관련된 모든 기관의 책임과 위험특성을 확실히 구분하는 것을 의미하는 것이었다. 그 목표는 "시장화" 또는 시장 중심적 원칙에 기반하는 증권발행 제도를 마련하기 위해 시장 참여자와 규제당국이 각자 "자신의 의무와 이해에 충실하며" 서로 상호 규제를 적용하는 것이었다.

이러한 인가제도 하에서 법률가들은 핵심적 중간단계의 기관이었다. 우선인수자,

전문 회계사, 평가자 등과 함께 이들은 발행자가 투자자에게 제공하는 증권의 질과 정보의 질을 보장하는데 기여한다.

법률가들이 제공하는 법률 의견과 법률 업무 보고서는 증권발행 신청서의 한 부분으로 반드시 첨부되어야 하는 서류이다. 아울러 법률가들이 작성하는 이 문서들은 규제당국이 신청서가 규정을 준수하고 있는지의 여부를 판단하는 기본자료(baseline)가 되었을 뿐만 아니라, 투자자의 신뢰를 확보해 주는 법적 보증을 위한 기본근거가 되었다.

1999년 9월 16일 증감위는 "증감위 감사위원회 관련 규칙"을 제정했다. 이 규칙에 의해 새로이 감사위원회에 법률가를 포함시키게 되었다. 이때부터 법률가가 감사과정에 참여하여 증권분야에서 자신의 위상을 높였다.

2006년에는 "회사법"의 개정과 함께 "증권법"(Securities Law)이 제정되고, 증감위는 최초 증권발행 및 차환(refinancing)에 대한 일련의 규제들을 통과시켰다. 이 과정에서 법률 의견서의 범위와 방법도 이에 맞춰 조정되었다. 실무에서, 법률가들은 증권발행자와 우선인수자에 대한 법률자문으로서의 역할을 할 수 있다. 인수자측에서 법률가는 일반적으로 사업 계획서의 적어도 일부를 작성하게 된다.

1994년 국무원은 "해외상장을 통한 자금조달 기업에 대한 특별규칙"을 제정하고 전(前) 국무원 증권위원회와 국무원 경제체제 개혁 사무국은 "해외상장을 위한 준비단계에 관한 규칙"을 발표했다. 1999년 증권위원회는 "홍콩 증권거래소 성장기업 시장(GEM, Growth Enterprises Market) 상장 신청을 하는 국내기업들에 대한 신청·승인 절차와 규제지침"을 발표했다. 일부 중대형 국유기업들은 주식회사로 구조조정한 후, H-주를 발행하여 해외증시(주로 홍콩, 뉴욕, 싱가폴, 도쿄, 런던의 주거래 시장에 상장되었지만, 이들로만 한정된 것은 아니었다)에 상장되었다. 홍콩 GEM에 상장될 경우, 중소형 주식회사는 H-주 발행을 통해서 상장되었다. 이러한 구조조정과 상장에는 수많은 정부부처와 조직이 관여하며, 승인기관, 국가 자산관리 부처, 증감위, 해당 기업이 상장하고자 하는 증권거래소 등을 포함하지만, 다른 기관들도 포함될 수 있었다. 이 과정에서 법률가들은 중개기관과 상장회사간의 업무를 조정하고 상장하고자 하는 증권거래소와 증감위를 비롯하여 중국의 관련 당국에게 법적 의견을 제공했다. 이 과정에서 일부 기업은 A-주를 우선 발행하고 H-주를 나중에 발행했고, 다른 기업들은 H-주를 우선 발행하고 나중에 A-주를 발행하기도 했다. 이 양자를 동시에 발행하는 경우도 있었다. 법률가들은 중국 내외에서 상장회사와 함께 중개기관 사이에서 규제요건들을 조정했다.

1995년 국무원은 "중국 내 상장 외국투자기업에 대한 규칙"을 공포했다. 1996년에 국무원 산하에 있었던 증권위원회는 "중국 내 외국투자 상장기업에 대한 규칙의 실행절차"를 제정하고, 이 규칙에 따라 법률가들이 B-주의 상장과 발행에 참여했다.

1997년 국무원은 "해외시장에서의 주식 상장과 발행 관리 강화에 대한 통지"를 공포했다. 이 기간에 대형 국유기업 집단들은 해외기업을 설립하고 주식의 상장과 공모를 실시했다. 여기에는 차이나 텔레콤, COFCO, 중국해양석유공사(CNOOC), 차이나유니콤이 포함되지만, 다른 기업도 포함될 수 있었다. 상장활동은 일반적으로 국무원의 특별승인을 필요로 했고, 법률가들은 중국 내외에서 조직의 업무를 조정하여 상장기업이 관련 법령에 따르도록 했다. 현재 레드칩 기업들은 상하이 증권거래소에서 A-주 발행을 시도하고 있다. 관련 법령이 아직 분명히 정의되지 않아 법률가들은 법률 의견을 제공하여 발행자와 관계 당국에 협조하고 있다.

2000년 증감위는 "해외에서 주식을 발행하고 있으면서 국내에서 권리와 이해를 가진 해외기업과 관련된 문제들에 대한 통지"를 제정했다. 비슷한 시기에 사기업 집단, 즉 국유기업이 아닌 기업은 해외기업 설립과 홍콩 GEM와 NASDAQ 및 기타 해외 거래소에서 기업공개를 단행하기 시작했다. 이 과정에서 법률가들은 상기의 규칙에 따라 증감위로부터 발행자의 상장에 대한 "동의서"(No Comment Letter)를 받기 위해 법률적 의견을 증감위에 제출했다. 2000년에 공포된 "통지"는 2003년에 취소되어 효력이 없어졌다. 지금은 유사한 상장 신청은 증권법, 그리고 2006년 상무부가 정한 "규제"("국내기업을 M&A하는 외국인 투자자에 대한 임시 규제")와 국가외환관리국이 정한 "자금을 조달하고 투자된 외환을 중국으로 환수하기 위한 특수목적 해외기업을 운영하는 국내 중국 시민과 관련된 문제들에 대한 통지"를 주로 이용하고 있다. 이 과정에서 법률가들은 관계 당국과의 경험과 관계를 바탕으로 상장을 위해 증감위 승인절차를 거쳐야 할지에 대한 의견을 제공하고 있다.

A-주 발행기업은 상장 이후, 증감위와 상하이 또는 선전 거래소의 감독을 받게 된다. 이때 법률가들은 이 기업들에게 규칙 준수에 관한 법률 서비스를 제공한다. 서비스에는 주주 총회에서의 증언, 기업정보 공개 문서에 대한 검토 및 승인 등이 포함된다. A+H주 기업의 경우, 법률가들은 각 요구사항의 시행에 있어서 국내외 중개기관 사이에서 조정 역할을 한다. 증감위의 관련 규정[2]에 따라, 법인의 기업지배구조 개선과 자본시장 정책에 대한 이해를 증진하기 위해 전문지식을 이용할 목적으로, 몇 명의 법률가들을 상장기업 이사회 독립이사로 임명해야 한다. 2005년에서 2007년까지 증감위와 기타 정부기관들은 상장기업의 주식배분과 관련된 규칙을 제정했는데, 그 목적은 시장에서 매매가 제한되는 주식의 문제(역사적 배경을 가진 문제)를 해결하기 위한 것이었다. 이 과정에서 법률가들은 주주간 주식전환 업무를 전담하여 조정함으로써 중국 증권시장에 중요한 기여를 했다.

❖ 상업은행에 대한 법률서비스

주식제 개혁(또는 주식회사 전환 개혁)과 중국 은행산업의 주식공개는 선전발전은행, 상하이푸동개발은행, 차이나 머천트은행 등 중견기업들로부터 시작되었다. 중국은행, 중국건설은행, 중국공상은행을 비롯한 국유 대기업이 구조조정을 거쳐 상장된 것은 바로 이 시기 이후였다. 상업은행의 개혁 전에 법률가의 법률 서비스는 일반적으로 비즈니스 계약서 작성과 중개 및 상업 대출, 개인 모기지론 등에 대한 업무협조에 국한되었다. 2003년 국무원은 중국은행과 중국건설은행의 주식제 개혁 즉, "주식회사 전환"을 결정했으며, 구조조정과 전략적 투자자에 유인, 그리고 기업공개 및 거래소 상장 등의 과정을 통해 법률가들은 은행에 대한 폭 넓고 심도 있는 법률 서비스를 제공하기 시작했다.

이러한 서비스에는 구조조정 제안 설계에 대한 참여, 예를 들어 부분 또는 전면적 구조조정 참여 여부, 기존 채권자의 권리 및 부채의 주식회사에 대한 양도 방법의 문제에 대한 협조 등과 관련된 참여가 포함된다.

법률가들이 담당하는 사전실사(due diligence: 어떠한 사업에 있어 의사결정 이전에 적절한 주의를 다하고 계획을 수립하여 수행하여야 하는 주체의 책임–역자)는 이 과정에서 법률가 서비스의 중요한 부분이다. 이들의 주요 기능은 구조조정 제안서의 실현가능성에 대한 실무적 기초를 제공하고, 초안 작업을 돕는 것이었다. 이들은 은행의 경영이 법령에 따른 것인지, 특정 문제가 조정과 해결을 요구하는지 등의 판단에 도움이 되어야 한다. 법률가들은 상장과정에서 공시를 위한 토대를 제공해야만 한다. 이는 또한 법률가가 법률 의견을 제공하기 위한 근거가 되기도 한다.

국내 법령 하에서 이러한 사전실사를 시행하는 과정은 이전에는 존재하지 않았던 절차이다. 필수 요건과 기준이란 측면에서 보면, 이는 원점(zero)에서 출발하여 점진적으로 발전되어 왔다.

현재로서는 사전실사에 관해 많은 부분이 명확히 정의되어 있지 않고, 여러 단계의 구조조정이 필요하다. 상장단계에서 법률가들은, "상장 주식회사 정보공개 의무 규칙 #12 : 주식공개에 관한 법률적 의견 및 법률 업무 보고서"라는 증감위 규정에 따라, 법률 의견과 법률 업무 보고서를 작성해야 한다. 사전실사의 범위와 적용 기준은 적어도 이 규칙이 정하고 있는 법률 의견 및 법률 업무 보고서 요건에 부합하여야 한다.

결과적으로 은행에 관한 사전실사는 많은 측면을 담당한다. 예를 들어, 금융업무 수행을 위한 등록과 승인, 모든 형태의 규칙 준수, 거액의 부채 및 채권 관계, 해외 투자 및 처리 방법, 주요 금융정보, 내부관리 시스템 변화 및 발전, 직원에 대한 노동 및 사회보장, 통합 세금 신고 및 기타 조세에 대한 고려, 소송, 중재 또는 미결 행정 벌금과 벌칙 등이 이 업무에 포함된다.

대형 국유 상업은행의 지점 조직에 대해서는 수천 개의 기준이 존재한다. 운영과 관련된 충분한 사전실사 원칙을 적용하는 것은 상업은행에 대한 법률가의 실사를 실행할 때 전례 없는 어려운 문제라 할 수 있는 많은 서류를 열람하고 검토해야 한다.

법률가들은 중요한 역할을 수행하고 있고, 특히 부실채권 관리를 위해 막대한 법률 서비스를 제공했다. 이것은 상장 전후로 한 내부 기업지배구조 문제의 중시와 전략적 투자자 유치, 그리고 전략적 투자자들과 투자대상 은행 사이의 비즈니스 관계의 명확화를 위한 상업은행의 구조조정 및 상장 과정을 통해 잘 나타났다.

❖ 법률 서비스와 보험회사

최근 보험회사에 제공되는 법률 서비스는 주로, 주식개혁 구조조정 즉, 보험사의 "주식회사 전환", 외국인 전략적 투자자 유치, 보험펀드의 활용, 보험사의 기업지배구조 등 네 가지 영역에서 제공되었다. 1999년 "국유기업 개혁 및 발전과 관련한 주요 문제에 대한 중국 공산당 중앙위원회 결정"에는 중–외 합작투자사의 주식회사 전환과 국유 중 · 대기업의 주식제 개혁 실행을 위한 기준에 대한 요건들이 열거되었다. 국유 보험사의 주식제 개혁은 2002년 말에 시행되기 시작했다. 그 후, 2003년에 주요 단계에 진입했다. 2004년까지 국유 보험사의 주식제 개혁("주식회사 전환")은 기본적으로 완료되었다. 이 과정에서 수많은 법적인 문제로 인해 주식회사의 설립뿐 아니라 지향해야 할 개혁모델, 자산분할, 양도 제안 등을 비롯한 법률가의 적극적인 참여가 요구되었다. 법률가들은 문제해결, 의견제시, 전문 법률 서비스를 제공하는 과정에서 이에 전적으로 참여했다. 이들은 또한 시스템 개혁 과정에 공공 투자를 끌어들일 수 있는 가능성을 검토하고, 적절한 거래에 관한 문서를 작성하고, 승인절차가 완료될 수 있도록 지원했다.

중국은 공식적으로 2001년 12월 11일에 WTO에 가입했다. 이 가입과정에서 중국은 지정된 시장에 대한 구체적 개방 일정에 따라 보험산업의 개방을 약속했다. 2003년 말부터 중국은 비생명보험사들로 하여금 중국 내에서 순수 외국인기업을 설립할 수 있도록 했고, 이들의 기업활동에 대한 모든 제약을 폐지했다. 2004년 말부터는 중국에서 영업하고 있는 외국인투자 보험사에 대한 규제를 철폐하고, 법으로 정한 보험과 관련된 사업을 제외하고 모든 사업영역을 외국인투자 보험사에게 개방했다. 2005년 말에는 법으로 정한 보험부분에 대해서도 규제를 철폐했다. WTO 이행약속으로 인해, 더 많은 해외투자가들이 사무소 개설, 중국 보험사의 주식매입, 순수 및 합작투자 보험회사 설립 등을 통해 중국 보험시장에 진출했다. 이 과정에서 법률가는 투자제안서 수립, 국내외 주주 자격의 조사, 거래 문서 작성, 협상과 승인 및 최종 종결 서비스 등을 제공하면서 해외 투자자와 중국 투자 보험사에 대한 법률 자문 역할을 수행할 수 있었다. 이들은 같은 방식으로 모든 연계업무에 대한 관련 법률 서비스를 제공했다. 중국 보험사들의 국제 규제에 대한 이해를 돕고, 중국 보험업을 둘러싼 법률 환경에 대한 외국인 투자자들의 이해를 돕는 과정에서, 법률가들은 선진 경영 경험을 참조하고 이를 중국에 적용을 할 수 있었다. 이들은 또한 중국의 관계당국에 인허가를 신청할 때, 중국 보험사와 외국인 투자자 사이의 의사소통과 이해 증진에 매우 효과적이었다.

2006년 6월 15일 국무원은 "보험산업 개혁과 발전에 대한 여러 의견"을 제정했다. 이 의견을 근거로 보험펀드의 투자경로가 확대되었으며, 증권화 상품에 대한 투자, 인프라, 해외자산, 상업은행에 대한 투자 원칙이 수립되었다. 이전에는 보험펀드의 신청이 매우 엄격한 제한을 받았다. 이 의견이 그러한 제약을 완화시켰지만, 보험사는 새로운 원칙을 적용함에 있어서 부적절한 법률 구조 때문에 실제로 실행할 때는 여전히 많은 법적 문제에 직면하고 있었다. 법률가의 전문적 기술은 보험사들의 수많은 법률적 측면의 일들을 처리하는데 매우 큰 도움이 되었다. 이러한 업무로는 투자하고자 하는 영역에서 보험사의 사전실사를 돕는 일, 위험통제를 위한 법적 장치를 고안하는 일, 투자를 받는 측의 규제 준수 여부를 확인하는 일, 보험사들로 하여금 현행의 법제가 정하고 있는 검증 및 승인절차를 완수할 수 있도록 돕는 일 등이 포함된다.

최근 보험사들에 대한 체계적 개혁의 심화에 대한 요구가 전반적으로 강화되는 환경 아래에서, 중국보험감독관리위원회(이하 보감위)는 보험사들의 내부통제에 대한 요구를 유례없이 강화했다. 여기에는 2006년 1월 5일 제정된 "보험사 내부 기업지배구조 표준화 관련 지도 의견", 2006년 6월 12일 발효된 "보험사 이사회 이사 및 고위 경영인원의 적격 요건에 대한 규칙"과 2007년 월 6일 제정된 "독립이사에 대한 관리 절차" 등이 포함된다. 이들 규칙을 준수하기 위해 법률가들은 기업지배구조 관련 서류의 수정과 보험사의 내부 지배구조의 조정 절차를 돕는 데 깊숙이 관여했다. 이들은 또한 보험사들에게 구조적 변화에 대한 제언을 마련하고, 규제가 요구하는 방식으로 회사 정관을 수정하며, 규제 위원회가 요구하는 직원들을 대상으로 하는 내부통제 및 위험회피 방법에 대한 법률 교육 과정을 설치하는데 도움을 주었다.

향후 보험산업의 건전한 발전의 촉진을 지속하기 위해서 법률가들은 다음의 분야에서 전문적인 서비스를 확대할 것이다:

- 보험산업과 관련된 정책 및 입법 과정에의 참여
- 증권산업의 경험을 보험업에 도입. 여기서 법률가들은 규제기구의 확장으로서의 서비스를 제공하여, 보험사들이 기업지배구조를 준수하고 있는지, 자금 활용이 적절하지 등을 조사할 책임을 지며, 또한 규제기구에 전문적 평가를 제공하는 업무를 담당한다.
- 보험계약이 규정을 준수하고 있는지에 대한 전문적 평가의 제공

❖ 법률 서비스와 해외 사모펀드

중국의 사모펀드(private placement fund)는 2000년이 되어서야 비로소 중국 투자의 한 부분으로 시작되었다. 당시 8억 달러였던 사모펀드 규모가 지금은 100억 달러를 초과하고 있다. 중국의 세 국유상업은행의 사모펀드는 상장 이전에 이미 55억 달러에 달했다.[3] 중국의 사모펀드 규모는 2005년 일본의 그것을 넘어서 아시아에서 최대 규모의 사모투자펀드를 흡수하는 국가가 되었다. 그 규모는 아시아 전체의 30% 이상을 차지하고 있다.

해외 사모펀드는 외국기업의 중국 투자 방식에 커다란 변화를 가져왔으며, 이에 비례하여 법 제도에 도전을 안겨줬다. 외국펀드가 현재 투자를 실시하는 방식에서 있어서 가장 큰 차이점은 투자활동인 신규 발행보다는 증권 매입을 통해 이루어진다는 점이다. 이것은 전통적인 방식과는 반대되는 것이다. 이러한 차이는 당연히 해당 기관을 보조하도록 고용된 법률가들에 대한 상이한 요구에 반영되었다.

펀드가 중국에 등장한 즉시, 중국의 법률 전문가들은 관련된 법률 서비스 제공을 시작했다. 하지만 초기에는 해외펀드에 대한 서비스가 사전실사 서비스로 제한되었다. 투자된 기관이 법적 운영절차를 충족하고 있는지를 확인해 달라는 투자자의 요구를 만족시켜주는 데 한정되었던 것이다. 이러한 업무는 기업 공개의 법적 요건을 위한 참고자료로 수행되었다.

사모펀드의 증가는 중국 내 인수 및 합병(M&As) 건수를 크게 늘렸고, 중국의 법률가들도 이제는 통상적인 사전실사 업무로부터 투자자에게 투자구조 계획을 제공하고 핵심적 법적 문서를 입안하는 업무로 전환하고 있다. 중국 법률가들의 구조적 계

획과 법률 의견은 사모펀드 투자자의 정책에 영향을 미치는 중요한 요인이 되었다. 최근 법률가들은 해외 사모펀드들의 합리적인 법률 수요를 수용하고, 중국의 법적 구조 안에서 그러한 수요가 실현되도록 하기 위해 열심히 노력하고 있다. 투자자의 투자 니즈를 보장하고 중국 기업들이 이렇게 급속히 변화하는 자금조달 채널로부터 혜택을 볼 수 있도록 하기 위해, 중국의 법률가들은 중국 사모펀드의 설계와 운용에 많은 빼어난 기여를 했다. 혁신을 실무에 도입함으로써, 중국의 법률가들은 중국의 금융 입법의 발전이 한 단계 더 앞으로 나아가는 데 이바지 했다.

❖ 법률 서비스와 채권산업

중국에서 법률가의 채권시장 참여는 회사채, 전환사채, 자금조달 채권, 단기상업어음 등(여기에만 한정되는 것은 아니다)을 비롯하여 여러 채권시장에서의 발행과 상장에서 주로 확인된다. 1993년 국무원은 "기업채권 관리규칙"을 공포했다. 2004년에는 국가발전개혁위원회가 "회사채 관리의 강화 · 개선에 관한 통지"를 공포했다. 이들은 주로 국유 중 · 대기업의 공모 채권발행을 위한 법적 절차를 마련하기 위한 것이었다. 채권발행을 위해서는 국가발전개혁위원회의 검토와 승인이 필요했다. 그리고 관계 당국에 제출된 보고서에는 법률가의 법률 의견이 포함되어야 했다. 상하이 증권거래소의 "채권발행 규칙"에 따라 이미 발행된 회사채는 상하이 증권거래소에서 거래되었지만, 법률가가 우선 이에 관한 법률 의견을 제공해야 했다.

초기의 관련 규칙과 증감위의 2006년 "상장사의 발행 방법"에 따르면 A-주 상장사는 현재 전환사채를 발행할 수 있다. 이러한 발행은 상장회사의 "재융자"(refinancing)의 범주 내에서 이루어졌고, 평가 및 승인을 위한 증감위 보고 외에 법률가의 법률 의견 제출이 요구되었다.

2005년 인민은행은 "단기금융수단과 기타 표준화 문서에 관한 관리방법"을 제정하여, 단기(1년을 초과하지 않는) 부채성 수단의 발행을 위한 법적 근거를 제공했다. 그러한 자금조달은 인민은행의 승인을 받아야 했으며, 검토 및 승인을 위해 제출된 서류에 법률적 의견이 포함되어야 했다.

2005년에 인민은행은 또한 "전국 은행간 채권시장에서 금융채 발행방법"을 제정했다. 금융채 발행을 허가받은 기관들에는 정책은행, 상업은행, 기업집단의 금융회사, 기타 금융법인 등이 포함된다. 이 채권의 발행을 위해서는 인민은행의 승인이 요구되었고, 그 신청서류에는 법률 의견을 첨부해야만 한다.

2005년에는, "국제개발기관의 위안화 표시 채권발행에 대한 임시조치"가 인민은행, 재정부, 국가발전개혁위원회, 증감위에 의해 공포되었다. 발행기관이란 개발관련 대출과 투자를 수행하는 국제 개발금융기관들이었다. 국무원과 네 부처의 평가와 승인을 거쳐, 이들의 위안화 표시 채권발행이 승인되었다. 임시조치 제 12조는 "위안화 표시 채권을 발행하는 국제 개발기관은 '중화인민공화국의 법률가에 대한 법률'이 정하는 중국 공인 법률가가 법률 서비스를 수행하여야 한다"고 명시했다. 실제에 있어서 법률가들은 이미 아시아개발은행과 여타 해외 금융기관의 특별사업을 위한 위안화 표시 채권발행과 관련된 법률 서비스를 제공하고 있었다.

2007년에 증감위는 "회사채 발행에 관한 실험적 조치"를 제정했다. 이 규칙은 "회사법" 하에 설립된 주식회사들에 적용되는 것으로, 이들은 주로 상장회사들을 지칭하고 있었다. 회사채 발행은 증감위의 승인이 요구되었으며, 신청 자료에는 법률 의견을 포함되어야 했다.

2007년 은행감독관리위원회(이하 은감위)는 "회사채 보증에 관한 효과적인 위험회피에 대한 의견"을 제정했다. 이 규칙은 주로 프로젝트 파이낸싱(Project Financing)과 관련된 것으로, 원칙적으로 회사채에 은행의 보증이 더 이상 제공될 수 없게 되었다. 이러한 규제와 여타의 규제로 인해 회사채 발행의 어려움이 가중되었고, 그 결과 실무에서 발행된 채권과 관련된 보증문제를 해결하는데 법률가들의 조력이 절실하다.

❖ 법률 서비스와 금융산업

중국은 이미 은행, 보험, 신탁회사, 증권 등과 관련한 금융 시스템에 대한 법적 구조를 구축했다. 금융법은 규정, 규칙, 그리고 여러 기타 다단계 · 다면적인 부수적 시스템의 역할을 하는 문건들과 함께 핵심을 구성한다. 그러나 법률은 일반적으로 경제활동보다 늦다. 중국의 놀라운 금융의 발전 속도로 인해, 중국의 금융 입법은 아직 여러 면에서 부족함이 많다. 한편, 금융부문에 대한 법제는 아직 미완성이다. 예를 들어, 주가지수 선물이 제도화되지 않았으며, 주식의 민사책임제도는 효과적으로 수립되지 못했다. 이러한 사실들은 법률가가 수행하는 역할과 법률 서비스에 상당한 영향을 미친다. 다른 한편으로는 특정 금융 법령에 대한 견해의 차이와 결함들도 존재한다. 이것은 행정기관이 공식적 또는 비공식적으로 설명하고 실행하고 있는 법률들이 보완되어야 함을 의미한다. 이는 또한 법의 정확성에 영향을 미치며 서비스를 제공하는 법률가에게 문제를 발생시킨다. 이러한 상황으로 인해 법률가는 비즈니스 과정에서 특정 문제를 해결하기 위해 행정기관과 좋은 관계를 가질 필요가 있다. 과거 20년간 중국의 법률 전문가들은 금융법 전문가 집단을 형성하고 관련 법률 회사를 설립했다. 그리고 이 분야에서 모든 법률가들의 전문성 수준이 균등한 것은 아니어서, 때로는 미숙련 법률가가 금융법 일반에 대한 대중의 이해에 부정적인 영향을 미치기도 한다. 금융부문의 발전 속도와 새로운 상품의 끊임없는 등장으로 법률가는 서비스 질의 향상을 위해 법에 대한 전문성뿐 아니라 새로운 금융발전에 대한 전문성을 개발할 필요가 있다.

중국의 새로운 법률회사들이 과거 20년간 빠르게 성장했다. 소수의 회사가 소수의 법률가로 시작하여 지금은 수백 명씩 보유하고 있다. 그러나 아직 중국의 법률회사는 젊고 비즈니스 관리면에서 성숙되지 못했다. 일부 사무소의 관리 및 효율성이 분명한 문제를 가지고 있을 정도로 필요한 관리기관이 부족하다. 대형 법률회사 중 일부는 최근 관리 시스템 개선과 주목할 만한 진전을 위해 많은 노력을 기울였다. 중국 법률 서비스 시장의 개방 때문에 외국의 전국 또는 지방 단위의 법률회사와 국제적 법률회사들이 현재 중국에 100여 개의 대표 사무소를 설립했다. 이들에게는 중국의 법률가를 고용하거나 중국에서 법률 서비스를 제공하는 것이 허용되지 않지만, 사실상 그러한 행위를 하고 있다. 더구나 사업 규모가 매우 빠르게 커졌다. 따라서 중국에서 법률가에 대한 수요가 증가하고 있다. 국제법 회사는 일반적으로 헤드헌터, 즉 중국 법률회사의 우수한 재능을 가진 인재를 찾는 회사를 이용한다. 금융 서비스에서 법률 관련 인재가 최고의 급여를 받는다는 것은 오랫동안 논란의 여지가 없는 사실이었다. 따라서 중국의 법률 회사는 인재유출에 따른 어려움에 처해 있다. 과거 20년간 법률회사들은 이러한 문제에 대처하기 위해 급여수준과 보완적 보수를 상향 조정했다. 내부 연수를 강화하고 직장의 문화 환경을 개선시키며, 재능 있는 직원을 유지하기 위한 역량을 발전시키고 있다.

❖ 결론

금융업의 성장속도는 중국 법률회사들에게 어려운 문제들을 던져주고 있다. 새로운 경제적 조건 하에서 금융법률 서비스의 강화와 개선에는 많은 사회부문에서의 그것과 같은 공통된 노력이 필요하다. 구체적으로, 정부기구는 법률가가 관련 서비스를 제공할 수 있는 직업 환경을 개선하기 위해 입법 및 집행 업무를 강화할 필요가 있다. 법률가들은 직업윤리뿐 아니라 업무의 질과 금융산업에 대한 지식을 발전시킬 필요가 있다. 전체적으로, 전문성과 특화의 필요성이 제기되고 있다. 법률회사들은 법률가가 양질의 법률 서비스를 제공할 수 있는 믿을 만한 플랫폼을 제공하기 위해 표준화된 관리모델을 만들 필요가 있다. 오직 모든 측면에서의 노력을 통해서만, 금융부문의 중국 법률 서비스는 발전이 가능할 것이다. 또한 그래야만 중국의 법률가들이 중국 금융산업의 개방과 성장에 기여할 수 있을 것이다.

미주

1 다음을 볼 것 October 28, 1994, "Regarding Legal Opinions and Legal Working Reports' - Form and Content" in the #6 Provision of information disclosure requirements of publicly issued shares.

2 August 16, 2001, "Opinion" of the China SRC entitled, "Guiding Opinion on Having Listed Companies Establish Independent Directors on their Boards."

3 이 중에서 중국공상은행은 26억 달러, 중국은행은 15억 달러, 중국건설은행은 14억 달러의 사모펀드 모집을 완료했다.

32 | 중국의 회계업무: 검토와 전망

제임스 털리
언스트 앤 영(Ernest & Young) 글로벌 회장 및 CEO

❖ 중국 회계업무에 대한 검토: 역사적 조망

중국에서 서구식 회계법이 사용되었다는 흔적은 복식부기가 도입된 19세기까지 거슬러 올라간다. 그 당시까지 단식부기가 상업에서 사용된 표준이었다. 중국의 동부연안 지역의 개항으로 외국의 기업들과 사업이 형성되고, 중국기업이 등장했으며 중국의 금융기관이 발전하게 되었다. 그러나 정교함이나 엄밀성이라는 측면에서 단순한 장부기입과는 차원이 다른 하나의 전문직으로서 회계산업이 발전할 정도로 경제가 근대화된 것은 민국시기(Republican Era: 1912~49)가 되어서였다. 그러나 이때까지 상업의 발달만으로는 회계가 하나의 전문직으로 정립되기에는 역부족이었다. 국가가 핵심적인 역할을 수행할 필요가 있었는데, 농상부가 1918년에 최초로 회계사를 규제하고 따라서 이들을 전문직으로 인식했을 때 실제로 그렇게 되었다. 그로부터 수년 후 상하이에 전문기관이 설립됨으로써 또 다른 중요한 발전이 이루어졌다. 이 기관은 높은 지식과 교육수준을 유지하고 규칙에 따라 선택된 행동을 하도록 권장했다("Becomining Professional: Chinese Accountants in Early Twenty century Shanghai," in *Accounting Historians Journal*, June 2003을 볼 것).

그로부터 지금까지 많은 변화가 있었다. 그 중 하나가 괄목할 만한 전문 회계사의 증가였다. 그러나 역사적 관점에서 넓게 보면, 오늘날 중국 회계 전문가의 건전한 발전은 그 때와 마찬가지의 요인에 의존하는 바가 크다. 빠른 경제발전만으로는 이 업종의 적절한 성장을 보장하기 어렵다. 경제성장은 회계에 대한 수요의 증가만을 보장할 따름이다. 양질의 능력, 지식, 표준 등의 종합적 필요성은 경제성장이 가져다줄 수 있는 것을 넘어서는 노력을 필요로 한다. 따라서 정부의 지원정책과 이 산업 내의 전문성 제고의 결합이 중국 회계 전문직의 적절한 발전에서 결정적으로 중요한 요소이다.

회계 전문직의 발전

1949년 중화인민공화국의 건국으로, 회계업은 그 이전 수십년 동안의 과정과는 전혀 다른 길을 걸었다. 이는 특히 옛 소련을 모델로 하여 철저한 중앙계획경제 프로그램을 바탕으로 새로운 국가가 출범한 초기의 시기에 그러했다. 신정부가 물려받은 유산은 이 전문직의 수가 꾸준히 성장하고 있었다는 사실이었다. 실제로 1920년대 중반 약 200명의 등록 회계사가 1949년 약 3,000명으로 꾸준히 성장했던 것이다. 그 대부분은 중국 건국 전 상업중심지로 번창했던 상하이에 기반을 두고 있었다. 경제구조가 독점권력인 국가에 집중되었기 때문에 기업과 산업을 직접 통제하는 조직으로서 산업별 정부부서가 설치되었다. 1950년대까지 재정부는 회계업의 기본적 원칙과 방법을 표준화하려는 노력을 통해 국가회계 규칙을 제정했다. 이러한 조치는 경제 구조조정이 가속화되던 초기의 몇 해가 지난 후에 국가계획이 성숙했음을 반영한 것이었다. 또한 재정부가 산업별 부서에게 해당 산업의 기업들에게 적합한 각각의 회계제도를 마련하도록 지시했을 때, 이는 사회주의 경제발전을 위한 중요한 단계가 되었다. 회계 체계 또한 소유권 형태에 기초하여 고안되었다. 회계 전문직은 이러한 원칙들에 기초했고, 1949년에서 1978년의 기간 동안 중앙집중적 계획경제 하에서 회계감사 실시의 적실성이 소멸해 가는 방식으로 발전해 갔다.

1979년 본격적으로 시작된 경제개혁 정책은 회계업에 대한 심오한 의미를 지니고 있다. 경제개혁으로 "중국적 사회주의"가 도입되었다. 따라서 중국은 사회주의 시장경제로 이행하게 되었고, 이로 인해 가결결정과 관련하여 국가계획에 유리하도록 하는 시장의 힘이 도입될 수 있게 되었다. 핵심적으로 국가는 기업 관리방식을 직접 메커니즘에서 간접 메커니즘으로 전환함으로써 자원배분 개선을 통해 경제적 비효율을 줄일 수 있는 더 큰 자유를 기업에게 부여해 주었다. 이에 따라 계획경제에 맞도록 발전된 회계 체계는 개혁의 시대에 발전을 시작한 새로운 경제구조에는 더 이상 맞지 않게 되었다. 개혁이 뿌리를 내리면서 새로운 형태의 소유권이 등장하기 시작했고, 새로운 사업이 번창하게 되면서 전통적 산업에서 국가 소유권의 주도권이 약화되었다. 특정 산업 또는 특정 소유권에 맞춰져 있던 기존의 회계 체계는 갑자기 낡은 것이 되어 버렸다.

다시 한번, 정책 결정자들은 회계 전문직을 변화하는 경제상황에 적합하게 만들 수 있는 방법을 강구했다. 중–외 합작투자에 관한 법이 1979년 7월에 공포되었는데, 이는 이들 기업에 대한 과세 방식과 관련된 법률이 제정되었음을 의미하는 것이었다. 회계사와 관련하여 중요한 점은, 이 새로운 조세규칙이 완전소유든 합작투자든 외국인소유기업들로 하여금 공인된 회계사의 감사를 받은 연간 재무제표를 작성하도록 요구하고 있다는 사실이었다. 회계 서비스에 대한 수요의 발생이 미친 직접적인 결과는 중국 내 새로운 회계법인이 설립되었다는 점이었다. 그 첫 번째 기업이 1981년 1월 1일에 상하이에 설립되었다. 그러나 이러한 회계기업들은 주로 외국인 소유 기업들을 대상으로 서비스를 제공했다. 중국 내 대다수 업체들에게는 당시 국유기업 또는 집체기업을 막론하고, 독립적인 회계감사가 요구되지 않았기 때문이다. 그 대신 국가가 기업에 대한 회계감사와 세무조사를 실시했다. 경제 내 다른 부문의 경우와 마찬가지로 정부는 회계업에 대해서도 경쟁을 허용하여 4대 회계기업인 언스트 앤 영(Ernest & Young), 딜로이트 투쉬 토마츠(Deloitte Touche Tohmahsu), 프라이스워터하우스쿠퍼스(PricewaterhouseCoopers, KPMG)를 비롯한 글로벌 네트워크에 회계기업이 포함될 수 있도록 하고, 1981년 본토에 대표 사무소 개설을 허용했다. 이와 같은 조치는 주로 홍콩을 더 중요한 업무의 기지로 이용하는 글로벌 네트워크 회원사가 제공하는 감사 및 기타 전문 서비스보다는, 연락 및 컨설팅 목적이었다.

1983년 재정부는 중–외 합작투자사를 위한 실험적 회계 시스템을 만들었다. 이 시스템은 1985년 "중국 및 해외에 투자를 하는 합작투자사를 위한 중국 회계규칙"으로 개정되어 공포되었으며, 회계 방정식, 재무제표, 회계용어, 회계원칙을 다루는 것을 그 내용으로 했다. 1985년, 전국인민대표자회의(전인대)는 중국 회계업에 있어서 이정표라 할 수 있는 "회계법"을 승인했다. 1년 후인 1986년 7월, 국무원은 "CPA 규칙"을 발표했다. 이러한 법령은 회계기능과 회계직원의 의무를 명확히 정했다. 과거에도 그랬듯이, 이 산업 자체가 전문적 이해의 증진에 중요한 역할을 해야 했고, 그에 따라 중국공인회계사연구소(CICPA)가 재정부 감독 하에 1988년 11월 15일 설립되었다. CICPA 헌장은 직업기준, 자기규율, 성찰을 중시했다.

국제기준을 향한 발걸음

경제 개혁 · 개방 정책을 선택한 뒤 10년간(특히, 개방정책은 해외투자와 무역을 촉진했다)은 회계의 필요성이 진화함에 따라, 이 직업의 모든 측면이 변화하는데 도움을 주었다. 이러한 경제개혁은 외국 및 국내 투자자와 은행 등 새로운 사용자 그룹을 중국에 소개하는 기능을 했다. 새로운 사용자 그룹은 정부의 입장과는 다른 그들의 요구내용에 따라 재무정보를 유지했다. 결과적으로 사용자의 필요에 대한 강조는 국내의 단일 정부로부터 외국인 투자자를 포함하는 일정한 주주그룹으로 옮겨갔으며, 중국 내에서 적용되는 다른 보고 방법을 만들어냈다. 이것은 중-외 합작투자사를 제외한 국제 기업의 재무제표와 중국 재무제표는 크게 달랐기 때문이었다. 더구나 중국의 주주들은 중국의 재무제표가 이해하기 어려운 경우를 자주 발견했다. 국제적으로 채택된 회계방정식(자산 = 부채 + 자기지분)을 사용하지 않고 "자금수지표"라고 부르는 것이 더 적당했던 중국의 "대차대조표"는 (자금의 원천=자금의 운용)의 방정식을 사용했다.

1992년 재정부는 외국인 투자 기업과 신설 합작주식회사의 새로운 회계 필요성에 대응하는 결정적 행동을 취했다. 그 결과 중국은 같은 해 5월과 6월, "합작주식기업에 대한 실험적 회계 시스템"과 "외국인투자기업에 대한 회계 시스템"이라는 새로운 규정을 각각 제정했다. 이러한 회계개혁은, 국제적으로 인정되는 표준에 기초한 기준을 개발하는데 있어서 진일보이자 계획경제용으로 개발된 기존의 회계 시스템으로부터의 작지만 결정적인 분리로 기록되었다. 새로운 이 두 가지 시스템은 국제회계규준을 채택했다. 하지만 이들의 주요 약점은 그 적용대상이 특정 소유구조의 기업, 즉 외국인투자기업과 합작회사로 제한된다는 점이었다. 그러나 새로운 발전이 곧 임박했는데, 1992년은 중국 회계업에서 가장 중요한 해가 될 것이다. 11월 중국은 "기업용 일반 회계기준"(일반기준으로 알려진)을 공포하여 국제 회계규준 지향 방침을 분명히 했다. 이것은 세부적 회계기준의 기초가 되는 회계 구조와 유사한 것이었다. 모두 10장, 66문단으로 이루어진 일반기준은 개념적 틀과 회계기준을 혼합한 것이었다. 비교적 일반적 수준에서, 이 일반기준은 재무제표의 형식과 재무제표상의 여러 표제의 처리를 규정했다. 이로써 국제회계기준과 같지는 않으나 비슷한 세부적 회계기준의 제정을 위한 기초가 마련되었다. 1년 후인 1993년 10월 31일 전인대는 회계사법을 승인했다. "일반 기업회계기준"이 중국 회계기준의 발전에 기초를 마련했지만, CICPA의 구성과 공인회계사(CPA)법의 공포는 중국에서 회계 전문직의 발전을 위한 기초가 마련되었다. 10년 전 중국본토에 4대 회계기업의 설립과 함께, 재정부는 이들 4대 회계기업 회원사들이 중국의 현지 회사들(재정부가 이 목적으로 설립한 회사들)과 합작회계회사를 설립할 수 있도록 허가했다. 이러한 조치로 인해 4대 글로벌 회계 네트워크는 회계감사, 자문, 세무, 그리고 기타 전문 서비스를 제공할 수 있게 되었다. 여기에는 귀향하는(inbound) 투자 서비스를 통해 다국적기업에게 제공하는 서비스가 포함되어 있었다. 외국인투자기업을 제외하고는, 중국 기업들에 대해서는 연도별 감사는 요구되지 않는 것이 일반적이었다.

회계업에 대한 증권회사의 영향

1990년 12월 상하이 증권거래소와 선전 증권거래소의 설립도 회계업에 여러 의미를 지니고 있다. 중국의 기업들은 국인들에게만 투자가 제한된 위안화 표시 주식인 A-주를 발행하는지 아니면 외국인 투자자만이 허용되는 외국통화 표시 B-주를 발행하는지에 따라, 상이한 회계규칙이 적용되었다. A-주 상장기업은 합작회사를 위한 실험적 회계 시스템에 따라, 국내의 적격 CPA 감사를 거친 연간 재무제표를 발간하도록 요구되었다. B-주 상장기업들은 국제 회계기준에 의해 작성되고 국제 회계기업의 감사를 거친 연간 재무제표를 발간해야 했다. 상하이와 선전 증권시장에서의 국내 경험으로 중국은 홍콩 상장을 실험하는데 대범해졌다. 왜냐하면 1993년에 홍콩 증권거래소에 상장되기 이전에, 아홉 개의 국유기업들이 구조조정을 마쳤기 때문이었다. 이 특수한 주식에는 "H-주"라는 이름이 붙여졌고, 본토 밖에서 자본을 조달한 최초의 기업들을 대표하게 되었다. 홍콩에서 H-주의 발행은 중국기업들이 자본을 조달하는 가장 유명한 경로 중 하나가 되었다. 외국자본을 끌어들일 수 있는 채널을 개방함으로써, 중국은 새로운 회계기준을 적용하기 위한 또 다른 길도 함께 열고 있었던 것이다. H-주 기업들은 홍콩 증권거래소의 규제를 받았는데, 이는 홍콩의 회계기준 또는 국제회계기준에 기초하는 재무제표를 요구했으며, 홍콩 혹은 국제 회계감사를 받도록 되어 있었다. H-주 상장기업들은 주로 4대 회계기업들 혹은 글로벌 네트워크가 제공하는 전문 서비스를 받았다. H-주 상장의 확대는 최근 이 4대 회계기업 및 글로벌 전문 서비스 네트워크 회원사의 성장을 주도한 주요 동력이었다.

일반기준 및 두 가지 회계 시스템의 제정 이후, 1994년 재정부는 "특별 회계기준" 개발을 위한 프로그램을 시작했다. 이러한 기준들은 본질, 형식, 내용에서 국제회계기준과 유사했다. 2001년까지 재정부는 16개의 세부 회계기준을 공표했다. 또한 재정부는 2000년 세부 기준에 따라 도입된 회계규준을 체계화한 "비즈니스 기업용 회계 시스템"을 공표했다. 모든 상장기업, 합작회사 및 외국인 투자기업은 이 "비즈니스 기업용 회계 시스템"을 채택해야만 했다.

1994년 CICPA는 감사 기준에 대한 종합적인 시스템을 구축하기 위한 사업을 시작했다. 종국적으로 CICPA는 1995년에서 2003년까지 기준을 마련하고 재정부의 승인을 받았다. 이 표준들은 국제 회계감사 기준을 모델로 하여(일부 상이한 부분이 있긴 하지만) "일반 및 세부 독립감사 규칙", "감사규준 선언", "감사규준 지침" 등의 총 43개의 패치로 구성되었다. 이러한 감사기준의 제정은 중국 회계업의 발전에 이정표가 되었다. 그리고 이 기준들에 의해 CPA 책임의 명확화, 실행 기준 제공, 전문적 이해가 확보되었다. 1990년대의 회계 및 감사 기준의 수립은 중국의 전문적 서비스를 국제규준과 조화를 이루기 위한 회계업의 질과 기준 개발에 대한 약속을 나타내는 것이었다.

재정부와 CICPA가 회계 및 감사 기준을 제정할 때까지 국제회계(지금은 국제 재무보고로 개칭된) 및 감사 기준상에 중요한 변화가 있었다. 2005년부터 유럽공동체

증권거래소에 상장된 기업용 국제 재무보고 기준을 채택한 후, 전 세계 국가들은 점차 국제 재무보고 기준을 채택하거나 국가 회계기준을 국제 재무보고 기준(International Financial Reporting Standards: IFRS)에 가깝게 개정하도록 촉구했다. 마찬가지로 국제 감사기준도 전 세계적으로 적용의 폭이 넓어졌다.

2005년 초 재정부와 CICPA는 이 두 가지 중국 기준의 견인을 목표로 사업을 시작했다. 이 사업은 2006년 초 국제기준에 가까운 중국 기준을 마련하고 종료되었다. 중국 회계기준 위원회와 국제 회계기준 이사회는 2005년 후반 베이징에서 회계기준에 대한 성공적 의견수렴을 위한 모임을 가졌다. 양측은 높은 수준의 글로벌 회계기준 수립과 개선이 경제적 세계화의 추세에 대한 논리적 대응이라는 점에 동의했다. 중국은, 표준으로의 수렴이 표준제정 프로그램의 근본적 목적이며, 중국 회계기준을 적용하는 기업이 IFRS를 적용하는 기업들과 똑같은 재무제표를 작성하도록 하고자 한다고 언급했다. 비슷한 시기에 중국 감사기준위원회(CASB)와 국제 회계감사 및 보증 기준 위원회(International Auditing and Assurance Standards Borads: IAASB)는 감사기준에 관한 조정을 위해 회의를 개최했다. 회계기준과 마찬가지로 양측은 높은 수준의 글로벌 감사기준의 수립과 개선이 경제적 세계화에 따른 도전에 대한 적절한 대응이라는 데 동의했다. CASB는 중국 감사기준 제정의 기본원칙이 중국 감사기준 시스템을 발전시키고 중국의 시장 중심적 경제발전 속도 및 세계화와 국제적 수렴 과정에 부합하는 실제적이고도 빠른 긍정적 결과를 가져올 것이라고 말했다.

증감위 또한 회계업의 규율과 발전과정에서 중요한 역할을 수행했다. 증감위가 회계 및 감사기준을 정하진 않았지만, 재정부와 함께 중국의 상장기업과 상장하고자 하는 기업에 대한 감사기능 등 증권시장 관련 전문 서비스를 제공하는 회계기업의 설립을 허가해 주었다. 증감위는 또한 상장기업과 상장될 기업에 대해 공시의무를 부과해 연차보고서, 분기보고서, 사업설명서 등 다양한 보고서들을 공개하도록 했다.

진취적 정신을 담은 정책들로 인해 중국에서 회계 전문가가 발전하게 되었다. 회계 및 감사 기준의 개선과 전문적인 성장을 지원하는 CICPA의 설립과 활동이 그것들이다. 빠르게 증가하는 추세를 보이던 국내 투자와 주식시장의 견고한 성장 등 경제적 요인도 이에 영향을 미쳤다. 1992년 7,000명에 불과하던 공인회계사가 2007년

9월 말에는 본토에만 6,500개의 회계기업, 회계사 72,000명으로 증가했다.

회계업계 전체가 크게 성장했지만, 대부분의 회계기업은 감사 서비스에 치중했으며, 그 결과 최근까지 글로벌 네트워크 회원사들이 비(非)감사(non-audit) 서비스의 주요 제공자가 되었다. 비감사 서비스에 대한 수요는 주로 기업문화와 수수료에 대한 부담으로 인해, 감사 서비스에 비해 완만히 성장했다. 비감사 서비스를 필요로 하는 기업은 일반적으로 외국기업과 H-주를 발행하는 기업들이다. 이 두 집단이 글로벌 회계 네트워크의 회원사 고객들이다. 그러나 정부의 지원으로 이러한 상황은 변하고 있다. 본 장 후반부에서 논의되고 있듯이, 중국은 적극적으로 국제 회계 및 감사 기준과의 조정과 기업의 대형화, 경쟁력 강화 및 해외진출 증대를 통해 세계화에 대처했다. 중국 기업의 해외진출에 따라 늘어나는 해외업무로 인해, 국제 투자자와 자본시장의 요구를 충족시킬 필요가 있고, 이는 비감사 업무에 대한 수요의 확대를 동반할 것이므로 국제적으로 인정되는 기준의 준수와 기업의 성장은 상호 배타적인 것이 아니라 보완적인 것이다. 따라서 글로벌 최고 규준을 채택하는 것은 감사 서비스뿐 아니라 내부관리 시스템, 가치평가(valuation), 내부감사, 정보기술, 세무, 회계 서비스, 증권화 등의 비감사 서비스를 포괄한다. 이 분야는 현재 글로벌 네트워크의 중국 회원사에 의해 주로 제공된다. 하지만 당분간 국내기업들은 이러한 수요의 증가에 발맞추어 고객에 대한 보다 종합적인 서비스를 제공하기 위해 보다 더 발전해야 할 것이다.

❖ 오늘날의 회계업과 앞으로의 도전

중국의 회계 전문직은 1992년부터 전례없는 발전을 구가했는데, 이는 부분적으로 정부가 경쟁적이고 현대적인 경제의 발전에서 이들이 수행하는 중심적 역할을 인지하고 이들이 번성할 수 있는 적절한 법적 환경을 마련했기 때문이었다. 물론 이러한 공인회계사(CPA)의 괄목할 만한 성장의 시기는 두 자리의 성장률을 기록하던 환상적인 경제성장의 시기와 일치한다. 회계업은 현지 기업들이 지배하고 있지만, 이들은 대부분 소규모의 기업들이다. 2006년 말 중국에 존재하는 6,500개의 관련 기업 중 대다수가 현지 기업이었다. 매출을 기준으로 가장 큰 현지 기업의 2006년 매출액은 약

2.2억 위안에 약 850명을 채용하고 있었고, 그 중 공인회계사가 440명인 것으로 보도되었다. 큰 현지 기업들의 규모에 대한 스냅샷(snapshot)을 보면, 상위 12개 기업들은 2006년에 1억 위안 이상의 매출을 올렸지만, 약 100위 수준에 몰려있는 기업들의 매출은 약 2,000~3,000만 위안이었고, 직원수는 100~200명으로, 그 중 50~60명이 CPA였다. 최근 수년간 현지 기업들 전체적으로 경제의 강력한 성과를 반영하여 이들의 매출액도 급격히 성장했는데, 2006년 기준 2,000만 위안의 매출액을 달성하고 있는 기업군들의 경우 연평균 20%씩 성장하고 있었다.

합작투자사의 수도 1990년대 초 네 개에서 2006년 7개로 증가했으며, 27개 현지 기업들은 기타 글로벌 회계 네트워크 회원사로, 7개사는 제휴사가 되었다. 또한 중국에는 17개의 외국 회계기업의 대표 사무소가 있다. 4대 네트워크에 가입된 중국 회원사들은 2006년 기준 연간 12~20억 위안의 매출을 올리고 있으며, 직원수도 3,000~4,500명에 달했다. 이 가운데 CPA는 300~500명이었다.

공개모집 서비스는 대체로 비슷하지만 똑같지는 않다. 예를 들어, 현지 기업과 글로벌 네트워크 회원사를 포함하여 약 70개의 기업이 증권관련 전문 서비스 제공을 위한 특별 면허를 가지고 있다. 증권관련 서비스를 수행할 수 있는 자격을 갖춘 기업의 수가 과거 10년간 안정적으로 유지되어왔다. 하지만 2007년 발표된 새로운 면허 발급 규칙으로 인해 그 수가 줄 것으로 예상된다.

❖ 최근 시장의 발전

대부분의 중국 본토 상장기업들은 대형 현지 회계기업의 감사를 받는다. 2006년 연차 감사에서 상하이 또는 선전 증권거래소에 상장된 총 1,457개사 중 1,356사가 시장의 93%를 차지하는 국내 회계기업으로부터 감사를 받았다. 중국 본토에는 고객기준으로 최대의 국내 회계기업이 약 90개의 중국 상장기업들을 감사하는 한편, 상위 12개 회계기업들이 중국 상장기업 전체의 38%에 해당하는 560개의 중국 상장기업을 감사한다. 본토 시장에서의 대부분의 기업공개가 대형 국내 회계기업의 협조를 받고 있다. 2006년 두 개의 본토 거래소에 약 70건의 기업공개가 있었고, 그 중 80%가 보고 회계사로 국내기업을 고용했다.

다른 한편으로, 중국의 글로벌 네트워크 회원사는 2006년 말 기준 총 약 100(7%)개 정도를 감사한다. 그러나 본토의 시가총액 기준으로 보면, 글로벌 네트워크의 중국 회원사들은 2006년 말 현재 전체의 거의 60%를 감사한다. 글로벌 네트워크의 중국 회원사들은 중국 본토 이외 지역의 사안과 관련된 고객 서비스를 위한 지식과 자원을 보유하고 있다는 추가적인 경쟁우위를 가지고 있다. 가장 일반적인 것으로, 홍콩 증시에 상장하거나, 미국의 144A방식의 거래 및 기업공개 등을 통해 중국 본토 밖에서 자본시장을 이용하고자 하는 기업에 대한 감사 및 회계적 지원을 제공하는 것이다. 2007년 11월 현재 시가총액 5.5조 홍콩달러 규모의 148개 H-주 기업 중 대부분이 이 글로벌 네트워크의 회원사의 감사를 받았다. 또한 이들은 총 약 3,000억 홍콩달러를 조달한 2006년의 24차례의 H-주 기업공개와 600억 홍콩달러를 조달한 2007년 첫 11개월 동안의 6차례의 H-주 기업공개 모두에 대한 보고 회계사 역할을 했다.

본토에서는 글로벌 네트워크의 중국 회원사들은 2006년 기업공개의 약 20%에 대해서만 보고 회계사로서 역할을 함으로써, 상대적으로 적은 A-주 기업공개에 관여하고 있다. 그러나 조달자금액을 기준으로 보면, 중국의 글로벌 네트워크 회원사들은 2006년 기업공개의 80%에 대해 보고 회계사 기능을 담당했다. 이러한 상황은 2007년도 11월까지도 마찬가지였다. 2007년도 11개월 동안 중국의 글로벌 네트워크 회원사들은 총 110개의 A-주 기업공개 가운데 15% 미만에 참여했지만, 3.2조 규모, 즉 A-주 기업공개 시장에서 조달된 총 자금의 약 80%를 차지하는 기업공개를 지원했다. 이는 2006년 후반 시작된 정부정책 변화의 결과였다. 이미 홍콩에서 H-주를 발행했지만 A-주 발행을 통해 중국 본토의 자본시장으로 "돌아오는" 거대 기업들과, H-주 발행을 계획한 기업들이 A-주를 우선 발행하는 기업들, 또는 A-주를 선호하여 H-주를 포기하기로 한 기업들 때문이었다. 이 대기업들에 대해 중국의 글로벌 네트워크 회원사들이 보고 회계사로 기능하고 있는 것이다.

지리적으로, 중국의 글로벌 네트워크 회원사는 전국의 네트워크를 활용하여 중국 내 넓은 영역을 포괄하고 있다. 베이징, 상하이, 광저우와 선전 등 주요 상업도시에 집중하는 글로벌 회계 네트워크 회원사들이 존재하고 있고, 6,500개의 현지 회계기업들이 사실상 중국의 모든 성에서 상대적으로 크고 작은 도시에서 중국 전역을 뒤덮고 있어, 중국은 자격조건을 갖춘 회계전문가들의 서비스가 잘 제공되고 있다. 중국의 글로벌 네트워크 회원사들은 주로 상장 대기업에 대한 서비스를 제공하고, 그 중 많은 기업들이 홍콩 상장과 외국인 투자 기업을 지원한다. 규모 기준 상위 70대 현지 기업들은 중국에 상장된 대부분의 기업들과 미상장 국유 대기업들에게 서비스를 제공하고 있다. 한편, 현지 중소기업들의 감사 및 회계에 대한 필요는 현지의 회계 소기업에 의해 충족되고 있다. 거의 모든 국유기업들이 현지 회계기업의 서비스와 연관을 맺고 있고, 기업공개(특히, 본토 밖의 기업공개의 경우)가 계획되었을 때 중국의 글로벌 네트워크 회원사로 교체하는 것이 보편화되어 있다.

일반적으로, 현지의 회계기업들은 공기업과 사기업을 막론하고 빠르게 성장하는 소기업들의 감사, 회계, 업무를 지원한다. 이들은 이러한 소규모 기업들이 은행 대출이나 자본시장을 통해 자본을 조달하는데 조력한다. 현지 회계기업들은 자본검증, 특수목적 회계감사 등과 같은 여타의 입증 업무와, 가치평가, 세무 서비스 등 비입증 서비스도 제공한다. 중국의 글로벌 네트워크 회원사들은 자신이 가진 네트워크 고객 기반을 이용하여, 다국적 고객에 대한 중국 투자 관련 서비스와 연례 회계감사를 제공했다. 이들 중 많은 기업들은 기타 국가의 회원사로부터 위탁을 받은 것이다. 중국의 글로벌 네트워크 회원사들은 자신들이 가진 국제적 지식을 활용하여, 민감한 사업영역(예컨대, 위험관리, 정보기술, 회계과정 및 관리, 보험통계 계리상품(actuarial product)의 가격결정과 위험분석 등)에서 글로벌 모범규준의 적용과 관련하여 거대 기업들에게 도움을 준다. 이들은 또한 국제적으로, 국내적으로 자체 또는 글로벌 네트워크상의 다른 회원기업이 제공하는 협조를 통해, 중국 본토 대기업들을 돕기도 한다. 이들은 또한 효과적인 감독 접근법, 그리고 표준과 규제의 발전과 관련하여 감독당국에 제언을 주기도 하고, 중국의 회계에 영향을 미칠 수 있는 현지의 이슈와 부상하는 글로벌 이슈를 다루는데 도움을 주기도 한다. 국내기업과 중국의 글로벌 네트워크 회원사들은 모두 회계산업과 상업에게 훈련된 CPA를 끊임없이 제공한다. 고급 고객과의 접촉, 구조화된 훈련과 지도의 가용성 등으로 인해, 중국의 글로벌 네트워크 회원사들의 CPA들이 상장 대기업 또는 외국인투자기업에서 새로운 고용기회를 찾을 가능성이 높다.

전문 서비스: 전망과 시사점

회계 전문직의 현재 추세에 기초할 때, 현지 회계 기업들, 특히 소규모 기업들은 소기업과 부상하는 기업들의 회계, 감사, 기장(bookkeeping)에 대한 수요를 만족시켜주는데 계속 집중할 가능성이 크다. 이들 소규모 회계기업들은 비교적 좁은 범위의 서비스, 즉 주로 회계감사와 기타 증명 서비스 등을 제공할 것이다. 대다수의 현지 회계기업들은 중국의 기업들 대부분의 기본적인 회계와 감사의 필요에 맞추어가는 일을 지속할 것이다. 실제로, 이들은 주요 도시 이외(특히 중국의 외지고 덜 발전된 지역)에 위치하는 기업들에 대한 전문적인 서비스 제공자로서 담당할 중요한 역할을 갖고 있다. 반면, 현지의 대규모 회계기업들 일부, 특히 중국 본토에 상장된 기업들에 대한 회계감사 면허를 획득한 기업들은 자신을 소규모 회계기업들과 차별화하려 하고 있다. 실제로, 이들 중 일부는 합병을 통해 야심차게 성장하여, 몇몇 현지 거대 회계기업을 탄생시키는 결과를 낳기도 했다. 어떤 기업들은 중국 본토뿐 아니라 홍콩이나 그 이외의 지역에서 자본시장 관련 전문 서비스를 제공하기 위해 중소 회계기업을 인수하기도 한다. 또 다른 방식은, 현지의 거대 회계기업이 중간 계층의 글로벌 회계 네트워크의 회원사 및 협력사로 가입하는 것이다. 국내 회계기업은 국내에서의 확장을 위해 이 경로를 계속 활용할 것으로 예상된다. 경우에 따라서는 이 경로가 전통적으로 4대 네트워크 회원사의 강점이었던 사업에 뛰어들기 위한 수단으로 활용될 것이다.

다국적기업 고객에 대한 서비스와는 별도로, 중국의 글로벌 네트워크 회원사들은 자본시장 접근에 대한 준비와 투자자가 획득한 재무정보의 제공을 통한 기업공개 또는 기업공개를 지향하는 기업들에 집중하는 포지셔닝 전략을 선택했다. 그러한 서비스는 더 이상 홍콩 또는 해외에 상장되어 있거나 상장을 준비하는 기업들로만 한정되지 않으며, 이미 H-주를 발행했거나 국내 A-주 시장에서 자금을 조달하고자 하는 기업들, 오로지 A-주 시장만을 지향하는 기업들, 또는 A-주와 H-주 모두를 발행해 자금을 조달하려는 이중적 전략을 구사하는 기업들 등 모두가 이러한 서비스 제공의 대상이 된다. 어쨌든 중국의 글로벌 네트워크 회원사들은 이들 기업들이 내부통제, 위험관리, 기업지배구조, 그리고 그 이외의 주요 관리부문에서 최선의 글로벌 서비스를 선택할 수 있도록 하는 일을 계속할 것이다.

중국의 글로벌 네트워크 회원사들은 또한 중국기업의 글로벌 확장을 돕기 위해 시장지식도 제공한다. 이들은 고객에게 M&A를 포함한 해외진출 전략을 실행하는데 있어서 네트워크 내 다른 회원사의 지식과 자원을 활용할 수 있다. 이러한 서비스에는 인수를 위한 자금조달과 M&A 규정, 그리고 기타 주식교환 및 규제 요건의 충족을 위한 보고서 작성 등 해외 진출을 위한 사전실사 업무가 포함되어 있다. 이 과정은 또한 회계적 검토, 공정한 인수가격 조정, 납세계획 및 납세의무, 인수된 해외기업에 대한 연례 회계감사, 그리고 인수된 기업의 운영과 관리가 인수기업과 조화를 이루도록 하는데 필요한 기타 전문적인 조력 서비스를 포함하고 있다.

중국의 글로벌 네트워크 회원사들은 또한 다양한 방법으로 중국 금융제도의 강화(예컨대, 고객이 글로벌 시장에서 경쟁력 있는 더 강력한 기업이 되도록 수준 높은 재무관리 및 성과관리 방법과 접근방법을 적극적으로 추진하는 일 등)에 기여한다. 더구나 이들은 중국 자본시장에서의 신뢰도를 제고하는데 도움을 주고 있다. 이것이 가능하게 되는 것은 회계감사뿐만 아니라 회사채나 모기지와 같은 비(금융)중개수단을 지원하는 전문적 서비스를 제공하기 때문이다. 이러한 것들이 주식 이외의 금융수단에 대한 매력을 높이는데 도움이 되는 것이다. 현지화 과정은 중국의 글로벌 네트워크 회원사들 사이에서 일어난 또 하나의 중요한 발전이라 할 수 있다. 새로운 회계기업이 이들 4대 글로벌 네트워크의 회원사가 되려면 보통 10여 년이 필요하다. 10년 전 중국에 합작투자회사가 설립된 이후, 글로벌 네트워크는 현재 현지 스태프들 중 더 많은 수를 자신들의 파트너 지위로 승진시켜야 할 처지에 놓여있다. 이렇게 새로이 파트너로 승진된 사람들은 중국의 글로벌 네트워크 회원사 내부에서 미래의 리더가 될 것으로 예상된다.

중국경제의 복잡성으로 인해, 중국에는 서비스를 제공받아야 할 다양한 집단들이 존재하고, 따라서 회계기업들의 다양한 조합을 갖추는 것은 이러한 다양한 고객들의 니즈에 봉사하는데 도움이 될 것이어서, 이들이 각자의 틈새를 발전시켜 나가는데 도움이 된다. 이와 동시에, 중국경제가 강한 성장을 보일 것이라는 전망은 회계업이 시장수요의 증가와 보조를 맞추어야 하는 중요한 도전에 지속적으로 직면할 것임을 의미한다. 국내의 크고 작은 이들 기업들과 중국의 글로벌 네트워크 회원사들은 중국경제의 넓고 깊이 있는 발전과정에서 여전히 중요할 것이다.

회계업에 대한 규제

중국 내 회계업은 재정부, 증감위, CICPA 등 수많은 기관의 규제를 받는다. 회계기업은 재정부의 허가를 받는다. 주식과 관련된 전문 서비스를 제공하는 기업의 경우, 재정부와 증감위가 공동으로 발급하는 추가적인 면허가 필요하다. 전문기관인 CICPA는 회계기업과 개인 CPA에 대한 감독권을 가지고 있다. 회계기업이 면허를 갱신하려면 이러한 당국들에 연간 수익을 보고해야 한다. 재정부, CICPA, 증감위는 때때로 회계기업에 대한 감사를 실시한다. 이들 당국은 또한 회계기업과 CPA에 대한 규제권을 가지고 있다.

미국과 유럽에서는 미국의 기업회계감독위원회(Public Company Accounting Oversight Board: PCAOB)와 영국의 재무보고평의회(Financial Reporting Council: FRC) 등 독립감독기관이 설립되어 오랫동안 상장기업에 대한 감사기관을 규제해 왔다. 이것은 그러한 조직이 설립되는 글로벌 추세에 부합하는 것으로, 그 목표는 고도의 통합, 독립성, 그리고 양질을 보장하는 것이다. 더구나 규제요건이 수렴하는 것이 글로벌 추세이며, 같은 방식으로 회계 및 감사 기준도 수렴하고 있다. 이러한 새로운 글로벌 경향은 당연히 중국에도 영향을 미칠 것이다. 왜냐하면 이러한 추세가 회계업에 대한 미래의 정책과 규제를 형성하기 때문이다.

회계, 보고, 회계감사의 기준

중국에서의 회계기준은 재정부의 회계규제국(Accounting Regulatory Division)이 정한다. 중국의 회계기준위원회는 자문기관으로서, 규제의 설정에 제언 및 권고사항을 전달한다. 은행과 보험 등 전문산업에 대한 추가적인 세부 요건은 중국은행감독관리위원회(이하 은감위)과 보험감독관리위원회(이하 보감위) 등 관련 규제당국이 결정한다. 반면, 감사기준은 CICPA의 전문 표준국이 결정하고 재정부가 승인하도록 되어 있다.

중국의 회계 및 감사기준을 결정하는 일은 다른 나라에서의 경우와 비슷한 적법한 절차를 거친다. 공개용 초안이 준비되면, 일반 대중으로부터 뿐만 아니라 국내

CPA 연구소, 회계기업, 학계 등 여러 이해 당사자로부터 코멘트를 받기 위해 발표된다. 재정부와 CICPA는 또한 여러 전문가 집단의 지원을 받고 있는데, 이들은 정기적으로 기준 설정에 대한 자문을 제공한다. 이러한 자문 집단에는 국내의 회계기업, 규제당국, 대학뿐 아니라 중국의 글로벌 네트워크 회원사의 전문가들도 포함되어 있다. 재정부는 과거에 여러 나라 출신의 전문가가 참여하는 회계기준의 발전에 관한 수많은 국제 심포지엄을 개최해 왔다. 아울러 1994년 CICPA는 감사기준의 발전을 위해 두 개의 전문가 자문위원회를 구성했다. 그 중 하나는 중국 본토의 전문가들로 구성되었고, 다른 하나는 홍콩, 마카오, 대만, 그리고 기타 중국 이외 국가들의 전문가들로 구성되었다.

국내 회계기업과 중국의 글로벌 네트워크 회원사 모두는 기준안에 대해 일반적인 코멘트를 제시하거나 자신에 소속된 전문가들을 위원회들에 참여시킴으로써, 회계기준과 감사기준의 형성에 기여했다. 중국의 글로벌 네트워크 회원사들은 자신들의 글로벌 자원과 지식에 의존하여 자신들이 갖고 있는 국제경험, 그리고 국제적인 회계 · 감사 원칙과 실행에 대한 자신의 지식을 중국의 기준 결정기관과 공유하고자 했다. 다른 한편으로, 현지의 회계기업들은 그러한 기준을 시행함에 있어서 발생할 수 있는 잠재적인 문제점을 피드백해 주었다.

중국 회계기준의 최근 발전

2006년 2월에 비즈니스 기업을 위한 중국회계기준(Chinese Accounting Standards for Business Enterprises, CAS) 시리즈가 발표됨에 따라, 중국의 회계기준은 이제 IFRS에 훨씬 더 가까워졌다. IFRS를 채용하거나 이와 유사한 일반적으로 인정된 회계원칙(Generally Accepted Accounting Principles, GAAP)을 갖고 있는 다른 나라들의 경험들과 유사하게, 규정에 기반하기(rule-based) 보다는 원칙에 기반(principle-based)하게 됨에 따라 발생되는 시행과 해석상의 이슈들이 있다. 앞서 지적된 것처럼, 중국회계기준위원회(China Accounting Standards Committee) 사무총장과 국제회계기준위원회(International Accounting Standards Committee: IASB) 위원장은 2005년 11월에 공동 성명서에 서명했다. 여기서 IASB는, 이 성명서에 일부 국가들이 조항을 부가하고 해당 국가들의 특수한 환경을 반영하기 위한 실행지침이 포함되었다는 점과, 이는 중국이 동의한 실용적이고 권장할 만한 접근법이라는 점을 언급하고 있다. 2006년 CAS가 제정된 이후, 재정부는 CAS에 대한 시행지침을 발간했다. 가장 최근에는, 재정부는 CAS 해설 No.1을 발간하였는데, 이는 10가지 질문과 답변형식으로 다양한 분야에서의 처치를 더욱 분명히 하는 것이었다. CAS는 2007년에야 처음으로 중국 상장기업들에 대해서만 시행되고 있다. 홍콩에 상장된 수많은 중국 기업들 또한 본토에서 A-주를 발행해 왔으므로, 이들 또한 CAS가 정한 방식에 따라 재무제표를 작성 · 발표해야 한다. CAS는 원칙에 기반하는 것이기 때문에, 중국 기업들이 한 군데의 거래소에서 통용되는 한 가지 해석을 채택하지 않아야 한다. 효율적인 자본시장과 회계기준의 깊은 신뢰를 확보하기 위해서는 공정하고 완전한 양립성이 요구되는 것이다.

CAS의 해석을 정교화하는 일에 더해서, 중국은 일관성 있는 회계기준의 해석을 보장하기 위해 글로벌 대화에 부단히 참여해야 할 것이다. 원칙과 실행에 남아있는 차이를 제거하기 위해, 그리고 중국이 끊임없이 발전하는 IFRS 요건에 항상 부합하고 있음을 확신시키기 위해 최신의 회계기준을 유지하고 업데이트하기 위해, 중국회계기준위원회와 IASB가 공동으로 협력하는 일 또한 매우 중요하다. 2005년 11월의 공동회의 성공의 결과로, 중국회계기준위원회와 IASB는 CAS와 IFRS가 수렴할 수 있도록 하기 위한 양측의 교류 및 협력강화에 동의했다.

중국은 복수의 보고 체계(예를 들면, 상하이 상장기업을 위한 중국의 GAAP, 홍콩 상장기업을 위한 홍콩의 GAAP 및 뉴욕 상장기업을 위한 미국의 GAAP)를 제거하기 위해 다양한 나라 및 지역과 긴밀히 협력해야 한다. 이는 전 세계가 IFRS를 채택함으로써 가능해지겠지만, 이는 면밀히 감시되어야 하고, 합리적으로 실행 가능한 한 이를 위한 목표가 세워져야 한다. IFRS를 따르는 재무제표를 작성하는 외국의 민간 기업들은 이제 더 이상 미국 GAAP에 결합재무제표를 제출할 필요가 없다는 PCAOB의 선언으로, 세계 자본시장은 회계기준의 수렴이라는 목표에 한발 더 가까이 다가서게 되었다. 이에 대한 중국의 지지 또한 자연히 이러한 과정에 도움이 된다. 실제로 재정부는 A-주와 H-주 시장 모두에서 보고 요건을 충족하는 재무제표를 A-주와 H-주

기업으로 하여금 작성할 수 있도록 하기 위해, 홍콩공인회계사연구소(Hong Kong Institute of Certificated Public Accountants: HKICPA)와 긴밀히 협조를 하고 있다.

중국은 IFRS로의 일방적 수렴 대신, IFRS의 형태와 해석을 돕기 위한 보다 적극적인 역할을 해야 한다. 증감위 수석 회계사였던 장 웨이궈(Zhang Weiguo) 박사는 전임 상임위원으로 2007년 IASB에 참여했다. 중국인을 IASB 위원으로 임명한 것은 분명히 IFRS와 CAS에 대한 일관성 있는 해석을 제고하고 수렴의 문제를 촉진하는데 도움이 될 것이다.

최근 중국 감사기준의 발전

2006년 2월에 발표된 일련의 중국감사기준으로, 중국에서 회계감사기준이 이제 국제회계감사기준(International Standards on Auditing: ISA)에 그 어느 때보다 가까워졌다. CICPA 또한 구체화된 해설 및 시행 지침을 발간하여, 2006년 연례 감사에서 이 새로운 감사기준 선택의 채택을 도왔다. CICPA의 지속적인 훈련과 모니터링은 모든 CPA가 이 새로운 감사기준을 실행하고 준수하는 것을 보장하는데 도움이 된다. 실제로, 2007년 여름 동안, CICPA가 증권과 관련된 감사 서비스 면허를 가진 30개 이상의 회계기업을 조사하면서, 이 새로운 감사기준의 준수 여부에 일차적 주안점을 두었다. 중국이 두 가지의 검사기준(하나는 IFRS, 미국 GAAP, 홍콩 GAAP, 다른 하나는 중국 GAAP 감사)을 사용하는 일을 피해야 할 필요성이 강조될 필요가 있다. 기업이 어떤 시장에서 거래를 하고 있든지, 또는 기업의 재무제표들이 어떤 기준에서 작성되고 있는지와 무관하게, 강력한 자본시장과 투자자의 신뢰는 양질의 회계감사에 달려 있다고 말하는 것은 과장이 아니다. 복수의 보고 체계를 폐지하려는 목표는 회계기준의 적용뿐만 아니라, 감사기준에도 해당되는 문제이다. 글로벌 보고 기준을 달성하는 일을 돕는 과정에 중국이 참여하여 이익을 얻을 수 있다는 점 또한 당연하다. 현재, CICPA와 HKICPA는 A-주와 H-주 기업들에 대한 감사자들이 재무제표에 대한 단일의 보고서를 발간할 수 있도록 하려는 목표를 위해 공동으로 협력하고 있다. 물론 이 보고서들은 중국 본토와 홍콩시장에서 요구하는 요건을 만족시키는 재무제표들이다.

투자자들에 대한 보고

회계기준은 재무제표 공개에 대한 일반적 요건을 마련해 두고 있지만, 증감위는 증권과 관련된 보고서의 형식과 내용에 대한 수많은 기준을 제정했다. 증감위 기준은 상장기업들에 대한 추가적인 재무제표 공개 요건, 그리고 연간 보고서, 중간보고서, 그리고 분기보고서의 형식과 내용에 대한 요건을 마련했다. 증감위 기준은 기업공개 계획서의 형식과 내용에 대해 규정하고 있고, 은행, 보험회사, 증권회사, 부동산개발회사 등과 같은 전문화된 산업의 기업에게는 연차보고서와 사업계획서에 대한 특별 공개규정을 마련했다. 증감위 기준은 해외 증권거래소에 상장된 기업들이 작성한 것에 비견될 만큼 매우 상세한 공개를 요구하고 있다. 이와 더불어, 증감위는 기업지배구조에 대한 기준도 발표했다. 상장기업은 연간보고서에서 기업지배구조와 관련된 문제, 그리고 증감위가 정하고 있는 기업지배구조 요건으로부터 이탈된 사항을 공개하도록 되어 있다.

상하이 증권거래소와 선전 증권거래소는 상장기업에 대한 가이드라인을 만들어, 내부통제에 대한 정보를 공개하도록 하고 있다. 이 내부통제에 대한 가이드라인은 매우 종합적이고, 상장기업들로 하여금 재무보고, 경영의 효과성, 법률 준수 등에 관한 사항을 포함하는 내부통제 시스템을 갖추도록 하고 있다. 이 가이드라인은 위험식별과 위험관리를 비롯한 여덟 가지 요소를 갖춘 내부통제의 틀을 요구한다. 이는 또한 상장기업의 연차보고서에 내부 통제 시스템에 대한 자체 평가보고서와 감사자에 의한 자기 평가보고서를 포함하도록 하고 있다. 현재 이러한 요건은 의무사항은 아니지만, 상장기업들의 연차보고서에 이러한 내용이 포함되도록 권장되고 있다.

재정부는 내부통제 기준 시스템을 구축하기 위한 프로젝트를 수행했다. 이 시스템에는 구조(framework)에 대한 기준, 구체적인 내부통제 기준, 그리고 내부통제의 평가에 대한 기준이 포함된다. 다양한 태스크포스와 하부 프로젝트가 수립되었고, 수많은 공개토론안이 발간되었다. 이는 매우 결정적인 프로젝트로, 이를 완수하고 시행하는 일은 중국 기업들의 내부통제 시스템과 내부통제 시스템에 대한 보고의 투명성 모두 크게 개선할 것이다.

요약하면, 중국의 관계당국은 중국 상장기업의 정보공개와 투명성을 지속적으로 개선해 왔고, 이 두 부분 모두에서 긍정적인 진전이 이루어졌다. 새롭게 증장하는 글로벌 추세 가운데 하나는 기업들이 비재무정보와 재무정보를 더욱 더 많이 제공한다는 것이다. 이는 그 성격상 순수하게 역사적인 것이 아닌 미래 지향적인 것이다. 투자자들 또한 의사결정에 도움이 되는 보다 시의 적절한 정보, 그리고 그 사용자가 개인적 목적에 따라 쉽게 정리하고 분석할 수 있는 형태의 정보를 요구하고 있다. 진취적이고 미래지향적인 사고를 가진 정책 결정자라면, 보고의 투명성을 제고하는 새로운 규정을 제정할 때 투자자들의 이러한 새로운 요구가 고려될 수 있는 길을 모색해야 할 것이다.

비(非)감사 서비스

빠른 경제성장과 세계화로 인해, 해외에 진출하는 중국 기업뿐만이 아니라, 경쟁압력에 처한 국내기업들도 비(非)감사 서비스에 대한 수요를 크게 증가시키고 있다. 아울러, 회계, 감사, 규제 문제들에 있어서의 통합 노력 또한 내부 통제와 같은 비감사 서비스에 대해 시사하는 바가 있다. 중국의 회계사들은 이러한 비감사 서비스를 제공하기 위해 적절히 훈련받을 필요가 있다. 다음 절에서 논의되듯이, 중국의 대학들은 이 분야에 전문가를 제공하는 주요 기관으로서의 핵심 역할을 한다. 그러나 수요의 증가가 너무나 빠르게 나타나고 있어서, 당분간은 그러한 능력을 수입하는 일이 불가피할 것으로 전망된다. 이 지점이 바로 중국의 글로벌 네트워크 회원사가 기여할 수 있는 부분이다. 이들은 필요한 능력을 갖춘 전문가를 훈련시키고 제공할 뿐만 아이라, 자신들이 속한 글로벌 네트워크의 자원을 활용할 수 있기 때문이다. 수입된 지식은 현장(on-the-job)에서의 훈련과 이 기업들 내부에서 현지 전문가들에 대한 지식이전을 통해 폭발적으로 증가할 수 있다. 비감사 서비스에 대한 현지 전문가를 훈련하고 육성하는 일은 글로벌 네트워크의 중국 회원사들이 프로그램의 기획과 대학 강의에 참여함으로써, 그리고 강의실의 학습을 실무경험으로 이어질 수 있도록 이들 회사들에 졸업생들을 배치함으로써, 제고될 수 있다.

인적자본과 대학의 역할

중국에서 전문 서비스에 대한 증가하는 수요는 회계 전문가에 대한 전례 없는 수요를 창출하고 있으며, 새로운 인력의 가장 중요한 공급원으로서 대학의 역할을 강조하게 되었다. 회계와 관련된 과목을 공부하는 대학생들의 수가 최근 수년간 뚜렷한 증가세를 보여 왔지만, 수요를 충족시킬 만큼 충분하지는 않다. 이는 상공업의 기타 분야에서의 회계와 재무전공에 대한 기회가 증가할 때 특히 그러하다. 회계학 전공자 수를 늘리기 위한 효과적인 전략을 찾는 것은 이 직종의 적정한 성장을 위한 전제조건이며, 경제성장과 기업의 해외진출 확대를 촉진하게 될 것이다. 물론, 이것이 전부가 아니다. 다국적기업들과 중국 기업들의 해외진출 확대는 감사, 세무, 계약 전문가—국제경험을 가지고 있으며, 국제간 금융거래 보고의 복잡성에 대한 이해능력을 가진—에 대한 수요를 창출하고 있다. 이와 관련하여 대학은 교육에서, 예를 들어 특정 과목의 교육에 있어서 중국어를 보완하기 위해 영어를 사용하는 것처럼, 외국어 사용을 확대해야 한다. 정보기술 능력과 효과적인 의사소통 능력(말하기와 쓰기 모두) 또한 젊은 회계 전문가의 양성에 유용하다. 전통적 회계 및 회계감사 훈련이 필요하긴 하지만, 법학과 경제학 지식, 그리고 관리회계 및 성과 보고, 계획 및 예산편성, M&A 과정(가치평가와 합병), 관리 시스템의 설계와 관리, 기업재무 등 여러 분야에서 전문성을 훈련할 필요가 있다. 회계와 감사와 관련된 교육은 현행의 중국식 교육방식에 얽매이지 말고 국제적 교육방식으로 확대되어야 하고, 본질적으로는 미래지향적이어야 한다. 문제해결 능력 역시 개발될 필요가 있는 기술인데, 이는 사례연구—실제 실무적 상황을 모방한 사례들로, 여러 분야가 결합되어 있어서 단일 분야의 지식을 보완하게 할 수 있는 사례들—를 통해 배양될 수 있을 것이다. 외국의 대학들과 중국의 대학들 사이의 학문적 교류의 확대는, 중국의 대학들이 해외의 교수들을 유치하거나 학생들을 해외에 파견하여 해외의 교육자원과 보다 친밀해질 수 있는 유용한 방법일 수 있다. 아마도 가장 중요한 교훈 중 하나는 전문적 윤리—이러한 원칙은 회계 전문직을 수행하는데 있어서 불가분적으로 결합되어 있다—일 것인데, 이는 대학이 전인 교육의 방식으로 가르칠 필요가 있는 것들이다.

요약하면, 중국의 회계 전문직은 대학이 질적으로 우수하고 국제적 감각을 갖춘 수많은 회계 전공자들을 배출해 주기를 갈망하고 있다. 이는 이 업계의 당면한 수요를 충족시켜 주는데 도움이 될 것이다. 하지만 장기적으로는 미래의 지도자—대형 회계기업의 파트너뿐만이 아니라 상장기업, 대형 금융기관과 규제기관의 최고 경영자—가 될 우수한 졸업생이 필요하다. 이를 달성하기 위해서는 고등교육 체계가 전문가에 대한 수요를 충족시켜 주는데 가용할 수 있는 충분한 자원이 확보하여야 할 것이다.

❖ 결론

현재 현지의 대형 회계기업들은 가장 거대한 기업들 일부(특히, 해외나 H-주를 발행하는 기업들)를 제외하고는 거의 모든 중국 기업들을 담당할 수 있을 만큼 그 깊이가 깊어졌고 범위도 넓어졌다. 사실, 중국 상장기업의 대부분에 대한 회계감사는 국내 회계기업들이 담당하고 있다. 국내 대형 회계기업들이 점점 더 커지고 강해짐에 따라, 해외나 홍콩에 상장되어 있는 일부를 포함해서 더욱 더 많은 기업들이 글로벌 네트워크 회사들이 아닌 중국 회계기업들로 옮겨갈 것이다. 장기적으로는 잘 다듬어지고 시장 중심적인 정책들이 도입되어 더 강한 국내 회계기업이 선별되게 되면, 이들 대형 회계기업들은 대기업 시장 진출이 증가하게 될 것이다.

미국과 유럽에서, 대기업 감사시장에 진입하는데 있어서 큰 장벽은 책임노출이 매우 크다는 점과 이것을 보호할 충분한 보험을 얻기가 어렵다는 점이다. 책임위험 문제를 다루는 것이 핵심이며, 경쟁력 강화는 물론 감사기능의 지속가능성을 보장하는 길이다. 많은 국가들이 이미 감사책임 체제의 개혁에 대한 필요성을 인식했다. 책임위험은 아직 중국 회계업에 대한 중대한 위협은 아니지만, 법적 환경의 변화로 인해 소송이 많아지는 환경으로 전환될 수 있다는 주장을 가능하게 한다. 책임위험이 중국 내 대기업 감사시장에 대한 커다란 진입장벽이 되지 않도록 여러 단계의 조치들이 취해져야 한다.

이러한 측면에서 핵심 고려사항에는 경영진과 감사자의 결정을 언제 그리고 어떻게 적절히 존중할 것인가의 문제가 포함된다. 중국의 회계기준과 감사기준 모두가 규정에 기반하는(rule-based) 접근법에서 원칙에 기반하는(principle-based) 접근법으로 이행할 때, 이러한 문제는 결정적인 문제가 될 된다. 규제당국과 법률제도는 성실하게 이루어지고 합리적이며 신중하고 적절히 문서화된 전문적 판단을 존중할 수 있어야 한다. 규제당국과 법제는 정직하게 작성된 전문적 판단을 존중할 수 있어야 하고, 이는 또한 합리적이어야 하고, 신중히 고려되어야 하며, 적절히 문서화되어야 한다.

규제의 복잡성과 국내외 규제기관들 사이의 불일치가 존재하게 되면, 그러한 규제환경에서는 막대한 규정준수를 위한 인프라 투자가 요구되고, 결국 이것이 진입장벽으로 작동할 수 있다. 국제적 규제요건에 접근하려는 노력과 함께, 잘 조정된 일관성 있는 국내 규제환경은 국내 회계 대기업들이 국내와 해외에서 상장된 대기업 시장으로 침투하는 것을 촉진할 것이다.

전반적으로 봤을 때, 회계감사자 선택의 폭(특히, 가장 큰 시장에서)을 넓히는 조치들이 발전하고 시장으로 확산되는 데에는 좀 더 시간이 필요할 것이다. 경쟁강화를 위한 어떠한 제언이라도 그것이 이러한 감사기관의 선택의 폭에 미칠 영향뿐만 아니라, 회계감사의 질과 독립성에 미칠 영향까지도 고려되어야 한다. 아울러, 의도하지 않은 부정적 결과들에 대한 신중한 평가가 이루어져야 한다. 그러한 의도하지 않은 부정적 결과들은 시장에 대한 개입으로 말미암을 수 있다. 이는 특히 중국 본토에서의 자금조달에 영향을 미치는 행동들이고, 다국적기업들의 중국투자에 영향을 미칠 수 있다. 현재로써는 양자 모두 단일의 기업 네트워크—중국을 포함하여 전 세계의 고객들에게 깔끔하고, 일관적이며, 양질의 전문적 서비스를 제공하는—에 의존하고 있다.

규제당국의 조사를 받는 것을 좋아할 사람은 아무도 없지만, 이러한 조사로 인해 전체적인 전문성이 개선되고 이에 대한 투자자들의 신뢰 역시 개선될 것이다. 회계감사의 질에 긍정적인 영향을 끌어내고 규제적 감시에 대한 신뢰를 제고하기 위해서는, 조사과정이 회계감사 기업의 품질관리 시스템에 대한 평가에 더 집중하고, 처벌을 부과하기 보다는 기업들로 하여금 시정조치들을 취할 수 있도록 유도하는데 중점을 두어야 할 것이다.

마지막으로, 회계업은 중국의 자본시장과 중국경제, 그리고 중국기업의 해외진출을 촉진하는 정부정책을 지원하는데 있어서 결정적으로 중요한 역할을 수행한다. 이러한 역할을 수행하기 위해서 중국 회계업 전체적으로 최고의 인력을 유인하고, 회계와 감사 이외의 분야에서 전문성을 가진 고도의 기술인력을 개발하여야 한다. 잘 훈련된 수준 높은 전문가들이 중국 자본시장의 발전을 떠받치는 핵심 기둥이 될 것이고, 따라서 중국경제의 장기적인 성공에 기여할 것이다. 세계의 다른 나라들에서처럼, 신중한 규제시행, 편파적인 규제 회피, 감사자의 책임성에 대한 개혁, 그리고 규제의 통합은 중국 회계업의 지속가능성과 성장을 보장하기 위해 해결될 필요가 있는 핵심 이슈 가운데 일부이다. 이러한 선결과제에서의 유의하고 두드러진 진전이 있을 때, 회계업은 자연적으로 선택의 폭이 넓어질 것이고 세계적 인재들을 지속적으로 유치할 수 있을 것이다.

33 중국의 조세와 금융산업

쉬 샨다
전(前) 국가조세행정국 국장

은행, 보험 및 증권은 중국의 "금융조세제도"에 포함된 중요한 산업들이다. 금융조세는 중국 조세수입의 중요한 부분이며 해당 산업의 발전에 큰 영향을 미친다.

중국의 현대적 조세제도는 "밍궈"(Minguo) 즉, 민국시기(1912~49년) 초에 시작되었다. 당시 주요 구성요소는 영업세, 소득세, 인지세와 증권거래세였다. 신중국 건국(1949년) 이후, "금융 조세제도"는 주로 공상세(영업세와 소득세를 포함한), 이자소득세, 인지세의 세 범주를 지칭했다.

1950년 공상세는 인지세, 기업 및 이자소득에 대하여 부과되기 시작했다. 공상세 관련 규칙은 은행과 보험 등의 산업에 대해 총수익에 대해 4%의 영업세를 납부하도록 규정했다. 그 후, 은행의 예대 금리차에 대해 부과되는 것으로 바뀌었다. 이들 산업에 대한 상기의 소득세율은 다른 산업에 대한 것과 같은 4%에서 30%까지의 누진세였다. 그러나 공기업의 경우에는 소득세를 납부하지 않고 정부에 수익을 양도하는 제도를 적용했다. 이자소득에 대한 조세 규칙에서 납세자란 실제로 이자를 버는 주체로 정의되었다. 따라서 세액계산의 과세표준은 이자수입으로, 세율은 5%였다. 1959년부터 이자소득에 대한 징세가 중지되었다. 인지세 관련 규칙은 관련 상업서류상의 합계를 과세표준으로 정하고, 그 세율은 구체적 상황에 따라 상대율(0.1%~3%) 또는 고정률로 규정했다.

1958년 공상세가 통합되고 특정 은행세와 보험세 조항이 삭제되었다. 국유은행과 그 보험업무에 대한 소득은 통합 공상세에서 면제되었다. 인지세도 통합 공상세에 포함되었다. 1972년 은행 또는 보험에 대한 새로운 세제가 통과되었지만, 은행 또는 보험에 대한 별도의 조세조항은 없었다.

개혁 · 개방 후 중국의 금융 세제상에 큰 변화가 일어났다. 1980년 발효된 개인 소득세법은 이자, 배당, 그리고 상여금 형식의 소득에 대해서는 20%를 과세하도록 규정했다. 그러나 국유은행과 신용협동조합의 저축성 예금에 대한 이자에 대해서는 과세를 면제했다. 1982년 예금이자로 지불된 이자를 공제한 후의 소득을 과세표준으로 하는 은행의 공상세 관련 규칙이 통과되었다. 세율은 10%로 정해졌다. 징수의 편의를 이유로, 이 세금의 과세표준이 후에 총영업소득으로 변경되었고, 세율은 5%로 하향 조정되었다. 외국은행의 수익에는 일괄적으로 공상세 5%가 적용되었다. 외국기업의 영업이익은 외국기업에 대한 소득세법에 따라 정의되었다. 1984년 특별경제구역에서 영업하는 은행 또는 보험업 외국기업들에게는 이익의 3%가 공상세로 부과되는 규칙이 통과되었다. 이러한 세금 혜택을 받아 이들은 낮은 세율을 적용받거나 아예 면세되었다.

1984년 중국은 "이익을 세금으로 전환"한다는 국유기업에 대한 정책을 시행하기 시작했다. 즉, 이윤의 지급을 소득에 대한 세금의 납부로 바꾸었던 것이다. 공상세에 대한 전반적인 개혁 또한 실시되었다. 금융 및 보험산업과 관련하여, 영업이익이 이제 세액산출의 근거가 되었고, 세율은 5%였다. 동시에 기업소득에 대해서는 55%의 세금이 부과되었다.

"1991년의 외국인 투자기업과 외국기업 소득세법"은 외국인 투자기업과 외국기업의 소득에 대한 세율을 30%로 규정했다. 3%의 추가적인 "지역 또는 지방" 소득세 부과 여부에 대한 결정은 지방정부에 달려 있었다. 국무원이 허용한 특별경제구역과 기타 지역에서의 외국투자은행, 중-외 합작투자은행, 그리고 특정 기타 은행은 규정에 따를 경우, 15%로 기업세율이 줄어들 수 있었다.

1992년 주식거래에 대한 인지세가 제도화되었다. 거래 양측은 실제 거래가격을 근거로 세액을 산출하고 각자는 정해진 세율로 인지세를 납부했다. 이 세율은 수차례 변경되어 지금은 0.3%이다. 그러나 투자자가 증권투자펀드로 매매한다면 인지세는 면세된다.

개인소득세는 1993년에 개정되었지만 면세정책이 지속되었다. 재산양도에 의한 소득세율은 20%로 인상되었지만, 주식양도세는 과세되지 않았다. 1999년에 개인소득세법이 재개정되었고, 저축계정에 대한 소득세 면제는 폐지되었다. 중국 내 기관에서의 위안화 또는 외국통화 계정 저축이자에 대한 소득세는 20%로 과세되고 있다. 2007년 8월 15일에 이 세율은 5%로 인하되었다.

1994년의 세제개혁 이후, 영업세(business tax)는 기업의 "영업액" 또는 기업의 매출액을 기준으로 금융 및 보험산업에 대해 계속 부과되었다. 세율은 5%였다. "영업액"은 영업활동에 의한 소득뿐 아니라 수취한 총액으로 정의되었다. 단, 재대출(reloaning), 외환, 유가증권, 비상품선물 거래, 보험업 등은 일정한 지출분을 차감한 후 영업매출을 계산할 수 있다. 대부분의 기업에 대해서는 33%의 소득세가 부과되고, 금융 및 보험산업 소득에 대한 세율은 55%에 머물렀다. 그 후, 대부분의 국유은행과 보험사들은 계속해서 55%로 과세되었지만, 기타 금융 및 보험사의 세율은 33%로 개정되었다.

1997년 금융세제 개편은 금융 및 보험회사의 소득세율을 33%로 통합하여 인하했지만, 동시에 이들 산업에 대한 영업세는 8%로 인상되었다. 2001년에서 2003년까지, 영업세가 매년 1% 포인트씩 인하되어 8%에서 점차 5%로 환원되었다.

2008년 1월 1일에는 새로운 기업소득세법이 적용되어, 금융 및 보험산업을 포함한 중국기업과 외국인 투자기업 모두에게 동율 25%로 조정되었다.

❖ 중국의 금융세제: 주요 구성요소

현재 중국의 금융산업에 부과되는 주요 세금은 영업세, 인지세, 기업소득세, 주택세, 도시 부동산세, 도시와 향에서의 토지이용세, 계약세 또는 권리세, 자치구역 유지세 및 건설세, 차량세 및 선박세, 그리고 교육비 부가세 등이다.

영업세

금융 또는 보험업 기관이나 개인이 이 세금을 적용받는 "납세자"이다. 여기에는 은행, 신용협동조합, 증권사, 증권거래소, 금융리스사, 증권펀드 관리회사, 금융업무회사, 투자신탁회사, 증권투자펀드, 보험회사, 그리고 중국인민은행, 중국은행감독관리위원회(이하 은감위) 또는 중국보험감독관리위원회(이하 보감위)에 의해 설립허가를 받은 기타 기관들이 포함된다.

금융 및 보험산업 관련 회사들은 이러한 조세조항을 적용해야 한다. 여기서 "금융"이란 대출 제공, 자본조달, 리즈, 금융상품의 판매 또는 거래 등의 통화, 자본, 그리고 금융활동에 종사하는 사업을 의미한다. "보험"이란 계약에 따른 지불의무를 통한 기금의 집중하여, 피보험자의 경제적 이득을 위해 이를 적용하는 사업을 의미한다.

은행에 대한 세액 산출의 근거에는 이자수입, 수수료 수입, 증권매매, 외환거래 마진 수입 등이 포함된다. 일반적으로 세금은 대출 사업에 의한 이자수입 전액에 부과된다. 외환관련 세금은 대출 이자수입에서 차입액에 대한 이자를 차감한 금액을 기초로 한다. 보험 프리미엄의 경우 전액이 보험산업에 대한 과세표준으로 사용된다. 주식, 채권, 기타 유가증권 또는 비상품선물은 판매가격과 매입가격의 차를 과세표준으로 한다.

인가된 금융 리스사의 과세표준은 리스 당사자로부터 수취한 전체 수입과 실제 리스비용간의 차로 산출된다. 금융 및 보험 산업에 부과되는 영업세율은 5%이다.

인지세

납세자란 작성된 서류(중국 내로 진입한 계약자를 포함하고, 소유권의 이전, 사업이익 계정, 수취되는 어떤 권리나 이득, 라이센스 등과 관련된 서류 등)에 기초해서 재산을 이전하는 사업단위와 개인 모두로 정의된다. 이러한 형태의 이전에 대한 증거에 대해서는 인지세가 납부되어야 한다.

금융산업에서 인지세가 요구되는 주요 항목은 매매계약, 대출 계약, 손해보험 계약, 자산이전 계약, 영업계정 · 권리 · 라이센스 · 주식 등의 이전이다. 매매계약은 거래액의 0.03%가 인지세로 과세된다. 대출계약에는 0.005%의 세율이 적용된다. 손해

보험 계약은 0.1%의 보험 수수료가 부과되지만, "책임보험", "보증보험", "신용보험" 계약은 5위안의 정액세가 부과된다. 재산권 이전과 관련된 서류는 서류상 금액의 0.05%가 과세된다. 주식거래에는 체결거래가에 대해 0.3%의 세율이 적용된다. 자본 장부계정(capital book account)에는 총 납입자본과 추가적 납입자본의 0.05%로 부과된다. 기타 권리이전, 라이센스 등에는 거래별 5위안의 거래 수수료가 부과된다.

기업소득세

납세자는 중국 내에서 소득을 수취하는 기업 또는 기관으로 정의된다. 여기에는 거주 및 비거주 기업이 포함된다.

기업소득세의 과세표준은 기업의 과세 대상 소득액이다. 과세 대상 소득이란 회계년도의 총소득에서 비과세소득, 면세소득과 이전 해의 손실과 공제 가능한 다른 항목들을 차감한 금액을 의미한다. 기업소득세율은 25%이다.

개인소득세

"개인소득세"의 납세자는 중국 내 거주 또는 비거주 개인으로 중국 내에서 1년 동안 머문 개인으로 정의된다. 납세자는 중국 내외에서 수취한 모든 소득에 대해 개인소득세를 납부해야 한다. 중국 내에서 거주지가 없거나 머물지 않는 사람 또는 거주자는 아니지만 1년 미만 머문 사람도 중국 내에서 수취한 모든 소득에 대해 개인소득세를 납부해야 한다.

중국은 과세 대상 항목과 과세표준과 관련하여 소득 항목으로 규정된 소득에 대하여 개인소득세를 부과하고 있다. 금융산업과 관련된 주요 범주는 이자, 배당, 보너스, 재산 이전소득 등이다. 이자, 배당, 상여금의 총액이 과세 대상 소득이다. 이전재산에 대한 과세 대상은 매각가격에서 당초의 재산매입가와 수수료를 차감한 금액이다. 현재 관리되는 펀드의 매매에 따른 소득에는 개인소득세가 부과되지 않고 있다.

배당 및 보너스, 재산이전 소득에는 20%가 과세된다. 이자소득에 대한 세율은 20%에서 현재 5%로 낮춰져 있다.

기타 세금

주택 재산세와 도시 부동산세

현재 중국은 아직 중국인과 비중국인 납세자에게 상이한 주택세 체계를 고수하고 있다. 중국 내에서 자금이 제공된 가구 및 중국시민을 위한 가구에 대해서 부과되는 세금은 "주택세"이다. 외국인투자 중국기업, 외국인기업, 그리고 외국인에 대해서는 도시 부동산세가 부과된다. 양자 모두에서 재산 소유자는 주택세 또는 도시 부동산세를 납부하는 사람이다. 주택세는 본래 주택가격에서 10~30%를 한 차례 공제한 금액을 과세표준으로 한다. 세율은 1.2%이다. 주택이 임대되면, 임대소득이 과세표준이고 세율은 12%이다. 도시 부동산세는 납세액을 계산하기 위해 표준적인 주택가격을 이용하거나 과세표준으로 표준적인 임대료를 활용한다. 전자가 사용되면 세율이 1.2%이고, 후자가 사용되면 12%이다.

도시와 향에서의 토지 이용세

토지 이용세는 시와 향의 토지에 적용되고, 토지를 사용하는 단위 또는 개인에게 부과된다. 과세표준은 납세자가 실제 사용하는 평방미터로 측정되는 면적이다. 납세액은 1평방미터당 0.6 위안에서 30위안 사이에서 결정된다. 구체적 액수는 성 단위 지방정부가 정하는데, 이는 시의 규모에 달려있다.

계약세 또는 권리세

권리세(deed tax)는 사용중인 토지 또는 소유 중인 주택의 소유권이 양도될 때 부과된다. 양수자가 납세자이다. 토지나 주택의 경우, 양도가격이 과세표준이다. 세율은 3%에서 5% 사이이고, 구체적인 세율은 성 단위 지방정부가 정한다.

도시 관리세 및 건설세, 그리고 교육비 부가세

도시 관리세 및 건설세, 교육비 부가세(surtax)에 포함된 부가가치세, 소비세, 영업세는 모두 과세 단위 및 개인에 대해 부과되지만, 국내에 투자한 기업 및 단위와 중국인에 대해서만 적용된다. 과세표준은 납세자가 납부한 실제 부가가치세, 소비세, 영업세 등의 액수이다. 납세자가 속한 지역과 도시, 현 또는 향에 따라 자치지역의 관리세 및 건설세는 7%, 5%, 1%일 수 있다. 교육비 부가세율은 3%로 표준화되어 있다.

차량세 및 선박세

이것은 차량 및 선박에 대해 부과되는 세금이며, 납세자는 차량을 소유한 개인 또는 "관리기관"이다. 승객용 차량과 오토바이는 단위별로 과세되고, 화물트럭은 중량에 따라, 선박은 순톤수(net tonnage)에 따라 과세된다.

❖ 추가적인 문제들

첫째, 금융부문의 징세는 모든 납세자에게까지 확대되지 않고 있다. 납세의 포괄범위가 완전하지 않은 것이다. 둘째, 어떤 종류의 세금은 지나치게 크다. 셋째, 조세 체계의 일부분은 합리적이지 못하므로 수정되어야 한다.

징세가 불완전하다

현재 일부 금융기관과 어떤 금융소득은 조세 체계의 범주에 포함되지 않았다. 예를 들어, 징세 정책은 아직 금융혁신의 발전방식에 적응하지 못하고 있다. 아직 명확화되지 않은 주요 문제 가운데 하나는 금융파생상품 분야에 관한 것이다.

사회주의 시장경제가 진전됨에 따라 모든 파생상품 수단들이 중국에 나타나기 시작했다. 현행의 조세체계로는 이 새로운 상황에 대처할 수 없다.

금융 리스회사에 대한 징세 또한 이상적이지 못하다. 리스사업은 투자의 성격이 강한 것이지만, 보통의 투자에 적용되는 세금 우대정책(예컨대 면세정책)의 혜택을 받지 못하고 있다. 두 번째 문제는 영업세의 과세표준을 결정하는 문제이다. 리스회사에서 발생되는 외환이자 비용은 리스 수입에서 공제되도록 하고 있지만, 위안화 이자 비용은 공제할 수 없다. 셋째는 부동산을 재리스할 때 영업세의 이중과세의 문제이다.

2001년의 신탁법이 시행된 이후 신탁시장은 꾸준히 성장했지만, 이들 사업과 조직에 대한 조세정책은 아직 명확화되지 않고 있다.

일부 항목에 대한 세율이 지나치게 높다

금융산업에 영향을 주는 주요 세금은 기업소득세와 영업세인데, 이들은 총 조세수입의 일정부분이 되도록 정해져 있다. 2006년 중국 금융산업에 대한 총 조세수입은 2,025.1억 위안으로, 이 가운데 기업소득세가 1,081억 위안으로 전체의 53.4%를 차지했고, 영업세는 708.4 억 위안으로 전체 조세수입의 34.7%를 차지했다.

기업소득세가 "두 법이 하나로" 통합되는 개혁을 거친 후, 외국인 투자 및 중국인 기업에 대해서는 25%로 인하된 표준화된 소득세율이 적용되었다. 지나치게 높은 일부 법정 세율과 함께 중국과 외국투자 금융기관에 대한 이전의 불평등 대우는 기본적으로 해소되었다. 과세 전 수입으로부터 공제될 수 있는 항목들이 표준화되었고, 과세액 계산에 사용되던 임금 표준도 폐지되었다. 현재 기업이 지급하는 임금과 급여는 모두 공제될 수 있고, 기부, 광고비, 판공비 등에 포함될 수 있는 공제액에 대한 표준이 확장되었다. 그러나 부실채권 충당금에 대한 지나치게 엄격한 기준은 아직 미해결 상태이다.

지나치게 높은 세율의 문제는 현재 주로 영업세, 인지세, 자치지역 관리세 및 건설세, 그리고 준조세인 교육비 부가세를 비롯한 이른바 "유통세"(circulation tax)에서 나타나고 있다. 보험사업에는 보험산업에 적용되는 "영업세" 세율에 따라 과세된 다음, 영업세액에 대해 자치지역 관리세 및 건설세와 교육비 부가세가 추가된다. 영업세율은 5%이다. 자치지역세의 납세자는 소재지에 따라 다르지만, 대부분의 금융산업은 시 또는 현급 도시에 소재하므로, 적용세율은 일반적으로 5% 혹은 7%이다. 교육 부가세는 3%로 표준화되어 있다. 인지세율은 낮지만, 특정 거래(예컨대, 대출)의 총액에 대해 적용되므로 결과적으로 세금이 클 수 있다.

영업세의 구성요소의 전체적인 영향을 살펴볼 때, 그리고 이들을 모두 합해볼 때, 우리는 금융기업은 일반적으로 5.5% 이상의 세금을 납부하고 있음을 알 수 있다.

세계 대부분의 나라들(유통세를 부과하지 않거나 혹은 금융산업에 대한 면제를 적용하는 나라들)과 비교해 볼 때, 증권업에 대한 중국의 명목 영업세율과 인지세는 분명히 높은 편이라 할 수 있다. 주식거래에 대한 인지세는 당분간 이러한 거래에서 개인소득세가 과세되지 않는다는 사실과 연관되어 있기는 하지만, 분명히 높은 수준이다. 통신, 운송, 건설, 우편, 이동통신 등과 비교할 때 금융산업의 영업세는 2% 정도 더 높다. 인지세를 포함하지 않는다면, 금융산업의 유통세는 적어도 3.3%이다. 이것은 다른 산업의 2.2%보다 66.7% 높은 수준이다.

더구나, 다음의 이유로 인해, 금융산업 유통세에 대한 실제 세 부담은 훨씬 더 높다. 대부분의 영업세 환경 하에서, 세액 산출에서 순액(예컨대, 마진)이 아니라 전체 영업 규모가 고려된다. 이는 매입가에 포함된 부가가치세의 공제를 허용한 부가가치세와도 다르다. 영업세의 과세표준에는 가격 외 수수료 수입, 증권거래소를 대신해서 지불된 "소유권 이전비", "계좌 개설 수수료"처럼 사실상 기업의 수입이 되지 못하는 몇 가지 중간 수수료 등이 포함된다. 이러한 것들이 영업세의 과세표준에 포함되어 있는 것이다.

일부 징세방법이 불합리하다

중국 및 외국인 기업과 관련하여 금융산업에 대한 유통세 형태의 조세에는 차이가 존재하고 있다. 중국이 투자한 금융기관은 외국인투자 금융기관에 비해 이런 종류의 세금을 더 많이 내야 한다. 영업세 외에도, 중국계 금융기관은 외국계 금융기관과는 달리 자치구역 관리세와 건설세, 그리고 교육비 부가세 등도 납부해야 한다. 게다가 이자소득세는 일반대출의 총액에 대하여 과세되지만, 외환이전 대출에 대해서는 마진만이 과세대상이다. 표면적으로는 이러한 정책이 중국계 및 외국계 은행에 대하여 유사한 효과를 갖는 것 같지만, 중국계 은행들은 위안화 대출을 주로 하고, 외국계 은행들은 외환 대출을 주로 담당하고 있기 때문에, 외국계 은행들이 중국계 은행들보다 세금부담이 작다.

금융수단에 대한 개인투자자들이 실현한 소득에 대하여서는 현재 5%가 과세되지만, 정부채와 보너스를 비롯한 주식투자로부터 발생된 배당소득에 대해서는 20%가 과세되고 있다. 어떤 소득에 대해서는 과세되고 어떤 소득은 비과세되는 것은 징세의 불평등을 낳을 뿐만 아니라, 자금흐름의 왜곡과 자본의 효율적 배분에 부정적인 영향을 미친다.

일부 보험 신상품에 대한 과세와 관련하여서는 아직 분명한 정책적 입장이 존재하지 않는다. 여기에는 배당소득 등이 포함되는데, 이것은 현재 과세대상 개인소득의 영역에 포함되어 있지 않고 있다. 그러나 은행 저축성 예금의 이자에 대한 과세와 비교할 때, 이는 불합리한 것으로 보인다.

❖ 금융세제 개혁

이 체계의 개혁과 개선은 금융산업의 지속가능성, 안정성, 그리고 건전성에 영향을 미칠 것이다. 아래는 이와 관련하여 향후 거치게 될 단계들에 대한 기본적 생각들이다.

금융 파생상품에 대한 정책수립

우리는 외국 시장경제들의 경험을 배우고 기존의 중국 조세제도의 틀 안에서 파생상품에 대한 징수정책을 수립하고 발전시켜야 한다. 이와 관련해 가장 중요한 점은 전체 수익이 아닌 순액으로 정의되어야 하는 영업세에 대한 과세표준이다.

보험산업에 대한 투자를 통한 배당과 관련하여 우리는 이러한 종류의 소득을 과세대상 개인소득의 영역에 포함시키는 방법을 고려해 볼 수 있다.

우리는 금융리스 회사와 관련된 조세정책을 조정하고, 공평한 과세 환경을 제공해야만 한다. 리스산업에 대한 영업세 과세에 있어서 우리는 위안화 금융에 대한 차별을 폐지하고, 리스회사에게 외환 이자수입에 대한 것과 동일한 혜택을 허용해야 한다. 재리스 사업과 관련해서는 이중과세의 문제를 제거하고, 그에 따라 조세정책이 조정되어야 한다.

은행산업에 대한 영업세 과세의 조정

은행산업에 대한 세 부담을 줄이고 중국 은행들의 국제 경쟁력을 높이기 위해 우리는 은행의 영업세와 관련된 정책을 조정해야 한다. 여기서 하나의 견해는 부가가치세의 범위를 확대하고 영업세를 부가가치세로의 전환하거나, 또는 대부분의 OECD 국가에서 현재 사용되고 있는 정책—주요 기업활동에 대해서는 부가가치세를 부과하지만 부가적인 활동은 제외—을 도입하자는 것이다. 다른 의견에 따르면, 현행 제도 하에서는 영업세를 부가가치세로의 전환하는 것이 불가능하다. 대신 은행에 대한 영업세를 낮추는 방안이 고려될 수 있다. 또 다른 의견은, 우리는 당분간 영업세율을 변경하지 말고 은행이 대출을 통해 얻는 마진 이자에 대해서만 과세해야 한다고 생각한다. 그 외에도 국유 상업은행의 구조조정과 주식회사 전환이 이제 막 완료되었으므로, 현 시점에서 영업세율을 인하하는 것은 현명하지 못하다고 판단하는 부류도 있다. 그 대신 이들 은행의 경쟁력 강화를 위해 은행의 자기자본 비율을 높이고 성장을 뒷받침하기 위해 국가와 지방정부의 영업세를 환급하는 것을 고려할 수 있다. 이 모든 의견들 모두가 더 연구할 가치가 있다.

주식매각 소득과 관련된 개인소득세

어느 제도가 자본 소득의 일부에 대해서는 과세하고 다른 부분에 대해서는 비과세하는 것은 비합리적이다. 증권거래소에서의 펀드매매에 대한 개인소득세 면제는 특수한 역사적 조건으로부터 결과한 정책이다. 즉, 이는 증권시장의 성장을 자극하기 위한 것이었다. 세법은 "한 가지 종류의 개인소득세에 대한 임시적 면제"라고 규정했다. 적절한 시기에 이 정책은 변경되어야 한다. 5년 전에 미리(예를 들면) 이것의 폐지를 발표할 수도 있다. 이 기간 동안 세율은 점진적으로 20%까지 인상될 수도 있다. 동시에, 주식양도소득은 소득세에 대한 기본규정, 특히 일정 기간 동안의 소득과 손실의 상쇄 조항에 합치해야 한다. 장기투자를 장려하고 투기를 억제하기 위해 우리는 장기투자에 대해서는 낮게 과세하고, 단기투자에 대해서는 정상적 소득세율을 부과하는 방식을 생각할 수 있다. 그러한 차별적 세율은 부당한 투기를 억제하고, 주식시장의 위험을 감소시킬 것이다. 마지막으로, 주식거래에 의한 소득에 대한 개인소득세를 회복하는 것과 관련하여, 우리는 모든 형태의 다양한 세금들, 특히 인지세에 대해서 재고해봐야 한다.

기업 소득세: 기본공제

새로운 기업소득세법의 실행 이후, 기본공제가 보다 합리적으로 되었지만, 한 단계 더 나아갈 필요가 있다. 원칙적으로 기업운영과 관련된 수수료 또는 지급액은 세액을 정하기 전에 공제되어야 한다. 금융기업에게 상대적으로 큰 영향을 끼치는 부실채권과 여타의 항목들을 공제하는 것과 관련하여, 적절한 조정이 이루어져야 한다. 부실채권의 상각 "기준"이 확장되어야 하고, 적용되는 기간도 단축되어야 한다.

찾아보기

ㄱ

가공산업 • 44, 507
간접금융 • 49
감독기관 • 531
개발도상국 • 465
개방형 펀드 • 341
개인 금융서비스 • 100
개인 금융자산 • 400
개인소득세 • 581
개인소비 주도적 성장 • 97
개인투자자 • 284, 302, 309
거래회전율 • 309
거시경제 정책 • 7
건전성 규제 • 85
겸업은행제도 • 178
경기순환 • 32
경상수지 불균형 • 38
경제 불균형 • 37
계획경제 • 4
계획적 상품경제 • 528
고용구조 • 11
고정투자 • 22, 23
골드만삭스 • 103, 121, 139, 413
공개시장조작 • 446, 449, 476, 481, 484
공매도 • 495
공업화 • 41
공인회계사 • 557, 560
과잉투자 • 67
과학적 발전관 • 107
관리변동환율제 • 462, 485, 503
교육 • 13, 97, 424
교육투자 • 14
교통은행 • 132
구조적 불균형 • 10
국가 은행간 자금센터 • 473, 510
국가발전개혁위원회 • 28

국가사회보장기금 • 294, 368
국가사회보장기금위원회 • 134
국가외환관리국 • 58, 135, 510
국무원 • 293, 316
국유기업 • 5, 98, 354
국유상업은행 • 77, 189
국유은행 • 55, 111, 258
국유은행 구조조정 • 58
국유자산관리공사 • 56
국유주 • 298
국제 재무보고 기준 • 559
국제결제은행 • 57
국제경쟁력 • 238
국제경제 불균형 • 68
국제금융공사 • 105, 414
국제통화 시스템 • 68
국제투자은행 • 264, 266
국제회계기준 • 557
권리세 • 582
규율 위원회 • 145
규제기관 • 274
그레이트 이스턴 라이프 보험 • 416
그루파마 • 416
글로벌 경제 불균형 • 38
금리 규제 • 286
금리 자유화 • 67, 173, 285, 387
금리수단 • 450
금리스왑 • 324
금융 투자자 • 356
금융개혁 • 53
금융규제기관 • 58
금융문화 • 538
금융법 • 550
금융법제 • 538
금융법제 개혁 • 528
금융보험그룹 • 389
금융선물시장 • 496, 498
금융세제 개혁 • 586
금융시스템 • 49, 53, 54, 94
금융안정국 • 117
금융자유화 • 68
금융제도 개혁 • 531
금융조세제도 • 577
금융채 • 319
금융파생상품 • 493
금융혁신 • 80
기관투자자 • 280, 303, 343, 391, 497
기업공개 • 562
기업금융 • 177
기업대출 • 175
기업소득세 • 581
기업연금 • 342
기업지배구조 • 307, 334
기업통제시장 • 153
기준금리 • 450, 468
기준환율 • 487
기후변화 • 25, 106

ㄴ

내수가 주도하는 성장 • 22
노동시장 • 11
노동시장의 탄력성 이론 • 11
노령보험 • 430

노령인구 • 433
노령화 • 282, 379, 387, 400, 432
노멘클라투라 • 130, 147, 159
녹색장치금융지원제도 • 106
농민공 • 9
농업대출 • 191, 193
농업문제 • 9
농업발전은행 • 95, 192, 205
농업부 • 198
농촌 은행시스템 • 102
농촌금융 • 188, 193, 198
농촌금융기구 • 82
농촌금융의 개혁 • 204
농촌상업은행 • 205
농촌신용협동조합 • 188, 195, 205
농촌의 자산소유권 • 199
농촌인구 • 187
농촌지역 • 102, 201, 438
농촌협동조합은행 • 205
뉴차이나보험 • 414

ㄷ

단기 금융채 • 261
단기자금시장 • 325, 447, 471
단기자금시장 금리 • 447
달러화 표시 채권 • 329
당 위원회 • 144, 158
대리인 문제 • 142
대마불사 • 153
대외무역법 • 530
대출금리 • 61, 450, 474
도 · 농간 문제 • 187
도매금융 • 181
도시 부동산세 • 582
도시주택의 사유화 • 61
도시화 • 7, 41, 45
독립이사 • 142, 544

ㅁ

머니마켓펀드 • 346
메이지 생명보험 • 414
모건스탠리 • 413
모기지담보부증권 • 320
목표금리 • 476
무역불균형 • 452
무제한적인 노동공급 이론 • 11
문화 • 14
뮤추얼펀드 • 281
미국 무역적자 • 452
미국의 대중 무역적자 • 505
미소금융 • 206
미중 무역 불균형 • 506
민간 공익변호사 제도 • 158
민간소비 • 22, 33
민법 • 528

ㅂ

바젤협약 • 131
바젤협약I • 116
바클레이스사 • 104
반덤핑관세 • 508
법률 업무 보고서 • 542

법률 의견 • 542, 549
법률자문 • 542
법률회사 • 540, 551
법인주 • 298, 357
법제 개혁 • 528
베이비 붐 • 39
벤처기업 • 355
벤처캐피탈 • 351
벨지안-더치 포티스 엔브이 • 104
보스톤 컨설팅그룹 • 171
보험감독관리위원회 • 58, 374, 531, 547
보험규제 • 377
보험그룹 • 395
보험법 • 377, 533
보험산업 • 384, 393
보험시장 • 407, 546
보험시장 개방 • 409
보험업 • 373
보험펀드 • 395, 400
보호주의 • 423, 509
본원통화 • 449
부 관리 • 176, 211, 214, 222, 347
부과방식 • 435
부과방식 체계 • 431
부동산 가격 • 65
부실채권 • 5, 55, 56, 112, 154
부의 집중 • 231
불균형 • 22
불안정 • 23
불태화 정책 • 484
비(非)감사 서비스 • 571
비금융기관 • 482
비생명보험 • 403
비유통주 • 60, 273, 297
비은행금융기관 • 473, 475, 511
비이자부 수입 • 228

ㅅ

사모펀드 • 311, 365, 548
사유화 • 158
사전실사 • 545, 547, 548
사회보장 개혁 • 430
사회보장제도 • 12, 429
사회보장펀드 • 342
사회주의 시장경제 • 529
사회주의 초급단계 • 529
사회주의법 • 528
산업펀드 • 368
산업화 • 8
상업은행법 • 95, 112, 131, 193, 533
상장지수펀드 • 250, 342, 346
상장폐지 절차 • 308
상품시장 • 276
상하이 은행간 매도금리 • 474
상하이 증권거래소 • 246, 321
상하이국제투자신탁공사 • 172
상하이푸동발전은행 • 137
생명보험 • 388, 389
서브프라임 위기 • 29
선박세 • 583
선전발전은행 • 137
세계무역 점유율 • 20
세계무역기구 • 6, 54, 174, 229

소매금융 • 175, 176, 209, 211, 225, 228, 231
소비율 • 454
소비자 금융 • 173
소비자 신용 • 227
소비자물가지수 • 456
수수료 수입 • 214, 228
수익률 곡선 • 255, 307, 316, 450
수익성 지표 • 154
수직적 통합 • 151
수출 주도적 성장모델 • 19
수출대금 이외의 외환 • 520
수탁인 의무 • 147
스코틀랜드 로얄은행 • 121, 138
시너지 효과 • 180
시장개방 • 304
시장경제체제 • 247
시장화 • 47
시티그룹 • 137
신바젤자본협정 • 88
신바젤협약 • 78
신용경로 • 450
신용카드 • 81, 227, 229

ㅇ

아메리카은행 • 103, 121, 138
아메리칸 익스프레스 • 121
아시아 금융위기 • 56, 462, 534
알리안츠 • 121
역내 위안화 선물환 • 516, 517
역외 위안화 NDF • 517
역외 지주회사 • 357
역외 차액결제선물환 • 516
역외 NDF • 516
연금보험사 • 396
연금제도 • 281
연기금 • 282, 387
영업세 • 580
예금금리 • 61, 450, 474
예탁기관 • 327
오염 • 25
온라인 뱅킹 • 228
외국계 은행 • 79
외국은행 • 101, 235
외국인 전략적 투자 • 138
외국인 전략적 투자자 • 143
외국인 참여 • 274
외국인 투자자 • 353, 355
외국인투자 보험회사 • 394
외국통화 표시 여신 • 174
외국펀드 • 352
외환거래시스템 • 510
외환보유 • 446
외환보유고 • 447, 455
외환스왑 • 488, 515
외환시장 • 486
외환체계 개혁 • 461
우체국 예금기관 • 195
원시적 축적이론 • 11
원유 소비 • 23
위안화 • 502
위안화 선물환거래 • 514
위안화 장외시장 • 511

위안화 저평가 • 509
위안화 절상 • 508
위안화 표시 채권 • 328, 464
위안화 표시 펀드 • 367
위안화 환율 결정 메커니즘 • 489
위험관리 • 87, 236, 263
유니버셜 뱅킹 • 172
유동성 관리 • 64
유통주 • 60, 298
유통주 전환 • 273
유효수요 • 6
은행간 국채시장 • 327
은행간 시장 • 321
은행간 외환시장 • 485, 511
은행간 자금시장 • 472, 475
은행간 채권시장 • 322, 479, 481, 482
은행간 채권환매 • 476, 477
은행감독관리위원회 • 57, 80, 101, 113, 519, 531
은행개혁 • 114
은행규제 • 83
은행대출 • 98
은행들의 주가 • 156
은행법 • 190
은행산업 • 75
은행여신 • 172
은행예금 • 99
은행의 기업공개 • 121
은행의 기업지배구조 • 123
은행의 기업지배구조 개혁 • 131
은행카드 • 226, 227
의료 • 97
이자율의 시장화 • 233
이중가격제 • 456
인구 보너스 • 39
인구구조 • 39
인민보험그룹 • 394
인민은행법 • 534
인적자원 • 417
인지세 • 580
인플레이션 • 457
입법권한 • 536

ㅈ

자금조달원 • 181
자기자본비율 • 112, 116, 234
자본계정 • 463, 464, 473, 518
자본계정 태환성 • 465
자본시장 • 114, 173, 232, 248, 269, 292, 343, 494, 565
자본시장의 개방 • 265
자본시장의 과제 • 305
자본시장의 역할 • 293
자본유입 • 464
자산가격 • 278
자산관리 • 231
자산관리 산업 • 337
자산관리공사 • 113
자산관리회사 • 173
자산유동화증권 • 320
자원배분의 효율성 • 465
재무제표 • 570
재산권 개혁 • 532

재산권법 • 201
재정부 • 136, 190, 316
재정증권 • 479
저축률 • 36, 454
적격내국인 기관투자자 • 65, 99, 230, 256, 278, 329, 523
적격외국인 기관투자자 • 64, 252, 256, 283, 329, 464, 521
적도원칙 • 105
적립방식 • 435
적립식 기업연금제도 • 281
적정 지급준비금 • 77
적정자본기준 • 77
전략적 투자 • 414
전략적 투자자 • 96, 120, 137
정보사회 • 7
정부채 • 315
정부채 선물시장 • 325
정부채 시장 • 321
정책은행 • 95, 112, 189, 319
제이피 모건 • 171, 179
조세 체계 • 583
주식 전환 개혁 • 260
주식개혁 • 298
주식선물 • 495
주식시장 • 63, 156, 297
주식제 개혁 • 133, 544, 546
주식회사 전환 • 116, 133
주주가치 • 356
주택모기지담보부증권 • 320
주택세 • 582
중국 감사기준위원회 • 559
중국 금융 선물거래소 • 494
중국 파트너 • 355
중국건설은행 • 94, 116
중국공상은행 • 95, 111, 117
중국공인회계사연구소 • 556
중국교통은행 • 103
중국국제자본공사 • 359
중국국채등기결산공사 • 327
중국농업은행 • 94, 191, 195, 202
중국머천트은행 • 226
중국발전은행 • 95
중국생명보험 • 374
중국선물증거금규제센터 • 499
중국수출입은행 • 95
중국은행 • 94, 116
중국은행감독관리위원회 • 80
중국인민은행 • 53, 94, 111, 136, 446, 472, 483
중국인민은행법 • 112
중국증권감독관리위원회 • 271, 531
중국환경보호국 • 107
중국회계기준 • 567
중산층 • 231
중소기업판 • 306
중앙 후이진 투자공사 • 118
중앙금융공작회의 • 206
중앙은행 • 94
중앙은행채 • 446, 479, 484
중앙집중화 • 153
중앙청산공사 • 324
중-외 합작투자 • 412
증권감독관리위원회 • 58, 134, 260, 292

증권발행 시스템 • 301
증권발행 신청서 • 542
증권법 • 259, 293, 304, 530, 533, 541
증권사 • 308
증권시장 • 247, 269, 292, 328, 475
증권업 • 258, 275, 293
증권업 구조조정 • 299
증권투자자 보호기금공사 • 300
지급결제 시스템 • 328
지급준비금 계정 • 472
지급준비율 • 448
지방정부 • 151
지배주주 • 141
지속가능한 은행경영 • 107
지역간 불균형 • 18
지주회사 • 119
직불카드 • 227
직접금융 • 50, 233, 318
쮜리히보험 • 414

ㅊ

차량세 • 583
차이나 퍼시픽 보험(그룹) • 414
채권 수익률의 기간별 구조 • 481
채권상품 • 332
채권시장 • 254, 275, 306, 315, 478, 482, 549
채권시장의 개방 • 328
채권청산기관 • 327
채권펀드 • 342
채권환매 • 476, 485
출생률 • 432

ㅋ

칼라일 그룹 • 414

ㅌ

탈금융중개화 • 181
태환 • 463, 486
테마섹 • 121, 138
텍사스 퍼시픽 그룹 • 137
토지 이용세 • 582
토지관리법 • 200, 530
토지기금 • 17
통화 바스켓 • 503
통화공급 • 449
통화정책 • 445, 473, 481
통화정책 도구 • 446
투자율 • 36, 454
투자자 구조 • 303
투자자 기반 • 284

ㅍ

파산법 • 318
파생금융상품 • 348
파생상품 • 276
파생상품 시장 • 325, 493
퍼시픽 보험 그룹 • 374
펀드관리회사 • 310
펀드법 • 345
펀드산업 • 303, 346

펀드상품 • 343
폐쇄형 펀드 • 341
프라이빗 뱅킹 • 212
프라이빗이쿼티 • 351
프로젝트 파이낸싱 • 105
프루덴셜 파이낸셜 • 414
프리미엄 뱅킹 • 209, 212, 213, 222
프리미엄 수입 • 403, 416
핑안보험 • 104, 374

ㅎ

한국 중앙은행 • 447
합작투자 • 354
핫 머니 • 66, 519
해외직접투자 • 523
해외투자 • 183, 278, 285, 463
향진기업 • 5, 189, 193, 338
향진신용협동조합 • 205
헌법 • 528
헌법 개정 • 529, 530
형법 • 530
혼합경제 • 27
홀랜드 금융 서비스 • 414
환경 • 25
환매 • 323
환율 • 446, 452, 468
환율 변동폭 • 488, 502
환율 조작국 • 506
환율결정 메커니즘 개혁 • 487
회계규제국 • 566
회계기업 • 561, 563
회계법 • 556
회계업 • 554
회사법 • 128, 145, 258, 304, 530
회사채 • 62, 255, 306, 317, 330, 483
후이진 • 118, 124, 134, 135

기타

10차 5개년 계획 • 196
11차 5개년 계획 • 27
300 선물지수 • 499
4대 국유은행 • 112
4대 회계기업 • 555
B-주 • 462
CFETS 플랫폼 • 511, 513
H-주 • 462
SAFE투자공사 • 118

A

ABS • 320
AIG • 408

B

Barclays • 104

C

CASB • 559
CFETS • 510
CICPA • 556, 558
CPA • 557, 560
CPI • 456

E

ETF • 250, 346

F

FDI • 523

G

GAAP • 567
Great Eastern Life Assurance • 416
Groupama • 416

H

HSBC • 96, 103, 138, 414

I

IFRS • 559, 567, 568

M

MBS • 320
MMF • 346
money market • 471

N

NDF • 516
New Basel Accord • 78
NIFC • 510

P

pay-as-you-go • 431, 435
private equity • 351

Q

QDII • 81, 100, 230, 278, 463, 523
QFII • 64, 464, 521

R

Repo • 323

S

Schumer-Graham Tariff Bill • 508
SHIBOR • 325, 450, 474
short selling • 495
SINA.com • 360
Sohu.com • 362

U

UBS • 121

V

venture capital • 351

W

WTO • 6, 54, 55, 79, 90, 117, 229, 287, 376, 409, 546

부상하는 중국 금융시장

—도전과 글로벌 영향—

제1판 1쇄 인쇄 | 2012년 2월 20일
제1판 1쇄 발행 | 2012년 2월 25일

지 은 이 | Zhu Min, Cai Jinqing, Martha Avery
옮 긴 이 | 전용복
발 행 인 | 김은중
발 행 처 | (주)서울경제경영출판사
북디자인 | (주)우일미디어디지텍

주 소 | 120-808 서울특별시 서대문구 대현동 67-5 대현빌딩 5층
전 화 | (02)313-2682
팩 스 | (02)313-8860

등 록 | 1998년 1월 22일 제 5-63호

ISBN | 978-89-88106-87-7 93320
정 가 | 32,000원

이 저서는 2011학년도 경성대학교 학술연구비지원에 의해 저술되었음.